탄핵으로 본 미국사

American Impeachment Cases

No One is Above the Law

American Impeachment Cases

탄핵으로 본 미국사

물은 배를 띄우지만 뒤집기도 한다

| 김병호 지음 |

호메로스

To my blood and flesh
for the memories of happy time.

Life is nothing but bones, flesh, and memories.

2016년 11월 대선에서 트럼프가 힐러리를 누르고 대통령에 당선되어 많은 사람을 놀라게 했다. 트럼프는 자신의 당선을 예측한 앨런 릭트먼Allen J. Lichtman 교수에게 'Professor - Congrats - good call'이라는 메시지를 보냈다. 그러나 트럼프는 자신이 임기 중에 탄핵당한다는 릭트먼의 또 다른 예측을 까맣게 모르고 있었다. 트럼프가 임기를 막 시작한 무렵, 릭트먼은 트럼프의 탄핵을 예측하고 주장한 책『The Case for Impeachment』를 출간하였다.

저자는 흥밋거리로 릭트먼의 책을 사서 읽었지만, 이 무렵 미국 헌법을 대법원 판례로 해석하던 중이라 '탄핵'이라는 주제를 깊이 들여다볼 마음의 여유가 없었다. 그러나 트럼프가 러시아의 미국 대선 개입 사건으로 1차 탄핵을 당하고 의사당 폭동 사태로 2차 탄핵을 당할 위기에 처하자, 하던 일을 잠시 중단하고 탄핵에 관한 책을 써야겠다는 생각을 불현듯 하였다.

200년 미국사史에 단 두 번 일어났던 대통령 탄핵이 트럼프 임기 4년 동안 두

차례 일어난 매우 특이한 현상은, 그 사유를 알아보려는 저자의 호기심을 돋웠다. 보태어, 노무현 전 대통령과 박근혜 전 대통령에 대한 탄핵의 일진광풍一陣狂風이 휩쓸고 지난 지 오래되지 않은 데다 판사 탄핵이 자주 뉴스에 오르내리던 우리나라의 현실도, 헌법 상 제도로써 전 세계에 전파된 미국 탄핵을 상세히 알아보고 알려야겠다는 저술의 동기를 만들어주었다.

군주민수君舟民水, 물은 배를 띄우지만 뒤집기도 한다. 탄핵의 정신은 군주민수이며, 군주민수의 원천은 국민이 나라의 주인이라는 국민 주권國民主權이다. 미국 헌법은 국민 주권을 보장하기 위해 세계 최초로 3권 분립 형태의 대통령 제도를 취하고 안전장치로 탄핵을 명시하였다. 저자는 미국 탄핵 사례를 역사적 · 정치적 · 법률적 배경 속에서 가급적 자세히 조명하려 애를 썼는데, 가장 큰 이유는 독자들이 탄핵의 궁극적 의미인 국민 주권을 생각해 볼 수 있기를 바라는 마음 때문이다.

많은 사람이 쉽고 재미있게 읽을 수 있도록 쓰려는 마음과 공부하는 학생들이나 전문가에게 유용한 내용이 되도록 써야겠다는 마음이 상충하는 가운데, 저자는 부족한 능력이지만 이 두 가지를 모두 수용해 보기로 하였다. 탄핵제도를 제대로 이해하기 위해서는 역사적 배경과 정치적 상황 그리고 법률적 쟁점을 모두 알아야 하는데, 기본적인 내용은 될 수 있는 대로 쉽게 본문에 기술하고 좀 더 이해가 필요하거나 공부 이외의 목적이 아니면 굳이 따지지 않아도 될 내용은 주석에 따로 기술하는 방식으로 일반인과 전문가 모두에게 만족을 주고자 하였다. 그러나 내용을 축약하지 않는 한 본문을 쉽게 쓰는 데 한계가 있으며, 내용을 쉽게 축약하면 주석이 길어진다는 단점을 제대로 극복하지 못하고, 오히려 어정쩡한 모양의 책을 만든 듯도 하다.

그런 단점에도 불구하고, 공부하려는 사람에게 도움이 되도록 많은 자료를 일일이 살피고 가려서 인용하였으며, 모든 출처는 세세히 기록하여 직접 확인하거나 추가로 공부할 수 있도록 하였다. 때로는 원문을 주석에 그대로 명기하여 확인하는 수고를 덜어주려 애를 썼다. 탄핵에 대한 일반적인 이해를 원하거나 현대사에서 중요한 위치를 차지하는 닉슨, 클린턴, 트럼프 탄핵의 역사적 배경과 법률적 쟁점을 궁금해하는 일반 독자들은 본문만 읽어 내려가도 이해의 끊김이 없도록 유의하여 기술하였다. 주석은 대체로 『The Bluebook (17th ed.)』의 규정을 따라 기록하였다.

보잘것없는 노력의 결실이 여러 사람에게 이득이 되었으면 하는 바람이다.

2022년 12월 29일
산성 남쪽 바람 부는 벌판에서
추억과 회한을 뒤섞으며

안종철

현 국립베네치아대학교 동양학부 교수,
전 독일 튀빙겐대학교 한국학 교수, 법제사 및 한국 근현대사 전공

　　김병호 선배님의 책을 추천하게 되어서 기쁩니다. 김병호 선배님은 미국에서 경영학 석사(MBA)와 법학 박사(JD)를 취득했고, 오랫동안 기업과 관련된 활동을 해오면서도 미국 사회에 대해 다양한 관찰을 해온 분입니다. 또한, 그는 한국에서 주로 활동하면서 본인의 교육과 경험이 한국 사회에 어떤 도움이 될 것인지를 사색해 온 우리 시대 지성인이라고 할 수 있습니다. 그런 점에서 저는 오래전부터 늘 그의 날카로운 시선을 귀담아 들어왔습니다.

　　한국 사회에서도 2004년 노무현 전 대통령 탄핵, 2016~2017년 지난했던 박근혜 전 대통령 탄핵, 2021년 초에 있었던 판사 탄핵 사건 등등으로 '탄핵(impeachment)'이라는 단어는 잘 알려져 있습니다. 조선시대 언관의 각종 상소를 통한 관료들 사이의 '탄핵'과 별도로, 해방 이후 국가 '제도'로써의 탄핵은 미국 헌법의 영향을 받았다는 것은 잘 알려져 있습니다. 그럼에도 불구하고, 몇 편의 학술적인 논문이나 정부 보고서 등을 제외하고, 한국에서는 이 문제에 대해 포괄

적인 접근이 소개되지 않았습니다. 그런 이유로 저는 이 책을 독자들에게 강하게 추천하고 싶습니다. 또한 이 책을 통해서 독자들은 다음 몇 가지 점에서 중요한 통찰력과 독서의 즐거움을 얻을 수 있을 것입니다.

첫째, 탄핵제도의 미국에서의 발전 과정입니다. 이 책을 통해서, 탄핵은 18세기 미국 독립 전 영국의 정치문화에서 발달한 것으로, 영국의 미국 식민지가 독립하면서 새로운 환경에서 탄핵이 어떻게 받아들여졌고, 미국 '건국의 아버지들'이 탄핵 문제에 대해 어떠한 우려와 토론을 전개했는지 등등에 대해서 생생한 이해를 얻을 수 있을 것입니다. 그런 점에서 이 책은, 탄핵과 이에 관련된 법 역사를 통해서 미국사에 대한 우리의 이해도를 높여줄 수 있을 것입니다.

둘째, 탄핵을 통한 권력의 견제와 균형이라는 정치학의 오랜 명제에 대한 다양한 통찰을 얻을 수 있을 것입니다. 한국과 달리 미국에서의 탄핵은 입법부의 고유 권한으로써, 행정부나 사법부에 대한 견제의 수단이라는 '인민 주권'의 한 방편으로 볼 수 있을 것입니다. 미국 내에서는 하원의 발의와 상원의 결의로 탄핵이 결정된다는 것을 볼 때, 꽤 '정치화'된 맥락이라는 것을 알 수 있습니다. 이 점이, 국회 의결 사항이지만 궁극적으로 헌법재판소의 결정에 달린 한국의 상황과 어떻게 관계되어 있는지 생각하면 흥미롭습니다.

셋째, 닉슨 대통령 탄핵 관련(1974~1975), 클린턴 대통령 탄핵 관련(1997~1998), 트럼프 대통령 탄핵 관련(2020~2021)에 관하여 법적·정치적 쟁점을 넘어선 생생하고 다양한 정보는 독자들의 흥미를 끌 수 있습니다. 특히 관련 당사자들의 회고록과 다양한 보도자료 등을 통해서 탄핵에 대해 알려지지 않은 이면의 다양한 이야기들은 독자의 시선을 사로잡을 것입니다.

넷째, 이 책을 통해서 김병호 선배님의 간결하지만 핵심을 전달하는 글쓰기의 묘미를 즐길 수 있을 것입니다. 김병호 선배님은 학부에서 영문학을 전공했고, 대학원에서 경영학을 전공한 후 기업의 투자나 인수 합병 등에 오랫동안 관련 일을 했습니다. 그런 점에서 그의 맛깔나고 유려한 문장에 더해서, 정확한 의사소통을 지향하는 글쓰기 자세를 볼 수 있습니다. 법률적인 쟁점 위주로 사건을 정리하는 그의 글쓰기는, 말할 것도 없이 로스쿨에서의 그의 교육과 관련이 있습니다. 책을 집필하면서도 독자와의 의사소통을 위해서 수많은 퇴고를 진행했다는 것을 알게 되었는데, 이는 일반 독자들만 아니라 학문을 업으로 삼고 있는 학자들에게도 좋은 본보기가 되리라 생각합니다.

개인적으로, 이 책에 이어서 김병호 선배님의 미국 사회와 한국 사회에 대한 다양한 통찰력을 담은 후속작들을 기대합니다. 그 이전에 우선 인간적으로 소탈하고, 사람에 대해 따뜻한 시선을 늘 견지하고 있는 그의 통찰이 담겨 있는 이 탄핵 관련 저서의 출간을 축하합니다. 그리고 독자들의 일독을 강력히 권합니다.

정재훈

현 이화여자대학교 법학전문대학원 교수 및 법학 박사,
전 서울고등법원 고등법원판사 및 공정거래위원회 비상임위원

1990년 겨울 서울 관악구 신림동에서 김병호 선생님을 만난 이래, 저는 지난 30년이 넘는 시간을 김병호 선생님과 소중하고 복된 인연을 나누며 보냈습니다. 저는 이 책이 구상될 무렵부터 완성될 때까지 김병호 선생님의 집필 과정을 지켜보았습니다. 이 책에 대하여 다음과 같은 추천의 글을 드리고 싶습니다.

첫째, 이 책은 미국 역사를 깊이 있고 역동적으로 이해할 수 있는 나침반입니다. 이 책은 미국의 역사를 진부하게 다루는 대신 '탄핵'이라는 역사적 사건을 통하여 다루고 있습니다. 미국의 탄핵 역사는 그 자체로 미국 민주주의와 법치주의의 다이나믹한 발전 과정을 반영하고 있습니다. 그 점에서 미국의 탄핵 역사는 미국 역사의 핵심이라고 볼 수 있습니다.

둘째, 이 책은 일반 독자를 위한 책이고 동시에 연구자를 위한 책입니다. 클린턴 대통령 부분, 닉슨 대통령 부분, 트럼프 대통령 부분에서 일반 독자는 대하소설이나 애정 소설을 읽는 것 같은 재미를 느낄 수 있습니다.

한편, 미국의 탄핵을 부분적으로 소개한 자료는 있었으나 미국 역사를 탄핵에 방점을 두고 소개한 책은 국내에 없었습니다. 이 책은 미국의 탄핵 역사를 정확하고 깊이 있게 다루고 있어 연구자에게 소중한 참고 자료가 됩니다. 그 점에서 이 책은 연구자를 위한 소중한 학술서입니다.

셋째, 이 책은 한국의 현실에 중대한 시사점을 가지고 있습니다. 최근 여러 탄핵 사건에서 볼 수 있듯이 한국도 탄핵의 문제가 민주주의와 역사 발전에서 중요한 의미를 갖게 되었습니다. 미국의 탄핵 역사는 우리 현실에서 중요한 참고가 됩니다.

넷째, 이 책은 미국의 역사와 제도를 소개한 자료에 그치지 않고, 오랫동안 미국을 통찰적으로 바라본 김병호 선생님의 독특한 경륜과 경험에서 비롯된 소산물입니다.

김병호 선생님은 서울대학교 영문학과를 졸업하고, 미국 뉴욕주립대학에서 경영학 석사(MBA) 학위를 받았으며, 전액 장학금과 생활비를 지원받는 특별한 장학생으로 선정되어 미국 네브래스카 주립대학 로스쿨에서 박사학위(JD)를 받으신 미국 변호사입니다. 특히 네브래스카 주립대학 로스쿨에서 가장 우수한 소수의 학생으로 구성된 로 리뷰Law Review의 편집위원으로 활약하셨습니다. 미국의 연방대법관, 연방법원 판사 대부분과 저명한 대학교수들도 로 리뷰 편집위원 경력을 가지고 있는 것을 보더라도, 김병호 선생님이 한국인으로 미국 로스쿨에서 로 리뷰 편집위원이 된 것이 얼마나 특별한 일인지 알 수 있습니다. 김병호 선생님은 대기업에서 근무하면서 주요 외국 기업의 인수 등 역사적인 거래에 참여하셨고, 벤처 기업의 대표이사와 임원을 역임하셨습니다.

다섯째, 이 책을 통하여 김병호 선생님의 정치精緻하고 간결하며 정확한 글쓰기를 볼 수 있습니다. 저는 오랫동안 김병호 선생님의 영문과 국문으로 된 글을 보면서 책을 통하여 김병호 선생님의 문장을 볼 수 있기를 소망했습니다. 김병호 선생님이 외국 기업 인수를 할 때 외국 기업의 상대방 담당자가 김병호 선생님의 정치한 영어 문장에 감탄하여, 김병호 선생님이 미국 로스쿨에 진학할 때 추천서를 써주었다는 일화가 있습니다. 이 책은 좋은 글쓰기의 소중한 전범典範이 될 것으로 믿습니다.

차
례

Ⅰ. 탄핵의 개요

1. 탄핵 조항의 기원과 배경

2. 탄핵 대상 행위

3. 탄핵 절차

4. 탄핵 대상 공직자

I

탄핵의 개요

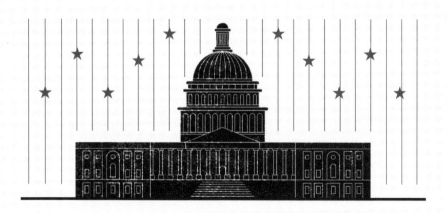

탄핵 조항의 기원과 배경

헌법과 탄핵

헌법 조항

탄핵은 헌법에 명시된 의회의 권한이다. 헌법 2조 4항은 대통령과 부통령 그리고 공직자들이 반역(treason), 뇌물(bribery), 기타 중대한 범죄나 비행(other high crimes and misdemeanors)을 사유로 탄핵당할 수 있으며, 유죄 선고를 받으면 공직에서 파면된다고 규정하고 있다. 헌법 1조 2항은 하원이 탄핵을 소추할 유일한 권한을 가진다고 명시하는데, 탄핵 가결에 필요한 의결 정족수는 참석 의원의 단순 과반이다. 헌법 1조 3항은 상원이 탄핵을 심판할 유일한 권한을 가진다고 명시하며, 유죄 선고에 필요한 의결 정족수는 참석 의원 2/3 이상의 절대 과반으로 규정한다. 또한, 대통령이 탄핵 대상이면 반드시 대법원장이 탄핵 심판을 주재하도록 하고 있다.[1]

헌법은 탄핵으로 인한 처벌을 현직에서의 파면과 향후 공직에 나설 자격을 박탈하는 것에 한정하지만, 탄핵으로 파면된 공직자가 사법적 책임을 면제받지 않는다는 것도 분명히 하고 있다. 따라서 탄핵당한 공직자는 기소, 재판, 판결, 형사적 처벌 등 탄핵과는 별도로 사법적 책임을 추궁 받을 수 있다.[2]

헌법은 형을 면제하거나 그 집행을 유예할 수 있는 대통령의 사면 권한과 형사 소송에 의무적으로 부과되는 배심원 재판의 원칙이 탄핵에는 적용되지 않는다는 점도 명시하고 있다.[3] 전자는 대통령이 사면권을 행사하여 자신이나 다른 사람에 대한 탄핵을 무위로 돌리는 것을 방비하는 조치이며, 후자는 탄핵 대상 공직자가 배심원 재판을 요구하며 상원의 탄핵 심판 거부를 방지하는 조치이다.

세계 최초로 3권 분립을 명확히 규정한 것으로 평가받는 미국 헌법은 입법·사법·행정이라는 세 개 부문으로 권력을 나누고, 1조에는 의회의 권한과 기능, 2조에는 대통령의 권한과 기능, 3조에는 사법부의 권한과 기능을 규정하였다.[4]

헌법은 세 부문의 권한과 기능을 분리하되 서로 견제할 수 있도록 하여, 어느 한 부문이 권력을 남용하는 행위를 방지하고 있다. 예를 들어, 대통령은 의회의 입법안을 거부할 수 있고,[5] 법관은 정년과 임기를 보장받아 독립성을 보호받을 뿐 아니라[6] 사법심사(Judicial Review)를 통해 의회와 행정부의 권한을 제어할 수 있으며,[7] 상원은 대통령이 조약을 맺거나 고위 공직자와 대법원장을 임명하는 데 견제 역할을 할 수 있다.[8]

탄핵도 견제와 균형이라는 헌법 기능의 한 부분을 담당하고 있다. 미국 헌법의 전신인 연맹규약(Articles of Confederation)에는 오직 약한 입법 기능을 가진 의회(Congress)만이 존재하였으므로 상호 견제하거나 충돌할 권력이 없었다.[9] 그러나 1787년 필라델피아Philadelphia 헌법제정회의가[10] 연맹규약을 대체하기 위해 채택한 헌법에는 행정부와 사법부가 새로 도입되었다. 이렇게 3권이 나뉜 연방정부 아래서 탄핵제도는, 대통령의 법안거부권이나 대법원의 사법심사권처럼, 의회가 행정부와 사법부를 견제하는 기능을 하고 있다.[11] 특히 권력을 직접 행사하는 행정부의 최고 책임자, 즉 대통령을 견제하는 핵심 수단으로 이해되었다.[12]

영국의 탄핵

왕권 견제

미국 헌법의 탄핵 조항은 영국의 탄핵제도를 본떠서 만들어졌다.[13] 절대적인 왕권과 대립하여 싸움을 벌여 온 영국 의회는, 국왕 주변에서 정책을 시행하거나 자문하는 신하들의 책임을 묻고 그들의 권력 남용을 제어하는 수단으로 탄핵을 활용하였다.[14]

1300년대 중반에 시작된 것으로 알려진[15] 영국의 탄핵제도는 1400년대 중반 이후에는 거의 사용되지 않았다. 그러나 1600년대 초반 및 중반에 제임스James 1세와 찰스Charles 1세가 의회를 무시하고 왕권을 내세우자 탄핵은 다시 빈번하게 사용되었고, 1649년 올리버 크롬웰Oliver Cromwell 정부가 성립되기 직전에 사용 빈도는 절정을 이루었다.[16] 제임스 1세 통치 말기인 1620년부터 찰스 1세가 처형된 1649년까지 영국 의회는 100여 건이 넘는 탄핵을 표결하였다.[17]

웬트워스 탄핵

영국에서 탄핵의 중요 목적은 왕권으로부터 의회 권한을 보호하는 것이었기 때문에 주된 탄핵 대상 행위는 의회가 왕과 합의한 정부 체제 또는 헌정질서를 어지럽히는 것이었으며, 이러한 행위는 대체로 '반역'이라는 죄목으로 탄핵당하였다.[18]

대표적인 사례로 1640년 스트래퍼드Strafford 백작이었던 토마스 웬트워스 Thomas Wentworth에 대한 탄핵을 들 수 있다.[19] 찰스 1세의 자문 역을 맡았던 웬트워스는 적극적인 왕권 옹호자로서 찰스 1세의 절대군주제 통치에 가장 효과적인 도구 노릇을 하였다. 그는 왕을 대신하여 아일랜드를 통치하였는데 매우 잔혹하였다는 평을 받았으며, 1639년 잉글랜드로 소환되자 찰스 1세에게 자신처럼 냉혹한 방식으로 통치할 것을 촉구한 것으로 알려졌다.

왕권을 강화하려는 웬트워스의 행위에 위기감을 느낀 의회는 1640년 반역죄로 웬트워스를 탄핵하였다.[20] 탄핵의 핵심 내용은 '웬트워스가 정부와 헌법을 뒤엎고 전제 정부를 도입하려 하였으며 의회의 권한을 위태롭게 하였다'는 것이다.[21] 의회는 유죄 입증이 까다롭고 탄핵 과정이 길어질 것을 우려하여 탄핵을 중도에 포기하고, 급작스레 '사권 박탈(Bill of Attainder)' 처분을 내린 뒤 왕의 동의를 받아내어 1641년 5월 12일 웬트워스를 처형하였다.[22]

의회의 권한 강화

영국의 탄핵은 일반 시민과 공직자 모두에게 적용될 수 있었으며, 탄핵 대상이 되는 행위에 특별한 제한이 없었다. 1386년 서퍽Suffolk 백작 마이클 드 라 폴 Michael de La Pole은, 무능한 관리를 임명하고 특정인에게 혜택을 주도록 왕에게 조언하였다는 이유로 탄핵당하기도 하였다.[23]

탄핵 대상 행위가 광범위하였던 영국의 탄핵은, 찰스 2세의 왕정복고 이후 한층 강력해진 의회가 자신의 권한을 강화하는 수단으로 사용하는 데 효과적인 도구가 되었다. 의회는 1600년대 중반부터 후반에 이르는 왕정복고 시기에 '직무 태만,'[24] '공직에 어울리지 않는 부적절한 언행'[25] 또는 '자금의 유용'이나 '부당한 인사'[26] 등 온갖 행위를 사유로 탄핵을 추진하였다. 그러나 이 시기 진행된 탄핵의 핵심 목적은, 의회의 권한에 도전하는 행위를 '반역' 또는 '정부 전복'이라는 명분으로 처벌하여 의회의 권한을 강화하는 것이었다고 할 수 있다.

왕정복고 시기에 주목할 만한 탄핵 사례로는 클라렌든Clarendon 백작과 댄비 Danby 백작에 대한 탄핵을 들 수 있다. 찰스 2세의 중요 대신이었던 클라렌든 백작이 의회의 정적들과 충돌하게 되자, 의회는 1667년 그를 탄핵하였다. 의회는 '왕에게 상비군을 설치하도록 조언하고, 의회가 아니라 상비군을 통하여 나라를 통치하도록 왕을 부추겼다'는 내용 등을 탄핵 사유로 제시하였는데, 그 속뜻은 클라렌든 백작이 웬트워스 백작과 마찬가지로 왕의 편에 서서 의회에 대항하였다는 것이다.[27]

댄비 백작은 찰스 2세의 지시로 '상당한 금액을 지급할 경우, 프랑스와 독일의 전쟁에서 중립을 지키겠다'라는 찰스 2세의 약속을 담은 편지를 프랑스 왕에게 썼다. 이런 사실이 드러나자 의회는 1678년 댄비 백작을 탄핵하였다. 의회가 내세운 탄핵의 명분은 '댄비 백작이 군주제를 도입하여 정부 체제를 전복하고 의회를 부정하려 하였다'는 것이었지만, 그 속내 역시 왕의 편에 서서 의회의 권한

을 침해한 댄비 백작의 행위를 응징하려는 것이었다.[28]

18C 탄핵

영국의 탄핵 사례는 1700년대 초반까지 이어졌다. 특히 1714년 앤Ann 여왕의 죽음과 조지George 1세의 승계, 그리고 자코바이트Jacobite 반란이 겹치면서 탄핵의 일진광풍一陣狂風이 불었다. 앤 여왕 당시의 외교 정책과 관련하여 수명의 귀족들이 탄핵당하였으며, 자코바이트 반란에 연루되어 7명의 귀족이 탄핵당하였다.[29]

그러나 조지 1세의 왕위 계승이 완료되고 의회가 왕권보다 우위에 있다는 것이 분명해지자 탄핵은 정치적으로 큰 의미를 지니지 않게 되었고, 1700년대 초반 이후 영국의 역사에서 대체로 사라지게 되었다.[30]

주목할 만한 예외로는 1787년 워런 헤이스팅스Warren Hastings와 1805년 멜빌 경Lord Melville에 대한 탄핵 정도인데, 헤이스팅스 탄핵은 필라델피아 헌정회의가 열리던 때 진행되어 헌법 제정자들에게 직접적인 영향을 주었으므로 미국의 탄핵제도에서도 큰 의미가 있다.[31] 헤이스팅스는 1773년부터 1785년까지 최초의 인도 총독을 지냈다. 그는 공격적이고 적극적인 인도 통치로 영국의 식민지 지배의 기반을 다졌다는 평가를 받기도 하지만, 동시에 지나친 지배 정책으로 권력을 남용하였다는 비난을 받기도 하였다. 1787년 영국 의회는 이미 2년 전에 은퇴한 헤이스팅스에게 행정 실책과 부패, 그리고 인도인에게 잔인하였다는 책임을 물어 탄핵을 추진하였다.

헤이스팅스에 대한 탄핵 기소는 그 내용이 대체로 모호하며 구체적 범죄 사실을 적시하지 못하였지만, 그는 8년이 지난 뒤에야 무죄 선고를 받아 방면되었다.[32] 미국 헌법을 제정하기 위한 필라델피아 헌정회의에서 조지 메이슨George Mason은 탄핵 대상 행위를 토론하는 중에 영국의 헤이스팅스 탄핵을 직접 언급

하기도 하였다.[33]

식민지 미국의 탄핵

식민 지배에 대한 저항

영국의 식민지였던 북미 대륙 13개 주에서 탄핵은 대체로 심각한 범죄나 고위 공직자의 권력 남용을 방지한다는 한정된 목적에만 이용되었으며, 영국에서처럼 권력 간의 견제나 정쟁 수단으로 인식되지는 않았다.[34]

그러나 미국 식민 주에서 시민대표회의체로 입법기관 역할을 했던 의회(Congress or Assembly)는, 탄핵을 통하여 영국 국왕이 지명한 관리들에게 불만을 표출하고, 식민지의 시민대표회의체가 영국의 의회와 등등하다는 것을 보여주고자 하였다.[35] 영국의 의회가 국왕에게 대항하기 위하여 탄핵제도를 이용하였던 것처럼, 식민지 주들은 영국 의회와 국왕의 식민지 지배에 저항하는 수단으로 탄핵제도를 활용한 것이다.

예를 들어, 1635년 식민지 최초의 탄핵 사유는 버지니아 주지사 존 하비John Harvey가 부당하고 폭압적인 통치를 한다는 것이었으며, 1706년 펜실베이니아 자문관 제임스 로건James Logan에 대한 탄핵 역시 식민 지배에 대한 정치적 불만 때문에 시작되었다.[36]

특히 영국의 식민지 정책에 대한 불만과 저항이 거세었던 1755년부터 독립선언이 이루어진 1776년 사이에 식민지 미국의 탄핵은, 영국과 영국을 등에 업은 식민지 지배 계급에 저항하고 '국민 주권'이라는 공화주의 이념을 표출하는 중요한 수단이 되었다.[37]

독립선언 무렵의 사례

1758년 펜실베이니아 의회는 영국 국왕이 임명한 펜실베이니아 체스터 Chester 지역의 판사 윌리엄 무어William Moore에 대한 탄핵을 시도하였다.

당시 펜실베이니아는 봉건시대 봉토와 비슷한 형식으로 영국의 자산 관리 (proprietary) 아래에 있었고,[38] 영국은 자신이 프랑스와 벌인 전쟁 비용을 펜실베이니아를 포함한 식민 주들에 부담시키려 하였다. 펜실베이니아 의회는 시민들에게 세금을 거두는 대신 재산세를 부과하여 자산관리인(proprietary)의 부담으로 영국이 요구하는 전쟁 비용을 충당하려 하였다.

펜실베이니아 자산 관리를 총괄하던 토마스 펜Thomas Penn은 당연히 재산세에 반대하고 나섰는데, 무어 판사는 펜실베이니아 의회가 아니라 토마스 펜을 지지하였다. 물론 무어가 판결을 미루고 배심원의 결론을 배제하며, 심지어 자신의 빚을 갚지 않는다는 불만들이 펜실베이니아 의회에 접수되기도 하였다. 하지만 무어 탄핵의 근본 이유는, 그가 프랑스와의 전쟁 비용을 식민지에 부담시키려는 영국의 정책을 지지하며, 시민의 세금 부담을 줄이고 과세의 전권을 가지려 했던 펜실베이니아 의회의 정책에 반대하였기 때문이었다.[39]

무어 탄핵으로부터 10여 년 뒤 매사추세츠에서도 비슷한 사건이 일어났다. 독립전쟁이 촉발되기 직전인 1774년, 매사추세츠 의회는 피터 올리버Peter Oliver 최고법원(Superior Court) 법원장에 대한 탄핵을 시도하였다.

매사추세츠를 포함한 식민 주들은 판사들의 급여를 직접 지급하여 영국 국왕의 영향을 받지 않는 독립된 사법권을 가지려 하였다. 1773년 영국 의회가 식민지 판사들에게 직접 급여를 지급하는 법안을 통과시키자, 매사추세츠 의회는 민감하게 반응하며 매사추세츠 최고법원 판사들에게 영국 정부로부터 급여를 받지 않겠다는 의사를 표시하라고 요구하였다. 5명 중 4명의 최고법원 판사들이 매사추세츠 의회의 보수만을 받겠다는 의사를 표명하였다. 그러나 영국 지지자로 이름났던 매사추세츠 주지사 토마스 허친슨Thomas Hutchinson이 임명한 올리버는, 경제적 어려움을 핑계로 영국 정부의 높은 급여를 받을 수밖에 없다는 태도를 밝혔다.[40]

시민들은 올리버가 영국 국왕에게 순종한다는 이유로 분노하였고, 매사추세츠 의회는 1774년 올리버를 '중대한 범죄와 비행'을 저질렀다는 이유로 탄핵하였다.[41]

공화주의 사상

무어와 올리버에 대한 탄핵은, 비록 주지사Governor들의 저항에 부딪혀 성공적으로 완결되지는 못하였지만,[42] 식민지 의회가 영국 국왕의 권력을 상징하는 지배계급을 정치적 이유로[43] 탄핵하려 했다는 점에서 그 의미가 크다. 더구나 무어와 올리버 탄핵은 영국의 식민 지배에 저항하였다는 의미를 넘어, 시민들을 대표하는 의회가 시민들의 뜻에 반하는 관료들을 축출한다는 시민 주권 또는 공화주의 이념을 표시한 사례로도 해석될 수 있다[44].

식민지 탄핵이 보여주는 공화주의 이념은 필라델피아 헌법제정회의로 이어졌는데, 헌법 제정자들 역시 나라의 주인인 국민이 맡긴 신뢰를 공직자가 저버리는 것을 방지하는 수단으로 탄핵을 인식하였다.[45] 영국에서 왕권과 정적을 견제하는 것이 중요 목적이었던 탄핵이 미국에서는 시민 주권, 즉 공화주의를 상징하는 제도로 헌법에 자리 잡게 된 것이다.[46]

식민 지배에 대한 저항과 공화주의 실현에 뿌리를 둔 미국의 탄핵은, 식민지 13개 주가 영국과의 전쟁에서 승리하고 독립된 연방 국가를 이루게 되자 공직자의 부패, 무능 또는 비행에 대응하는 좀 더 일상적이고 실용적인 수단으로 자리 잡게 되었다.[47] 그렇지만 국가나 헌정질서를 위태롭게 하는 반국가적인 행위에 대응하는 수단으로써 탄핵의 중요성이 감소한 것은 아니었다.[48] 탄핵은 독립전쟁

이후에도 권력을 남용하여 시민 주권이나 공화주의를 위태롭게 하는 반국가적 행위를 방지하는 중요한 수단으로 인식되고 사용되었다.[49]

필라델피아 헌정회의

배경

연맹규약 아래에서 중앙정부 기능을 하던 의회가[50] 사실상 13개 주 연대를 강화할 수 없다는 것이 드러났다. 예를 들어, 뉴욕은 주를 경유하는 배와 상품에 세금을 부과하여 주 사이의 원활한 통상을 방해하였지만, 연맹규약으로 구성된 의회는 이를 중지시킬 권한이 없었다. 1786년 셰이즈Shays 반란이 일어나자 매사추세츠는 도움을 요청하였지만, 연맹규약의 의회는 도움을 제공하거나 반역에 대처할 능력도 없었다. 마찬가지로, 13개 각 주는 중요 현안에 대한 통일된 법규나 제도가 필요하고 유럽의 국가에 대한 일관된 외교적 대응이 필요하다고 생각하였지만, 연맹규약의 의회는 이를 추진할 힘이 없었다.[51]

이런 문제를 풀기 위해 연맹규약의 의회는 주들 사이의 통상 및 외국과의 통상을 규제할 권한과 관세를 징수할 권한을 달라는 제안을 하기도 하였지만, 13개 각 주의 이해관계가 얽혀 수용되지 않았다.[52]

이런 와중에 각 주의 경제가 매우 어려워지면서 의회의 재정은 바닥났고, 막대한 독립전쟁 비용을 해결할 방안은 강구되지 않았으며, 민심은 흉흉해져 반란과 폭동이 일어났다.[53] 뉴잉글랜드를 포함한 일부 지역에서는 공화제보다 군주제가 미국에 더 잘 어울린다는 불만이 퍼질 정도로 상황은 심각해졌다.[54] 결국, 13개 주는 필라델피아에 대표를 파견하여 새로운 연대 방안을 모색하게 되었다.

탄핵 조항 발의

1787년 영국에서 헤이스팅스가 체포되어 상원의 탄핵 심판에 출석한 날로부터 수일 뒤인 5월 25일, 미국에서는 13개 주 대표들이 필라델피아에 모여 연방 헌법 제정을 위한 회의를 열었다. 이 회의에 참여하였던 각 주의 대표들은 영국의 헤이스팅스 탄핵을 전해 들으며 연방의 헌법에 포함될 탄핵 조항을 구상하고 토론하였을 것이다.[55]

헤이스팅스 탄핵은 필라델피아 회의와 동시대에 진행되었다는 점에서 미국의 탄핵제도 탄생에 특별히 중요한 의미를 지니지만,[56] 필라델피아 회의가 개최될 당시 이미 9개 주가 주 헌법에 탄핵 조항을 두고 있을 정도로[57] 영국의 탄핵제도는 미국 정치인들에게 잘 알려지고 익숙한 제도였다.[58] 따라서 필라델피아 헌법제정회의에서 탄핵제도가 제안되고 논의된 것이 특별한 일은 아니며, 헤이스팅스 탄핵의 영향 때문만은 더욱 아니다.

5월 29일의 필라델피아 회의에서 버지니아 대표 에드먼드 랜돌프Edmund Randolph는 연방정부 구성을 위한 15개 항목의 제안서를 발표하였다.[59] '버지니아 플랜Virginia Plan'이라 불리는 랜돌프의 제안은 곧 제정될 미국 헌법의 윤곽을 보여주며, 필라델피아 회의에 토론될 주제를 제공하는 역할을 하였다.[60] 랜돌프 제안서 9번 항목은 연방 차원의 사법부를 구성하고 사법부 업무 중의 하나로 공직자에 대한 탄핵 심판을 제안하고 있으므로,[61] 탄핵은 필라델피아 헌정회의 시작 때부터 의제에 포함되어 있었다고 볼 수 있겠다.

랜돌프 제안을 토론한 날로부터 며칠이 지난 6월 2일, 노스캐롤라이나 대표 휴 윌리엄슨Hugh Williamson이 행정 책임자,[62] 즉 대통령에 대한 탄핵과 파면을 제안하였다. 이 제안도 별다른 이견 없이 수용되었고, 공직자와 대통령에 대한 탄핵은 자연스럽게 헌법을 구성하는 한 부분이 되었다. 탄핵 조항에 대한 세부 논의는 50여 일이 지난 뒤에 이어졌다.[63]

군주제와 독재에 대한 두려움

영국에서 사실상 사용이 중단된 탄핵제도는 필라델피아 회의에 모였던 13개 주 대표들에게 400년 역사를 가진 유물 정도로 보였을 수도 있다.[64] 오래되어 낡았으며, 무엇보다 권력 분립의 원칙에 어울리지 않는[65] 영국의 탄핵제도가 자연스럽게 미국의 헌법에 수용된 이유는 무엇일까? 헌법 제정자들이 필라델피아에 모인 중요한 이유는 13개 주를 연대할 더 강한 중앙정부와 효율적인 집행 기능을 원했기 때문인데, 그런 그들이 중앙정부의 집행 기능을 약화할 수 있는 탄핵제도를 거부감 없이 수용한 이유가 무엇일까? 그들은 무엇을 경계하였던 것일까?

헌법 제정자들이 더 강한 중앙정부를 원하였던 것은 사실이지만,[66] 동시에 너무 강력한 대통령도 원하지 않았다.[67] 그들은 식민 지배 당시 영국 군주의 폭정을 생생히 기억하고 있었고, 권력에 대한 탐욕이 제어하기 어렵다는 것도 잘 알고 있었으므로 군주제와 군주를 혐오하였다.[68] 그들은 선출된 대통령이 영국의 국왕과 같은 전제적 군주로 변할 수도 있다는 것을 두려워하였다. 조지 메이슨은 1인 대통령제와 대통령의 법안거부권에 반대하면서 필라델피아 헌정회의가 영국의 군주보다 더 위험한 군주를 만들고 있다는 비판을 하기도 하였다.[69]

이런 우려와 비판을 잠재우기 위해서는 대통령의 권력이 지나치게 강력해지는 것을 막아줄 안전장치가 필요하였는데, 헌법 제정자들은 탄핵 조항이 그런 기능을 하기를 바랐다.[70] 필라델피아 회의에서 탄핵 조항에 대한 논의가 사실상 대통령 탄핵에만 집중되었다는 사실은,[71] 헌법 제정자들이 가장 바랐던 탄핵 조항의 기능이 무엇인지를 짐작하게 한다.

영국에서 국왕은 탄핵 대상이 아니었다. 국왕에게 잘못이란 있을 수 없었고, 그의 신분과 지위는 죽을 때까지 계속되는 것이었다.[72] 따라서 국왕에 비견될 수 있는 대통령을 탄핵한다는 것이 자연스러운 발상은 아니었을 수 있다. 그러나 헌법 제정자들은, 군주와 군주의 폭정을 극도로 혐오하였을 뿐 아니라 공화주의 이념을 구현하고자 하였기 때문에, 국왕이 탄핵당하지 않았다는 영국의 사례를 넘을 수 없는 걸림돌로 생각하지는 않았다. 오히려 다른 이유로[73] 대통령 탄핵에 반대하는 주장이 제기되었을 때 매사추세츠 대표 엘브리지 게리Elbridge Gerry는 "국가 원수는 잘못이 있을 수 없다는 영국의 금언을 미국이 수용하면 안 된다"고 질타하였고,[74] "대통령은 왕이 아니고 국민이 왕이다"라는 발언도 나왔다.[75] 이처럼 헌법 제정자들이 가졌던 군주적 독재에 대한 두려움과 군주제에 대한 혐오가 미국 탄핵제도를 마련한 핵심 동력이었다.

허들 – 권력 분립의 원칙

그러나 대통령 탄핵이 권력 분립의 원칙을 깨트리고 대통령의 독립성을 훼손한다는 이슈는 헌법 제정자들이 손쉽게 넘을 수 있었던 허들이 아니었으며, 상당한 논쟁을 불러왔다.[76]

사우스캐롤라이나 대표 찰스 핑크니Charles Pinckney는 "탄핵은 의회의 회초리가 되어 대통령의 독립성을 파괴하고 그를 의회에 의존하게 만든다"는 지적을 하였고, 매사추세츠 루퍼스 킹Rufus King은 "4년마다 실시되는 선거에서 국민에게 심판받을 것이므로 대통령을 탄핵할 이유가 없다"고 주장하였다.[77] 모리스는 토론의 초반에 "대통령이 부하 공직자 없이는 큰 잘못을 저지르기 어려우므로 부하 공직자를 처벌하면 된다"는 논리를 제시하기도 하였다.[78] 모리스의 주장에 조지 메이슨은 "그 누구라도 정의 위에 있을 수 있는가?"라는 반문을 던졌고,[79] 버지니아 대표 제임스 매디슨James Madison은 "대통령의 무능과 태만, 그리고 배신으로부터 사회를 보호할 어떤 조항이 필요하다"고 주장하였다.[80] 랜돌프는 "대통령이 공금을 보유하고 있으며 전쟁 시에는 권력을 남용할 기회를 가질 수 있다"고 지적하며, "처벌 조항이 마련되지 않으면 내란의 위험도 있다"는 논쟁을 펼쳤으며,[81] 당시 유명인사였던 벤저민 프랭클린Benjamin Franklin은 "대통령이 미움을 받아 암살당하는 것보다 차라리 탄핵당하는 것이 낫다"고 거들었다.[82]

대통령 탄핵에 대한 찬반을 두고 팽팽한 줄다리기가 이어질 때, 모리스가 반대에서 찬성으로 태도를 바꾸고 대신 부패를 포함한 몇 가지 범죄로 탄핵 사유를 한정하자고 제안하였다.[83] 이것은 권력 분립의 원칙을 어느 정도 보호하면서도 특별한 경우에는 대통령을 탄핵할 수 있도록 하자는 타협안이었다. 이날 모리스가 제안한 탄핵 사유에 대해 더 이상의 토론은 없었지만, 대통령 탄핵안은 8 대 2로 통과되었다.[84]

그러나 대통령 탄핵이 대통령의 독립성을 깨트리고 그를 의회에 종속시킨다는 문제는 필라델피아 회의 내내 헌법 제정자들을 불편하게 하였다.[85] 필라델피아 회의는 이 문제에 대한 해답을 찾지 못하였음에도 대통령이 탄핵 대상이라는 의결을 다시 의논하지는 않았고,[86] 결국 미국의 탄핵제도와 영국의 탄핵제도 사이에 가장 큰 차이점이라 할 수 있는 대통령 탄핵은 연방 헌법에 포함되었다.[87]

탄핵 대상 행위

탄핵으로 본 미국사

탄핵 대상 행위

반역과 뇌물

1787년 필라델피아 회의가 대통령 파면을 처음 논의한 것은 6월 2일이었다. 이날 회의에서 "대통령을 직무 태만(neglect of duty)과 부당한 직무 수행(malpractice)을 사유로 탄핵 및 파면할 수 있도록 하자"는 휴 윌리엄슨의 제안이 수용되었다.[88] 그러나 7월 말경에 열린 회의에서 탄핵 사유를 "반역(treason)과 뇌물(bribery) 그리고 부패(corruption)로 교체하자"는 안이 제기되었고,[89] 이 안이 8월 27일 회의에서 채택되었다.

9월 4일 11인위원회는 부패를 삭제하고, 반역과 뇌물만을 탄핵 대상 행위로 규정한 탄핵 조항 초안을 작성하였다.[90] 11인위원회가 부패를 탄핵 대상 행위에서 배제한 이유는 명확하지 않으나, 부패의 개념이 모호하고 포괄적이기 때문으로 추정된다.

헌법 제정자들은 탄핵으로 인해 대통령이 의회에 종속되거나 의회의 꼭두각시가 되는 것을 원치 않았으므로, 탄핵 대상 행위가 모호하거나 포괄적인 용어로 규정되어 광범위하게 해석되는 것을 경계하였다.[91] 헌법 제정자들의 이런 경계 때문에 실정이나 무능과 같은 용어가 수용되지 않았고, 맨 처음 채택되었던 '직무 태만과 부당한 직무 수행'도 '뇌물과 반역 그리고 부패'로 대체되었으며, 다시 '부패'가 삭제되었다는 것이 합리적인 추정으로 여겨진다.

중대한 범죄와 비행

탄핵 대상 행위를 반역과 뇌물 두 개에 한정한 11인위원회의 초안에 조지 메이슨이 반대를 하여 9월 8일 이에 관한 토론이 다시 일어났고, 결국 '중대한 범죄와 비행(high crimes and misdemeanors)'이 탄핵 대상 행위에 더해졌다.

이날의 회의 기록은 토론이 매우 간단하였다는 것을 보여주는데, '중대한 범죄와 비행'이 현대의 탄핵을 둘러싼 논쟁에서 가장 뜨거운 쟁점이 되었다는 것을 고려한다면 치열한 다툼 없이 간단하게 끝나버린 토론이 의외라는 생각도 든다. 비록 간단한 내용이지만, 그날의 토론을 따라가 보면 헌법 제정자들이 생각하는 '중대한 범죄와 비행'에 대해 좀 더 구체적인 느낌을 얻을 수 있을 것이다.

> 메이슨 : 왜 탄핵 조항이 반역과 뇌물에 국한되어 있습니까? 반역은, 헌법에 정의되어 있듯이, 다른 많은 중대하고 위험한 범죄들을 포괄하지 못합니다. 헤이스팅스는 반역죄로 탄핵 기소된 것이 아닙니다. 헌법을 위태롭게 하는 행위가 반역에 해당하지 않을 수 있습니다. 영국 헌정질서의 구세주였던 사권박탈법도 금지되어 있으니 더욱 탄핵의 권한을 확대하여야 합니다.

> 메이슨은 '뇌물' 뒤에 '실정(maladministration)'을 추가할 것을 제안하였고, 개리가 동의하였다.

> 매디슨 : 그 (실정이라는) 용어는 너무 모호하기 때문에 대통령의 임기를 상원의 뜻에 맡겨 두는 것이나 다름없습니다.

> 모리스 : 실정은 실제 큰 문제가 되지 않을 것입니다. 4년마다 실시되는 선거가 실정을 막을 수 있을 것입니다.

> 메이슨 : 실정을 철회하고 '국가에 반하는[92] 다른 중대한 범죄나 비행(other high crimes and misdemeanors against the State)'으로 대체할 것을 제안합니다.

얼핏 전문적인 용어로 보이지만 자세히 들여다보면 여전히 애매한 '중대한 범죄와 비행'이라는 탄핵 사유는 뉴저지, 펜실베이니아, 델라웨어 주의 반대에도

불구하고 8 대 3으로 통과되었다.[93]

반역과 뇌물의 헌법적 의미

반역죄에 대한 혐오

영국은 물론 식민지 미국에서 반역죄는 광범위하게 해석되었고, 심지어 소급 적용되기도 하면서 정적을 탄압하는 도구가 되어왔다. 이 때문에 식민지 미국인들의 마음에 반역죄에 대한 재판은, 반정부적인 사람들을 억압하고 처벌하는 수단으로 각인되어 있었다.[94] 이런 이유로 헌법 제정자들은 반역죄를 매우 좁고 엄격하게 정의하고, 헌법에 직접 명시하여 반역죄의 오남용을 막으려 하였다.[95]

헌법 3조 3항은 "미국에 대한 '전쟁을 개시(levying war)'하거나 미국의 '적에 유착하여 그를 지원하는(adhering to enemies, giving them aid and comfort)' 행위만이 반역이 된다"고 명시하고 있다. 또한 헌법은, 반역 행위를 목격한 2명 이상의 증언이 없거나 공개 법정에서 본인의 자백이 없으면 반역 혐의에 대해 유죄 선고를 할 수 없도록 명시하여, 반역죄 입증 요건을 매우 엄격하게 제한하고 있다.[96]

엄격한 반역죄 판례

헌법의 엄격한 규정에 보태어 대법원의 판결 선례도 반역죄의 구성과 입증을 매우 어렵게 하고 있다. 1807년 존 마셜John Marshall 연방 대법원장은 아론 버Aaron Burr[97] 반역 사건에서 헌법 3조 3항이 규정한 '전쟁 개시'는 단순한 계획이나 음모가 아니라 '전쟁을 개시하기 위한 명시적인 행위'라는 해석을 내리고, 반역죄를 입증하기 위해서는 그런 명시적인 행위를 목격한 2인 이상의 증인이 필수적이라고 판결하였다.[98] 이런 이유로 영국의 탄핵 사례에서 빈번하게 사용되었던 반역죄는 미국의 탄핵 사례에는 사실상 거의 등장하지 않는 죄목이 되었다.

2차세계대전을 전후하여 적을 지지하고 지원하였다는 수개의 반역죄 소송 건이 대법원에 이르기도 하였지만, 헌법이 제정된 이후 대법원에 이른 반역죄 소송은 모두 40건 정도에 머물고 있다.[99]

좁게 정의된 뇌물죄

뇌물죄는 헌법에 별도로 언급되지 않고 있지만, 보통법(Common Law) 체계에서는 잘 정의된 범죄 행위이며 전통적으로 좁게 해석되었다.[100] 따라서 보통법이 규정한 뇌물죄가 탄핵 대상 행위로서의 뇌물죄를 이해하는 데 훌륭한 참조가 될 것이다.[101]

블랙스톤 법률 사전Black's Law Dictionary과 표준 형법 예시(Model Penal Code)는 '공직자의 직무 수행에 영향을 끼칠 목적으로 대가를 제공하거나 받는 행위'를 뇌물죄로 정의하고 있다.[102] 연방 형법은 '공직자의 직무 수행에 영향을 끼칠 의도로 값어치 있는 것을 직접 또는 간접적으로 공직자에게 제공하거나 공직자가 그 대가를 요구하거나 받는 행위'로 뇌물죄를 규정하고 있다.[103] 연방형법 상의 뇌물죄가 성립되기 위해서는 '대가'와 '공무 관련 행위' 등 몇 가지 요건이 입증되어야 하며, 대법원 역시 연방형법 상의 뇌물죄를 좁게 해석하고 적용하는 경향을 보였다.[104]

그러나 연방형법이나 표준 형법 예시 등은 헌법 제정 당시 존재하지 않았으며, 헌법 제정자들은 탄핵 대상 행위를 형사적 범죄에 한정하지 않았다는 점을 고려하면, 탄핵 조항의 뇌물죄가 연방법이나 보통법 상의 뇌물죄와 일치하지 않는다는 것은 분명하다. 따라서 탄핵을 심판하는 상원은, 탄핵 대상 행위로서 뇌물죄가 성립되는가를 판단하는 데 보통법과 연방법을 참조할 수는 있으나 거기에 구속되지는 않을 것이다.

공적 신뢰

그런데 반역과 뇌물이 탄핵 대상이 되는 대표적인 행위로 헌법에 명시된 이유는 무엇일까? 우선 반역과 부패는 미국 탄핵의 모델인 영국의 탄핵 사례에도 자주 등장하는 죄목이다. 영국의 탄핵 사유는 몇 개 범주로 나눌 수 있는데, 무장봉기를 포함한 반역은 당연히 가장 중요한 탄핵 사유였으며, 뇌물을 포함한 부패 행위는 영국 의회가 가장 많이 사용한 탄핵 사유였다.[105]

독립을 전후한 미국의 탄핵 사유도 크게 다르지 않았다. 1787년 필라델피아 회의 당시 대다수 주가 국가에 반하는 범죄·실정·부패 등 영국과 비슷하거나 같은 행위를 탄핵 사유로 사용하고 있었으며,[106] 1776년 독립선언 이후 필라델피아 회의에 이르는 시기에는 대다수 주가 뇌물, 부정 축재 또는 공금 오용과 같은 공직자의 부패를 탄핵 사유로 사용하였다.[107] 이런 역사적 배경을 고려한다면, 1787년 필라델피아 회의에서 각 주의 대표들이 반역·부패·실정 등을 탄핵 사유로 제안한 것은 자연스러워 보인다.[108]

반역과 뇌물은 법적 개념이 잘 정립되어 있고, 그 적용이 엄격하였을 뿐 아니라 필라델피아 회의 당시 여러 주에서 탄핵 사유로 이미 사용되고 있었기 때문에, 별다른 이견 없이 연방헌법의 탄핵 사유로 채택되었다는 것은 분명한 듯하다. 그러나 이런 실용적 측면의 분석에 보태어 도덕적 또는 철학적 관점에서 바라보는 것도 탄핵 사유로서의 반역과 뇌물을 이해하는 데 도움이 된다.

공익이나 공적 신뢰를 저버리는 행위를 처벌하는 것이 탄핵의 목적이라면,[109] 반역과 뇌물은 공익 또는 공적 신뢰와 가장 먼 대척점對蹠點에 있는 대표적인 비행이다.[110] 만약 대통령이 자신의 조국에 전쟁을 일으키거나 조국의 적에 동조한다면 그에게 군 통솔권을 맡길 수 없을 것이다. 반역은 공적 신뢰의 대척점에 있는 행위 중 가장 중대한 범죄이다. 마찬가지로 공직자가 사익을 위하여 공익을 저버린다면 더는 공무를 맡길 수 없는 것이다. 뇌물 역시 공익의 대척점에 있는

부패를 압축적으로 표현한 비행인 것이다.[111]

처음 대통령 탄핵에 반대하였던 모리스가 "대통령이 뇌물을 받고 개인적 이익을 위해 공적인 신뢰를 배반할 수 있다"라는 이유를 들어 탄핵을 찬성하는 쪽으로 태도를 바꾸었다는 사실도[112] 부패와 뇌물에 대한 헌법 제정자들의 인식을 잘 보여주는 단면이다.

중대한 범죄와 비행의 헌법적 의미

기원

헌법이 탄핵 사유로 규정한 '중대한 범죄와 비행'은 1600년대 중반 영국의 탄핵 사례에 처음 등장한 이후 계속 사용되었다.[113] 영국의 탄핵제도에서 '중대한 범죄와 비행'은 특정 범죄 행위를 의미한 것이 아니라 '탄핵받아 마땅한 행위'를 의미하는 수식어였다.[114]

영국의 탄핵 대상 행위들은 반역, 부패, 형사적 범죄, 국가의 외교적 이익에 반하는 행위, 무능과 태만, 실정 또는 정부와 헌정을 위태롭게 하는 행위 등으로 분류해 볼 수 있는데,[115] '중대한 범죄와 비행'은 이 모든 행위를 꾸미는, 즉 특정 행위가 마땅히 탄핵되어야 할 행위임을 강조하는 관용어였다.[116] 아래의 예시는 영국에서 탄핵 대상이 되는 행위의 범주가 얼마나 넓었는지, 그 종류가 얼마나 다양했는지를 보여준다.

- 명시된 목적 이외에 자금을 사용한 행위
- 자격이 없으며 부적절한 사람에게 직무를 맡긴 행위
- 소송을 시작했으나 기소하지 않은 행위

- 화약 공급 계약금을 지급하지 않아 계약을 소멸시킨 행위

- 무기와 화약을 저장해 놓으라는 의회의 명령을 무산시킨 행위

- 정적을 선거에 나오지 못하도록 막고 그를 불법적으로 감금한 행위

- 정박을 게을리하여 배를 잃어버린 행위

- 왕에 대한 탄원을 억누르는 법무부 장관의 선언서 작성을 도와준 행위

- 승인장을 확보해준다는 명목으로 동인도회사로부터 5만5천 기니를 받은 혐의[117]

형사적 범죄 여부

헌법 2조 4항이 탄핵 사유로 규정한 '중대한 범죄와 비행'이 형사 범죄에 국한되는가 하는 문제는 미국의 탄핵 역사에서 가장 큰 논쟁거리였다.[118] 헌법 상의 '중대한 범죄와 비행'은 형법 상의 '중범죄와 경범죄(felonies and misdemeanors)'와 유사하게 들리는데, 이런 이유로 헌법 상의 '중대한 범죄와 비행'이 형법에 근거한 것이며, 따라서 탄핵 대상 행위도 형사 범죄에 국한되어야 한다는 주장이 제기되기도 한다.[119]

그러나 탄핵 대상 행위는 형사 범죄에 국한되지 않는다는 것이 정설이며,[120] 몇 가지 중요한 근거들을 요약하면 다음과 같다. 첫째, 미국 탄핵제도의 모델인 영국의 탄핵에서 '중대한 범죄와 비행'은 형사 범죄를 의미하거나 형사 범죄에 국한되어 사용된 것은 아니었다.[121] 둘째, 헌법 제정자들은 영국의 탄핵 사례를 잘 알고 있었으므로 탄핵을 형사 범죄에 국한하려 하였다면 이를 헌법에 명시하였을 것이다.[122] 셋째, 헌법 제정자들은 범죄를 막기 위한 형사적 수단이 아니라 대통령과 행정부를 견제하고 그들의 비행을 막기 위한 정치적 수단으로 탄핵제도를 도입하였으므로, 탄핵 대상이 되는 행위를 형사 범죄에 국한하는 것은 헌법 제정자들의 의도에 부합되지 않는 것이다.[123] 넷째, 다수의 연방판사가 습관적인 음주, 법정에서의 편파적인 자세, 사법 권력의 남용 등 형사적 범죄에 해당하

지 않는 행위들로 탄핵당한 역사적인 사례도 중대한 범죄와 비행이 형사적 범죄에 국한되지 않음을 보여준다.[124]

라울 버거Raoul Berger 교수는 "중대한 범죄와 비행이 형사 범죄에 한정되지 않는다는 사실은 헌법 자체에서 입증된다"라고 주장한다. 헌법 1조 3항은 "탄핵 심판에서 유죄 선고를 받더라도 형법에 따른 처벌이 면제되지 않는다"고 규정하여 탄핵에 따른 처벌에 더하여 형사적 처벌을 추가로 받을 수 있도록 하였다. 따라서 "탄핵을 형사 범죄에 대한 책임을 묻는 절차로 간주하는 것은 수정헌법 5조 일사부재리(Double Jeopardy) 원칙에 어긋난다"는 것이 버거 교수의 논리이다.[125]

또한, 버거 교수는 "수정헌법 6조 역시 탄핵 대상 행위가 형사 범죄 여부와 관련이 없음을 보여준다"고 주장한다. 수정헌법 6조는 형사 기소를 당한 사람에게 '배심원 재판'을 보장하는데,[126] 헌법 3조 2항은 탄핵에서 '배심원 재판' 의무를 면제하고 있다. 따라서 "탄핵 대상 행위를 형사 범죄에 한정하는 것은 형사적 기소를 배심원의 판단에 맡긴다는 수정헌법 6조의 취지와 배치된다"는 것이 버거의 해석이다.[127] 버거의 헌법 분석은 '탄핵이 형사적 절차가 아니며 탄핵 대상 행위 또한 형사적 범죄에 한정되지 않는다'는 다수 의견을 뒷받침한다.

심각하거나 중대한

비록 형사 범죄를 의미하는 것은 아니지만, '중대한 범죄와 비행'은 오직 심각하거나 중대한 행위를 의미한다는 것이 다수 의견이다.

메이슨은 대통령이 '반역과 뇌물' 이외에도 중대하고 위험한(great and dangerous) 비행을 저지를 수 있다는 이유로 '중대한 범죄와 비행'을 탄핵 사유로 제안하였다.[128] 메이슨과 마찬가지로 대다수 헌법 제정자들이 반역과 뇌물 이외의 심각한 행위로 대통령이 탄핵당할 수 있기를 원했지만, 동시에 대통령이 의회의 자의적 해석에 따라 온갖 사소한 일로 탄핵당하는 것은 원하지 않았다.[129]

헌법 제정자들은 이런 상충하는 듯한 두 가지 희망을 모두 충족시킬 수 있다는 판단에 따라 '중대한 범죄와 비행'을 탄핵 사유로 채택한 듯하다.[130] 미국의 '중대한 범죄와 비행'은 영국에서처럼 온갖 행위를 묘사할 수 있는 관용적인 수식어가 아니라 탄핵 사유를 오직 심각하거나 중대한 범죄와 비행에 한정하기 위해 쓰인 용어이며, 대다수 헌법학자도 여기에 동의하고 있다.[131]

심각하거나 중대한 비행만이 탄핵 사유가 된다는 이론은 탄핵 문구에 대한 어원적 분석으로도 뒷받침된다. 헌법 상의 '중대한 범죄와 비행(high crimes and misdemeanors)'은 형법 상의 '범죄와 경범죄(crimes and misdemeanors)'를 거창하게 표현한 것처럼 들리기도 하지만[132] 형법 상의 의미와 분명히 구분되며, 탄핵 역사 속에서 축적된 고유한 뜻을 지닌다는 것이 다수 의견이다.[133] 'high'가 'crimes'와 'misdemeanors'를 동시에 수식한다는 것이 일반적인 해석인데,[134] 이 경우 'high crimes'가 중대한 범죄나 그에 비견되는 행위를 의미한다는 것에 큰 이견이 없지만 'high misdemeanors'가 논쟁을 일으키는 모호한 단어로 남는다.

영국의 탄핵에서는 'high'가 잘못된 처신을 의미하는 'misdemeanor'와 결합하여 'high misdemeanors'는 고위 공직자를 포함하여 신분이나 지위가 높은 사람들의 중대한 비행을 의미하였다.[135] 블랙스톤 법률사전 역시 'high misdemeanors'의 대표적인 사례가 '공적 신뢰를 위탁받은 고위 공직자의 실정'이라고 설명하였는데, 필라델피아 헌정회의에서 직접 인용되기도 한 블랙스톤 법률사전은 당시 미국에서 가장 널리 보급된 법률 사전이었다.[136]

따라서 영국의 탄핵 사례를 잘 알고 있을 뿐 아니라 블랙스톤 법률사전의 정의도 숙지하고 있었을 헌법 제정자들이 헌법에 명기한 'high misdemeanors'로 고위 공직자의 중대한 비행을 의미하였다는 추정은 타당해 보인다.[137] 단지 수식어 'high'는 분명한 선 또는 객관적인 기준을 제시하지는 못하므로 이를 둘러싼 논쟁은 계속될 것이지만, 선스타인 교수는 'high misdemeanors'의 'high'를 극심하다는(egregious) 의미로 해석하였다.[138]

공적인 잘못과 사적인 잘못

헌법 제정자들은 국가와 사회 또는 공공의 이익에 반하여 공적 신뢰(public trust)를 저버리는 행위를 대표적인 '중대한 범죄와 비행'으로 간주하였다.[139] 이런 이유로 '중대한 범죄와 비행'은 공직자의 공적인 잘못(public wrongs)을 처벌하는 것이며, 공직과 연관되지 않은 사적인 잘못(private wrongs)은 탄핵 대상이 되지 않는다는 논쟁이 제기되기도 한다.[140]

클린턴 대통령 탄핵 때 많은 법학자가 백악관 인턴 여성과 성관계를 감추려 한 클린턴의 행위는 대통령의 권한이나 직무 수행과 관계 없는 사적인 잘못이므로 헌법 상 '중대한 범죄와 비행'에 해당하지 않는다는 의견서를 공표하기도 하였다.[141] 그러나 사적인 잘못이라 하더라도 사회가 용인할 수 있는 어떤 선을 넘어선 극단적인 범죄(extremely heinous private crime)는 탄핵 사유가 된다는 것이 다수 의견이다.[142]

탄핵 절차

3

하원의 탄핵 기소

발의

헌법은 하원이 대통령, 부통령, 그리고 기타 공직자를 탄핵할 수 있는 유일한 권한을 가진다고 규정한다. 이것은 하원이 탄핵을 소추할 독점권을 가지고 있음을 명시한 것이지만, 탄핵의 시작은 다양한 이유로 촉발되고 다양한 방법으로 진행될 수 있다.

하원의원 개인이 간단한 결의안을 만들어 하퍼Hopper라 불리는 법안 발의 상자에 직접 넣는 것으로 탄핵을 시작할 수 있다. 일반적으로 해당 결의안이 즉각적인 탄핵을 요청하는 때에는 사법위원회로 이첩되며, 단순히 사전 조사를 요청하는 때에는 규정위원회(Committee on Rules)로 이첩된다.[143] 결의안을 넘겨받은 위원회에서는 탄핵 조사나 다른 추가 절차를 진행할지 또는 중단할지 등에 대한 사항을 검토하고 결정한다.

하원의원은 하퍼를 통하지 않고 하원의원의 특권으로 회의 중 의석에서 탄핵 결의안 제출 의사를 통지하여 탄핵을 발의할 수 있다.[144] 이 경우, 하원 전체회의는 제안된 탄핵안을 기각하거나 사법위원회로 이첩하는 등 다양한 방안을 취할 수 있다.[145]

외부 정보에 의한 탄핵 조사

탄핵은 하원의원의 제안이나 발의 없이도 시작될 수 있다. 일반 시민 청원이나 기타 공직자의 비행을 담은 첩보가 하원이나 하원의 특정위원회로 접수되어 탄핵에 대한 조사가 시작될 수도 있으며, 기존에 활동 중이던 상원 또는 하원의 위원회가 공직자의 비행을 포착하여 탄핵을 위한 사전 조사를 제안할 수도 있다.[146]

트럼프 전 대통령 탄핵은 의회에 접수된 내부고발 문서가 촉발했으며, 클린턴 전 대통령 탄핵은 사실상 수년 동안 클린턴을 수사해 온 스타 독립검사가 시작하고 이끌어 갔다.[147] 판사들의 경우에는 판사회의가 하원에 특정 판사의 탄핵을 요청할 수도 있는데, 1980년 이후 모두 5명의 판사가 이 절차에 따라 탄핵당하였다.[148]

위원회의 탄핵 조사

일반적으로는 사법위원회가 탄핵 조사를 주관하나, 때로는 다른 위원회가 탄핵 조사를 맡을 수도 있다.[149] 1867년 앤드루 잭슨Andrew Jackson 대통령에 대한 탄핵 조사는 남북전쟁 직후 남부 패전 주들의 재건을 담당하였던 남부재건위원회가 맡았고, 2020년 트럼프 대통령에 대한 탄핵 조사는 하원의 정보위원회가 주도하였다.

탄핵 조사를 담당하는 위원회는 규정 11조(Rule XI)에 따라 증인을 소환하고 문서 제출을 요구하며 청문회를 진행할 수 있는 권한이 있다. 필요한 경우 하원은 추가적인 권한을 위원회에 부여하는 의결을 할 수 있으며, 위원회도 자체적인 규정을 의결하거나 하부 위원회 또는 별도의 특별팀(Task Force Team)을 구성하여 탄핵 조사를 진행할 수 있다.[150]

탄핵 조사를 맡은 위원회는 헌법 상의 '중대한 범죄와 비행' 등 탄핵 사유가 있는지를 조사하고, 만약 그런 사유가 있다면 해당 공직자에 대한 탄핵 기소장을 위원회 과반수의 표결로 채택하여 하원에 보고한다.[151] 개별 의원이 제출한 탄핵 결의서와는 달리 사법위원회가 보고한 탄핵 보고서는 곧바로 하원의 의결을 받을 수 있는 특권을 가진다.[152]

하원의 탄핵 표결

위원회의 탄핵 기소장을 보고받은 하원은 기소 항목 전체 또는 기소 항목 하나하나에 대하여 채택 여부를 표결할 수 있다. 그러나 하원은 위원회가 보고한 탄핵 기소 항목을 그대로 따라야 할 의무는 없으며, 위원회가 추천하지 않은 항목에 대해서도 탄핵을 의결할 수 있다.[153]

하원이 탄핵 기소장 채택, 즉 탄핵 소추를 의결하는 데 필요한 정족수는 과반수이며,[154] 탄핵이 가결되면 하원은 상원에서 개최될 탄핵 심판에서 탄핵 사유를 입증하고 유죄를 주장할 소추위원(House Manger)을 지명한다.[155]

하원은 상원의 절차에 따라 탄핵 심판을 진행한다는 결의안을 추가로 채택하면서 '소추위원의 지명과 소추위원에게 소추 권한을 위임하였다'라는 내용을 해당 결의안에 명시하는데, 이는 형식적이긴 하지만 상원에 탄핵 사실을 통지하기 위한 것이다. 상원은 이 통지를 받아야 정식으로 탄핵 심판 절차를 시작할 수 있다.[156]

민주당 낸시 펠로시Nancy Pelosi 하원의장은 트럼프 1차 탄핵에서 사전 통보를 늦추어 고의로 탄핵 심판을 지연시켰다는 공화당의 비난을 받기도 하였다.[157]

상원의 탄핵 심판

준비 공방 (Answer & Replication)

하원으로부터 탄핵 사실을 통보받은[158] 상원은, 하원의 소추위원으로부터 탄핵 기소 내용을 설명받을 일시를 만장일치로 가결하여 하원에 통보하여야 한다.[159] 상원은 정해진 날에 하원 소추위원으로부터 탄핵 기소 내용을 설명받은 뒤 탄핵 대상자에게 소환장(Writ of Summons)을 발송하여 그의 출석과 답변을 요구

한다.[160]

탄핵 대상자는 정해진 날에 직접 출석하거나 변호인을 통하여 답변할 수 있지만, 출석과 응답 모두를 거부할 수도 있다. 후자의 경우, 상원은 탄핵 대상자가 모든 혐의를 부인한 것으로 간주하여 탄핵 절차를 그대로 진행하거나[161] 소환장을 발부하여 증인을 강제로 소환할 수도 있다.[162]

탄핵 대상자는 그가 헌법 2조 4항 상의 '공직자(civil Officer)'가 아니라거나, 기소 내용이 탄핵 추진의 근거가 되지 못한다거나, 심지어 혐의 사실을 전면 부인할 수도 있지만, 해명 답변을 제출하는 등 좀 더 적극적인 대응을 할 수도 있다.

탄핵 대상자가 해명 답변을 제출하는 경우, 하원의 소추위원도 반박 답변을 제출하여 온 것이 관례이며, 소추위원의 반박 답변에 덧붙여 탄핵 대상 공직자도 두 번째, 세 번째 답변으로 변론을 이어 나갈 수 있다.[163]

심판과 표결

탄핵 대상자의 답변과 소추위원의 응답 등이 종결되면 상원은 탄핵 심판 일정을 확정한다.[164] 탄핵 심판의 핵심은 소추위원의 논고와 변호인의 변론을 둘러싼 공방이지만, 상원은 이런 공방 속에서도 형사 재판의 형식을 취하여 증거를 제출받고 증언을 청취하며, 증인에 대한 심문을 진행하고, 때로는 새로운 증인을 소환하기도 한다.

증거 수집과 증언 청취 등은 전체 상원에 의해 진행될 수도 있지만, 전체 상원이 임명한 소규모 위원회에서 별도로 이루어지기도 한다. 예를 들어, 1999년 클린턴 탄핵 당시 상원은 증인 3명의 증언을 전체 회의가 아니라 별도로 구성된 위원회에서 청취하였다.[165]

그러나 상원은 증인과 증거에 관한 세부적인 규정을 두고 있지 않기 때문에 증인과 증거에 관한 논란은 탄핵심판장의 권한이나 상원의원들의 표결로 결정한다.[166] 예를 들어, 트럼프 1차 탄핵 때 상원의 다수당이었던 공화당의 반대로 새로운 증인의 소환이나 증언의 채택 없이 탄핵 심판이 진행되기도 하였다.[167] 또한, 상원은 탄핵 심판 도중이나 선고 직전에 방청객을 배제하고 상원의원들만의 토론을 가질 수도 있다.[168]

최후 진술과 변론이 끝나 탄핵 심판이 마무리되면, 상원의원들은 각 기소 항목에 대하여 유죄(yeas) 또는 무죄(nays)를 답하여야 한다. 기소된 항목 중 어느 한 항목이라도 탄핵 심판에 참석한 상원의원의 2/3 이상이[169] 유죄라고 답을 하면 탄핵 심판은 유죄로 종결된다.

탄핵과 처벌

영국의 형사적 처벌

영국의 탄핵은 왕권을 견제하기 위한 정치적인 도구였지만, 탄핵의 결과에 대해서는 형사적 책임을 부과함으로써 사실상 형사 소송이라는 사법적 특성도 지녔다. 영국 의회에 의해 탄핵당한 사람은 그가 맡은 직에서 파면될 뿐 아니라 투옥, 벌금 또는 사형이라는 형사적 처벌을 받기도 하였다.[170]

비록 탄핵의 근거가 범죄 행위가 아닌 정치적 사유라 하더라도 형사적 처벌이 부과되었으며, 심지어 재산의 몰수, 추방, 불구로 만들기, 후손 처벌, 모욕적인 사형 등 잔인하거나 원시적인 형벌이 집행되기도 하였다.[171] 이런 과도한 처벌 때문에 영국의 탄핵제도는 도덕적인 비난을 불러일으켰을 뿐 아니라 그 활용이 어렵다는 실용성 문제도 초래하였다.[172]

파면과 자격 박탈

미국의 식민지 주들은 탄핵 결과에 대한 책임을 공직 파면에 한정하여 탄핵을 활용이 좀 더 쉬운 실용적 제도로 만들었다.[173] 필라델피아의 헌법 제정자들도 이런 선례를 그대로 수용하였다. 헌법 1조 3항은 "탄핵 심판에서 유죄를 받는 경우, 그에 따른 처벌은 현직의 파면과 향후 공직에 대한 자격 박탈에 한정된다"고 규정하고 있다. 특히, 탄핵과 별도로 법률에 따라 기소·재판·처벌을 받을 수 있음을 명시하여, 탄핵에서 형사적 처벌을 배제하였음을 분명히 하였다.[174]

탄핵에 따른 책임에서 형사적 처벌을 배제함으로써 미국의 탄핵은 당사자 처벌보다는 공공의 이익 보호에 더 중점을 두는 정치적 특성을 두드러지게 가진다.[175] 헌법 2조 4항에 따라 탄핵 심판에서 유죄 선고를 받으면 자동으로 파면되므로, 파면을 위한 추가적인 표결이나 의결은 필요하지 않다.[176] 그러나 유죄 선고가 반드시 자격 박탈을 보장하는 것은 아니며,[177] 상원은 별도의 표결을 하여 반수 이상의 찬성으로 자격 박탈을 의결하여야 한다.[178] 상원은 파면과 자격 박탈이 함께 부과되거나 분리되어 각각 부과될 수 있다는 결론을 내린 적이 있다.[179]

다른 법률과의 관계

헌법 2조 2항은 대통령에게 형 집행을 취소 또는 유예할 권한과 범죄 행위를 사면할 권한을 주지만, 탄핵에서 유죄를 선고받은 사람에게는 대통령의 사면권이 적용되지 않음을 명시하고 있다.[180]

또한, 상원의 탄핵 심판 결과에 대해서는 그 적법성이나 정당성을 따질 절차나 상급기관이 존재하지 않으므로, 탄핵을 받은 사람은 그 책임과 형을 면할 방법이 없다. 연방 대법원은 의회의 법안을 포함하여 정부의 모든 행위나 조치에 대하여 그 위헌 여부를 심사할 수 있는 사법심사권(Judicial review)을 가지고 있지만, 탄핵 심판의 결과는 대법원의 사법심사권 대상이 아니라는 것이 일반적

인 견해이다.[181]

헌법 1조 9항은 사권 박탈(Bill of attainder)과 법률 소급(ex post facto law)을 금지하고 있는데, 이 조항 역시 탄핵과 긴밀한 관련이 있다. 1640년 웬트워스 탄핵 당시 영국 의회는 탄핵 사유를 입증하여 유죄 선고를 받아내는 어려운 길을 피하고, 사권 박탈이라는 쉬운 길을 택하여 웬트워스를 처형한 예가 있다.[182] 헌법 1조 9항은 사권 박탈이나 법률의 소급 적용을 금지하여 이들이 탄핵을 대체하는 처벌 수단으로 이용될 수 없도록 하고 있다.[183]

탄핵으로 본 미국사

탄핵 대상 공직자

입법부와 행정부
사법부

입법부와 행정부

모호한 개념

귀족과 평민 등 왕을 제외한 모든 사람이 탄핵 대상이 되었던 영국과는[184] 다르게 미국의 헌법 2조 4항은 탄핵 대상을 '대통령과 부통령, 그리고 공직자(civil Officer)'로 제한하고 있다.[185] 대통령과 부통령은 그 자체로 의미가 명확하지만 'civil Officer'의 의미는 모호하며, 헌법 역시 공직자에 대해 정의를 하지 않고 있다.

따라서 탄핵 조항의 공직자가 입법부·행정부·사법부의 모든 공무원을 의미하는지와 직급·직무에 따른 구분 기준이 별도로 존재하는지에 대한 논란이 있지만, 군대를 제외한[186] 사법부와 행정부 공무원이 탄핵 조항 상의 공직자에 해당한다는 것과 입법부 의원들은 탄핵 조항의 공직자에 해당하지 않거나 최소 탄핵당할 가능성은 거의 없다는 것이 분명해 보인다.

입법부

헌법 1조 5항은 상원과 하원이 각각 2/3 이상의 동의로 소속 의원을 파면할 수 있다고 규정하고 있다.[187] 이 조항을 근거로 의회의 의원들은 탄핵 대상 공직자가 아니라는 주장이 제기된다. 즉, 공직자를 탄핵 대상으로 규정한 탄핵 조항이 행정부의 기능과 권한을 규정한 헌법 제2조에 등장하는 반면, 의원 파면 조항이 의회의 기능과 권한을 규정한 헌법 1조 5항에 다시 등장하는 것은 '탄핵을 통하여 의원을 파면하지 않는다'는 헌법 제정자들의 의도라는 것이다.[188]

그러나 공적 신뢰를 저버리는 행위에 대해 파면은 물론 향후 공직에 대한 자격 박탈까지 규정한 탄핵 조항의 처벌과 직에 맞지 않는 품행(disorderly behavior)을 이유로 파면만을 내리는 헌법 1조 5항의 의원 파면은 그 목적이나 성격이 다르다는 논리가 설득력 있게 들린다.

헌법 제정자들이 최소 상원의원은 탄핵 대상 공직자로 간주하였다는 역사적 사료에 근거한 주장이 제시되기도 한다.[189] 그러나 1799년 윌리엄 블라운트 William Blount 전 상원의원에 대한 탄핵 추진에서 상원은 탄핵 심판 관할권이 없다는 이유로 탄핵을 기각시킨 적이 있으며, 이후 200년 이상 상하원 의원에 대한 탄핵 시도가 없었다는 사실을 고려하면, 의회 의원은 탄핵 대상이 아니라고 인정하는 것이 옳아 보인다.[190]

행정부

트럼프 대통령, 클린턴 대통령, 앤드루 존슨 대통령, 그리고 1876년의 윌리엄 밸크냅William Belknap 전쟁부 장관(Secretary of War)만이 탄핵을 당한 행정부 공무원이다.[191] 따라서 행정부 탄핵 사례는 각료 이상의 공직자가 탄핵 대상이 된다는 것을 보여주지만, 각료 이하 공직자에 대한 탄핵 기준을 제시하지는 못한다.

그렇지만 필라델피아 회의의 토론을 따라가 보면, 헌법 제정자들이 탄핵 대상 공직자를 각료 수준의 공직자에 한정하지 않았다는 추정이 합리적으로 형성된다.[192] 이런 추정은 필라델피아 회의로부터 얼마 지나지 않은 시기에 발표된 권위 있는 헌법학자들의 견해로도 뒷받침된다. 대체로 그들의 견해는 헌법 제정자들이 탄핵 조항의 공직자 범주를 매우 넓게 생각하였다는 것이다.[193]

'Civil Officer'가 각료에 한정된 것이 아니라 하더라도 'Officer'에 대한 정의와 해석 문제는 여전히 남는다. 헌법 2조 2항은 대사, 공사, 영사, 대법원 판사 등 대통령이 상원의 동의를 받아 임명하는 'Officer'와 상원이 그 임명 권한을 대통령, 법원, 혹은 부문의 장에게 일임하는 'inferior Officer'로 구분하고 있다.[194] 대법원은 헌법 2조 2항이 상급자와 하급자라는 관계에 따라 'Officer'를 구분하는 것으로 해석하고, 대통령이 상원의 동의를 받아 직접 임명한 공직자를

'principal Officer', 그리고 'principal Officer'로부터 지휘와 감독을 받는 공직자를 'inferior Officer'라고 정의하였다.[195]

대법원의 정의에 따르면, 상당한 업무 재량권을 행사하는 고위직이라 하더라도 업무의 단계에서 'principal Officer'의 지휘 감독 아래 있다면 2조 2항 상의 'inferior Officer'가 되는 것이다. 또한, 대법원은 *Buckley v. Valeo* (1976) 판결에서 'Officer'를 '상당한 권한을 행사하는 공직자'로 정의한 바 있다.[196]

헌법 2조 2항과 대법원 해석 그리고 헌법 제정자들의 토론을 고려하면, 장관이나 위원회의 위원장, 기타 행정기관의 수장인 'principal Officer'는 당연히 탄핵 대상이 되는 공직자이며, 'inferior Officer'라 하더라도 상당한 업무 재량권을 가졌다면 탄핵 대상이 된다는 해석이 가능하다. 이런 해석을 적용하면 행정부와 사법부에서 탄핵 대상이 되는 공무원의 범주는 매우 넓어진다.[197]

사법부

독립된 사법부

앞에서 설명하였듯이, 식민지 13개 주는 영국의 국왕과 관료로부터 독립된 사법부를 원했다. 독립전쟁에서 승리한 후 필라델피아 회의에 참여한 13개 주의 대표들은 행정부나 입법부의 영향을 받지 않는 사법부를 원했다. 독립전쟁 전 식민지 의회가 판사들에게 급여를 주어 판사들에 대한 영국의 영향력을 차단하려 하였듯이, 필라델피아에 모인 헌법 제정자들은 판사들에게 평생 정년과 급여를 보장하여 의회나 행정부의 영향력을 차단하였다.[198]

판사들의 평생 임기를 보장한 헌법 조항과 사법부의 독립을 갈망했던 역사적 배경을 고려하면, 판사들은 탄핵 대상이 아니라는 추정도 가능하다. 더구나 헌법은 판사 탄핵에 대한 언급이 없으며, 탄핵 조항이 행정부에 관한 규정인 헌법 2조에 위치하고, 사법부에 관한 규정인 헌법 3조에 평생 정년을 보장한 조항이 별도로 규정되어 있다는 점도 이런 추정을 뒷받침한다.[199]

그러나 필라델피아 회의에서 일어난 토론을 살펴보면, 헌법 제정자들은 판사들을 탄핵 대상으로 간주하였던 것으로 추정된다. 매사추세츠 대표 루퍼스 킹은 "판사들이 '옳은 처신(good behavior)'을 하는 동안 평생 정년을 보장받으므로 나쁜 처신(bad behavior)을 하는 때 파면할 수 있는 제도가 필요하다"고 주장하였다. 존 디킨슨은 상원과 하원 모두가 요청할 경우 대통령이 판사를 파면할 수 있도록 하자는 제안을 하였으며, 8월 20일 필라델피아 회의 5인위원회는 대법원이 탄핵 심판 권한을 가진다는 가정 하에서 대법원장 탄핵 방식을 검토하기도 하였다.[200]

디킨슨의 제안과 대법원의 탄핵 심판 관할권 모두 거부되었지만, 이 사례들은 헌법 제정자들이 판사를 탄핵 대상으로 간주하였다는 해석에 힘을 싣는다. 판사가 헌법 2조 4항 상의 공직자에 포함되었다는 것은 분명해 보이며, 실제 역사적으로 연방법원의 판사들이 탄핵의 주요 목표가 되었다.[201]

다수의 탄핵 사례

헌법 제정 이후 하원은 모두 19명을 탄핵하였는데, 그들 대부분이 연방법원의 판사였다. 1803년 음주와 적절치 못한 재판 진행으로 탄핵 파면된 존 피커링 John Pickering 판사를[202] 시작으로, 2010년 허위 재무 정보 공개와 부패 혐의로 탄핵 파면된 토마스 포터스Thomas Porteous 판사에[203] 이르기까지 총 15명의 연방법원 판사들이 하원으로부터 탄핵 소추를 당하였고, 이중 8명이 상원의 유죄 선고를 받았다.[204]

연방판사들에 대한 탄핵 사유는 정신적 불안과 음주, 독단적이고 위압적인 재판, 권한 남용, 소송인과 부적절한 관계, 편파적인 파산 관리인의 선정, 위증, 성폭력, 뇌물수수 등으로 형사 범죄에 해당하는지와 상관없이 다양하였다.[205]

탄핵 사례로 유독 판사들이 많은 이유가 뚜렷하게 설명된 적은 없지만, 헌법으로 평생 정년과 급여를 보호받는 판사들을 면직할 유일한 방안이 탄핵뿐이라는 것이 그 이유로 추정되기도 한다.[206]

판사 탄핵의 기준

판사 탄핵에서 한 가지 논란은 판사와 행정부 공직자에게 적용되는 탄핵 기준이 서로 다른가 하는 것이다. 헌법 3조 1항은 '옳은 처신(good behavior)' 동안 판사들의 평생 임기를 보장하고 있다.[207] 일부 전문가들은 헌법의 '옳은 처신' 조항이 판사들에 대한 추가적인 탄핵 사유를 규정하는 것이라고 주장하기도 한다. 즉, 판사들은 탄핵 조항의 반역, 뇌물 또는 중대한 범죄와 비행에 더하여 '옳지 않은 처신'으로도 탄핵당할 수 있다는 것이다.[208]

그러나 탄핵 사유는 탄핵 조항인 헌법 2조 4항에 규정된 것이 유일하며, '옳은 처신' 조항은 판사의 평생 임기를 분명하게 표현하기 위한 수식어라는 것이 일반적 견해이다.[209] 1974년 닉슨 대통령 탄핵을 추진한 사법위원회의 사무국 보고서는 '옳은 처신' 조항이 추가적인 탄핵 사유를 제공하는 것이 아니라는 결론을 내린 바 있다.[210]

'옳은 처신' 조항이 판사에게만 적용되는 추가적인 탄핵 사유가 아니라 하더라도, 사법부와 행정부의 서로 다른 직무 특성을 고려하여 탄핵 사유의 범주도 서로 달라야 한다는 주장이 제기된다. 예를 들어, 거짓 진술, 위증 또는 사기 등의 혐의가 신뢰와 공정이 더욱 중요한 직무 요소로 인식되는 판사에게는 충분히 탄핵 사유가 될 수 있지만, 행정부 공직자에게는 탄핵 사유에까지 이르지 않을 수도 있다는 것이다.[211] 특히, 대통령은 판사들과 달리 4년마다 자신의 잘잘못을 선거로 심판받으며 그에 대한 탄핵은 국가에 상당한 충격을 준다는 점에서, 판사들과 대통령에 대한 탄핵 기준이 달라야 한다는 주장은 상당히 설득력이 있다.[212]

그러나 하원이 판사와 대통령의 탄핵 기준이 다르다는 클린턴 탄핵 당시의 주장을 수용하지 않고 탄핵 소추를 의결하였듯이[213] 판사와 대통령을 포함한 행정부 공직자에 대한 탄핵 기준이 서로 다르다는 주장은 권위 있는 해석으로 인정된 적이 없는 소수 의견이다. 단지 판사와 행정부 공직자의 서로 다른 업무 특성과 군사와 외교를 아우르는 대통령의 광범위한 업무와 권한이 탄핵 소추와 심판에 어느 정도 영향을 미칠 것이라는 추정은 가능하다.[214]

몇 가지 원칙

비교적 풍부한 탄핵 사례들 덕분에 사법부 탄핵에 대해서는 다음과 같은 몇 가지 기본적인 원칙을 도출하는 것이 가능하다.

첫째, 판사에 대한 탄핵 선례는 헌법의 '중대한 범죄와 비행'이 반드시 형사적 범죄일 필요가 없다는 것을 확인해준다.

둘째, 의회는 판사들의 법률적 오류나 실수를 탄핵 대상으로 삼는 것을 꺼린다. 실제 사무엘 체이스Samuel Chase 대법관 탄핵 이후 법률적 오류로 탄핵당한 판사들은 없으며,[215] 1926년 조지 잉글리시George English 판사 탄핵 보고서에서 하원 사법위원회는 "판사들은 잘못된 판결로 탄핵당하지 않는다"라는 선언을 한 적이 있다.[216] 이런 선언의 논리적 배경은 '법률적 오류나 잘못된 판결은 상원이 아니라 법원의 상급심에서 다루어져야 한다'는 것일 게다.[217]

셋째, 거짓 진술이나 탈세 등과 같이 해당 판사의 직무와 직접 관련이 없는 사유로도 탄핵이 이루어졌다. 해리 클레어본Harry Claiborne 판사와 월터 닉슨Walter Nixon 판사는 그들의 직무와 관계 없는 탈세 또는 허위 진술 혐의로 탄핵당하였다. 비록 직무와 직접 연관되지 않은 사적인 비행이나 범죄 행위라 하더라도 판사라는 직에 어울리지 않아 양립할 수 없는 비행이라면 탄핵 대상이 되는 것이다[218]. 잦은 음주 또는 온전치 못한 정신 상태로 재판 업무를 제대로 처리할 수 없는 직무 무능도 이 범주에 속한다고 할 수 있다.[219]

넷째, 해당 공직에 임명되기 전의 행위도 탄핵 대상이 될 수 있다. 포터스 판사는 연방판사 임명 과정에서 주州정부의 판사 시절 발생하였던 부패 행위를 부인하고 숨겼다는 이유로 탄핵당하였다.[220]

판사 탄핵의 사례가 보여주는 위의 원칙들이 행정부 공직자, 특히 대통령 탄핵에도 그대로 적용되는가 하는 문제에는 논란이 있지만,[221] 풍부한 선례들이 판사들은 물론 행정부 공직자에 대한 탄핵에서 신뢰할 만한 지침을 제공하고 있음은 분명하다.

II

초기 탄핵 사례

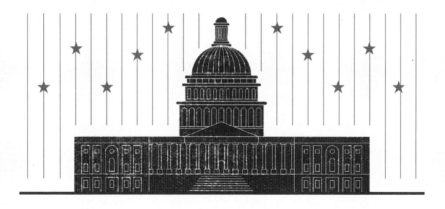

입법부와 행정부

블라운트 상원의원

밸크냅 전쟁부 장관

블라운트 상원의원

최초 탄핵

필라델피아에서 논의되었던 탄핵 조항이 실제 적용되는 데에는 그리 오랜 시간이 걸리지 않았다. 필라델피아 회의에서 채택된 헌법 초안은 1788년 13개 주의 비준을 얻어 연방헌법의 지위를 차지하였고,[222] 이로부터 9년이 지난 1797년 윌리엄 블라운트William Blount 상원의원이 헌법 2조 4항에 따라 탄핵당하였다. 블라운트는 노스캐롤라이나 대표로 필라델피아 헌정회의에도 참여하였으며, 노스캐롤라이나가 연방헌법을 비준하도록 애를 썼던 인물이다.

블라운트 탄핵은 연방헌법에 따라 하원이 탄핵 권한을 행사한 최초의 사례이며, 의회 의원도 탄핵 조항의 공직자에 해당하여 탄핵 대상이 되는지에 대한 지침을 제시하고 있다는 점에서 역사적 의미가 큰 선례이다. 블라운트 탄핵 이후 현재까지 의회 의원들에 대한 탄핵 시도는 없었으므로, 블라운트는 처음이자 마지막으로 탄핵당한 의원이다.

블라운트의 꿈

1790년 미국 의회는 노스캐롤라이나 서쪽 지역을 분리하여 '남서 지역(Southwest Territory)'이라는[223] 임시 통치 지역을 구성하고, 워싱턴 대통령은 블라운트를 이 지역 담당 지사로 임명하였다. 이 무렵 부동산 투기꾼으로 이름났던 블라운트는, 그의 형제들과 함께 상당한 부채를 일으켜 남서 지역에 2백만 에이커 이상의 땅을 매입해 둔 상태였다. 그는 이 지역이 개발되면 막대한 차익이 생길 것이라고 기대하였으며, 남서 지역이 연방의 주로 편입되도록 애를 썼다. 1796년 남서 지역은 테네시 주로 연방에 편입되었고, 블라운트는 테네시 최초의 연방 상원의원이 되었다.[224] 그러나 그의 기대와는 달리 서부 지역의 땅값이 폭락하면서 블라운트는 경제적으로 난처한 상황에 놓이게 되었다.

서부 지역의 땅값이 폭락한 이유는 미시시피강Mississippi River 하구와 루이지애나 해안을 접한 멕시코만Mexican Gulf을 장악하고 있던 스페인이 프랑스와 전쟁에서 고전하고 있었기 때문이다. 프랑스가 승리하여 루이지애나Louisiana를 차지하고 멕시코만을 통제하면 미시시피강을 따라 이어지는 북미 내륙의 통상이 타격을 받을 수 있다는 우려가 서부 지역의 땅값을 폭락시킨 것이다.

블라운트는 루이지애나와 플로리다Florida를 영국이 지배할 수 있도록 도와주고, 대신 미국 상인들이 플로리다, 뉴올리언스New Orleans, 미시시피강 유역을 자유로이 드나들며 통상할 권리를 확보하려 하였다.[225] 그는 인디언 부족을 사주하여 지역 민병대와 함께 뉴올리언스의 스페인 부대를 공격하려는 계획을 세우고 이런 내용을 담은 편지를 그의 계획에 동조할 것으로 기대되는 사람들에게 보냈는데, 그 편지 중 하나가 존 애덤스John Adams 대통령에게 전달되었다.[226]

추방

애덤스 대통령은 상원에 블라운트의 편지를 전달하고 의회가 상응하는 조처를 하라고 촉구하였다. 1797년 7월 3일 블라운트는 상원에 출석하였고, 당시 부통령이었던 토머스 제퍼슨은 상원의장의 자격으로 문제의 편지를 제시하며 블라운트 본인이 쓴 편지인지를 추궁하였다. 블라운트는 즉답을 피하고 며칠 간의 시간을 달라고 요청하였지만, 정작 7월 5일 워싱턴을 몰래 빠져나가려다 발각되어 소지품을 압수당하였다.

7월 6일, 하원은 블라운트 탄핵 추진을 결정하고 상원에 이 사실을 알렸다. 7월 8일, 문제의 편지가 블라운트의 필체라는 상원의원들의 증언이 나오자, 상원은 블라운트가 국민의 신뢰와 상원의 책무를 전적으로 위반하는 중대한 비행을 범하였다는 결론을 내리고, 그를 25 대 1의 표결로 상원에서 추방하였다. 상원의 추방 결정이 나자 블라운트는 두 명의 뛰어난 변호사를 대리인으로 임명하고 테네시로 떠나버렸다.[227]

하원의 탄핵

블라운트는 상원에서 추방되고 워싱턴을 떠나버렸지만, 하원은 그에 대한 탄핵을 계속 진행하였다. 하원의 조사위원회는 1798년 1월 5개 항목의 탄핵기소장을 제안하였고, 하원 전체회의는 아래와 같은 기소장을 채택하였다. 첫째, 영국이 스페인 영역을 지배하도록 도우려 한 것은 1794년 제정된 중립법(Neutrality Act)에[228] 규정된 중립 의무를 위반하는 것이다. 둘째, 인디언 부족이 스페인 영역을 공격하도록 사주한 것은 1795년 미국과 스페인 사이에 체결된 우호 조약을 위반한 것이다. 셋째, 인디언 부족들과 연방정부의 대리인 사이를 이간질하였다. 넷째, 인디언과 연방정부 대리인 사이의 통역 담당을 꾀어내려 하였다. 다섯째, 인디언 영역과 연방정부의 경계 설정에 대한 불신을 조장하였다.[229]

하원 전체회의는 특정 법률 위반을 주장한 첫째 항목뿐 아니라 형사적 범죄와 상관없는 둘째부터 넷째 항목까지 모두 기소 항목으로 채택하였는데, 당시 하원이 탄핵 조항의 '중대한 범죄와 비행'은 형사 범죄 여부와 상관없다고 판단하였음을 보여주는 선례이다.

블라운트의 변론

블라운트 변호인들은[230] "탄핵은 형사 소송에 해당하므로 블라운트 탄핵은 상원이 아니라 일반 법정에서 수정헌법 6조가 보장한 배심원에 의한 판결로 이루어져야 한다"라는 요구를 하였다.

또한, 변호인들은 블라운트가 탄핵 대상이 되지 않는다는 변론을 폈다. 이 변론의 근거로, 상원의원은 탄핵 조항 상의 '공직자(civil Officer)'가 아니며, 설령 공직자라 하더라도 블라운트는 이미 상원에서 추방되었으므로 더는 상원의원이 아니라는 사실을 들었다.

변호인들은, 블라운트의 행위는 상원의원으로서 그의 공무와 관련이 없는 것이므로 탄핵 대상이 되지 않는다는 변론도 보태었다.[231]

탄핵이 형사적 소송이 아니라 정치적 심판이라는 것은 당시 의원들뿐 아니라 필라델피아 회의에 참석하였던 블라운트 자신도 잘 알고 있었을 사실이므로, 변호인들이 요구한 배심원 재판은 논란의 여지 없이 배척당하였다. 그러나 나머지 변론들은 쉽게 배척될 수 없는 현대에도 논란이 되는 이슈들이다.

예를 들어, 클린턴은 "탄핵 대상 행위는 오직 공직자의 직무와 관련된 행위에 국한되며, 자신과 르윈스키와의 성 추문은 공무와 관련이 없는 사적인 일로 탄핵 사유가 되지 않는다"라는 변론을 폈다.[232] 트럼프는 자신에 대한 2차 탄핵에서 "상원은 임기를 종료한 전직 대통령에 대한 탄핵 심판 관할권(jurisdiction)을 가지고 있지 않다"라는 주장을 하였다.[233] 또한, "상원의원은 탄핵 조항 상의 공직자에 해당하지 않는다"라는 변론은 지금까지도 매우 강력한 논쟁으로 인정된다.[234]

상원이 블라운트 탄핵 심판을 진행하지 않았기 때문에, 소추위원과 변호인들 간의 직접적인 토론과 공방, 그리고 각 변론에 대한 상원의원들의 견해나 판단은 아쉽게도 존재하지 않는다.

모호한 선례

하원은 블라운트의 변론을 기각하고 탄핵 심판 진행을 요청하는 동의안을 상원에 제출하였다. 하원이 제출한 동의안은 "상원의원은 탄핵 조항 상의 공직자에 해당하므로 하원의 탄핵 소추 대상이며, 블라운트의 '중대한 범죄와 비행'은 그가 상원의원 직에 있을 때 이루어진 것이므로 현직 상원의원이 아니므로 탄핵 대

상이 되지 않는다는 변론을 기각해야 한다"고 주장하였다.[235]

하원의 동의안을 며칠간 토론한 상원은 1799년 1월 11일 하원의 동의안을 기각하고, '블라운트에 대한 탄핵 심판 절차를 중단한다'는 결론을 찬성 14 반대 11의 표결로 결의하였다. 1월 14일, 당시 상원의장이었던 토머스 제퍼슨 부통령은 상원에 출석한 소추위원과 변호인 들에게 "블라운트의 변론은 상원이 블라운트에 대한 탄핵 관할권이 없다는 법적인 근거를 충분히 보여주고 있으므로 그에 대한 탄핵을 기각한다"라는 심판 결과를 공표하였다.[236]

블라운트 탄핵은 '상원의원이나 전직 공직자가 탄핵 대상이 되는가' 하는 문제에 좀 더 분명한 지침을 줄 수 있는 사례였다. 그러나 상원의 모순된 행동과 모호한 판단으로 여러 가지 논쟁을 불러일으키는 탄핵 사례가 되었다. 상원은 블라운트에게 하원의 탄핵 조사에 출석하도록 요구하면서 동시에 그를 상원에서 추방하는 모순된 결정을 내려 사실상 탄핵 심판의 진행을 어렵게 하였다.[237] 더구나 '탄핵 심판의 관할권이 없다'는 상원의 결정 근거가, 블라운트가 상원에서 추방되어 현직 의원이 아니었기 때문인지 혹은 상원의원은 탄핵 조항 상의 공직자에 해당하지 않았기 때문인지도 분명히 하지 않았다. 전자의 이유 때문이라는 주장도 있지만, 후자 때문이라는 의견이 더 지배적이며 다수 의견으로 인정된다.[238]

어쨌든 블라운트 이후 입법부 의원에 대한 탄핵은 더 일어나지 않았으며, 앞으로도 의회 의원들에 대한 탄핵은 일어나지 않으리라는 것이 일반적인 견해이다. 이런 연유로 의회 의원은 사실상 탄핵 대상 공직자가 아닌 것으로 여겨진다.[239]

밸크냅 전쟁부 장관

욕망과 부패

윌리엄 밸크냅William Belknap은 1861년 남북전쟁이 터지자 북군에 합류하였고, 1865년 전쟁이 끝날 때까지 몇 개의 전투에서 공훈을 세웠다. 1865년 남북전쟁이 끝나자 앤드루 존슨 대통령은 그를 국세청 징세관에 임명하였고, 1868년 대통령에 당선된 남북전쟁의 영웅 율리시스 그랜트Ulysses Grant 장군은 1869년 밸크냅을 전쟁부 장관에 임명하였다.

밸크냅은 장관의 자질을 충분히 갖춘 인물로 평가되나, 그의 두 번째 부인과 두 번째 부인의 여동생이었던 세 번째 부인은 사치와 낭비가 매우 심하여 장관의 급여로 그들의 호화로운 생활을 감당할 수 없었던 것으로 알려졌다.[240] 욕망은 부패를 만든다. 경제적으로 곤경에 처한 밸크냅은, 오클라호마 포트 실Fort Sill 부대와 인근 인디언 부족들에게 독점적으로 물품 공급을 하는 군부대 거래상 자리를 매매하고, 그 대가로 거래상으로부터 정기적인 상납을 받기 시작하였다.

밸크냅이 군부대 거래상으로부터 상납을 받아 호화로운 생활과 파티에 큰돈을 쓴다는 소문이 나돌자, 1876년 하원은 그에 대한 조사를 시작하였다. 조사를 이끌었던 전쟁부 예산위원회 위원장 히스터 클라이머Hiester Clymer는, 상납 소문이 사실임을 확인하는 진술을 확보하였다.

군부대 거래상 임명권을 가진 밸크냅이 그의 아내가 추천한 케일럽 마시Caleb P. Mash를 포트 실 부대의 새로운 거래상으로 임명하려 하자, 기존 거래상이었던 존 이반스John S. Evans는 거래상 자리를 유지하는 대가로 마시에게 연간 1만2천 달러를 지급하고, 마시는 그 반을 밸크냅 아내에게 지급하는 타협안이 성사되어 수년간 진행되었다는 마시의 증언이 나온 것이다.

마시의 증언에 대해 밸크냅은 그가 모르는 사이에 그의 아내와 거래상 간에

일어난 일이라는 변명을 하였지만, 상납을 받았다는 사실은 인정하였다.[241]

사임과 탄핵 기소

1876년 3월 2일, 하원이 밸크냅 탄핵 소추를 의결할 예정이라는 소식을 전해 들은 그랜트 대통령은 하원의 탄핵을 멈추기 위해 밸크냅에게 사임을 권고하였고, 밸크냅은 예정된 하원 의결 2시간 전에 사임하였다.[242] 그러나 밸크냅의 사임이 하원의 탄핵 기소를 멈출 수는 없었다. 밸크냅의 사임 통보를 받았지만, 전쟁부 예산위원회는 만장일치로 탄핵 기소안을 채택하였고, 하원도 만장일치로 위원회 기소안을 가결하고 탄핵 기소장을 상원에 넘겼다.[243]

당시 집권당이던 하원의 공화당 소속 의원들 전원이 밸크냅 탄핵에 동의하였다는 사실은, 잇따라 일어난 그랜트 행정부의 부패 스캔들에 국민의 실망과 분노가 어느 정도였는지를 짐작게 해준다. 탄핵 기소 5개 항목의 핵심 내용은, 밸크냅이 개인 이익을 위해 군부대 거래상 자리를 매매하고 거래상으로부터 정기적으로 현금을 수수하는 부패를 저질렀다는 것이다.[244]

탄핵 심판

1876년 4월 5일, 상원에서 밸크냅에 대한 탄핵 심판이 시작되었다. 장관직을 사임하여 '일반 시민이 된 밸크냅이 탄핵 대상이 되는가' 하는 문제가 탄핵 심판 과정에서 핵심 논쟁이 되었다. 변호인은 "이미 사임한 밸크냅은 탄핵 조항 상의 공직자에 해당하지 않으므로 그에 대한 탄핵을 중지해야 한다"는 주장을 하였다. 상원은 변호인단의 주장을 논의한 끝에 37 대 29의 표결로 '밸크냅이 탄핵 대상이 되므로 탄핵 심판을 진행한다'는 의결을 하였다.[245] 그러나 각 기소 항목에 대한 상원의 유무죄 표결은 37 대 25에서 35 대 25에 머물러 유죄 선고 정족수인 2/3에 크게 못 미치는 결과로 나왔고, 밸크냅은 방면되었다.[246]

밸크냅이 뇌물을 받았으며, 이런 행위가 탄핵 대상이 된다는 것에 이견은 없었다. 밸크냅 역시 기소 사실에 대한 다툼을 하지 않았다. 그렇다면 상원의 무죄 표결이 의미하는 것은 무엇일까? 무죄 투표를 한 22명의 상원의원은 밸크냅이 이미 사임하였으므로 탄핵 대상이 되지 않는다고 생각하였던 것으로 알려졌다.[247]

그러나 상원은, 탄핵 표결에 앞서 전직 공직자도 탄핵 대상이 된다는 결정을 내렸으므로, 원한다면 사임과 상관없이 밸크냅에게 유죄 선고를 내릴 수 있었다.[248] 따라서 밸크냅 탄핵에서 유죄 표결에 참여하지 않은 상원의원들은 이미 사퇴한 장관을 더 추궁할 필요성을 느끼지 못하였던 것으로 보인다.[249] 이런 점에서 그랜트 대통령과 밸크냅이 합작한 '장관직 사퇴'라는 카드는, 하원의 탄핵 소추를 막지는 못하였지만, 상원의 유죄 선고를 막을 수 있었던 꽤 유효한 전략이었다.[250]

정치적 지렛대

블라운트가 지금까지 하원의 탄핵을 받은 최초이자 최후의 입법부 의원이라면, 밸크냅은 대통령과 부통령을 제외하고 하원의 탄핵을 받은 최초이자 최후의 행정부 공직자이다. 사법부의 판사들과는 달리 밸크냅 이후 행정부 공직자들에 대한 탄핵 추진은 없었는데, 그 이유는 사법부와 행정부의 서로 다른 조직 문화와 업무 특성 때문으로 추정된다.

위에서 설명하였듯이, 독립성이 강조되며 평생 임기를 보장받는 판사들을 해임할 방법은 사실상 탄핵이 유일한 반면,[251] 대통령을 제외한 행정부 공무원은 상급자나 상급기관의 통제를 받으며 다양한 방법으로 견책과 해임을 당할 수 있다. 의회는 행정부 각 기관이나 상위 공직자를 압박할 수 있으며, 심지어 대통령을 압박하여 각료 해임을 강요할 수도 있다. 이런 환경에서 의회가 행정부 공직자의 책임을 묻기 위해 탄핵이라는 번거로우면서도 역풍을 불러올 수 있는 정치적 무기를 꺼내 들 필요는 없을 것으로 보인다.[252]

탄핵의 목적이 단순히 공직자를 해당 직에서 제거하는 것이라면 밸크냅 탄핵은 제대로 설명되지 않는다.[253] 밸크냅은 하원이 탄핵 소추를 의결하기 전에 사임하였으므로 제거 목적이 달성되어 하원이 군이 탄핵을 의결할 필요가 없었기 때문이다. 밸크냅 당시의 시대 상황을 들여다보면, 탄핵의 목적이 단순히 공직자 해임에 머무르지 않았음을 알 수 있다.

위스키 링Whiskey Ring에 이어 인디언 링Indian Ring으로 불리는 밸크냅 뇌물 사건이 터지자, 그랜트 행정부는 '부패 정권'이라는 국민의 비난을 받았다.[254] 반면, 남북전쟁 이후 처음으로 하원을 장악한 민주당은 공화당 정부에서 잇달아 터진 비리 사건으로 1876년 대선에서 승리할 수 있는 절호의 기회를 잡았다. 민주당은 국민에게 그랜트 행정부의 부패를 파헤쳐 보이고,[255] 곧 있을 대통령 선거전에서 확실한 우위를 차지하려고 하였다.[256] 더구나 혐의를 입증할 유력한 증언들이 나왔고, 밸크냅 스스로 혐의를 인정하였기 때문에 국민의 눈치를 살피던 공화당도 민주당의 탄핵 추진을 반대할 처지가 아니었다. 이런 이유로 하원은 탄핵 소추를 만장일치로 가결하였다.

사법부, 체이스 대법관 탄핵

연방파와 공화파

정치적 공격

판사가 탄핵의 주요 대상이 된 이유는 판사를 해임할 수 있는 유일한 방법이 탄핵이기 때문이라는 해석이 제시되기도 한다.[257] 그러나 이런 실용적 해석은 초기의 판사 탄핵 사례를 제대로 설명하지 못한다. 최초로 탄핵당한 연방판사는 존 피커링John Pickering이며, 잇달아 사무엘 체이스Samuel Chase 연방 대법원 판사가 탄핵당하였다. 두 사람은 연방정부의 권한을 강화해야 한다고 믿은 연방주의자로[258] 주정부의 자치권을 강조하는 공화주의자 의원들로부터 공격을 당하였다는 공통점을 가지고 있는데, 당시의 역사적 배경과 탄핵의 내용을 살펴보면 이런 공통점이 우연이 아니라는 점을 발견할 수 있다.

부적합한 공직자를 직에서 제거한다는 실용적 관점이 아니라, 연방파 Federalists 판사들에 대한 공화파Republicans가 장악한 의회의 공격이라는 정치적 관점에서 탄핵을 바라볼 때, 피커링 판사와 체이스 대법관 탄핵은 더욱 선명한 전모를 드러낸다.[259]

서로 다른 관점

1787년 제정된 헌법이 1788년 9개 주 이상의 비준을 받아 발효되었고[260] 1789년 연방정부가 출범하였다. 초대 대통령을 맡게 된 조지 워싱턴은 존 애덤스를 부통령으로, 알렉산더 해밀턴을 재무부 장관으로, 토머스 제퍼슨을 국무부 장관으로 임명하여 제1기 내각을 구성하였다. 워싱턴의 8년 임기에 이어 애덤스가 2대 대통령을 제퍼슨이 3대 대통령을 맡았다. 이들은 1787년 필라델피아 회의가 제안한 연방헌법을 지지하고, 각 주의 연방헌법 비준을 촉구하였으므로 모두 연방주의자들이라 할 수 있겠다. 그러나 연방정부의 권한과 기능을 둘러싸고 해밀턴과 애덤스 중심의 무리와 제퍼슨과 매디슨 중심의 무리 사이에 분열이 일어났는데, 전자는 연방파로 후자는 공화파로 분류되었다.[261]

연방파는 연방정부의 권한과 기능을 강화하고 그 역할을 확대할 것을 주장하며, 상공업을 장려하는 정책을 펴려 하였다. 반면 공화파는 주정부의 자치권과 민주주의를 강조하며, 연방정부의 개입을 최소화하고 농업을 장려하는 정책을 중시하였다.

반목과 균열

1790년 12월, 해밀턴은 하원에 연방은행 설립을 제안하였다. 그 중요 내용은, 자본금 1천만 달러에 2만5천 주의 주식을 발행하여 연방은행을 설립하되 연방정부는 1/5의 주식만을 보유하고, 나머지 주식은 민간에 매각하여 신중한 은행 운영을 보장하도록 한다는 것이었다. 또한 이 제안은, 연방은행이 은행권을 발행하고, 전국 각지에 지사를 설립하여 20년 동안 운영할 수 있는 권한을 가지도록 하였다.

북부의 상공인들은 은행 설립을 지지하였지만 남부의 농업인들은 은행 설립을 비판하였고, 특히 남부 출신의 공화파 의원들은 해밀턴의 제안을 적극적으로 비판하고 나섰다.[262] 버지니아 출신의 매디슨은 "헌법은 연방정부에 은행을 설립할 수 있는 권한을 부여한 적이 없다"고 주장하며 위헌 가능성까지 언급하였지만, 이런 반대에도 불구하고 워싱턴 대통령은 은행 설립 법안에 서명하였다.[263]

1791년 12월, 해밀턴은 제조산업에 관한 보고서를 작성하고 제조산업 육성 정책을 추진하려 하였다. 이 보고서는 '의회가 보호관세를 실시하여 미국의 제조산업을 육성해야 한다'고 촉구하였다.

제퍼슨을 포함하여 남부 출신의 공화파 인사들은 해밀턴의 보호관세와 제조업 육성 제안을 몹시 싫어하였다. 미국의 농민들이 싼값에 수입 물품을 구매할 수 있기를 원했던 제퍼슨은 "미국의 기반 산업은 농업이며, 제조업 육성은 많은 사람을 대도시로 내몰아 공장의 일꾼으로 전락시킬 뿐"이라고 주장하였다.[264]

연방의회는 해밀턴의 제조산업 보고서에 추천된 정책을 그대로 실행하지는 않았지만, 연방정부의 역할을 확대하려는 연방파와 그것을 저지하려는 공화파 사이에 반목과 균열의 골은 깊어져 갔다.

연방파의 3개 법안

외국인 및 선동에 관한 법률

워싱턴에 이어 대통령이 된 연방파 존 애덤스의 임기 중에 연방파와 공화파의 대립은 격화되었다. 1798년 의회와 행정부를 장악한 연방파는 '외국인 및 선동에 관한 법(Aliens and Sedition Act of 1798)'을 제정하였다.[265] 외국인 관련한 핵심 내용은 미국 시민권 획득에 필요한 이민자 대기 기간을 5년에서 14년으로 늘리는 것이었는데, 주요 대상자인 프랑스 및 아일랜드 계 이민자 대부분이 공화파를 지지하였기 때문에 공화파는 이 법의 목적이 자신들을 억압하기 위함이라 생각하였다.[266] 선동 관련한 핵심 내용은, 정부에 대한 악의적이거나 거짓된 글의 출판을 금지하고 의회나 대통령에 대한 반대 선동을 금지한다는 것인데, 언론과 출판의 자유를 보장한 수정헌법 1조에 어긋난다는 강렬한 비난을 받았다.[267]

그런 비난에도 불구하고 연방파 판검사들은 애덤스 행정부에 반대하는 사람들을 겁박하는 효과적인 수단으로 '외국인 및 선동에 관한 법'을 활용하였는데,[268] 그 한 예가 제임스 캘린더James Callender 소송이다. 캘린더는 '애덤스 대통령은 귀족주의자로 영국에 아첨하며 미국에 군주제를 도입하려 한다'는 내용이 담긴 『The Prospect Before Us』를 출판한 혐의로 기소되었고, 1800년 버지니아 리치먼드Richmond에서 순회 재판 중이던[269] 체이스 대법관에 의해 징역 9개월과 벌금 200달러를 선고받았다.[270]

재산세 법안

1798년의 재산세법 역시 공화파를 자극하였다. 애덤스 행정부는 당시 사이가 좋지 않았던 프랑스와의 전쟁에 대비하여 군대 강화를 원했다. 연방파가 주도하던 의회는 새로운 재산세 법안을 통과시키고 세금을 추징하여 전쟁에 대비한 비용을 충당하려 하였다.

펜실베이니아 시골 마을의 농부 존 프리즈John Fries는 동료 농부들과 재산세 추징에 저항하는 작은 무력 시위를 벌였다. 이 시위는 큰 충돌이나 사상자를 발생시키지 않고 곧바로 진압되었지만, 프리즈는 체포되어 1800년 필라델피아에서 반역죄로 재판을 받게 되었다. 체이스 대법관은 프리즈에게 사형 선고를 내려 '목매다는 판사(hanging Judge)'라는 거센 비난을 받았다.

연방파가 주도한 재산세법과 선동법은 공화파뿐만 아니라 상당수 국민의 불만을 불러와, 제퍼슨과 공화파가 1800년 선거에서 연방파를 누르고 승리하여 이듬해 행정부와 의회를 장악하게 만든 중요한 요인이 되었다.[271]

야밤 판사법

1800년 선거에서 패배하였지만, 연방파는 순순히 권력을 이양할 마음이 없었다. 1801년 2월 13일, 3대 대통령에 당선된 제퍼슨의 취임을 채 3주도 남기지 않은 상황에서 레임덕(Lame-duck) 의회는 연방대법관의 순회 법원(Circuit Court) 재판을 없앴다. 대신 대법관의 수를 6명에서 5명으로 줄이고, 6개의 순회 법원 구역을 신설하여 순회 법원을 담당할 16명의 판사를 새로 임명하는 내용의 1801년 법원조직법(Judiciary Act of 1801)을 제정하였다.[272]

이 법은 곧 물러날 애덤스 대통령이 퇴임 전에 16명의 연방판사를 임명할 수 있게 하였고, 취임하는 제퍼슨으로부터 공석이었던 1명의 대법관 임명 기회마저 빼앗는 결과를 가져왔다. 애덤스는 새로운 판사 자리에 연방파 인사들을 임명하였고, 심지어 제퍼슨 취임 전날 밤까지 연방판사 임명장에 사인하였던 것으로 알려졌다. 공화파는 이 법을 '야밤 판사법(Midnight Judge Act)'이라고 조롱하였다.[273]

공화파의 반격

뒤집기

1801년 행정부와 의회를 장악한 공화파들은 애덤스와 연방파가 만든 법률과 정책을 뒤집으며 반격을 시작하였다.

제퍼슨은 대통령 취임 후 캘린더를 포함하여 선동법으로 유죄 선고를 받은 사람들을 사면하였고, 이 법률 제정에 관여한 법무부 인사들을 해고하였다.[274] 의회를 장악한 공화파 의원들은 1802년 1월에 1801년 법원조직법을 폐기하고, 같은 해 4월에 1802년 법원조직법을 제정하여 기존의 6월 및 12월 대법원 회기 개정을 없애버리고 2월 회기 개정만을 채택하였다. 그 결과 1802년 초부터 1803년 2월까지 무려 12개월 이상 대법원이 휴정하게 되었다.[275]

이렇게 긴급 조치를 마친 제퍼슨과 공화파 의원들은 사법부로 눈을 돌렸다. 제퍼슨은 연방파 판사들이 사법부를 장악하고 공화파의 정책과 업무를 망치고 있다는 생각을 하였다.[276] 그러나 눈엣가시 같더라도 헌법으로 평생 임기를 보장받는 판사이기 때문에 섣불리 공격할 수 있는 상대가 아니었다. 제퍼슨과 공화파 의원들은 기회를 엿보았다.

전초전

존 피커링John Pickering 연방판사는 불행히도 공화파의 제단에 바쳐진 최초의 제물이 되었다. 1795년 워싱턴 대통령이 뉴햄프셔 지구 법원에 임명한 피커링은 한때 뛰어난 판사였으며 강렬한 연방주의자로 알려졌다. 탄핵을 당할 무렵 그는 고령이었으며, 잦은 음주와 온전치 못한 정신 상태 때문에 재판 업무를 제대로 처리하지 못하였다.[278] 가족을 포함한 주위 사람들이 피커링에게 은퇴를 권유하던 중 그에 대한 불만이 퍼지고 있었는데, 이런 그가 매의 눈으로 연방판사들을 지켜보던 공화파의 시선을 끈 것은 당연한 일이었다.[279]

판사의 평생 임기 때문에 피커링을 강제로 물러나게 할 방법은 탄핵이 유일하다. 그러나 피커링의 '무능'이나 '온전치 못한 정신'이 탄핵 사유인 '중대한 범죄와 비행'에 해당하는지는 불확실하며, 피커링에 대한 탄핵을 추진하기 전에 먼저 따져 보아야 할 사안이었다.[280]

공화파 의원들은 온전치 못한 정신이 탄핵 사유에 해당하는지에 대한 문제는 개의치 않았다. 1803년 공화파가 장악한 하원은 '중대한 범죄와 비행'을 저지른 혐의로 피커링에 대한 탄핵 소추를 45 대 8의 표결로 가결하였다.[281] 탄핵 기소장은 4개 항목으로 구성되었는데, 1번에서 3번까지는 세관이 압류한 배를 두고 벌어진 소송을 부당하게 처리하였다는 내용이며, 4번 기소는 그의 해이한 도덕성과 무절제 그리고 술에 취한 상태로 법정에 나타난 사실에 관한 내용이었다.[282]

1804년 3월 12일, 피커링은 공화파가 절대 다수를 차지한 상원의 투표에서 19 대 7로 유죄 선고를 받고 파면되었다.[283] 피커링 판사에 대한 탄핵으로 공화파 의원들은 무능한 판사들을 '중대한 범죄와 비행'이라는 명분으로 탄핵할 수 있다는 성공 경험을 하였으며, 판사 탄핵에 대한 자신감을 얻게 되었다.[284]

피커링 판사가 상원에서 유죄 선고를 받던 날, 자신감에 찬 하원은 연방 대법원 사무엘 체이스 대법관 탄핵을 제안한 위원회 보고서를 73 대 32 표결로 채택

하였다.[285]

연방주의자 체이스

분노 유발자

1741년생인 사무엘 체이스Samuel Chase는 1761년 메릴랜드 변호사가 되었고, 1764년 메릴랜드 의회 의원이 되었다. 1774년과 1775년 당시 13개 주 연합회의체였던 대륙회의(Continental Congress)에 메릴랜드 대표로 참가하였으며, 1776년 독립선언서에 서명하기도 하였다. 1796년 워싱턴 대통령에 의해 연방대법원 대법관으로 임명된 그는 강렬한 연방주의자로서 공화파를 공공연하게 비판하였는데, 공화파는 체이스가 공격적인 성격을 가지고 독단적인 재판을 진행한다는 비난을 하였다.

특히, 체이스는 연방파와 공화파가 대선에서 치열하게 경쟁하였던 1800년 재산세 징세에 반대하며 작은 무력 시위를 일으킨 농부 존 프리즈에게 교수형을 선고하고, 제임스 캘린더에게 선동죄를 맹렬히 적용하면서 공화파들의 분노를 유발하였다.[286]

편파적 재판

존 프리즈 반역죄 재판은 1800년 4월 필라델피아에서 진행되었다. 헌법은 '전쟁을 개시'하거나 '전시 상황에 적을 돕는 행위'로 반역죄를 한정하고 있으므로, 존 프리즈에게 반역죄를 적용하기 위해서는 그의 집단 행동이 '전쟁 개시'에 해당하여야 한다.[287] 체이스는 프리즈의 행위가 헌법이 규정한 '전쟁 개시'에 해당하는지는 '법률적 문제(question of law)'이므로 판사에게 최종 결정권이 있다는 결론을 내리고, 프리즈의 행위가 '전쟁 개시'에 해당한다는 지시(instruction)를 배심원에게 전달할 것이라고 선언하였다. 체이스는 "이 지시에 동의하지 않는다면 나에게 직접 이야기하고, 배심원에게 논쟁을 제기하지 말라"는 명령을 변호인에게 내렸다.

변호인이 항의하며 변호를 거부하자, 체이스는 한발 물러서 프리즈의 행위가 '전쟁 개시'에 해당하는지를 변호사가 배심원에게 설명할 수 있도록 허용하였다.[288] 그러나 변호인들은 편파적 재판 진행을 이유로 계속 변호를 거부하며 사임하였고, 프리즈 역시 다른 변호사 선임을 거부하여 프리즈는 변호사 없이 진행된 재판에서 사형 선고를 받았다.[289]

1800년 5월 버지니아 리치먼드에서 열린 캘린더의 『The Prospect Before Us』 재판에서 체이스는 다시 한 번 공화파의 시선을 끌었다. "배심원 존 바셋 John Basset은 '애덤스의 명예가 훼손되었다'라는 편견을 갖고 있으므로 배심원단에서 배제해 달라"는 변호인의 요청을 거절한 체이스는, 변호인이 신청한 존 테일러John Taylor라는 인물의 증인 채택도 거부하였다. 한발 더 나아가 체이스는 변호인이 증인에게 신문할 내용을 사전에 서면으로 제출하도록 요구하였다. 변호인은 체이스가 재판을 일방적이고 편파적으로 진행한다고 맹렬히 비난하였지만, 벌금을 받고 구속된 캘린더는 공화파의 순교자이자 영웅으로 떠올랐다.[290]

캘린더 재판으로부터 한 달 후인 1800년 6월, 델라웨어 뉴캐슬에서 체이스는 다시 한 번 공화파의 심기를 건드렸다. 뉴캐슬에 있는 지역 신문사의 선동법 위반 기소를 위해 소집된 대배심(Grand jury)을 주재하면서, 체이스는 기소할 내용이 없다고 결론을 내린 대배심원들을 해산하지 않고 선동죄 기소를 압박한 것으로 알려졌는데, 이 내용도 공화파에 그대로 전달되었다.[291]

분노의 폭발

애덤스 대통령의 임기 마지막 해이자 다음 대선이 치러질 1800년, 체이스는 공화파에 대한 더 거친 비난을 쏟아내며 대법원 휴정 기간에는 애덤스 대통령 선거 유세에 직접 나서기도 하였다. 이런 체이스를 제퍼슨과 공화파는 공화주의를 억압하는 인물로 간주하였지만,[292] 당시 그들이 취할 수 있는 조치는 아무것도 없었다. 그러나 1800년 선거에서 승리한 제퍼슨과 공화파가 행정부와 의회를 장악하자 상황은 달라졌다.

하지만 체이스는 달라진 상황을 개의치 않은 것처럼 보였으며, 공화파 정책에 대한 공공연한 비난도 멈추지 않았다. 1803년 체이스는 볼티모어에서 열렸던 대배심(grand jury)에서 "공화주의가 어리석은 우민정치(mobocracy)로 전락할 것"이라 공언하고,[293] 공화파가 '야밤 판사법'이라 조롱하며 집권 즉시 1801년 법원조직법을 폐기하였던 사실을 비난하면서 "1801년 법원조직법을 폐기하고 신설된 순회 법원을 없애버린 공화파의 조치는 국민의 자유와 자산을 빼앗는 것"이라 주장하였다.[294]

체이스의 볼티모어 대배심 발언은 투우장에서 붉은 깃발을 흔든 것과 같았다. 공화파들은 '과거의 잘못을 바로잡은' 그들의 정책과 법안을 비판하는 체이스를 보면서 체이스의 과거를 떠올렸다. 작은 저항에 사형을 선고한 '목매다는 판사(a hanging judge)', 선동법을 남용한 독단적인 판사, 그리고 애덤스 선거 유세에 참여한 정치적인 판사의 모습이 선명하게 회상되었다. 체이스의 발언은 제퍼슨에게 전달되었고, 제퍼슨은 격노했다. 그는 '체이스의 발언은 헌법의 근간을 공격하는 것이므로 하원이 그를 처벌하여야 한다'는 내용의 편지를 메릴랜드 조셉 니콜슨Joseph Nicholson 의원에게 보내 탄핵을 종용하였다.[295]

제퍼슨이 단순히 체이스 탄핵만을 원하였는지, 혹은 체이스를 시작으로 대법원의 다른 판사들까지 탄핵할 계획을 세우고 있었는지는 확실치 않다. 그러나 피커링과 체이스에 대한 탄핵이 연방판사들에 대한 공화파 포격의 시작이며, 제퍼슨의 목표는 마셜 대법원장을 포함한 사법부 전체에 대한 '집 청소(house cleaning)'였다는 주장도 설득력이 있다.[296]

탄핵 기소와 심판

탄핵 기소장

체이스 대법관에 대한 탄핵 기소는 모두 8개 항목이다. 1조는 1800년 4월 필라델피아에서 열린 존 프리즈 반역죄 재판에 관한 것이며, 2조에서 6조까지는 1800년 6월 리치먼드에서 진행된 제임스 캘린더 명예훼손죄 재판에 관한 것이다. 7조는 같은 해 6월 델라웨어 뉴캐슬 대배심에서 있었던 체이스 발언을 문제 삼고 있으며, 마지막 항목인 8조는 체이스가 볼티모어 대배심에서 "무절제하고 선동적인 정치 장광설을 늘어놓아 판사의 의무와 품위를 추락시켰다"라는 내용이었다.

공화파 의원들은 체이스가 판사 역할이 아니라 검사 역할을 하여 사법부의 명예와 중립성을 훼손하였다고 주장하였지만,[298] 그들이 진정으로 공격하고 싶었던 것은 8조 기소 내용인 체이스의 정치적 편향과 공화파에 대한 비난이었다.

그러나 정치적 발언 하나로 연방 대법원 판사를 탄핵한다는 것은 사실상 불가능한 일이므로, 공화파 의원들은 3년 전인 1800년에 체이스가 주재하였던 재판을 문제삼은 것이다. 따라서 비록 기소장 가장 마지막 순서에 올랐지만, 공화파 의원들은 내심 8조를 1조로 여겼을 것이다.[299] 1804년 3월 12일, 공화파가 다수 의석을 차지하고 있던 하원은 체이스 탄핵 소추를 가결하였다.[300]

변론과 반론

1805년 2월 4일, 상원에서 체이스 탄핵 심판이 시작되었다. 워싱턴은 갓 수도로 자리 잡은 황량한 도시였지만, 아론 버Aaron Burr 부통령이 주재한 상원의 탄핵 심판은 최대한 격식을 갖추었고 인근의 신사 숙녀들이 방청석의 자리를 메웠다.[301]

체이스 변호인은 "헌법 상 '중대한 범죄와 비행'에서 범죄는 중범죄를 비행은 경범죄를 의미하므로 탄핵 사유는 형사 기소 대상이 되는 범죄에 한정된다"고 주장하였다. 또한, 재판 진행을 문제삼아 담당 판사를 탄핵하는 것은 사법부의 독립을 허무는 행위로 권력 분립의 원칙에 어긋난다는 논쟁을 폈다.[302] 하원의 소추위원들은, 미국의 모델인 영국의 탄핵은 형사적 범죄에 국한된 것이 아니며 "헌법 제정자들 역시 업무상 비행이나 위법 행위, 부당 행위 또는 부적절한 행위 모두를 탄핵 사유로 간주하였다"고 주장하였다.[303]

특히 소추위원장 랜돌프Randolph 의원은, 대통령이 회기 말에 제안된 의회의 법안을 회기 종료 때까지 사인하지 않는 방식으로 법을 위반하지 않고도 의회의 권한을 찬탈할 수 있음을 지적하며, 위법 행위만이 탄핵 대상이 된다는 주장의 허점을 공격하였다.[304] 심지어 강경 공화파 의원인 버지니아 출신 윌리엄 자일스William Branch Giles는 "탄핵이란 형사적 범죄 여부와는 상관없으며, 국가에 위험한 의견을 가진 판사들을 그들보다 나은 판사들로 대체할 수 있는 의회의 권한"이라는 주장까지 하였다.[305]

상원의 표결

1805년 2월 26일 양측의 마지막 논쟁이 종결되었고, 3월 1일 상원의 표결이 진행되었다. 상원 표결의 시작과 끝은 예상 밖의 결과를 보여 탄핵심판장의 방청석을 가득 메운 시민들을 놀라게 하였다.[306] 당시 34명의[307] 상원의원 중 25명은 공화파였으며 9명만이 연방파였으므로, 공화파 상원의원들의 숫자가 탄핵 가결 정족수 23명을 넘어선 상황이었다. 그러나 기소 항목 대부분이 과반수에 이르지 못하고 부결되었다.

우선, 소추위원들이 가장 기대하였을 1조 프리즈 재판 진행에 대한 표결은 유죄가 16명 무죄가 18명으로 오히려 무죄가 절반을 넘었다.[308] 캘린더 재판 진행과 관련된 2조에서 6조에 대한 표결은 최다 유죄 투표가 18명에 그쳤고, 버지니아주법 위반과 관련된 5조 및 6조에 대한 표결은 거의 전원 무죄 투표로 나왔다. 탄핵을 실제로 촉발한 8조 볼티모어 대배심 발언에 대한 표결은 유죄 19명 무죄 15명으로 정족수에서 4명이 모자라 부결되었다.[309]

체이스의 재판 진행을 문제삼은 기소에는 무죄 표결이 훨씬 우세하였던 반면, 그의 정치적 편향을 문제 삼은 8조가 유죄 선고에 가장 가까웠다는 것은 체이스 탄핵의 동력이 정치적 동기였음을 보여주는 것이라 해석할 수 있겠다.

체이스 탄핵 분석

표결의 이유

9명의 연방파 의원들은 유무죄 여부와 상관없이 '정파적(party-line) 표결'을 하였다는 추정도 가능하다. 체이스가 정치적으로 편향되었으며 독단적인 재판 진행을 하였다는 사실이 대체로 인정되었음에도,[310] 연방파 의원들은 한 명의 예외도 없이 모든 기소 항목에 무죄 투표를 하였다는 사실은 이런 추정의 근거가 될 수 있다. 하지만 체이스에게 무죄 투표를 하였던 공화파 상원의원들의 동기는 분명치 않다.

단지 당의 결론에서 이탈하여 무죄 선고를 내린 공화당 의원들에게 '정파적 표결'이라는 추정은 적용되지 않으므로, 그들의 투표는 유무죄 판단에 근거하였을 가능성이 크다. 즉, 그들은 체이스가 무죄라고 믿었거나 소추위원의 유죄 입증이 부족하였다는 판단에 근거해 투표했을 개연성이 큰 것이다.

가장 많은 수의 공화파 의원이 유죄 투표한 8조 기소에 6명의 공화파 의원이 무죄 투표를 하였는데, 버몬트의 스테펀 브래들리Stephen Bradley는 '소추위원이 혐의를 입증하지 못하였다'고 판단하였으며,[311] 뉴욕의 사무엘 밋칠Samuel Mitchill은 그의 부인에게 보내는 편지에서 "증거와 헌법 그리고 양심에 따라 표결하였다"고 밝혔다.[312] 비록 다른 4명의 생각은 알려지지 않았지만, 위 2명의 견해는 무죄 투표를 한 6명의 공화파 의원들을 포함하여 당시 상당수 상원의원이 체이스의 행위가 헌법 상 '중대한 범죄와 비행'에 해당하지 않으며, 탄핵은 사실상 체이스에 대한 정치적 공격이라고 생각하였을 것이라는 힌트를 준다.

학자들의 견해

체이스의 언행이 고압적이었으며 재판의 진행과 판결은 냉혹하였다는 것에 큰 이견이 없지만, 그에 대한 탄핵이 정치적 공격이었다는 것이 다수 학자의 견해이다.

그러나 1973년 저명한 헌법학자 라울 버거 교수는 "비록 정치적 이유로 체이스 탄핵이 시작되었다 하더라도, 체이스의 행위는 헌법 상 '중대한 범죄와 비행'에 충분히 이르므로 상원은 그에게 유죄 선고를 내려야 했다"는 저서를 출간하여 주목을 받았다.[313] 버거는 특히 캘린더 재판에서 "특정 증인의 증언 채택을 거부하고, 편견을 가진 배심원을 배심원단에서 배제하지 않았으며, 변호인을 억압한 행위들은 충분히 지나친(egregious) 비행이므로 탄핵 사유에 해당한다"고 주장하였다.[314]

반면, 윌리엄 렌퀴스트 전 대법원장은 "재판 진행 과정에서 체이스가 보여준 언행은 당시의 보통법(common law) 환경과 재판 관행에 비추어 볼 때 판사의 재량권에 속하므로 위법하지 않다"고 설명하며,[315] "체이스의 행위가 비록 과도한

면이 있지만 헌법이 의미하는 '중대한 범죄와 비행'에까지 이르지는 않는다"고 주장하였다.[316]

버거나 렌퀴스트와는 달리, 프랭크 보우만 교수는 체이스가 재판 과정에서 위법을 범하였는지 또는 단순한 실수만을 하였는지에 큰 주목을 하지 않는다. 보우만은 당시 복잡했던 법 체계 때문에 재판 진행이 위법한지를 명확히 판가름하기 어렵다는 점과, 설령 위법하였더라도 그것은 탄핵이 아니라 상급 법원에서 다툴 문제라고 지적한다.[317] 이 점에서 보우만 교수는 렌퀴스트의 견해를 지지한다.[318] 그러나 헌법 상 '중대한 범죄와 비행'을 구성하기 위해서는 행위의 위법성이 필요한 것이 아니라는 점을 강조하며, "비록 체이스의 재판 진행이 당시의 법을 위반한 것이 아니더라도 충분히 탄핵 사유가 될 수 있다"고 지적한다는 점에서 보우만은 버거의 결론을 지지한다.[319]

행위의 위법성 여부가 탄핵 조항의 '중대한 범죄와 비행'을 구성하는 필수 요건이 아니라는 이론은 현대의 다수 학자도 수용하는 견해이다.[320] 그렇다 하더라도 당시의 정립되지 않았던 보통법 체계와 복잡했던 재판 관행이 실질적으로 상원의 유무죄 투표에 상당한 영향을 미쳤을 것으로 보인다. 즉, 당시의 법이나 재판 관행에 비추어 위법성 여부를 명확히 가려낼 수 없는 재판 진행을 문제삼아 대법원 판사를 파면한다는 사실이 상당한 부담이었을 수 있으며, 상당수 공화파 상원의원이 유죄 선고에 동참하지 않은 배경에는 이런 부담이 적지 않게 작용하였을 것이다.[321]

숨겨진 이유

1795년 뇌물에 매수된 조지아 의회는 3천5백만 에이커에 이르는 광대한 인디언 토지를 투기꾼에게 매도하였다. 선거 후 새로 구성된 주의회는 이전 의회의 토지 매매를 무효로 만드는 법안을 통과시켰지만,[323] 이 법이 효력을 발휘하기 전에 이미 많은 매매가 이루어졌기 때문에 소유권에 대한 분쟁이 일어났다.

1802년 조지아는 이 토지를 연방정부에 양도하였고, 연방정부는 이 토지를 둘러싼 소유권 분쟁을 모두 해소하기로 약속하였다. 제퍼슨 대통령은 이 문제를 해결할 위원회를 구성하였고, 이 위원회는 이미 땅을 매입한 '선의의 구매자(bona fide purchasers)'에게 5백만 에이커를 제공하고, 나머지 토지를 정부가 소유하는 합의안을 제시하였다.

체이스 탄핵을 주도하였던 공화파 랜돌프 의원은 제퍼슨 위원회의 합의안을 강력히 반대하며 "새로 구성된 조지아 의회가 이전 의회의 토지 거래를 무효화한 조치는 유효하다"라는 주장을 하였다. 그의 거센 저항은 공화파를 첨예하게 반분시켰다. 랜돌프는 체이스 탄핵이 진행되는 1년여 동안에도 계속하여 제퍼슨 위원회 합의안과 이를 지지하는 의원들을 비난하고 공격하여, 상당수 공화파 의원들로부터 반감과 원망을 샀다. 이런 원망과 반감이 일부 공화파 의원들이 랜돌프가 주도하는 탄핵에 무죄 투표를 하도록 만든 숨은 요인이라는 지적도 있다.[324]

서로 다른 반응

공화파 하원의원들, 특히 탄핵 기소를 주도한 소추위원들은 상원의 투표 결과에 독기를 품은 역정을 보였다고 한다.[325] 랜돌프 의원은 상원과 하원이 공동으로 요구할 경우 연방판사를 파면할 수 있도록 헌법을 개정하자는 제안을 하였으며, 조셉 니콜슨Joseph Nicholson 의원은 주의회가 자신의 주를 대표하는 연방 상원의원들을 언제든지 소환할 수 있도록 하자는 헌법 개정안을 제시하기도 하였다. 당시 하원은 임기가 곧 종료되는 레임덕(Lame duck) 시기에 있었으므로 위 헌법 개정안에 대한 토의는 차기 의회로 미루어졌으나 다시 토의된 적은 없다.[326]

공화파 신문인 《리치먼드 인콰이어러Richmond Enquirer》는 체이스가 너그러운 헌법 때문에 간신히 살아남았다고 한탄했다. 반면, 연방파 언론은 애초부터 체이스 탄핵을 사법부에 대한 공격으로 간주하고 있었으므로 《컬럼비안 센티넬 Columbian Centinel》과 《찰스턴 쿠리어Charleston Courier》는 상원의 심판 결과를 환호하며 반겼다. 제퍼슨과 평생 경쟁자였던 애덤스 전 대통령의 아들 퀸시 애덤 스Quincy Adams는 "체이스 탄핵에 대한 상원의 심판 결과는 하원의 폭력을 제어 하는 상원의 기능을 보여준 것"이라는 기록을 남겼다.[327]

Lessons

넓은 스펙트럼

피커링과 체이스에 대한 하원의 탄핵은 몇 가지 교훈을 전해준다. 우선, 하원 이 탄핵 사유로 삼는 '중대한 범죄와 비행'이 상당히 넓은 스펙트럼을 가지고 있 다는 것이다. 피커링 사례처럼 업무 무능은 물론 체이스 사례처럼 정치적 편향성 과 독단적인 재판 진행도 '중대한 범죄와 비행' 아래 탄핵 소추될 수 있다는 것이 드러났다.

피커링과 체이스의 탄핵을 통해 공화파 의원들을 포함한 정치인들은, 탄핵 사유가 되는 헌법적 요건에 큰 주의를 기울이지 않고도 파면이 바람직해 보이는 공직자를 언제든지 탄핵할 수 있다는 자신감을 얻었다.[328] 탄핵이 "기존의 공직자 를 더 좋은 공직자로 대체할 수 있는 의회의 권한"이라고 주장한 공화파 의원 윌 리엄 자일스William Giles의 발언은 정치인들의 이런 자신감을 보여준다.

반면, 사법부의 판사들은 두려움과 경계심을 가졌을 것이다. 만약 체이스 대 법관이 의회의 탄핵으로 파면되었다면, 마셜 당시 대법원장은 체이스 탄핵 2년 뒤에 열린 아론 버Aaron Burr 재판에서 제퍼슨과 공화파의 압력에 굴복하고 아론 버에게 반역죄를 선고하였을 수도 있다.[329]

비록 체이스가 상원의 유죄 선고를 모면하기는 하였지만, 사법부의 판사들은 평생 임기와 급여를 보장받고 업무의 독립성을 보호받는 것이 공짜가 아니며 '정치적 중립'을 지키는 것에 대한 대가라는 교훈을 절실히 느꼈을 것이다.[330]

상원의 벽과 형사적 절차

하원의 탄핵 소추만을 두고 보면 공화파 자일스 의원의 발언이 과장만은 아니다. 그러나 체이스 탄핵 심판의 결과는 자일스의 주장을 부정하며, 정파적 투표로 탄핵 소추에 이르기는 쉬울지 몰라도 상원의 유죄 선고까지 이르기는 매우 힘들다는 것을 입증하였다.[331]

퀸시 애덤스는 체이스에 대한 상원의 표결을 본 뒤 "탄핵 심판의 유죄 선고 정족수를 상원의원 절대 과반(2/3)으로 규정한 것은 헌법 제정자들의 지혜로운 판단이었다"라는 소감을 밝혔다.[332] 상원의 절대 과반 의결 정족수가 체이스에 대한 정파적 공격과 횡포를 막았던 하나의 장애물인 것은 분명하다. 하지만 체이스 탄핵 당시 상원을 장악했던 공화파의 의석수는 절대 과반 정족수를 넘었으므로, 상원의 의결 정족수만으로는 체이스의 무죄 선고 이유가 모두 설명되지 않는다.

탄핵이 취하고 있는 '형사적 절차(criminal procedure)' 양식은 이 부족한 설명을 채워준다. 탄핵이 형사 재판이 아니라 정치적 심판이라는 것은 모두가 인정하는 사실이지만, 기소와 재판이라는 형사적 절차에 따라 진행된다는 것도 분명한 사실이다. 따라서 검사 역할을 하는 소추위원들은 구체적인 범죄나 비행 사실을 제시하고, 그것이 탄핵 대상 행위에 해당함을 입증해야 할 책임을 진다. 또한, 배심원 역할을 하는 상원의원들은 증거에 근거하여 유무죄를 판단해야 할 의무감을 가진다.

탄핵 진행이 취하는 이런 형사적 절차 양식은 사실과 증거를 깊이 살피고 그에 기반한 결론을 내리도록 상원의원들을 압박하여, 그들이 오로지 정파적 결론에 따르거나 신중하지 못한 선고를 내리지 못하도록 영향을 미칠 것으로 추정된다. 체이스 탄핵에서 무죄 투표를 한 2명의 공화당 의원이 밝힌 무죄 투표의 이유도 이런 추정을 뒷받침한다.

III

대통령 탄핵 · 1

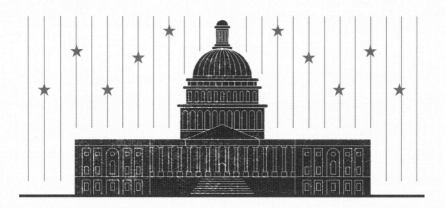

앤드루 존슨 대통령

역사적 배경

새로운 정치 세력

1800년 초반 뉴잉글랜드를 제외한 지역에서는 연방파가 사실상 사라지게 되면서 헌법 제정 무렵부터 체이스 탄핵에 이르기까지 치열했던 연방파와 공화파의 정치적 대립은 종식되는 과정에 들었다.[333] 그러나 앤드루 잭슨Andrew Jackson과 함께 새로운 정치 세력이 등장하고, 공화파가 분열되면서 또 다른 양상의 정치적 대립이 전개되었다.

잭슨은 연방 의원과 테네시 대법원 판사를 지낸 변호사였지만, 정작 영국과 인디언을 상대로 한 싸움, 특히 1815년 뉴오를레앙New Orleans 전투에서 큰 명성을 얻어 대선까지 나서게 되었다.[334] 1824년 대선에서 존 퀸시 애덤스에게 패배하였지만, 1828년에 그에게 압승하며 대통령에 당선된 잭슨은 대체로 연방의 권한보다는 각 주의 권한을 강조하는 정책을 폈다.

잭슨은 제2연방은행 설립을 적극적으로 반대하였고, 연방 자금이 내륙의 도로와 운하 사업에 쓰일 수 없다고 생각하여 '메이즈빌 도로법(Maysville Road Bill)'을 비토veto하였다.[335] 잭슨은 자신의 지지자와 대선에 도움을 준 사람들을 대거 공직에 임명하며 정치 기반을 다지고, 소탈한 언행으로 보통 사람의 정치를 강조하여 대중의 인기를 얻었다.

사람들은 이런 잭슨의 정치를 '잭슨 민주주의(Jacksonian Democracy)'라 불렀고, 잭슨 민주주의를 지지하는 사람들은 자신들을 '민주파(Democrats)'라고 불렀다.[336]

노예제, 새로운 전장

잭슨 대통령과 반목하며 대립하였던 다니엘 웹스터Daniel Webster와 헨리 클레이Henry Clay 상원의원 등은 연방정부의 적극적인 역할을 강조하며, 보호관세를 통한 제조산업 육성과 도로와 운하 건설 등 기간 산업 투자를 지지하였다. 그들은 1836년 대선에서 스스로를 '휘그Whigs'라 불렀는데, 이들 휘그와 잭슨의 민주파가 서로 대립하고 경쟁하며 1852년 선거까지 약 20년 동안 미국 정치를 이끌었다.[337]

1852년 대선 이후 휘그는 노예제 찬반을 두고 남부와 북부로 분열되었다가 사실상 사라지게 되었다. 민주파 역시 노예제 찬반에 따라 남부와 북부로 분열되었는데, 노예제를 반대하는 북부 민주파는 1854년 선거에서 북부 휘그와 함께 공화당을 결성하였다.[338]

이로써 전장은 연방정부의 강한 권한을 상징하는 휘그와 주정부의 자치권을 상징하는 민주파의 싸움에서, 노예제 폐지를 주장하는 공화당과 노예제를 지지하는 민주당의 싸움으로 이동하였다. 정치가 노예제를 두고 양분된 이유는, 산업과 경제가 급속히 발전하면서 남부와 북부의 주들이 노예제를 두고 서로 다른 이해관계를 가졌기 때문이다. 면화와 설탕을 대규모로 재배하였던 남부는 노예의 노동력을 절실히 필요로 하였지만, 제조업과 상업에 의존하였던 북부의 주들 역시 값싼 노동력을 원했고 남부의 주들이 노예제로 부당한 이득을 챙긴다고 생각하였다.

미봉책

노예제를 사이에 둔 북부와 남부의 갈등은 사실 미연방이 설립되기 이전부터 싹트고 있었다. 13개 주 대표들의 회의체인 의회(Congress)는[339] 오하이오강의 서북쪽이자 미시시피강의 동쪽 그리고 펜실베이니아 서쪽에 있는 '북서 지역(Northwest Territory)'을 통치하기 위한 '북서부규정(Northwest Ordinance)'을 1787년 채택하였는데, 노예제를 금지하되 도주 노예에 대한 주인의 권리는 분명

하게 인정하여 노예제에 대한 다소 모호한 태도를 보였다.[340]

뉴욕에서 '북서부규정'이 채택될 때, 필라델피아에서는 헌법 제정자들이 노예제를 논의하고 있었다. 남부 주들은 새로 구성될 연방정부가 노예 거래나 노예 무역 규제를 바라지는 않았지만, 인구수에 따라 각 주에 할당되는 하원 의석을 더 차지하기 위해 노예를 헌법이 의미하는 인구에 포함하려 하였다.

결국 남부와 북부 주들은 타협안을 만들어 헌법 1조에 반영하였는데, 그 내용은 '노예를 인구수 산정에서 일반 시민의 5분의 3으로 셈하되 연방정부는 1808년까지 노예 무역을 금지하지 않는다'는 것이었다. 필라델피아 헌정회의는 노예제에 대한 근본적인 답 대신 미봉책彌縫策을 선택하여 남북 분쟁의 불씨를 남긴 것이다.[341]

갈등의 분출과 재봉인

헌법으로 잠시 미봉되었던 노예제 갈등은 1819년 미주리를 연방에 편입하는 문제를 두고 다시 분출되었다. 연방이 구성될 무렵 13개 주 중 7개 주가 자유 주였고 6개 주가 노예 주였으나, 1820년에는 노예 주와 자유 주가 각 11개로 균형을 이루고 있었으므로[342] 미주리의 연방 편입은 11 대 11의 균형을 깨트릴 수 있었다.

1820년 의회는 미주리를 노예 주로 허용하는 대신 메인을 매사추세츠에서 분리하여 자유 주로 연방에 편입하고, 미주리 남쪽 경계선을 기준으로 그보다 북쪽 지역에서는 노예제를 금지한다는 '미주리 타협(Missouri Compromise)'을 채택하였다. 이로써 노예제를 둘러싼 갈등은 다시 봉인封印되는 듯하였다.[343]

그러나 1848년 멕시코와의 전쟁에서 승리한 후 획득한 '서남 지역(Westsouth Territory)'의 연방 편입 문제를 두고 북부와 남부 주들은 다시 한 번 분열되었는데, 1850년 의회가 나서서 타협책을 마련하였다. '1850년 타협(Compromise of

1850)'의 중요 내용은, ① 캘리포니아를 자유 주로 즉각 연방에 편입하되 후일 유타와 뉴멕시코로 편입될 지역은 임시 기구를 설립하여 통치하고, ② 실제 적용에 있어 실효성이 떨어지는 1793년 도주노예법(Fugitive Slave Acts)을 폐기하되 더욱 엄격한 1850년 도주노예법을 채택하며,[344] ③ 컬럼비아 자치구(Washington D.C.)에서는 노예 무역을 폐지하도록 하는 것이었다.[345]

불행하게도 미주리 타협과 1850년 타협의 봉인 효과는 오래가지 못하였다. 1854년 "노예제 존치 여부는 해당 주의 주민들이 결정해야 한다"라는 '캔자스-네브래스카 법(Kansas-Nebraska Act)'이 치열한 논쟁 끝에 의회를 통과하자 미주리 타협안은 사실상 폐기되었고, 정국은 다시 분쟁에 휩싸이게 되었다.[346]

드레드 스콧 판결

캔자스-네브래스카 법이 통과되고 3년 뒤인 1857년, 노예제 폐지 운동에 찬물을 끼얹는 연방 대법원 판결이 나왔다. 미주리 흑인 노예 드레드 스콧Dred Scott은 군의관이었던 주인 에머슨Emerson을 따라 1833년과 1836년에 당시 노예제가 금지되었던 일리노이와 후일 미네소타로 편입될 지역에[347] 거주한 적이 있었다. 에머슨이 사망하자 스콧은 "노예제 금지 지역으로 이주하였던 순간 노예 신분에서 벗어나 해방되었다"고 주장하며 소송을 제기하였다. 미주리 대법원에서 패소한 스콧은 이 소송을 연방 대법원으로 가져가는 데 성공하였다.

1857년 로저 태니Roger B. Taney 대법원장이 이끄는 연방 대법원은 "흑인 노예는 헌법 상 연방의 시민이 아니므로 연방법원에 소송을 제기할 수 없다"고 판단하였는데, 달리 표현하면 '스콧은 사람(person)이 아니라 자산(property)이므로 자유(freedom)에 대한 권리를 주장할 수 없다'는 것이다.

태니 대법원장은 한발 더 나아가 "연방의회는 노예제를 금지할 권한이 없다"는 결론을 내려 노예제를 두고 의회가 그간 쏟아부었던 모든 노력과 타협안들을 헛되게 만들었다. 드레드 스콧 판결은 노예제 폐지를 주장하는 사람들을 자극하였고, 발갛게 달아오른 남북전쟁의 불씨에 부채질을 하였다.[348]

링컨과 남북전쟁

연방 탈퇴

1860년 선거에서 공화당의 링컨이 대통령에 당선되자 사우스캐롤라이나를 시작으로 남부의 주들이 연방을 탈퇴하기 시작하였다. 1861년 3월까지 사우스캐롤라이나, 앨라배마, 미시시피, 플로리다, 조지아, 텍사스, 루이지애나 등 7개 주가 연방을 탈퇴하고 남부연합(Confederacy)을 구성하였다.

1861년 4월 12일, 남부연합은 사우스캐롤라이나 섬터Sumter 요새에 주둔한 연방군을 포격하며 남북전쟁을 시작하였다. 링컨은 남부연합의 반란을 진압하기 위해 병력을 소집하고 섬터 요새에 지원군을 보내는 등 즉각적인 대응에 나섰다. 이런 와중에 버지니아, 아칸소, 노스캐롤라이나, 테네시가 추가로 연방을 탈퇴하며 남부연합에 가담하였다. 남부연합 출신의 연방 의원들은 사퇴하였지만, 테네시의 앤드루 존슨 상원의원은 테네시의 연방 탈퇴를 반대하며 강렬한 연방 지지자로 남았다.[350]

링컨의 남부 정책

전쟁이 한창이던 1862년 9월, 링컨은 테네시를 제외하고 연방을 탈퇴한 모든 주에서 1863년 1월부터 노예를 해방한다는 선언(Emancipation Proclamation)을 공표하였다.[351] 1863년 여름 펜실베이니아 게티즈버그Gettysburg 전투에서 승리하며 자신감을 얻은 링컨은, 같은 해 12월 연방이 장악한 남부연합 지역을 복구하고 통치하는 '남부 재건 계획(Reconstruction Plan)'을 공표하였다. 이 계획은 '남부연합군을 지원하였던 사람 대다수를 사면하고, 노예를 제외한 그들의 자산에 대한 권리를 회복시켜준다'는 다소 온건한 점령지 정책이었는데, 1860년 투표에 참여하였던 사람 중 10% 이상만 연방에 충성을 맹세하면 해당 패전 주가 자치적으로 주정부를 구성할 수 있도록 허용한 '10% 계획(10% Plan)'도 포함하였다.

　남부와의 평화를 주장하는 민주당 의원들(peace-Democrats)은 이 정책이 잔혹하다고 비판하였지만, 강경파 공화당 의원들과 남부와의 전쟁을 주장했던 민주당 의원들(war-Democrats)은 링컨의 남부재건정책이 너무 관대하다고 비난하였다.[352] 이런 비난에도 불구하고 전쟁을 승리로 이끈 링컨은 러닝메이트 앤드루 존슨과 함께 1864년 대선에서 무난히 재선에 성공하였다.[353] 그러나 두 번째 임기가 막 시작된 1865년 4월 링컨은 암살당하였고, 부통령 앤드루 존슨Andrew Johnson이 대통령직을 이어받았다.[354]

존슨과 남부재건정책

운명 또는 용기

　앤드루 존슨은 1808년 노스캐롤라이나에서 세탁 일을 하는 어머니와 노동을 하는 아버지 사이에서 태어났다. 아버지가 돌아가시자 그는 재단사의 도제로 일하였으나 곧 도망쳐 나와 사우스캐롤라이나, 테네시, 앨라배마를 전전하다가 마침내 테네시에 정착하게 되었다. 양복점과 부동산으로 성공한 존슨은 1852년 테네시 주지사로 선출되었다.

　1857년 테네시를 대표하는 연방 상원의원이 된 존슨은 남북전쟁 때 연방을 지지하며, 상원에 남은 유일한 남부연합(Confederacy) 출신의 의원이었다. 그는 만일의 사태에 대비하여 연단에 총을 둔 채로 연방의 통합을 연설하였는데, 테네시가 연방을 탈퇴하여 남부연합에 가담하자 워싱턴으로 돌아와야 했다.

1862년 3월, 링컨 대통령은 존슨을 북부연합(Union)이 점령한 테네시 지역의 관할관(Military governor)으로 임명하였다. 존슨은 1862년 9월 남부군이 네슈빌 Nashville로 진군하였을 때도 테네시를 떠나지 않고 내슈빌 사수를 독려하는 용기를 보이기도 하였다.[355] 내전과 혼란의 시기에 결단한 남다른 선택이 존슨에게 대통령이라는 뜻밖의 영광과 책임을 가져다준 것이다.

남부 우호적 정책

존슨은 연방 유지를 강력하게 지지하였지만, 노예제에 대해서는 대세를 따라가는 듯한 태도를 보여왔다. 존슨이 남북전쟁의 동기였던 노예 해방에 완전히 공감하였는지는 미스터리이지만,[356] 분명한 사실은 그가 대통령 자리를 물려받은 뒤부터 흑인에 대한 혐오와 반감을 꾸준히 표출하였다는 것이다. 그는 해방된 노예들에게 완전한 시민권을 주는 것과 흑인들에게 투표권을 주는 것에 반대하였으며, 인종 차별적인 발언과 거친 언어로 공화당 의원들을 종종 자극하였다.[357]

존슨 대통령은 남부 패전 주들에 대한 처우를 두고도 공화당 의원들과의 갈등을 증폭시켰다. 존슨은 대통령직을 물려받을 때 링컨의 남부재건정책을 유지하겠다고 말하였다.[358] 그러나 그는 "패전 주의 대표들이 참석하지 않은 연방의회가 패전 주에 대해 혹독한 정책을 시행할 수 없다"라고 주장하며,[359] 다소 온건했던 링컨보다 더욱 적극적으로 패전 주의 자치권을 보장하려는 모습을 보였다.

존슨은 남부에 우호적인 인사를 패전 주 임시 주지사로 임명하였는데,[360] 이렇게 구성된 패전 주의 임시 정부는 남부연합에 적극적으로 가담하였던 사람들도 고위직에 등용하였다.[361] 존슨은 남부연합 소속이었던 장교들과 관리들을 연방정부 공직에 임명하기도 하였으며,[362] 패전 주가 노예제 폐지를 규정한 수정헌법 13조를[363] 수용한다는 의사만 표시하면 자치적으로 주정부를 구성할 수 있도록 용인하고 고무하는 자세를 취했다.[364]

Black Codes

존슨의 느슨한 남부재건정책 아래에서 패전 주들은 흑인들의 처지를 전쟁 이전의 상태로 되돌렸다. 그들은 수정헌법 13조의 '노예제 폐지'를 글자로만 수용하고, 실제로는 '블랙 코드Black Codes'라고 불린 흑인 규제 법률을 제정하여 흑인들의 인권과 처지를 노예와 다를 바 없이 만들어버렸다.

예를 들어, 해방된 노예들은 예전과 달리 계약을 체결하고 일할 권리를 가졌으나 '정당한 사유(good cause)' 없이 일을 그만두는 때에는 즉시 체포되어 고용주에게 끌려가야 했고, 땅을 임차할 수 없었으며, 배심원이 될 수 없었을 뿐 아니라 백인의 소송에 증언도 할 수 없었다. 그들은 혹독한 부랑자법으로 통제당하였으며, 같은 인종을 벗어난 결혼도 엄격히 금지당했다.[365]

패전 주들이 제정한 Black Codes의 목적은 흑인의 지위를 노예와 비슷하게 만드는 것으로, 그 틀을 노예제(slavery)에서 신분제(caste)로 바꾼 것에 불과하였다.[366] 전쟁에서 살아남은 남부의 지도자들은 흑인들을 평등하게 대우할 마음이 전혀 없었으며, 심지어 KKK와 같은 테러 단체 지원에 자신들의 경제력을 사용하기도 하였다.[367]

존슨과 의회의 힘겨루기

경계와 반발

내전 종결 직후인 1865년 초에 일부 공화당 의원들은 남부 재건 계획에 흑인 투표권을 포함해야 한다고 주장하였지만, 당시 대다수 공화당 의원은 남부 주에서 노예제를 폐지하고 남부연합에서 고위직을 맡았던 인사들을 축출하는 정도로 만족한 듯 보였다. 그러나 존슨의 과도한 친 남부 정책은 공화당 의원들을 긴장시키고 경계하도록 만들었고, 결국 패전 주에서 횡행橫行하는 블랙 코드와 전쟁 전으로 돌아가는 남부의 모습은 공화당 의원들을 결집하고 행동에 나서도록 만들었다.

1865년이 끝날 무렵, 온건하였던 공화당 의원들도 단순히 노예제를 폐지하는 것만으로는[368] 노예제의 상처와 후유증을 극복하기 힘들며, 예전과 다른 세상을 만들 수 없다는 인식을 하게 되었다. 점차 더 많은 공화당 의원들이 패전 주에 더 엄격한 책임을 묻고 해방된 노예들에게 더 적극적인 지원을 하여야 한다고 생각하였으며, 나아가 흑인에게 투표권을 부여해야 한다는 주장에도 동조하기 시작하였다.[369] 의회는 입법에 나섰고, 존슨은 비토veto하며 힘겨루기가 시작되었다.

해방인 지원국 연장 법안

1864년 선거에서 압승한 공화당은, 1865년 시작된 39대 의회에서 하원에서는 155 대 46으로, 상원에서는 39 대 11로 의회를 장악하였다.[370] 공화당이 1865년 의회에서 이런 우위를 차지할 수 있었던 이유는, 남북 내전 중이던 1864년에 선거가 치러졌기 때문이기도 하지만, 민주당의 본거지라 할 수 있는 남부 패전 주들의 대표들이 연방의회에 나서지 못한 탓이기도 하다.[371]

의회를 장악한 공화당은 해방된 노예들의 처우를 개선하기 위한 법안들을 발의하였다. 의회는 우선 해방된 노예들을 지원하기 위해 설립되었던 '해방인 지원국(Freedman's Bureau)'[372] 존속 기간을 연장하는 법안을 의결하였다. 이 법은, 인종과 피부색 또는 예전의 노예 신분 등을 이유로 해방된 노예들에게 시민의 권리를 부인하지 못하도록 하였는데, 법의 시행을 위해 필요한 경우 패전 주에 주둔한 군대의 힘을 사용할 수 있도록 하였다.

1866년 2월, 존슨 대통령은 해방인 지원국 연장법을 비토하였다. 그는 전쟁이 끝났음에도 군대의 힘을 사용하는 것은 적절치 않으며, 특히 패전 주의 대표들이 참가하지 않은 연방의회가 패전 주를 규제하는 법안을 만드는 것은 위헌 소지素地가 있다고 주장하였다.[373] 일부 공화당 의원들도 존슨의 입장에 동조하였기 때문에 당장 존슨의 비토를 넘어설 수 없었던 공화당은[374] 같은 효과를 낼 수 있는 다른 법안을 모색하였고, 곧 실행에 옮겼다.

시민권리법

존슨이 해방인 지원국 연장법을 비토하고 한 달이 지난 1866년 3월, 의회는 '시민권리법(Civil Rights Act of 1866)'을 통과시켰다. 블랙 코드를 무력화시킬 목적을 가진 시민권리법은 흑인을 '연방 시민'이라고 명시하고, 그들에게 계약할 권리, 자산을 매입하고 소유할 권리, 일반 직업에 종사할 권리, 법정에서 증언할 권리 등을 부여하였다.[375]

그러나 주 시민권을 부여하는 것은 주정부의 배타적 권리이며, 주정부는 주 시민권을 부여하지 않음으로써 '연방 시민'인 흑인을 차별할 수 있다고 생각한 존슨은 3월 27일 '시민권리법'을 비토하였다.

공화당 의원들은 존슨의 일관된 남부 편향 사상에 완전히 절망하였고, 존슨에게 우호적이었던 일부 공화당 상원의원마저 돌아섰다. 1866년 4월 9일, 상원과 하원은 2/3 절대 과반 결의로 대통령의 비토를 기각하고 시민권리법을 발효시켰다.[376] 미국 역사상 최초로 의회가 대통령의 비토를 넘어선 것이다.

수정헌법 14조

의회는 시민권리법 제정이 끝나자 곧바로 다음 절차를 밟았다. 1866년 6월, 의회는 14번째 헌법 개정안인 수정헌법 14조를 채택하고 각 주에 비준을 요청하였다. 수정헌법 14조 1항은 "미연방(United States of America)에서 태어나거나 귀화한 모든 사람은 미연방의 시민이며 동시에 거주하는 주의 시민이다. 어떤 주도 미연방 시민이 가지는 특권과 면책권(privileges and immunities)을 침해할 수 없으며, 어떤 주도 개인의 생명 · 자유 · 자산을 적법한 절차(Due Process) 없이 침탈할 수 없고, 법의 평등한 보호(Equal Protection of Law)를 부정할 수 없다"라고 규정하여 사실상 시민권리법의 핵심 내용을 확인하는 것이었다.[377]

해방된 노예들과 흑인들에게 기본적인 시민권을 보장함은 물론, 연방 시민과 주 시민을 분리하여 주정부의 흑인 차별을 정당화하였던 존슨의 논리가 부활하지 못하도록 쐐기를 박은[378] 수정헌법 14조 개정안이 후일 미국 역사에 엄청난 영향을 끼치리라고 예상한 의원들은 당시에 거의 없었을 것이다.[379]

존슨은 수정헌법 14조에 반대한다는 의사를 분명히 표시하고, 남부 주에 헌법 개정안에 비준하지 말도록 조언하였다.[380] 수정헌법 14조는 1868년 비준을 마치고 효력을 발생하였다.

갈등의 분출

남부재건정책을 두고 공화당이 장악한 의회와 존슨 대통령이 팽팽하게 대치하는 가운데, 남부의 분위기는 더욱 어지러워졌으며 유혈사태가 발생하기도 하였다.

1866년 5월 멤피스Memphis에서 흑인 퇴역 군인과 백인 경찰 사이의 다툼이 인종 폭동으로 확대되었다. 46명의 흑인이 살해되고, 5명의 흑인 여성이 강간당했으며, 90채의 집과 12개의 학교 그리고 4개의 교회가 불탔으나 아무도 기소되지 않았다. 1866년 7월 뉴올리언스New Orleans에서는 일단의 백인들이 흑인 투표권을 지지하는 뉴저지의 공화당 회의에 참석하려고 모인 사람들에게 총격을 가하여 흑인 37명과 백인 공화당원 3명을 사살하였다.[381]

존슨은 이런 폭동과 학살에 어떤 조치도 취하지 않았고, 오히려 뉴올리언스 학살을 부추긴 잘못으로 공화당을 비난하였다.[382] 1866년 여름, 순회연설에 나선 존슨은[383] 남부 패전 주를 대표하는 의원들이 당시 연방의회에 의석을 갖지 못한 사실을 지적하며, "대표성이 없는 의회는 합법적이지 않으며, 이런 일이 벌어진 탓은 공화당에 있다"라는 비난을 되풀이하였다.[384]

존슨의 순회연설에도 불구하고 1866년 선거에서 공화당은 하원 37석, 상원 18석을 추가로 획득하며 하원 76%, 상원 83% 의석을 각각 차지하는 압승을 거두었다. 선거 결과는 더 강경한 남부재건정책을 취하라는 것이 국민의 메시지임을 보여주지만, 존슨은 그 메시지를 알아듣지 못한 듯 보였다.

1866년 12월, 의회는 워싱턴 D.C.에서 흑인들에게 참정권을 부여하는 법안을 통과시켰으나 존슨은 또다시 비토하였다. 존슨 대통령과 의회의 대립은 절정을 향해 치닫고 있었다.

임기보장법

계속된 비토

공화당과 대통령의 대립은 1867년에 들어서면서 몇 개의 법안을 둘러싼 정면 충돌로 그 절정에 달하게 된다.

1867년 2월, 의회는 남부 패전 주들을 위한 첫 번째 남부재건법(Reconstruction Act)을 통과시켰다. 이 재건법은 남부연합에 속했던 주들을 다섯 개 지구로 나누고, 각 지구를 책임진 연방사령관은 재건에 방해가 되는 주정부 관리들을 파면하거나 그 권한을 중지시킬 수 있도록 하였다. 또한, 새로 구성되는 주정부는 수정헌법 14조를 비준하여야 하며, 흑인들에게 투표권을 주도록 하였다.[385]

1867년 3월 2일 존슨은 이 재건법을 비토하였으나, 의회는 그 당일에 상하원 각각 2/3 결의로 존슨의 비토를 기각하였다. 존슨은 남부재건법이 남부의 백인들을 희생시키고 흑인들을 보호하기 위한 법이라고 불평하였다.[386]

임기보장법

1867년 3월 공화당은 남부 재건에 대한 존슨의 방해를 방지하기 위한 두 가지 법안을 통과시켰다. 하나는 '군 통솔과 관련된 법(AAA, Army Appropriation Act)'으로, 대통령의 군사 관련한 명령은 연방군 사령관을 거치도록 하였으며, 연방군 사령관은 상원의 동의 없이 대통령이 해임할 수 없도록 하였다. 이 법안의 주요 목적은 존슨이 율리시스 그랜트Ulysses Grant 연방군 사령관을 거치지 않고 군을 직접 움직여 남부 재건에 독자적인 영향력을 발휘하는 것을 막기 위한 것이었다.[387] 존슨은 AAA가 위헌이라고 항의하였지만, 비토 권한을 행사하지는 않았다.

존슨의 영향력을 막기 위한 또 다른 법안은 '공무원 임기보장법(TOA, Tenure Office Act)'이었다. 이 법의 핵심 내용은 '상원의 동의를 받아 대통령이 임명한 연방 공무원은 상원의 동의 없이 해임될 수 없다'는 것으로, 존슨이 공화당계 고위 공무원을 임의로 해임하고 공화당의 남부재건정책에 반대하는 인사들을 새로 임명하는 것을 막기 위한 것이었다.

특히, 이 법안은 윌리엄 스탠턴William Stanton 전쟁부 장관의 해임을 방지하기 위한 것으로도 알려졌는데, 스탠턴은 공화당의 정책을 지지하였을 뿐 아니라 남부 재건에 상당한 역할을 담당하는 전쟁부를 주관하고 있었으므로 공화당으로서는 꼭 필요한 인물이었다.[388] 존슨은 TOA를 비토하였지만, 의회는 다시 존슨의 비토를 기각하고 법안을 발효시켰다.

스탠턴 해임

존슨은 AAA와 TOA에 아랑곳하지 않고 남부에 우호적인 정책을 계속 진행하여, 공화당의 남부재건정책과 관련 법안들의 실효성을 떨어트렸다.[389] 의회는 존슨의 정책에 대응하여 1867년 7월 남부에 재건된 임시 주정부를 지역 담당 군에 종속시키고, 남부연합을 지지하였던 사람들의 투표권을 더 엄격히 제한하는 세 번째 남부재건법을 통과시켰다. 존슨은 또다시 비토하였으나 의회는 기각하였다.[390]

존슨의 비토를 넘어 세 번째 남부재건법을 통과시킨 의회가 다음 회기 시작인 12월까지 휴정에 들어가자, 존슨은 이 틈을 타 스탠턴을 해임하기로 하였다. 그는 1867년 8월 그랜트 사령관을 전쟁부 임시 장관으로 임명하고 스탠턴의 직무를 정지시켰다.[391] 존슨은 한 걸음 더 나아가, 남부 패전 주들을 담당하던 군사령관들을 자신의 정책을 지지하는 사람들로 교체하고, 패전 주에 사면의 범위를 확대한다는 공표를 하였다.[392]

그해 12월, 존슨은 의회의 회기 시작 연설에서 '패전 주 대표들이 연방의회에 참가하여야 한다'는 견해와 '흑인들의 정치 참여를 반대한다'는 뜻을 분명히 밝혔다.[393]

고집과 명분

1867년 12월 회기를 재개한 상원은 1868년 1월 13일 스탠턴의 직무 정지에 반대한다는 결의를 하였다. 그랜트 장군은 임시 장관직을 사임하고 직무를 다시 스탠턴에게 넘겨 의회의 결의에 따랐다.[394] 존슨은 스탠턴의 직무 정지를 반대한다는 상원의 결의에도 불구하고, 1868년 2월 21일 로렌조 토마스Lorenzo

Thomas를 임시 장관에 임명하면서 스탠턴을 기어코 해임하는 고집을 보였다.

토마스는 존슨의 해임장을 스탠턴에게 직접 전달하였으나, 스탠턴은 이 사실을 곧바로 의회에 알린 뒤[395] 그의 직무와 직함은 물론 사무실 키도 반납하지 않고 버티었다. 스탠턴은 새로 임명된 토마스를 TOA 위반으로 체포하라고 요청하였고, 토마스는 실제 TOA 위반으로 구속되기도 하였다.[396]

존슨의 해임 고집에 상원은 발칵 뒤집혔고 하원에서는 더 큰 소동이 일어났다. 존슨과 의회의 대립은 막다른 길에 이르렀고, 명분을 마련한 하원이 탄핵 기소를 가결하는 것은 시간문제가 되었다. TOA는 대통령의 법 위반을 헌법 상 탄핵 사유인 '중대한 비행(high misdemeanors)'으로 명시하고 있는데, TOA 제정 목적이 공화당 정책에 우호적인 각료를 보호하려는 것일 뿐 아니라 존슨의 TOA 위반을 탄핵의 빌미로 삼으려는 것이기도 함을 보여주는 대목이다.[397]

하원의 탄핵 기소

최초 시도

공화당 의원 제임스 애슐리James Ashley가 이미 존슨 탄핵안을 발의한 적이 있었다. 하원 사법위원회는 1867년 11월 25일 애슐리 결의안을 5 대 4의 표결로 채택하여 하원에 제출하였다.[398] 애슐리 탄핵안은 "존슨이 남부연합에 가담하였던 인사를 사면하고 그들을 다시 공직에 임명하여 사면권, 공직자 임명권, 국가 자산을 부정하게 사용하였으며, 또한 부당하게 선거에 개입하였다"라고 주장하지만, 구체적 불법 행위를 적시하지는 않았다.

당시 사법위원회는 탄핵 소추에 구체적 불법 행위나 형사적 기소 대상 행위가 필요한 것은 아니라는 결론을 내리고 애슐리 탄핵안을 채택하였다.[399] 그러나 상당수의 공화당 의원들은 사법위원회의 결론을 수용할 준비가 되어 있지 않았으며, 형사적으로 기소할 만한 구체적 범죄 행위가 없는 탄핵을 꺼렸다.[400] 하원은 애슐리 결의안을 108 대 57 표결로 부결시켰다.[401]

11개 항목의 탄핵 기소

그러나 1868년 2월, 존슨이 스탠턴의 해임을 고집하고 TOA를 완강히 거부하자 하원의 분위기는 급속도로 바뀌었다. 1868년 2월 24일, 하원은 존슨의 탄핵 소추안을 표결에 부쳐 128 대 47이라는 압도적인 지지로 통과시키며 3개월 전과는 전혀 다른 의회 분위기를 보여주었다.[402]

탄핵 기소장은 모두 11개 항목으로 이루어져 있지만, 1번부터 8번까지의 항목은 스탠턴을 파면하여 TOA를 위반하였다는 하나의 사안에 관한 것이다. 1번 기소는 스탠턴에게 해임장을 발부한 것, 2번·3번 기소는 스탠턴 후임으로 토마스를 임명한 것, 4번·5번·7번 기소는 스탠턴을 불법적으로 해임하기 위해 토마스와 공모한 것, 6번·8번 기소는 스탠턴 후임 토마스와 공모하여 전쟁부 자산을 불법적으로 점거하였다는 주장을 하고 있다.[403]

사실상 스탠턴 해임이라는 하나의 사안을 8개 기소 항목으로 나누어 놓은 이유는 분명치 않으나, 스탠턴을 해고한 존슨의 행위는 다수의 법률 위반 사항임을 주장하기 위한 것으로 판단된다.[404]

9번 기소는 존슨이 윌리엄 에모리William Emory 장군에게 TOA 일부 조항이 위헌이라고 지도(instruction)하여 에모리의 TOA 집행을 막으려 하였다는 것이다. 그러나 존슨이 실제로 법을 위반하라는 명령을 하달하였다는 주장은 하지 않고 있다. 10번 기소는 존슨이 무절제하고 선동적이며, 불미스러운 언행으로 의회를 경멸하고 모독하였으며, 의회에 대한 국민의 존경심을 손상하였다는 내용이다. 특히, 존슨이 '39대 의회는 남부 패전 주의 대표들이 없으므로 미국 전체가 아니라 일부만을 대표하는 합법적이지 않은 의회'라 주장하여 의회가 만든 법안들과 수정헌법의 효력을 부정하였다는 것이 핵심 내용이다.[405]

11번 기소는 위 10개 기소 내용을 모두 포괄하는 '포괄(Catch-all)' 조항이며, 존슨이 남부 재건에 관련된 법들의 집행을 방해함으로써 헌법에 명시된 법률을 충실히 집행할 대통령의 의무를 위반하였다는 결론을 내리고 있다.[406]

상원의 탄핵 심판

TOA 적용 여부

탄핵 기소에 대한 첫 번째 쟁점은, '상원의 동의를 받아 대통령이 임명한 각료들은 그 대통령의 임기 동안 상원의 동의 없이 해임될 수 없다'고 규정한, TOA 조항이[407] 스탠턴 파면에도 적용되는가였다. 존슨 변호인은 스탠턴 파면에는 TOA가 적용되지 않는다고 주장하였다. 스탠턴은 링컨이 임명하였으므로 링컨의 임기 동안에는 상원의 동의 없이 해임될 수 없지만, 스탠턴을 임명하지 않은 존슨은 자신의 임기 중에 스탠턴을 해임할 수 있다는 것이 변론 요지要旨이다.[408]

이런 논리에 대해 소추위원은, 존슨이 링컨의 잔여 임기를 물려받았으므로 자신의 임기가 아니라 링컨의 임기를 수행하고 있는 것이며, 따라서 스탠턴 해임에 TOA 조항이 적용된다고 반박하였다.[409]

변호인은, 설령 링컨의 잔여 임기를 수행하는 중이라 하더라도 '존슨 대통령이 스탠튼을 파면한 것이 TOA 위반에 해당하는지는 법적 논란이 있는 문제'라고 지적하며, "법적인 문제는 탄핵이 아니라 법원에서 다투어야 한다"고 주장하였다.[410]

TOA 위헌 여부

'스탠턴에게 TOA가 적용되는가' 하는 논쟁에 더하여 변호인들은 이 법의 위헌성을 제기하는 좀 더 근본적인 논쟁을 펼쳤다. 즉, 각료를 해임하는 것은 대통령의 고유한 헌법적 권한인데, TOA는 대통령의 헌법적 권한을 제한하므로 위헌이라는 것이다.

변호인은, 헌법 2조 3항이 대통령에게 '법률을 충실히 집행할 의무'를 부과하고 있는데, 법률을 충실히 집행할 의무를 다하기 위해 대통령은 '신뢰하는 사람을 임명하고 신뢰가 다하는 경우 해임할 수 있는 권한'을 필수적으로 보유한다는 논리를 전개하였다.[411]

헌법 2조 3항은 존슨 측 변론을 뒷받침하는 근거로 미약하지만, 각료 해임이 대통령의 고유 권한이므로 각료 해임에 상원의 동의를 받도록 한 TOA 조항이 위헌이라는 주장은 설득력이 상당히 높다.[412] 따라서 TOA가 위헌이라고 생각하여 스탠튼을 파면한 존슨은 탄핵을 당하기 전에 'TOA 위헌 여부를 따지는 사법심사를 청구할 권리가 있다'는 주장에 상당수 상원의원이 공감하였을 것으로 판단된다.[413]

그러나 소추위원은, 상원과 하원이 절대 과반의 표결로 대통령의 비토를 기각하고 통과시킨 TOA를 단지 위헌 소지가 있다는 추정으로 따르지 않은 것은 해당 법률에 표시된 '국민의 뜻을 좌절시키는 것'이라고 반박하였다.[414]

거친 언행

하원의 9번 기소는 존슨이 남부 재건에서 중요한 역할을 담당하고 있던 에모리 장군General Emory에게 TOA 일부 조항들을 무시하도록 지시[415]하였다는 것이며, 10번 기소는 존슨이 의회의 대표성과 적법성을 문제삼아 선동적이고 모욕적인 언어로 의회를 비난하고 그 권위를 떨어트렸다는 내용이다.

변호인들은, 에모리 소장에게 한 발언과 의회의 적법성 문제를 제기한 발언은 수정헌법 1조 언론자유 조항의 보호를 받는 정치적 의사 표현에 불과하며, 형사적으로 기소할 만한 범죄가 아니므로 탄핵 사유인 '중대한 범죄와 비행'에 이르지 않는다고 주장하였다.[416]

소추위원 벤 버틀러Ben Butler는, 탄핵 대상 행위가 형사적 범죄에만 국한되는 것이 아니라고 주장하며 그 근거로 미국과 영국의 탄핵 사례, 헌법 제정자들의 토론, 학자들의 의견 등 풍부한 증거를 제시하였다.[417] 반면, 변호인은 탄핵 대상 행위가 '형사적 범죄(crime)'에 국한된다는 근거를 제시하지 못하였고, 단지 상원의 탄핵 심판을 '재판(trial)'이라 부르고 대법원장이 대통령 탄핵을 주재한다는 사실을 들어 "탄핵 대상 행위도 형사적 범죄여야 한다"는 궁색한 논쟁을 폈다.[418]

존슨을 옹호하기로 마음을 굳히지 않았다면, 대다수 상원의원은 탄핵 조항의 취지와 목적이 형사적 범죄 구성 여부와 상관없다는 데 어렵지 않게 동의하였을 것이다.[419]

상원의 표결

시민들에게 입장권이 판매되고 40여 명의 증인이 소환되면서 상원의 탄핵 심판은 국민의 관심을 고조시켰다.[420] 1868년 5월 16일, 상원의 방청석을 가득 메운 사람들의 주목 속에서 탄핵 심판에 대한 표결이 시작되었다.

오리건Oregon 출신 조지 윌리엄스George Williams 상원의원은, 유죄 선고 가능성이 가장 크다고 기대한 11번 'Catch-all' 조항부터 표결할 것을 제안하였고, 이 제안은 34 대 19로[421] 통과되었다. 당시 상원은 27개 주를 대표하는 54명이었는데, 그중 42명이 공화당이었고 12명만이 민주당이었으므로 공화당 의원들의 수는 유죄 선고에 필요한 의결 정족수 36명을 훌쩍 넘었다.

그러나 11번 기소에 대한 투표 결과는 유죄 35표, 무죄 19표로 의결 정족수에 1표가 모자랐다. 공화당 의원 7명이 무죄에 투표한 뜻밖의 결과에 공화당 의원들은 몹시 당황하였다. 탄핵 심판을 주재하던 새먼 체이스Salmon P. Chase 대법원장이 11번 기소에 대한 존슨의 무죄를 선언한 뒤 1번 기소에 대한 투표를 진행하려 하자, 윌리엄스 의원이 다시 일어나 투표를 10일 후로 연기하자고 제안하였다. 이 제안 역시 32 대 21로 통과되어 나머지 10개 기소 항목에 대한 표결은 5월 26일로 연기되었다.[422]

공화당은 10일의 휴정 동안[423] 유죄 표결에 동참할 의원 1명을 더 확보하려 애를 썼다. 5월 26일 다시 투표가 시작되자, 기소 항목에 대한 표결 순서 변경과 표결일 추가 연기 등을 두고 한바탕 논란이 벌어진 뒤 결국 1번이 아니라 2번 기소에 대한 투표부터 진행되었다. 결과는 35 대 19로 11번 기소와 똑같았다. 3번 기소를 표결한 결과도 같았다.

핵심 기소 항목에 대해 7명의 공화당 의원들이 무죄 선고를 하여 존슨 탄핵은 실패로 끝날 가능성이 매우 커졌다. 윌리엄스 의원은 휴정을 제안하였고 표결은 종료되었다.[324] 무죄 투표에 참여한 공화당 의원들은, 존슨 측에 매수되었다는 비난과 3권 분립을 수호하고 대통령의 독립성을 보장하기 위해 용감한 선택을 하였다는 칭찬을 동시에 받았다.[425] 다양한 논란과 무성한 소문 속에서 존슨 대통령에 대한 상원의 탄핵 심판은 더 진행되지 않았고 사실상 종결되었다.[426]

존슨 탄핵 분석

7인의 반항아

유죄 선고 정족수를 훨씬 넘기는 의석을 가졌지만, '공화당 반항아들(Republican

Recusants)'로 불리는 7명의 상원의원 때문에 탄핵은 무위無爲로 끝났다. 유죄 선고 가능성이 컸던 기소에 무죄 투표를 한 공화당 상원의원 중에는 메인의 윌리엄 피트 페슨든William Pitt Fessenden, 아이오와의 제임스 그라임스James Grimes, 일리노이의 라이먼 트럼블Lyman Trumbull과 같이 신망과 존경을 받던 중진 의원들을 비롯해 테네시Tennessee의 조셉 파울러Joseph Fowler와 캔자스의 에드먼드 로스Edmund G. Ross 같은 1866년 당선자도 포함되어 있었다.

페슨든은 "TOA가 스탠턴에게 적용되지 않는다고 생각하며, 설령 적용된다고 하더라도 법을 잘못 해석해 스탠턴을 파면한 행위는 탄핵 사유가 될 중대한 비행은 아니다"라는 견해를 밝히고, "의회를 비난한 존슨의 언행 역시 정치적 견해를 표현할 존슨의 권리다"라고 주장하였다.[427] 그라임스는 "TOA가 스탠턴에게 적용되지 않을 뿐 아니라 각료 해임은 대통령의 고유 권한이며, 탄핵은 존슨에 대한 정치적 공격이다"라는 소감을 밝혔다.[428] 트럼블은 "범법 행위 등 존슨을 탄핵할 만한 충분한 사유도 없고, 충분한 증거도 없는 정치적 공격이다"라는 주장을 하였고,[429] 파울러는 "대통령은 각료를 선택할 헌법적 권한을 가지고 있으며, 의회는 내각의 구성원을 규제할 권리가 없다"라는 의견을 밝혔다.[430]

'공화당 반항아들'의 무죄 투표 이유를 요약하면, '대통령은 행정부 공직자를 해임할 권한이 있으며, 불분명한 법률에 대한 해석 오류나 의회에 대한 정치적 비난처럼 충분히 중대하지 않은 행위로 탄핵당해서는 안 된다'는 것이었다.[431]

정치적 동기

7명의 공화당 상원의원이 정파적 투표에서 이탈하여 민주당 의원과 함께 무죄 투표에 동참한 배경에는 정치적 동기가 있었다는 지적이 있다.[432] 존슨에게 유죄 선고를 내리는 것은, 공화당 급진파들과 함께 남부 패전 주에 더 강한 재건 계획을 시행하고, 더 급진적인 정책을 추진하며, 흑인의 투표권도 수용할 수 있다는 태도 표명으로 해석될 수 있다.

그런데 남부의 대다수 백인과 북부의 적지 않은 백인에게 자극을 줄 강경한 정치적 태도가 온건파 또는 보수파에 속하는 공화당 의원들에게는 정치적 손해가 될 수 있다. 당시 공화당원은 물론 일반 국민도 흑인의 투표권 등 남부재건정책의 내용을 두고 나뉘어, 한쪽은 존슨 유죄 선고를 다른 쪽은 존슨 방면을 강력하게 주장하며 상원의원들을 압박하던 상황이었다.[433] 7명의 공화당 상원의원들은 남부에 대한 강경한 태도나 급진적인 사상을 표시하는 것이 그해 11월에 예정된 선거에서 자신들이나 공화당에 나쁜 영향을 미치리라 판단하였을 개연성이 높다.

어떤 의원은 존슨이 탄핵당하면 누가 대통령직을 이어받을지에 주목하였을 수도 있다. 부통령이었던 존슨이 링컨의 대통령직을 이어받았기 때문에 당시 부통령 겸 상원의장은 공석이었다. 따라서 존슨이 탄핵 심판에서 유죄를 받으면 상원의 의장 대행(the President pro tempore)인 벤 웨이드Ben Wade 공화당 상원의원이 대통령직을 이어받게 된다.

웨이드는 여성과 노동자의 권리는 물론 흑인의 투표권을 주장하는 '급진 강경파(the Radicals)'였는데, 무뚝뚝하고 강한 성격으로 상원은 물론 자신의 주 오하이오에도 많은 적을 만든 것으로 알려졌다.[434] 7명의 반항아를 포함해 일부 상원의원은 개인적으로 웨이드를 싫어하였거나 그가 대통령이 되어 남부재건정책이 강경으로 급선회急旋回되는 것을 바라지 않았을 수 있다. 실제 정치적으로 온건파이며 경제적으로 보수파였던 그라임스는 존슨의 축출보다 웨이드의 대통령 승계를 더욱 원하지 않았던 것으로 알려졌다.[435]

여기에 더하여, 11월 대선에서 그랜트 장군의 승리를 확신하던 공화당 의원들은, 웨이드가 대통령이 되면 11월 대선에서 부통령 후보로 지명될 가능성이 커지는데, 그가 대선의 전면에 등장하는 것은 그랜트 장군의 승리에 좋지 않은 영향을 줄 수 있다는 판단을 하였을 수도 있다.[436] 무죄 선고의 뒷면에 숨어 있는 정치적 동기가 명백히 드러나진 않았지만, 웨이드의 대통령직 승계를 꺼리는 분위기도 존슨의 아슬아슬한 탄핵 모면에 중대한 역할을 하였다는 추정에는 다수가 동의한다.[437]

서로 다른 견해

다수의 역사가와 법학자들은, 존슨 대통령 탄핵을 의회가 탄핵 권한을 잘못 사용한 사례로 간주한다. 그들의 견해는 존슨의 행위가 헌법 상 탄핵 사유인 '중대한 범죄와 비행'에까지 이르지는 않는다는 것이다. 이런 견해에 동조하는 존 케네디John F. Kennedy 전 대통령은, 7명의 공화당 의원 중 맨 마지막 순서로 무죄 선고를 내려 사실상 'casting vote'를 던진 로스 의원을 합리적이고 용감한 인물로 평가하였다. 케네디는 "남부 패전 주들을 처벌하려고 하는 급진 공화파의 극단적 계획에 저항하였다"라고 로스를 추어올렸다.[438]

버거 교수는 "존슨 탄핵은 탄핵제도를 남용한 사례이며, 그의 무죄 판결은 권력 분립이라는 헌법 원칙의 승리를 보여주는 것"이라고 주장하였다.[439] 선스타인 교수는 "존슨이 형편없는 대통령이었지만, 그에 대한 공화당의 탄핵은 헌법에 어긋나는 행위였다"고 지적하였다. 렌퀴스트 전 대법관은 "체이스 대법관 탄핵의 무죄 선고가 사법부의 독립을 상징하는 것처럼, 존슨에 대한 무죄 선고는 대통령의 독립된 권한 행사에 중대한 전환점이 되었다"는 평가를 했다. 렌퀴스트는 "대통령 직무에 대한 책임은 '의회의 탄핵'이 아니라 '선거로 심판'하는 것이 헌법의 기본 원칙이라는 것을 존슨 탄핵 사례가 확인시켜주었다"고 해석하였다.[441]

반면, 프랑크 보우만 교수는 렌퀴스트와 반대되는 평가를 한다. 그는 "의회의 법안에 저항하며 월권 행위를 반복한 존슨의 행위는 헌정질서를 위험에 빠트린 도度가 넘은 행위"라고 지적하며, "존슨에 대한 무죄 선고는 오늘날의 제왕적 대

통령제를 만드는 데 상당한 이바지를 하였다"고 주장한다.[442]

보우만은, 존슨이 가까스로 탄핵을 모면한 원인을 잘못된 소추 전략에서 찾는다. 스탠턴 해임과 의회 비난 등 사소한 사안을 기소하여 그 위법성을 따지기보다는 남부재건정책과 남부재건법 시행에 저항한 존슨의 전반적인 행위를 기소하고, 이것이 국가 이익에 반하는 위헌적 행위임을 주장하였으면 존슨이 충분히 유죄 선고를 받았을 수 있다고 보우만은 판단한다.[443]

존슨이 남부 우호적인 정책을 시행하고, 패전 주가 독자적으로 주정부를 구성할 수 있도록 서둘러 연방을 분열시켜 나라의 평화와 안전을 위태롭게 한 것, 노예제 폐지를 규정한 수정헌법 13조에 반대하고 남부재건법을 수차례 비토하여 의회의 새로운 헌정질서 구축을 방해한 것, 그리고 해방된 흑인들의 처지를 이전의 노예 상태로 복귀시키려 한 패전 주의 정책을 지지한 것 등은 단순한 TOA 위반을 넘어서 헌법 상의 '중대한 범죄와 비행'에 충분히 이른다고 보우만은 주장한다.[444]

Lessons

형사적 절차

하원과 상원의 의결 정족수를 넘는 의석을 차지하며 의회를 장악한 다수파 의원들이 상당한 적개심을 가지고 탄핵 기소를 추진하였다는 점에서 존슨과 체이스의 탄핵 환경은 비슷하다. 따라서 탄핵이 순수한 정치적 공격을 위한 도구였다면 존슨과 체이스는 탄핵 심판에서 방면될 확률이 매우 낮았다. 존슨은 128 대 47이라는 압도적인 표 차로 하원에서 탄핵 기소되었지만, 상원에서는 1표 차이로 유죄 선고를 모면하였다.

존슨이 탄핵을 모면할 수 있었던 가장 큰 이유는, 체이스 때와 마찬가지로 탄핵이 취하고 있는 '형사적 절차(criminal procedure)' 원칙 때문이라 할 수 있다. 이 원칙에 따라, 하원은 구체적인 혐의를 적시摘示하여 기소를 제기하고 증거를 제출하여 혐의를 입증해야 하며, 상원은 증거에 따라 혐의가 입증되었는지를 판단해야 한다.

존슨 탄핵 당시, 존슨을 경멸하였던 상당수 상원의원도 탄핵 심판이 형사적 절차와 그 특성에 따라 공정하게 진행되어야 한다는 원칙을 지키려 하였으며, 그런 이유로 유죄 선고를 쉽게 하려고 제안된 재판 절차와 증거 규정 채택에 반대하기도 하였다.[445] 구체적 사실에 입각한 기소와 증거에 기반한 입증이라는 형사적 절차의 기본 요건을 충족시키지 않은 채 정치적 우위만으로 탄핵을 성사시킬 수 없다는 것은 1805년 체이스 대법관 탄핵 사례에서도 확인된 원칙이다.[446]

존슨 탄핵을 강력하게 주장한 찰스 섬너Charles Sumner 공화당 의원은 탄핵이 취한 형사적 절차 양식을 비판하면서 "탄핵은 의회제도 아래서 행정부에 대한 신뢰를 묻는 정치적인 절차"라고 주장하였지만,[447] '공화당 반항아들' 페슨든 의원은 '증거에 근거한 공정한 판단'을 강조하는 서면 의견을 제출하기도 하였다. "탄핵을 요구하는 국민의 목소리에 귀 기울여야 한다"라는 소추위원의 주장에 대해 페슨든은 "탄핵 심판의 책무는 국민이 아니라 상원에 있으며, 국민은 증거를 보지 않으나 상원은 증거를 검토해야 한다"라고 응대하였다.[448] 또 다른 반항아 트럼블 의원은 "불충분한 기소 사실과 불충분한 입증 때문에 무죄 투표를 하였다"고 밝혀, 그가 탄핵이 취하는 형사적 절차의 원칙에 따라 심판하였음을 분명히 하였다.[449]

'공화당 반항아들'뿐 아니라 유죄 투표를 하였던 대다수 공화당 의원도, 탄핵 심판이 형사적 절차 형식을 취하므로 이런 절차가 요구하는 기준에 부합하도록 심판하여야 한다는 원칙을 부정하지는 않았다.[450] 탄핵 심판의 형사적 절차 양식이 존슨 방면에 일정 부분 이바지하였음은 분명해 보인다.

기술적 법률 위반

체이스 대법관 사례와 마찬가지로 존슨 탄핵은, 대통령을 탄핵하고 파면하기 위해서는 공익에 반하는 '심각하거나 중대한' 행위가 분명히 입증되어야 함을 다시 확인시켜주었다. 즉, '법률에 대한 해석 오류'와 같이 단순한 기술적(technical) 위반은 헌법이 규정한 '중대한 범죄와 비행'에 해당하지 않는다는 원칙이 성립된 셈이다.[451]

상원의 심판에서 페슨든 의원은 "TOA가 스탠턴에게 적용되지 않는다고 해석한 존슨의 행위는 사소한 일이며, 이런 기술적 법률 위반으로 대통령을 탄핵하는 것은 상원의 권력 남용이다"라고 주장하였는데,[452] 현대의 다수 학자도 대체로 페슨든의 주장에 동의한다.

대통령의 비행이 상식을 넘어 '극심한(egregious)' 때에 '중대한 범죄와 비행'에 이르며, 기술적 법률 위반은 여기에 해당하지 않는다는 것이 현대의 다수 의견이다.[453] 1974년 닉슨 대통령 탄핵 추진 당시, 하원 사법위원회 사무국 보고서는 "오직 '중대한(substantial)' 비행만이 대통령 탄핵 사유가 된다"는 결론을 내린 바 있다.[454] 존슨 대통령의 탄핵으로부터 100년 이상이 지난 뒤에도 페슨든 의원의 주장이 여전히 유효한 원칙임을 사법위원회가 확인한 것이다.

국민 여론

존슨 탄핵은 국민 여론이 대통령 탄핵을 이끄는 가장 중요한 동력임을 생생하게 보여주는 최초의 사례이다. 존슨은 2017년 역사가들을 대상으로 한 여론조사에서 최악의 미국 대통령 2위를 차지하였다.[455] 의회에서 탄핵이 진행되던 당시에도 존슨에 대한 국민 여론은 좋지 않았다.

선출직인 연방의회 의원들은 그들이 대표하는 주의 시민 여론에 주목해야 하며, 그들의 의견을 무시하거나 거스르기는 쉽지 않다. 남부 패전 주를 제외한 북부 대부분 주에서 존슨을 탄핵하라는 시민 여론이 매우 거세었으며,[456] 이것은 하원이 존슨 탄핵을 128 대 17이라는 압도적 표 차이로 가결하였다는 사실에서도 드러난다.

상원의원들에 대한 시민들의 압박 역시 거세었다. 캔자스 상원의원 사무엘 포미로이Samuel Pomeroy와 존슨에게 무죄 투표를 하였던 에드먼드 로스에게 앤서니Anthony라는 사람으로부터 다음과 같은 전보가 배달되었다.

리번워스Leavenworth에서 5월 14일.
캔자스 주민들은 충분한 증거를 들었으므로
존슨에게 유죄 선고하기를 요구한다.
- 앤서니와 1천 명의 시민들.[457]

그러나 국민 여론이 하원의 탄핵 기소와 상원의 탄핵 심판에 미치는 영향의 정도는 서로 다르다는 점에 주목하여야 한다. 상원의원들도 선출직이라는 점에서는 하원의원들과 마찬가지로 시민 여론에 종속될 수밖에 없지만, 그들이 지고 있는 '증거에 입각한 공정한 판단'이라는 의무감이 여론의 영향을 어느 정도 감소시켜준다. 체이스 대법관 탄핵이 절대 과반수 의석이라는 정파적 힘만으로 상원의 벽을 넘지 못한다는 교훈을 보여주었는데, 거기에 보태어 존슨 탄핵은 국민 여론에만 기대어 상원의 벽을 넘을 수 없다는 것을 보여주었다.[458] 로스 의원은 앤서니에게 답신을 보냈다.

선생님은 저에게 유무죄 선고를 요구하실 권리가 없습니다.

저는 상원의원으로서 공정한 정의를 지키겠다고 선서하였습니다.

저는, 저의 판단과 나라의 이익에 따라 투표하는 용기와 정직함을 가지고 있다고 믿습니다.

앤서니와 1천명의 사람들에게 에드먼드 로스가.[459]

리처드 닉슨 대통령

2

격동의 시대

Swinging Sixties

모든 것을 녹여내는 용광로(melting pot) 속에서도 백인 우월주의(white supremacy)는 건재하였지만, 인권을 찾는 무리는 행진을 포기하지 않았고 거리는 폭력과 피로 물들었다. 반공 전쟁과 매카시즘McCarthyism은 여전히 두려운 힘을 발휘하였지만, 자유에 대한 갈망과 반전운동이 젊은 열정을 파고들었다. 전쟁은 미국을 풍요롭게 하였지만, 5%의 사람이 국민소득의 절반을 차지하고 절반의 사람이 5%의 국민소득을 나누었다.

'분리하되 평등하다(separate but equal)'라는 기발奇拔한 판결과 '흑백분리법(Jim Crow laws)'의 잔재가 남부에서 기승을 부렸지만, 워런Earl Warren 법원은 '분리 폐지(desegregation)'를 명령하며 진보적 판결을 이어갔다. 시대에 저항하는 히피hippie주의가 종교처럼 번지고 수십만의 인파가 우드스톡 페스티벌Woodstock Festival을 찾기도 하였지만, '앵무새 죽이기(To Kill A Mockingbird)'를 '여성성 신화(Feminine Mystique)'가 이어받으며 혼란한 정신을 깨우쳤고, 조앤 바에즈Joan Baez와 밥 딜런Bod Dylan은 방황하는 정서를 위로하였다.

활기찬 60년대(Swinging Sixties)는 역동적으로 보였지만 휘청거리는 듯도 하였다. 서로 다른 갈래의 큰 강이 한 시대를 굽이치고 뒷물결은 앞 물결을 밀어내고(長江後浪推前浪) 있었다.[460]

1962년 10월 14일, 미국의 U-2 비행기가 쿠바의 상공에서 소련의 중거리 탄도미사일 발사 기지로 추정되는 928장의 사진을 찍었다. 흐루쇼프Khrushchev가 미사일 기지 철수를 거부하고 케네디John F. Kennedy는 쿠바 공습을 고려하면서 핵전쟁의 전운이 10월 하늘을 뒤덮었다.[461]

1963년 6월, 조지 월리스George Wallace 앨라배마Alabama 주지사는 케네디가 연방군을 급파할 때까지 앨라배마 주립대 정문에서 흑인 학생들의 등교를 거부하며 버티었다. 그해 8월 28일, 20만 명의 인파가 〈우리 승리하리라(We shall overcome someday)〉를 부르며 워싱턴 D.C. 링컨 기념공원에 운집하였고, 마틴 루서 킹Martin Luther King 목사는 그들에게 〈나는 꿈이 있다(I have a dream)〉라는 연설을 하였다. 링컨이 '노예 해방'을 선언하고 100년이 지났지만, 흑인들은 여전히 자유와 평등을 '꿈'꾸고 있었다. 그러나 불과 18일 뒤, 버밍햄Birmingham 16번가 작은 교회에 자행된 폭탄 테러가 어린 흑인 소녀 4명의 목숨을 앗았다. 분노와 함께 '어떤 조치가 필요하다'라는 공감이 전국으로 확산하였지만, 광범위한 시민권리법 제정을 의회에 요청하던 케네디는 11월 댈러스Dallas에서 암살당하였다.[462]

1965년 3월, 주 방위군은 에드먼드 피터스Edmund Pettus 다리를 건너 앨라배마 수도 몽고메리Montgomery 쪽으로 행진하던 시위대에 무자비한 폭력을 행사하여 일요일을 피로 물들였다.[463] 케네디의 대통령직을 이어받은 린든 존슨 Lyndon Johnson은 통킹만(Gulf of Tonkin) 사건을 빌미로 베트남 내전에 전격 개입하였다. 1965년 20만 병사를 시작으로 50만이 넘는 병사를 보내고 역사상 전례가 없는 폭탄을 뿌렸지만, 1968년 1월 북부 베트남은 남부 베트남에 파상공격을 퍼부으며 강렬하게 저항하였다. 전쟁은 엄청난 사상자를 발생시키면서도 끝날 기미를 보이지 않았고 미국은 분열되었다.

1968년 4월 킹 목사가 테네시Tennessee 멤피스Memphis에서 암살당하자 여러 도시에서 흑인들의 폭동이 일어났고, 그해 6월 선거 유세를 하던 로버트 케네디Robert F. Kennedy도 LA에서 암살당하였다. 민주당은 로버트 케네디를 대신해 허버트 험프리Hubert Humphrey를 대통령 후보로 선출하였다.[464]

반공주의자 닉슨

하원 '반국가행위 조사위원회(HUAC)'에서 반공에 앞장섰던 캘리포니아 출신의 리차드 닉슨Richard M. Nixon 의원은 1950년 상원의원에 당선되었다. 닉슨은, 자신의 반공주의 이력과 캘리포니아 지역의 지지 기반을 활용하려는 공화당의 전략 덕분에, 1952년 대선에서 아이젠하워Dwight Eisenhower 대통령 후보의 러닝메이트로 낙점되었다.[465] 1953년부터 1961년까지 8년간 부통령으로 재직한 그는, 1960년 대통령 선거에 나섰지만 민주당 케네디에게 패배하였고, 1962년 캘리포니아 주지사 선거에서도 민주당 팻 브라운Pat Brown에게 패배하였다. 닉슨의 정치 인생은 막다른 길에 이른 것처럼 보였다.

그러나 1968년 공화당 대통령 후보로 지명되면서 닉슨은 가까스로 재기에 성공하였다. 닉슨은 '법과 질서'를 강조하며 베트남 전쟁을 끝내고 평화를 되찾겠다고 호소하여 전쟁과 혼란에 지쳐 있던 '침묵하는 다수(silent majority)'의 마음을 움직였고, 민주당 허버트 험프리에게 승리를 거두며 대통령에 당선되었다.[467] 난세가 영웅을 만들 듯이 시대의 혼란과 케네디 암살이 닉슨을 백악관으로 안내하였다.

정보유출

캄보디아 폭격

닉슨은 1969년 1월부터 4년 동안 미국의 37대 대통령으로 재임하면서, 중국과는 외교 통로를 만들고 소련과는 무기협정을 맺으며 긴장 완화를 추구해 데탕트Détente 시대를 열었다.[468] 1968년 선거에서 베트남 전쟁을 끝내겠다고 약속했던 닉슨은, 유리한 조건으로 종전 협상을 주도하기 위해 북부 베트남에 대한 압박을 지속하는 한편, 1969년 3월 캄보디아 지역에 있던 북부 베트남군과 그들의 보급로를 폭격하도록 지시하였다.[469] 닉슨 행정부는 캄보디아 폭격 사실을 비밀에 부쳤지만, 그해 5월 뉴욕 타임스가 이 사실을 보도하였다.[470]

닉슨은 분노하였고, 뉴욕 타임스에 정보를 누설한 사람을 찾으라는 지시를 FBI에 내렸다. 그는 정보 누설자로 의심받던 모톤 할퍼린Morton Halperin에 대한 도청을 허락하였는데, FBI는 21개월 동안 영장 없이 할퍼린 자택의 전화를 도청하였다.[471] 할퍼린 도청은 국가 안보를 이유로 허용된 것이지만, 이 도청을 계기로 닉슨의 백악관은 국가 안보와 관련 없는 사람들과 사안에 대해서도 광범위한 도청을 하였다는 사실이 후일 드러났다.[472]

펜타곤 페이퍼

1971년 6월 13일, 뉴욕 타임스는 '펜타곤 페이퍼Pentagon Paper'로 알려진 국방부 기밀문서를 입수하여 그 내용을 보도하기 시작하였다.[473] 펜타곤 페이퍼는 베트남 전쟁을 포함해 1940년대부터 1960년대까지 인도차이나Indochina 지역에서 수행된 미국의 활동을 기록한 방대한 보고서이지만, 케네디와 린든 존슨 행정부의 일이므로 닉슨 행정부와 직접 연관된 사안은 아니었다.[474] 그러나 캄보디아 폭격 누설로 한 차례 곤욕을 치렀을 뿐 아니라, 1970년 들면서 반전과 반정부 목소리에 예민해져 있던 닉슨은 정부의 기밀 누출을 적극적으로 막아야 한다는 결심을 세웠다.[475]

닉슨 행정부는 펜타곤 페이퍼를 뉴욕 타임스에 전한 다니엘 엘스버그Daniel Ellsberg를 '간첩법(Espionage Act)' 위반으로 기소하여 재판에 넘기고,[476] 뉴욕 타임스의 보도를 '사전 중지(prior restraint)'시키는 소송을 제기하였다. 그러나 1971년 6월 30일 대법원은 보도 중지 요청을 기각하였고, 뉴욕 타임스와 워싱턴 포스트는 펜타곤 페이퍼 보도를 이어 나갔다.[477]

워터게이트

백악관의 배관공들

펜타곤 페이퍼 사건에 화들짝 놀란 백악관은, 국내 현안 담당(Domestic Affairs Adviser)인 존 에릭만John Ehrlichman의 주도 하에 정보 누설을 막고 누설자를 색출하기 위한 특별조사팀(Sepcial Investigation Unit)을 구성하여 비밀리에 가동하였다. 고돈 리디Gordon Liddy와 하워드 헌트Howard Hunt 등이 이 팀에서 활동하였는데, 이들은 정보 누설을 막는다는 뜻에서 '배관공들(Plumbers)'로 불렸다.[478]

배관공들이 가장 먼저 한 일은 1971년 9월 다니엘 엘스버그의 심리 치료를 담당했던 정신과 의사의 사무실에 몰래 침입한 것이었다.[479] 배관공들은 엘스버그의 정신병력을 확보한 뒤 그가 정상적인 사고를 하는 사람이 아니라고 주장하여 그에 대한 신뢰를 떨어트리려 하였다.[480]

리디와 헌트는 3명의 쿠바인을 고용하여 자물쇠를 부수고 침입한 뒤 서류를 뒤섞고 사무실을 엉망으로 만들면서도 엘스버그 관련 파일은 찾지 못하였다. 이들의 서툰 침입 방식과 형편없는 결과에 당황한 존 에릭만은, 배관공 인력은 그대로 유지하였지만 사실상 특별조사팀을 폐기하였다.[481]

재선위원회

이 무렵 1972년 대선을 준비하기 위한 대통령 재선위원회(CRP)[482] 가동이 본격화되기 시작하였다. 법무부 장관 존 미첼John Mitchell이 재선위원회의 중요 활동인 선거자금 모금 및 관리를 배후에서 주도하다가, 1972년 4월부터 장관직을 사임하고 재선위원회의 공식적인 책임자로 나섰다.

엘스버그의 정신과 의사 사무실을 엉망진창으로 침입한 이후 별다른 활동을 하지 않던 배관공 고든 리디와 하워드 헌트도 재선위원회 업무에 배정되었다. 헌트는 백악관 소속으로 남았지만 리디는 재선위원회 재정 담당의 고문 변호사 직함을 가졌는데, 실제 리디의 업무는 법률 자문이 아니라 정치 정보와 관련된 작전을 수행하는 것이었다.[483]

배관공으로서 별다른 업적을 내지 못하여 초조해 하던 리디는 납치, 도청, 민주당 의원의 성매매 정보 파악 등 스스로 '젬스톤Gemstone 프로젝트'라고 이름 붙인 활동 계획을 제안하였다. 미첼은 활동 계획 대부분을 승인하지 않았지만, 리디는 7일 뒤 다시 미첼을 찾아가 '믿기지 않는 작전'을 제안하고 미첼의 승인을 얻어냈다.[484] 리디와 헌트 일당은 정신과 의사 사무실 침입 때처럼 이 작전을 엉망진창으로 수행하여 역사에 길이 이름을 남겼다.

수상한 5인조 강도

대통령 선거를 5개월여 앞둔 1972년 6월 17일 새벽, 워싱턴의 워터게이트 빌딩을 순찰하던 경비원은 건물 계단으로 통하는 지하 주차장 출입문 잠금장치 위로 테이프가 붙어 있는 것을 발견하였다. 그는 얼마 전 같은 자리에 붙어 있는 테이프를 발견하고 떼어낸 적이 있었기 때문에 즉시 경찰에 신고하였다. 출동한 경찰은 새벽 2시 30분 6층에 있는 '민주당 전국위원회(DNC)' 본부에 침입해 있던 5명의 남성을 체포하였다.[485]

이들은 모두 정장 차림에 적지 않은 현금, 워키토키, 카메라, 볼펜 크기의 가스총, 열쇠 꾸러미, 도청 장치를 소지하고 있었다.[486] 강도(burglary) 혐의로 체포되었지만, 이들의 행색은 강도처럼 보이지 않았다. 침입은 매우 서툴렀으며, 돈이나 보석을 뒤진 것이 아니라 도청 장치를 설치하려 했던 것으로 드러났다.[487]

그들은 누가 보아도 단순한 강도로 보이지 않았을 뿐 아니라, 현장에서 침입을 주도한 제임스 맥코드James McCord는 재선위원회의 '보안 조정관(Security

Coordinator)'이었으며 배관공 헌트의 백악관 연락처를 가지고 있었다.[488] 이들에 대한 예비 심문(preliminary hearing)을 참관하기 위해 법정으로 달려간 워싱턴 포스트의 젊은 기자 밥 우드워드Bob Woodward는, 심상치 않은 사연이 이상한 5인조 강도들을 둘러싸고 있음을 직감하고 이 사건을 파헤치기로 마음먹었다.[489]

봉쇄 작전

재선위원회의 소속 맥코드와 백악관 소속 헌트의 이름이 주목받으면서 5인조 강도들의 배후에 재선위원회와 백악관이 있다는 의혹이 불거졌다.[490] 백악관은 "워터게이트 침입은 '삼류 절도 행각(a third-rate burglary)'에 불과할 뿐"이라며 연루 의혹을 공식적으로 부인하였다.

닉슨은 백악관과 재선위원회의 연루 의혹이 불거지지 않도록 사건을 은폐하는 '봉쇄(containment)'를 지시하였으며, 대체로 백악관 변호사 존 딘John Dean이 이 봉쇄 작전을 수행하였다.[491] 그러나 사람들은 의심의 눈초리는 거두지 않았고, 한밤중 민주당 당사에 '살금살금 침입하는 모습'에 빗대 닉슨의 CRP(재선위원회)를 CREEP(살금살금)으로 불렀다.

칼 번스타인Carl Bernstein과 팀을 이룬 밥 우드워드는, 5인조 강도 중의 한 명인 버나드 바커Bernard L. Barker의 계좌로 워터게이트 침입 약 두 달 전에 재선위원회 자금으로 추정되는 수표 2만5천 달러가 입금된 것을 확인하고, 8월 1일 워싱턴 포스트에 '워터게이트 침입 용의자가 닉슨 재선위원회의 자금을 가졌다'라는 기사를 냈다.[492] 같은 달, 닉슨은 "백악관 직원은 워터게이트 침입과 관련이 없다"라는 언급을 하며 백악관 연루를 부인하였다.

닉슨의 부인否認은 설득력 있게 들렸지만,[493] 번스타인과 우드워드는 집요한 취재를 이어 나갔다. 1972년 10월 10일 '워터게이트 침입은 재선위원회가 주도한 민주당 방해 공작(sabotage)'이라는 기사가 워싱턴 포스트 1면에 보도되었고,

10월 25일 '도청 등 각종 불법 행위에 사용된 재선위원회 비자금이 존재하며, 밥 홀더먼Bob Haldeman 비서실장이 비자금 사용 승인자 5인 중 한 명'이라는 기사가 그의 사진과 함께 워싱턴 포스트 1면을 장식하였다.[494]

이런 와중渦中에도 닉슨은 11월 대선에서 60.7%에 이르는 국민 지지와 520명에 달하는 선거인단을 확보하며, 오직 17명의 선거인단을 확보한 민주당의 조지 맥가번George McGovern에게 압승을 거두었다.[495]

닉슨은 1972년 중반부터 여론 조사에서 맥가번을 상당히 앞섰으며, 선거를 2개월 앞둔 8월 30일에도 30%의 차이로 앞서고 있었다.[496] 이런 유리한 상황에서 왜 민주당 당사를 침입하는 무리수를 두었는지는 의문이다.[497] 워싱턴 포스트는 닉슨 측의 이런 어리석은 행동을 '믿기지 않는 임무(Mission Incredible)'라고 조롱嘲弄하였다.[498]

드러나는 전모

봉쇄의 균열

1973년 닉슨의 두 번째 임기가 시작될 무렵부터, 재선위원회가 워터게이트 침입에 연루되었으며 백악관이 사건을 은폐하고 수사를 방해하였다는 정황이 드러나기 시작하였다.

워터게이트 사건 첫 재판이 열린 1월 11일, 맥코드를 제외한 4명의 강도가 '유죄 인정(plead guilty)'을 하였다. 유죄 인정을 제안하였지만 헌트는 '윗선(higher-ups)'의 개입을 부인하였고, 맥코드와 리디는 죄를 인정하지 않았다. 1월 30일, 배심원은 맥코드와 리디에게 강도·불법 도청·공모 혐의에 유죄 선고를 하였고, 존 시리카John Sirica 판사는 상원이 수사를 이어 나가기 바란다는 희망을 밝혔다.

형량 선고일인 3월 23일, 존 시리카 판사는 헌트에게 35년형, 리디에게 6년 8개월에서 20년, 맥코드를 제외한 4명의 강도에게는 40년 형을 선고하며 검찰에 대한 협조 여부에 따라 형량이 변할 수 있다고 덧붙였다. 이날 맥코드는 '유죄를 인정하고 입을 다물라는 압박을 받았으며 위증을 하였다'라는 편지를 시리카 판사에게 전했고, 시리카 판사는 법정에서 이 편지를 공개하였다.[499]

맥코드의 편지가 공개되기 하루 전인 3월 22일, 그레이 FBI 국장 대행은 "배관공 헌트가 백악관 소속인지 모른다고 한 백악관 변호사 존 딘의 말은 거짓"이라는 진술을 하였다.[500] 상황이 악화하자 봉쇄 작전의 주역이었던 존 딘은 4월 초순부터 워터게이트 수사에 협조하기 시작했다.[501] 존 딘은 "그레이가 헌트를 보호하기 위해 자료를 폐기했다"라는 말을 하였고, 4월 27일 그레이는 파일 파기에 관여하였음을 인정하고 사임하였다. 4월 29일 워싱턴 포스트는 '존 딘이 사건 은폐 현황을 홀더먼과 에릭만에게 보고하여 왔다는 사실을 증언할 예정'이라는 보도를 냈다. 4월 30일 밤 9시, 닉슨은 TV 연설로 홀더먼과 에릭만의 사임을 발표하였다. 존 딘은 이날 파면되었다.[502] 견고해 보였던 봉쇄 작전의 댐은 일순 一巡에 무너져 내렸다.

워터게이트 위원회와 Smoking Gun

1973년 5월 17일 상원 워터게이트 위원회의 청문회가 시작되었고, TV로 중계되어 온 국민의 관심을 끌었다.[503] 약 두 달 뒤인 7월 16일, 워터게이트 위원회는 "대통령 집무실의 대화는 녹음되며 녹음테이프는 백악관에 있다"라는 증언을 확보하였다. 만약 닉슨이 워터게이트 침입을 지시 또는 승인한 대화가 녹음되어 있다면, 이것은 닉슨과 백악관의 사건 개입을 증명하는 '결정적 증거(smoking gun)'가 된다.

그러나 닉슨은 청문회 증언을 거부하고 8월 15일 TV에서 '은폐 사실(cover-up)'은 물론 '은폐 대상(anything to cover-up)'에 대해서도 알지 못한다고 공언하였다.[504]

특별검사 아치볼드 콕스Archibald Cox는[505] '봉쇄 작전'과 '입막음 돈(hush money)'에 대한 닉슨과 측근의 대화가 담겨 있을 것으로 추정되는 9개의 녹음테이프를 제출하라는 소환장(subpoena)을 발부하였으나, 백악관은 행정부의 '비밀유지 특권(executive privilege)'을 이유로 테이프 제출을 거부하였다.

콕스는 시리카 판사에게 호소하였고, 8월 29일 시리카 판사는 비밀 유지 특권에 해당하는지 자신이 검토할 수 있도록 녹음 내용을 서면 형태로 제출하라는 명령을 내렸다.[506] 백악관은 시리카 판사의 명령에 불복하고 항소하는 한편, 존 스테니스John Stennis 민주당 상원의원이 검증한 편집본을 제출하겠다는 '스테니스 타협안'도 제시하였다.

콕스는 '스테니스 타협안'을 거절하고 원본 녹음테이프만을 받겠다는 뜻을 분명히 밝혔는데, 항소 법원은 10월 12일 녹음테이프를 제출하라고 판결하였다.[507]

토요일 밤의 학살

녹음테이프 공개를 막는 유일한 방법은 콕스의 수사를 중단시키는 것뿐이었다.[508] 1973년 10월 19일 밤 8시 15분, 닉슨은 워터게이트로 분열된 미국을 활용하려는 국제 세력이 있다는 외교적 명분을 내세워 '스테니스 타협안'을 진행하겠다는 담화문을 발표하고, 수사 '중지 지시(cease-and-desist directive)'를 콕스에게 내렸다.[509] 10월 20일 토요일 이른 오후, 콕스가 기자 회견을 열고 닉슨의 지시를 따르지 않겠다는 뜻을 밝혔다.

닉슨은 분개하였다. 그는 오후 4시경 법무부 장관 엘리엇 리처드슨에게 콕스 특별검사를 해임하라고 지시하였으나, 리처드슨은 이 지시를 거부하고 사임하였다. 닉슨은 법무부 차관 윌리엄 러클쇼William Ruckelshaus에게 같은 지시를 내렸으나, 러클쇼 역시 이 지시를 거부하고 사임하였다.[510] 닉슨의 지시는 송무 차관 (Solicitor General) 로버트 보크Robert Bork[511]에 의해 가까스로 수행되었으나, 하룻밤에 장관과 차관 그리고 특별검사를 사임시킨 닉슨의 행위는 국민의 분노와 의회의 비난을 불렀다.[512]

닉슨은 새로운 특별검사를 임명하지 않고 법무부 안에서 워터게이트 수사를 마무리하도록 할 계획이었지만, 의회의 압박을 견디지 못하고 약 열흘 뒤 텍사스 변호사 리온 자워스키Leon Jaworski를 특별검사로 임명하였다.[513] 닉슨은 신임 특별검사에게 한 가닥 기대를 걸었을지 모르지만, 자워스키는 임무를 충실히 수행하며 원본 테이프를 확보하기 위한 싸움을 이어 나갔다.[514] 백악관은 콕스가 요구한 9개의 테이프 중 5개를 편집 또는 삭제하여 제출하였지만, 여전히 비밀 유지 특권을 내세우며 원본 제출을 거부하였다.[515]

워터게이트 7인방

1974년 들어 상황은 심각한 양상으로 전개되었다. 특별검사의 수사, 시리카 판사의 재판, 상원의 청문회는 백악관이 워터게이트 사건을 은폐하려 하였을 뿐 아니라 정적들에 대한 도청 등 다수의 불법 행위까지 저질렀다는 정황을 밝혔다.[516] 심지어 닉슨이 CIA를 동원하여 FBI의 워터게이트 수사를 중지시키려 하였으며,[517] 헌트에게 입막음 돈을 지급하도록 승인하였다는 증언까지 나왔다.[518]

1974년 3월 1일, 헌트와 리디 그리고 5명의 워터게이트 침입자를 기소하였던 워싱턴 D.C. 대배심은, 미첼·홀더먼·에릭만·콜슨 등 소위 '워터게이트 7인방(Watergate Seven)'을 사건 은폐 혐의로 기소하였다.

대배심은, 헌법에 따라 현직 대통령을 기소할 수 없다는 검찰 측의 강력 주장

때문에, 닉슨을 기소하는 대신 닉슨을 워터게이트 사건의 '공범(co-conspirator)'
으로 적시한 보고서와 관련 증거가 들어 있는 서류봉투를 시리카 판사에게 건넸
다. 대배심은 이 봉투가 하원의 해당 위원회에 전달되기를 희망하였다.[519]

All the President's Men

닉슨은 1974년 1월의 연두교서年頭敎書에서 "워터게이트는 1년으로 충분하
다"라는 발언을 하며 나라의 관심을 워터게이트 밖으로 돌리려 하였지만,[520] 언론
은 지속적인 보도로 대중들의 관심을 워터게이트에 붙잡아 두었다. 특히 워싱턴
포스트의 우드워드와 번스타인의 역할이 두드러졌는데, 이들은 자신들이 'Deep
Throat'이라고 이름 붙인 내부고발자의 정보를 보도하며 특별검사의 수사나 상
원의 청문회를 선도하기도 하였다.[521]

1974년 6월, 우드워드와 번스타인이 자신들의 취재와 조사를 담은 『대통령의
사람들(All the President's Men)』을 출간하자 워터게이트의 전모는 더욱 뚜렷한 윤
곽을 드러냈다.[522]

다만, 닉슨이 수사 방해나 증거 은폐를 지시 또는 승인하였다는 정황들은 드
러났어도, 존 딘의 증언을 제외하면 아직 결정적 증거는 나타나지 않은 상황이었
다. 우드워드와 번스타인은 백악관 녹음테이프에 더욱 집중하였다.

비밀 유지 특권 공방

소환장

하원 사법위원회는 워터게이트 침입 사건을 조사하면서 백악관 집무실의 특
정 녹음테이프 원본을 제출하라는 소환장을 8차례나 발송하였지만, 백악관은 제

출을 거부 또는 지연하거나 마지못해 일부만을 제출하였다.

1974년 4월 제출된 일부 녹음테이프들은, 1973년 11월 제출된 것과 마찬가지로 상당 부분이 삭제 또는 편집이 되어 있었다. 그럼에도 이들 테이프에 담긴 대통령의 대화는 교묘하고 거칠었으며, 충분히 범죄의 정황을 의심케 하였다. 게다가 특정 테이프 소환장에 대한 닉슨 측의 과도한 대응은 백악관이 범죄를 숨기고 있다는 의혹을 키웠다.[523]

같은 달, 특별검사 자워스키도 닉슨의 대화가 담긴 다수의 녹음테이프를 제출하라는 소환장을 백악관에 발송하였다. 9월에 예정된 '워터게이트 7인방' 형사 재판에서 사용될 자워스키의 소환장은 연방 소송법에 따라 발행된 재판 소환장(Trial Subpoena)이므로, 기소 여부를 결정하기 위한 대배심 소환장(Grand Jury Subpoena)보다 훨씬 큰 중압감을 닉슨에게 주었다.[524]

버티기

닉슨과 그의 참모들은 백악관 집무실의 대화가 기록된 녹음테이프는 닉슨이 워터게이트 사건에 개입하였다는 직접적인 증거가 되겠지만, 만약 이런 직접적인 증거만 없다면 워터게이트를 조용히 무마하거나 최소 탄핵을 면할 수 있다고 계산하였다.[525] 그들은 녹음테이프를 제출하지 않기 위해 필사적으로 버텼다.

백악관은 자워스키의 소환장을 '중지시키라는 요청(motion to squash)'을 거부한 연방 지역법원의 판결에 응하지 않고, 콕스 때와 마찬가지로 행정부의 비밀 유지 특권 때문에 녹음테이프를 제출할 수 없다는 소송을 연방 항소법원에 제기하였다.

소송을 길게 끄는 백악관의 지연 전략을 막기 위해, 자워스키는 공적인 중요성을 내세워 해당 문제를 곧바로 판결해 달라고 대법원에 요청하였다. 대법원은 자워스키의 요청을 받아들여 '사건 이송(certiorari)'을 승인하고, 닉슨 소송을 직접 심리하기로 하였다.[526] 녹음테이프와 비밀 유지 특권을 둘러싼 공방, 그리고 닉슨 행정부의 운명은 결국 대법원의 판단에 맡겨졌다.

United States v. Nixon

녹음테이프 제출 여부를 두고 대법원에서 벌어진 공방에서 닉슨의 변호인들은 "대통령은 비밀을 보호할 절대적 특권을 가지고 있으며, 이 특권 아래 법원의 소환장에 응하지 않을 면책권이 있다"고 주장하였다. 이런 주장의 근거로 변호인들은 "고위 행정 관료들의 의사소통은 비밀을 보장받아야 할 필요성이 중대하며, 권력 분립의 원칙에 따라 행정부 수장인 대통령의 대화는 사법부의 소환장에 예속隸屬되지 않는다"는 논리를 폈다.[527]

대법원은, 대통령이나 고위 공무원들의 특정 대화가 비밀 보호를 받아야 한다는 행정부의 비밀 유지 특권 자체는 인정하였다. 그러나 그 특권이 광범위하고 막연하게 주장될 수 있는 절대적인 권한이 아니며, 외교와 군사 또는 민감한 국가 안보 등과 연관된 구체적 근거 위에서 주장되어야 한다는 결론을 내렸다. 1974년 7월 24일, 대법원은 "막연한 특권 주장보다는 형사 재판에서 증거로 사용될 필요성이 우선하므로, 백악관은 자워스키 특별검사가 요청한 녹음테이프를 형사 재판의 증거로 제출하라"고 명령하였다.[528]

드러난 진실

대법원의 판결이 나오자 백악관은 더 버티지 못하고 대통령 집무실의 녹음테이프들을 제출하였다.

워터게이트 침입 6일 후인 1972년 6월 23일의 테이프에는, FBI가 워터게이트 수사에서 손을 떼도록 CIA를 통해 압력을 넣으라고 비서실장 홀드먼에게 지시하는 닉슨의 대화가 녹음되어 있었다.[529] 워터게이트 침입자에 대한 형량 선고

일 이틀 전인 1973년 3월 21일의 테이프에는, 12만 달러의 돈을 요구하는 헌트에게 빨리 입막음 돈을 주라고 홀드먼과 딘을 재촉하는 닉슨의 대화가 녹음되어 있었다.[530] 또한, 헌트를 암 덩어리에 비유하며 "빨리 제거하지 않으면 죽을 수도 있다"라는 딘의 경고와[531] 사건을 은폐하고 자신과의 연관을 차단할 작전을 논의해 보라는 닉슨의 지시도 기록되어 있었다. 7만5천 달러의 입막음 돈은 헌트의 형량 선고일 직전에 헌트에게 실제 전달되었다.[532]

화약 냄새를 풍기며 연기를 올리고 있는 총을 들고 닉슨은 당황했다. 1973년 11월 전국에 방영된 회견에서 닉슨은 워터게이트 침입과 관련이 없다고 주장하며 "나는 사기꾼이 아니다(I am not a crook)"라고 큰소리쳤지만,[533] 전신에 암이 번진 사기꾼 모습이 드러나는 건 시간 문제로 보였다.

닉슨은 1978년 발간한 회고록에서 "백악관이 워터게이트 수사를 방해하는 인상을 주어서는 안 되고 수사에 협조해야 한다"라는 지시를 하였다고 회고하면서 "단지 FBI 그레이 국장 대행이 워터게이트 수사에서 손 떼기를 원하였고, 그러기 위해 CIA 왈터스 부국장의 도움을 원하는 줄 알았다"라고 변명하였다.[534] 그러나 닉슨의 이런 회고는 6월 23일 테이프에 녹음된 내용과 일치하지 않는다.

닉슨 : 패트 그레이는 뭐라고 하는가? 하지 않겠다 하는가?

홀드먼 : 패트는 하고 싶어 합니다. 단지 그는 어떻게 해야 하는지 방법을 모를 뿐입니다. 다시 말해 손 뗄 명분이 없다는 것인데 (왈터스가 손을 떼라고 전화하면) 명분이 생기는 것입니다…. (왈터스 전화를 받으면) 그레이가 아마 마크 펠트Mark Felt FBI 부국장에게 전화하여…. (수사에서 손을 떼도록 지시할 것입니다).

닉슨 : 그렇겠지….

홀드먼 : 각하도 수사를 중단시켜야 한다고 생각하시지요?

닉슨 : 맞네. 그렇게 하도록 하세.[535]

닉슨은 6월 23일의 대화 끝에 "CIA 출신인 헌트가 너무 많은 것을 알고 있으므로 FBI가 워터게이트와 헌트를 계속 수사하는 것은 CIA와 국가를 위해서 좋지 않은 일"이라고 설명하며 CIA의 개입 명분을 만들어주기도 하였다. 그러나 그는 "나는 관여되지 않은 것이네. 난, 모르는 사실이야"라는 당부도 잊지 않았다. 홀더먼은 "물론입니다, 각하. 우리도 각하가 관여되는 것을 원하지 않습니다"라고 응답하였다.[536]

닉슨은 회고록에서 1973년 3월 21일의 입막음 돈 지급에 관한 대화 내용을 장황하게 늘어놓으면서[537] 이날 자신이 내린 결론은 홀더먼·에릭먼·미첼·존딘이 함께 모여 의논하라고 지시한 것과 존 딘에게 워터게이트 재판의 형량 선고일을 늦추도록 해보라고 지시한 것, 두 가지뿐이라는 주장을 하고 있다.[538] 그러나 실제 녹음된 대화 내용은, 닉슨이 헌트에게 '입막음 돈'을 지급하도록 사실상 지시하였다는 것을 잘 보여준다.[539]

하원의 탄핵 추진

사법위원회 기소

하원 사법위원회는 워터게이트 사건뿐 아니라 캄보디아 폭격과 탈세 등 닉슨의 과거 행적에 대한 몇 가지 사안을 추가하여 모두 5개 항목의 탄핵 기소를 작성하였다.

'사법 방해(obstruction of justice)' 혐의인 1번 기소는 닉슨이 대통령의 권한을 이용하여 워터게이트 수사를 방해하고 불법 행위를 은폐하였다는 것이다. 구체적으로 나열된 혐의들은, 닉슨이 국민에게 워터게이트 침입과 관련이 없다는 거짓말을 하였고, 관련 증거를 은폐하거나 제출하지 않았으며, 침입 당사자들을 돈으로 매수하도록 허용하였고, CIA를 동원하여 FBI · 특별검사 · 법무부 · 의회 등이 진행하던 워터게이트 수사를 막으려 하였다는 것이다.[540]

'권력 남용(abuse of power)' 혐의인 2번 기소는 닉슨이 국세청을 이용하여 개인 정보를 캐내고,[541] FBI와 SS(Secret Service)를 이용하여 불법 사찰과 도청을 하였으며, 백악관 내에 '비밀조사팀(배관공)'을 만들어 선거자금으로 이 팀을 지원하고, 이 팀이 CIA를 활용할 수 있도록 하였다는 것이다.[542] 또한 2번 기소는, 측근들이 사법부 · 의회 · 특별검사 등의 조사를 방해하고 사건을 은폐하려 하였을 때, 닉슨이 적절한 조치를 하여 중지시키지 않은 것은 '법을 충실히 집행해야 한다'는 대통령의 헌법적 의무를[543] 위반한 것이라는 혐의도 포함하였다.

3번 기소는 닉슨이 사법위원회가 발부한 소환장에 불응하였다는 것이며,[544] 4번 기소는 닉슨이 의회의 승인 없이 캄보디아 폭격을 감행하였다는 것이고, 5번 기소는 그가 소득 신고를 빠뜨리고 세금 감면을 받아 탈세하였다는 것이다.[545]

토론과 표결

사법위원회는 1974년 7월 27일부터 30일까지 사흘에 걸쳐 탄핵 기소 항목에 관한 토론을 가진 뒤 표결에 들어갔다.[546] 당시 위원회는 21명의 민주당 의원과 17명의 공화당 의원으로 구성되어 있었는데, 1번 사법 정의 방해는 27 대 11로 가결되었다. 대통령이 연방의 범죄 수사를 중지시키거나 제한할 수 있는 충분한 권한을 가지고 있다는 반대 의견도 제기되었으나 수용되지 않았고, 6명의 공화당 의원도 기소에 동의하였다.

2번 권력 남용은 28 대 10으로 가결되었다. 2번 기소에서 주목할 점은, 측근들의 사건 은폐나 조사 방해 행위를 알지 못하였다는 닉슨 측의 논리를 수용하지 않고, "비록 닉슨이 측근들의 비행을 몰랐더라도 마땅히 알았어야 했으므로 책임이 있다"라는 결론을 내린 것이다. 즉, 대통령으로서 '마땅히 알아야 할 책임'이 있다면 그가 인지하지 못한 사안이라도 '탄핵 대상 행위'를 구성할 수 있다는 선례를 만든 것이다.[547]

의회가 발부한 소환장을 거부하여 입법부를 경멸하였다는 3번 기소는 21 대 17로 채택되었다. 소환 대상이 너무 광범위하다는 이유로 소환장을 거부한 닉슨의 행위는 탄핵 사안이 아니라 법원에서 그 정당성을 따져 보아야 할 사안이라는 의견도 제시되었지만,[548] 사법위원회는 받아들이지 않았다. 다수 의원들은, 증인과 증언을 확보할 수 있는 소환장을 거부하는 행위가 탄핵 대상이 되지 않는다면 헌법이 명시한 의회의 탄핵 권한은 유명무실한 조항으로 전락한다는 견해를 지지하였다.[549]

4번 기소인 캄보디아 공습과 5번 기소인 닉슨의 탈세는 모두 12 대 26으로 부결되었다.[550]

닉슨을 위한 변론

직접 물증인 녹음테이프를 사수하는 데 실패한 변호인들은, 하원의 탄핵 표결을 막거나 최소한 부결시키기 위해 사법위원회의 기소 안案에 대한 공격에 집중하였다.

변호인들과 일부 공화당 의원들은 "헌법 상 탄핵 대상 행위인 '중대한 범죄와 비행'은 특정 형법을 위반하여 형사적으로 기소 가능한 행위에만 적용되며, 닉슨의 행위는 여기에 해당하지 않는다"고 주장하였다. 영국 의회가 탄핵제도를 정치적 공격 무기로 사용하였지만, 그런 폐단을 막기 위해 헌법 제정자들은 탄핵 대상 행위를 형사기소가 가능한 범죄에 국한하였다는 것이 닉슨을 변호하는 논리였다.[551] 형사기소 대상이 아닌 행위로도 판사들이 탄핵당하였다는 반론에 대해서 변호인들은 "판사와 대통령에게 적용되는 탄핵 기준은 서로 다르다"는 주장을 하였다. 변호인들은 이런 주장의 근거로 '판사들은 옳은 처신(good behavior) 동안 임기를 보장받는다'고 규정한 헌법 3조 1항을 제시하였다.[552] 즉, 헌법이 2조 4항에 판사를 포함한 공직자들이 '중대한 범죄와 비행'으로 탄핵 및 파면될 수 있다는 규정을 두고 있지만, 3조 1항에 다시 '옳지 않은 처신으로 판사들이 파면될 수 있다'고 추가로 규정한 것은 '중대한 범죄와 비행'이 일반 비행이 아니라 형사적 범죄임을 보여주려는 헌법 제정자들의 의도라는 것이다.[553]

사법위원회 보고서

하원의 사법위원회는 산하 사무국 보고서를 바탕으로[554] 닉슨 변호인들의 주장을 받아들이지 않았다. 보고서는 미국의 13개 탄핵 전례들을 분석하여 탄핵 사유를 아래 세 가지 범주로 분류하고, 이 범주에 속하면 형사적 범죄가 아니더라도 탄핵 대상이 된다는 결론을 내렸다. 첫째, 권력 분립을 훼손할 정도로 타 부문의 권한을 침해하는 행위. 둘째, 맡은 직무에 매우 부합되지 않는 행위. 셋째, 부적절한 목적이나 개인적 이익을 위해 직무 권한을 이용하는 행위.[555]

또한, 보고서는 "대통령과 판사에 대한 탄핵 기준이 다르다"는 주장도 부정하였다. 보고서는, 형법이 아니라 '헌법이 부여한 책임과 의무에 어긋나는가'를 평가하는 것이 탄핵 대상 행위에 해당하는지를 판단하는 기준이 되며, 이런 기준은 앞선 탄핵 사례에서 판사들과 다른 공직자 모두에게 똑같이 적용되었다는 결론을 내렸다.[556]

단지 보고서는, 대통령에 대한 탄핵 사유를 구성하기 위해서는 단순한 비행이 아니라 중대하거나 심각한 비행이 되어야 한다는 변호인들의 주장에는 동의하였다.[557]

닉슨의 사임

미련

사법위원회가 탄핵 기소 3개 항목을 채택하자 닉슨은 막다른 길에 선 꼴이 되었다. 수십 년 이어졌던 정치 여정을 끝내고 고향으로 돌아가는 것이 유일한 선택처럼 보였다.

그 순간 닉슨은 다시 생각하였다. 아직 많은 국민이 그를 지지하고 있고, 의회의 상당수 의원도 그에게 우호적이었다. 사법위원회가 탄핵 기소장을 채택하였더라도 탄핵 소추에 대한 하원의 의결이 남아 있다. 그에게 우호적인 의원들이 나서서 탄핵 소추를 부결시킬 가능성도 있다. 하원이 절반을 넘는 표결로 탄핵 소추를 의결하더라도 상원의원들 2/3 이상이 유죄 선고에 동의하여야 탄핵이 성공한다. 그러나 상원에는 40명 이상의 공화당 의원들이 있다. 닉슨은 미련을 버리지 못하고 좀 더 견뎌 보기로 하였다.[558]

All the President's Enemies

그러나 대법원 판결에 따라 특별검사와 의회에 제출된 백악관 집무실의 녹음 테이프가 8월 초 국민에게 공개되면서 버티려던 닉슨의 의지는 물거품이 되어버렸다.

CIA를 동원하여 사건을 은폐하려 하였던 그의 행위에 국민의 비난은 걷잡을 수 없이 거세졌고, 그에게 우호적이던 의원들마저 등을 돌렸다. 심지어 사법위원회 구성원으로서 탄핵 기소장 채택에 반대하였던 공화당 의원들도 탄핵에 찬성하겠다는 의사를 표시하였다. 닉슨은 고립되었다.

1974년 8월 6일, 공화당의 배리 골드워터Barry Goldwater 상원의원과 존 로즈John Rhodes 하원의원 등이 백악관을 방문하여 닉슨을 만났다. 그들은 하원에서 탄핵에 반대할 의원의 수는 많아야 75명, 상원에서 유죄 투표에 참여하지 않을 의원의 수는 많아야 15명일 것이라고 알렸다.[559]

그로부터 3일 뒤인 8월 9일, 닉슨은 사임하고 고향 캘리포니아로 향하는 비행기에 올랐다. 닉슨의 임기를 이어받은 제럴드 포드Gerald Ford 대통령은 1974년 9월 8일 사면권을 행사하여 닉슨의 형사적 책임을 제거해주었다.[560]

Lessons

언론과 여론

비록 하원의 기소와 상원의 심판에까지 이르지는 않았지만, 닉슨 탄핵은 성공한 사례로 남는다. 상원과 하원의 의원들을 탄핵 찬성 쪽으로 몰고 간 원동력은 국민 여론이다.

워터게이트 사건이 불거지고 수많은 의혹이 제기되던 1972년에도 닉슨은 민주당 맥거번에게 압승을 거둘 만큼 인기가 많은 대통령이었다. 닉슨이 특별검사 콕스를 해임하고 법무부 장관과 차관을 해임한 '토요일 밤의 학살' 뒤인 1973년 10월, 처음으로 탄핵을 지지하는 여론이 탄핵을 반대하는 여론보다 앞선 것으로 나타났지만 압도적 우세를 보이지는 못하였다.[561]

그러나 닉슨과 백악관이 워터게이트에 연루되었다는 정황이 드러난 1974년, 닉슨을 부정하는 여론은 60%까지 올랐다. 1974년 8월, CIA를 동원하여 사건을 은폐하고 수사를 방해하려 한 닉슨의 대화가 공개되자 부정적 여론은 더 상승하기 시작하였다.[562] 상황이 이쯤되자, 선거로 국민의 심판을 받는 정치인들도 여론을 거스르고 닉슨을 옹호하거나 어정쩡한 자세를 취하여 역풍逆風을 맞기보다는 탄핵 찬성을 분명하게 표시하는 당연한 정치적 처신을 할 수밖에 없었다.

공직자에 대한 신뢰

닉슨에 대한 여론 변화는 국민이 그들의 지도자로부터 가장 원하는 덕목 중의 하나가 '신뢰'라는 것을 보여준다. 닉슨이 '토요일 밤의 학살'이라는 비이성적인 행위를 하였을 때도, 다수의 국민이 원하였던 것은 파면이 아니라 탄핵 추진 정도였다.[563] 즉, 닉슨에 대한 신뢰의 끈을 놓지 않았을 때, 국민은 그를 파면하기보다는 상원의 탄핵 심판을 통해 진실을 확인하고 싶어 했다. 그러나 백악관 집무실의 대화가 닉슨의 수많은 거짓말을 비추며 그가 신뢰할 수 없는 사람임을 보여주자, 국민은 탄핵보다 즉각적인 파면을 원하였다.[564]

하룻밤 새 3명의 고위 공직자를 해임하는 비이성적인 행위에 강도 사건을 은폐하고 거짓말을 하는 모습이 겹쳐지면서, 국민은 닉슨에 대한 신뢰의 끈을 놓아버린 것이다. 신뢰가 끊어진 사람이 계속 공직을 맡는 것을 국민은 원하지 않는다. 닉슨 탄핵 사례는, '탄핵 대상이 되는 행위인가'를 판가름하는 데 '국민 신뢰의 손상 정도'가 결정적인 잣대임을 보여준다.

범법성과 중대성

국민 여론 이외에 법적인 명분도 의원들을 탄핵 찬성 쪽으로 움직이게 한 중요한 동력이 되었다.

닉슨의 행위가 범죄에 해당할 가능성, 즉 범법성이 높다는 점은 의원들에게 탄핵을 지지할 명분을 주었다. 탄핵 대상 행위가 범죄 행위에만 국한되지 않는다는 것이 다수 의견이지만, 그렇다 하더라도 대통령의 비행이 형사적 범죄에 해당하는지는 국민과 의회의 탄핵 정당성 판단에 상당한 영향을 끼치는 중대한 요소이다. 범죄가 아닌 비행은 그에 대한 잘잘못을 따져야 하며 책임의 크기에도 논쟁의 여지가 많지만, 범죄 행위는 잘못이 자연스럽게 인정되며 책임의 크기도 대체로 분명하기 때문이다.[565]

하원 사법위원회가 채택한 탄핵 기소 1번인 '사법 정의 방해'는, 닉슨이 워터게이트 조사를 중단시키도록 지시하였으며, 증거를 은폐하려 하였고, 침입자들에게 입막음 돈이 지급되는 것을 승인하였다는 것이다. 이러한 행위들은 거짓 진술, 위증 교사 또는 증인 매수에 해당하므로 연방법이 규정한 범죄이다. 이처럼 다수의 범죄 사실들이 적시되었기에 의원들은 좀 더 쉽게 탄핵을 지지할 수 있었을 것이다.[566]

닉슨의 행위가 범죄에 이를 뿐 아니라 그 중대성 또한 크다는 점이 의원들이 쉽게 탄핵을 지지할 수 있었던 이유이다. 닉슨 탄핵을 위한 사법위원회 보고서는, 대통령의 행위가 헌법 질서나 헌법이 부여한 대통령의 직무를 심각하게 위배하는 중대성이 있는 경우에만 탄핵 기소가 가능하다는 결론을 내렸다.[567] 따라서 사법위원회가 탄핵 기소를 가결한 것은 닉슨의 비행이 충분히 중대하다고 판단하였다는 것이며, 다수의 상하원 의원들도 같은 견해를 가졌기 때문에 사법위원회의 결의를 지지하였을 것이다.

2번 기소 '권력 남용'은, 닉슨이 국세청과 CIA를 동원하여 개인의 정보를 캐내고 사찰하였으며, 사적 또는 정치적 목적을 위해 불법으로 도청하였다는 것이 주 내용이다. 그런데 이런 행위는 대통령의 권력을 견제하고 그 남용을 방지한다는 탄핵 조항의 목적에 정면으로 배치되므로, 매우 심각하고 중대한 탄핵 사유로 간주된다.[568]

요약하면, 기소 1번과 기소 2번에 드러난 닉슨 비행의 뚜렷한 범법성과 중대성이 의원들이 재빨리 탄핵 찬성을 표시하도록 만든 결정적 요인이었다.[569]

입증

닉슨의 혐의가 상당 부분 증언과 증거로 입증되었다는 사실은 닉슨이 탄핵에 저항할 수 없도록 만들었다. 무려 14개월에 달하는 활동을 통해 워터게이트 위원회는 수많은 증언과 확실한 물증을 확보하였다. 콕스와 자워스키 특별검사의 끈질긴 수사와 시리카 판사의 정열적 재판도 워터게이트 스캔들을 둘러싼 사실관계를 분명히 드러냈다.[570] 재선위원회의 비자금이 워터게이트 침입자의 계좌로 송금된 사실을 보도하는 등 언론 역시 워터게이트 스캔들 입증에 매우 큰 역할을 하였다. 닉슨이 제기한 '비밀 유지 특권' 관련한 소송도 유력한 증거들이 지목되는 계기가 되었다.

형사적 절차 형식을 취하는 상원의 탄핵 심판은 '중대한 범죄와 비행'에 대한 입증을 요구하지만, 닉슨의 행위가 탄핵 사유에 해당한다는 증거는 차고 넘치도록 확보되었다. 닉슨이 상원의 탄핵 심판대에 서면 유죄 선고를 받을 것이라는 데는 다툼의 여지가 없었다. 실제 모든 수사가 끝난 뒤 많은 공직자가 다양한 범죄 행위로 재판을 받았으며, 상당수가 감옥에 보내졌다. 비록 탄핵 소추와 심판에 이르지는 않았지만, 닉슨 탄핵 사례는 증거와 입증이 탄핵 과정에서 발휘하는 힘을 잘 보여준다.

IV

대통령 탄핵 · 2

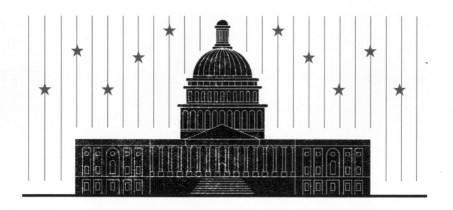

빌 클린턴 대통령

아칸소, 영광과 모욕의 시작

젊은 주지사

1991년 3월 미국이 주도하는 연합군이 사담 후세인Saddam Hussein의 이라 크군軍을 쿠웨이트에서 몰아내며 1차 걸프전Gulf War의 승리를 알리자 공화당 조지 부시George W. Bush 대통령의 인기는 하늘로 치솟았고, 국민은 미국의 압도적 군사력과 우월한 외교적 지위에 자부심을 품었다.

1990년 중순 무렵부터 시작된 경기 침체(recession)와 실업률 상승 때문에 걸프전 이후 지지율은 계속 감소하였지만, 부시가 1992년 11월 대선에서 승리하리라는 전망은 여전히 우세하였다.

민주당 후보 지명은 '떼놓은 당상堂上'으로 여겨졌던 마리오 쿠오모Mario Cuomo 뉴욕 주지사는 '허드슨강의 햄릿(Hamlet of Hudson)'답게 우물쭈물 물러섰으며, 앞으로 나선 빌 클린턴Bill Clinton 아칸소 주지사는 '후미진 주(a backwater state)에서 온 애송이'에 불과하였다.

그런 클린턴이 민주당 후보로 지명되고 나아가 부시를 누른 것은 놀라운 승리였다. 부시 지지율의 기반이었던 외교적 성과에서 침체한 국내 경제로 국민의 관심을 돌린 클린턴 캠프의 전략이 이 놀라운 승리의 원인으로 평가받았다. 클린턴 캠프가 사용한 '바보야, 문제는 경제야! (It's the economy, stupid!)'는 미국 역사상 가장 유명한 선거 구호가 되었다.[571]

유능한 대통령

클린턴 행정부 아래에서 미국의 경제는 역사적인 활황을 맞았다. 경기 지표들은 상승하였고 실업률은 하강하였다. 특히 클린턴은 예산과 복지 정책에서 적지 않은 성과를 만들었고, 그가 8년의 임기를 마치고 퇴임할 때 정부 흑자는 역대 최고 수준을 기록하였다.

정치적 환경도 앤드루 존슨 대통령이나 리처드 닉슨 대통령 시절과는 달랐다. 남부와 북부를 둘러싼 완강한 정책 대립이나 보수와 진보 또는 좌파와 우파를 경계로 한 극단적 이념 대립도 없었다. 외교적 환경도 나쁜 편이 아니었다. 1990년 동독과 서독이 통일협정을 맺고, 1991년 소련이 붕괴하면서 냉전이 종식되었고, 걸프전 승리로 이라크는 쿠웨이트에서 물러난 상태였다.

클린턴 자신도 민주당 정책 노선만을 고집하지 않는 실용적 태도를 보이는 온건파였다. 그는 존슨처럼 잇따라 의회의 법안을 비토하여 공화당의 집중 포격을 받는 처사를 하지 않았으며, 닉슨처럼 비밀리에 캄보디아에 포격을 가하여 의회를 자극하는 독단적 행보도 보이지 않았다.[572] 클린턴이 맞이할 탄핵과 모욕侮辱은 정치가 아니라 인연과 욕망 속에서 싹트고 자랐다.[573]

화이트워터

클린턴 탄핵의 뿌리는 그가 아칸소 시절 투자한 화이트워터Whitewater 부동산 개발 회사에서 시작된다.

1978년 32세의 젊은 변호사 클린턴은 아칸소 주지사 선거에 출마하여 공화당 린 로우Lynn Lowe를 누르고 당선되었다. 같은 해, 클린턴은 고향 친구이자 자신의 경제보좌관이었던 짐 맥도걸Jim McDougal과 아칸소Arkansas 화이트강 White River 언덕에 주말주택을 건설하는 사업을 하기 위해 화이트워터 주식회사를 설립하였다. 화이트워터 지분은 클린턴과 맥도걸, 그리고 그들의 아내 힐러리 Hillary와 수잔Susan이 공동으로 보유하였다. 화이트워터는 토지를 구매하기 위해 약 20만 달러를 대출받았으나 이 사업은 실패로 끝났다.

1980년 클린턴이 재선에 실패하자 정치를 떠난 맥도걸은, 1983년 클린턴이 다시 주지사를 맡을 무렵, 매디슨 저축은행(Madison Guaranty Savings & Loan)을 인수하고 은행 사업에 뛰어들었다. 그러나 매디슨 저축은행은 1989년 연방정부에 약 7천만 달러의 경제적 손실을 안기며 파산하였다.[574] 클린턴은 2년 뒤 주지사 선거에 다시 도전하여 당선되었고, 1992년 대통령에 당선될 때까지 아칸소 주지사를 역임하였다.[575]

대선이 예정된 1992년, 뉴욕 타임스는 클린턴이 맥도걸과 화이트워터에 함께 투자한 사실을 보도하면서, 클린턴이 주지사 시절 파산 위기에 있던 매디슨 저축은행의 자본금 유치를 승인해준 것과 클린턴의 화이트워터 투자 손실 사이에 연관성이 있을 수 있다는 보도를 하였다.

뉴욕 타임스는 매디슨 저축은행이 연방정부의 지원자금으로 화이트워터 사업의 실패를 떠받쳤다는 의혹을 제기하고, 당시 힐러리 클린턴이 매디슨 은행의 자문을 맡은 것은 '이해 충돌(conflict of interest)'의 소지가 있다고 지적하였다.[576] 클린턴은 "매디슨으로부터 돈을 빌린 적이 없으며 화이트워터 투자는 손실로 끝났을 뿐"이라며 뉴욕 타임스의 의혹을 부인했다.[577]

의혹과 소문에도 불구하고 클린턴이 대통령에 당선되면서 화이트워터는 점차 잊혀 갈 듯 보였다. 그러나 1993년 7월 클린턴의 측근인 빈센트 포스터Vincent Foster 백악관 변호사가 사망한 채로 발견되면서 상황은 악화하였다. 포스터는 아칸소 시절부터 화이트워터 업무를 챙겼고, 클린턴이 대통령에 당선되자 백악관에 합류한 인물이었다. 경찰은 그가 자살하였다는 결론을 내렸지만, 포스터가 화이트워터에 연루되어 살해당했다는 의혹이 일었다.[578]

화이트워터와 관련된 의혹이 꼬리에 꼬리를 물자 1994년 7월 의회는 화이트워터 위원회를 구성하고 청문회를 열었으며, 8월에는 케네스 스타Kenneth Starr가 화이트워터 의혹을 수사할 독립검사로 임명되었다.[579] 클린턴과 스타의 질긴 악연이 화이트워터 의혹에서 시작된 것이다.[580]

대통령과 인턴

홀딱 반한 르윈스키

1995년 11월 14일부터 19일까지 연방정부가 문을 닫았다. 교육과 의료복지 예산을 대폭 삭감한 공화당의 예산 법안을 클린턴이 비토하였기 때문이다. 430 명에 달하는 백악관 직원 중 90여 명만이 출근하였고, 모니카 르윈스키Monica Lewinski처럼 출근 제약을 받지 않는 무급 인턴들이 강제휴가에 들어간 유급 직원의 업무까지 떠맡게 되었다.[581]

정부 폐쇄 이틀째인 11월 15일 오후, 백악관 직원의 작은 생일 파티에 참석하기 위해 리언 패네타Leon Panetta 비서실장 사무실에 들른 클린턴은 거기서 일하고 있던 르윈스키를 만났다. 백악관의 작은 행사에서 클린턴과 몇 차례 눈을 마주쳤던 르윈스키는, 클린턴과 자신이 서로에게 특별한 감정을 느끼고 있다는 혼자만의(?) 생각을 하고 있었다.

파티 도중 우연히 비서실장 사무실에 둘만이 남겨지자, 이 발랄하고 적극적인 20대 초반의 인턴은 재킷을 들어 올려 바지 위로 돌출된 T 팬티 끝을 보여주는 당돌한 희롱을 먼저 시작하였다. 저녁 8시 무렵 한산한 백악관에서 두 사람이 다시 마주쳤을 때 르윈스키는 '홀딱 반했다(have a crush)'라고 다시 희롱을 건넸고, 클린턴은 웃으면서 자신의 개인 방(study)을 보고 싶냐 물었다. 클린턴은 그녀를 집무실(oval office)에서 창 없는 복도로 이어진 개인 방(study) 쪽으로 안내하다가 방문 앞에서 멈추어 선 뒤 르윈스키에게 키스해줄 수 있는지 물었다. 르윈스키는 'Yes'라고 답하며 키스를 한 뒤 헤어졌다.

이들은 밤 10시쯤 같은 장소에서 다시 만나 서로를 애무하기 시작하였다. 이때 상원 또는 하원 의원으로 추정되는 사람으로부터 전화가 연결되었고, 클린턴이 통화를 하는 중 르윈스키는 클린턴에게 Oral Sex를 해주었다.[582]

대통령의 사랑법

공화당과의 예산 전쟁에 지쳐 있던[583] 클린턴이 욕망과 쾌락에 잠시 몸을 맡겼던 하루는 찰나刹那에 지나갔지만, 그날 이후로도 두 사람은 즉흥적인 정사를 이어 나갔다. 르윈스키는 백악관에서 약 10번의 Oral Sex를 한 것으로 기억하였다. 클린턴은 자서전에서 1995년 11월부터 르윈스키가 국방부로 이전된 1996년 4월까지 수차례 Oral Sex를 가졌고, 이후 10개월 동안 만나지 않다가 1997년 2월과 3월 백악관을 방문한 그녀와 재회하며 Oral Sex를 하였다고 고백하였다.

클린턴은 성기를 직접 접촉하는 '성교(intercourse)'는 하지 않고 Oral Sex만을 하였는데, 그마저도 르윈스키로부터 받기만 하였지 그 자신이 르윈스키에게 하지는 않았다.[586] 또한, 클린턴은 정성과 정열이 담긴 르윈스키의 Oral Sex에도 불구하고 좀처럼 사정射精하지 않았다. 1995년 11월 15일 첫 번째 관계가 있던 날, 그가 사정할 때까지 해주겠다는 르윈스키의 호의(?)를 거절하고 클린턴은 Oral Sex를 중지시켰다. 당시 클린턴은 르윈스키를 좀 더 믿을 수 있을 때까지 참아야 한다고 말했는데, 르윈스키는 이 말을 농담으로 받아들였다.[587]

그러나 클린턴은 이후의 수차례 관계에서도 인내심을 발휘하며 사정을 하지 않았고, 단지 마지막 두 차례 관계에서만 사정하여 그의 말이 단순한 농담이 아니었음을 보여주었다.[588] 클린턴과 르윈스키가 성교가 아니라 Oral Sex만을 하였다는 사실은 후일 '르윈스키와 성관계를 하지 않았다'라는 클린턴 변론의 근거가 되었다.[589]

비록 평범하지 않은 방식으로 정사를 나누었지만, 클린턴과 르윈스키는 다른 연인들처럼 수십 개의 선물을 주고받았다. 첫 관계를 맺고 5일이 지난 뒤 르윈스키는 클린턴에게 넥타이를 선물하였고, 클린턴은 그 넥타이를 맨 모습을 사진으로 찍어 르윈스키에게 보냈다. 르윈스키는 자신이 준 넥타이나 기타 장식품을 클린턴이 착용하는 것을 애정의 표시로 생각하였고, 르윈스키의 이런 감정을 알고 있던 클린턴은 르윈스키를 만나기로 한 날이나 만난 뒷날 그녀가 준 선물을 착용한 모습을 보여주었다.

클린턴과 르윈스키는 수십 차례 사적인 통화도 나누었는데, 밤 10시 혹은 자정이 넘어서 시작된 통화도 많았다. 둘은 통화 도중 10여 차례 Phone Sex를 하기도 하였는데, 클린턴은 Phone Sex 후 대화를 하다가 그대로 잠에 빠져든 적도 있었다.[590] 대통령과 인턴의 사랑법도 필부필부匹夫匹婦의 사랑법과 크게 다를 바 없었다.

강제 이별

누군가 불쑥 들어올 수 있다는 불안과 초조 속에서 흥분한 목소리가 새어 나가지 않도록 입을 막고 즐기던 정사는[591] 아쉽게도 오래가지 못했다.

르윈스키가 대통령 집무실을 너무 자주 어슬렁거린다는 이야기가 돌던 중 1996년 4월 5일 티모시 키팅Timothy Keating 국장은 그녀에게 국방부로 이전되었다는 통보를 하였다. 르윈스키는 울음을 터뜨렸고 백악관에 남아 있을 방법이 없는지 물었지만, 키팅은 그녀가 백악관의 동관(East Wing)에서 일하기에는 너무 관능적(sexy)이며 국방부 언론실에서 근무하는 것이 더 잘 어울릴 것이라고 대답하였다.[592]

르윈스키의 국방부 이전이 클린턴의 뜻이었는지는 분명치 않지만,[593] 르윈스키는 매우 당황하였고 좌절하였다. 르윈스키는 사랑에 빠져 있었다. 그녀는 애초에 대통령을 사랑할 것이라는 생각은 전혀 하지 않았지만, 수차례 긴밀한 관계를 맺으면서 사랑에 빠진 자신을 발견하였고, 때로는 클린턴도 자신을 사랑하고 있다는 착각(?)에 들기도 하였다.[594]

얽힌 인연들

폴라 존스

화이트워터가 클린턴과 스타의 악연을 맺어주었다면, 폴라 존스Paula Jones 라는 여성은 르윈스키와 스타를 이어주는 징검다리가 되었다.

클린턴이 아칸소 주지사로 재임하던 시절 폴라 존스는 주정부 산하 개발위원회(AIDC) 직원으로 근무하였는데, 그 둘은 1991년 5월 아칸소 엑셀시오르 Excelsior 호텔에서 열린 주정부 콘퍼런스conference에서 만난 적이 있었다. 그로 부터 3년 뒤인 1994년 6월, 존스는 엑셀시오르 호텔에서 클린턴이 자신을 성폭행하였다는 민사소송을 연방법원에 제기하였다.

존스는 콘퍼런스 당시 클린턴이 그녀를 엑셀시오르 호텔의 한 방으로 불러 자신의 성기를 드러내고 Oral Sex를 요구하였다고 주장하였다.

클린턴은 '대통령 임기 중 민사소송에 대한 면책권'을 주장하며 존스의 소송을 자신의 임기 종료 때까지 중지시켜 달라고 요청하였지만, 법원은 이 요청을 기각하였다.[595] 클린턴은 항소하였고, 1997년 연방 대법원은 클린턴의 요청을 최종 기각하여 존스의 소송은 다시 시작되었다.[596]

존스 소송과 르윈스키 증인

1997년 11월, 존스의 변호사는 르윈스키라는 전 백악관 인턴이 클린턴과의 성관계를 고백하였다는 정보를 입수하였다. 존스의 변호사는, 클린턴이 존스 이외의 다른 여성 직원들에게도 성적 접촉을 시도하는 성향 또는 상습성이 있다는 것을 보여주어, 존스의 성폭행 피해를 입증할 근거로 삼기 위해 르윈스키를 증인으로 요청하였다.[597]

르윈스키가 이 사실을 클린턴에게 알리자 클린턴은 자신과의 성관계를 언급하지 않도록 요청하였고, 르윈스키는 클린턴의 조언에 따라 1998년 1월 6일 성관계를 부인하는 서면 증언을 존스 소송을 진행하는 법원에 제출하였다.[598]

그로부터 약 열흘 뒤인 1월 17일, 폴라 존스의 변호사들은 백악관을 방문하여 클린턴을 상대로 '진술 녹취(deposition)'를 하였는데, 클린턴은 진실 서약 아래(under oath) 진행되는 이 진술에서 르윈스키와의 성관계를 부인하는 거짓말을 하여 탄핵의 불씨를 만들었다.

어쨌든, 1998년 1월 29일 존스 소송의 담당 판사인 수잔 웨버 라이트Susan Webber Wright는 르윈스키와의 성관계는 존스 소송의 핵심 이슈와는 관련이 없으므로 증거에서 배제할 것을 명령하였고,[599] 존스가 직업 상실이나 금전 손실 등의 피해를 입증하지 못하였다는 이유로 그해 4월 존스에게 패소 판결을 내렸다.[600]

존스는 불복하여 항소하였고, 르윈스키가 증인으로 연루되었다는 사실에 압박감을 느낀 클린턴이 1심 승소에도 불구하고 합의를 제안하였으나 거절당했다. 존스는 6개월 이상 소송을 더 끌고 가다가 그해 11월이 되어서야 85만 달러를 받기로 하고 소송을 중단하였다.[601]

비록 합의로 종결되긴 하였지만, 폴라 존스의 소송은 르윈스키와 클린턴 사이의 성관계 의혹을 수면 위로 떠올렸고, 클린턴은 힐러리와 함께 모아온 전 재산의 반을 순식간에 합의금으로 날려버렸다.[602]

린다 트립과 르윈스키

클린턴과 르윈스키의 성관계 사실을 최초로 퍼뜨린 사람은 린다 트립Linda Tripp이다. 트립은 백악관의 변호사 사무실에 근무한 적이 있으며, 1993년 자살한 백악관 변호사 빈센트 포스터를 위해서 일하기도 하였다. 트립은 포스터가 자살한 것이 아니라 화이트워터 비리를 덮으려는 사람들에게 살해당하였다는 음모론을 믿었던 것으로 보이며, 의회 청문회에 나아가 "포스터가 죽자 백악관이 포스터의 사무실을 정상적이지 않은 절차로 황급히 정리하였다"라는 '은폐 뉘앙스(cover-up nuance)'의 진술을 하기도 하였다.

트립은 1994년 여름 국방부로 전출되었는데, 그녀는 포스터가 타살당했다는 그녀의 믿음과 그런 믿음에 근거한 발언 때문에 전출되었다고 생각하며 백악관에 대한 증오를 가슴에 품게 되었다.[603]

1997년 클린턴이 캐서린 윌리Kathleen Willie라는 여성을 성추행하였다는 소문이 떠돌자, 트립은 뉴스위크Newsweek 인터뷰에 나서서 "윌리가 클린턴의 사무실에서 흐트러진 모습으로 나오는 것을 목격한 적이 있으며, 윌리는 들뜨고 행복해 보였다"라는 발언을 하기도 하였다. 트립의 발언은 성추행(sexual assault)을 부인하는 것이지만, 동시에 성 추문(sex scandal)을 인정하는 증언이 되므로 여전히 클린턴에게 타격을 주는 것이었다.

르윈스키 스캔들을 담당하던 클린턴의 변호사 로버트 베넷Robert S. Bennett은 "트립은 못 믿을 사람"이라고 공개적으로 깎아내렸는데, 베넷의 비난에 트립은 매우 화가 났으며 상당한 모욕감을 느낀 것으로 알려졌다.[604]

클린턴과 백악관에 대한 증오를 가슴에 품고 있던 트립은, 1996년 4월 자신처럼 백악관에서 국방부로 전직되어 온 르윈스키를 만나 친구가 되었다. 갑작스러운 전직으로 심한 소외감과 우울감에 빠져 있던 어린 르윈스키는, 동병상련同病相憐의 처지에 있으며 자신보다 나이가 20살 이상이나 많은 트립을 신뢰하고 의지하게 되었다. 그녀는 클린턴과 있었던 몇 차례의 성관계를 트립에게 털어놓게 되는데, 트립은 신뢰를 저버리고 이 대화를 몰래 녹음하였다.

트립은 오로지 애국심으로 대화를 녹음하였다고 주장하지만, 클린턴과 백악관에 대한 그녀의 증오가 대화 녹음의 더 큰 동기로 보인다. 또한, 르윈스키와의 대화를 녹음하도록 권유한 루시앤 골드버그Lucianne Goldberg와[605] 책 출간 문제

를 상의한 것을 보면, 많은 돈을 벌 수 있다는 생각도 대화 녹음의 한 동기였을
수 있다.[606]

어쨌든, 골드버그는 르윈스키의 Sex 고백을 존스의 변호사에게 알렸고,[607] 존
스의 변호사는 트립과 르윈스키를 존스 소송의 증인으로 채택하고 법정 증언을
요청함으로써 아칸소 시절의 폴라 존스와 백악관 시절의 모니카 르윈스키를 상
봉相逢하게 하였다.

스타 독립검사

아버지 부시(George H.W. Bush) 대통령 시절 송무 차관(Solicitor General)을 지
냈던 스타는 1994년 8월 클린턴의 화이트워터 의혹을 조사하는 독립검사로 지
명되었는데, 처음부터 클린턴 수사에 지나칠 정도로 집착하였다.

예를 들어, 스타는 경찰과 법무부가 자살로 종결한 백악관 변호사 빈센트 포
스터 사망 사건을 다시 들춰내 수사를 하였다. 1994년과 1995년 하원과 상원이
추가로 조사하여 자살로 결론 내렸지만, 아랑곳하지 않고 타살 의혹에 대한 자신
의 수사를 이어 나갔다. 스타는 3년 동안 수사를 끌고 가다가 1997년 10월에야
자살로 인정하고 사건을 종결하였다.[608]

스타는 화이트워터 수사에서 별 성과를 얻지 못하자, 백악관이 전담 여행사
를 교체하면서 생긴 잡음과 하급 공무원이 FBI 파일을 소지하게 된 경위를 조사
하는 등[609] 화이트워터 이외의 분야로 수사 영역을 확대해 나갔다.[610] 클린턴은 그
의 자서전 곳곳에서 독립검사 스타가 자신의 사생활을 파헤치고 주변의 많은 사
람을 괴롭혔다는 사례를 들며, 스타 수사의 편파성을 강도 높게 비난하였다.[611]

어쨌든, 집요한 수사에도 불구하고 클린턴의 불법 사실은 드러나지 않았
고,[612] 4년 동안 수천만 달러의 예산을 사용하고도 아무런 성과를 내지 못한 스타
는 초조해졌다. 난처한 처지에 놓인 스타에게 1998년 1월 혜성처럼 등장한 린다

트립은 구세주와 같은 빛이 되었다.

1998년 1월 12일, 독립검사 사무실로 한 통의 전화가 걸려 왔다. 전화를 건 여성은 자신이 국방부에 근무하며 대통령과 젊은 여성 사이의 Sex에 대한 정보를 가지고 있다고 말하였다. 트립과 스타가 연결되는 이 장면은 '탄핵'이라는 열차가 돌아올 수 없는 다리를 건너는 순간이기도 하다.[613]

1월 13일, 스타 측과 FBI 요원들은 트립에게 감청 장치를 설치한 뒤 그녀가 르윈스키와 점심을 하며 대화를 나누도록 만들어 추가 증언을 캐기 위한 덫을 놓았다. 이 덫으로 별다른 소득을 얻지는 못하였지만, 스타는 1월 15일 특별법원의 허락을 받아 르윈스키 스캔들을 수사할 수 있는 권한을 확보하였다.

1월 16일, FBI는 트립과 아침식사를 하기 위해 나온 르윈스키를 호텔 방으로 데려가 그녀와 클린턴의 대화를 감청하는 데 동의할 것을 종용하였다. 르윈스키는 FBI 요구를 거절하였지만, 1월 17일 새벽 1시까지 호텔 방에 사실상 감금되어 있었다.[614]

1월 17일은 존스의 변호사들이 백악관을 방문하여 클린턴에게 존스 소송에 관한 질문을 하고 그의 진술을 녹취하기로 예정된 날이었다. FBI가 르윈스키를 이날 새벽까지 호텔 방에 데리고 있었던 이유는, 존스 변호사들이 클린턴의 진술을 녹취하기 전에 르윈스키가 그간의 상황을 클린턴에게 알리는 것을 차단하려는 방편이었을 것이다.

섹스, 거짓말 그리고 오디오 테이프

함정

1998년 1월 17일, 클린턴은 백악관에서 존스의 변호사들을 맞았다. 클린턴은 르윈스키의 Sex 고백이 담긴 녹음테이프가 존재하며, 존스의 변호사들이 이를 알고 있고, 스타와 FBI가 그날 새벽까지 르윈스키를 호텔에 가두고 조사하였다는 사실을 까맣게 모르고 있었다.[615] 만약 클린턴이 이 사실을 알았다면 모든 것을 털어놓았거나, 최소한 성관계를 전면 부정하여 위증죄를 저지르는 어리석은 짓은 피하였을 것이다.

이런 점을 고려하면 1월 17일의 진술 녹취는 클린턴의 위증을 끌어내기 위해 스타가 파 놓은 함정(set-up)이라고 할 수 있다.[616] 수년에 걸친 토끼몰이에서 허탕을 친 스타는, 마지막으로 먹잇감을 노리는 표범처럼 함정에 떨어질 백악관의 클린턴을 주시하고 있었을 것이다.

존스의 변호사와 함께 존스 소송을 지원하는 보수단체 루더포드 재단(Ruther-ford Institute)의 변호사들도 백악관에 함께 왔다. 존스의 변호사는 클린턴이 주지사와 대통령 재임 중에 여성 직원과 성관계를 한 적이 있는지를 물었고, 루더포드 변호사들은 르윈스키와 성관계를 가진 적이 있는지 그리고 그녀에게 선물을 준 적이 있는지를 물었다.[617] 그간에 벌어진 상황을 전혀 모르는 클린턴은 르윈스키와의 정사(love affair)나 성관계(sexual relation)를 모두 부인하였다. 르윈스키에게 준 몇 가지 선물은 언급하였지만, 그녀와 단둘이 있었던 특별한 기억은 없다고 대답하였다.[618]

수시간 진행된 존스 소송 관련 신문에서 정작 존스와 관련된 질문은 약 15분 정도 소요되었으며, 나머지 시간은 존스와 관련이 없거나 르윈스키에게 관련된 질문이었다. 클린턴이 성관계의 정확한 의미와 정의가 무엇인지 궁금하다고 질문하자, 존스 측 변호사들은 마치 하찮은 이슈인 것처럼 '자신들도 마찬가지'라고 무심하게 대답하였다.[619]

발가벗은 대통령

1998년 1월 21일, 워싱턴 포스트는 클린턴과 르윈스키 사이에 정사(love affair)가 있었으며, 독립검사 스타가 대통령을 수사하고 있다는 내용을 보도하였다.[620] 같은 날 클린턴은 PBS NewsHour 인터뷰에서 "부적절한 관계는 없으며 누구에게도 거짓말을 하라고 요청하지 않았다"라고 말하였다.[621]

1월 26일, 클린턴은 교육 정책에 관한 대국민 연설을 한 직후 매우 결연한 모습으로, "국민에게 한 가지 말씀드리고자 합니다. 제 말에 귀 기울여주시기 바랍니다. 다시 한 번 말씀드립니다. 저는 르윈스키와 성관계를 갖지 않았습니다."라고 말하였다.[622]

1월 27일, 연두교서 연설을 마친 뒤 클린턴은 보도진의 질문에 다시 한 번 성관계를 부인하였다. 같은 날 아침 Today라는 TV 쇼에 출연한 영부인 힐러리는 "클린턴에 대한 혐의를 믿지 않으며, 우익의 거대한 음모(vast right-wing conspiracy)로 생각한다"라고 말하였다.[623] 이제 르윈스키 스캔들은 온 국민의 이목이 쏠린 정치 쟁점으로 떠올랐다.

스타는 백악관 참모들과 기록물들에 대한 소환장을 발부하며 수사에 박차를 가하였다. 1998년 7월, 르윈스키는 스타의 기소 협박을 더는 견디지 못하고 자신에 대한 기소 면제를 조건으로 스타의 수사에 협조하기로 합의하였다.[624] 그녀는 소중히 간직하고 있던 푸른 드레스 한 점을 증거로 제공하였는데, 이 드레스에서 정액精液이 검출되었고 유전자 검사 결과 클린턴의 것으로 밝혀졌다.[625]

확실한 물증을 확보한 스타는, 클린턴을 위증죄로 기소할지를 결정할 클린턴에 대한 대배심(Grand Jury) 신문을 요청하였다. 스타의 집요한 압박에 더하여 트립의 녹음테이프와 르윈스키의 드레스는 클린턴을 무너뜨렸다.[626] 1998년 8월 17일, 스타가 마련한 대배심 신문에서 클린턴은 르윈스키와 '부적절하고 친밀한(inappropriate and intimate)' 접촉을 하였다고 진술하였다.

이날 밤 10시 클린턴은 TV 방송을 통하여 "자신과 르윈스키 관계는 부적절하였으며, 국민과 부인 힐러리를 오도誤導하였던 것을 사과한다"라는 발표를 하였다.[627]

Tricky Dick & Slick Willie

비록 르윈스키와의 '부적절한(inappropriate) 관계'를 인정하였지만, 클린턴은 국민을 완전히 실망하게 만들고 싶지 않았으며, 수년간 자신의 사생활을 추적해 온 스타에게 완벽한 승리를 안겨주고 싶지도 않았다.[628]

클린턴은 8월 17일 밤 대국민 연설에서 르윈스키와의 부적절한 관계를 인정하면서도 존스 변호사에게 한 '르윈스키와 성관계(sexual relations)가 없었다'라는 진술은 법적으로 옳다는 주장을 덧붙였다. 클린턴은 스타가 수사를 너무 오래 끌었으며, 너무 큰 비용을 썼고, 또한 너무 많은 무고한 사람에게 상처를 주었다는 비난도 빠트리지 않았으며, 이제 과거를 접고 앞으로 나가야 한다는 말로 연설을 마무리하였다.[629]

클린턴은 이날 오후에 열렸던 스타가 준비한 대배심(Grand Jury) 신문에서도 '성관계'가 없었다는 주장을 하였다. 클린턴의 논리는, 존스 소송의 담당 판사가 정의한 '성관계(sexual relations)'는 성기가 접촉하는 '성교(physical intercourse)'이며, 자신은 르윈스키와 성기 접촉이 없는 Oral Sex만 하였기 때문에 성관계가 없었다는 것이다.[630]

이런 기발한 주장 때문에 클린턴은 1월 17일 존스 변호사들에게 행한 민사소송 위증에 보태어 8월 17일 형사 절차인 대배심 위증까지 덤으로 받게 되었는데, 사람들은 'Tricky Dick(교활한 놈)'으로 불렸던 닉슨을 떠올리며, 클린턴을 'Slick Willie(구변 좋은 놈)'이라 부르며 그의 기발한 아이디어를 조롱하였다.[631]

하원의 탄핵

재빠른 스타와 공화당

르윈스키 드레스의 정액이 클린턴의 것으로 판명되고, 그가 르윈스키와 부적절한 관계를 맺었다는 증언이 확보되자 스타는 재빨리 탄핵을 향해 달렸다.

1998년 중간 선거를 두 달 남겨둔 9월 9일, 스타는 대통령 탄핵을 추천하는 452페이지 분량의 보고서와[632] 18개의 서류 상자를 서둘러 하원에 보냈다.[633] 방대한 분량의 보고서에서 스타는 탄핵 대상이 될 수 있는 행위를 무려 11개 항목으로 나열하였지만, 전체 내용은 '클린턴이 르윈스키와 Sex를 하였고, Sex한 사실을 숨기려 위증하였으며, 르윈스키에게 Sex한 사실을 숨기도록 조언하여 사법 방해를 하였다'라는 내용을 세세히 나누어 놓은 것이었다.[634]

공화당이 주도한 하원 사법위원회는 별도의 조사 활동 없이 스타의 보고서를 바탕으로 사법위원회 보고서를 작성하고,[635] 신속하게 탄핵 절차를 진행하였다. 1998년 12월 10일, 사법위원회는 4개의 탄핵 기소 항목을 제안하였는데, ① 스타가 진행한 대배심에서 르윈스키와의 성관계를 부정해 위증하였다는 것, ② 폴라 존스의 민사 소송에서 르윈스키와의 성관계를 부인해 위증하였다는 것, ③ 르윈스키에게 거짓 증언을 하도록 하여 사법 정의를 방해하였다는 것, ④ 의회의 서면 요구에 응하지 않거나 거짓 답을 하였으며, 이런 일에 그의 직위와 집무실을 사용하여 권력을 남용하였다는 것이다.[636] 사법위원회는 대체로 공화당 대 민주당의 의원수인 21 대 16의 표결로 위 4개 항목 모두를 채택하였다.[637]

하원의 탄핵 기소

사법위원회가 채택한 탄핵 기소 항목에 대한 하원의 표결은 105회 의회의 마지막 회기 중인 1998년 12월 19일 열렸다.[638] 공화당의 의석수가 절반을 넘었기 때문에 공화당 의원의 이탈이 없다면 기소 항목 모두가 통과될 수 있었다.

표결 결과, 1번 기소인 대배심 위증과 3번 기소인 사법 방해는 공화당과 민주당의 의석수를 거의 그대로 반영한 228 대 206과 221 대 212로 가결되었다. 하지만 존스 민사 소송에서 거짓 증언을 하였다는 2번 기소는 229 대 205로 부결되었고, 의회에 협조하지 않아 권력을 남용하였다는 4번 기소는 285 대 148로 부결되었다. 2번 기소와 4번 기소에 대한 공화당의 이탈표는 최소 20여 석에서 최대 80여 석에 이르렀다.[639]

하원이 의결한 클린턴 탄핵 기소장의 내용을 요약하면 다음과 같다. 제1조 위증. 클린턴은 1998년 8월 17일 대배심 증언에서 진실을 말할 것을 선서하였지만 그 선서에 반하여 르윈스키와의 관계에 대해 거짓 증언을 하였으며, 폴라 존스가 제기한 민사 소송에서 증인들의 증언을 호도糊塗하고 증거 조사를 방해하였다. 제2조 사법 방해. 클린턴은 폴라 존스 민사 소송과 관련된 증언과 증거 조사를 방해하거나 은폐하는 행위를 하였다. 구체적으로, 1997년 르윈스키가 거짓된 서면 증언을 제출하도록 고무하였으며, 그녀가 법정에 출석할 경우 거짓 진술로 위증하도록 고무하였다.[640]

탄핵 기소장은, 클린턴의 위증과 사법 방해 행위가 대통령직職의 온전성(integrity)을 헤치고 대통령에게 맡겨진 공적 신뢰(public trust)를 배신하는 것으로, 헌법 상 탄핵 사유인 '중대한 범죄와 비행'에 해당한다는 결론을 내렸다.[641]

상원의 심판

애정 행각 증명

상원의 탄핵 심판은 1999년 1월 7일 시작되었다. 헨리 하이드Henry Hyde 사법위원회 위원장을 포함한 13명의 공화당 의원들이 소추위원을 맡았고, 찰스 러프Charles Ruff 백악관 변호사 등이 클린턴의 변호를 맡았다.[642]

소추위원은 클린턴과 르윈스키가 21회 이상 둘만의 시간을 가지면서 최소 11회 성적 접촉을 하였고, 55회 이상 통화를 하면서 최소 17회 Phone Sex를 하였으며, 클린턴이 20개의 선물을 르윈스키는 40개의 선물을 서로에게 주었다고 주장하며, 두 사람의 애정 행각을 세세하게 나열하였다.

또한, 소추위원은 클린턴이 르윈스키에게 성관계를 부인하는 대가로 직업을 알선해주었다는 주장도 제기하였는데,[643] 생생한 증거를 제시하지는 못하였으며, 대체로 스타가 만든 증인 신문 영상물이나 녹음 기록을 재생하였다.[644]

1번 기소인 위증 혐의에 대해서는 클린턴의 대배심 증언 녹취가 있으므로 논쟁의 여지가 적다 하더라도, 2번 기소인 사법 정의 방해에 대한 증거는 부실했다. 특히 위증의 대가로 클린턴이 르윈스키에게 일자리를 알선해주었다는 혐의는 사실상 입증되지 못하였는데, 소추위원은 정황 상 그런 추정이 당연하다는 논리를 폈다.[645]

클린턴의 변론

클린턴 변호인단은 소추위원이 기소한 클린턴의 행위가 탄핵 사유인 '중대한 범죄와 비행'에 해당하지 않으므로 탄핵 사유가 되지 않는다는 변론을 폈다.[646]

변호인단은, '대통령이 입법부에 종속되지 않아야 한다'는 권력 분립의 원칙에 비추어 볼 때 대통령 탄핵의 기준은 매우 높으며,[647] 따라서 대통령이 탄핵당할 수 있는 행위는 "반역과 뇌물죄를 포함하여 권력의 오용이나 남용 등 대통령의 책임과 의무에 반하는 오직 중대한 행위에 국한된다"고 주장하였다.[648] 또한 변호인단은 "헌법 상 '중대한 범죄와 비행'은 대통령의 직무와 연관된 공적인 잘못(public wrong)을 의미하는 것이지 직무와 관련이 없는 사적인 잘못(private wrong)을 의미하는 것이 아니다"라는 변론도 제기하였다.[649]

변호인의 논쟁을 요약하면, 클린턴을 탄핵하기 위해서는 클린턴의 행위가 대통령 직무와 연관된 공적인 비행이어야 하며, 비행의 정도도 매우 심각하거나 중대하여야 하는데,[650] 인턴 여성과의 사적인 연애사는 이런 조건에 부합하지 않는다는 것이다.

변호인단은 자신들의 주장을 뒷받침하는 근거로, 1974년 닉슨 탄핵을 추진하였던 하원 사법위원회가 닉슨의 거짓 소득세 신고를 심각한 공적 잘못이 아니라는 이유로 탄핵 기소 항목에서 배제하였다는 선례와,[651] 430명에 이르는 법학자들이 클린턴의 행위는 개인적인 사소한 일로 탄핵 사유에 이를 정도로 중대하지 않다는 의견서를 하원에 보낸 사실[652] 등을 제시하였다.

그러나 직무와 관련된 중대한 비행만이 탄핵 사유가 된다는 변호인단의 주장은, 다수의 연방판사가 직무와 관련이 없는 위증이나 기타 비행으로 탄핵당하였다는 풍부한 선례들과는 배치된다. 이런 약점을 극복하기 위해 변호인단은, 대통령 탄핵 기준과 연방판사 탄핵 기준이 달라야 한다는 주장도 보탰다. 탄핵 이외에는 면직할 방법이 없는 판사들에게 적용된 낮은 탄핵 기준을 국민이 선거로 선출하고 심판하는 대통령에게도 그대로 적용하는 것은 적절하지 않으며, 국민의 뜻에 반하는 결과를 가져올 수 있다고 주장한 것이다.[653]

소추위원의 반론

클린턴의 위증과 사법 방해는 대통령이 직무와 법률을 충실히 수행해야 한다는 헌법 상 의무를[654] 위반하고 공직의 온전성(integrity)을 훼손하는 행위이므로, 소추위원은 "행위의 중대성이나 직무 연관성과 상관없이 그 자체로 탄핵 대상에 해당한다"는 결론을 내렸다. 소추위원은 1974년 닉슨 탄핵 당시 사법위원회 사무국 보고서도 같은 결론을 내리고 있다고 주장하였다.[655]

특히 '클린턴의 위증이 직무와 관련이 없으므로 탄핵 사유가 되지 않는다'는 변호인단의 주장에 대해서 소추위원은, 의회가 1980년대에 3명의 연방판사를 위증죄로 탄핵하여 파면하였으며, 이들 중 해리 클레어본Harry E. Claiborne 판사와 월터 닉슨Walter L. Nixon 판사의 위증은 그들의 직무 수행과 관련이 없었다는 선례를 제시하였다.[656]

'대통령에게는 판사들과 다른 탄핵 기준이 적용되어야 한다'는 변론 역시 인정하지 않았는데, 1974년 사법위원회 사무국 보고서와 1993년 전국 사법규율위원회 보고서가[657] 판사와 대통령에게 적용되는 탄핵 기준이 다르다는 주장을 인정하지 않고 있음을 근거로 제시하였다. 소추위원은 설령 대통령과 판사의 기준이 다르다 하더라도 "대통령에게는 판사보다 더욱 엄격한 기준이 적용되어야 한다"는 주장을 하였다.[658]

표결과 반응

1999년 2월 12일, 상원은 유무죄 심판에 들어갔다. 당시 상원은 공화당 의원이 55명 민주당 의원이 45명으로, 탄핵이 가결되려면 상원의원 2/3인 67명 이상이 유죄로 심판해야 했다. 그러나 위증 혐의는 공화당 의원 10명이 이탈하여 유죄 45 대 무죄 55로, 사법 방해 혐의는 공화당 의원 5명이 이탈하여 유죄 50 대 무죄 50으로 각각 부결되었다.[659]

비록 강한 불만을 표시하는 몇몇 공화당 상원의원들도 있었지만, 클린턴 방면은 충분히 예상되었던 결과라 주목할 만한 반응은 없었다. 캘리포니아 출신 바버라 박서Barbara Boxer 민주당 상원의원은 "클린턴 탄핵은 시작부터 불법적인 절차였다"고 평가하였고, 소추위원들을 이끌었던 헨리 하이드 공화당 의원은 "스타가 애초에 클린턴을 기소하지 말았어야 했다"는 의견을 내기도 하였다.[660]

클린턴은 "매우 미안하게 생각하며, 국가의 재화합을 위해 헌신하겠다"라는 대국민 사과를 하였다.[661] 클린턴은 불명예 속에서도 2001년 공화당 조지 부시 George W. Bush에게 대통령직을 넘겨줄 때까지 그의 임기를 유지할 수 있게 되었다.

법적 분석

부실한 절차

스타의 수사와 공화당이 주도한 하원의 탄핵 추진은 부실한 절차 때문에 정치적 공격에 불과하다는 비난을 받았다.

1998년 11월은 상하원 중간 선거가 예정된 달이다. 스타는 선거를 두 달 앞두고 서둘러 보고서를 제출하였는데, 이것은 '선거 직전에 정치적으로 민감한 사안을 기소하지 않는다'는 법무부 검사들의 관행에 어긋난다.[662]

사법위원회는 증거 수집을 위한 청문회를 개최하지 않았고, 자체적인 사실 조사도 하지 않았으며, 단지 81개 항목의 서면 질의서를 클린턴에게 발송하여 전적으로 스타 보고서에 의지한 채 탄핵을 진행하였다. 공화당이 주도하는 하원도 스타와 사법위원회의 빠른 박자에 장단을 맞추어 스타 보고서를 국민에게 공개하도록 표결하였는데, 이것 역시 닉슨 탄핵 당시 자워스키 보고서가 비밀에 부쳐졌던 선례에 배치되는 것이었다.[663]

스타와 공화당은 탄핵을 서둘러 11월 선거에서 민주당에 타격을 주려는 것이 분명해 보였다.[664] 그러나 그들의 기대와는 달리[665] 1998년 11월 선거로 공화당 하원의 의석수는 오히려 감소하였고, 상원의 의석수는 현상을 유지하는 정도에 그쳤다.[666]

단지 하원의 보고서 공개 조치 덕분에 클린턴은 자신과 르윈스키 사이의 정사가 국민에게 음란소설처럼 읽히는 수모를 감내해야 하였다.

허술한 내용

스타와 사법위원회가 탄핵을 서둘렀기 때문에 탄핵 기소 내용도 허술하다는 비판을 받았다. 스타 보고서는 Sex라는 단어를 500회 이상 사용하며[667] 자극적인 묘사로 클린턴과 르윈스키의 애정 관계를 상세히 설명하고 있으나 증거 제시가 부족하고, 클린턴의 반론이나 변론에 대한 고려 없이 일방적인 주장과 추정으로 일관되었다는 지적을 받았다.[668]

스타 보고서는 하원에 대한 보고가 아니라 소추위원의 기소장처럼 보이기도 하였는데,[669] 수사 결과를 사실과 증거에 국한하고 탄핵 기소 여부는 의회의 판단에 맡긴 자워스키 특별검사의 워터게이트 보고서나 뮬러 특별검사의 러시아 대선 개입 보고서와는 분명하게 대조된다. 스타의 이런 보고 행태는 객관적인 수사 결과만을 보고해야 하는 독립검사의 원칙에도 어긋난다.[670]

더 큰 문제는 사법위원회 보고서와 소추위원의 논고 역시 스타 보고서의 내용과 논리를 그대로 따랐다는 것인데, 민주당 의원들은 물론 학자들도 이 문제를 비판하였다.[671] 소추위원들은 어떤 행위가 탄핵 대상이 되는가에 대한 기준을 제시하지 않으면서 클린턴의 위증과 사법 방해 행위 자체가 공직의 온전성을 해치므로 탄핵 대상 행위라는 주장을 하였는데, 이 주장은 스타 보고서의 논리를 그대로 따른 것이다. 그러나 위증이나 사법 방해 자체가 탄핵 대상이라는 논리는 경계가 분명치 않은 광범위한 주장일 뿐 아니라, 자칫 권력 분립의 원칙을 훼손할 수 있는 헌법 해석의 중대한 오류로 판단된다.[672]

비행의 중대성과 직무 연관성

430명의 법학자가 클린턴의 위증이 헌법이 의미하는 '중대한 범죄와 비행'에 해당하지 않는다는 의견에 서명하고 공표하였는데,[673] 이들이 내세운 논리 중 하나가 클린턴의 위증이 대통령 직무와 연관성이 없다는 것이다.

'직무와 연관된 공적 잘못(public wrong)만이 탄핵 사유를 구성한다'는 이론은 19세기 초중반까지 저명한 헌법학자들의 공통된 견해였다.[674] 그러나 직무와 연관이 없는 사적 잘못(personal wrong)이라도 '심각하거나 중대한' 잘못은 탄핵 대상 행위에 해당한다는 것이 현대의 다수 의견이다.[675] 단지 어느 정도로 심각하거나 중대하여야 하는지에 대한 공통된 기준이 있는 것은 아니다. 선스타인 교수는 사법위원회 청문회에 출석하여 "살인이나 강간, 또는 지나친 권력 오용 등 '극단적인(egregious)' 비행이나 '악랄한(heinous)' 범죄는 직무와 연관이 없는 사적인 잘못이라 하더라도 탄핵 대상이 된다"는 견해를 밝혔다.[676]

선스타인 교수가 제시한 '극단적' 역시 모호한 개념이긴 하지만, 대통령의 사적인 비행이 탄핵 대상이 되려면 일반 국민이 용인할 수 없는 '어떤 선線'을 넘어야 한다는 의미로 해석할 수 있겠다.[677] 클린턴 탄핵에 반대한 법학자들은, 사적인 성행위를 숨기려는 클린턴의 위증과 사법 방해가 선스타인이 제시한 선을 넘지 않았다고 판단한 것이다.[678]

이런 법학자들의 판단을 지지하며 400여 명의 역사학자 역시 클린턴 탄핵은 역사에서 그 선례를 찾아볼 수 없는 경우이며, 미국 정치 제도에 불길한 징조라는 선언을 공표하였다. 그들은, 클린턴 탄핵이 계속 진행된다면 대통령이 의회의 변덕에 휘둘리게 되어 권력 분립이 무너질 것이라고 경고하였다.[679]

상원의 탄핵 심판이 종료되기 직전의 토론에서 상당수 의원들도 "인턴 여성과 Oral Sex를 하고 그 사실을 감추려 하였던 클린턴의 사적 비행은 탄핵 사유에 이를 정도로 '극단적'이거나 '중대하지(substantial)' 않다"는 발언을 하였다.[680]

불충분한 기소와 입증

일부 상원의원들은 정치적 판단에 따라 무죄 투표를 하였을 수 있다. 예를 들어, 단순히 소속 정당의 결론에 따른 정파적 결정을 내렸거나, 스타 검사의 수사 행태를 싫어하였거나, 또는 폴라 존스의 소송과 클린턴 탄핵을 지원한 보수주의 단체들을 싫어하였을 수 있다. 그러나 공화당 의원들을 포함하여 반수 이상에 달하는 의원들의 무죄 선고는 정치적 이해관계만으로 설명되지 않는다.

정치적 동기를 제외한다면, 상원의원들은 클린턴의 위증과 사법 방해 혐의가 직무와 관련 없는 사적인 잘못이며 개인적인 일이라고 생각하였거나, 증거로 충분히 입증되지 않았다고 판단하였거나, 탄핵 사유가 될 정도로 중대하지 않다고 생각하였을 개연성이 높다.

그러나 위에서 설명하였듯이 직무 연관성 논쟁은 헌법적 근거가 약하다. 따라서 대다수 상원의원은 클린턴의 위증과 사법 방해 혐의가 충분히 입증되지 않았다고 판단하였거나, 탄핵 대상 행위에 이를 정도로 중대하지 않다고 생각하였기 때문에 무죄 투표를 하였다는 것이 합리적인 추정으로 보인다. 탄핵 심판에서 상원의원들이 한 발언도 이런 추정을 뒷받침한다.[681]

1번 기소인 위증 혐의와 2번 기소인 사법 방해 혐의에 모두 무죄 투표를 한 5명의 공화당 의원들도, 클린턴의 혐의가 충분히 입증되지 않았거나 탄핵 사유에 이를 정도로 중대하지 않다는 결론을 내렸다.[682]

메인Maine의 수잔 콜린스 상원의원은 "소추위원의 증거가 클린턴이 탄핵당하거나 파면될 정도의 행위를 범하였다는 것을 보여주지 못한다"고 지적하며, 클린턴의 행위가 중대한 비행이 아니라고 판단하였다.[683] 메인의 올림피아 스노우 Olympia Snowe와 버몬트의 제임스 제포즈James Jeffords는 "클린턴의 혐의가 입증되지 못하였다"는 결론을 내렸다.[684] 또 다른 공화당 이탈자인 펜실베이니아의 앨런 스펙터Arlen Specter 상원의원은 '유죄(Guilty)' 또는 '무죄(Not Guilty)'라는 통상의 의사 표시 대신 '입증되지 않음(Not Proved)'이라는 의사 표시를 하였는데, 탄핵 심판을 주재한 렌퀴스트 대법원장은 이것을 무죄 투표로 인정하였다.[685]

환경 분석

여론과 경제

클린턴 집권 시기에 경제는 역대 어느 때보다 좋았으며,[686] 대통령 직무 수행에 대한 국민의 찬성은 탄핵이 진행된 기간에도 꾸준히 60% 이상을 유지할 정도로 높은 편이었다.

1998년 8월 17일 대배심 증언과 TV 연설에서 클린턴이 르윈스키와의 '부적절한 관계'를 인정한 직후 그 수치가 잠시 50%대로 떨어지기도 하였으나 곧 60%대로 회복하였고, 12월 19일 하원에서 탄핵 기소를 가결하였을 때는 예상과 달리 70%로 반등反騰하였다.[687] 클린턴 탄핵을 찬성하는 여론은 르윈스키 스캔들로부터 상원의 표결 기간 내내 30% 또는 그 이하에 머물러 대다수 국민이 처음부터 끝까지 클린턴 탄핵을 원하지 않았던 것으로 드러났다.[688]

클린턴 지지자는 물론 다수 국민이 대통령의 도덕성과 직무 수행 능력을 분리하는 냉철함을 보이며, '클린턴의 경제적 성과와 비교하면 인턴과의 섹스나 이를 감추려는 거짓말은 심각하거나 중대한 문제가 아니다'라고 판단하였다. 따라서 공화당이 탄핵을 정치적 공격 수단으로 삼을수록 클린턴 지지자들은 더 집결하였고, 클린턴이 위기를 맞을수록 다수 국민은 더 큰 지지를 보내 자신들이 탄핵을 못마땅하게 생각하고 있음을 분명히 밝혔다.[689] 즉, 여론이 탄핵 국면의 향방을 가르는 중요한 변수라면, 여론의 향방을 가르는 중요한 변수는 국가의 경제임을 클린턴 탄핵 사례가 잘 보여준 것이다.[690] 비록 도덕적 흠결이 있지만, 클린

턴은 국민의 살림살이에 꽤 보탬이 된 유능한 대통령이었다.[691]

공화당의 딜레마

로널드 레이건 대통령 당시, 무기 수출이 금지되었던 이란에 비밀리에 무기를 판매하고 그 수익금으로 니카라과 반군 콘트라를 지원하였다는 이란-콘트라 Iran-Contra 사건이 불거졌다. 의회가 조사에 나섰고, 1986년 12월 임명된 독립검사 로런스 월시Lawrence Walsh는 레이건의 안보 보좌관 등 수명을 기소하였다. 월시의 수사는 아버지 부시George H. W. Bush 행정부에서도 계속되었는데, 결국 1992년 6월 레이건 행정부에서 국방부 장관을 지낸 캐스퍼 와인버거Casper Weinberger가 위증과 사법 방해 혐의로 기소되었다.[692]

이 당시 헨리 하이드Henry Hyde를 비롯한 공화당 의원들은 "남미에서 공산주의와 싸우기 위해 저질러진 고위 공직자들의 거짓말에 죄를 묻지 말아야 한다"라는 주장을 하였다. 이런 이유로 클린턴 탄핵에서 소추위원장을 맡은 하이드를 포함한 공화당 의원들은 이란-콘트라 거짓말과 클린턴의 거짓말을 완전히 차별해야 하는 부담을 지고 있었다.[693]

더구나 탄핵 소추를 이끌었던 하이드 자신이 수년간 불륜 관계를 유지하였다는 사실도 드러났고,[694] 하원의장 뉴트 깅그리치Newt Gingrich 공화당 의원 역시 당시에 불륜 관계에 있었음이 후일 밝혀졌다.[695]

이런 정황들을 고려하면 당시 소추위원들은 적극적인 소추를 진행하지 못할 딜레마에 처해 있었으며, 이 때문에 전투 의지가 한풀 꺾여 있었을 것이라는 추정도 가능하다.[696]

다시 확인된 상원의 벽

앤드루 존슨 대통령 탄핵 당시 반-앤드루 정서로 똘똘 뭉쳐 있던 공화당이

2/3를 훌쩍 넘는 의석을 가지고도 유죄 선고를 받아내는 데 실패하였다. 따라서 딜레마에 빠진 공화당이 과반이 살짝 넘는 55석의 상원 의석을 가지고 유죄 선고를 끌어낸다는 것은 사실상 불가능한 일이었다.[697]

2/3 절대 과반이라는 의결 정족수와 형사적 절차가 부과하는 특성 때문에, 상원의 탄핵 심판은 정치적 속성을 어느 정도 덜어내고 소추위원들이 넘어야 할 높은 벽이 되고 있다는 사실이 다시 확인된 것이다.

대다수 공화당 하원의원도 클린턴이 상원에서 유죄 선고를 받을 가능성이 없다는 것을 잘 알면서 탄핵 기소에 찬성표를 던진 것으로 알려졌다. 그들 중 몇몇 의원은 당의 뜻을 거스를 이유가 없어서 탄핵 기소에 찬성하였으며, 그들의 '탄핵 기소 찬성'이 '클린턴 파면'을 의미하지는 않는다고 공공연히 밝히기도 하였다.[698] 의원들이 상원의 벽을 인정하고 있음을 보여주기도 하지만, 동시에 하원의 탄핵 소추가 상원의 탄핵 심판보다 훨씬 더 강한 정치적 속성을 지니고 있음을 보여주는 일례이다.

Lessons

전조

윌리엄 클린턴은 1946년 8월 19일 아칸소의 서남쪽에 자리한 인구 약 6천 명 정도의 작은 마을 호프Hope에서 태어났다. 예일 법대에서 법률을 공부한 그는 1973년 아칸소 주립대에서 학생들을 가르치기 위해 시민 대부분이 민주당원들인 페이엇빌Fayetteville에 정착하였다.

그해 겨울 크리스마스가 막 지났을 때 여자친구 힐러리가 찾아왔다. 1974년 1월 아침, 클린턴이 힐러리에게 그의 정치적 포부에 관한 이야기를 하고 있을 때 존 도어John Doar 변호사로부터 전화가 걸려 왔다. 클린턴이 예일 법대 시절 알게 된 도어는, 닉슨 탄핵을 추진하는 하원 사법위원회 수석변호사로 임명되었다는 소식을 전하며, 클린턴에게 함께 일할 것을 제안하였다. 클린턴은 힐러리와 상의하며 하루 동안 고민하였으나, 다음날 하원의원에 출마할 계획이 있음을 알리고 도어의 제안을 거절하였다.[699]

만약 그때 클린턴이 도어의 제안을 수용하였더라면, 그래서 소용돌이와 같은 닉슨 대통령 탄핵 추진을 직접 체험하였더라면 그는 자신의 탄핵을 막을 수 있었을까? 또는 르윈스키와의 접촉을 자제하였거나 최소 성관계 사실을 완벽한 비밀로 만들어 불명예를 피할 수 있었을까? 아니면 도어의 제안은 이미 예정된 운명의 전조前兆였을 뿐일까?

클린턴 탄핵의 헌법적 근거는 약했다. 여론도 탄핵을 반대하였다. 클린턴 탄핵은 헌법적 근거와 국민 여론이라는 없어서는 안 될 두 개의 바퀴가 빠진 채로 덜컥거리며 나아가는 운명의 수레와 같았다. 이런 상황에서도 탄핵의 수레를 상원의 심판대까지 밀어갔던 힘은 무엇이었을까? 그 힘을 자세히 살펴보면 대통령 탄핵에 대한 몇 가지 교훈을 얻을 수 있다.

독립검사의 힘

닉슨이 자행한 '토요일 밤의 학살'은 강력한 독립검사 제도를 탄생시켰다. 대통령을 포함한 고위 공직자를 수사할 수 있는 독립검사는, 그 수사 기간과 예산 그리고 인력에 사실상 제약이 없다. 독립검사는 법무부 산하에 있지만 법무부의 지휘 감독 밖에 있으며, 법무부로부터 쉽게 수사 영역을 확보할 수 있다. 독립검사는 복수複數의 판사로 구성된 특별법원에 의해 임명되며, 마땅한 이유 없이 해임되지 않는다.[700] 독립검사는 입법 · 행정 · 사법의 3부 중 어디에도 예속되지 않는 수사와 기소 권한을 가지고 있다. 스칼리아Scalia 대법관은 *Morrison v. Olson* (1988)

에서 독립검사의 이런 권한이 3권 분립이라는 헌법 원칙에 어긋날 뿐 아니라 '통제할 수 없는 제4권이 될 수도 있다'는 우려를 표시하기도 하였다.[701]

독립검사 스타는 스칼리아 대법관의 우려가 기우杞憂가 아니었음을 보여준 사람이었다. 그는 7천만 달러의 연방 자금을 쓰며 5년 동안 클린턴과 힐러리, 그리고 그들 주변의 사람들을 집요하게 파헤쳐 비난을 받았다. 그의 친구이자 권위 있는 헌법학자인 선스타인 하버드 법대 교수는 "클린턴 탄핵에 대한 스타의 행동은 미스터리mystery이며, 아마도 오랫동안 한 수사에 집착한 나머지 스타의 판단력이 몹시 비틀어졌을 것"이라는 견해를 밝히기도 하였다.[702] 톰 하킨Tom Harkin 민주당 상원의원은, 탄핵 심판에서 클린턴의 잘못은 '도덕적 죄(sin)'이지만 통제 불가능한 스타의 잘못은 '형사적 범죄(crime)'라고 규정하고, "국가의 법률을 더 크게 훼손한 사람은 스타였다"고 주장하였다.[703]

심지어 스타의 수사가 공정하지 못하며, 클린턴이 아니라 스타를 탄핵해야 한다는 국민 여론이 더 우세하다는 조사 결과까지 나왔다.[704] 어쨌든 권력 남용에 가까운 스타의 수사는, 사실상 해임이 불가능하며 책임이 뒤따르지 않는 독립검사 제도의 특권이 아니라면 불가능한 일이었다.[705]

닉슨이 '토요일 밤의 학살'을 일으키지 않아 독립검사직이 마련되지 않았다면, 또는 그 자리에 스타가 임명되지 않았더라면 클린턴 탄핵은 일어나지 않았을 가능성이 매우 크다. 클린턴이 상원에서 유죄 선고를 받고 파면되었다면 반정反正의 1등 공신功臣은 독립검사 스타였을 것이다[706]. 클린턴 탄핵은 향후 대통령 탄핵에서 독립검사의 의지와 성향을 파악하는 것이 탄핵의 향방을 가늠하는 데 무엇보다 중요한 요소라는 교훈을 주었다.

음모 또는 우연

분명한 이유가 규명되진 않았지만, 탄핵에 적극적으로 가담하였던 보수적 정

탄핵으로 본 미국사

치인과 언론 그리고 보수단체는 클린턴을 매우 싫어하였으며, 혐오에 가까운 반감을 드러내기도 하였다.[707] 클린턴은 공화당을 포함하여 반대편에 선 정치단체와 날카로운 대립각을 세우지 않고 실용주의 태도를 보였던 대통령이다. 그는 공화당이 추진하는 정책도 수용하여 자신의 소속 정당인 민주당으로부터 '삼각망(Triangulation)'이라는 별명을 얻기도 하였다.[708]

이런 점을 고려한다면, 우익 또는 보수 진영의 클린턴에 대한 지나친 반감은 쉽게 이해되지 않는 의문이다. 이 의문에 대한 설명으로, 클린턴이 닉슨과 마찬가지로 격렬한 정치적 반대를 자극하는 무언가가 있다는 막연한 가정이나,[709] 많은 청년이 베트남 전쟁에서 죽어갈 때 군대에 가지 않은 클린턴이 대마초와 섹스를 즐기며 일상적인 사생활을 누렸다는 우익 보수주의들의 상상이[710] 제공되기도 한다. 그러나 흑인들에게 우호적인 클린턴의 성향과 태도가 백인 위주의 극단적 보수주의자들의 원망을 불러일으켰으리라는 것이 더 합리적인 추정으로 보인다.

어쨌든, 보수 진영은 클린턴 탄핵에 적극적으로 개입하였다. 보수 언론과[711] 단체는 폴라 존스의 민사 소송을 지원하였는데, 특히 루더포드의 변호사들은 폴라 존스에게 70만 달러의 합의금을 거절하고 클린턴을 더 압박하도록 조언하였다. 또한, 존스와의 소송을 핑계로 백악관을 방문하여 르윈스키와의 관계를 부인하는 클린턴의 위증을 확보하기도 하였다.[712]

보수단체의 존스 소송 지원 못지않게 공화당 정치인들은 스타 수사를 적극적으로 밀어주었다. 스타의 수사에 투입된 7천만 달러의 비용과 5년이라는 시간은 공화당의 지원이 없었다면 애초에 불가능한 투자이다.[713] 공화당의 지원에 스타는 온갖 수단을 동원한 수사로 보답하였다. 그는 기소권을 무기로 증인들을 압박하여 유리한 증언을 끌어냈고, 르윈스키에게 감청 장치를 심어 현직 대통령까지 도청하려 하였으며, 수사 상황을 언론에 흘려 여론몰이도 시도하였다.[714]

보수 진영이 보인 클린턴에 대한 적대감, 그리고 그들의 지원을 받는 독립검사와 보수단체 변호사들의 압박은, 클린턴 탄핵이 '우익 보수의 음모(right-wing conspiracy)'라는 소문을 일으켰다.[715] 우익 음모론은 비약적인 가정이라 하더라도, 미약한 헌법적 근거와 낮은 국민의 지지를 고려하면, 클린턴 탄핵이 최소 정치적 공격의 일환이었다는 주장은 타당한 듯하다.[716]

그러나 흥미롭게도 클린턴 탄핵은 정치적 공격만으로도 충분히 설명되지 않는다. 한발 물러서서 시간과 공간의 폭을 넓게 가지고 클린턴 탄핵을 바라본다면, 그것은 마치 화이트워터의 등장인물들과 폴라 존스, 린다 트립, 모니카 르윈스키 그리고 클린턴의 정적들이 스타 검사의 지휘 아래 연주한 한 편의 운명교향곡처럼 보이기도 한다.

클린턴 탄핵은 인연과 우연이 얽혀서 탄생한 '이상한(strange)'[717] 사건이었으며, 자신의 비행이나 상대방의 정치적 공격 이외에 인연과 우연도 탄핵의 원인이 될 수 있다는 '인과응보因果應報'를 가르친다.

도널드 트럼프 대통령 1차 탄핵

남다른 대통령

부동산 거물

도널드 트럼프Donald Trump는 1946년 뉴욕 퀸스Queens에서 태어났다. 그는 1971년 24세의 나이에 아버지 소유의 부동산 개발업체 'Trump Management'의 사장이 되었고, 1980년대에 브루클린Brooklyn 중심이었던 아버지 사업을 맨해튼Manhattan으로 확장하였다. 이후 미국은 물론 전 세계에 빌딩, 호텔, 카지노, 골프장 등을 지으며 부동산 거물이 되었다. 2020년 9월 포브스Forbes는 트럼프의 자산(net worth)을 20억 달러 이상으로 추정하였다.

트럼프는 2004년 〈수습생(The Apprentice)〉이라는 TV 쇼 진행자로 출연하여 '당신 해고야(You're fired)'라는 유행어를 남기며 전국적인 명성을 얻었고, 2015년 6월 16일 맨해튼의 트럼프 타워Trump Tower에서 대선 출마를 공표하였다.

트럼프는 대선 출마로 큰 주목을 받지 못하였지만, 막상 공화당의 대선 후보 경선이 시작되자 직설적인 언행으로 당원들의 관심을 끌며 후보로 선정되었다. 2016년 11월, 트럼프는 민주당의 힐러리 클린턴을 누르고 대통령에 당선되었다.[718]

백인 노동자들

국민은 대체로 힐러리가 트럼프보다 더 나은 대통령 자질을 가졌다고 생각하였으며,[719] 대선 직전 열린 최종 여론 조사에서도 힐러리의 승리를 더 지지하고 있음을 보여주었다.[720] 힐러리는 전체 국민 투표에서 48%를 얻어 45.9%를 얻은 트럼프를 앞섰다. 그러나 트럼프는 30개 주에서 306명의 대통령 선거인단을 확보하여 20개 주에서 232명의 선거인단을 확보한 힐러리를 누르고,[721]

공직 경험이 없는 최초의 비정치인 출신이자 역대 가장 부유한 45대 미국 대통령이 되었다.[722]

트럼프는 전통적으로 민주당 텃밭(Blue Wall)이라 여겨지던 미시간·펜실베이니아·위스콘신에서도 승리하였는데, 예상보다 컸던 백인 노동자들의 지지가 그 배경이 되었다. '미국을 다시 위대하게(Make America Great Again)'라는 트럼프의 '미국 우선(America First)주의主義' 구호가 그들의 마음을 움직였다.[723]

America First

대통령 트럼프는 '오바마 케어'라고 불린 의료보험법(ACA)을 개정하는 조처를 내리고,[724] 낙태를 지원하는 국제단체에 연방기금의 지원을 막는 소위 Mexico City Plan을 부활시켰다.[725]

또한, 트럼프는 남미로부터 들어오는 불법 이민자들을 막기 위해 멕시코와 맞닿은 국경에 거대한 '장벽(Trump Wall)'을 건설하고,[726] 파리 기후협약과 환태평양협상에서 탈퇴하였으며, 이미 체결된 자유무역협정에 대한 재협상을 추진하였다. 그는 NAFTA가 미국의 제조 기반과 일자리를 멕시코로 빼앗아 가는 최악의 협상이라고 비난하고, 한국과의 자유무역협정은 재앙이며 이를 당장 종결시킬 수도 있다는 공언을 하기도 하였다.

트럼프는 NATO의 유럽 방어에 상응하는 대가를 유럽의 참여국들이 지급해야 하며, 한국의 방위비 분담액을 더 높여야 한다는 공언도 하였다. 또한 그는, 중국이 미국으로부터 부당하게 이익을 편취騙取한다고 주장하며 중국 제품에 대한 관세를 높여 무역전쟁을 시작하는 한편, 북한의 김정은과 비핵화 회담을 추진하고 비무장 지대를 방문하여 세계의 주목을 받기도 하였다.[727]

러시아의 대선 개입

십자포화 태풍 작전

2016년 7월 26일, FBI는 러시아가 11월 대통령 선거에 개입하려 한다는 첩보를 제3국 정부로부터 입수하였다. "힐러리 대통령 후보와 오바마 대통령에게 해로운 정보를 유출하여 트럼프를 돕겠다는 러시아 측의 제안이 있었다"라는 발언을 트럼프의 외교정책 고문 조지 패퍼도펄러스George Papadopoulos가 제3국 정부 관료에게 하였고, 제3국 정부 관료는 패퍼도펄러스의 발언을 FBI에 전하였다.

사실 FBI는 패퍼도펄러스의 발언을 입수하기 한 달 전 무렵부터 '십자포화 태풍(Crossfire Hurricane)'이라는 이름 아래 러시아의 미국 대선 개입과 러시아와 트럼프 선거캠프 사이의 협력 가능성에 대한 수사를 진행하고 있었다.[728]

대선이 끝나고도 러시아의 선거 개입 의혹이 가라앉지 않자, 2017년 1월 중순과 2월 초순 사이에 상원과 하원의 3개 위원회(HPSCI, SSCI, SJC)가[729] 나서서 러시아의 대선 개입에 관한 공식 조사를 시작하였다.

2017년 3월, 제임스 코미James Comey FBI 국장도 러시아 대선 개입 수사를 비밀리에 진행하고 있음을 의회에 확인해주었는데, 5월 9일 트럼프는 그를 해임해버렸다. 의회는 코미 해임을 비난하며 트럼프에게 러시아 대선 개입 수사를 계속하도록 압력을 가하였고, 결국 2017년 5월 17일 로버트 뮬러Robert S. Muller가 특별검사로 임명되어 FBI의 '십자포화 태풍' 수사를 이관받았다.[730]

뮬러 특검의 조사

2019년 3월까지 진행된 뮬러의 수사는, 러시아의 인터넷 회사 IRA와 군사 정보기관인 GRU 소속의 해커들이 2016년 미국 대선에 개입하는 공작을 하였으며, 이 기간 러시아 인사들과 트럼프 캠프 사이에 접촉이 있었다는 것을 확인하

였다.[731]

IRA는 2016년 초까지 미국 시민 또는 단체를 가장한 수천 개의 SNS 계정을 만든 뒤, 트럼프를 추켜세우고 힐러리를 깎아내리는 홍보를 하거나 정치 집회를 조직하는 작전을 수행하였다. 또한, 미국 시민이나 단체로 가장한 IRA 직원들이 트럼프 캠프의 간부들과 접촉하기도 하였다.

GRU 소속 해커들은 민주당 전국위원회(DNC), 민주당 선거위원회, 힐러리 선거 참모들의 정보망을 해킹하였고, 힐러리 캠프에 피해를 주는 파일과 e-메일을 DC Leaks, Guccifer 2.0, 위키리크스WikiLeaks 등을 통하여 공개하였다.[732]

러시아 인사들의 트럼프 캠프에 대한 접촉도 진행되었다. 2016년 봄에 패퍼도펄러스는 런던에 거주하며 러시아와 연계된 조셉 밉수드Joseph Mifsud 교수와 접촉하였는데, 이때 밉수드 교수는 러시아가 힐러리의 치부를 보여줄 수 있는 수천 개의 e-메일을 확보하였다고 말한 것으로 알려졌다.

힐러리에게 해로운 정보가 담긴 서류를 전한다는 명분으로 러시아인 변호사가 2016년 6월 9일 트럼프의 아들, 사위 쿠슈너Jared Kushner, 대선 캠프 총괄 폴 매너포트Paul Manafort 등을 만난 사실도 확인되었다.[733] 11월 8일 선거 직후에는 러시아 정부 인사와 사업가들이 트럼프 당선인의 조직에 접촉 선을 구축하는 활동을 본격적으로 시작하였다.[734]

2016년 12월, 오바마 대통령이 미국 대선에 개입한 책임을 물어 러시아에 제재를 가하자, 트럼프 당선인의 국가안보 고문에 내정된 마이클 플린Michael Flynn은 러시아 대사에게 전화하여 "미국의 제재에 대한 보복 대응을 자제해 달라"는 요청을 하였고, 통화 다음날 푸틴은 "미국의 제재에 대하여 러시아가 보복 조치를 하지 않을 것이다"라는 발표를 하였다. 이에 대해 트럼프는 "Great move on delay (by V. Putin)"라는 메시지를 트윗하였다.[735]

뮬러 보고서

보고서 1부

뮬러 특검의 보고서는 2부로 구성되어 있다. 1부는 러시아의 2016 대선 개입과 러시아와 트럼프 선거캠프 사이의 협력 여부를 수사한 결과와 대응 조처에 대한 보고이며, 2부는 트럼프 대통령이 러시아 대선 개입 수사를 방해하거나 저지하여 사법 방해 행위를 저질렀는지에 대한 수사 결과이다.

1부 보고서에서 뮬러는 다음과 같은 결론을 내렸다. 첫째, 러시아는 소셜 미디어 공작과 해킹 및 정보 유출 공작을 통하여 미국의 2016년 대선에 개입하였으며, 이것은 미국의 연방 형법을 위반한 행위이다. 둘째, 러시아 정부와 트럼프 인사들 사이의 다양한 연계가 있었다는 사실이 파악되었지만, 형사 기소를 제기할 수 있을 정도의 혐의와 증거가 확보되지는 못하였다. 특히 특검은, 러시아 정부의 대리인 역할을 한 혐의로 트럼프 인사들을 기소하거나 러시아 변호사와 트럼프 캠프의 미팅 직후에 발생한 위키리크스WikiLeaks 해킹 정보 공개 사건을 선거법 위반 혐의로 기소할 만한 충분한 증거를 확보하지 못하였다. 셋째, 특검은 수명의 트럼프 인사들이 정부 기관과 의회에 거짓말하여 사법 정의를 심각하게 훼손하였다는 사실이 발견하였으며, 이들 중 몇 명을 연방법 위반 혐의로 기소하였다.[736]

보고서 2부

뮬러 보고서 2부는 트럼프가 러시아의 대선 개입 수사를 방해하였다는 혐의를 조사한 결과이다.[737]

이 보고서는 트럼프의 행위가 형사적 기소 대상인가를 따지는 전통적인 수사 보고서 양식을 따르지 않고, 트럼프의 행위를 사실 중심으로 기술하는 양식을 취하고 있다. 뮬러 특검이 보고서 2부를 이렇게 작성한 이유는, 트럼프의 행위가 사법 방해에 해당한다는 분명한 결론을 도출할 수 없었기 때문이기도 하지만, 현직 대통령에 대한 형사적 기소가 행정부의 기능을 현저히 저해하고 의회의 탄핵 추진권을 침해할 수 있다는 우려 때문이기도 하다. 뮬러의 이런 자세는 "클린턴의 행위가 탄핵 사유에 해당하므로 마땅히 탄핵당하여야 한다"고 주장한 스타 독립검사의 자세와 확연히 비교되는 것이다.[738]

뮬러 보고서는, 비록 트럼프가 형사적 사법 방해 행위를 범하였다는 결론을 내리지는 않았지만 동시에 트럼프가 형사적 범죄 행위를 범하지 않았다는 결론을 내린 것이 아님을 분명히 밝혀, 트럼프에 대한 형사기소나 의회의 탄핵 추진이 가능함을 시사하였다.[739]

트럼프의 사법 방해 혐의

트럼프 대통령은 자신의 선거캠프와 러시아 인사 사이의 접촉에 대한 수사를 방해하거나 중단시키려 하였다. 트럼프는, 러시아 대선 개입 사건에 대통령이 연루되었다는 의혹을 공개적으로 부정하라고 국가정보국 · CIA · NSA 등에 전화하였으며,[740] 러시아인 변호사와 그의 아들 사이의 미팅과 관련된 메일이 외부로 유출되지 않도록 하라는 지시를 수차례 하였다.[741]

트럼프는 코미 FBI 국장을 저녁식사에 초대하여 '국가안보 고문 마이클 플린이 사임하는 선에서 플린과 러시아 대사와의 접촉에 대한 수사를 마무리하라'고 요구하였으나, 코미는 이 요구를 거절하였다.[742] 트럼프는 '대통령에 관한 조사는 하고 있지 않다'고 공표하여 자신에 대한 의혹을 없애라고 다시 코미를 압박하였다. 그러나 코미 국장은 2017년 5월 3일 의회 청문회에서 "러시아의 대선 개입과 관련하여 트럼프 대통령을 수사하는가?"라는 질문에 분명한 대답을 하지 않아서 트럼프에 대한 수사 가능성을 시사하였다. 며칠 후 트럼프는 코미를 해임하

였다.[743]

　2017년 6월 14일, 코미가 해임된 뒤 임명된 뮬러 특별검사가 대통령에 대한 수사를 진행하고 있다는 뉴스가 보도되자, 트럼프는 백악관 변호사 돈 맥간Don McGahn에게 특별검사를 해임하도록 법무부에 압력을 넣으라고 지시하였다. 맥간은 닉슨 대통령의 '토요일 밤의 학살'이 재현될 것을 우려하여 트럼프의 지시를 실행하지 않았다.[744] 2018년 초순 트럼프가 맥간에게 특별검사를 해임하도록 지시하였다는 사실이 언론에 보도되자, 트럼프는 맥간에게 언론 보도를 부인하도록 지시하였고, 백악관 참모들에게는 맥간이 그런 지시를 받은 적이 없다는 내부 문서를 만들도록 하였다.[745]

　한편 트럼프는, 대선 캠프에서 일한 전력을 이유로 러시아의 대선 개입 수사를 회피回避한 법무부 장관 제프 세션스Jeff Sessions에게 회피 신청을 철회하고 러시아 대선 개입 수사를 맡으라 압박하며, 힐러리에 대한 수사도 해보라는 제안을 하기도 하였다.[746] 심지어 '트럼프는 잘못이 없으며 그에 대한 수사는 매우 부당하다'라는 메시지를 세션스가 법무부 장관 명의로 발표하게끔 추진하였으나 성사시키지는 못하였다.[747]

　트럼프는 수사에 협조하는 인사들을 비난하고, 자신에게 불리한 증언을 하지 않고 입을 다문 사람들을 공공연하게 추켜세워 주변 사람들을 압박하였다.

　마이클 코헨Michael Cohen은 2015년 9월부터 2016년 6월까지 모스크바에 트럼프 타워 건설을 추진하였던 트럼프 그룹의 간부였으며, 트럼프와 러시아 사이의 일을 긴밀하게 공유한 것으로 알려진 인물이다. 트럼프는 수사 대상이 된 그에게 '강하게 처신하라(stay strong)'라는 메시지와 그를 지원하겠다는 뜻을 전하였다. 그러나 2018년 여름부터 코헨이 특별검사의 수사에 협조하기 시작하자 그를 '쥐새끼(rat)'라 부르고, 그의 가족이 범죄를 저질렀다는 언급을 하기도 하였다.[748]

반면 자신의 선거캠프를 총괄하였던 매너포트가 수사를 받자 그가 부당한 대우를 받고 있다며 옹호하는 발언을 하였는데, 매너포트가 입을 다물고 유죄 판결을 받자 "매너포트는 용감한 사람이며 사면 대상에서 제외되지 않는다 - 배신을 불법화해야 한다"라는 발언을 서슴지 않았다.[749]

여러 석연치 않은 정황에도 불구하고 결정적인 증거를 제시하지 못한 채 뮬러가 수사를 종료하자 트럼프에 대한 탄핵 주장은 사그라졌고, 러시아 대선 개입 사건은 점차 잊혀 갔다.

우크라이나 스캔들

경쟁자 바이든

오바마 행정부의 부통령 조 바이든Joe Biden은 2020년 대선에서 트럼프와 경쟁할 민주당의 유력한 대선 후보였다. 바이든 부통령은 7년에 걸쳐 6번이나 우크라이나를 방문하였고, 2017년 1월 트럼프 대통령 취임식 나흘 전에도 우크라이나에서 작별 인사를 하고 있었다.

2015년 무렵 바이든 부통령은 우크라이나 검사장 빅터 쇼킨Viktor Shokin의 해임을 촉구하였던 것으로 알려졌는데, 쇼킨은 2016년 3월 해임되었다.[750]

2019년 들어 트럼프와 트럼프의 개인 변호사 루디 길리아니Rudy Giuliani는 바이든이 쇼킨 해임을 촉구한 이유가 당시 우크라이나 천연가스 생산업체 버리스마Burisma의 이사(board member)로 재직하던 아들 헌터 바이든Hunter Biden을 보호하기 위함이라고 주장하였다.

그러나 쇼킨은 반부패 수사를 막거나 지연시켜 우크라이나 내부와 주변 국가의 비난을 받아온 인물로, 당시 쇼킨의 해임은 우크라이나를 대-러시아 교두보

橋頭堡로 여기는 NATO 국가의 공통된 관심사이기도 하였다.[751] 더구나 2014년 러시아의 크림반도 합병 후 우크라이나는 미국의 외교 안보 전략에서 1순위(top priority)로 올라 있었다.

이런 점들을 고려하면, 우크라이나에 대규모 군사 원조를 제공하고 있던 미국이 바이든 부통령을 통해 부패한 검사장 해임을 요구할 명분을 충분히 가졌던 것으로 인정되며, 트럼프가 제기한 의혹은 대체로 근거 없는 '경쟁자 바이든 흠집 내기'로 간주된다.[752]

DNC 음모론

민주당 전국위원회(DNC)가 2016년 대선 때 해킹당했던 컴퓨터 서버가 우크라이나에 있다는 소문과 함께 '대선에 개입한 것은 러시아가 아니라 우크라이나였으며, 러시아의 대선 개입 의혹은 트럼프를 공격하기 위해 민주당이 만들어낸 정치 공작'이라는 소위 'DNC 음모론'이 2019년 미국 정계를 떠돌았다.

'러시아 대선 개입 수사 당시 FBI는 해킹당한 DNC 서버를 증거로 확보하지도 않고 조사하지도 않았으며, 우크라이나 부호가 소유한 보안업체가 DNC 서버를 분석한 뒤 우크라이나로 빼돌렸다'라는 근거없는 추측이 'DNC 음모론'을 입증하는 설명으로 보태졌다.

'DNC 음모론'의 출처는 분명치 않지만, 러시아 대선 개입 사건으로 탄핵당할 뻔한 곤욕을 치렀던 트럼프와 그의 측근들이 'DNC 음모론'의 확산을 부추긴 건 사실이다.[753]

트럼프는 이미 1년 전에 DNC 서버에 관한 의혹을 제기하였는데, 2018년 7월 러시아 푸틴 대통령과 함께한 기자 회견에서 "FBI가 왜 DNC 서버를 확보하지 않고 민주당 당사에 그대로 두었는지 의문"이라는 발언을 하기도 하였다.[754]

2019년 들어 트럼프는, '2016년 미국 대선에 개입한 것은 러시아가 아니라

민주당과 협력한 우크라이나'임을 시사하는 주장을 본격적으로 시작하였다.[755]

트럼프의 집착

그러나 'DNC 음모론'의 근거로 주장된 정보들은 모두 거짓으로 드러났다. DNC 서버를 우크라이나로 빼돌렸다는 크라우즈스트라익Crowdstrike은 우크라이나 부호가 소유한 회사가 아니라 3명의 미국인이[756] 창업한 캘리포니아 서니베일Sunnyvale에 본사를 둔 업체이고, FBI는 2016년 해킹당한 DNC 서버를 확보하여 포렌식 분석을 하였으며, 또한 이 DNC 서버는 우크라이나로 보내진 것이 아니라 민주당 당사의 지하 창고에 보관되어 있었다.[757]

그러나 트럼프는 여러 참모의 반대에도 불구하고 법무부에 지시하여 'DNC 음모론'을 계속 조사하도록 시켰다.[758] 트럼프의 안보 자문이었던 톰 보서트Tom Bossert는 "DNC 음모론은 근거 없는 것이지만, 길리아니 변호사와 법무팀의 반복된 주장에 트럼프도 이 가짜 음모설에 집착하게 되었다"라고 밝혔다.[759]

이런 집착 때문인지 2019년 7월 25일, 트럼프는 우크라이나의 대통령에 당선된 볼로드미르 젤렌스키Volodymyr Zelensky에게 전화하여 우크라이나에 있는 DNC 서버에 대한 수사를 촉구하였다. 젤렌스키에게는 뜬금없고 당혹스러웠을 트럼프의 전화 한 통은 '탄핵'이라는 거대한 태풍으로 돌아왔는데, 근거 없는 추측에 집착한 어리석음과 절제하지 못한 언행이 재앙을 불러온 꼴이다.[760]

내부고발자

2019년 9월, 국가정보국(ODNI) 산하 연합정보단장(IC IG) 마이클 앳킨스Michael Atkinson는 "조셉 매과이어Joshep Maguire 국가정보국 국장대행이 내부고발 문서를 접수하였으나 의회에 전달하지 않고 있다"라는 내용의 편지를 하원 정보위원회(Intelligence Committee)에 보냈다.

내부고발자(whistleblower)는 "트럼프가 2020년의 미국 대선에 우크라이나 정부를 끌어들이려 하였다"라고 주장하며, "트럼프가 우크라이나 대통령 젤렌스키에게 전화하여 DNC 서버와 바이든 부자에 대한 수사를 진행하라고 압박하며, 트럼프의 개인 변호사 길리아니 또는 법무부 장관 윌리엄 바William Barr를 보낼 테니 수사 방안을 논의하라고 종용하였다"라는 사실을 폭로하였다. 또한, 내부고발자는 "트럼프가 젤렌스키를 압박하기 위하여 약 4억 달러의 우크라이나 군사지원금 지급을 유예시켰다"라는 정보도 공개하였다.[761]

내부고발자의 주장이 사실이라면, 트럼프는 '의회가 승인하여 지급이 예정된 우크라이나 군사지원금'을 대가로 자신에게 정치적으로 이익이 될 '바이든과 DNC 서버에 대한 수사'를 흥정한 꼴이 되므로, 헌정질서를 흔드는 심각하고 중대한 문제이다. 9월 13일 하원 정보위원회 아담 쉬프Adam Schiff 위원장은, 내부고발 문서를 제출하라는 소환장(subpeona)을 국가정보국 매과이어에게 보내고 청문회 출석을 요구하였다. 매과이어는 의회의 요구에 응하지 않다가 9월 26일에야 정보위원회 청문회에 출석하였다.

청문회 하루 전날, 백악관은 트럼프와 젤렌스키 사이의 통화 내용을 모두 공개하는 선제 대응에 나섰고, 매과이어는 청문회에서 "내부고발 문서를 의회에 제출하지 말라는 백악관의 지시는 없었고, 단지 미국 대통령과 외국 정상과의 통화 내용은 면책 특권(executive privilege) 대상이라는 백악관 변호사의 자문에 따라 제출을 보류하였으며, 백악관이 트럼프와 젤렌스키 통화 내용을 어제(25일) 공개하였으므로 오늘(26일) 청문회 출석에 응할 수 있게 된 것"이라는 해명을 하였다.

매과이어의 협력에도 불구하고 트럼프는 그를 국가정보국 국장 자리에 임명하지 않았으며, 2020년 4월 3일에는 의회에 내부고발 문서를 알린 연합정보단장 앳킨슨을 해임한다는 편지를 쉬프 위원장에게 보냈다.[762]

백악관의 반응

내부고발자의 주장은 트럼프와 젤렌스키의 통화 기록과 대체로 일치하였다.[763] 트럼프는 젤렌스키에게 전화를 걸기 직전에 의회가 의결한 우크라이나 군사지원금 3억 9천1백만 달러에 대한 지급 유예를 지시하였으며,[764] 트럼프의 개인 변호사 길리아니는 바이든 부자에 대한 수사를 촉구하기 위해 미 국무부의 도움 아래 우크라이나 공직자들을 만났던 것으로 드러났다.[765]

내부고발에 대한 보도가 이어지면서 국민의 관심이 커지자, 백악관 비서실장 대행 믹 멀베이니Mick Mulvaney는 2019년 10월 17일 기자 회견을 열었다. 그는 우크라이나에 대한 군사지원금 지급 유예는 우크라이나의 부패 상황에 대한 우려, EU 국가들의 우크라이나 지원 확대 유도,[766] 미국 법무부가 진행 중인 'DNC 음모론' 수사에 대한 우크라이나 정부의 협조와 연계되어 있다고 해명하였다.

멀베이니의 해명은 군사지원금 지급 유예 사유들이 모두 합법적임을 강조하기 위한 것이었지만, 동시에 의회의 권한인 군사지원금 지급을 대가로 근거 없는 'DNC 음모론' 수사를 '주고받기'(quid pro quo)로 흥정하였음을 인정하는 것이 되기도 한다.

ABC 뉴스의 조나단 칼Jonathan Karl 기자가 "DNC 서버 수사도 군사지원금 지급이 유예된 이유 중 하나인가?"라고 확인하자 멀베이니는 "그렇다"라고 대답하였는데, 칼이 "그것이 바로 주고받기"라고 지적하자 멀베이니는 "외교정책이 늘 그런 것이다"라고 대답하였다.[767]

Quid pro Quo

트럼프 측근도 '근거 없는 낭설'이라 지적한 'DNC 음모론'은 대체로 민주당과 바이든에 대한 정치적 공격으로 받아들여졌다. 언론에서도 "DNC 음모론과 바이든에 대한 수사는 민주당과 바이든을 흠내기 위한 가짜(sham) 수사이며, 백악관은 'DNC 음모론'을 수사하라고 지시할 충분한 명분이 없다"라는 보도가 이어졌다.

이런 상황에서 'DNC 음모론'과 바이든에 대한 수사가 우크라이나 군사지원금과 주고받기로 연계되어 있다는 사실만 드러난다면, 2020년 대선을 유리하게 치르려는 개인적 이득을 위해 가짜 수사와 국가 안보를 거래하였다는 트럼프의 형사 범죄 요건이 구성되는 셈이다. 따라서 'DNC 음모론 수사'와 '군사지원금 지급'이 연계되어 있음을 인정한 멀베이니의 해명은 '주고받기'를 입증하는 증거로써 트럼프에게 상당한 법적 부담을 주는 발언이다.

뒤늦게 실수를 깨달은 멀베이니와 백악관은 'DNC 음모론 수사'와 '군사지원금 지급'은 주고받기로 연계된 것이 결코 아니라는 해명에 진땀을 뺐다.[768] 그러나 트럼프가 사익을 위해 국가 권력을 부당하게 남용하였다는 비난이 이미 주워 담기 힘들 정도로 퍼지기 시작하였다.

청문회와 조사

하원 위원회의 조사

2019년 9월 25일 민주당의 낸시 펠로시Nancy Pelosi 하원의장은 "트럼프가 대통령 선서를 배신하고 국가 안보와 선거 체제를 훼손하였다"고 지적하며, "하원의 6개 위원회에서 정식으로 '탄핵 조사(impeachment inquiry)'를 시작할 것"이라고 발표하였다.[769]

2019년 10월 4일, 하원 정보위원회는 백악관과 마이크 펜스Mike Pence 부통령에게 내부고발과 관련된 문서를 제출하라는 소환장을 발부하였다. 그러나 10월 8일, 백악관 고문 변호사 팻 시폴론Pat Cipollone은 "의회의 탄핵 조사는 헌법적 근거가 없는 것"이라고 지적하며, "백악관은 하원의 탄핵 조사에 협조하지 않을 것"이라는 편지를 펠로시와 정보위원회에 보냈다.[770]

트럼프와 백악관은 참모들이 하원 수사와 소환장에 응하지 말도록 지시하였을 뿐 아니라, 핵심 증인의 증언과 관련 부서의 서류 제출을 막는 등 적극적으로 의회 조사를 방해하였다.[771]

하원은, 백악관의 협조를 강제하기 위해 증인 출석과 증거 제출에 관한 법원 명령을 받아내는 데 시간을 소비하기보다는, 백악관의 협조를 포기하고 재빠른 조사와 신속한 탄핵을 진행하는 전략을 택하였다. 2019년 10월과 11월에 의회는 위원회별로 우크라이나 스캔들에 대한 조사와 증인 신문을 진행하였다.[772]

Closed door

트럼프와 백악관의 압력과 방해에도 불구하고 2019년 10월 11일부터 열린 정보위원회의 비공개 청문회에는, 지난 5월 우크라이나 대사직에서 갑자기 해임된 마리 요바노비치Marie Yovanovitch, 국가안보위(National Security Council) 유럽 및 러시아 국장 피오나 힐Fiona Hill, 국무부 우크라이나 담당 조지 켄트George Kent, 요바노비치의 공석을 메우고 있던 국무부 윌리엄 테일러William B. Taylor 등이 출석하여 증언하였다.

이들의 증언은 대체로 '우크라이나 대통령을 압박하려는 백악관의 조직적 움직임이 있었고, DNC 음모론과 바이든에 대한 수사가 군사지원금과 연계되었다'라는 내용이었다.

켄트는 15일 "바이든 수사로 우크라이나 정부를 압박하는 길리아니에 대해 우려를 표시하자 조용히 있으라는(lay low) 윗선의 압박을 받았으며, 멀베이니는 우크라이나 관련된 일에서 나를 배제하였다"라고 증언하였다. 테일러는 22일 '바이든과 DNC 음모론에 대한 수사가 군사지원금 지급의 전제조건'이었음을 시사하는 15페이지 분량의 모두 진술(opening statement)을 하였다. 다음날 20여 명의 공화당 하원의원들이 몰려와 비공개 청문회장 입장을 요구하며 소동을 피웠고, 청문회는 지연되었다.[773]

Your witness!

2019년 11월에 열린 공개 청문회의 증언도 10월의 비공개 청문회 증언과 다르지 않았다. 11월 3일, 켄트와 테일러는 "DNC 서버와 바이든 부자에 대한 우크라이나 정부의 공식적인 수사 발표가 군사지원금 4억 달러 지급의 전제 조건으로 생각한다"라는 비공개 청문회의 입장을 확인하였다. 11월 15일, 요바노비치는 "갑작스러운 해임에 충격을 받았다"라는 진술을 하였다. 민주당 의원들은 "요바노비치를 해임한 이유는, 우크라이나에서 바이든 수사 공작을 벌이려는 조처였다"라고 주장하였다.[774]

11월 19일에는 국가안보위 유럽 국장 알렉산더 빈드만Alexander Vindman, 펜스 부통령의 유럽안보 보좌관 제니퍼 윌리암스Jennifer Williams, 전 국가안보위 유럽 및 러시아 국장 팀 모리슨Tim Morrison, 전 우크라이나 특사 커트 볼커Kurt Volker가 증언하였다. 빈드만, 윌리암스, 모리슨은 트럼프가 젤렌스키와 통화할 때 현장에 함께 있었으며 통화 내용을 직접 들은 사람들이었다.[775]

빈드만은 "통화 당시에 트럼프가 바이든 수사를 종용한 것이 부적절하다고 생각하였으며 의회에 보고해야 할 상황으로 인식하였다"라고 증언하였다.[776] 모리슨은 "바이든 수사가 국가 정책이나 안보를 고려한 차원에서 시작된 것이 아니라고 생각한다"라는 증언을 하였으며, 볼커는 "트럼프의 개인 변호사 길리아니의 우크라이나 활동은 문제였다"라는 진술을 하였다.[777]

트럼프와 백악관 그리고 길리아니가 나서서 젤렌스키 정부를 압박하는 모습을 보여주는 모리슨과 볼커의 증언은, 특히 이들이 공화당에서 신청한 증인

탄핵으로 본 미국사

이었다는 사실을 고려하면, 청문회장의 공화당 의원에게 상당한 충격을 주었을 것이다.

데빈 누네스Devin Nunes 공화당 의원은 발언 도중 모리슨과 볼커를 '민주당 측 증인(your witness)'이라고 지칭하여 은연중 당황한 속내를 드러냈다.[778]

심부름

11월 20일, 미국의 EU 대사인 고돈 손드랜드Gordon Sondland가 증언하였다.[779] 그는 "우크라이나 정부가 바이든 수사를 공식적으로 발표하는 대가로 젤렌스키의 백악관 방문이[780] 추진되었다고 생각하나, 군사지원금 지급 유예에 대한 이유는 파악하지 못하였다"고 진술하고, "바이든 수사가 공표되면 지급 유예가 해제될 것이라 했던 예전 발언은 개인적 추측일 뿐"이라고 발뺌하였다.

하지만 손드랜드는 트럼프와 젤렌스키 사이의 7월 25일 통화는 트럼프의 지시로 이루어졌다는 사실은 인정하고,[781] "길리아니 및 볼커와 함께 우크라이나 업무를 하였고, 길리아니와 일하기 싫었지만 어쩔 수 없었다"라는 진술도 하였는다. 이 진술은 "백악관의 멀베이니 비서실장이 손드랜드와 볼커 등을 활용하며 나를 우크라이나 업무에서 배제하였다"라는 국무부 켄트의 증언에도 부합한다.[782]

11월 21일, 피오나 힐이 공개 증언에 나섰다. 그녀는 "우크라이나 정부에 DNC 음모론을 수사하라고 압박하는 일은 '국내 정치를 위한 심부름(a domestic errand)'에 불과하며 미국의 외교 정책에도 벗어난다"고 지적한 뒤 "DNC 음모론은 소설"이라고 증언하였다.[783] 힐과 같은 날 증언에 나선 우크라이나 미국 대사의 수석보좌관 데이비드 홈즈David Holmes 역시 "트럼프가 바이든 수사를 압박하기 위해 군사지원금 지급을 유예하였다고 생각한다"라는 진술을 하였다.[784]

우크라이나 최전선에서 핵심 업무를 맡았던 고위 공무원들의 증언은 백악관의 주장과 정면으로 배치되는 것이었다. 그러나 백악관은 "군사지원금 지급 유예는 EU 국가로부터 우크라이나에 대한 더 많은 지원을 유도하려는 목적과 우크라이나의 부패 상황에 대한 염려 때문에 취해진 조치이며, 바이든에 대한 수사 촉구는 우크라이나 부패 척결의 하나로 제시된 것"이라는 기존의 주장을 고수하였다.

문제아 볼턴과 마약 거래

매파로 알려진 존 볼턴John Bolton은 2018년 4월부터 트럼프 행정부의 국가 안보 고문을 지냈다. 외교와 안보에 대한 볼턴의 강경 정책은 이익을 우선 챙기려는 트럼프의 실리 정책과 종종 부딪혔다.[785]

트럼프는 2019년 5월에 공개적으로 이란에 대한 볼턴의 강경 대응을 깎아내리고,[786] 6월 30일 판문점에서 김정은과 깜짝 회동할 때 볼턴을 몽골로 유배(?) 보내[787] 둘 사이 마찰을 표면으로 올렸다. 볼턴은 결국 2019년 9월 10일 사임하였다.[788] 그는 사임하였음에도 불구하고 11월 7일 예정된 하원 정보위원회의 비공개 청문회에 출석하지 않았다.[789]

우크라이나 대사 손드랜드는 "볼턴과 폼페이오 국무장관도 우크라이나 스캔들과 관련되어 있으며, 두 사람을 포함하여 우크라이나에 관련된 모든 사람이 '무엇이 어떻게 돌아가고 있는지' 알고 있었다"라는 증언을 하였다.[790] 피오나 힐은 "우크라이나에 대한 수사 압력은 '손드랜드와 멀베이니가 공작하는 마약 거래(drug deal)'라고 볼턴이 말하는 것을 들었다"고 진술하였다.[791]

볼턴은 트럼프의 궂은일을 도맡아 하던 그의 개인 변호사 길리아니를 '곧 사람들을 날려버릴 수류탄'이라 말하기도 하였는데,[792] 이런 증언들을 모아 보면 볼턴이 우크라이나 스캔들에 대해 상당한 정보를 갖춘 핵심 증인임이 분명하였다.

그러나 볼턴은 하원의 탄핵 청문회에 증인으로 나서길 거부하였고, 하원은

강제 소환을 위한 법정 다툼에 수개월을 소비하는 대신 볼턴의 증언 없이 탄핵
절차를 계속 진행하기로 하였다.[793]

하원의 탄핵

사법위원회의 기소안

2019년 12월 3일, 하원 정보위원회는 최종 보고서를 채택하여 사법위원회
로 보냈다. 정보위원회의 보고서는 "트럼프가 재선을 위해 정치적 경쟁자인 바
이든에게 해를 입히고, 미국의 선거 체제를 훼손하였으며, 국가 안보를 위협하였
다"고 적시하였다.[794]

정보위원회의 보고서를 받은 다음날인 4일, 사법위원회는 자체 청문회를 개
최하고 하버드 법대 노아 펠드만Noah Feldman 교수와 조지 워싱턴 법대 조나단
털리Jonathan Turley 교수 등으로부터 탄핵 대상 행위에 대한 의견을 들었다.[795]

사법위원회는 트럼프에게 청문회 참석을 요청하였으나, 트럼프는 청문회 참
석을 거부하고 "나를 탄핵하려면 빨리 진행해 상원의 공정한 심판을 받도록 하
자"는 메시지를 트윗에 올렸다.[796]

백악관의 변호사 팻 씨폴론Pat Cipollone은 사법위원회 위원장 제롤드 네이들
러Jerrold Nadler에게 발송한 12월 6일자 편지에서 "사법위원회의 트럼프 탄핵은
전혀 근거가 없으며 적법 절차와 공정성을 위반하였다"라고 주장하였다. 그는 트
럼프의 트윗 메시지를 상기시키면서 "더는 청문회로 시간을 낭비하지 말고 빨리
탄핵을 진행하라"고 큰소리쳤다.[797]

하원의 탄핵 가결

트럼프가 청문회에 출석하여 변론할 의사가 없음을 확인한 사법위원회는 2개 항목의 탄핵 기소안을 마련하고, 2019년 12월 13일 23 대 17 표결로 통과시켰다. 병으로 참석하지 못한 테드 류Ted Lieu 의원을 제외한 모든 민주당 의원들이 찬성하고, 모든 공화당 의원들은 반대하였다.

기소 1번은 트럼프가 개인 목적을 위하여 대통령의 권한을 남용하였다는 것이며, 기소 2번은 트럼프가 의회의 우크라이나 스캔들 조사를 방해하였다는 것이었다.

12월 18일, 하원은 탄핵 기소 항목에 대한 표결에 들어가 1번 기소는 230 대 197로, 2번 기소는 228 대 198로 가결하였다. 공화당 의원들은 모두 반대하였고, 하원의 다수당이던 민주당에서는 각 기소 항목에 대해 둘 또는 셋의 이탈표가 발생하였다.[798]

트럼프는 "하원의 탄핵 기소는 사기극이며, 민주당이 하원에서 공화당보다 약간 더 많은 의석을 차지하고 있다는 이유로 제정신이 아닌 펠로시가 미국 대통령을 탄핵하는 것은 부당하다"라는 트윗을 하였다.[799] 트럼프는 앤드루 존슨과 빌 클린턴에 이어 하원에서 탄핵 기소된 3번째 대통령이 되었다.

탄핵 기소장

1번 기소는, 트럼프가 정치적 경쟁자인 바이든 부자와 DNC 서버에 대한 수사를 우크라이나 대통령 젤렌스키에게 요청하고, 우크라이나 정부의 수사 공표를 대가로 젤렌스키의 백악관 방문과 군사지원금 지급을 추진하였으며, 이런 행위가 공개되자 군사지원금 지급 유예를 해제하였지만, 여전히 트럼프 자신의 정치적 이익을 위해 우크라이나 정부의 수사 공표를 계속 압박하였다는 내용이다.

1번 기소는 트럼프가 외세를 미국 선거에 개입시키려 하여 '권력 남용(Abuse

of Power)'을 저질렀다고 적시하였다.

2번 기소는, 트럼프가 백악관은 물론 법무부·예산실·국방부 등에 의회의 소환장에 응하거나 증거 서류를 제출하지 못하도록 지시하고, 전직 및 현직 공무원들에게도 같은 지시를 내려 9명의 공무원이 의회의 증인 소환에 불응하게 만들었다는 내용이다.

2번 기소는 트럼프의 이런 행위를 '의회 방해(Obstruction of Congress)'로 적시하였다. 소추위원들은 "트럼프가 역대 어느 대통령도 한 적이 없는 포괄적이고 절대적인 의회 방해를 통하여 헌법을 훼손하고 국민에게 상처를 주었다"고 지적하였다.[800]

탄핵 심판의 증인들

증인 출석을 둘러싼 갈등

하원에서 트럼프의 탄핵 기소가 가결되기 3일 전인 2019년 12월 15일, 상원의 민주당 리더 척 슈머Chuck Schumer 의원은 상원의 공화당 리더 미치 맥코넬Mitch McConnel 의원에게 전 국가안보 고문 존 볼턴, 백악관 비서실장 대행 믹 멀베이니, 트럼프와 젤린스키 통화 현장에 있었던 백악관 참모 로버트 블레어 Robert Blair, 군사지원금 지급 유예를 국방부에 지시한 백악관 예산관리실 마이클 더피Michael Duffey 등을 탄핵 심판의 증인으로 소환할 것을 제안하였다.

당시 국민은 트럼프 주변의 핵심 인물들이 상원에 나와 진술하는 것을 직접 듣고 궁금증을 해소하고 싶어 했지만,[801] 맥코넬 의원은 슈머 의원의 제안을 거절하였다.

맥코넬은 "상원의 역할은 탄핵의 심판이지 조사가 아니다"라는 엉터리 주장을 하였지만, 슈머는 국민 여론을 상기시키며 증인 출석을 막는 다수당의 횡포를 비난하는 것 외에 취할 수 있는 방도가 없었다.[802]

핵심 증인의 등장

민주당 의원들이 새로운 증인과 증거 채택을 강력하게 주장하는 이유는, 트럼프가 증인 출석과 자료 제출을 거부하도록 지시하여 하원의 탄핵 조사가 충분하게 이루어지지 못한 탓도 있겠지만,[803] 하원 청문회 출석을 거부하였던 볼턴이 상원의 탄핵 심판에 출석하겠다고 나섰으며[804] 백악관의 예산관리실(OMB)이 우크라이나에 대한 군사지원금 지급 중지를 국방부에 지시한 메일이 공개되는 등 중요한 증인과 증거가 새로 나타났기 때문이다.[805]

당시 볼턴은 그의 백악관 업무를 회고한 『그 일이 일어났던 방(The Room, Where It Happened)』을 3월에 출간할 예정이었다. 뉴욕 타임스는 "볼턴의 회고록에 '바이든 수사가 개시될 때까지 군사지원금을 지급하지 않을 것'이라는 트럼프의 발언과 '젤렌스키 대통령과 길리아니 변호사의 미팅을 주선하라'라는 트럼프의 지시가 수록되어 있다"라고 보도하였다.[806] 이 때문에 볼턴의 증언은 상원의 탄핵 심판에서 상당한 파장을 일으키리라 예상되었다.[807]

"볼턴의 증언은 별것 아니며 말리지 않겠다"라던 트럼프는 비밀유지 특권을 내세워 볼턴의 증언을 막겠다며 태도를 바꾸었고,[808] 백악관은 볼턴의 책이 비밀유지 합의를 어기고 국가 안보를 해친다는 이유를 들어 출간을 금지해 달라는 청구를 하였다. 법원은 볼턴의 손을 들어주었지만, 볼턴의 회고록은 백악관의 지연작전 때문에 6월에서야 출간되었다.[809]

볼턴의 증언뿐만 아니라 백악관 예산관리실 마이클 더피의 증언 가능성도 중요한 이슈로 떠올랐다. 탐사보도 시민단체인 '공공 청렴 센터(Center for Public Integrity)'가 정보공개법(Freedom of Information Act)에 따라 법원의 명령을 얻어 예산관리실 서류를 제출받았는데, 서류의 상당 부분이 삭제되었음에도 국방부에 군사지원금 지급 유예를 요청하는 더피의 e-메일이 발견되었다. 더피는 2019년 7월 25일, 트럼프-젤린스키 통화가 끝나고 91분 뒤 이메일을 국방부에 보낸 것으로 밝혀졌다.[810]

만약 더피가 상원의 탄핵 심판에 출석해 '바이든 수사가 시작될 때까지 군사지원금 지급을 유예하라'라는 트럼프의 지시를 직접 받았다고 증언한다면, 더피의 증언 역시 볼턴의 증언 못지않게 탄핵 심판에 상당한 영향을 미칠 수 있다.[811]

'바이든과 DNC 음모론 수사를 군사지원금 지급의 전제 조건으로 하라'라는 트럼프의 지시를 직접 받은 증인은 없으며, 그렇게 믿거나 생각하거나 또는 추측하는 사람밖에 없다는 점에서 더피의 증언은 '수사와 군사지원금이 주고받기'라는 것을 직접 입증할 수 있는 증언이 될 수 있었다.

무너진 기대

민주당은 볼턴과 더피의 증언이 탄핵 국면을 변화시킬 것으로 기대하였다. 그러나 상원의 탄핵 심판에 증인을 출석시키려면 상원의원 과반의 지지가 필요했다. 즉, 53명인 공화당 소속 상원의원 중 최소 4명이 증인 출석에 찬성하여야 한다.

공화당 소속 상원의원 미트 롬니Mitt Romney와 수잔 콜린스Susan Collins 등이 증인 출석을 요구하는 태도를 보이긴 하였지만, 의결 정족수에는 여전히 2명 이상이 부족하였다.[812]

하원의장인 민주당의 펠로시는, 민주당이 요구하는 새로운 증인들의 출석을 수용하도록 상원의 공화당 리더 맥코넬을 압박하면서, 탄핵 기소장을 상원에 보내지 않고 의도적으로 탄핵 심판 개시를 지연시켰다.[813] 펠로시는, 만약 상원에서 증인 없이 탄핵 심판을 진행한다면, 하원에서 증인 소환 영장을 발부할 가능성도

있음을 시사하며 상원을 압박하였다.[814]

그러나 탄핵 기소가 가결된 지 약 한 달이 지나도록 탄핵 기소장이 상원에 전달되지 않고 있는 데 대한 비난이 거세게 일자, 펠로시는 2020년 1월 15일 상원에 탄핵 기소장을 전달하였다.[815]

2020년 1월 21일, 상원의 탄핵 심판에서 새로운 증인과 증거를 수용하기 위해 민주당 측이 제안한 탄핵 심판 절차를 두고 논쟁이 벌어졌다. 민주당과 공화당의 상원의원들 그리고 소추위원들과 트럼프의 변호사들이 모두 참여한 이 토론은 다음날 새벽 2시까지 이어졌지만, 민주당 측의 제안은 부결되었다.

따라서 존 볼튼, 마이클 더피, 믹 멀베이니, 로버트 블레어를 증인으로 출석시키는 소환장 발부가 부결되었으며, 국방부 서류를 증거로 채택하는 소환장 역시 부결되었다.[816]

별다른 대응 방도가 없었던 소추위원들은 2020년 1월 22일 결국 새로운 증인이나 증거 채택 없이 탄핵 심판 절차에 응하였다. 언론은, 앤드루 존슨 대통령 탄핵 심판에 41명, 빌 클린턴 대통령 탄핵 심판에 3명의 증인이 출석하였던 사실을 상기시키며, "공화당 상원의원들이 과반이 살짝 넘은 의석을 가지고 일방적으로 증인과 증거 없는 탄핵 심판을 진행하려 한다"라고 비난하였다.[817]

탄핵 심판의 공방

소추위원의 논고

소추위원은 "해임당한 쇼킨 우크라이나 검사장이 무능하고 부패하였다는 것은 잘 알려진 사실이므로, 바이든이 자신의 아들이 일하던 회사를 보호하기 위해 쇼킨 해임을 촉구하였다는 소문은 근거가 없는 것"이라고 일축하고, 'DNC 음모론' 역시 미국의 정보기관과 상원의 정보위원회 그리고 뮬러 특별검사가 수사하여 사실무근이라는 결론을 내렸던 사안임을 강조하였다.[818]

소추위원은 "트럼프가 이렇게 근거 없는 사안을 수사하도록 외국 정부에 압력을 넣은 이유는 2020년 재선에서 유리한 위치를 차지하려는 개인적 이득 때문"이라고 주장하며, 그 근거로 트럼프 지시를 수행한 참모들이 그들의 업무를 '마약 거래' 또는 '국내 정치를 위한 심부름'으로 묘사하였다는 사실과 트럼프 개인 변호사 길리아니가 "트럼프의 개인 이익을 위해 일하였다"라고 진술한 사실을 들었다.[819]

소추의원은 "군사지원금의 지급 유예가 법적으로 문제가 될 수 있다는 참모들의 의견을 무시하고, 언론의 보도와 하원의 조사가 시작되자 지급 유예를 해지한 트럼프의 행위와 젤렌스키를 압박하기 위해 예정되어 있던 백악관 회담을 보류한 트럼프의 행위는 중대한 권력 남용"이라고 주장하였다.[820]

헌법은 하원에 대통령 탄핵 기소에 대한 유일한 권한을 주고 있다. 그러나 하원은 수사기관이 아니어서 법원처럼 증거 제출에 대한 강제명령을 내릴 수 없으므로, 관련된 기관이나 증인들로부터 적절한 협조를 얻지 못하면 사실상 탄핵 조사를 효율적으로 진행할 수 없다.

소추위원은 이 점을 지적하며, 트럼프가 하원의 조사에 응하지 않고 백악관을 포함한 산하 관련 기관들과 해당 공직자들에게 하원의 소환장에 불응하도록 지시한 행위는 사실상 헌법이 보장한 탄핵제도를 무력화시키는 것으로 '중대한 의회 방해 행위'라고 주장하였다.

소추위원은 "비록 17명의 공직자가 용감하게 증언에 나섰고 증거 서류를 제출하였지만, 트럼프의 의회 방해 행위는 헌정 체제와 권력의 분립 원칙에 치유할 수 없는 해를 끼쳤다"는 논쟁을 폈다.[821]

소추위원은 "트럼프의 권력 남용과 의회 방해 혐의는 차고도 넘치는 증거로

입증되었다"고 주장하였다.[822]

트럼프의 변론

팻 시폴론을 포함한 6명의 백악관 변호사들과 제이 세클루Jay Sekulow를 포함한 4명의 트럼프 개인 변호사들이 탄핵 변호인단을 구성하고 변론에 나섰다.

변호인단은 우선, 트럼프의 권력 남용과 의회 방해 혐의가 '중대한 범죄와 비행'에 해당하지 않는다는 변론을 폈다. 변호인단은 지금까지 모든 대통령 탄핵은 법률 위반 행위에 근거한 것이라고 전제하고, 현재 소추위원들은 트럼프의 권력 남용 혐의에 관해 어떠한 법률 위반도 제시하지 못하고 있을 뿐만 아니라 트럼프의 행위는 대통령의 고유 권한인 외교 정책의 시행에 불과하다고 주장하였다.[823]

변호인단은 트럼프에 대한 의회 방해 혐의도 성립되지 않는다고 주장하면서, 트럼프가 의회의 소환장에 불응한 것은 '면책권을 주장할 수 있다'라는 법무부 법률자문팀(OLC)의 조언에 따른 것이며, 의회의 소환장에 불응하도록 고위 공직자에게 지시한 것도 '소환장이 적법하지도 유효하지도 않다'라는 법률자문팀의 의견에 따른 것일 뿐이라고 주장하였다.

변호인단은, 법무부 조언에 따라 의회의 부당한 소환장에 응하지 않은 것은, 헌법이 요구한 권력 분립의 원칙을 지키고자 대통령이 행정부의 고유한 권한을 사용한 것이므로 탄핵 대상 행위가 아니라고 강변強辯하였다.[824]

변호인단은 탄핵 심판이 심각하고 돌이킬 수 없는 절차적 하자를 가지고 있다는 문제도 제기하였다.

탄핵은 오직 하원의 '고유 권한'이기 때문에[825] 하원이 탄핵을 의결한 뒤 탄핵 추진에 대한 권한을 위임하지 않으면 개별 위원회가 대통령에 대한 탄핵 조사를 시행할 수 없다고 전제하고, 정보위원회 등 각 위원회가 탄핵 권한을 위임받지 않은 채 20여 장의 소환장을 발부하는 등 탄핵 조사를 먼저 시작한 후 5주가 지

나서야 하원이 탄핵 조사(impeachment inquiry)를 의결한 것은 중대한 절차적 하자라고 주장하였다.

또한 변호인단은, 정보위원회 등이 대통령에게 반대 심문의 기회를 주지 않고 지하 벙커에서 비밀리에 청문회를 진행하여 공정성을 훼손하였는데, 이것은 절차적 문제일 뿐만 아니라 "위원회의 의도가 '진실의 발견'이 아니라 '탄핵 성취'에 있음을 보여준다"고 주장하였다.[826]

절차적 하자에 보태어 변호인단은, 소추위원의 탄핵 기소가 '증거 없는 일방적 주장'이라는 변론을 전개하였다.

소추위원의 주장은 오로지 군사지원금과 우크라이나 정부의 수사가 연결된 것 같다는 EU 대사 손드랜드의 추측성 발언과 다른 몇몇 사람들의 전언(hearsay)에 의지하고 있으며, 실제로 트럼프가 군사지원금 지급과 백악관 회담을 대가로 우크라이나 정부의 수사 공표를 요구하였다는 것을 직접 듣거나 지시를 받았다는 증인은 단 한 명도 없다고 주장하였다.[827]

변호인단은, 손드랜드가 의회 청문회에서 그의 발언이 개인적 추측일 뿐이라고 진술하였으며, 트럼프는 문제가 된 젤린스키와의 통화 내용을 투명하게 공개하였고, 법무부는 이미 수개월 전에 통화 내용이 선거법에 위반될 가능성이 없다는 의견을 제시하였다는 점들을 제시하며, 소추위원의 주장은 증거가 부족한 일방적 판단이라고 비판하였다.

또한, 우크라이나의 젤린스키 대통령과 외무부 장관 그리고 기타 고위 공무원들은 트럼프로부터 대가를 바라는 압력이 없었다고 밝혔으며, 그들이 "군사지원금 지급이 유예되었다는 것을 7월 25일의 트럼프 통화로부터 한 달이 지난 뒤에야 알았다"고 말한 사실은 트럼프의 압력이 존재하지 않았음을 보여주는 증거라고 주장하였다.[828]

변호인단은 "트럼프가 DNC 서버와 바이든 부자에 대한 수사를 지시한 것은, 2020 대선에서 유리한 정치적 입지를 차지하려는 개인적 이유 때문이 아니라, 국익을 위한 적법한 이유 때문"이라고 강변強辯하였다. 변호인단이 제시한 적법한 이유는 다음과 같다. 첫째, 2016년 미국 대선에 개입한 나라는 러시아가 아니라 우크라이나였다는 가능성을 전면 배제할 수 없는 상황에서 역사적 진실을 밝히고, 미국 선거에 외국 정부의 잠재적 개입 가능성을 없애기 위해 'DNC 음모론'을 수사하도록 요구한 것이다. 둘째, 바이든이 부통령 시절 우크라이나에 대한 지급 보증 철회를 내세워 우크라이나 정부가 쇼킨 검사장을 해임하도록 압력을 행사하였다는 당시의 언론 보도와, 2014년 바이든의 아들이 우크라이나 버리스마의 이사로 임명되어 고액의 급여를 받자 워싱턴 포스트 등이 이해 충돌(Conflict of interest) 문제를 제기하였던 사실을 고려하여서 비위非違 의혹을 확인하기 위해 바이든 부자에 대한 수사를 요청하였다.

변호인단은 "합당한 이유를 가지고 국가와 공공의 이익을 위해 부패 및 비위 혐의에 대한 수사를 요청하는 것은 적법한 행위이자 대통령의 외교적 권한"이라는 논쟁을 폈다.[829]

상원의 심판

예상된 결과

2020년 2월 4일 밤, 트럼프는 하원에서 신년 연설을 하였다. 그는 펠로시 하원의장과의 악수를 의도적으로 피하였고, 펠로시는 이에 대한 답례(?)로 트럼프의 연설이 시작되기 직전 하원 의장석에서 그녀가 들고 있던 트럼프의 연설문을 찢어버렸다. 이 모든 장면은 TV로 중계되었다.[830]

트럼프의 신년 연설 하루 뒤인 2월 5일, 상원은 탄핵 심판 표결을 하였다.

1번 기소 '권력 남용'에 대해서 의원들은 무죄 52 대 유죄 48로 표결하였다. 45명의 민주당 소속 전원과 1명의 공화당 소속 그리고 2명의 무소속 의원이 '유죄'라고 답하였다. 2번 기소 '의회 방해'에 대해서는 공화당 소속 상원의원 53명 모두가 무죄라고 답하여, 무죄 53 대 유죄 47로 표결하였다.[831]

유죄 투표한 1명의 공화당 의원은 유타의 미트 롬니Mitt Romney이며, 2명의 무소속 의원은 버니 샌더스Bernie Sanders와 앤거스 킹Angus King이었다.

롬니는 탄핵 심판정에서 "개인적이고 성치석인 목적으로 우크라이나 정부에 수사를 압박하고 군사지원금 지급을 유예한 트럼프의 행위는 끔찍한 공적 신뢰의 남용(appalling abuse of public trust)"이라는 발언을 하였다. 그는 미국 역사상 자신의 당 소속 대통령에게 유죄 심판을 내린 최초의 상원의원이 되었다.[832]

트럼프의 반응

롬니와 함께 상원의 탄핵 심판에 새로운 증인 채택을 지지하였던 수잔 콜린스Susan Collins 공화당 상원의원은 롬니와 달리 '무죄'라고 답하였다. 콜린스는 "트럼프가 탄핵으로부터 교훈을 얻었을 것이며 좀 더 조심스럽게 행동할 것"이라고 예견하였다.[833]

그러나 트럼프가 얻은 교훈은 콜린스의 기대와는 다른 것이었다. "탄핵으로부터 무엇을 배웠는가?"라는 기자들의 질문에 트럼프는 "하지 말았어야 할 일을 한 민주당원들은 삐뚤어진(crooked) 사람들이라는 것을 배웠다"고 답하였다.[834]

상원의 무죄 판결 후 트럼프는 탄핵을 주도했던 하원의장 펠로시와 하원 정보위원회 위원장 쉬프를 '악독하고 끔찍스러운 사람들(vicious, horrible person)'이라 부르며 보복성 비난을 퍼부었다.[835] 특히 펠로시가 그의 신년 연설문을 찢어버린 것은 범죄라고 주장하였다.[836]

트럼프는 그의 지시를 어기고 하원의 탄핵 조사에 증인으로 나섰던 공무원에 대한 즉각적인 보복에 나섰다.

상원의 무죄 판결 이틀 후인 2월 7일, 하원의 탄핵 조사 과정에서 핵심 증인이었던 EU 대사 손드랜드와 국가안보위 빈드만을 즉각 해임하였다.[837] 트럼프는 "빈드만을 개인적으로 잘 알지 못하며, 그의 업무에 대한 평판이 좋지 않다"라고 해임에 대해 변명하였지만, 국가안보위 선임 변호사로 근무하던 빈드만의 형마저 해임해버렸다.[838]

빈드만의 변호사는 "트럼프는 거짓말을 하고 있으며, 빈드만은 진실을 말한 대가로 파면되었다"고 주장하였다.[839]

그로부터 약 2개월 후인 4월 3일, 미국 전역이 코로나바이러스 파동에 묻히기 시작할 무렵, 연합정보단장(IC IG) 마이클 앳킨스가 갑작스레 파면되었다. 앳킨슨은 우크라이나 스캔들 관련한 내부고발 문서의 존재를 의회에 알려 탄핵을 촉발시킨 사람이었다.[840]

법적 분석

뇌물죄 입증

하원 소추위원들이 트럼프의 유죄를 충분히 입증하지 못한 것이 탄핵 실패의 중요한 원인이라는 분석은 대체로 타당하다.

만약 바이든에 대한 수사 압박이 트럼프 '개인의 이익을 추구할 의도(corrupt intent)'였다는 것과 '바이든에 대한 수사와 군사지원금이 연계(quid pro quo)'되었다는 두 요소가 입증된다면 뇌물죄가 성립될 수 있다.

연방 형법은 뇌물죄를 '공직자가 개인의 이익을 위해 값어치 있는 것을 주거나 받거나 제안하는 등의 행위'로 규정하고 있으며,[841] 헌법 2조 4항은 뇌물

(bribery)을 '탄핵 대상 행위'로 명시하고 있다. 따라서 하원 소추위원들이 위 두 가지 요소, 'corrupt intent'와 'quid pro quo'를 충분히 입증하였다면 트럼프는 뇌물죄로 헌법에 따라 유죄 선고를 받았을 가능성이 크다.[842]

비록 뇌물죄에 이르지는 않더라도, 트럼프가 2020년 미국 대선에서 우크라이나의 개입을 유도하였다면 또는 그럴 목적으로 군사지원금 지급을 중지시켰다면, 이런 행위 역시 연방 형법 상 범죄에 해당할 수 있다.[843]

그러나 아담 쉬프 민주당 의원이 이끄는 소추위원들은 뇌물죄 또는 다른 형법 위반을 주장하지 못하였다. 사법위원회 보고서는 트럼프가 범죄에 이르는 행위를 저질렀다고 주장하면서도 탄핵 기소장은 구체적 범죄를 특정하지 못하였는데, 콜린즈 상원의원은 소추위원의 이런 기소 논리는 모순이라고 지적하였다.[844]

권력 남용 입증

트럼프 변호인단의 주장과는 달리 탄핵 대상 행위가 반드시 연방 형법 상의 범죄일 필요는 없다는 것이 다수 의견이므로[845] 트럼프의 행위는 뇌물죄 등 형사적 범죄에 이르지 않더라도 여전히 탄핵 대상 행위가 될 수 있다.

하버드 법대 노아 펠드만 교수는 "정치적 라이벌인 바이든에 대한 수사를 요청한 행위, 바이든과 DNC 서버에 대한 수사를 조건으로 군사지원금 지급을 유예한 행위, 바이든에 대한 수사 공표를 조건으로 백악관 방문을 제안한 행위 모두가 대통령의 '권력 남용'에 해당하며, 형사적 범죄 여부와 상관없이 헌법 상 탄핵 사유인 '중대한 범죄와 비행'에 해당한다"는 의견서를 제출하였다.[846]

스탠퍼드 법대 파멜라 칼란Pamela Karlan 교수는 "대선에 외세의 개입을 요청한 트럼프의 행위는 헌법 제정자들이 의미한 중대한 범죄와 비행에 해당한다"는 의견을 밝혔다.[847]

헌법학자들의 의견은 물론 역사적 선례에 비추어 보더라도 트럼프의 권력 남용이나 의회 방해 혐의는 탄핵 사유인 '중대한 범죄와 비행'을 충분히 구성할 수 있을 것으로 판단된다.

그러나 탄핵 심판이 지니는 형사적 절차의 특성은 '중대한 범죄와 비행'이 증거로 충분히 입증될 것을 요구한다.[848]

워싱턴 법대 조나단 털리Jonathan Turley 교수는 "안보지원금을 대가로 정치적 경쟁자에 대한 조사를 요구하는 것은 탄핵 대상 행위에 해당한다"고 지적하면서도 "소추위원이 이를 입증할 직접적인 증거를 제시하지 못하였다"는 평가를 하였다.[849]

결론적으로, 여러 정황 상 트럼프의 행위는 충분히 탄핵 대상 행위에 이를 수 있는 듯 보이나 소추위원들은 '합리적 의심의 여지가 없는(beyond reasonable doubt)' 정도로 또는 좀 더 낮은 수준인 '분명하고 확실한 증거로(clear and convincing evidence)' 트럼프의 권력 남용과 사법 방해를 입증하지 못하였다.[850]

한편으로는 탄핵을 서두르면서 또 한편으로는 트럼프와 백악관의 방해 때문에 소추위원은 기소 혐의에 대한 입증 요건을 충족시키지 못한 것으로 보이지만, 소추위원의 저조한 퍼포먼스에 거센 비난이 일었다.[851]

존 볼턴은, 워터게이트 위원회의 조사 보고서와 같은[852] 광범위한 조사 노력이 없었고, 트럼프에게 동정심을 가진 공화당 상원의원들을 설득하려는 시도도 없었던 사실을 지적하며, "탄핵 실패는 사실상 소추위원의 '업무 과실(malpractice)'에 해당한다"는 발언까지 하였다.[853]

Lessons

행위의 심각성

트럼프 탄핵은 '심각하거나 중대한 비행만이 상원의 유죄 선고를 부를 수 있다'라는 존슨, 닉슨, 클린턴 탄핵의 원칙이 유효함을 다시 확인시킨다. 클린턴 탄핵 당시 다수의 국민은 르윈스키 스캔들을 사소한 개인적 문제로 간주하고 이런 도덕적 흠결을 클린턴의 업무 수행 능력과 분리하였다.[854]

트럼프-젤렌스키 통화에 대한 하원의 탄핵 조사가 발표된 10월부터 탄핵 소추가 의결된 12월 사이에 트럼프의 업무 수행에 대한 지지도는 상승했지만, 탄핵에 대한 지지도는 하락한 것으로 나타났다. 클린턴 탄핵 때와 마찬가지로, 상당수 국민은 트럼프의 비행과 업무 수행 능력을 분리하여 판단하였으며, 그의 비행이 업무 수행에 영향을 줄 정도로 심각하거나 중대하다고 생각하지 않았다.[855]

이런 현상은 공화당 지지자들 사이에서 더욱 분명하게 확인된다. 공화당원 10명 중 5명은 바이든 수사를 의뢰한 트럼프의 언행이 잘못되지 않았다고 믿었으며, 10명 중 4명은 잘못된 것이긴 하나 그를 파면할 정도로 심각하거나 중대한 일은 아니라고 생각하였다.[856]

탄핵 심판정의 공화당 의원들 역시 같은 판단을 내렸다. 롬니와 함께 민주당의 새로운 증인 요청을 수용하라고 요구하였던 콜린스는 "트럼프가 젤렌스키에게 바이든 수사를 요청한 것은 잘못된 행위이긴 하나, 그 자체로 헌법 상 중대한 범죄와 비행에 이르지는 않는다"라는 의견을 밝혔다.[857] 반면 롬니는 "바이든 부자에 대한 범죄 혐의가 없는데도 우크라이나 정부의 수사를 촉구한 것은 오로지 개인적 이익을 위한 행위이며, 비록 형사 범죄에 해당하지 않을지는 몰라도 '공적 신뢰(public trust)'를 저버리는 '극단적인(egregiou)' 행위로 충분히 탄핵 사유에 이른다"고 주장하였다.[858]

동료 공화당 의원들은 콜린스 편에 섰으며, 트럼프의 행위가 롬니의 주장처럼 극단적이거나 중대하지는 않다고 판단하였다. 롬니는 유죄 심판한 유일한 공화당 상원의원이 되었지만, 만약 트럼프의 행위가 심각하거나 중대한 것으로 인식되었다면 상당수 공화당 의원들이 롬니 편에 섰을 수 있다.

그러나 행위의 중대성이나 심각성을 입증할 직접 증거는 없었고, 소추위원의 입증 업무는 저조하였으며, 닉슨 탄핵 때처럼 'smoking gun'이 출현하는 요행도 일어나지 않았다. 여기에 보태어, 미국의 원조금이 종종 조건부로 유예될 수 있다는 점도 젤렌스키에게 수사를 종용하는 트럼프의 모습이 비정상적이거나 극단적으로 비치지 않도록 도와주었다.[859]

잘못된 소추 전략

탄핵 심판이 지니는 형사적 절차의 특성은 탄핵 사유가 충분한 증거로 입증될 것을 요구한다. 더구나 탄핵으로 대통령을 파면하는 것은 '선거로 표시된 국민의 뜻을 뒤집는다'는 의미의 매우 중대한 사안이기 때문에, 트럼프 소추위원들은 탄핵을 좀 더 적극적이고 신중하게 추진하여야 했다는 평가를 받았다.

스타 특검과 클린턴 소추위원이 클린턴의 사법 방해 혐의에 대한 증거를 제시하지 못하였다는 비난을 받았듯이, 트럼프 소추위원은 트럼프의 권력 남용을 입증할 직접적인 증거를 제시하지 못하였을 뿐 아니라 이를 확보하려는 의지와 노력조차 보이지 않았다는 비난을 받았다.

소추위원은 직접적인 증거 확보를 할 수 없었던 이유가 트럼프의 방해 때문이라고 주장하였지만, 법원의 명령을 받아 충분한 증인과 증거를 확보하는 전략 대신 증인과 증거가 부족하더라도 신속히 탄핵을 진행하는 전략을 선택한 책임은 회피할 수 없다.

트럼프의 내막을 잘 알고 있었던 존 볼턴은, 트럼프 탄핵이 실패한 원인을

'민주당이 탄핵을 서둘렀으며 한정된 조사를 했기 때문'이라고 분석하였다. 또한, 민주당이 대선 후보 선출을 위한 전당대회(primary) 일정에 차질이 생기는 것을 우려해 증거 부족에도 불구하고 탄핵을 서둘렀다는 지적도 하였다.[860]

반면, 탄핵 조사에 협조하지 않겠다고 버티며 전직 및 현직 주요 참모들에게 증언과 서류 제출을 거부하도록 지시한 트럼프의 '비협조 전략'이 효과를 보았다는 해석도 가능하다. 이런 측면에서 트럼프는 '의회의 조사에 협조하지 않음으로써 탄핵을 무력화시킬 수도 있다'는 교훈(?)을 후대에 남긴 대통령이라는 평가를 받을만하다.

정치 양극화

의원들이 내세우는 투표의 명분이야 어쨌든, 하원의 탄핵 기소와 상원의 탄핵 심판 결과는 의원들이 소속 정당에 따라 양분된 표결을 하였음을 여실히 보여준다. 이런 양분은 의회에서 멈추지 않고 국민 속으로 확산하였다.

트럼프 탄핵에 대한 국민의 찬반은 그 어느 때보다 극명하게 양분되었다. 우크라이나 스캔들 발생 무렵부터 상원의 무죄 선고까지 트럼프 탄핵에 대한 국민 여론은 대체로 반으로 갈린 채 지속되었고,[861] 상원의 무죄 선고 직후에 벌인 여론 조사 역시 미국 국민의 49%가 상원의 판결을 지지하며 47%가 반대하는 것으로 드러났다.[862]

국민은 지지하는 정당에 따라 반으로 나뉘어 민주당을 지지하는 측은 탄핵에 찬성하고, 공화당을 지지하는 측은 탄핵에 반대하였다. 지지 정당이 없는 국민도 찬성과 반대가 반으로 나누어져,[863] 의회뿐만 아니라 국민도 트럼프 탄핵을 정치적 대결로 인식하는 양상을 보였다.[864] 트럼프 탄핵은 극심한 정치 양극화(political polarization)를 상징하는 대표적 선례로 기록되어도 사실에 어긋나지 않을 듯하다.[865]

2019년 9월 29일, 자신에 대한 탄핵 추진이 서서히 다가오자 트럼프는 "탄핵으로 파면된다면 남북전쟁과 같은 분열이 재연될 것"이라는 트윗 메시지를 올렸다. 이틀 뒤 루이 고머트Louie Gohmert 공화당 의원은 "민주당의 쿠데타가 남북전쟁을 재현시킬 것"이라는 발언을 서슴지 않았다.

폭력 행사를 암시하고 수정헌법 2조의 권리인 '총기 소지'를 거론하는 극우 단체들의 메시지도 SNS를 떠돌았다.

애리조나 투손Tucson에 거주하는 52세 남성은 탄핵 소추위원장인 아담 쉬프 민주당 의원에게 '머리통을 날려버리겠다'라는 전화 메시지를 남겼고, 경찰은 그의 집에서 총기와 70여 발의 탄환을 발견하였다.[866]

이렇게 과열된 적개심과 분열이 단지 우연만은 아니다. 트럼프는 대통령에 취임한 이래 종종 인종·민족 또는 종교적 소수에 대한 혐오 발언을 서슴지 않았으며, 탄핵 정국에서는 더욱 선동적인 발언으로 분열을 부추겨 자신에 대한 지지 기반을 굳혔다.[867] CNN은 트럼프가 미국의 양극화를 창시한 사람은 아니지만, 역대 어느 대통령보다 극심한 양극화 상태로 국정을 운영한다고 지적하였다.[868]

이 무렵 갤럽Gallup의 여론 조사는, 트럼프의 업무 수행에 대한 공화당원들의 지지가 89%에 이르지만 민주당원들의 지지는 7%에 불과함을 보여주며, 74년의 여론 조사 역사상 두 수치 간의 가장 큰 격차를 기록하였다.[869] 양극화 속에서 지지 기반을 굳힌 트럼프는 탄핵의 파고波高를 가뿐히 넘어섰고, 2020년 대선에서 재선이 유력하다는 희망찬 전망까지 얻었다.[870]

도널드 트럼프 2차 탄핵

2020년 대선

기차로 출근하는 상원의원

1942년생인 바이든은 1968년 시라큐스Syracuse 로스쿨에서 JD 학위를 받았고, 1972년 30세에 델라웨어 주에서 미국 역사상 6번째의 최연소 상원의원이 되었다. 그러나 1972년 선거가 끝나고 몇 주 뒤 크리스마스 쇼핑을 나갔던 아내와 딸이 교통사고로 죽게 되자 바이든은 의원직 사퇴를 심각하게 고민하였다. 주위의 만류로 의원직을 유지하였지만, 바이든은 교통사고에서 극적으로 살아남은 어린 두 아들을 위해 델라웨어에서 워싱턴 D.C.까지 1시간 이상의 거리를 기차나 자동차로 출퇴근하였다. 이렇게 시작된 출퇴근은 그의 정치 인생 30여 년간 계속되었다.

2008년 민주당의 대선 후보 경선에 나서기도 하였지만 버락 오바마와 힐러리 클린턴의 벽을 넘지 못하였고, 오바마 대통령 재임 기간인 2009년부터 2017년까지 부통령을 역임하였다. 2016년 대선에 민주당 후보로 다시 출마할 것을 고려하기도 하였지만 포기하였고, 그해 대선은 힐러리 클린턴과 도널드 트럼프의 전장이 되었다.[871]

바이든과 트럼프

온화한 성격과 유려한 언변의 바이든은, 풍부한 정치 경험에 보태어 오바마 행정부 부통령으로서 쌓은 폭넓은 대중 인지도를 지니고 있다. 이런 바이든이 2020년 대선에서 트럼프의 강력한 대선 경쟁자로 떠오르고 있었기 때문에, 트럼프가 우크라이나 정부에 바이든 수사를 종용한 일이 정치적 의도와 무관하지 않다는 추정은 합리적이다.

그런데도 트럼프는 1차 탄핵의 돌풍을 거뜬히 모면하며, 오히려 자신의 강한 정치적 맷집을 과시할 수 있게 되었다. 반면, 미국은 그 어느 때보다 악화한 정치적 대립과 인종적 반목을 겪었고, 민주주의에 대한 국민의 신뢰는 추락하였다.[872]

바이든은 우방국들과 협력은 물론 세계기구에서 미국의 역할을 강조하였지만, 트럼프는 자국의 이익을 최우선으로 하는 'America First' 정책을 밀어붙이며 중국과 충돌하고 때로는 유럽과도 등을 지는 모습을 연출하였다. 트럼프는 한국이 분담하는 주한 미군 주둔 비용을 상식 이상으로 증액시키도록 요구하는 등 '타국의 안보를 위한 비용을 더는 부담하지 않겠다'고 신언하며 우방국을 압박하였다.[873]

트럼프 통치 하의 미국은 더 이상 문화와 인종을 녹여내는 용광로(Melting Pot)도 오대양 6대륙의 질서를 담당하는 세계의 경찰도 아니었다.[874]

유력한 재선

대선 1년 전인 2019년 말까지도 트럼프의 재선 가능성은 부정적이지 않았다. 역사적으로 재선에 실패한 대통령은 5명뿐이며, 재선 실패의 근본적 원인은 주식 시장의 붕괴, 경기 침체 또는 인플레이션 등 경제적 문제였다.

미국의 경제는 지난 10여 년간 확장하였고, 트럼프 집권 이후에도 확장을 이어 나갔다. 민주당에선 대중의 관심을 끄는 새로운 정치인이 등장하지 않았지만, 트럼프는 탄핵을 정치적 대결 구도로 만들어 공화당 지지자들을 결집하고 공화당 내에서 그의 입지를 강화하는 계기로 만들었다.[875]

북한의 김정은과 대화를 주도하며 세계의 주목을 받은 트럼트는, 중국을 압박하면서 미국민의 자부심을 고무하고, 외국 기업들의 미국 투자를 독려하여 국익을 챙기는 모습을 보여주었다.

미국의 이익을 먼저 챙기며 과거의 영광을(make America great again) 재현하려는 트럼프의 모습에 공화당원들은 압도적인 지지를 보냈고, 침묵을 지키며 상

대적 박탈감을 느끼던 보수 중산층도 내심 박수를 보내는 듯하였다.[876]

COVID 19

그러나 2019년 겨울 중국 우한Wuhan에서 시작되어 2020년 3월 전 세계 유행(pandemic)으로 선포된 코로나바이러스는[877] 2020년 대선 판도에 예상하지 못한 변화를 불러왔다.

트럼프의 느슨한 초기 대응을 틈타 감염자가 폭발적으로 증가하고 사망률이 치솟자[878] 공공장소가 폐쇄되고 사업장이 문을 닫았으며, 기업은 인력을 감축하기 시작하였다. 2019년 3%대를 유지하던 실업률은 2020년 4월에는 15%로 치솟았다가 7월까지 10% 이상을 유지하였다.[879]

트럼프 행정부의 코로나 대응 실패와 불확실한 경제 상황에 대한 비판이 거세게 일어나면서 여론이 출렁이고, 대선의 향방이 안개 속으로 접어들었다.[880] 트럼프가 미국의 경제를 바이든보다 더 잘 이끌리라 생각하는 사람들이 여전히 다수를 차지하였지만, 코로나 때문에 불안해진 국가 환경은 바이든이 더 잘 처리하리라 믿는 사람들 역시 다수를 차지하였다.[881]

2020년 중반에 접어들면서는 바이든의 승리를 예측하는 여론 조사가 자주 등장하였다. 불길한 분위기를 감지한 트럼프는 선거 유세 중 '만약 내가 진다면 선거 결과에 승복하지 않을 것'을 시사하는 발언을 하기도 하였다.[882]

우편 투표

2020년 11월 3일 대선은 코로나 여파로 미국 역사상 가장 높은 사전투표율과 우편투표율을 기록하였다.[883] 폭증한 우편 투표 때문에 몇몇 '경합 주(swing states)'에서 개표와 집계가 늦어졌고, 양측이 승리를 장담하는 가운데 대선 결과 발표는 지연되었다.[884] 개표 초반 트럼프가 우세를 유지하는 듯하였으나 우편 투표가 개표되면서 상황은 역전되는 양상을 보였다.

결국, 전통적으로 대선 승부를 가름해 온 경합 주에서 바이든의 승리가 확정되면서 승부는 결정되었다. 바이든은 2016년에 트럼프가 승리하였던 애리조나, 조지아, 미시간, 펜실베이니아, 위스콘신 등의 선거인단을 모두 차지하였다. 바이든은 국민 지지율 51.3%에 선거인단 306명을 확보하며, 국민 지지율 46.9%에 선거인단 232명을 확보한 트럼프를 누르고 46대 대통령에 당선되었다.

국민은, 산업과 주식 시장의 활황을 이끌 능력보다는, 코로나가 초래한 불확실성과 트럼프가 증폭한 정치적 대립과 인종 분열에 대처할 능력을 선택한 것이다.[885]

선거 불복과 뒤집기

선거 불복

대선 분위기가 심상치 않게 돌아가고 있음을 동물적 감각으로 느낀 트럼프는 2020년 중반부터 선거 결과에 승복하지 않을 수도 있다는 메시지를 던지기 시작하였다. 트럼프는 7월 19일 폭스Fox 뉴스 인터뷰에서 "선거 결과를 수용할 것인가"라는 질문에 "두고 보자"라고 답했으며, 이후 수차례 비슷한 의사를 표시하며 심지어 "선거가 조작될 수 있다"라는 언급도 하였다.[886]

11월 3일, 투표가 종료되고 개표가 진행되는 시점부터 트럼프는 자신이 선거에서 이겼다는 주장을 계속하였다.[887] 11월 4일 트럼프는 "자신이 크게 앞서고 있지만, 민주당이 선거를 훔치려고 한다"라는 트윗을 하였고, 며칠 뒤 경합 주의 개표 결과가 나오고 사실상 자신의 패배가 확정되었을 때에도 "선거를 도둑질당했다"라고 주장하며 선거 결과를 인정하지 않았다.[888]

트럼프는 선거일로부터 10일 이상이 지난 15일이 되어서야 바이든이 승리하였다는 메시지를 트윗하였지만, 선거가 조작되었으며 사기라는 주장을 굽히지 않았고, 선거 불복 입장을 2개월 이상 이어가며 "도둑질을 그만두라(Stop the Steal)"라고 외쳤다.[889] 트럼프는 선거 조작설에 반박한 사이버 안보국장 크리스 크랩스Chris Krebs를 파면하고,[890] 법무부 장관 윌리엄 바William Barr에게 선거 사기를 조사하도록 요구하였다. 후일 윌리엄 바는 "트럼프의 주장을 '헛소리(bullshit)'라 생각하였지만, 그의 비위를 맞추기 위해 몇 가지 사항을 점검하였다"는 고백을 하였다.[891]

뒤집기

트럼프는 선거 불복에서 한발 더 나아가 선거 결과를 뒤집기 위해 안간힘을 썼다. 트럼프와 그의 참모들은, 애리조나 · 조지아 · 미시간 · 펜실베이니아 · 위스콘신 등 바이든이 승리한 경합 주를 포함하여, 각 주에서 구체적인 증거 없이 선거 사기를 주장하며 62개의 선거 소송을 제기하였다.[892]

펜실베이니아 법원에 제기된 가벼운 사안을 제외하면 트럼프가 제기한 모든 소송은 기각되었고, 판사들은 트럼프의 선거 소송이 '신뢰 가지 않는다(not credible)'라거나 '다툴 내용이 없다(without merit)'라거나 또는 '완전한 잘못(flat out wrong)'이라고 평가하였다.[893]

한편 소송과는 별도로 선거 결과 인증을 막거나 선거 결과를 뒤집기 위해 주 정부 공무원들을 압박하는 시도도 진행되었다. 트럼프는 미시간 웨인Wayne 카운티에서 선거 결과를 인증하는 공화당 검수관 2명에게 전화를 하여 검수 결과를 인증하지 말도록 종용하였으며, 미시간의 공화당 주의회 의원에게 '대통령 선거인단 구성을 선거 결과와 다르게 하라'는 압박을 가하기도 하였다. 12월 초에는 펜실베이니아의 주의회 하원의장에게 전화하여 '상황을 바로잡을 수 있도록'

해보라는 요구를 하였고, 비슷한 내용의 전화를 조지아 주지사와 애리조나 주지사에게도 하였다.

특히, 트럼프는 조지아 주 국무부 장관 브래드 라펜스퍼거Brad Raffensperger에게 전화하여 선거 결과를 뒤집을 수 있는 11,780표를 찾아내도록 회유하였지만 거절당하였다.[894] 화가 난 트럼프는, 특별검사를 임명하여 조지아 선거를 사기로 제소하고 선거 결과를 뒤집으라고 윌리엄 바의 후임인 제프리 로젠Jeffery Rosen 법무부 장관 대행에게 압력을 넣었다.[895]

마지막 수단

선거 결과를 뒤집으려는 트럼프의 노력은 무위로 돌아가고, 2020년 12월 14일 대통령 선거인단은 306 대 232로 바이든을 제46대 대통령으로 선출하였다. 상원과 하원이 의사당에 모여 선거 결과를 최종 인증하는 날인 2021년 1월 6일이 다가오자 트럼프는 매우 초조해졌다. 1월 6일 전에 아무런 일도 일어나지 않는다면 제45대 대통령의 임기가 종료되는 1월 20일, 막강했던 권력을 내려놓고 백악관을 떠나야 하는 트럼프는 마지막 카드를 꺼냈다.

트럼프는 "의회가 대통령 선거인단의 투표 결과를 인증해서는 안 된다"라고 주장하며 공화당 의원들을 압박하였다. 트럼프는 공화당 상원의원들에게 "좀 더 거칠게(tougher) 대응하지 못하면 공화당은 사라진다"라고 주장하며 '싸우라(fight for it)'고 촉구하였다.[896] 특히 그는 부통령 마이크 펜스Mike Pence에게 상원이 선거 결과를 인증하지 못하게 하라고 촉구하였는데, "상원의장인 부통령이 사기 선거의 결과를 번복할 권한이 있다"라는 주장을 트윗에 올리며 펜스를 압박하였다.

트럼프는 1월 4일 열린 조지아 달톤Dalton 연설에서도 마이크 펜스를 '위대한 사람(great guy)'이라 추켜준 다음 "그가 선거 결과를 뒤집는 일을 해낼 것"이라는 기대 반 독려 반의 발언을 하였다.[897] 펜스 부통령에 대한 압박은 1월 6일까지 지속되었는데, 트럼프는 이날 오전 펜스에게 "당신은 역사 속에 애국자가 될 수 있지만 비열한 놈(pussy)으로 남을 수도 있다"라고 말한 것으로 전해졌다. 펜스는 트럼프의 요구를 거절하였고, 트럼프는 1월 6일 집회에서 펜스에 대한 불편한 심기를 드러내며 그를 공개적으로 비난하였다.[898]

의사당 폭동

The Ellipse, Be There, will be wild!

트럼프는 선거인단 투표를 최종 인증하기 위해 상하원 합동회의가 열리는 2021년 1월 6일을 마지막 결전의 날로 잡고, 이날 의사당 옆 엘립스 공원(The Ellipse)에서 대규모 집회를 기획한 뒤 참가와 투쟁을 독려하였다.[899]

12월 19일, 트럼프는 "선거 패배는 통계적으로 불가능한 일이었다, 1월 6일에 거대한 저항이 있을 것이다, 참가하라, 그 저항은 매우 거칠 것이다(Be There, will be wild)"라는 메시지를 트윗에 올렸다.

12월 26일, 트럼프는 또다시 "민주당 의원들은 선거를 조작하고 훔치기 위해 전쟁처럼 죽을 각오로 싸우는데, 맥코넬을 포함한 공화당 의원들은 아무것도 하지 않고 있다"라는 메시지와 "법무부와 FBI는 넘치는 증거에도 불구하고 역사상 최대 사기 선거를 수사하지 않고 있다"라는 메시지를 트윗에 올렸다.

2021년 1월 1일, 새해 첫날부터 트럼프는 "최대의 저항이 1월 6일 오전 11시 워싱턴 D.C.에서 있을 예정이니 참가하여 도둑질을 멈추게 하라"라며 집회 참가를 독려하였다.[900] 트럼프의 독려는 1월 4일 조지아 주 달톤Dalton 집회에서 절정에 달하였다. 그는 연단에 올라 사기 선거를 주장하며 "민주당이 백악관을 훔치려 한다, 그냥 두고 보아서는 안 된다, 그들은 백악관을 차지할 수 없다, 우리는 처절하게 싸워야 한다"라며 지지자들의 투쟁심을 자극하였고, 집회 참가자들은 "Fight for Trump! Fight for Trump!"라고 외쳤다.[901]

감도는 전운

싸움을 부추기는 트럼프의 공격적인 연설은 단지 수사적 표현이 아니라 실제 폭력을 지지하는 자신의 견해 표시라는 논란은 종종 제기되었다.

2020년 9월 29일 바이든과 가진 최초의 TV 토론에서 "Proud Boys와 같은 백인우월주의나 폭력주의 단체들을 비판할 용의가 있느냐?"라는 질문에 즉답을 피하던 트럼프는, 대답을 요구하는 앵커와 바이든의 추궁에 마지못해 "잠시 물러서서 준비하고 있으라(Proud Boys, Stand back and stand by)"라고 말하여 모두를 실소失笑케 하였다.[902]

10월 30일 텍사스에서 트럼프 지지 차량이 도로를 달리던 바이든 선거캠프 버스를 에워싸고 위협하며 도로 밖으로 밀어낸 적이 있었는데, 이 영상은 전 세계에 전송되며 많은 사람에게 충격을 주었다. 그러나 트럼프는 "I love Texas"라고 트윗하였고,[903] 며칠 뒤 "이들 애국자는 잘못한 일이 없다"라는 옹호 발언을 보탰다.[904]

트럼프의 공격적 발언에 그의 지지자들이 행동으로 응답하는 사태도 종종 일어났다. 트럼프가 미시간 선거 절차를 비난하자 무장한 그의 지지자들이 미시간 국무장관의 집을 에워쌌고, 그가 애리조나 선거 절차를 공격하자 지지자들은 애리조나 국무장관의 집을 에워싸고 '지켜보고 있다'라는 협박을 하였으며, 그가 조지아 선거 결과를 목표로 삼자 지지자들은 조지아 선관위 공무원들에게 살해 협박을 하였다.[905] 트럼프는 지지자들의 폭력을 비난하기보다는 오히려 고무하는 듯한 모습을 보여주었고, 지지자들은 트럼프의 그런 모습에 더욱 흥분하는 듯 보였다.

2020년 12월 12일, 수천 명의 트럼프 지지자들이 워싱턴 D.C.에서 경찰 및 반대 시위자들과 충돌을 일으켜 수명이 칼에 찔리고 수십 명이 체포되었다.[906] 대선 불복을 둘러싼 갈등과 긴장이 점점 고조되는 가운데 1월 6일은 다가왔다. 극단주의 단체들을 포함한 트럼프 지지자들 사이에는 "엘립스 공원 집회에서 무력을 행사하고 의사당을 공격하자"라는 메시지가 SNS를 통해 전파되었고,[907] 정보기관에서는 위험을 알리고 경고를 울리는 보고서가 작성되었다.

1월 3일 워싱턴 D.C. 경찰 정보국은 "트럼프 지지자들이 선거 결과를 뒤집기 위해 의사당을 공격할 가능성이 있다"라는 보고서를 작성하였고, 1월 5일 FBI 버지니아 사무실은 "극단주의자들이 폭력을 자행하고 전쟁을 시작하기(start a war) 위해 워싱턴 D.C.로 향하고 있다"라는 보고를 하였다.[908]

여전히 최고 사령관(Commander in Chief)으로 국가 통치를 책임지고 있는 트럼프와 그의 행정부는 어떤 조치도 취하지 않았다.

Let's walk down Pennsylvania Avenue

2021년 1월 6일, 트럼프의 기획대로 의사당으로부터 약 1.5㎞ 떨어진 엘립스 공원에서 〈미국을 구하자(Save America)〉라는 집회가 열렸다. 수천 명의 사람이 '트럼프와 함께한다, 미국을 구하라'라는 피켓을 들고 트럼프를 연호하며 운집하였다. 간혹 복면으로 얼굴을 가린 이도 보였지만, 집회 참가자들은 마스크를 하지 않았으며 몹시 격앙되고 화가 나 보였다.[909]

상하원 합동회의가 열리기 전인 정오 무렵, 트럼프는 미국 대통령 문양이 새겨진 집회 연단에 올랐다. 그는 펜실베이니아와 조지아 등에서 선거 사기가 있었으며, 민주당이 선거를 도둑질하였다는 주장을 되풀이하였다. 그는 "여러분들은 불법적인 대통령을 맞이하게 될 것이므로 그런 일이 일어나게 해서는 안 되며, 선거 결과 인증에 맞서 싸워야(challenge) 한다"라며 집회 참가자들을 자극하였다. 그는 또한 "펜스가 이 일을 해내야 하며 그렇지 않으면 실망할 것"이라고 상하원 합동회의에 참가하기 위해 의사당에 있던 펜스 부통령을 압박하였다.

연설이 끝날 무렵 트럼프는 의사당을 겨냥하며 "선거 도둑질을 멈추어야 한다, 처절하게 싸워야 한다, 만약 처절하게 싸우지 않으면 나라를 되찾지 못한다"고 또다시 투쟁심을 고무한 뒤 "의사당으로 가자(Let's walk down Pennsylvania Avenue)"라고 독려하며 연설을 종료하였다.

집회 참가자들은 의사당으로 몰려갔고, 그들을 따라 의사당으로 가려 했던 트럼프는 비밀임무국(Secret Service)의 만류로 백악관으로 몸을 피했다. 트럼프는 백악관에서 의사당 폭동을 TV로 관전하였다.[910]

Traitors! Traitors! Traitors!

트럼프의 연설은 정오 무렵 시작되어 1시경에 끝났고, 집회 참가자들은 의회로 행진하였다. 의사당 동쪽과 서쪽 출입구에서 대치하던 중 경비원을 폭행하며 의사당 외곽의 차단선을 넘어 들어간 집회 참가자들은, 오후 2시 10분경 각종 무기로 경찰들을 폭행하거나 위협하며 의사당 내부로 난입하는 폭도로 변하였다.

폭도들은 대형 해머, 야구 방망이, 하키 스틱, 깃대, 경찰 방패, 소화기, 곰 퇴치용 최루가스 등을 사용하며 경찰들을 공격하였고, 어떤 이들은 방독면을 쓰고 방탄조끼를 착용하였을 뿐 아니라 총기를 소지하였다. 경찰들은 목숨을 걸고 저지하려 하였으나 수적 열세를 극복하지 못하고 무너졌다.

폭도들은 먼저 상원으로 들이닥쳤는데, 몇 개 소회의실에서 선거 결과를 토의 중이던 상원의원들은 황급히 몸을 피했고, 비밀임무국 요원들은 펜스 부통령을 안전한 곳으로 피신시켰다.

이 무렵 하원의원들은 대형 회의실에 모여 임시 바리케이드를 설치하고 경찰들과 함께 폭도들의 진입을 가까스로 저지하고 있었으며, 몇몇 겁에 질린 의원들은 가족들의 이름을 부르며 기도하기도 하였다.

경찰이 의사당을 다시 장악하기 전까지 폭도들은 "트럼프 대통령이 우리를 보냈다, 펜스 부통령을 교수형에 처하라, 반역자들! 반역자들! 반역자들!"이라 외치며 의사당 집기와 기물을 부수고, 의원 사무실에 침입하여 서류와 집기를 절도하기도 하였다.

의사당 폭동은 경찰관 1명을 포함하여 5명의 목숨을 희생시켰고 수백 명의 부상자를 발생시켰다.[911]

트럼프의 대응

폭동이 시작되고 30분 이상 트럼프는 어떤 조치도 취하지 않았다. 그는 미국 민주주의의 상징인 의사당에서 벌어지고 있는 대규모 폭동을 지켜보면서도 상원의장 겸 부통령인 펜스 또는 하원의장인 펠로시에게 연락하여 사태를 파악하려 하지 않았으며, 국가의 최고 통치자로서 폭도에게 즉각적인 의사당 퇴장을 촉구하거나 군경에 즉각적인 폭도 퇴치 명령을 내리지도 않았다.

오히려 그는 의사당의 혼란이 어떻게 전개되는지를 '행복하게' 지켜보다가[912] 폭동이 발생하고 30분이 지난 뒤에야 "의사당 경비 경찰에 협조하고 질서와 평화를 유지하라"라는 메시지를 트윗하였고,[913] 3시간이 지나서야 평화를 요청하는 영상을 공개하였다. 그러나 트럼프는 영상 메시지에서 "큰 격차로 이긴 선거를 도둑맞았고 여러분의 심정을 안다"라는 발언을 하는가 하면, 의사당 시위자들에게 "매우 소중한 사람들, 사랑한다"라는 말을 전하기도 하였다.

트럼프는 오후 6시경 의사당 폭도에게 집으로 돌아가라는 메시지를 트윗하였지만 동시에 "선거 결과를 뒤집어야 한다는 나의 요구에 응하지 않은 의회에 의사당 폭력 사태의 책임이 있다"라는 비난을 함께 트윗하였다.[914] 상하원 합동회의는 다음날 아침 다시 열려 바이든이 2020년 12월 대선에서 승리하였음을 선언하였다.

수정헌법 25조 결의

직무 불능

수정헌법 25조 1항은 대통령의 해임, 사망 또는 사임의 경우 부통령이 그 직을 수행한다고 규정하고, 4항은 부통령과 행정 각부 책임자(principal officers) 중 반수 이상이 대통령이 직무를 수행할 수 없다는 서면 선언을 상원의장과 하원의장에게 전달하는 즉시 부통령이 대통령의 책임과 권한을 맡아 대통령의 직무를 대행하도록 하고 있다.[915] 즉, 25조 1항은 대통령이 직무 수행 불능 상태에 빠지면 부통령이 즉시 대통령 직무를 수행할 수 있도록 한 규정이다.

직무 불능 상태에 대한 명확한 법적 정의는 없지만, 육체적 불능 상태뿐 아니라 정신 질병, 만성 질환, 또는 정치적 긴급 상황이나 기타 예상치 못한 사태 등이 모두 직무 불능 상태에 해당할 수 있다. 그러나 대통령의 지지도 하락, 무능, 판단력 부족 또는 탄핵당할 만한 행위 등은 포함되지 않는다는 것이 일반적 견해이다.

대체로 대통령이 그의 직무를 합리적으로 수행하는 데 필요한 최소한의 능력(competence)조차 보일 수 없는 상태를 수정헌법 25조 상의 직무 불능 상태로 간주할 수 있으며, 특정 질병 등 개별 사안보다는 전체 상황을 고려하여 대통령이 그의 직무를 수행할 수 없는가를 판단해야 한다.[916]

No guts No pressure

1월 11일, 민주당 라스킨Raskin 의원은 펜스 부통령에게 수정헌법 25조 상의 권한을 발동하여 대통령의 직무 불능 상태를 선언하고, 이를 의회에 제출하도록 촉구하는 결의안을 하원에 제출하였다. 이 결의안은 "트럼프가 선거 결과에 불복하고, 개표에 부당하게 개입하였으며, 폭력적인 내란을 선동함으로써 대통령의 기본적인 책임과 권한을 수행할 능력이 없음을 보여주었다"고 주장하였다.[917]

민주당 의원들은 펜스가 수정헌법 25조를 이행하지 않으면 곧바로 탄핵 절차에 돌입할 것이라 압박하였다. 하원은 1월 12일 라스킨 의원의 결의안을 가결하였지만,[918] 펜스 부통령은 낸시 펠로시 하원의장에게 편지를 보내 수정헌법 25조 권한을 행사하지 않을 것을 이미 분명히 해둔 상태였다.[919]

트럼프는 보스 기질이 강하며 자신의 참모들을 압도하려는 카리스마를 가졌다. 트럼프 내각에서 수정헌법 25조 발동에 관한 이야기가 거론되었다는 보도가 있기도 하지만,[920] 내각은 '트럼프의 언행을 비판하고 직무 불능을 선언할 정도의 배짱(guts)'을 보여주지는 못하였다. 수정헌법 25조 결의안은 트럼프에게 큰 압박이 되지 않았다.

하원의 탄핵 기소

신속한 탄핵

민주당 의원들은 의사당 폭동이 일어나자 즉각 트럼프 탄핵을 주장하였으며, 몇몇 공화당 의원들도 탄핵에 동참할 것이라는 의사를 표명하였다. 2021년 1월 11일 트럼프를 '내란 선동(Incitement of insurrection)'[922] 혐의로 기소하는 탄핵 결의안이 의회에 제출되었고, 탄핵 가결이 확실시되는 가운데 1월 12일 하원의장 펠로시는 수정헌법 25조 결의안을 작성하였던 라스킨 의원 등을 탄핵 소추위원으로 지명하였다.

역사상 가장 신속하게 진행된 하원의 탄핵 기소는 1월 13일 민주당 의원 222명 전원과 공화당 의원 211명 중 10명이 찬성하여 232대 197로 가결되었다. 공황당 의원 4명은 투표에 참여하지 않았다.[923]

하원에서 탄핵안이 가결되자 트럼프는 의사당 폭력 사태를 비난하는 비디오를 공개하였다. 그는 "폭력 사태를 분명히 규탄하며 미국을 위대하게(Make America Great Again) 만드는 나의 운동은 법을 준수하는 것"이라는 짧은 연설을 하였지만, 1차 탄핵 때와는 달리 하원의 탄핵 의결을 비난하지는 않았다.[924] 트럼프는 이 영상에서 "아메리카에 폭력과 파괴가 설 자리는 없다"라는 발언을 보태어 자신이 폭력에 반대한다는 이미지를 심어주려 하였지만, 트위터는 트럼프가 추가적인 폭력 선동 메시지를 올릴 수 있다는 이유로 그의 트윗 계정을 영구 정지하였다.[925]

탄핵 기소장

내란 선동 1개 항목으로 이루어진 탄핵 기소장은[926] "트럼프가 2020년 대선을 전국적인 사기라고 주장하며 결과를 수용하지 않았고, 나아가 결과를 뒤엎으려 하였다"고 주장하였는데, 일례로 "트럼프가 2021년 1월 2일 조지아 국무장관 래펀스퍼거에게 전화하여 조지아의 대선 투표 결과를 뒤엎을 충분한 표를 찾으라고 압박하였다"고 적시하였다.

또한 탄핵 기소장은, 트럼프가 1월 6일 엘립스 공원 집회에서 자신이 선거에서 압도적으로 이겼다는 거짓 주장을 되풀이하며, '만약 처절하게 싸우지 않으면 미국을 지킬 수 없다'고 집회 참가자들을 선동하였고, 트럼프의 선동에 고무된 집회 참가자들이 의회의 선거 결과 인증을 방해하기 위하여 의사당에 난입하여 공무 집행관들을 죽이거나 부상케 하였으며, 공공기물을 파손하고 의원들을 폭력으로 위협하였다는 사실을 적시하였다.

탄핵 기소장은 "트럼프가 연방정부에 대항하는 폭력을 선동함으로써 헌법을 수호하고 직무를 충실히 수행하겠다는 취임 서약과 법률이 충실히 수행되도록 돌보아야 할 헌법적 의무를 어기는 중대한 범죄와 비행을 저질렀다"는 결론을 내렸다.[927]

수정헌법 14조 3항

트럼프 2차 탄핵 기소장에서 흥미로운 점은, 트럼프가 수정헌법 14조 3항을 위반하였다고 주장한 것이다. 수정헌법 14조 3항은 내란과 반역에 가담한 사람이 연방의 공직을 맡는 것을 금지하고 있다.[928]

남북전쟁 직후인 1868년 비준된 수정헌법 14조는, 지금은 매우 광범위하게 적용되지만, 원래 해방된 노예를 포함한 흑인들의 기본권을 보장하고 그에 대한 차별을 금지하는 것이 주 목적이었으며, 3항은 남부연합에 속하였거나 동조자였던 사람들이 연방의 공직을 맡지 못하도록 하는 것이 주 목적이었다.[929]

만약 트럼프가 내란과 반역에 가담하여 관련 연방법을 위반하였다는 것이 법원에서 입증된다면,[930] 수정헌법 14조 3항의 발동은 번거로운 절차를 거치고 높은 상원의 벽을 넘어야 하는 탄핵의 힘을 빌리지 않고도 트럼프를 공직에서 제거할 수 있는 매우 효율적인 방안이 된다.

그러나 트럼프의 임기가 얼마 남지 않은 데다 법원은 반역과 내란의 입증을 매우 까다롭게 심사하며, 이 조항이 1900년대 이후 단 한 차례 적용된 적이 없다는[931] 점들을 고려하면, 수정헌법 14조 3항 발동은 사실상 현실성이 없다.

따라서 소추위원은 트럼프의 비행을 강조하고 증폭하기 위한 상징적 주장으로 수정헌법 14조 3항의 적용을 주장한 것으로 보인다.

탄핵 심판 개시

Two in 200 Years, Two in 4 Years

하원 탄핵소추위원들은 1월 25일 정식으로 탄핵 기소장을 상원에 전달하였고, 상원의 첫 심판일은 2월 9일로 예정되었다. 지난 200년간 단 2명의 대통령이 탄핵당하였지만, 트럼프는 4년 임기 중 2번 탄핵당한 대통령이 되었다.

트럼프는 2차 탄핵이 진행되는 동안 1차 때와는 달리 탄핵에 대한 언급을 자제하고 대체로 침묵하였다.[932] 그는 임기 종료일인 1월 20일 바이든 대통령의 취임 선서식에 참가하지 않고 백악관을 떠나 플로리다로 가버렸다.[933]

백악관을 떠난 트럼프는 변호인단을 구성하는 데 어려움을 겪었다. 처음 구성된 5명의 변호인단이 변론을 포기하는 바람에 트럼프는 탄핵 심판을 불과 며칠 앞두고 급작스럽게 부르스 캐스토Bruce Castor와 데이비드 션David Schoen을 리더로 하는 새로운 변호인단을 꾸리는 모습을 보였다.

트럼프가 변호인단을 바꾼 이유는, 2020 대선이 부정 선거라고 주장하라는 자신의 요구를 버치 바우어즈Butch Bowers 전 변호사가 수용하지 않았기 때문이라는 설도 있지만, 변호사 비용을 낮추기 위함이라는 설도 있다.[934] 어쨌든 백악관에서 수많은 보좌진의 적극적인 지원 아래 받았던 1차 탄핵과는 전혀 다른 환경이 트럼프를 당혹하게 하였을 것이다.

Who Preside ?

트럼프는 두 번 탄핵당한 최초의 대통령일 뿐 아니라, 임기 종료 후 상원의 심판을 받는 최초의 전직 대통령이 되었다. 이 때문에 상원의 탄핵 심판을 누가 주재主宰할지에 대한 문제가 제기되었다.

관례상 상원의장인 부통령이나 상원의장 대행(President pro tempore of the

Senate)이 탄핵 심판을 주재하지만, 대통령 탄핵 심판은 대법원장이 주재하도록 헌법 1조 3항이 규정하고 있다.[935] 헌법 1조 3항은, 대통령이 파면될 경우 그 직을 이어받는 부통령의 이해 충돌과 소속 정당에 따라 편파적일 수 있는 상원의장 대행의 이해 충돌을 방지하기 위한 것으로,[936] 이 조항에 따라 트럼프 1차 탄핵 심판은 존 로버츠John Roberts 대법원장이 주재하였다.[937]

그러나 헌법은 전직 대통령에 대한 탄핵을 언급하지 않기 때문에 2차 탄핵 심판을 누가 주재할 것인가에 관한 논란이 일었다. 결국, 상원의장 대행인 패트릭 레이히Patrick Leahy 민주당 의원이 맡는 것으로 결론 났지만, 트럼프의 변호사와 일부 공화당 의원들은 레이히가 1차 트럼프 탄핵 때 유죄 투표한 전력이 있으므로 이해 충돌과 편파성 문제가 발생한다고 주장하였다. 레이히는 공정한 진행을 약속하고 심판장 임무를 맡았다.[938]

위헌 공방

탄핵 심판이 열린 첫쨋날인 2월 9일, 공화당 의원들은 본격적인 공방이 시작되기도 전에 "상원은 전직 대통령에 대한 탄핵 관할권jurisdiction이 없으므로 임기가 종료된 트럼프에 대한 탄핵 심판은 위헌"이라는 동의안을 발의하였다. 공화당 의원들은 "퇴임한 대통령을 탄핵하는 것은 행정부에 대한 과도한 견제이므로 3권 분립에 어긋난다"는 주장을 하였고, 민주당 의원들은 "퇴임과 동시에 탄핵 대상에서 제외된다면 대통령은 임기 종료를 앞두고 자기가 원하는 바를 무엇이든 할 수 있다"는 반론을 폈다.

트럼프 탄핵이 위헌이라는 동의안은 56 대 44로 부결되었다.[939] 6명의 공화당 상원의원들이 '상원이 전직 대통령에 대한 탄핵 관할권을 가진다'는 데 동의하였으나, 나머지 공화당 의원들은 모두 반대하였다. 이 표결의 결과는, 향후 탄핵 심판에서 당의 결론과 달리할 공화당 상원의원의 수를 가늠케 하여 유무죄 선고에 대한 표결의 윤곽을 미리 보여준다.[940] 탄핵 심판 관할권에 대한 동의안이 부결되면서 트럼프에 대한 2차 탄핵 심판은 예정대로 2월 9일부터 13일까지 개최되었다.

소추위원의 시작 논고

소추위원은 "트럼프가 2020년 선거 결과를 인정하지 않았으며, 1월 6일 워싱턴에서 대규모 집회를 개최하고 선거 결과를 뒤집기 위해 싸우라고 집회 참가자들을 독려하였으며, 펜스 부통령에게 선거 결과를 뒤집도록 요구하고, 또한 1월 6일 집회 참가자들이 의사당을 공격하도록 선동하였다"는 내용을 사실 관계로 적시하고,[941] 이런 사실에 근거하여 다음과 같이 주장하였다.

첫째, 트럼프가 자신의 권력을 연장하기 위해 의회에 대항하는 폭력을 선동하였으며, 이것은 직무와 법 집행을 충실히 하겠다는 대통령 취임 서약을 위반하는 것이다.[942]

둘째, 트럼프의 선동은 1월 6일 대선 결과를 최종 승인하려는 상하원 합동회의를 붕괴시켰으며, 이것은 미국 헌법 체계의 근간인 민주적 절차를 공격한 것이다.[943]

셋째, 트럼프의 선동은 민주주의를 훼손시켰을 뿐 아니라 부통령을 포함한 의원들의 안전을 위협하고 의회를 위태롭게 하였다.[944]

넷째, 폭도들은 상원의원의 사무실에서 전자기기와 서류 등을 훔쳤고, 이들의 행위가 다른 극단주의자들의 폭동을 유발할 수 있었다는 점에서 트럼프의 선동은 국가 안보를 심각하게 훼손하였다.[945] 소추위원은 트럼프의 행위가 '내란 선동'에 해당하며, 헌법 상 탄핵 사유인 '중대한 범죄와 비행'에 이른다고 주장하였다.

트럼프의 변론

전직 대통령

트럼프 변론의 핵심 내용은, 상원이 전직 대통령에 대한 탄핵 심판 관할권 (jurisdiction)을 갖지 못한다는 것이다.[946] 변호인단은, 대통령이 탄핵 심판에서 유죄 선고를 받으면 헌법 2조 4항에 따라 선고 즉시 '파면되어야(shall be removed from office)' 하는데,[947] 이미 대통령직에서 물러난 트럼프를 파면하는 것은 불가능한 일이므로 "전직 대통령에 대한 탄핵 심판은 성립되지 않는다"라고 주장하였다.[948]

변호인단의 논리는, 탄핵의 목적은 파면이며 헌법 2조 4항 'shall be removed from office'의 'shall'은 반드시 이행될 것을 강제하는 동사이므로 '파면'이 '유죄 선고'에 동반하여 반드시 일어나야 한다는 것이다.

또한, 미국 탄핵의 모델인 영국 탄핵에서는 전직 공무원과 일반인이 탄핵 대상이었다는 점을 지적하며, 이런 사실을 잘 알고 있는 헌법 제정자들이 만약 전직 대통령을 탄핵 대상에 포함하려 하였다면 헌법 2조 4항의 탄핵 대상자에 '대통령, 부통령, 그리고 공직자'로만 명기하지 않고 '전직 대통령(a former President)'을 추가하여 명기하였을 것이라고 주장하였다.[949]

언론의 자유

변호인단은 "트럼프의 언행이 내란 선동에 해당한다"는 소추위원의 주장에 대해 "트럼프의 발언은 폭력 선동이 아니라 정치적 발언이며, 선출직 공직자의 정치적 발언은 수정헌법 1조 언론자유 조항의 보호를 받는다"는 변론도 폈다.[950] 변호인단은, '정치적 의사 표현'이 헌법의 가장 높은 보호를 받고 있음을 대법원 판례가 보여준다고 전제하며,[951] 불법 행위를 선동하는 정치적 발언이라도 정부

의 처벌로부터 보호받는다고 주장하였다.[952]

변호인단은 트럼프가 의사당 폭력이 발생하고 3시간 후에 의사당의 시위대에게 질서를 요청하며 "평화롭게 집으로 돌아가라"라는 영상 메시지를 발표하였던 사실을 상기시키며, 트럼프의 언행은 언론자유 조항의 예외인 '즉각적인 불법행위(imminent lawless action) 초래'나 '싸움을 조장하는 언행(fighting words)'에 해당하지 않는다는 변론을 보태었다.[953]

적법 절차

2차 탄핵의 원인이 되었던 의사당 난입은 1월 6일 수요일에 일어났다. 그로부터 1주일이 지난 1월 13일 하원은 탄핵 기소를 의결하였다. 상원의 탄핵 심판은 2월 9일부터 13일 사이에 개최되었는데, 이런 탄핵 일정은 유례 없이 신속한 절차였다.

트럼프 변호인단은 이런 신속한 절차가 헌법이 보장하는 '적법 절차 조항(Due Process Clause)' 위반이라고 주장하며, 민주당이 서둘러 진행한 탄핵은 트럼프로부터 적법 절차의 핵심인 '충분한 사전 통보'와 '유의미한 반론의 기회'를 박탈하였다고 주장하였다.[954]

또한, 하원이 탄핵 기소를 가결한 후 기소장을 상원에 즉시 전달하지 않고 10여 일 동안 시간을 끌다가 전달한 것은, 트럼프의 임기가 종료되어 백악관이 트럼프에게 도움을 주는 것을 막는 동시에 대법원장이 아닌 민주당 상원의원이 탄핵 심판을 주재하게 하려는 '부당한 술수'라고 주장하였다.[955]

소추위원의 반론

전직 대통령

미국에서 헌법이 제정되던 1787년, 영국에서는 전직 인도 총독 워렌 헤이스팅스에 대한 탄핵이 진행되고 있었다. 헤이스팅스는 탄핵 2년 전에 이미 인도 총독 자리에서 사임하였지만, 영국 하원은 재임 기간 중 일어난 비행의 책임을 물어 헤이스팅스 탄핵을 추진하였다.[956] 헌법 제정자들은 헤이스팅스 탄핵 사례를 잘 알고 있었으며, 조지 메이슨은 탄핵 대상 행위를 논의하는 자리에서 헤이스팅스 탄핵을 직접 거론하기도 하였다. 소추위원은 이런 역사적 사실을 들어, 전직 대통령을 탄핵 대상자에 포함한 것이 헌법 제정자들의 의도였다고 주장하였다.[957]

또한, 헌법 1조 3항은 상원이 '모든(all)' 탄핵에 대한 심판 권한을 가진다고 규정하여 상원에 광범위한 탄핵 심판 관할권(jurisdiction)을 을 부여하고 있다는 점과, 탄핵 심판 대상자를 특정인에 한정하지 않고 '당사자(party)' 또는 '대상인(person)'으로 지칭하여 탄핵 대상을 포괄적으로 규정하고 있다는 점을 들어 '상원은 전직 대통령에 대한 탄핵 심판권을 가진다'는 논쟁을 폈다.[958]

'파면될 수 없으므로 탄핵 대상이 아니다'라는 변호인단의 주장에 대해서 소추위원은, 헌법 제정자들이 의미한 것은 탄핵당하여 유죄 선고를 받으면 맡은 공직에서 파면된다는 자연스러운 귀추歸趨를 강조한 것이지 "파면이 탄핵의 전제조건임을 의미하지는 않는다"고 대응하였다. 그리고 탄핵에서 유죄 선고를 받으면 파면 또는 자격 박탈을 당할 수 있지만, 이 두 처벌이 동시에 부과되어야 하는 것은 아니므로 트럼프가 유죄 선고를 받으면 '파면 없이 자격 박탈의 벌칙만을 받을 수 있다'는 논리를 보탰다.

또한 소추위원은, 변호인의 주장대로 전직 공직자에게 탄핵을 면제해준다면 임기 말에 비행을 저지르거나 비행을 저지르고 사임하는 공직자는 탄핵을 모면할 수 있는 어처구니없는 결과가 발생한다는 점을 지적하며 변호인단의 논리를 공격하였다.[959]

언론의 자유

소추위원들은, 트럼프가 개인적인 믿음에[960] 기반하여 '선거가 사기였다' 또는 '자신이 선거에서 이겼다'라는 거짓 주장을 할 수도 있지만, 그의 개인적 믿음이 "선거 결과를 수용하지 않고 정권 이양을 거부한 그의 비행까지 정당화시킬 수는 없다"고 지적하였다.[961]

트럼프의 언행이 '정치적 견해의 표현이며 수정헌법의 보호를 받는다'는 주장에 대해 소추위원은, 헌법의 언론자유 조항은 일반 시민의 발언을 정부의 형사적 처벌로부터 보호하기 위한 것이지, 공직자의 비행을 탄핵으로부터 보호하는 것이 아니라고 지적하였다.[962]

또한, 설령 언론자유 조항이 트럼프 탄핵에 적용된다고 하더라도 트럼프와 같은 최고 공직자에게는 일반 시민보다 훨씬 엄격하고 제한된 기준이 적용되어야 하며, "정부의 중요한 이익을 해치는 고위 공직자의 발언은 헌법의 보호조차 받지 못한다"라는 대법원 판례를 인용하였다.[963]

소추위원은, 한발 양보하여 대통령에게 일반 시민과 같은 기준의 언론의 자유가 적용된다고 하더라도, "즉각적인 불법 행위를 촉발하거나 촉발할 수 있는 언행은 헌법의 보호를 받지 못한다"는 대법원 판례에 따라 '즉각적인 의사당 폭동'을 유발한 트럼프의 1월 6일 연설은 언론자유 조항의 보호 대상이 아니라는 결론을 내렸다.[964]

적법 절차

트럼프에 대한 2차 탄핵은 상원과 하원의 조사위원회 구성, 사실 관계 조사, 증언과 증거 수집을 위한 위원회별 청문회 개최 등 통상적인 탄핵 절차를 건너뛰고 진행되었다.

탄핵이 빠른 속도로 추진된 이유는, 민주당이 트럼프의 임기가 종료되는 1월 20일 전에 탄핵 소추를 가결하려 하였기 때문이기도 하지만, 기소 항목이 내란 선동 1개 항목이며, 중요 혐의 사실인 엘립스 공원의 연설과 의사당 폭동은 전 세계에 방송되고 의회 의원들을 포함한 수많은 증인이 직접 지켜본 사건이므로, 추가적인 조사나 증거 확보가 필요하지 않았기 때문이기도 하다.

소추위원들은 위와 같은 상황을 지적하며, 제2의 폭동 등 민주주의에 대한 추가적인 위협을 방지하기 위해서라도 신속한 탄핵 진행이 불가피하였다는 논쟁을 폈다.

트럼프가 '충분한 변론과 반론의 기회를 박탈당하였다'는 주장에 대해 소추위원은, 트럼프는 상원의 탄핵 심판에 나와 충분히 변론하고 반론할 수 있었다고 지적하며 적법 절차 위반을 부인하였다.[965]

상원의 표결

Party-line Vote

트럼프 집권 동안 공화당과 민주당의 정치적 대립 및 국민 사이의 정치적 양극화가 심화하였는데, 이런 경향은 트럼프 1차 탄핵 이후로 더욱 공고해졌다. 따라서 언론과 정치인은 물론 일반 국민도 상원의 탄핵 심판이 정파적 표결에 불과할 것이며, 트럼프 탄핵이 2/3 절대 과반이라는 상원의 벽을 넘지 못할 것이라고 예상하였다.

'의사당 폭동'이라는 사상 초유의 사태는 다수 국민의 공분公憤을 샀고, 트럼프 변호인단의 서툰 변론은 같은 편인 공화당 의원들의 비난마저 초래하였지만, 탄핵 심판의 결과는 모두의 예측을 벗어나지 않았다.

탄핵 심판 마지막 날인 2월 13일, 상원은 57 대 43으로 트럼프에 대한 유죄 선고를 부결시켰다. 100명의 상원의원 중 민주당 의원 48명 전원, 공화당 의원 7명, 무소속 의원 2명이 유죄를 선고하였고, 나머지 공화당 의원 43명이 무죄를 선고하였다. 유죄 선고 정족수인 67명에서 10명이 모자라는 표결로 민주당의 재빨랐던 탄핵 추진은 무위로 끝났다.[966]

궁색한 명분

탄액 절차는 간단하고 신속하였으나 기소장이 주장하는 혐의 내용은 그 어느 탄핵 때보다 자명하게 입증되었다. 트럼프의 언행은 방송이나 SNS에 기록되어 있었고, 의사당 폭력 사태는 전 세계로 보도되었다. 일반 형사 재판으로 치자면 사실 관계와 혐의 입증에 대한 다툼이 해소된 것과 마찬가지로, 오직 트럼프의 행위가 내란 선동에 해당하는지에 대한 법적 판단만이 남은 셈이다.

따라서 트럼프 2차 탄핵은 그 어느 때보다 정파적 판단이 배제된 심판이 되어야 했지만, 그 결과는 반대로 드러났다. 공화당 상원의원들은 탄핵심판장에서 재생된 생생한 폭력 사태의 영상을 보면서 심정적으로 매우 흔들렸지만, '임기가 종료된 전직 대통령을 탄핵할 필요가 없다'라는 궁색한 명분에 의지하여 트럼프를 방면하였다.[967]

이런 정파적 대결 환경에서도 7명이나 되는 공화당 상원의원들이 유죄 선고를 하였다는 사실은 트럼프의 행위가 매우 심각하였음 방증傍證하는 것으로 해석할 수 있겠다.

7인의 반항아, Again

1차 탄핵 때 '트럼프가 교훈을 얻었을 것'이라는 논평을 남기고 무죄 선고를 하였던 콜린스 공화당 상원의원은, 2월 13일 2차 탄핵 심판정에서 "폭력 사태를 일으켜 평화로운 권력 이양을 방해한 트럼프의 행위는 심각한 권력 남용으로 헌법 상의 중대한 범죄와 비행에 이른다"라는 발언을 하였다.[968] 1차 탄핵 때에도 유죄 투표를 하였던 롬니 공화당 상원의원은 "자신의 권력을 지키기 위해 선거 질서를 무너뜨린 트럼프의 행위는 극악무도(heinous)한 것이며, 의사당 폭력을 유발한 것은 내란 선동에 해당한다"라는 유죄 선고 이유를 밝혔다.[969]

유죄 투표를 한 다른 5명의 공화당 상원의원들도 콜린스나 롬니와 비슷한 의견을 밝혔는데, 알래스카의 리사 머카우스키Lisa Murkowski는 "트럼프가 국가를 보호하겠다는 대통령 선서를 위반하였으므로 유죄를 선고하였다"라고 말했고, 네브라스카 벤 사스Ben Sasse는 "대통령 선서는 지켜져야 하며, 정파주의(tribalism)에 따른 판단은 마약과 같다"라는 의견을 남겼다.[970]

상원의 공화당 리더 맥코넬은 무죄 선고를 하였지만 향후 트럼프의 형사 기소 가능성을 언급하였고, 공화당에서 트럼프의 잠재적 경쟁자로 평가받는 래리 호건Larry Hogan 메릴랜드 주지사는 유죄 선고를 한 공화당 상원의원이 자랑스러우며 호건 자신이라도 유죄 선고를 하였을 것이라는 평가를 하였다.

1868년, 공화당(Republicans)은 상하원을 절대 과반이 넘는 의석으로 장악하고 있었지만 앤드루 존슨 대통령 탄핵에 실패하였다. 이때 7인의 공화당 상원의원이 존슨에게 무죄 선고를 하며 '공화당 반항아들(Republican Recusants)'로 불렸다. 트럼프에게 유죄를 선고한 7인의 공화당 의원들은 150여 년 전 존슨에게 무죄 선고한 7인을 떠올리게 한다.[971]

여론과 반응

트럼프의 반응

1차 탄핵에서 무죄 방면이 결정되자 펠로시 하원의장은 물론 민주당 의원들을 노골적으로 비난하였던 트럼프는, 2차 탄핵에서도 방면 선고가 나오자 "거대한 마녀사냥이 새로운 국면을 맞았다"라는 성명을 발표하였다.

트럼프는 자신이 역사상 어느 대통령에게도 일어나지 않았던 일을 당한 것은 대선에서 7천5백만 표라는 기록적인 지지를 받았다는 사실을 적들이 두려워하였기 때문이라고 자평하며, 2차 탄핵을 민주당의 정치적 공격으로 치부置薄하였다.[972] 그는 성명서에서 "미국을 다시 위대하게(Make America Great Again) 만드는 애국 운동은[973] 이제 시작된 것"이라고 주장하며, 그의 지지자들에게 감사하다는 인사를 남겼다.

바이든 대통령은 "비록 상원이 유죄 선고에 실패하였지만 사태의 본질과 내용은 그대로 남아 있다"고 평가하고, "미국에서 폭력과 극단주의가 설 자리는 없으며 민주주의는 반드시 지켜져야 한다"는 논평을 하였다.[974] 민주당 상원의원 밥 메넨데스Bob Menendez는 "공화당 상원의원들은 트럼프를 지지하는 공화당원들이 두려워 소심한 정치적 타협을 하였다"라는 평가를 하였고, 세상은 대체로 메넨데스의 평가를 받아들였다.[975]

여론

1차 탄핵 심판 표결 직후 실시된 여론 조사에서는 오직 49% 국민이 트럼프가 유죄 선고를 받아야 했다고 응답하였지만, 2차 탄핵 심판 표결 직후 실시된 여론 조사에서는 58% 국민이 트럼프가 유죄 선고를 받아야 했다고 응답하고, 61% 국민은 트럼프의 언행이 탄핵당할 정도로 매우 심각하다고 판단하였다.

만약 상원이 대의주의代議主義 원칙을 충실히 따랐다면 2차 탄핵에서 트럼프에게 유죄 선고를 하여야 했음을 여론 조사의 결과가 보여준다. 그러나 탄핵 심판 표결의 결과는 상원이 사실과 증거에 기반하여 판단한 것이 아니라 당파적 또는 정치적 판단에 기반하여 판단하였음을 보여준다. 실제 여론 조사는 77% 국민이 상원의 심판이 당파적 또는 정치적 결정이라 믿으며, 오직 23%만이 상원의 심판이 사실에 근거한 판단이라 믿고 있음을 보여주었다.[976]

여론 조사에서 주목할 점은, 공화당을 지지하는 사람들도 78%에 이르는 절대 다수가 상원의 탄핵 심판이 사실과 증거에 입각한 것이 아니라 당파적 결정이라고 응답하였다는 것이다.[977] 이것은 공화당 지지자들 절대 다수도 트럼프의 방면을 반드시 그의 무죄로 간주하지는 않음을 의미한다. 그런데도 공화당 지지자들은 오직 14%만이 트럼프가 유죄 선고를 받아야 했다고 응답하였는데,[978] 이런 여론 조사 결과를 조합하면, 공화당 지지자 대부분이 트럼프의 행위가 탄핵을 당할 정도로 매우 심각하고 중대하다는 것을 인정하면서도 그에 대한 유죄 선고에는 반대하였음을 보여준다.

의회의 정치인들뿐 아니라 국민도 진실 규명이나 정의 구현과 같은 민주적 가치를 추구하기보다는 지지 정당에 따라 무리를 가르고 당파적 결론을 추구하는 모습이 뚜렷이 드러난 것이다.[979] 한편, 공화당 지지자 중 트럼프에 대한 유죄 선고가 마땅하다고 생각한 사람들의 비율 14%가 공화당 상원의원 50명 중 유죄에 투표한 7명의 비율, 즉 14%와 일치한다는 것은 의미심장하면서도 흥미롭다.

법적 분석

내란 선동

'폭동(riot)'은 단순한 불법 폭력 사태를 의미하지만, '내란(insurrection)'은 '정부와 공권력에 반하는 폭력 사태'를 의미한다.[980]

1월 6일 의사당 폭동은, 대선 결과를 최종 승인하는 정부의 중요한 행사를 저지하려 하였기 때문에 '정부와 공권력에 반'하며, 시설과 기물의 파손 및 500여 명의 부상자와 5명의 사망자를 발생시켰기 때문에 '폭력 사태'에 해당하므로, 충분히 사전적 의미의 내란에 해당한다.[981]

의사당 폭동이 법률적으로도 내란에 이르는지는 관련 연방법에 따라 법원이 판단한다. 연방법은 '내란'을 구체적으로 정의하지 않지만, 내란을 개시 또는 선동하는 행위를 10년 이하의 징역과 벌금형에 처할 수 있는 중대 범죄로 규정하고 있다.[982] 내란을 판단하는 법원의 기본적 시각은 사전적 의미에서 크게 벗어나지는 않는다. 법원은 내란을 정부에 대항하는 가장 초기 단계의 폭동으로 정의하고, 내란이 진행되면 반역(rebellion), 혁명(revolution), 내전(civil war) 등으로 전개될 수 있다고 정의하였다.[983] 단지 법원은 반역과 내란 적용을 엄격하고 까다롭게 하고 있다.[984]

의사당 폭동이 외형상 '내란'을 구성한다고 하더라도 트럼프가 '폭동을 선동할 의도(intent)'를 가졌는지에 대한 이슈가 남는다. 변호인단은, 1월 6일 연설에서 "평화적으로 의견을 주장하라(peacefully make your voice heard)"라고 한 트럼프의 한마디를 근거로 '트럼프의 연설과 의사당 폭동은 관련이 없다'는 주장을 하였다.[985]

그러나 '2020년 대선은 사기와 도둑질의 결과이므로 처절하게 싸우라, 의회가 선거 결과를 인증하게 해서는 안 된다'라는 15페이지 분량의 1시간 이상 지속된 연설에서[986] 단 한 번 등장하는 '평화'라는 말 한마디가 의사당 사태를 선동하려는 트럼프의 의도를 지워줄 수는 없다.[987] 더구나 "트럼프가 우리를 이곳으로 불렀다, 우리는 트럼프의 지시를 따른다"라고 외친 폭도들의 발언은[988] 그들이 트럼프의 연설을 '의회의 선거 인증을 저지하라'라는 뜻으로 받아들였음을 보여준다. 상원의 공화당 리더 멕코넬 의원도 상원의 탄핵심판정에서 "폭도들은 의사당 공격이 트럼프의 뜻이자 지시라고 믿고 행동하였다"라는 발언을 하였다.[989]

1월 6일 연설은, 설령 그 자체로는 '의사당 폭동을 선동하거나 의회의 선거 인증을 저지하려는 트럼프의 고의성(intent)'을 입증하기에 부족하다 하더라도, 대선 이후 두 달여간 벌어진 일들과 함께라면 그런 고의성을 충분히 입증하는 것으로 판단된다.

2020년 11월 3일 대선 이후 1월 6일 집회에 이르기까지, 트럼프는 대선이 사기이므로 선거 결과에 승복하지 않겠다는 주장을 되풀이하며 그의 지지자들을 자극하였다. 트럼프는 "민주당이 백악관을 차지하지 못할 것"이라 공언하며 "처절하게 싸우자"라는 도발적 연설을 여러 주에서 하였고, "사기 선거를 뒤집기 위해 125%의 에너지를 발휘할 것"이라는 인터뷰도 하였다. 또한 1월 6일 엘립스 집회에 참석할 것을 종용하고, 이 집회가 '거칠어질 것(be wild)'이라는 메시지를 트윗에 올려 1월 6일 시위의 폭력적 방향성을 제시하는 모습도 보였다.[990]

각 주에서 제기한 수십 건의 선거 사기 소송이 기각되자, 트럼프 측근들은 더욱 폭력적인 메시지를 내었다. 2개월에 걸쳐 트럼프와 그의 측근들은 지지자들을 충분히 고무하였고, 지지자들의 SNS에서는 '의사당으로 몰아치자(storm the Capitol)'라는 말이 10만 회 이상 등장하였다.[991] Proud Boys와 Oath Keepers 등 극우 또는 극단주의 단체의 SNS에서는 1월 6일 집회에서 무력 또는 폭력을 사용하자는 논의가 전파되었다.[992]

2개월 동안 충분한 자극이 가해지고 충분한 긴장이 형성된 상황에서, 대선 결과 인증을 위한 상하원 합동회의가 예정된 의사당으로부터 불과 1.5㎞ 떨어진 엘립스 공원에서 대규모 집회를 개최하고 '선거 사기'와 '선거 도둑질'을 주장하며 '처절한 싸움'을 외친다면, 흥분한 집회 참가자들이 대선 결과 인증을 저지하기 위한 돌발 행동을 할 수 있다는 것은 상식적으로 예측 가능한 일이다.

탄핵 심판 표결 직후 발언에서 상원의 공화당 리더 맥코넬 의원조차 "의사당 공격은 점점 증강되어온 무모하고 거짓된 트럼프의 주장이 초래한 예상된 결말(foreseeable consequence)"이라 말하였다.[993] 공화당 수장 콜린스 상원의원은 "의사당 공격은 돌발 사태가 아니며 선거 결과를 뒤집으려는 트럼프의 계속된 도발의 정점頂點"이라고 지적하였다.[994] 맥코넬과 콜린스 의원의 평가대로, 2개월에 걸친 언행과 일련의 사건은 의회의 대선 결과 인증을 저지하려는 트럼프의 의도를 충분히 보여주고, 1월 6일 연설은 '선거 인증을 저지하라'는 트럼프의 지시로 받아들여져 의사당 폭력 사태를 초래할 수 있다는 것은 충분히 '예측 가능한(foreseeable)' 일이었다.[995]

대법원은, 불법 행위를 '직접 선동하는(incite)' 언행과 '선동할 것 같은(is likely to incite)' 언행을 같은 수준으로 간주한다.[996] 1월 6일의 엘립스 공원이라는 한정된 시공간으로부터 한발 물러서 11월 대선 이후 2개월을 조망한다면, 트럼프의 1월 6일 연설은 의사당 폭동을 '선동하였거나 선동할 것 같은' 언행에 충분히 이를 것으로 판단된다.[997]

전직 대통령

트럼프 변호인단은, 헌법의 관련 조항이 오직 '현직 대통령(The President)'만을 언급하므로 헌법 제정자들이 '전직 대통령(A former President)'을 탄핵 심판 대상에서 의도적으로 제외한 것이라 주장한다. 반면 하원의 소추위원은, 헌법 제정자들이 전직 대통령을 탄핵에서 제외하려 하였다면 헌법에 그렇게 명시하였을 것이라고 반박한다.

헌법은 전직 대통령 탄핵에 대해 침묵하고 있으며, 텍스트 자체의 해석은 변호인단과 소추위원의 추정 모두를 가능케 한다.[998] 그러나 탄핵 조항이 마련된 배경과 목적을 고려하면 '전직 대통령도 탄핵의 대상이 된다'는 것이 올바른 해석으로 판단되며, 권위 있는 헌법학자들을 포함하여 다수 전문가도 이런 해석을 지지한다.[999]

트럼프 변호인단은 헌법학자 브라이언 칼트Brian Kalt 교수의 논문을 10여 차례나 인용하면서 '전직 대통령은 탄핵 심판의 대상이 아니다'라는 주장의 근거로 삼았다.[1000] 그러나 칼트 교수 논문의 결론은 전직 공직자도 탄핵 대상이 된다는 것이다.[1001] 칼트 교수는 트럼프 변호인단이 자신의 논문을 인용하면서 "논문의 결론과 반대되는 주장을 하였다"고 언론에 밝혀, 무능하고 무성의한 트럼프 변호인단의 변론이 다시 한 번 비난의 도마 위에 오르는 촌극이 벌어졌다.[1002]

헌법 제정자들은, 대통령이 실정을 하거나 자신의 임무를 다하지 못하는 것은 물론, 국민이 맡긴 신뢰에 반하여 권력을 남용하거나 임의로 휘두르는 것을 경계하였다. 이런 경계 때문에 그들은 3권 분립이 훼손될 수 있다는 우려에도 불구하고 대통령 탄핵 조항을 헌법에 삽입한 것이었다.[1003] 만약 대통령이 임기 말에 그의 권력을 남용한 뒤 임기 종료와 동시에 탄핵을 모면할 수 있게 된다면, 또는 실정과 잘못을 저지른 후 스스로 사임함으로써 탄핵을 모면할 수 있게 된다면, 이것은 탄핵제도의 목적과 취지에 크게 어긋나는 일이 될 것이다.[1004]

역사적 선례도 전직 공직자에 대한 의회의 탄핵 권한을 지지하고 있다. 1876년, 의회는 군납 업체로부터 뇌물을 수수한 혐의로 전쟁부 장관 윌리엄 밸크냅 탄핵을 추진하였다. 밸크냅은 탄핵을 피하고자 사임하였으나 하원은 탄핵 기소를 가결하였고, 밸크냅의 변호인은 사임한 공직자는 탄핵 대상이 아니라는 변론을 제기하였다. 상원은 며칠 간의 토론 끝에 37 대 29 표결로 상원이 전직 공직자에 대한 탄핵 심판 관할권(jurisdiction)이 있다는 결론을 내렸다.[1005] 1798년 블라운트 전 상원의원과 1912년 아치발드(Archibald) 전 연방 지방법원 판사에 대한 탄핵 선례도 상원이 전직 공직자에 대한 탄핵 권한을 가지고 있음을 보여준다.[1006] 같은 취지로, 트럼프 2차 탄핵에서도 상원은 전직 대통령 탄핵이 위헌이라는 공화당 의원의 동의안을 부결시켰다.[1007]

수정헌법 1조 언론의 자유

변호인단은 트럼프의 언행이 수정헌법 1조 언론자유 조항의 보호를 받는다고 주장하지만, 이것은 설득력이 떨어지는 변론이다. 언론자유 조항은 정부가 개인의 언론을 부당하게 침해하거나 처벌하는 것을 금지하는 것이지만,[1008] 탄핵은 공직자의 언행이 탄핵 조항의 '중대한 범죄와 비행'에 해당하는지를 따지는 절차이다. 따라서 트럼프의 언행이 비록 언론자유 조항의 보호를 받아 정부의 규제나 처벌을 받지 않더라도, 대통령의 직무나 공적 신뢰에 심각하게 배치된다면 여전히 탄핵 대상이 될 수 있는 것이다.[1009]

만약 트럼프의 변론을 수용한다면, 트럼프가 TV 방송에서 국기를 불태우거나 KKK 집회에 참석하여 연설하거나 또는 나치 문양이 새겨진 셔츠를 입고 유대인 동네를 활보하여도, 의회는 트럼프에 대한 탄핵을 고려하거나 추진할 수 없는 어처구니없는 상황이 일어난다. 심지어 트럼프는 탄핵에 대한 염려 없이 각 주의 연방 탈퇴를 촉구하거나 외세에 충성을 맹세하거나 또는 헌법 수호 선서를 포기하겠다는 발언을 할 수도 있다.[1010]

150명에 달하는 헌법학자들은 "수정헌법 1조에 근거한 언론자유 조항의 변론을 공직자 탄핵에 제기할 수 없다"라는 의견서를 발표하였다.[1011]

더구나 언론자유 조항은 모든 언론을 보호하는 것이 아니다. 다수 헌법학자들의 의견을 무시하고 탄핵에 수정헌법 1조 변론이 적용된다고 가정하더라도,

트럼프의 언행은 여전히 헌법의 보호를 받지 못할 것으로 판단된다. 대법원은 *Brandenburg v. Ohio* (1969)에서 "임박한 불법 행위(imminent lawless action)를 선동 또는 촉발하거나 할 것 같은 언행은 수정헌법 1조 언론자유 조항의 보호를 받지 못한다"라고 판결하였으며, *Chaplinsky v. New Hampshire* (1942)에서는 "싸움을 촉발하는 언행(fighting words)은 언론자유 조항의 보호를 받지 못한다"라고 판결하였다.[1012]

앞에서 설명하였듯이, 트럼프의 1월 6일 연설은 의사당 폭동이라는 '임박한 불법행위를 촉발하거나 촉발할 같은' 언행에 충분히 이른다. 하버드 법대 로런스 트라이브 교수는 트럼프의 1월 6일 발언을 '소방대장이 모여든 군중들에게 불을 지르라고 촉구하는 것'에 비유하였다.[1013] 법적 정당성 여부를 떠나 국가의 최고 통치자에게 맡겨진 '공적 신뢰(public trust)'의 무게를 생각한다면, 개인이 정부를 상대로 주장하는 '언론 자유' 뒤로 몸을 숨기는 트럼프의 모습은 몸에 맞지 않는 옷을 걸친 듯 어색해 보인다.[1014]

적법 절차

트럼프의 적법 절차 변론 역시 설득력이 없다. 트럼프는 어떤 적법 절차 권리를 어떻게 박탈당하였는지 제시하지 못하고 있다.

수정헌법 14조 적법 절차 조항은 실제적(substantive) 권리와 절차적(procedural) 권리를 보호한다. 절차적 권리는 대체로 공평한 심판과 사전 통보를 받을 권리, 변론과 반론 또는 증거를 제시할 권리, 반대 증거를 파악하고 반대 심문을 할 권리 등을 의미한다.[1015]

변호인단의 주장에 근거하면, 트럼프는 서둘러 진행된 탄핵 때문에 절차적 권리를 박탈당하였다고 주장하는 것으로 추정된다. 그러나 탄핵은 형사적 절차가 아닐 뿐더러 트럼프는 변론·반론·증인 신청 등에 대한 기회와 충분한 시간이 주어졌으나 그 자신이 이를 수용하지 않았다.

더구나 '의사당 폭동'이라는 전례 없는 사태의 중대성과 2차, 3차 폭력 사태로 이어질 가능성을 고려하면, 분명하게 현존하는 위협에 대처하기 위해 신속한 탄핵은 불가피하며 합리적인 선택으로 보인다.[1016] 대법원도 "상원이 탄핵 절차를 어떻게 진행하느냐는 전적으로 상원의 독자적 권한에 속한다"는 결론을 내린 적이 있다.[1017]

Lessons

Strong Case

트럼프에 대한 2차 탄핵은 그 어느 때보다 '유죄 선고 가능성이 큰 사건(strong case)'이었다. 수많은 부상자와 다수의 사망자가 발생하였다는 '폭력의 규모'와 민주주의의 심장인 의사당이 수탈당하였다는 '사태의 심각성' 때문만은 아니다.[1018]

근거 없이 대선 결과를 부인하고 평화적인 정권 이양을 거부하며 폭력을 유발하는 언행과 대중 연설을 2개월 넘게 되풀이하는 과정에서, 트럼프는 대통령의 권한을 임의로 사용하는 군주 또는 독재자의 모습을 보였고, 미국 민주주의의 근간인 선거 체제를 훼손하였다. 이 두 가지 사안은 헌법 제정자들이 가장 두려워하였던 것이기도 하지만, 탄핵 조항이 마련된 가장 중요한 이유이기도 하다.[1019]

따라서 선거 결과를 부정하고 평화적인 정권 이양을 거부한 행위만으로도 충분히 탄핵 사유에 이를 것으로 보이는데, 한발 더 나아가 대선 결과를 최종 승인하려는 의사당 근처에서 대규모 집회를 개최하고 "선거 결과 승인을 저지하라, 처절하게 싸우라"라고 촉구한 것은 정권을 영구히 소유하고자 하는 군주의 모습과 다를 바 없다. 언론은 그가 왕처럼 행동하였다고 보도하였고, 헌법학자는 그가 독재자처럼 행동하였다고 지적하였다.[1020]

트럼프의 언행은 분명 헌정질서를 어지럽히는 중대한 범죄와 비행으로 판단된다. 과반이 넘는 국민도 트럼프의 언행이 지켜야 할 선을 넘었으므로(egregious) 그가 탄핵당하여야 한다고 생각하였다. 그런데도 상원이 탄핵 심판에서 그를 무죄 방면한 이유는 무엇일까?

두려움과 핑계

100명의 상원의원은 의결 정족수에서 10명이 모자라는 57명의 유죄 선고로 트럼프에게 면죄부를 주었다. 맥코넬 상원의원은 탄핵 심판 표결이 이루어진 뒤 연설에 나서 "트럼프가 실질적으로 그리고 도덕적으로 의사당 폭동을 부추긴 책임이 있다"라고 강한 어조로 자신의 당 대통령을 비난하였다. 심지어 그는 트럼프가 형사적 책임을 질 수 있다는 언급도 하였다. 그러나 그런 엄혹한 평가를 공개한 맥코넬도 트럼프에게 무죄 선고를 하였다.[1021]

무죄라고 투표한 43명의 공화당 의원 중 맥코넬처럼 트럼프 행위에 대해 비판적 견해를 가졌던 의원들이 13명에 달하며, 중립적 견해를 가진 의원은 19명, 우호적 견해를 가진 의원은 11명에 불과한 것으로 조사되었다. 무죄를 선고한 공화당 의원 중 과반이 넘는 22명이, 트럼프의 유무죄를 따지기보다는 '이미 직을 떠난 대통령을 탄핵할 필요가 없거나 탄핵할 권한이 없다'라는 판단으로 트럼프를 방면하였던 것으로 조사되었다.[1022]

그렇다면 22명의 공화당 상원의원들은 진정으로 전직 대통령에 대한 탄핵 심판 관할권이 없다고 생각하였던 것일까? 상원이 전직 대통령에 대한 탄핵 심판 관할권이 없다는 주장은 근거가 약한 소수 의견임은 대체로 잘 알려져 있다. 공화당 상원의원들이 4일에 걸쳐 열린 탄핵 심판 과정에서 전직 대통령에 대한 탄핵 심판 관할권을 인정하는 다수 헌법학자들의 의견, 언론 보도, 탄핵 선례들을 간과했을 리는 없다. 따라서 탄핵 심판 관할권은 핑계에 불과하며, 공화당 의원들이 유죄 투표를 하지 않은 진짜 이유는 트럼프가 무서웠기 때문이라는 주장이 설득력 있게 들린다.[1023]

트럼프는 공화당원들의 가장 높은 지지를 받는 정치인일 뿐만 아니라[1024] 그간의 언행으로 보아 '뒤끝'이 매우 강한 사람이기도 하다. 따라서 다음 선거에 공화당 후보로 다시 출마할 것을 염두에 두고 있다면, 탄핵 심판에서 유죄 선고를 하여 트럼프와 트럼프를 지지하는 공화당원들의 미움을 사는 것은 매우 두려운 일이 아닐 수 없다. 실제 트럼프는 엘립스 공원 집회에 모여든 집회자들에게 민주당의 사기 선거와 싸우지 않는 공화당 의원들을 당의 경선(primary)에서 탈락시키라고 촉구하기도 하였다.[1025]

트럼프에 대한 두려움이 상당수 공화당 의원의 유죄 선고를 막았다는 추정은, 탄핵 심판에서 유죄라고 표결한 공화당 상원의원 7명 중 차기 선거에 출마 계획을 세운 의원은 알래스카의 리사 머카우스키Lisa Murkowski 한 명밖에 없다는 사실로도 뒷받침된다.[1026] 몇몇 공화당 의원들은 사석에서 "트럼프가 옳다고 생각해서가 아니라 그에게 맞설 때 받게 될 공화당원들의 비난이 두려워 탄핵에 반대한다"고 직접 밝히기도 하였다.[1027]

이런 점에서 탄핵 심판을 트럼프 임기 종료 이후로 미룬 맥코넬의 선택은 매우 영리했던 판단으로 드러났다. 트럼프와 맞서는 것은 말할 것도 없이 밉보이는 것조차 두려웠던 상원의 공화당 의원들에게 '전직 대통령은 탄핵 대상이 아니다'라거나 '굳이 탄핵할 필요가 없다'라는 무죄 선고를 내릴 훌륭한 핑곗거리가 마련된 것이다.[1028]

왕의 귀한

1차 탄핵에서 상원의 방면을 받은 트럼프는 어떤 교훈을 얻었냐는 언론의 질문에 "민주당이 사기꾼(crook)이라는 것을 알았다"라고 답했다. 당시 셔로드 브라운Sherrod Brown 민주당 상원의원은 "트럼프가 '원하는 대로 하고 권한을 남용해도 책임지지 않는다'라는 교훈도 얻었을 것"이라고 냉소冷笑하였다.[1029]

2020년 대선 이후 트럼프가 보여준 언행으로 판단하면, 브라운 의원의 예측이 매우 정확했던 것으로 보인다. 이런 트럼프에게 탄핵에 대한 교훈을 다시 묻는 것은 어리석은 질문이 될 것이다. 그러나 2차 탄핵은 트럼프를 제외한 모든 이에게 '그가 여전히 공화당을 장악할 힘을 가지고 있으며 2024년 대선을 통해 다시 돌아올 수 있다'라는 두려운 교훈을 분명히 전한다.

대선에서 패배한 트럼프가 쿠데타를 일으킬 수 있다는 우려 때문에 주변 사람들과 대책을 논의하였다는 합동참모의장 마크 밀리Mark Milley 장군의 발언이 최근 출간된 책에서 공개되었다.[1030] 밀리 장군이 진술한 임기 말의 혼란스럽고[1031] 심각했던 분위기는 '바이든이 백악관에 들어서지 못할 것이라고 공언하며, 펜스 부통령과 공화당 의원들에게 선거 결과를 뒤집으라고 압박했던' 트럼프의 언행이 그의 진심에서 우러났던 것임을 보여준다.

상식에서 벗어나는 판단과 언행은 경쟁자나 지지자들의 눈살을 찌푸리게도 하지만, 동시에 예측하기 어렵다는 점에서 상대의 공포감을 배가倍加시킨다. 공화당 의원들은 여전히 가장 강력한 힘을 가진, 여전히 예측하기 어려운, 그래서 더욱 공포감을 주는 왕의 귀환을 두려워하며 줄 서서 그의 반지에 입맞춤하고 있다.[1032]

당파 싸움

알렉산더 해밀턴은 "탄핵은 국가나 사회에 끼친 손해를 따지므로 기본적으로 정치적 특성을 보이며, 탄핵 기소는 정치적 싸움을 불러일으키고, 탄핵의 결론은 집권 다수파가 지배할 수 있다"는 우려를 하였다. 해밀턴은 이렇게 예민하고 중대한 업무를 가장 공정하게 잘 처리할 수 있는 기관은 상원이라고 예상하며, 상원을 탄핵 심판 기관으로 강력하게 추천하였다.[1033]

실제 대통령 탄핵 사례에서 하원의 탄핵 기소는 대체로 정당에 따른 정파적 표결에서 벗어나지 않아, 해밀턴의 우려가 기우杞憂가 아니었음을 보여주었다.[1034] 반면, 상원의 탄핵 심판은 반드시 다수당의 뜻대로 결론 나지는 않아 해밀턴의 예상이 현명하였음도 보여주었다.

1868년 앤드루 존슨 대통령을 탄핵 기소한 공화당은 유죄 선고를 내리는 데 충분한 의석을 장악하고 있었지만 존슨을 방면하였다.[1035] 1974년 민주당이 닉슨 대통령을 탄핵 기소하려 하자, 골드워터 상원의원 등은 백악관으로 찾아가 공화당 상원의원 상당수가 민주당 의원들과 함께 유죄 선고할 것이라는 메시지를 전하여 닉슨을 스스로 사임하게 했다.[1036] 클린턴에 대한 상원의 탄핵 심판도 비록 정당에 따른 대결 양상을 보였지만, 표결의 결과는 다수 국민의 뜻과 일치하는 모습을 보여주었다.[1037]

그러나 트럼프 2차 탄핵에서 상원의 심판은 사건의 중대성을 간과看過하고 다수 국민의 기대를 저버린 '가장 정파적인 결론'이라는 평가를 받았다. 상원의 공정성에 대한 해밀턴의 신뢰와 예상이 깨진 것이다. 클린턴에게 유죄 선고를 하였던 상당수 공화당 상원의원들이 트럼프에게는 무죄 선고를 내렸다.[1038] 그들은, 국민 다수가 중대한 문제가 아니라고 생각한 클린턴의 'Sex & Lies'는 유죄이지만, 국민 다수가 중대한 문제라고 생각한 'Lies & Capitol Attack'은 무죄라고 선고하였다.

탄핵이 더는 공화주의에 필수적인 견제와 균형의 도구로 신뢰받기는 힘들 듯 보이며, 정권 다툼에 필요한 정파적 절차로써 양극화를 부추기는 수단으로 전락한 듯이 보인다. 이런 현상의 이유가 탄핵을 무력하게 만드는 트럼프의 신비한 힘 때문인지, 또는 최근에 더욱 기승을 부리는 정치적 양극화 때문인지 분명하지 않다. 닉슨을 제외하면 200여 년 동안 단 두 번 있었던 대통령 탄핵이 트럼프 재임 4년 만에 두 차례 일어났다는 사실이 무엇을 설명하는지도 분명치 않다. 분명한 사실은 미국 민주주의에 대한 신뢰가 상당히 훼손되었다는 것이다.

정치 양극화

탄핵이 정치적 절차가 아니라 당파 싸움의 수단으로 전락한 원인은, 미국의 양당제도와 그 양당을 중심으로 극심하게 나누어진 정치 양극화(political polarization)에 있다.[1039] 보수와 진보 또는 좌파와 우파 등 정치적 이분법二分法에 얽매인 사람들은, 사실과 거짓을 분별하고 옳고 그름을 가리기보다 지지하는 정당의 이념과 주장에 맹목적인 지지를 보낸다. 정치인들 역시 소속 정당의 뜻을 거슬러 당의 지도부나 당원들의 비난을 자초하는 행동을 피한다.

트럼프는 이런 정치적 양극화를 가장 잘 이용한 정치인이다. 트럼프가 두 번의 탄핵에서 살아남으며 오히려 공화당 최고의 권력자로 부상할 수 있었던 가장 중요한 이유는, 정파적 대립과 국민의 분열을 활용한 그의 정치적 탤런트 때문이라는 주장이 제기되기도 한다.[1040]

　빈부 양극화와 함께 심화하는 정치 양극화와 이에 편승하는 선동 정치인의 두각은 아메리카 대륙에 국한된 일이 아니다. 감성적 애국심을 자극하는 국가주의와 이기적 욕망을 충족시키는 고립적 민족주의, 여기에 호소하는 선동 정치가 세계 열강들의 통치 패턴으로 자리 잡고 있다는 개인적 우려는 오래되었다. 국민은 스스로 이런 선동정치의 제단에 제물이 되는 모습을 보여주기도 한다.

　국민은 자국이 더 강해지고 더 큰 이익을 차지하길 소망하며, 그런 소망을 이룰 수 있는 강력한 집권자를 원한다. '러시안 월드Russian World'를 주창하며 장기 집권을 해온 푸틴은, 2020년 7월 헌법을 개정하여 2036년까지 권력을 장악할 길을 닦았다. 러시아 국민 투표는 80% 지지율로 개헌에 찬성하였다. '중국몽中國夢'으로 인민의 자부심을 자극한 시진핑은, 2018년 3월 국가주석의 임기 제한을 없애려는 인민대회를 열었다. 인민대회는 99.8% 지지율로 답하였고, 시진핑은 그가 원한다면 평생 집권할 길을 열었다. 대동아공영권大東亞共榮圈과 침략 전쟁의 뿌리라 할 만한 요시다 쇼인의 사상을 존경하는 아베는, 최장수 총리로 트럼프와 동시대를 누리며 패전 헌법을 개정하려 애썼고, 극우를 포함한 보수 국민은 그에게 절대적인 지지를 보냈다.

경제와 정치가 양극화되고 종교와 이념이 대립하는 세계에서는, 어떤 우려도 이상하지 않으며 언제든 현실이 될 수 있다. 2022년 2월 24일, 러시아의 푸틴은 우크라이나를 침공하였다. 문명(civili-zation)을 자부하는 20세기에 명분 없는 침략 전쟁이 일어날 수 있다는 사실에 세상 사람들은 경악하였지만, 수많은 생명을 앗아가며 전쟁은 지금도 계속되고 있다. 아베는 2022년 7월 22일 살해당했지만 일본의 정치 기조에는 변함이 없다. 시진핑은 10월 22일 폐막한 20차 공산당대회에서 자신의 3연임을 확정 지으며 마오쩌둥의 반열에 올랐다. 그러나 강력한 코로나 봉쇄 정책에 반대하는 시위가 일어나고, 심지어 시진핑 퇴진 구호가 등장하기도 한다.

정치 양극화와 선동정치로부터 대한민국 역시 자유롭지 않다. 국민의 대표를 자처하는 국회의원은, 자신을 선출할 출신 지역의 시민이 아니라 소속 정당 지도부의 눈치를 살핀다. 공천을 받고 당선된 국회의원들은 다시 정치 양극화에 편승하여 국민의 눈과 귀를 가리고, 판단력이 흐려진 국민은 인물과 정책을 보지 않고 지지하는 정당에 맞추어 위정자爲政者를 선출한다.

정부의 수준을 결정하는 것은 국민이다. 더 훌륭한 정부, 국민이 진정한 주인이 되는 더 좋은 나라를 갖기 위해서는, 이념과 사상 또는 정파와 정당에 신앙 같은 지지를 바치기보다 사안 별로 옳고 그름을 현명하게 판단하는 자세를 가져야 한다.

미주

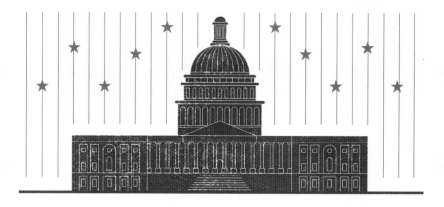

Ⅰ. 탄핵의 개요

1.

U.S. CONST. art. II. §4 ("The President, Vice President and all civil Officers of the United States, shall be removed from Office on Impeachment for, and Conviction of, Treason, Bribery, or other high Crimes and Misdemeanors."); U.S. CONST. art. I. §2. cl.5. ("The House of Representatives … shall have the sole Power of Impeachment."); U.S. CONST. art. I. §3. cl.6. ("The Senate shall have the sole Power to try all Impeachments … When the President of the United States is tried, the Chief Justice shall preside: And no Person shall be convicted without the Concurrence of two thirds of the Members present.").

2.

U.S. CONST. art. I. §3. cl.7 ("Judgment in cases of impeachment shall not extend further than to removal from office, and disqualification to hold and enjoy any office … under the United States: but the party convicted shall nevertheless be liable and subject to indictment, trial, judgment and punishment").

3.

U.S. CONST. art. II. §2. cl.1. ("[The President] shall have Power to grant Reprieves and Pardons … except in Cases of Impeachment."); U.S. CONST. art. III. §2. cl.3. ("The Trial of all Crimes, except in Cases of Impeachment, shall be by Jury.").

4.

1787년 필라델피아에 모인 헌법 제정자들은 연방의 정부 형태와 관련하여 몽테스키외를 비롯한 정치철학자들의 사상으로부터 많은 아이디어를 빌렸다. 그러나 3권 분립의 핵심이 되는 중요한 두 가지 요소는 독창적으로 고안하였다. 하나는 국민이 선거로 선출하여 의회에 종속되지 않는 대통령 제도이며, 다른 하나는 의회의 입법 행위를 위헌이라고 판단할 수 있는 사법심사(Judicial Review) 권한을 보유하며 독립적인 지위를 누리는 사법부 제도이다. *See* WILLIAM H. REHNQUIST, GRAND INQUEST 275 (Quill William Morrow 1992).

5.

헌법 1조 7항은 대통령의 법안 거부권을 명시하고 있다. 대통령이 거부한 법안을 법률로 다시 통과시키기 위해서는 상원과 하원 모두에서 2/3 이상의 투표로 결의되어야 한다. U.S. CONST. art. I §7, cl. 2.

탄핵으로 본 미국사

6.

U.S. CONST. art. III §1.

7-1.

See Marbury v. Madison, 5 U.S. 137 (1803). 1800년 선거에서 주정부의 자치권을 강조하는 공화파들이 의회를 장악하고, 공화파 토머스 제퍼슨(Thomas Jefferson)이 3대 대통령에 당선되었다. 연방정부의 기능과 권한을 강화해야 한다고 주장하는 연방파 의원들은, 자신들의 임기가 끝나기 직전인 1801년 2월 소위 레임덕 회기(lame-duck session)에 급히 법원조직법(Judiciary Act of 1801)을 제정하여 새로운 판사 자리를 만들었다. 물러나는 연빙파 존 애덤스(John Adams) 2대 대통령은 이 법원조직법에 근거하여 1801년 3월 자신의 임기 만료 2일 전에 10여 명의 연방법원 판사들을 임명하였다. 이틀 뒤 취임한 제퍼슨은 새로 임명된 판사 중 아직 임명장을 받지 못한 판사에게는 임명장 발송을 중지시켰다. 임명장을 받지 못한 판사인 윌리엄 마버리(William Marbury)는 임명장을 발급해 달라는 청구(Writ of Mandamus)를 연방 대법원에 제기하였다. 이 소송에서 애덤스 대통령에 의해 대법원 판사로 임명된 존 마셜(John Marshall) 대법원장은, 물러난 애덤스와 현직의 제퍼슨 모두를 아우르는 영리한 모습을 보이면서도 미국 헌정사에 우뚝 솟아난 결론을 내리게 된다.

7-2.

마셜 대법원장은, 애덤스가 서명한 판사 임명장은 적법하고 유효한 것이며, 새 정부의 국무장관 제임스 매디슨(James Madison)은 마버리에게 임명장을 발급해야 한다는 결론을 내려 애덤스의 손을 먼저 들어주었다. 그러나 Writ of Mandamus 청구에 대한 연방 대법원의 원심 관할권(Original Jurisdiction)은 외국 대사(Foreign Ambassadors) 또는 주정부(State)가 소송 당사자일 때로 한정되며, 국내 공무원의 경우 연방 대법원은 오직 상고관할권(Appellate Jurisdiction)만을 가지기 때문에 연방 대법원에 Writ of Mandamus를 직접 청구할 수 있도록 한 1789년 법원조직법 13항은 위헌이라는 결론을 내렸다. 이 결론에 따르면 마버리는 Writ of Mandamus를 먼저 하급 법원에 청구해야 한다. 마버리는 결국 임명장을 받지 못한 것으로 알려졌다. 마셜 대법원장은 *Marbury v. Madison*에서 연방파와 공화파 한쪽이 극도로 실망하는 판결을 하지 않으면서 '의회가 제정한 법이 위헌이라고 결정할 수 있는 권한'을 슬쩍 행사한 것이다. 그러나 *Marbury v. Madison* 판결 당시에 공화파와 연방파 모두, 연방 대법원이 의회의 법안을 위헌이라고 폐기하면서 사법심사(Judicial Review) 권한을 확립하는 첫걸음을 떼고 있다는 사실에는 그리 큰 주목을 하지 않았다.

8.

헌법 2조 2항은 대통령이 조약을 맺을 때 상원 2/3의 동의를 받도록 하고 있으며, 외교관이나 대법원 판사들을 임명할 때에도 상원의 동의를 받도록 규정하고 있다. U.S. CONST. art. II §2. cl. 2.

9.

영국군에 저항하는 무장 봉기이자 독립전쟁의 시발이 된 렉싱턴(Lexington)과 콩코드 (Concord) 전투가 발생한 1775년에도 'United States of America'는 존재하지 않았다. 1776년 독립선언서에 'United States of America'가 처음 등장하였다. 이듬해인 1777년 13개 주의 대표 회의체인 대륙회의(Continental Congress) 2차 회의에서 연맹규약(Articles of Confederation)이 채택되었고, 1781년에 13개 주의 승인을 얻어 발효되었다. 연맹규약은 북미 대륙이 공동 이익을 추구하고 영국에 효과적으로 대항하기 위해 마련된 수단이지만, 연방 헌법의 효시라고 볼 수도 있다. 연맹규약은 13개 주 회의체인 의회(Congress)를 구성하고, 이 의회에 돈을 빌릴 권한, 모병할 권한, 우체국을 설립할 권한, 원주민인 인디언을 규제할 권한 등을 주었지만, 세금을 거두거나 주들 사이의 통상을 규제하는 등 통치 행위에 필수적인 행정 및 사법 권한과 기능은 주지 않았다. 따라서 연맹규약은 헌법이라기보다는 13개 주의 협정(Treaties)에 가깝다고 할 수 있다. *See Articles of Confederation, available at* https://guides.loc.gov/articles-of-confederation. *See also* WILLIAM H. REHNQUIST, *supra* note 4, at 28-29; LAWRENCE M. FRIEDMAN, A HISTORY OF AMERICAN LAW 71 (2005 Simon & Schuster) ("Articles of Confederation of 1977 envisioned a loose, low-key group of highly sovereign states."). 연맹규약은 식민지 미국이 영국 국왕의 폭정에 대항하는 독립전쟁을 시작하면서 만들어졌기 때문에 국왕과 군주제에 대한 미국인들의 혐오가 반영되어 있으며, 이런 이유로 언제든지 군주제로 변할 가능성이 있는 권력인 행정부가 연맹규약에서 의도적으로 배제되었다는 주장도 있다. CASS R. SUNSTEIN, IMPEACHMENT, A CITIZEN'S GUIDE 27 (Penguin Book 2017).

10.

1787년 13개 주의 대표들은 필라델피아(Philadelphia)에서 기존의 연맹규약을 대체할 좀 더 강력한 합의문을 작성하기 위해 논의를 시작하였다. 연방 헌법을 탄생시킨 이 회의는 '필라델피아 헌정회의(Philadelphia Constitutional Convention)'로 불리며, 이 회의에 참석하였던 각 주의 대표들은 '헌법 제정자들(the Framers)'로 불린다.

11.

STAFF OF HOUSE COMM. ON THE JUDICIARY, 93D CONG. 2D SESS, CONSTITUTIONAL

GROUNDS FOR PRESEDENTIAL IMPEACHMENT 14 (Comm. Print 1974) [hereinafter CONSTITUTIONAL GROUNDS] ("the powers of the President are too well guarded and checked")(quoting Edmund Randolph); Jared P. Cole & Todd Garvey, Impeachment and Removal, CRS Rept. No. R44260, at 4 (Oct. 29, 2015), https://fas.org/sgp/crs/misc/R44260.pdf. ("an important aspect of the various checks and balances"); FORREST MCDONALD, NOVUS ORDO SECLORUM 82 (U. of Kansas Press 1985)("When the legislative and executive powers are united in the same person ··· [Montesquieu] says, there can be no liberty. The executive must have no part in legislation, though it must have veto power. The legislature must have no share in the executive power, though it must have the power to impeach.") (emphasis added) (internal quotaion marks deleted). 윌리엄 렌퀴스트(William H. Rehnquist) 전 대법관은 3권 분립 체제 아래에서 3개 부문이 견제하고 충돌하는 것은 필연적인 특성이라고 지적하면서, WILLIAM H. REHNQUIST, supra note 4, at 130-134, 1868년 앤드루 존슨(Andrew Johnson) 대통령에 대한 탄핵은 독립적 대통령제에 대한 도전이며, 1803년 사무엘 체이스(Samuel Chase) 대법관에 대한 탄핵은 독립적 사법부에 대한 도전이라고 해석하였다. Id. at 275.

12.

CONSTITUTIONAL GROUNDS, supra note 11, at 7 ("Impeachment was to be one of the central elements of executive responsibility in the framework of the new government").

13.

THE FEDERALIST NO. 65 (Alexander Hamilton), available at https://archive.org/details/federalist00hami/page/n25/mode/2up; III JOSEPH STORY, Commentaries on the Constitution of the United States § 742 (1833), available at https://www.lonang.com/wp-content/download/Story-CommentariesUSConstitution.pdf; CONSTITUTIONAL GROUNDS, supra note 11, at 4; Jared P. Cole, supra note 11, at 7.

14.

CONSTITUTIONAL GROUNDS, supra note 11, at 5; FRANK BOWMAN, HIGH CRIMES AND MISDEMEANORS 26-29 (Cambridge Univ. Press. 2019).

15.

기록된 영국의 탄핵 사례는 1376년까지 거슬러 올라가나, 최초의 탄핵 사례는 1283년에 있었다는 주장도 있다. Elizabeth B. Bazan, Impeachment: An Overview *of Constitutional Provisions, Procedure, and Practice*, CRS Rept. No. 98-186, at 7 (Dec. 9, 2010), https://fas.org/sgp/crs/misc/98-186.pdf. *See also* CONSTITUTIONAL GROUNDS, *supra* note 11, at 5 n.6.

16.

대헌장(Magna Carte) 제정 이후 의회의 권력이 강해지면서 국왕은 의회의 승인 없이 입법과 과세를 할 수 없었다. 이런 이유로 의회가 탄핵을 빈번하게 사용할 필요성도 없어진 것으로 보인다. 1600년이 시작되면서 스코틀랜드 출신 제임스 1세가 왕위에 올라 스튜어트(Stuart) 왕조가 시작되었는데, 제임스 1세(James I)는 '국왕은 신에게만 책임을 지고 신하에게는 책임을 지지 않으며 국왕은 법 위에 있으며 법의 지배를 받지 않는다'라는 '왕권신수설'을 주장하며 의회와 충돌하였다. 제임스 1세는 의회를 해산하고 청교도에게 영국 국교회(Anglican Church: 성공회)로 개종할 것을 강요하여 내전의 씨앗을 뿌렸다. 제임스 1세의 뒤를 이은 찰스 1세(Charles I) 역시 의회를 경멸하고 절대군주제를 신봉하였다. FRANK BOWMAN, *supra* note 14, at 33. 1642년, 결국 찰스 1세와 의회 사이에 전쟁이 발발하였고, 올리버 크롬웰(Oliver Cromwell)은 철기군(Ironsides)을 이끌고 마스턴 무어(Marston Moor) 전투와 네이즈비(Naseby) 전투에서 승리하여 의회의 승리에 결정적인 역할을 하였다. 1649년 찰스 1세는 처형되었고, 이후 약 10여 년간 크롬웰 공화국(Commonwealth) 시대가 열렸다. 크롬웰 공화국 시기에 탄핵은 없었다. *Id.*

17.

CONSTITUTIONAL GROUNDS, *supra* note 11, at 4-6.

18.

Raoul Berger, *Impeachment: The Constitutional Problems*, Harper's Magazine, Jan. 1974, at 34, https://harpers.org/author/raoulberger/. ("chief among the impeachable offense was subversion of the Constitution"); Written Statement of Jonathan Turley, H. Comm. on Judiciary Hearing, The Impeachment Inquiry into President Donald J. Trump: Constitutional Grounds for Presidential Impeachment, at 7 (December 4, 2019) [hereinafter Written Statement of Jonathan Turley on Trump Impeachment], https://int.nyt.com/data/documenthelper/6547-jonathan-turley-s-opening-stat/739d3374f20a9ed69157/optimized/full.pdf. ("[Impeachment] trials continued to serve as an extension of politics, including expressions of opposition to Crown governance by Parliament."). 물론 탄핵이 오로지 왕권을 견제하기 위한 수단으로만 사용된 것은 아닐 것이며, 의원들 서로가 정적을 제거하거

나 왕을 지지하는 의원들이 왕권에 반대하는 사람을 축출할 목적으로 탄핵을 추진할 수도 있는 것이다. *Id.* For further readings, *See* RAOUL BERGER, IMPEACHMENT: THE CONSTITUTIONAL PROBLEMS (Cambridge, MA: Harvard Univ. Press, 1973) [hereinafter RAOUL BERGER, IMPEACHMENT].

19.

웬트워스 탄핵은 영국 헌법사의 한 분수령을 이룰 뿐 아니라 미국의 헌법 제정자들에게 잘 알려진 사례였을 것으로 추정된다. CONSTITUTIONAL GROUNDS, *supra* note 11, at 5.n 5 (citing RAOUL BERGER, IMPEACHMENT, *supra* note 18).

20.

아이러니하게도 웬트워스는 한때 하원(House of Commons)의원이었으며, 1628년 권리 청원의 적극적인 지지자였다. 그러나 찰스 1세가 권리청원을 받아들이자 돌연 열렬한 왕권 지지자로 변하였다. *See* FRANK BOWMAN, *supra* note 14, at 35-38.

21.

CONSTITUTIONAL GROUNDS, *supra* note 11, at 5 ("subvert the fundamental Laws and Government", "assumed regal power and exercised it tyrannically", "subverted the rights of Parliament"). 웬트워스에 대한 탄핵 기소장은 매우 길었으며 아주 사소한 문제까지 거론할 정도로 세세하였지만, 탄핵 기소의 중요 내용은 다섯 가지 정도로 요약될 수 있다. ① 헌정질서를 전복하려 한 죄 ② 자신의 부를 탐하여 부패한 죄 ③ 가톨릭과 내통하여 그의 계획인 전제주의 실현에 가톨릭의 지지를 받으려 한 죄 ④ 1640년 스코틀랜드인(Scots) 침공 당시 군사적 대응을 잘못한 죄 ⑤ 아일랜드(Irish) 군대를 불러 영국 국민과 전쟁을 하도록 영국 국왕에게 자문한 죄. *See* FRANK BOWMAN, *supra* note 14, at 36.

22.

사권 박탈(Bill of Attainder)은 법적 절차를 거치지 않고 개인의 사법적 권리를 박탈하여 재판 없이 처벌하는 것이다. 의회가 웬트워스에 대한 탄핵을 사권 박탈로 대체한 이유가 분명히 드러난 것은 아니지만, 탄핵 과정에서 반역죄에 대한 입증이 어려웠던 점이 하나의 이유로 추정된다. 사권 박탈은 왕의 동의가 필요한데, 의회는 국왕을 압박하여 동의를 받아낸 뒤 신속하게 정적을 제거하였다. FRANK BOWMAN, *supra* note 14, at 37.

23.

마이클 드 라 폴 탄핵의 기소 내용을 읽어보면, 탄핵의 핵심 이유는 마이클 드 라 폴이 의회의 심기를 건드렸다는 것으로 보인다. *See* Written Statement of Jonathan Turley on Trump Impeachment, *supra* note 18, at 7. 이 무렵의 영국 의회는, 직무 태만이나 왕에게 잘못된 충고는 물론 좋은 판사를 나쁜 판사로 대치하였다는 이유로도 탄핵을 추진하였다. *Id.*

24.

CONSTITUTIONAL GROUNDS, *supra* note 11, at 6 n.14. ("negligent preparation for an invasion by the Dutch and negligent loss of a ship").

25.

Id. at 6 n.15. ("browbeating witness and commenting on their credibility").

26.

CASS R. SUNSTEIN, *supra* note 9, at 37 ("applying funds to purposes other than those specified", "procuring offices for unfit and unworthy people").

27.

FRANK BOWMAN, *supra* note 14, at 38. 클라렌든 백작은 상원에서 탄핵에 대한 최종 표결이 시행되기 직전 프랑스로 달아났다. *Id.*

28.

Id. at 38 -39. ("The form of the charge [against Danby] was in one respect was strikingly similar to those against Clarendon, Laud, and Strafford in that he was alleged to have endeavored to subvert the ancient and well established form of government in this Kingdom, and instead thereof to introduce an arbitrary and tyrannical way of government.").

29.

Id. at 39.

30.

Elizabeth B. Bazan, *supra* note 15, at 7.

31.

CONSTITUTIONAL GROUNDS, *supra* note 11, at 7.

32.

See FRANK BOWMAN, *supra* note 14, at 40-42. 헤이스팅스에 대한 탄핵 심판은 1788 년 시작되었는데, 에드먼드 버크(Edmund Burke) 의원은 헤이스팅스에 대한 기소 내용을 4일에 걸쳐 발표한 것으로 알려졌다. 헤이스팅스에 대한 탄핵은 그 다양한 기소 내용 때문에 영국은 물론 미국에서도 상당한 관심을 끌었으나, 7년이나 지연된 데다가 1789 년 프랑스혁명이 일어나면서 사람들의 관심에서 사라졌다. 헤이스팅스는 수년에 걸친 탄핵 때문에 파산한 것으로 알려졌다. *See also* Charles Doyle, *Impeachment Grounds*

: *A Collection of Selected Materials*, CRS Rept. No. 98-882, at 10, n.5. (Oct. 29, 1998), https://crsreports.congress.gov/product/pdf/RL/98-882. 헤이스팅스 탄핵이 미국에서 주목받은 또 다른 이유는, 탄핵을 기소한 에드먼드 버크 의원 때문이기도 할 것이다. 그는 과세를 포함한 영국의 북아메리카 식민지 정책을 비난하고, 식민 주들을 지지하여 식민 주들의 정치인들에게 잘 알려져 있었다.

33.

Cass R. Sunstein, *supra* note 9, at 47. 조지 메이슨은 버지니아(Virginia) 대표로 미국 독립선언서의 전신이라 할 수 있는 '버지니아 권리선언(Virginia Declaration of Rights)'을 작성한 사람이다. 그는 필라델피아 헌정회의에서 적극적인 역할을 하였지만, 반-연방주의자로 연방정부에 큰 권한을 주는 데 반대하였으며, 『연방주의자(The Federalist)』를 발간하며 헌법 비준을 촉구하였던 해밀턴과 매디슨 등과는 달리 '헌법에 시민들의 권리가 열거되지 않았다'는 이유로 헌법 비준에 반대하기도 하였다. 이런 이유로, 연방정부가 침해할 수 없는 시민의 권리가 열거된 10개 조항의 권리장전(Bill of Rights)이 헌법에 추가되었다.

34.

Id. at 38.

35.

Frank Bowman, *supra* note 14, at 83. ("a symbolic means of claiming parity with Parliament").

36.

Written Statement of Jonathan Turley on Trump Impeachment, *supra* note 18, at 8-9 ("a way of contesting Crown governance.").

37.

See generally Cass R. Sunstein, *supra* note 9, at 37-41. *Id.* at 38 ("In the crucial years between 1755 and the signing of the Declaration of Independence, impeachment was used as a weapon against abuses of authority that came from imperial policy. In this way, impeachment was a tool for the exercise of popular sovereignty, ensuring a close link between impeachment and republicanism in the colonies."); *Id.* at 39 ("By the 1770s, colonial American came to see impeachment as the mechanism by the people could begin the process ousting official wrongdoers, understood as those who betrayed republican principles, above all by abusing their authority through corruption or misuse of power.

In that sense, it was a legal instrument for carrying out the aims of the coming Revolution.").

38.

영국의 식민지 지배는 대체로 3가지 경로, 즉 Proprietary, Corporate, Royal을 통하여 이루어졌다. Proprietary는 봉건시대의 봉토와 비슷한 개념으로 왕이 개인에게 특정 지역을 봉토로 하사하고 관리를 맡기는 것이다. Corporate는 봉건적 관계를 맺은 개인이 아니라 법인체에 식민지 경영권을 하사하고 경영을 맡기는 것이다. 마지막으로 Royal은 Proprietary나 Corporate와 같이 중간 단계를 거치지 않고 왕이 관리들을 파견하여 직접 특정 지역을 다스리는 방법이다. *See* FRANK BOWMAN, *supra* note 14, at 51-52.

39.

펜실베이니아 의회(Assembly)는 1758년 1월 무어 판사를 명예 훼손과 의회 경멸 죄로 체포하였다. 그러나 회기가 아닌 기간에는 의회가 무어를 구속할 사법적 권한이 없었기 때문에, 무어는 1758~1759년 회기가 종료되자 곧 풀려났다. 무어는 영국 국왕이 직접 판사로 임명한 데다 펜실베이니아 주지사 윌리엄 데니(William Denny)가 해임을 거부하였기 때문에 구속에서 풀려난 뒤에도 판사직을 유지하였다. 구체적 범죄가 아니라 비행(misdemeanors)이라는 죄목으로 펜실베이니아 의회가 무어에게 취한 조치를 탄핵이라고 부르기는 하지만, 의회가 무어에 대한 공식적인 탄핵 기소장을 작성하였다는 근거는 없다. FRANK BOWMAN, *supra* note 14, at 59-60. 그렇지만 무어 사례는 펜실베이니아 의회가 영국의 왕권과 군주제에 도전하는 무대였던 것은 분명해 보인다. *Id.* at 60.

40.

Id. at 62.

41.

Id. at 63; CASS R. SUNSTEIN, *supra* note 9, at 38.

42.

펜실베이니아 의회는 주지사 윌리엄 데니에게 무어에 대한 탄핵 심판을 개최하도록 요청하였으나, 데니는 의회가 무어를 탄핵할 권한이 없으며 자신 또한 탄핵을 심판할 권한이 없다는 이유로 의회의 요청을 거절하였다. 후일 영국의 추밀원(Privy Council)도 펜실베이니아 의회가 무어를 탄핵할 권한이 없다는 공표를 하였다. 매사추세츠 주지사 허친슨 역시 올리버에 대한 탄핵 심판을 막으며 그를 보호하는 데 성공하였다. 그러나 분노한 대중들이 올리버의 생명을 위협하고, 그의 재판 관할에 속한 대배심들은 올리버가 재판정에 있는 한 배심원 역할을 거부하겠다고 나섰다. 올리버는 결국 판사직을 포기하고 1776년 영국군이 보스턴에서 철수할 때 영국으로 달아나 다시 돌아오지 않았다. *See* FRANK

BOWMAN, *supra* note 14, at 59-60, 63-64.

43.

매사추세츠 의회는 올리버가 영국 국왕으로부터 400파운드의 연봉을 수락하였다는 이유로 그에게 뇌물죄를 적용하였다. 그러나 올리버가 자신을 판사에 임명한 영국의 국왕으로부터 받은 급여를 뇌물이라고 보기는 어렵다. *Id.* at 63-64. 이 때문에 펜실베이니아 의회는 형사적 범죄(crime)가 아닌 비행(misdemeanor)이라는 이름으로 무어를 탄핵하려 하였는데, 이것은 다분히 정치적 공격으로 보인다. *Id.* at 61.

44.

CASS R. SUNSTEIN, *supra* note 9, at 24. ("[The impeachment] became thoroughly Americanized. It turned into an instrument of popular sovereignty, an emphatically republican weapon, a mechanism by which the people might rule.")(emphasis added). *See also Id.* at 37-41.

45.

CONSTITUTIONAL GROUNDS, *supra* note 11, at 7-8 ("That evidence … shows that the framers intended impeachment to be *a constitutional safeguard of the public trust*…")(emphasis added). 헌법 제정자들은 기본적으로 탄핵을 '국민 신뢰를 저버린 대통령을 축출하는 수단'으로 간주하였지만, 상당수 헌법 제정자들은 탄핵을 '주정부의 주권과 독립성을 지키기 위한 수단'으로도 인식하였던 것으로 보인다. 이런 이유로 델라웨어 대표 존 딕슨(John Dickson)은, 13개 주 의원들 다수가 요구할 경우 연방의회가 대통령을 파면하도록 하자는 제안을 하기도 하였다. *Id.* at 29. *See also* CASS R. SUNSTEIN, *supra* note 9, at 37-41.

46.

See FRANK BOWMAN, *supra* note 14, at 83. *See also*, Noah Feldman, Prepared *Statement to House Judiciary Committee*, Dec. 4, 2019, at 2 ("central to the republican form of government"), https://www.justsecurity.org/wp-content/uploads/019/12/ukraine-clearinghouse-FeldmanP-20191204.pdf. ; CASS R. SUNSTEIN, *supra* note 9, at 40 ("an appropriate instrument of republican rule."). 필라델피아 헌법제정회의에서 대통령이 탄핵 대상에 포함되는 것에 반대한다는 의견이 제기되었을 때 '국가의 주인은 국민이며 국왕도 법 아래에 있다'라는 공화주의 사상이 강력하게 주장되었으며, 결국 대통령도 탄핵 대상에 포함하게 되었다. *See infra* note 46 & accompanying text. 국왕이 아니라 '국민이 나라의 주인'이라는 공화주의 사상은 미국 헌법 제정 당시 북미 대륙의 정치인들을 사로잡고 있었는데, 이들은 대체로 권력이 중

앙에 집중되는 것을 경계하였다. 필라델피아 회의가 개최되기 직전인 1785년, 매사추세츠 의회는 연방회의체(Congress)에서 매사추세츠를 대표하던 루퍼스 킹(Rufus King), 엘브리지 게리(Elbridge Gerry), 사무엘 홀튼(Samuel Holton) 등에게 연방회의체의 권한을 강화하고 확대하는 방안을 제안하도록 요구한 적이 있다. 그러나 이들은 "독립 이후 13개 주의 정부와 연맹규약은 공화주의 원칙을 수용하였는데, 연방회의체의 권한을 확대하는 것은 공화주의 원칙에 어긋나는 것이므로 경계해야 한다"라는 편지를 주지사 제임스 보우도인(James Bowdoin)에게 보내고 매사추세츠 의회의 요구를 거부한 적도 있다. *See* FORREST MCDONALD, *supra* note 11, at 170.

47.

FRANK BOWMAN, *supra* note 14, at 72, 93. 특히 독립선언 직후 대부분 주에서 일상적인 공직자의 부패 방지를 위해 탄핵이 적극적으로 활용되었는데, 당시 사법 및 경찰 제도가 미비하였던 탓도 있다. *Id.* at 73-74.

48.

독립 전후 무렵 미국의 탄핵제도는 대체로 두 가지 모델로 나누어 볼 수 있다. 하나는 최고 권력층에 대항하거나 헌정질서를 보호하는 것에 중심을 둔 탄핵 모델이며, 다른 하나는 공무원의 부패나 무능 등 좀 더 일상적인 문제에 대응하는 것을 강조한 모델이다. 당시 대다수 주 헌법은 후자의 모델에 기반을 두었다고 할 수 있지만, 버지니아와 노스캐롤라이나 그리고 델라웨어 헌법은 국가나 헌정질서를 위태롭게 하는 행위를 방지하는 기능을 더 강조하였다. FRANK BOWMAN, *supra* note 14, at 73.

49.

CASS R. SUNSTEIN, *supra* note 9, at 18-19.

50.

연맹규약으로 탄생한 의회는 현재의 연방의회와는 다른 개념이며, 매우 약한 중앙정부의 기능을 가진 회의체였다. 예를 들어, 연맹규약의 의회는 과세하거나 통상을 규제할 권한이 없었으며 사법부 기능도 없었다. *Id.* at 27.

51.

WILLIAM H. REHNQUIST, *supra* note 4, at 29. 미국 헌법은 부자들이 자신들의 경제적 이익을 지키기 위한 수단이었다는 이론이 제기되어 주목을 받은 적이 있다. 역사학자 찰스 비어드(Charles Beard)는, 1787년 필라델피아 헌정회의에 참석한 사람들 다수가 변호사였으며, 대다수가 토지 · 노예 · 운송 선박 · 제조업을 소유한 부자이고, 이들 중 반 이상이 자금을 대출하여 이자 수익을 얻고 있었으며, 회의 참석자 55명 중 45명이 정부 채권을 보유하고 있었다는 점 등을 지적하며, 이들은 자신들의 경제적 이익을 지키기 위하여 강한 연방정부를 원했다는 이론을 제시하였다. 즉, 제조업자는 보호관세를 원했고, 대부업자는 부채 상환에 위조지폐가 이용되는 것을 중지시키려 하였으며, 땅 투기꾼은 인디언 부족의 영역을 침범할 때 보호받기를 원했고, 노예 주들은 노예들의 폭동이나 도망에 대한 연방 차원의 대책을 원했으며, 채권 보유자는 정부가 전국적인 징세를 통하여 채권 대금을 지급하기를 원했다. 헌법은 이런 이익을 반영한 결과물이라는 것이 비어드의 해석이다. 비어드는 노예, 계약 노예(indentured servants), 여성, 자산이 없는 남성 등 4개 계층은 필라델피아 헌정회의에서 대표가 되지 못하였다고 지적하였다. 비어드의 분석은 설득력 있게 들린다. 그러나 1787년 무렵 사람들이 강한 중앙정부를 원했던 이유에는, 경제적 이익을 보호하려는 욕망뿐만 아니라 당시 불만에 가득 찼던 농부들의 반란과 폭동에 대한 공포도 포함되어 있었다. 이런 공포를 직접 촉발한 사건이 셰이즈 반란이다. *See generally* HOWARD ZINN, A PEOPLE'S HISTORY OF UNITED STATES 90-91 (HarperCollins Pbulishers 2015).

52.

FORREST MCDONALD , *supra* note 11, at 170-171.

53.

See generally Id. at 168-179. *See also* WILLIAM H. REHNQUIST, *supra* note 4, at 33-34.

54.

FORREST MCDONALD, *supra* note 11, at 180.

55.

필라델피아 회의 토론 내용은, *See* MAX FARRAND, THE RECORDS OF THE FEDERAL CONVENTION OF 1787, VOL I, II, III (Yale Univ. Press 1911) [hereinafter MAX FARRAND].

56.

CONSTITUTIONAL GROUNDS, *supra* note 11, at 7 ("particularly important").

57.

Charles Doyle, *supra* note 32, at 6-7. 버지니아, 펜실베이니아, 노스캐롤라이나 탄핵 규정은 다음과 같다.

버지니아 헌법(Va. CONST. (1776)): The governor, when he is out of office, and other, offending against the State, either by mal-administration, corruption, or other means, by which the safety of the State may be endangered, shall be impeachable by the House of Delegates…

펜실베이니아 헌법(Pa. CONST. §22 (1776)): Every officer of state, whether judicial or executive, shall be liable to be impeached by the general assembly, either when in office, or after his resignation or removal for maladministration: All impeachments shall be before the president [governor] or vice-president and council [upper house of the legislature, who shall hear and determine the same ⋯

노스캐롤라이나 헌법(N.C. CONST. art.23 (1776)): That the Governor, and other officers, offending against the State, by violating any part of this Constitution, maladministration, or corruption, may be prosecuted, on the impeachment of the General Assembly, or presentment to the grand jury of any court of supreme jurisdiction in this State. *Id. See also* CASS R. SUNSTEIN, *supra* note 9, at 39.

58.

식민지 미국에서 최소 1630년대부터 탄핵에 대한 상당한 논의가 있었다. CASS R. SUNSTEIN, *supra* note 9, at 34.

59.

See I MAX FARRAND 19-23.

60.

CONSTITUTIONAL GROUNDS, *supra* note 11, at 10 n.32; Charles Doyle, *supra* note 32, at 7.

61.

랜돌프 제안 9번은 사법권 구성에 관한 것인데, 공무원에 대한 탄핵을 자연스럽게 사법부 관할 아래에 두었다. *See* I MAX FARRAND 21-22 ("Resolved that a National Judiciary be established to consist of one or more supreme tribunals and inferior tribunals ⋯ the jurisdiction of the supreme tribunal to hear and determine impeachments of any National officers.").

62.

헌법 제정자들은 초기 토론에서 행정부 수반을 'the executive magistrate' 또는 'the executive' 등으로 호칭하였다. 이 시점에는 'The President'란 호칭은 물론 행정부 수반을 단수로 할 것인지 혹은 복수로 할 것인지조차 결정되지 않은 상태였다.

63.

휴 윌리엄슨이 제안한 행정부 수반에 대한 탄핵은 논쟁 없이 바로 수용되었다. CONSTITUTIONAL GROUNDS, *supra* note 11, at 30 ("the Committee agreed, apparently without debate"). *See also* CASS R. SUNSTEIN, *supra* note 9, at 27;

FRANK BOWMAN, *supra* note 14, at 94-95. 휴 윌리엄슨의 제안이 수용된 뒤 더는 탄핵에 대한 논의는 없었다. 1787년 7월 20일 찰스 핑크니(Charles Pinckney)와 가버너 모리스(Gouverneur Morris)가 대통령 탄핵에 반대하며 탄핵 조항을 삭제하자고 제안하자, 비로소 탄핵에 대한 논의가 다시 시작되었다. *See* I MAX FARRAND 88 (June 2, 1787); II MAX FARRAND 64 (July 20, 1787).

64.

FRANK BOWMAN, *supra* note 14, at 40. ("on the verge of becoming a mere relic of an earlier age."). Elizabeth B. Bazan, *supra* note 15 at 7. ("ceased to be used in England"). 더구나 필라델피아 회의와 동시대에 추진된 영국의 헤이스팅스 탄핵이 보여준 역겨운 모습, 즉 불명확한 탄핵 사유와 터무니없는 지연 등은 미국에서 영국의 탄핵제도에 대한 열광을 어느 정도 식혔을 것으로 추정된다. *See* Charles Doyle, *supra* note 32 at 10, n.5.

65.

미연방은 3권 분립 형태의 정부를 취하였다. 그런데 탄핵은 나뉜 권력이 서로 침범하도록 허용하는 것이므로 사실상 권력 분립의 원칙에는 어긋나는 것이다. Raoul Berger, *supra* note 18, at 34 ("an out-worn, clumsy institution, not particularly well-suited to a tripartite scheme of government").

66.

CONSTITUTIONAL GROUNDS, *supra* note 11, at 7 ("The framers sought to create a responsible though strong executive."). 필라델피아 헌법제정회의 참석자 대부분은 대륙회의가 채택한 연맹규약을 수정하는 정도의 목표를 가졌으며, 자신들이 행정부와 사법부의 기능을 추가하고 의회의 기능을 더욱 강화한 뒤 권력을 서로 나눈 완전히 새로운 정부 형태와 통치 방안을 만들어낼 것이라는 생각을 갖지 않았던 것으로 알려졌다. 헌법제정자들에게는 생소한 새로운 정부 형태가 담긴 헌법이 채택될 수 있었던 것은, 그들이 약한 중앙정부의 단점을 잘 알고 있었고, 약한 정부로는 그들이 원하는 결과를 얻어낼 수 없다는 공통된 인식이 있었기 때문으로 판단된다. *See id.* at 8.

67.

See CONSTITUTIONAL GROUNDS, *supra* note 11, at 8-11; *Id.* at 16. 한편, 헌법 제정자들은 탄핵제도로 인해 대통령이나 행정부가 의회의 꼭두각시가 되는 것 또한 원하지 않았다. FRANK BOWMAN, *supra* note 14, at 146. 헌법 제정자들이 진정으로 두려워하였던 것은, 대통령의 힘이 위험할 정도로 강해지는 것이 아니라 '모든 힘을 흡수하는 입법부의 권력 지향적 경향에 저항할 수 있을 정도로 강해지지 못하는 것이었다'라는 견해

도 있다. *See* FORREST MCDONALD, *supra* note 11, at 241.

68.

헌법 제정자들은 스튜어트 왕가의 권력에 대한 탐욕과 군주제의 찬탈을 생생히 기억하고 있었을 것이다. Raoul Berger, *supra* note 18, at 34. 토머스 페인(Thomas Paine)은 왕을 짐승이나 비열한 인간으로 묘사하기도 하였다. CASS R. SUNSTEIN, *supra* note 9, at 23. 영국의 군주제와 독재적 왕권에 대한 식민지 시민들의 혐오는 1776년 독립선언서에도 잘 드러나 있다. *Id.* at 21. 필라델피아 회의 참석자 중 1776년 독립선언의 세대라고 할 수 있는 사람들은, 특히 군주제에 대한 혐오 때문에 대통령이 많은 권한을 가지는 제도를 신뢰하지 않았다. FORREST MCDONALD, *supra* note 11, at 242.

69.

CONSTITUTIONAL GROUNDS, *supra* note 11, at 30.

70.

Id. at 8 ("[T]he framers sought to build in safeguards against executive abuse and usurpation of power."). 군주적 독재에 대한 헌법 제정자들의 두려움은 실제로 매우 컸다. 필라델피아 회의에서 1인 행정 수반(chief magistrate)은 1인 군주제로 전환될 수 있다는 이유로 복수의 행정 수반이 제안되기도 하였다. 그러나 분명한 책임 소재가 필요하다는 이유로 복수 행정 수반 제도는 거부되었고, 같은 이유로 조지 메이슨이 제안한 추밀원 같은 행정 자문 제도도 거부되었다. 해밀턴 역시 복수 행정 수반 체제는 잘못을 은폐하고 책임감을 무너뜨린다고 강변하였다. *See id.* at 8-9 & n.26, 29-31; THE FEDERALIST NO. 70(Alexander Hamilton). 복수의 행정 수반 제안이 거절되자 1인에게 권력이 집중될 수 있다는 우려는 더욱 커졌으며, 당연히 탄핵의 필요성도 더 주목받았다. CONSTITUTIONAL GROUNDS, *supra* note 11, at 28.

71.

Id. at 7 ("The debates on impeachment … focus principally on its application to the President.").

72.

영국의 국왕은 탄핵의 대상이 아니었다. 그에 대한 잘못은 오직 신만이 판단할 수 있는 것이었다. *See* JOSEPH STORY, *supra* note 13 §811 ("In England … the king can do no wrong.").

73.

의회의 탄핵이 대통령을 의회에 종속시키고 권력 분립의 원칙에도 어긋난다는 이유로 대통령 탄핵에 대한 반대가 제기되었다. *See infra* note 77 & accompanying text.

74.

CONSTITUTIONAL GROUNDS, *supra* note 11, at 7.

75.

대통령 탄핵에 반대하다가 찬성으로 돌아선 모리스의 발언이다. *Id.* at 33-34.

76.

대통령 탄핵에 대한 헌법 제정자들의 자세한 토론은, *See* II MAX FARRAND 63-69; CONSTITUTIONAL GROUNDS, *supra* note 11, at 10-11, 33-35.

77.

CONSTITUTIONAL GROUNDS, *supra* note 11, at 10-11 루퍼스 킹은 행정부에 대한 탄핵이 사법부에 대한 탄핵과 다른 점을 들어 대통령 탄핵에 반대하였다. 그는 판사들이 적절한 처신(good behavior)을 하는 한 헌법으로 평생 임기를 보장받기 때문에 탄핵만이 유일하게 판사들을 해임할 수 있는 수단인 반면, 대통령은 4년마다 선출되며 그의 잘못은 선거로 심판받기 때문에 의회가 대통령을 탄핵하고 파면하는 것은 행정부에 대한 중복 제재라고 주장하였다. *Id.* at 35. 그는 또한 대통령 탄핵이 몽테스키외가 제시한 3권 분립의 원칙을 파괴한다는 논쟁을 펴기도 하였다. FRANK BOWMAN, *supra* note 14, at 89-90.

78.

Id. at 10.

79.

Id. ("Shall any man be above Justice?").

80.

Id. ("incapacity, negligence or perfidy of the chief Magistrate").

81.

Id. at 11.

82.

Id. at 10-11.

83.

Id. at 33-34.

84.

II MAX FARRAND 69. CASS R. SUNSTEIN, *supra* note 9, at 45-46. 대통령 탄핵안에 반대하였던 두 주는 사우스캐롤라이나와 매사추세츠이다.

85.

CONSTITUTIONAL GROUNDS, *supra* note 11, at 11. ("That issue ⋯ troubled the

Convention until its closing days"). 대통령 탄핵을 강력하게 옹호하였던 랜돌프도 "탄핵을 주의 깊게 진행해야 하며, 최대한 의회의 영향력을 줄여야 한다"고 지적하기도 하였다. 그런 만큼 대통령 탄핵과 권력 분립의 원칙은 양면의 날과 같이 헌법 제정자들을 고민하게 하였다. *Id.* at 35.

86-1.

Id. at 11. 그러나 대통령을 의회에 종속시키지 않을 방안들에 대한 논의는 있었다. 예를 들어, 탄핵 심판 관할권(Jurisdiction)을 의회가 아니라 대법원 또는 각 주 대법원 판사들로 구성된 심판단에 맡기자는 논의가 있었으며, 1787년 8월 6일에는 대법원이 탄핵 심판 관할권을 갖는 초안이 제안되기도 하였다. *Id.* at 36. *See also* JOSEPH STORY, *supra* note 13 §754, §755, §756. 8월 27일 모리스는 대법원이 탄핵 심판을 맡을 적절한 기관이 아니라는 의견을 제시하였고, 8월 31일 상원이 탄핵 심판의 관할권을 가지는 초안이 작성되었으나 이에 대한 의결은 연기되었다. 9월 8일 매디슨과 핑크니는 대통령이 의회에 종속된다는 이유로 상원의 탄핵 심판권에 반대하였고, 모리스와 윌리엄슨 등은 대법원은 너무 작은 기관으로 부패와 뇌물에 더 쉽게 영향을 받을 수 있다는 이유를 들어 대법원의 탄핵 심판권에 반대하였다. CONSTITUTIONAL GROUNDS, *supra* note 11, at 38-39. 알렉산더 해밀턴 역시 뉴욕주의 헌법 인준을 독려하기 위한 연재물 《*The Federalist Papers*》에서 인원이 적은 대법원보다 '매수될 우려가 적고 정쟁을 중재할 권위를 가진 상원이 탄핵 심판을 가장 공정하게 진행할 기관'이라는 것을 강력하게 주장하였다. THE FEDERALIST NO. 70 (Alexander Hamilton). 대통령의 의회 의존도를 덜어줄 또 다른 방면으로, 대통령이 그 직에 있는 동안에는 탄핵당하지 않으며 오직 직을 떠난 뒤에 탄핵하도록 하자는 제안이 제기되기도 하였다.

86-2.

다양한 방안들이 모두 부결되고 상원이 탄핵 심판 관할권을 가지는 것으로 결론이 났는데, 이것은 군주제의 폭정을 경험한 헌법 제정자들이 '권력 분립'이라는 정치적 이념이나 철학보다는 '견제와 균형'이라는 실용적 가치를 더 소중하게 여겼다는 것을 보여주는 예라 할 수 있다. *See* FRANK BOWMAN, *supra* note 14, at 90 ("Madisonian checks and balances overcame the pure separation principle"). 단지, 헌법 제정자들이 실정이나 직무 태만과 같이 모호하고 넓게 해석될 수 있는 탄핵 사유를 삭제하고, 반역과 뇌물 또는 중대한 범죄와 비행 등 좀 더 구체적이고 한정된 행위로 탄핵 사유를 제한하려 애를 쓴 것은 권력 분립의 벽을 보호하고자 하였던 노력의 하나로 평가받을 수 있다. *Cf.* 탄핵 심판 기관으로서 상원과 대법원의 장단점에 대한 자세한 논의는 *See* JOSEPH STORY, *supra* note 13 §746 - §773 (concluding that the power has been wisely deposited with the senate).

87.

Noah Feldman, *supra* note 46 ("the biggest difference").

88.

CONSTITUTIONAL GROUNDS, *supra* note 11, at 29. 6월 2일 회의에서 랜돌프가 제안한 버지니아 플랜을 검토하는 중에 대통령 탄핵에 관한 토론이 이루어졌다. 조지 메이슨은 대통령이 의회의 '꼭두각시(mere creature of the Legislature)'가 되는 것은 원하지 않지만 부적합한 대통령을 대체할 어떤 방안은 필요하다고 지적하였다. 델라웨어 존 디킨슨(John Dickinson)은, 연방정부가 탄생하더라도 주정부의 기능과 역할이 감소하지 않기를 원했기 때문에, 주의회 의원들 다수가 요구할 경우 대통령 파면이 가능하도록 하자고 제안하였다. *Id.* at 29. 1787년 이전 10개의 주헌법 중 8개의 주헌법에 탄핵 대상 행위에 관한 조항이 있었다. 필라델피아 회의에서 각 주의 대표들이 제안한 탄핵 대상 행위들이 자신들의 주헌법에 규정된 탄핵 대상 행위와 닮았다는 것은 자연스러운 현상일 것이다.

89.

이에 대한 공식 회의 기록은 없다. 단지 최초 제안된 실정과 부당한 직무는 에드먼드 랜돌프의 수기(手記)지만, 반역과 뇌물, 부패는 존 러틀리지(John Rutledge)의 수기인 점을 근거로 사우스캐롤라이나 러틀리지의 제안으로 추정하고 있다. FRANK BOWMAN, *supra* note 14, at 94.

90.

See id. at 94-95.

91.

위에 설명했듯이, 헌법 제정자들은 권력 분립의 원칙을 깨뜨리고 대통령을 의회에 종속시킬 수 있다는 생각에 대통령 탄핵을 몹시 불편하게 생각하였다. 그 때문에 헌법 제정자들은 탄핵 사유를 규정하는 데 모호한 단어를 배제하려 하였다. 메이슨이 제안한 실정(maladministration)이 거부된 것도 같은 이유 때문이다. CONSTITUTIONAL GROUNDS, *supra* note 11-12. 실정이나 무능과 같은 단어를 거부하고 '중대한 범죄나 비행'과 같이 좀 더 전문적인 용어를 선택한 이유도 탄핵 사유를 좀 더 제한하려는 의도 때문이었다. *See* FRANK BOWMAN, *supra* note 14, at 107-108; CASS R. SUNSTEIN, *supra* note 9, at 51-53.

92.

메이슨의 제안이 수용된 날 'against the State'는 'against the United States'로 수정되었고, 그날로부터 9월 12일 사이에 문안을 담당한 위원회(Committee on Style and

Arrangement)가 'against the United States'를 삭제하였다. 삭제의 분명한 이유는 밝혀지지 않았지만, 해당 위원회가 단순히 표현을 압축하기 위해 삭제하였다는 설명이 있다. *See* CONSTITUTIONAL GROUNDS, *supra* note 11, at 39; JAMES MCCELLAN AND M.E. BRADFORD, ELLIIOT'S DEBATE: III DEBATES IN THE FEDERAL CONVENTION OF 1787, 572 (Richmond: James River Press, 1989).

93.

II MAX FARRAND 550; CASS R. SUNSTEIN, *supra* note 9, at 52; FRANK BOWMAN, *supra* note 14, at 95; CASS R. SUNSTEIN, *supra* note 9, at 47

94.

FRANK BOWMAN, *supra* note 14, at 97.

95.

헌법 제정자들은 정적을 제거하는 수단으로 악용되었던 영국의 반역죄와 미국의 반역죄를 의도적으로 구분하였다. 반역죄를 매우 좁게 정의하여 헌법에 명시하였을 뿐 아니라, 왕의 죽음을 상상하는 것도 반역죄에 해당하도록 하였던 '반역 추정(constructive treason)' 같은 문구는 의도적으로 배제하였다. 또한, 헌법에 반역죄의 구성 요건을 명시함으로써 의회의 자의적 해석을 막고, 입증의 요건을 분명히 하여 모호한 적용을 방지하였다. *See* CONG. Rsch. Serv., *Treason Clause: Historical Background*, CONSITUTION ANNOTATED, [hereinafter CONAN]. https://constitution.congress. gov/browse/essay/artIII_S3_C1_1_1/ALDE_00001225/ (last visited Oct. 16, 2021). *Cf.* BLACK'S LAW DICTIONARY 1501 (6th ed. 1991) ("Treason imputed to a person by law from his conduct or course of actions, though his deeds taken severally do not amount to actual treason."). 보태어, 헌법 제정자들은 반역에 대한 처벌이 반역 당사자에게만 국한되며 '후손들에게 미치지 않는다'는 것도 분명히 규정하고 있다. *See* U.S. CONST. art. III. §3. cl.2. ("The Congress shall have Power to declare the Punishment of Treason, but no Attainder of Treason shall work Corruption of Blood, or Forfeiture except during the Life of the Person attainted.").

96.

U.S. CONST. art. III §3. cl.1. ("Treason against the United States, shall consist only in levying War against them, or in adhering to their Enemies, giving them Aid and Comfort. No Person shall be convicted of Treason unless on the testimony of two Witnesses to the same overt Act, or on Confession in open court.").

97.

미국 3대 대통령 토머스 제퍼슨(Thomas Jefferson) 내각에서 부통령으로 재임 중이던 아론 버는 1804년 권총 대결로 알렉산더 해밀턴을 사살하여 더욱 유명해졌다. 해밀턴이 버를 먼저 쏘았지만 의도적으로 명중시키지 않고 버에게 대결을 멈출 기회를 주었는데, 버는 아랑곳하지 않고 해밀턴을 명중시켜 사살하였다는 주장이 있다. RON CHERNOW, ALEXANDER HAMILTON 703-704 (Penguin Books 2004). 버는 1805년 상원의원을 사임하고 워싱턴을 떠나 오하이오, 미시시피, 루이지애나 등지를 여행하면서 스페인의 지배 아래 있던 서남쪽 영토를 차지하려는 꿈과 계획을 품었던 것으로 알려져 있다. 버의 계획이 분명하게 밝혀지지는 않았지만, 그는 각 지역의 유력 인사들과 접촉하고 일단의 무리를 모아 여행을 이어 나가던 중 반역죄로 기소당했다.

98.

제퍼슨 대통령은 아론 버를 반역죄로 처벌하려 애를 썼다. 당시는 전쟁 중이 아니었으므로 아론 버에게 반역죄를 적용하려면 그의 행위가 '전쟁 개시(levying war)'에 해당하여야 한다. 마셜 대법원장은 '전쟁 개시'의 의미와 이에 대한 입증 요건을 엄격하고 까다롭게 해석하여 제퍼슨의 노력을 헛되게 만들었다. *Ex Parte Bollman and Ex Parte Swartwout*, 8 U.S. 75, 126-127 (1807) ("[T]he actual enlistment of men to serve against the government does not amount to levying war ⋯ But there must be *an actual assembling of men*.")(emphasis added). *See also United States v. Burr*, 8 U.S. (4 Cr.) 469, Appx. (1807) (holding that Burr could be convicted of advising or procuring a levying of war only upon the testimony of *two witnesses to his overt act* for treason.)(emphasis added). 아론 버 사건은 제퍼슨 대통령, 마셜 연방 대법원장, 초대 재무장관 알렉산더 해밀턴 등 화려한 등장인물로 더욱 유명해졌다.

99.

See, e.g., Cramer v. United States, 325 U.S. 1 (1945); *Haupt v. United States*, 330 U.S. 631 (1947); *Kawakita v. United States*, 343 U.S. 717 (1952). 의회는 선동법 (Sedition Act)과 간첩법(Espionage Act) 등을 제정하여 반역죄로 기소하기는 어렵지만, 여전히 국가 안보에 위협이 되는 행위를 규제하고 있다.

100.

FRANK BOWMAN, *supra* note 14, at 97. ("a fairly narrow common definition"); Written Statement of Jonathan Turley on Trump Impeachment, *supra* note 18, at 27 ("relatively narrow and consistently defined among the states").

101.

See JOSEPH STORY, *supra* note 13 § 794 ("[The common law] ⋯ can alone furnish the proper exposition of the nature and limits of this [bribery].").

102.

BLACK'S LAW DICTIONARY 191 (6th ed. 1991). ("The offering, giving, receiving, or soliciting of something of value for the purpose of influencing the action of official in the discharge of his or her public or legal duties."). *See also* Model Penal Code §240.1.

103.

18 U.S.C. §201. ("(b) Whoever ⋯ (2) *being a public official* or person selected to be a public official, *directly or indirectly, corruptly demands, seeks,* receives, accepts, or agrees to receive or accept *anything of value personally* or for any other person or entity, *in return for:* A. *being influenced in the performance of any official act;* B. being influenced to commit or aid in committing, or to collude in, or allow, any fraud, or make opportunity for the commission of any fraud, on the United States; or C. being induced to do or omit to do any act in violation of the official duty of such official or person⋯")(emphasis added). 또한 미국 정부와 그 산하 기관은 물론 정부 기관을 대행하는 단체의 직원 역시 뇌물죄 상 '공직자'에 포함된다. *Id.*

104.

연방 형법 상 뇌물죄로 기소하기 위해서는 '공무(official act)'와 관련하여 '부패한 의도 (corrupt intent)'로 '가치 있는 것(a thing of value)'을 '주고받았다는(quid pro quo)' 것을 입증해야 하는데, 법원은 공무원들의 정상적인 활동을 위축시킬 수 있다는 이유로 뇌물죄 구성 요건에 대한 확대 해석을 꺼리며 그 입증을 까다롭게 심사하는 경향을 보였다. *See, e.g., McDonnel v. United States,* 136 S. Ct. 2355, 2372 (2016). *See also* Ben Berwick, Justin Florence, and John Langford, *The Constitution Says 'Bribery' Is Impeachable. What Does That Mean?* Oct. 3, 2019, LAWFARE, https://www.lawfareblog.com/constitution-says-bribery-impeachable-what-does-mean.

105.

FRANK BOWMAN, *supra* note 14, at 103.

106.

Id. at 75-79. Virginia, June 1776 ("offending against the state, either by maladministration, corruption, or other means by which the safety of the state may be endangered"); New Jersey, July 1776 ("guilty of Misbehaviour"); Delaware, Sep. 1776 ("offending against the State, either by mal-administration, corruption, or other means by which the safety of the Commonwealth may be endangered"); Pennsylvania, Sep. 1776 ("impeach state criminals" "for mal-administration"); North Carolina, Dec. 1776 ("Mal-administration, or Corruption"); New York, April 1777 ("mal an corrupt conduct"); Vermont, July 1777 ("maladministration"); South Carolina, March 1778 ("mal and corrupt conduct"); Massachusetts, March 1780 ("misconduct and mal-administration"); New Hampshire, June 1784 (bribery, corruption, malpractice or maladministration"); Maryland, 1776 ("misbehavior" "great misdemeanor").

107.

Id. at 72-73. 그러나 부패라는 명목으로 진행된 탄핵 중 상당수가 사실은 독립혁명에 반하는 사람들을 비난하거나 공격하기 위해 진행되었다. *Id.* at 72. *See also* CASS R. SUNSTEIN, *supra* note 9, at 39 ("By the 1770s, colonial American came to see impeachment as the mechanism ⋯ [for] ousting official wrongdoers ⋯ who betrayed republican principles ⋯ above all by abusing their authority through corruption or misuse of power.").

108.

필라델피아 회의에서 각 주 대표가 제안한 탄핵 사유는 대체로 자신이 속한 주의 헌법이 사용하는 탄핵 사유와 비슷하였다. 노스캐롤라이나 대표가 제안하여 탄핵 사유로 맨 처음 수용되었던 '직무 태만과 부당한 직무 수행'은 노스캐롤라이나 헌법의 탄핵 사유인 'offending against the State, by violating any part of Constitution, Mal-Administration, or Corruption'에서 크게 벗어나지 않는다. 노스캐롤라이나 제안을 대체하여 채택된 '반역과 뇌물 그리고 부패'는 사우스캐롤라이나 대표 러틀리지의 제안으로 추정되며, 사우스캐롤라이나 헌법의 탄핵 사유는 부패를 강조한 'mal and corrupt conduct in their respective offices'였다. FRANK BOWMAN, *supra* note 14 at 94. 초안으로 기록되지는 않았지만, 6월 18일 회의에서 해밀턴은 '부당하고 부패한 행위(mal and corrupt conduct)'를 탄핵 대상 행위로 제안하였다. CASS R. SUNSTEIN, *supra* note 9, at 43 (citing James Madison, "June 18," in Farrand, Records, 1:292). 해밀턴이 대표하였던 뉴욕주의 당시 헌법 역시 'mal and corrupt conduct'를 탄핵 사유로 규정하고 있었다. FRANK BOWMAN, *supra* note 14, at 77.

109.

공직자는 국민이 맡긴 신임을 실행하는 사람이다. 따라서 국민이 맡긴 신임, 즉 공적 신뢰(public trust)를 저버리는 행위는 공직의 근본을 무너뜨리는 일이며, 탄핵은 공직의 근본을 지키기 위해 공적 신뢰를 저버리는 행위를 처벌하는 제도라 할 수 있다. 헌법 제정자들의 토론, 연방 헌법의 비준을 위한 주의회의 토론, 제1회 연방의회의 토론 그리고 저명한 학자들의 헌법 해석도 앞의 견해를 뒷받침한다. *See* CONSTITUTIONAL GROUNDS, *supra* note 11, at 7-8 ("The public debates in the state ratifying conventions ⋯ together with the evidence found in the debates during the First Congress on the power of the President ⋯ shows that the framers intended to be a constitutional safeguard of the public trust, the powers of government conferred upon *the President and other civil officers*⋯")(emphasis added); JOSEPH STORY, *supra* note 13 § 744 ("The [impeachment] jurisdiction is to be exercised over *offenses, which are committed by public men in violation of their public trust and duties.*")(emphasis added). *The Federalist,* No. 65 (Alexander Hamilton) ("The subjects of [impeachment's] jurisdiction are those offenses which proceed from the misconduct of public men, or, in other words, from *the abuse or violation of some public trust.*")(emphasis added).

110.

I PROCEEDINGS OF THE UNITED STATES SENATE IN THE TRIAL OF IMPEACHMENT OF ROBERT W. ARCHIBALD, S. DOC. NO. 62-1140, at 1054 (GPO Print. 1913). ("The utter inconsistency of this double position made [treason] a proper offense for the jurisdiction of impeachment ⋯ Bribery corrupts public duty.") (Trial Brief of House manager)(citing John Randolph Tucker, Commentaries on the Constitution). *See also* STAFF OF HOUSE COMM. ON THE JUDICIARY, 116th CONG., CONSTITUTIONAL GROUNDS FOR PRESEDENTIAL IMPEACHMENT 6 (Dec. 2019) [hereinafter II-Constitutional Grounds] ("Time and again, republics have fallen to officials who ⋯ use the public trust for private gain. The Framers of the Constitution knew this well. They saw corruption erode the British constitution from within.").

111.

뇌물죄의 정수는, 공적인 임무를 부패시킨다는 것은 물론 정의를 왜곡시킨다는 것이다. BLACK'S LAW DICTIONARY 191 (6th ed. 1991) ("At common law, the gist of the offense was the tendency to pervert justice"). 이런 측면에서도 뇌물은 공직과 대척점에 있는 대표적 비행에 해당한다고 볼 수 있다.

112.

모리스는, 왕국을 소유하고 있으므로 뇌물로부터 자유로울 것 같은 영국의 국왕 찰스 2세도 프랑스의 루이 14세에게 매수되었다는 사실을 강조하며, 뇌물을 탄핵 대상이 되어야 할 가장 핵심적인 위협으로 간주하였다. CONSTITUTIONAL GROUNDS, *supra* note 11, at 33. *See also* Written Statement of Jonathan Turley on Trump Impeachment, *supra* note 18, at 27. 다수 헌법 제정자들 역시 대통령이 부패하거나 뇌물을 수수하여 특정 외국 세력에 지나치게 우호적일 수 있다는 가능성에 커다란 우려를 보였다. *See* FRANK BOWMAN, *supra* note 14, at 57. 공직자가 외국으로부터 작위나 선물을 받는 것을 금지한 헌법 1조 9항의 보수 조항(Emoluments Clause)은 헌법 제정자들의 이런 염려를 반영한 것이라 할 수 있다. U.S. CONST. art I, §9, cl.8. ("No Title of Nobility shall be granted by the United States: And no Person holding any Office of Profit or Trust under them, shall, without the Consent of the Congress, accept of any present, Emolument, Office, or Title, of any kind whatever, from any King, Prince, or foreign State.").

113.

1386년 비슷한 의미의 'certain high treasons and offenses and misprisions'가 사용된 예가 있으나, 헌법에 표기된 것과 일치하는 'high crimes and misdemeanors'는 1642년에 처음 등장한다. CASS R. SUNSTEIN, *supra* note 9, at 35.

114.

Raoul Berger, *supra* note 18, at 35. ("without roots in the ordinary English criminal law."); FRANK BOWMAN, *supra* note 14, at 102. ("general descriptor for behavior alleged by the House of Commons to be impeachable."); CONSTITUTIONAL GROUNDS, *supra* note 11, at 22 ("a special historical meaning different from the ordinary meaning of the terms crimes and misdemeanors."); House Practice *infra* note 118, at 600. ("the English standard of impeachable conduct").

115.

FRANK BOWMAN, *supra* note 14, at 103.

116.

예를 들어, 영국에서는 '100달러의 현금을 수수하여 중대한 범죄와 비행을 저질렀다'라는 식으로 탄핵 기소장을 쓸 수 있는 것이다. 미국에서는 탄핵 사유로 주장된 행위가 '중대한 범죄와 비행'에 해당하는지 또는 헌법 제정자들이 의미하는 '중대한 범죄와 비행'은 무엇인지를 따지는 논쟁이 격렬하게 벌어지지만, 영국에서는 그럴 필요가 없었다.

117.

CASS R. SUNSTEIN, *supra* note 9, at 37. 이외에도 왕에게 나쁜 조언을 한 것, 의회의 조언에 반하여 행동하도록 왕을 유혹한 것, 의사의 조언을 듣지 않고 왕에게 약을 준 것 등 실로 영국의 탄핵 대상 행위는 매우 다양하다. 물론 독직(malversation), 부정 축재(extortion), 억압적인 공무(official oppression), 해적과 내통(encouraging pirates) 등 국가 기강과 정의를 세우기 위한 탄핵도 추진되었다.

118.

Charles W. Johnson, John V. Sullivan, and Thomas J. Wickham, Jr., House Practice: A Guide to the Rules, Precedents, and Procedures of the House, 115th CONG. 1st Sess., Chap. 27, §4, p. 612 (GPO print. 2017) [hereinafter House Practice] ("the mostly closely debated issue"), *availalble at* https://www.govinfo.gov/content/pkg/GPO-HPRACTICE-115/pdf/GPO-HPRACTICE-115.pdf. 중대한 범죄와 비행이 형사적 범죄에 국한된다는 주장은 거의 모든 탄핵 사례에서 매번 등장하는 변론이다. 탄핵을 당한 사람은 '탄핵 대상 행위는 형사적 범죄에 국한되며, 그의 행위는 형사적 범죄에 이를 만큼 심각하지 않다'라고 일단 주장한다. 그 이유는, 이런 주장이 인정되지 않더라도 탄핵당한 행위가 범죄가 아니며 심각하지 않다는 사실을 상원의원들에게 호소하는 효과를 얻어 유죄 선고에 부정적 영향을 줄 수 있기 때문이다.

119.

See RAOUL BERGER, IMPEACHMENT, *supra* note 18, at 53, 55-56. Elizabeth B. Bazan, *supra* note 15, at 26.

120.

See e.g., CASS R. SUNSTEIN, *supra* note 9, at 39. ("criminality is neither necessary nor sufficient."); Raoul Berger, *supra* note 18 at 36 ("In short, high crimes and misdemeanors … had no relation to whether a criminal indictment would lie in the particular circumstances."); CONSTITUTIONAL GROUNDS, *supra* note 11, at 24 ("Some of the most grievous offenses against our constitutional form of government may not entail violations of criminal law."); House Practice, *supra* note 118, Chap. 27, §4, p. 612 ("[T]he modern view is that the provision for impeachment in the Constitution applies … to acts that, though not defined as criminal, adversely affect the public interest."); JOSEPH STORY, *supra* note 13 § 795 ("[T]here are many offenses, purely political, which have been held to be within the reach of parliamentary impeachments, not one of which is in the slightest manner alluded to in our statute book."); Deschler's Precedents, H. Doc. 94-661, Vol.3, Chap.14, §3, p.1956 (Jan. 1994)("[T]he Committee on the Judiciary in the impeachment inquiry into President Nixon] determined that the grounds for Presidential impeachment need not be indictable or criminal."), *available at* https://www.govinfo.gov/content/pkg/GPO- HPREC-DESCHLERS-V3/pdf/GPO-HPREC-DESCHLERS-V3.pdf. 노아 펠드만(Noah Feldman) 하버드 법대 교수는, 'high Crimes'와 'high Misdemeanors' 사이에 의미 있는 차이는 없으며 상호 교환되어 사용될 수 있다고 해석하였다. Noah Feldman, *supra* note 46, at 4.

121-1.

영국에서 탄핵이 형사 범죄에 국한되지 않았다는 사실은 풍부한 역사적인 자료로 입증되므로 이에 대해서는 거의 모든 학자가 동의한다. *See e.g.,* CONSTITUTIONAL GROUNDS, *supra* note 11, at 5. ("Some of the charges may have involved common law of offenses. Others plainly did not."). 1386년 왕실의 재무를 담당했던 마이클 드 라 폴(Michael de la Pole) 백작이 왕의 영지를 개선하겠다고 의회에 한 약속을 지키지 못한 것과 의회가 배정한 금액을 사용하지 못하였다는 이유 등으로 탄핵당하였는데, 이때 '중대한 범죄와 비행'이라는 용어가 처음 사용되었다는 주장도 있으며, 17C에 이루어진 100여 건의 탄핵 사유 중에는 법률 위반이 되지 않는 다양한 행위들이 '중대한 범죄와 비행'이라는 죄목에 포함되어 있었다. 예를 들어, 영국 왕실의 법무 수장이었던 헨리(Henry) 경은 기소 실패와 주어진 권력을 제대로 사용하지 못하였다는 이유로도 탄핵당하였다. CONSTITUTIONAL GROUNDS, *supra* note 11, at 5-6. For further reading, *See* DAVE LINDORFF, BARBARA OLSHANSKY, THE CASE FOR IMPEACHMETN 38 (St. Martin's Press. 2006).

121-2.

헌법 제정자들이 사용한 '중대한 범죄와 비행'은 영국 탄핵 제도에서 유래한 용어이므로 영국의 선례를 살펴보는 것은 헌법 제정자들의 의도를 파악하기 위한 시작점이 될 것이다. RAOUL BERGER, IMPEACHMENT, *supra* note 18, at 54 ("To understand what the Framers had in mind we must begin with English law"). 예를 들어, 헌법이 비준되고 9년 뒤인 1797년 윌리엄 블라운트(William Blount) 상원의원이 최초로 탄핵 대상이 되었을 때, 하원의 소추위원은 물론 필라델피아 회의에 직접 참석하였던 잉거솔 (Ingersoll)을 포함한 변호인단 모두가 영국의 선례에 기대어 헌법 상 '중대한 범죄와 비행'을 해석하려 하였다. FRANK BOWMAN, *supra* note 14, at 121. 연방 대법원도 영국에서 사용된 의미와 헌법 제정자들이 빌려온 의도에 맞게 '중대한 범죄와 비행'을 해석하여야 한다는 결론을 내린 적이 있다. CONSTITUTIONAL GROUNDS, *supra* note 11, at 12-13 (citing Chief J. Marshall's statement in *United States v. Burr,* 25 Fed. Cas. 1, 159 (No. 14. 693) (C.C.D. Va. 1807)).

122.

메이슨은 '중대한 범죄와 비행'이 탄핵 대상 행위가 되어야 한다는 근거로 당시에 영국에서 진행되고 있던 헤이스팅스 탄핵 사례를 들었다. 헤이스팅스에 대한 탄핵은 형사적 기소 대상이 아닌 혐의를 다수 포함하고 있었다. 만약 헌법 제정자들이 '중대한 범죄와 비행'을 형사적 범죄에 국한하려 하였다면 당연히 메이슨의 제안에 반대하였으리라는 것이 합리적인 추정으로 보인다. *See supra* note 93 & accompanying text.

123.

CONSTITUTIONAL GROUNDS, *supra* note 11, at 14-15. ("In short, the framers ⋯ implied that it reached offenses against the government, and especially abuses of constitutional duties."); THE FEDERALIST NO. 65 (Alexander Hamilton) ("[The impeachable offenses] are of a nature which may with peculiar propriety be denominated POLITICAL, as they relate chiefly to injuries done immediately to the society itself."); JOSEPH STORY, *supra* note 13 §744 ("The jurisdiction is to be exercised over offenses, which are committed by public men in violation of their public trust and duties."); RAOUL BERGER, IMPEACHMENT, *supra* note 18, at 36 ("It is prophylactic, designed to remove an unfit officer from office, rather than punitive.").

124.

Jared P. Cole, *supra* note 11, at 7 ("The notion that only criminal conduct can constitute sufficient grounds for impeachment does not, however, comport with historical practice."). 1803년 뉴햄프셔(New Hampshire) 지구 연방판사 존 피커링(John Pickering)과 1873년 캔자스(Kansas) 지구 연방판사 마크 델러헤이(Mark W. Delahay)의 탄핵 사유에는 '취한 상태(drunkenness)'가 포함되어 있었고, 1804년 사무엘 체이스 (Samuel Chase) 대법관 탄핵 사유에는 '정치적 편향성'이 포함되기도 하였다. 1904년 플로리다(Florida) 북부지구 연방판사 찰스 스웨인(Charles Swayne) 탄핵 사유에는 '그가 해

당 지구에 거주하지 않으며 무지하고 무능하다'라는 사유도 포함되어 있었다.

125.

U.S. CONST. 5th Amendment. ("nor shall any person be subject for the same offense to be twice put in jeopardy of life or limb…."). 탄핵이 형사 범죄에 대한 책임을 묻는 것이라면 같은 행위에 대해 다시 형사적 책임을 남겨두는 것은 일사부재리 원칙에 어긋날 수 있다. 마찬가지로 형사 기소를 당한 범죄 행위에 대해 탄핵으로 다시 책임을 묻는 것도 일사부재리 원칙에 어긋날 수 있다. *See* Raoul Berger, *supra* note 18, at 36.

126.

U.S. CONST. 6th Amendment ("In all criminal prosecutions, the accused shall enjoy the right to a speedy and public trial, by an impartial jury of the state and district wherein the crime shall have been committed, …").

127.

Raoul Berger, *supra* note 18, at 36.

128.

메이슨은 당시에 진행되던 영국의 전 인도 총독 헤이스팅스 사례를 거론하며, 헤이스팅스의 행위는 반역에 이르지 않지만 여전히 탄핵되어야 할 정도로 '중대하고 위험한(great and dangerous)' 행위이므로 미국에서도 그와 같은 행위는 탄핵당하여야 한다고 주장하였다. *See supra* note 93 & accompanying text.

129.

CASS R. SUNSTEIN, *supra* note 9, at 51. ("But [the framers] rule out two positions. The first would allow the House and Senate to tell the president whenever they liked: "you're fired." … The second would restrict the grounds for impeachment to treason, bribery … and thus allow the president to commit many *great and dangerous* offenses.")(emphasis added). Written Statement of Jonathan Turley on Trump Impeachment, *supra* note 18, at 10 ("However, the Framers clearly stated that they adopted the current standard to avoid a vague or fluid definition of a core impeachable offense.").

130-1.

9월 8일의 필라델피아 토론을 따라가 보면, 메이슨이 제안한 '실정'의 의미가 모호하여 의회가 자의적으로 해석할 수 있다는 이유로 거부되고, 대신 '중대한 범죄와 비행'이 별 이견 없이 8 대 3의 표결로 채택되었음을 알 수 있다. 표결이 끝나자 매디슨은 '대통령에 대한 독립성을 훼손한다'는 이유로 상원이 탄핵심판권을 가지는 것에 반대하였다. 매디슨의 제안에 이어 모리스, 찰스 핑크니, 휴 윌리엄슨 등은 대통령이 탄핵 때문에 의회에 종속되는 것을 반대한다는 의견을 집중적으로 제시하였다. 이런 토론의 흐름을 보면, 헌법 제정자들은 '중대한 범죄와 비행'이라는 탄핵 사유가 대통령에 대한 독립성을 어느 정도 지켜주면서 동시에 메이슨이 지적한 '반역'이나 '뇌물'에 해당하지 않더라도 여전히 중대하고 위험한 행위를 탄핵하도록 해준다고 믿었다는 것이 합리적인 추정으로 보인다.

130-2.

만약 당시 '중대한 범죄와 비행'이 온갖 종류의 사소한 잘못까지 포함할 수 있는 것으로 이해되었다면, 매디슨 등 대통령의 독립성 훼손을 우려한 사람들의 반대에 부딪혀 '실정'과 마찬가지로 탄핵 사유로 수용되지 않았을 것이다. 또한 '중대한 범죄와 비행'이 너무 좁게 해석되는 행위여서 반역과 뇌물 이외의 다른 비행을 탄핵하는 데 사실상 그 쓰임새가 없었다면 메이슨 등이 반대하였을 것이다. *Cf.* 메이슨이 탄핵 사유로 제시한 '실정'이 모호하다고 반대하였던 매디슨은, 후일 '실정'도 탄핵 대상 행위에 포함된다는 견해를 밝혔다. 이 점 역시 '중대한 범죄와 비행'이 탄핵 사유를 확대한 것이 아니라 탄핵 사유에 이르기 위해 넘어야 할 기준을 제시하는, 즉 탄핵 대상 행위를 한정하는 용어로 헌법 제정자들에게 인식되었음을 보여주는 사례라 할 수 있겠다. *See* FRANK BOWMAN, *supra* note 14, at 107-108.

131-1.

탄핵 사유인 '중대한 범죄와 비행'이 형사 범죄에 국한되지 않으며 탄핵 제도가 형사 소송이 아니라 정치적 심판 절차라는 것은, 탄핵이 정쟁의 수단으로 전락할 가능성이 크다는 것을 의미한다. 해밀턴 등도 탄핵이 당파 정쟁의 수단이 될 수 있다는 우려를 표현하기도 하였다. THE FEDERALIST NO. 65 (Alexander Hamilton) ("They are of a nature which may with peculiar propriety be denominated POLITICAL, … the decision will be regulated more by the comparative strength of parties, than by the real demonstrations of innocence or guilt."); JOSEPH STORY, *supra* note 13 § 744 ("Strictly speaking, then, the power partakes of a political character, … it requires to be guarded in its exercise against the spirit of faction, the intolerance of party, and the sudden movements of popular feeling."). 그런데도 헌법 제정자들이 '중대한 범죄와 비행'을 별다른 논의 없이 탄핵 사유로 수용할 수 있었던 이유는, 그 용어가 특정 행위, 즉 '심각하고 중대한' 범죄와 비행에 한정된다는 공통된 인식을 하고 있었기 때문이었던 것으로 보인다.

131-2.

현대의 헌법학자 로런스 트라이브(Lawrence Tribe)는, 헌법 제정자들이 처음 제안된 '실정'을 '중대한 범죄와 비행'으로 대체한 것은 탄핵 대상 범주를 좁히려는 의도였다고 해석하였다. LAWRENCE TRIBE & JOSHUA MATZ, TO END A PRESIDENCY: THE POWER OF IMPEACHMENT 39 (Basic Books, 1st ed. 2018). 라울 버거 교수도 헌법 제정자들이 법적인 전문 용어와 비슷한 '중대한 범죄와 비행'을 사용한 이유가 탄핵 사유를 제한하려 하였기 때문이라고 해석하였다. RAOUL BERGER, IMPEACHMENT, *supra* note 18, at 86, 87 (1973). 프랑크 보우만은 메이슨이 최초 제안하였던 '실정'을 필라델피아 헌정회의가 탄핵 사유로 채택한 적이 없었기 때문에 '중대한 범죄와 비행'이 '실정'을 내체하였다는 트라이브 교수의 해석에는 반대하지만, 대체로 더 한정적인 용어라는 데는 동의하고 있다. FRANK BOWMAN, *supra* note 14, at 94-111. 탄핵 사유가 어느 정도 행위까지 제한되고 한정되는지에 대한 분명한 선은 없지만, '중대하거나 심각한 범죄나 비행에 한정된다'는 견해가 현대의 다수 의견이다. CONSTITUTIONAL GROUNDS, *supra* note 11, at 27 ("Not all president misconduct is sufficient to constitute grounds for impeachment. There is a further requirement – substantiality."); CASS R. SUNSTEIN, *supra* note 9, at 51-52 ("Whatever the precise meaning of high crimes and misdemeanors, the terms includes great and dangerous offenses."); JOSEPH STORY, *supra* note 13 § 759 ("The offenses, which would be generally prosecuted by impeachment, would be those only of a high character, and belonging to persons in eminent stations."); House Practice, *supra* note 118, at Chap.27, §3, p.606 ("An offense must be serious or substantial in nature to provide grounds for impeachment.").

132.

Raoul Berger, *supra* note 18, at 35 ("a grandiloquent version of ordinary crimes and misdemeanors. Not so.").

133.

CONSTITUTIONAL GROUNDS, *supra* note 11, at 22 ("It establishes that the phrase 'high Crimes and Misdemeanors' ⋯ has a special historical meaning different from the ordinary meaning of the terms 'crimes' and 'misdemeanors'.); House Practice, *supra* note 118, at Chap.27, §4, p.612 ("The historical evidence establishes that the phrase 'high crimes and misdemeanors' ⋯ had a special and distinctive meaning⋯"). 라울 버거 교수는 'misdemeanors'라는 죄목이 1386년 서퍽

백작 탄핵에서 처음 사용되었으나 당시에 'misdemeanors'라는 형사 범죄는 존재하지 않았다고 지적하였다. 그는 영국에서 개인들이 저지른 비교적 가벼운 범죄가 'trespass'라는 죄목으로 기소되었는데, 16세기에 들어서야 'trespass'가 'misdemeanors'로 대체되었으므로 형법의 'misdemeanors'는 탄핵에서 사용되던 'high misdemeanors'와는 뿌리가 다르며, 서로 섞이지 않은 채 각자의 길을 갔다고 주장한다. Raoul Berger, *supra* note 18, at 34-35. 만약 탄핵에 사용되는 'misdemeanors'가 현대 형법에서 경범죄라는 의미로 사용되는 'misdemeanors'에 기원한다면, 중대함을 의미하는 high와 가벼운 범죄를 의미하는 misdemeanors가 합쳐지는 것은 부적절한 단어 조합이며, 앞의 crime과 의미가 중첩되므로 중복(redundancy) 배제의 법칙에도 어긋난다는 해석이 있다. CONSTITUTIONAL GROUNDS, *supra* note 11, at 22, n.2.

134.

House Practice, *supra* note 118, at Chap.27, §3, p.606 ("[I]t is generally accepted that the adjective high modifies Misdemeanors as well as 'Crimes.'").

135.

See CONSTITUTIONAL GROUNDS, *supra* note 11, at 22-23. 영국 탄핵에서 사용된 'high misdemeanors' 구문에서 'high'는 비행의 중대성이나 심각성을 의미할 뿐 아니라 비행의 저지른 사람의 신분도 높았음을 표시하였으며, 이런 의미를 헌법 제정자들도 잘 알고 있었을 것이다. JOSEPH STORY, *supra* note 13 § 759 ("The offenses, which would be generally prosecuted by impeachment, would be those only of a high character, and belonging to persons in eminent stations.")(emphasis added); § 788 ("Such kind of misdeeds … as peculiarly injure the commonwealth by *the abuse of high offices of trust*, are the most proper, and have been the most usual grounds for [impeachment].")(emphasis added); CONSTITUTIONAL GROUNDS, *supra* note 11, at 23 ("There is evidence that the framers were aware of this special, non-criminal meaning of the phrase 'high Crimes and Misdemeanors'.").

136.

"모든 가정이 한 권씩 가지고 있다"고 매디슨이 언급할 정도로, 블랙스톤 법률 사전은 미국의 헌법 제정 무렵 가장 널리 보급된 법률 사전이었다. *See* CONSTITUTIONAL GROUNDS, *supra* note 11, at 12 (citing 4 William Blackstone, Commentaries on the Laws of England).

137.

CONSTITUTIONAL GROUNDS, *supra* note 11, at 22-23. ("High misdemeanors referred to a category of offenses that subverted the system of government."); FRANK BOWMAN, *supra* note 14, at 104 ("The word 'high' signaled seriousness and political character. The whole phrase came to mean nothing more than 'the kind of serious bad behavior Parliament has thought worthy of removal and punishment."). 헌법 구문의 문법과 문맥에 근거한 분석도 이런 주장을 뒷받침한다. 예를 들어, 헌법 2조 4항의 'The President … shall be removed … on Impeachment for, and Conviction of, Treason, Bribery, or other high Crimes and Misdemeanors'라는 구문에서 'other'는 문맥상 '중대한 범죄와 비행'이 최소 반역과 뇌물에 버금갈 정도로 중대하거나 심각함을 의미하는 수식어라는 것이 자연스러운 해석으로 들린다. *See* Written Statement of Jonathan Turley on Trump Impeachment, *supra* note 18, at 10-11.

138-1.

헌법 제정자들은 '중대한 범죄와 비행'이 '중대하거나 심각한' 행위를 의미한다는 것에는 동의하나, 서로 다른 수식어를 사용하며 중대성이나 심각성에 대해 묘사를 하고 있다. 헌법 제정자 중 메이슨은 "great and dangerous offenses", 매디슨은 "commit anything so atrocious", 제임스 아이델(James Iredell)은 "great injury to the community"라는 표현을 하였다. *See* CASS R. SUNSTEIN, *supra* note 9, at 59; CONSTITUTIONAL GROUNDS, *supra* note 11, at 13-14. 선스타인 교수는 극단적인 비행은 형사 범죄가 아니라도 탄핵 사유가 된다는 주장을 하여 'egregious'라는 기준을 제시한다. *See* CASS R. SUNSTEIN, *supra* note 9, at 83 ("truly egregious misconduct was required"). *See also Background and History of Impeachment: Hearing before the Sub comm. on the Constitution of the House Comm. on the Judiciary*, 105th CONG. 89 (1998) (statement of Cass R. Sunstein)[hereinafter Statement of Sunstein]. 현대에서는 '용인될 수 없는 정도의 공공에 대한 위험(unacceptable risk to the public)'이라는 기준도 제시되었으며, John O. McGinnis, *Impeachment: The Structural Understanding*, 67 Geo. Wash. L. Rev. 650, 650 (1999), '선량한 관리 의무 위반(breach of fiduciary duty)'이라는 기준이 제시되기도 하였다. Robert G. *Impeachment: The Constitution's Fiduciary Meaning of High Crimes and Misdemeanors*, The Federalist Society Review, Vol. 19, Jun. 19, 2018.

138-2.

프랑크 보우만 교수는 '중대한 범죄와 비행'에 해당하는지를 판단하는 다음과 같은 네 가지 기준을 제시하였다. 첫째, 형사적 범죄에 해당하는지와 형사적 처벌의 정도. (예를 들어 10년 이상의 징역형을 선고받을 수 있는 중죄(felony)를 저질렀다면 매우 중대한 비행이 될 것이다). 둘째, 비행의 내용과 비행이 발생한 배경. 셋째, 비행의 도덕적 흠결의 정도(moral gravity)와 비행의 특성과 정치 · 사회에 끼치는 영향의 정도. (예를 들어, 비행의 도덕적 흠결이 커질수록 비행의 특성이 탄핵 사유와는 관련이 적더라도 '중대한 범죄와 비행'으로 탄핵 대상이 될 수 있으며, 반대로 권력의 남용이나 권력 분립의 훼손 등 탄핵의 처벌 목표인 비행의 특성이 커지면 도덕적 흠결과 상관없이 탄핵 대상이 되는 것이다). 넷째, 사실 관계나 법률 위반 여부 등을 고려한 의회의 재량권 행사. (보우만은 클린턴 대통령의 방면이 상원의 이런 재량권 행사에 따른 것일 수 있다고 주장한다). *See* FRANK BOWMAN, *supra* note 14, at 227-231. 클린턴 대통령과 트럼프 대통령 탄핵 당시의 상원 토론 기록을 살피면, 많은 의원이 '대통령이 당장 파면되어야 할 정도인가'에 기준을 두고 비행의 중대성이나 심각성을 논의하였다는 사실을 알 수 있다.

139.

탄핵은 국민이 맡긴 공적 신뢰를 저버리고 국가와 사회 또는 공공의 이익에 반한 행위를 저지른 데 대한 책임을 묻는 것이다. *See supra* note 109 & accompanying text. 해밀턴은 탄핵이 사회에 끼쳐진 해악에(injury to the society) 대처하는 것이므로 정치적 특성을 보인다고 주장하였다. THE FEDERALIST NO. 65 (Alexander Hamilton). 노스캐롤라이나 대표 제임스 아이델은 공동체에 중대한 해가 되는 행위에(acts of great injury to the community) 대하여 탄핵이 진행되어야 한다는 견해를 밝혔다. CASS R. SUNSTEIN, *supra* note 9, at 59. 매디슨은 대통령의 무능, 태만, 또는 배신으로부터 사회를 보호하기 위해(defend the community against the incapacity, negligence, or perfidy) 탄핵이 필요하다고 지적하였고, CONSTITUTIONAL GROUNDS, *supra* note 11, at 10, 핑크니는 공적 신뢰를 배신하는(betray their public trust) 사람을 탄핵해야 한다고 밝혔다. *Id.* at 13. 메이슨이 제안하여 채택된 '중대한 범죄와 비행'의 원래 문구는 '국가에 반하는(against the States) 중대한 범죄와 비행'이었다. *See supra* note 92 & accompanying text. 이처럼 헌법 제정자들은 '중대한 범죄와 비행'을 국가와 사회 또는 공공의 이익에 반하는 공적인 잘못으로 이해하였다.

140.

FRANK BOWMAN, *supra* note 14, at 227 (citing William Rawle, A View of the Constitution of the United States (2d ed. 1829)).

141.

See infra note 682 & accompanying text.

142.

Statements of Sunstein, *supra* note 138 ("extremely heinous private crime"); FRANK BOWMAN, *supra* note 14, at 228 ("Murder and rape are easy exemplars").

143.

House Practice, *supra* note 118, ch.27 §6, p. 615.

144.

이를 통상 '회의장(Floor)' 제안이라고 부른다. 그러나 하원의원의 회의상 제안 특권은 '사전 통지' 절차 요건 때문에 '제안된 탄핵안이 즉시 고려될' 권리까지 동반하지는 않는 다. *Id.* ch.27 §8, p. 617. 따라서 의회는 탄핵 결의안을 토론할 일정을 따로 정하는 것 이 보통이다. 단지, 양 당의 리더들은 사전 통보 의무에 저촉되지 않으므로, 그들이 회 의장에서 제안한 탄핵 결의안은 즉시 고려될 수 있다. *See also* Elizabeth Rybicki and Michael Green, *The Impeachment Process in the House of Representatives*, CRS Rept. No. R45769, at 2 (Nov. 14, 2019) [hereinafter Elizabeth Rybicki, House Impeachment Process], https://crsreports.congress.gov/product/pdf/R/R45769.

145.

물론 회의장에서 단순히 탄핵을 위한 사전 조사를 제안하는 것은 언제든지 할 수 있는 것 이며 반드시 하원의원의 특권에 따를 필요는 없다. 하원의원의 특권에 따라 회의장에서 탄핵 결의안이 직접 발의된 적은 있으나, 탄핵 기소장 채택에까지 이른 적은 한 차례도 없었다. Elizabeth Rybicki, House Impeachment Process, *supra* note 144, at 2-3.

146.

See House Practice, *supra* note 118, ch.27 §6, pp. 614-615.

147.

클린턴 전 대통령과 르윈스키의 성관계를 조사한 스타 검사는 장문의 수사 보고서를 작성 하여 의회에 제출하였고, 그 수사 보고서에 "클린턴이 르윈스키와의 성관계를 숨기기 위 해 위증한 것이 탄핵 대상 행위"라고 주장하였다. 당시 하원 사법위원회는 사실상 별도의 탄핵 조사 없이 독립검사 스타의 보고서를 그대로 수용하고 탄핵 기소장을 채택하였다. 따라서 하원의 탄핵 조사에 대한 정식 결의보다 탄핵 조사가 먼저 이루어진 셈이 되었다.

148.

1980년 '법조 윤리 및 징계에 관한 법률(Judicial Conduct and Disability Act)'은 판사회의 (Judicial Conference)가 탄핵을 발의할 수 있도록 하고 있다. 1980년부터 2019년까지 판

사회의는 5건의 탄핵을 요청하였는데, 5건 중 3건(Judge Hastings, 1987; Judge Nixon, 1988; Judge Porteous, 2008)은 판사회의로부터 탄핵 사안을 넘겨받은 직후 하원의 사법위원회가 탄핵 조사를 진행하였으나, 나머지 2건(Judge Claiborne, 1986; Judge Kent, 2009)은 사법위원회가 판사회의로부터 탄핵 사안을 넘겨받기 전에 이미 해당 사안에 대하여 활동을 시작하였다. 어쨌든 5건 모두 판사회의가 개입된 탄핵 사례이다. Elizabeth Rybicki, House Impeachment Process, *supra* note 144, at 3. n.10.

149.

1900년 이후 1019년까지 상원에 도달한 모든 탄핵 결의안은 사법위원회 보고서에 기반한 것이었다. 사법위원회가 창설된 1813년 이전에는 탄핵 조사 특별위원회 소관으로 탄핵이 이루어졌다. House Practice, *supra* note 118, ch.27 §6, p. 615.

150.

House Practice, *supra* note 118, ch.27 §7, pp. 615-616. *See also* Elizabeth Rybicki, House Impeachment Process, *supra* note 144, at 6.

151.

Jared P. Cole, *supra* note 11, at 19 (citing III HINDS §§2367, 2412; VI Cannon §§ 500, 514).

152.

Elizabeth Rybicki, House Impeachment Process, *supra* note 144, at 10.

153.

Jared P. Cole, *supra* note 11, at 19 (citing III HINDS §§2367, 2412; VI Cannon §§ 500, 514).

154.

House Practice, *supra* note 118, ch.27 §8, p 616-617. ("only a majority vote is necessary").

155.

최근에는 하원의 결의안으로 소추위원을 지명하나, 예전에는 하원 결의안으로 위임을 받아 하원의장이 직접 지명하였다. Jared P. Cole, *supra* note 11, at 19.

156.

이 결의는 한꺼번에 또는 나누어 진행될 수 있다. Elizabeth Rybicki & Michael Green, *The Impeachment Process in the Senate*, CRS Rept. No. R46185, at 5 (Jan. 21, 2020) [hereinafter Elizabeth Rybicki, Senate Impeachment Process], https://crsreports.congress.gov/product/pdf/R/R46185/3.

157.

See infra note 820 & accompanying text.

158.

상원의 탄핵 절차 규정(Rule I)에 따르면, 하원이 상원에 전달해야 할 사전 통보의 구체적 내용은 '하원이 소추위원들을 지명하였으며 소추위원들이 탄핵 기소장을 상원에 전달한다'라는 것이다. Elizabeth Rybicki, Senate Impeachment Process, *supra* note 156, at 5-6.

159.

상원의 '탄핵 심판 절차 관련 규정(Rules of Procedures and Practice in the Senate when Sitting on Impeachment Trials)' 1조(Rule I)는 하원의 사전 통보를 받는 '즉시(immediately)' 상원이 소추위원을 맞을 준비가 되어 있다는 메시지를 하원에 전달하도록 하고 있다. 그러나 상원의 실제 관행은 하원의 사전 통보로부터 1~2일 이내에 소추위원들의 상원 방문 일정을 만장일치로 확정하여 하원에 전달하는 것인데, 이런 관행은 규정 1조가 요구하는 '즉시 응답'을 충족하는 것으로 여겨진다. *Id.* at 5.

160.

상원이 탄핵 기소장을 검토한 후 탄핵 대상자의 답변(answer)을 요청함으로써 본격적인 상원의 탄핵 절차가 시작된다. 상원의 탄핵 절차는 대체로 상원의 '탄핵 심판 절차 관련 규정'에 따라 진행된다. Jared P. Cole, *supra* note 11, at 20; Elizabeth Rybicki, Senate Impeachment Process, *supra* note 156, at 7-8.

161.

Jared P. Cole, *supra* note 11, at 20 (Oc. 29, 2015). 윌리엄 블라운트 의원 탄핵 당시 워싱턴을 떠나 고향 테네시로 돌아가 있던 블라운트는 상원에 출석하지 않았지만, 상원은 탄핵 절차를 그대로 진행하였다. *See* ASHER C. HINDS, HINDS' PRECEDENTS OF THE HOUSE OF REPRESENTATIVES OF THE UNITED STATES. [hereinafter HINDS], VOLUME III §2308 (GPO Print. 1907), https://www.govinfo.gov/content/pkg/GPO-HPREC-HINDS-V3/pdf/GPO-HPREC-HINDS-V3.pdf.

162.

의회는 소환장을 직접 발급하기도 하지만 사법부 힘을 빌려 강제 소환장을 발급하기도 한다. 예를 들어, 1989년 앨시 헤이스팅스(Alcee Hastings) 판사 탄핵에서 핵심 증인이 증언을 거부하자 상원은 소송을 제기하여 법원의 소환장을 발급받았다. 이 소환장에는 '증언하지 않으면 탄핵 심판이 끝날 때까지 구속될 것'이라는 통지가 들어 있었다. Elizabeth Rybicki, Senate Impeachment Process, *supra* note 156, at 14.

163.

소추위원의 반박 답변(replication)에 탄핵 대상자는 다시 응수(rejoinder)할 수 있다. Jared P. Cole, *supra* note 11, at 20. ("The House has traditionally filed a replication to the respondent's answer, and the pleadings may continue with a rejoinder, surrejoinder, and similiter.").

164.

Jared P. Cole, *supra* note 11, at 20. (citing VI Cannon §508).

165.

Elizabeth Rybicki, Senate Impeachment Process, *supra* note 156, at 14-15. 탄핵 심판에서 유죄 선고를 받은 닉슨 판사는, 상원의 증언 청취나 증인 심문이 전체 의원들에 의해 진행되지 않고 별도로 구성된 12인 위원회에서 진행되었다는 이유를 들어 자신에 대한 유죄 선고가 무효라는 소송을 제기하였다. 법원은 탄핵 심판 과정에서 상원이 특정 위원회를 운영하는 것은 위헌의 소지가 없을 뿐더러 이런 이슈가 '재판 대상(justiciable)' 이 되지도 않는다는 판결을 내렸다. House Practice, *supra* note 118, ch.27 §9, pp. 619-620 (citing *Nixon v. United States*, 744 F. Supp. 9 (D.D.C. 1990), aff'd 938 F.2d 239 (D.C. Cir. 1991), aff'd 506 U.S. 224 (1993)).

166.

Jared P. Cole, *supra* note 11, at 21.

167.

See infra note 823 & accompanying text.

168.

Elizabeth Rybicki, Senate Impeachment Process, *supra* note 156, at 17-18. ("closed deliberation").

169.

U.S. CONST. art. I §3. cl. 6. ("Concurrence of two thirds of the Members present."). 상원의원 100명 전원이 참석하면 유죄 선고 정족수가 67명 이상이 된다. 그러나 참석 의원의 수가 줄면 유죄 선고 정족수도 따라서 줄게 된다. Elizabeth Rybicki, Senate Impeachment Process, *supra* note 156, at 19. 탄핵 기소부터 심판에 이르는 절차와 소요되는 대략의 기간에 대한 **훌륭한 요약**은, *See* 144 CONG. REC. H11824-H11826 (daily ed. Dec. 18, 1999).

170.

FRANK BOWMAN, *supra* note 14, at 42. ("[The British impeachment] was a political tool, but it was also criminal insofar as conviction triggered severe personal penalties far beyond mere removal from office.").

171.

JOSEPH STORY, *supra* note 13 §782; FRANK BOWMAN, *supra* note 14, at 93.

172.

FRANK BOWMAN, *supra* note 14, at 74.

173.

Id. ("In none of the pre-1776 colonial impeachments did the colonial legislatures seek any remedy beyond removal of offending official. And the same limitation was almost universal in the post-1776 constitutions."). *Id.* at 75. ("The America's strict limitation on the consequences of impeachment allowed a corresponding relaxation of concerns about the breadth of the definition of impeachable conduct.").

174.

U.S. CONST. art. I. §3. cl.7. ("Judgment ⋯ shall not extend further than to removal from Office, and disqualification to hold and enjoy any Office ⋯ but the Party convicted shall nevertheless be liable and subject to Indictment, Trial, Judgment and Punishment, according to Law.").

175.

Raoul Berger, *supra* note 18, at 36 ("It is *prophylactic,* designed to remove an unfit officer from office, rather than *punitive.*")(emphasis added). JOSEPH STORY, *supra* note 13 § 801 ("[impeachment] is *not so much designed to punish an offender, as to secure the state against* gross official misdemeanors. It touches neither his person, nor his property; but simply divests him of his political capacity")(emphasis added). *See also* Elizabeth B. Bazan, *supra* note 15, at 7.

176.

U.S. CONST. art. II. §4 ("The President, Vice President and civil Officers ⋯ shall be removed from Office on Impeachment for, and Conviction⋯")(emphasis added).

177.

House Practice, *supra* note 118, ch.27 §10, p. 620 (citing *Waggoner v. Hastings,* 816 F. Supp. 716 (S.D. Fla. 1993)).

178.

Id. at (citing Deschler Ch.14 §13.10).

179.

Id. at (citing III HINDS §2397; VI Cannon §512).

180.

U.S. CONST. art. II §2. cl. 1. ("The President ··· have Power to grant Reprieves and Pardons for Offences against United States, *except in Cases of Impeachment.*") (emphasis added).

181.

1993년 연방법원의 판사였던 월터 닉슨(Walter L. Nixon)이 자신에 대한 탄핵 심판에 불복하여 제기한 소송에서, 대법원은 "탄핵 심판은 상원의 고유 권한이며 사법적으로 판단할 수 없는 정치적 문제(political question)"라는 결론을 내렸다. *Nixon v. United States*, 506 U.S. 224 (1993) (rejecting the contention that the word "try" impliedly require judicial-style trial and concluding that the Constitution grants the sole Power to try impeachments in the Senate).

182.

See supra note 22 & accompanying text.

183.

U.S. CONST. art. I. §9. cl.3. ("No Bill of Attainder or ex post facto Law shall be passed."). 하버드 법대 노아 펠드먼(Noah Feldman) 교수는 미국 헌법이 사권 박탈을 금지하기 때문에 더욱 탄핵이 필요하다는 견해를 밝혔다. Noah Feldman, *Trump's Impeachment Filing Contains Bizarre Legal Argument,* Feb. 3, 2021, Bloomberg, https://www.bloomberg.com/opinion/articles/ 2021-02-02/trump-s-impeachment-filing-contains-a-bizarre-legal-argument. 필라델피아 헌정회의에서 메이슨 역시 "사권 박탈이 금지되었으므로 탄핵의 영역을 확대하여야 한다"고 주장하였다. *See supra* note 93 & accompanying text.

184.

영국에서는 신분이나 직무에 상관없이 왕을 제외한 모든 사람이 탄핵 대상이었다. 미국에서는 사실상 탄핵 대상이 아닌 의회 의원도 영국에서는 탄핵 대상이었다. *See* JOSEPH STORY, *supra* note 13 §788 ("all the king's subjects, whether peers or commoners, are impeachable"); Written Statement of Jonathan Turley on Trump Impeachment, *supra* note 18, at 6-7 ("Any citizen could be impeached including legislators").

185.

U.S. CONST. art. II §4.

186.

조셉 스토리(Joshep Story) 판사는 "군사 업무의 특수성과 효율성을 고려할 때 군대는 독점적이고 배타적인 탄핵 심판 관할권을 가질 필요가 있으므로, 군 공직자는 다른 기관으로부터 탄핵을 받는 것보다 군대 자체의 규율에 따라 제재를 받는 것이 더 합당하다"고 설명한다. JOSEPH STORY, *supra* note 13 §790.

187.

U.S. CONST. art. I §5, cl. 2. ("Each House may ⋯ punish its Members for disorderly Behaviour, and, with the Concurrence of two thirds, expel a Member.").

188.

탄핵에 의한 처벌 역시 파면이므로, 헌법 1조 5항에 의한 파면과 중복된다는 지적이다. *See also* Written Statement of Jonathan Turley on Trump Impeachment, *supra* note 18, at 6. ("The location of that standard in Article II serves as a critical check on services as a president, qualifying the considerable powers bestowed upon the Chief Executive with the express limitations of that office.").

189.

FRANK BOWMAN, *supra* note 14, at 113-114. 필라델피아 회의에서 조지 메이슨(George Mason), 패트릭 헨리(Patrick Henry), 에드먼드 랜돌프(Edmund Randolph) 등은 상원의원이 큰 권한을 가졌음에도 그에 대한 책임을 물을 수단이 마땅치 않다는 불평을 하였다. 이런 이유로 헌법제정회의에서 상원에 대한 탄핵이 거론되어 대체로 수긍되었다는 것이 보우만 교수의 견해이다. 반면 2년이라는 짧은 임기 때문인지 하원에 대한 탄핵 논의는 없었다. *Id.* 헌법 비준을 위한 매사추세츠 대표 사무엘 스틸만(Samuel Stillman)은 "하원의원도 탄핵 대상 공직자에 포함된다고 생각하였다"는 기록도 있다. *Id.* at 114.

190.

JOSEPH STORY, *supra* note 13 §791. ("[I]t was decided by the senate, that [a senator] was not [an civil officer of the United States]"); House Practice, *supra* note 118, ch.27 §2 ("A Member of Congress is not a 'civil Officer' within the meaning of the impeachment provisions of the Constitution.")(citing III HINDS §§ 2310, 2316.). *See also* Jared P. Cole, *supra* note 11, at 3. ("In the past, Congress has seemingly shown ⋯ a reluctance to impeach ⋯ Members of Congress."). CONAN, *supra* note 95, *Offices Eligible for Impeachment* ("The Constitution's structure and historical practice also indicate that impeachment likely does not apply to Members of Congress.").

191.

Andrew Johnson (1867-1868); William W. Belknap (1876); William Jefferson Clinton (1998); Donald J. Trump (2019, 2021). 닉슨 대통령은 사법위원회가 탄핵 기소장을 채택하고 하원이 탄핵 소추를 표결하기 직전에 사임하였다. Secretary of War는 지금의 국방부 장관에 해당한다. 1798년 Secretary of Navy가 신설되어 관장 영역이 줄어들긴 하였으나, 당시 Secretary of War는 여전히 각료 수준의 공직자였다. 그러나 1947년 Secretary of Air Force가 설립되면서 Secretary of War는 Secretary of Defense 산하에서 오직 육군만을 관장하며, 각료에 종속되는(non-Cabinet subordinates) 지위를 갖게 되었다.

192.

헌법 제정자들이 탄핵 대상 공직자를 각료에 한정시키지 않고 '대통령의 지휘를 받거나 대통령 주변에서 업무를 처리하는 공직자 일반'을 의미하였다는 것은 그들의 토론에서도 잘 드러난다. 일부 헌법 제정자들이 대통령 탄핵에 반대하면서 내세운 중요한 논리 중 하나는 '대통령은 부하들(subordinates)의 도움 없이 중대한 잘못을 저지를 수 없는데, 부하들의 잘못을 탄핵하여 대통령의 잘못을 바로잡을 수 있다'라는 것이었다. CONSTITUTIONAL GROUNDS, *supra* note 11, at 10. 핑크니는 하원의 탄핵 소추가 나쁜 행동을 하거나 공적 신뢰를 배신하는 공직자에게 적용된다고 밝혔으며, *id.* at 13, 해밀턴과 매디슨 등은 탄핵이 공직을 맡은 사람들의 공적 신뢰에 반하는 행위를 처벌하는 것임을 필라델피아 회의 이후에도 지속해서 확인하였다. *Id.* at 23. 메이슨은 대통령이 그의 사면권을 이용하여 그의 지휘 아래에서 범죄를 저지른 공직자들을 사면할 수도 있다는 점을 경계하였다. *Id.* at 13. 매디슨은 탄핵이 대통령의 보호 아래에 있는 나쁜 공직자에게 미치며, 공적 신뢰를 위반하였다면 대통령이 총애하는 부하라도 해임하지 않을 수 없다는 주장을 하였다. RAOUL BERGER, IMPEACHMENT, *supra* note 18, at 101 (citing statement of James Madison, 1 Ann. CONG. 372 (1789)). 이처럼 행정부 공직자의 비행을 우려하고 이에 대해 많은 토론을 하였던 헌법 제정자들이, 만약 탄핵 조항의 공직자를 각료 수준의 공직자로 한정하고자 하였다면 분명히 그렇게 명시하였을 것이다.

193.

JOSEPH STORY, *supra* note 13 §790 ("all officers of the United States ⋯ in the highest or lowest department of the government") (emphasis added); Jared P. Cole, *supra* note 11, at 4-5 ("all executives and judicial officers, from the

President *downwards*" (citing William Rawle, A VIEW OF THE CONSTITUTION OF THE UNITED STATES 214 (1829))(emphasis added).

194.

U.S. CONST. art. II §2. cl. 2. ("[The President] ⋯ shall appoint Ambassadors, other public Ministers and Consuls, Judges of the supreme Court, and all other *Officers* ⋯ but the Congress may by Law vest the Appointment of such inferior *Officers* ⋯ in the President alone, in the Courts of Law, or in the Heads of Departments.")(emphasis added).

195.

Edmond v. United States, 520 U.S. 651, 662-663 (1997).

196.

Buckley v. Valeo, 424 U.S. 1, 126 (1976) ("[A]ny appointee exercising significant authority pursuant to the laws of the United States is an Officer of the United States").

197.

Jared P. Cole, *supra* note 11, at 6. 그러나 'inferior Officer'는 탄핵의 대상에 포함 되지 않는다는 견해도 있다. *Id.* (citing Raoul Berger, *Impeachment of Judges and Good Behavior Tenure,* 79 YALE L. J. 1475 (1970) (asserting that impeachment was not intended to extend to inferior officers in either the executive or judicial branches).

198.

판사들은 '올바른 처신'을 하는 동안에는 해임되지 않고 급여 삭감을 받지 않는다. U.S. CONST. art. III §1 ("The Judges shall hold their Offices during *good Behaviour,* and shall, at stated Times, receive for their Services, a Compensation, which shall not be diminished during the Continuance in Office.") (emphasis added). 그러나 연방판사의 임명권은 대통령에게 있다. U.S. CONST. art. II §2. cl. 2.

199.

같은 논리로, 의회의 의원들도 탄핵 대상이 아니라는 주장이 제기된다. FRANK BOWMAN, *supra* note 14, at 126. *See also supra* note 188 & accompanying text.

200.

FRANK BOWMAN, *supra* note 14, at 127. 1787년 8월 20일까지 헌법 실무 초안은 대법원 이 탄핵 심판을 담당하도록 하였다. 따라서 대법원장 등 대법원 판사가 탄핵 대상일 때는 이해 충돌이 발생하므로 '5인 위원회(The Committee of Five or The Committee of Detail)'
는 대법원장이 탄핵 대상일 때의 탄핵 진행 방식에 대하여 검토한 것으로 알려졌다. *Id.*

201.

CONAN, *supra* note 95, Officials Eligible for Impeachment ("historical practice
indicates that federal judges clearly qualify as officers subject to impeachment
and removal, as the majority of proceedings have applied to those positions.");
CONSTITUTIONAL GROUNDS, *supra* note 11, at 37.

202.

See III HINDS §§ 2319-2341 (1907).

203.

*See Report of the Impeachment Trial Committee on the Articles against Judge
G. Thomas Porteous, Jr.*, S. REP. NO. 111-347 (2010), *available at* https://www.
congress.gov/congressional-report/111th-congress/senate-report/347/1.

204.

Jared P. Cole, *supra* note 11, at 1. 보고서 최종 업데이트 일자인 2015년 10월 29일까
지 15명의 연방판사, 1명의 상원의원(William Blount), 1명의 각료(William Belknap), 2명
의 대통령이(Clinton 과 Andrew Johnson) 탄핵당하였으며, 이중 8명이 상원의 유죄 선고
를 받았는데 모두 연방판사였다. 트럼프 탄핵으로 2021년 현재 탄핵당한 대통령은 3명이
되었다.

205.

판사 탄핵을 요약하면 다음과 같다.

(1) John Pickering(District of New Hampshire), Impeached in 1803 on charges
of mental instability and intoxication on the bench, Convicted and removed.
(2) Samuel Chase(Supreme Court Justice), Impeached in 1804 on charges of
arbitrary and oppressive conduct of trials, Acquitted. (3) James H. Peck(District
of Missouri), Impeached in 1830 on charges of abuse of the contempt power,
Acquitted. (4) West H. Humphreys(Districts of Tennessee), Impeached in
1862, on charges of refusing to hold court and waging war against the U.S.
government, Convicted and removed. (5) Mark W. Delahay(District of Kansas),
Impeached in 1873 on charges of intoxication on the bench, Resigned before
opening of trial. (6) Charles Swayne(Northern District of Florida), Impeached
in 1904 on charges of abuse of contempt power and other misuses of office,

탄핵으로 본 미국사

Acquitted. **(7)** Robert W. Archbald(Court of Appeals 3rd. Cir.), Impeached in 1912 on charges of improper business relationship with litigants, Convicted and removed. **(8)** George W. English(E. District of Illinois), Impeached in 1926 on charges of abuse of power, Resigned and proceedings dismissed. **(9)** Harold Louderback(N. District of California), Impeached by in 1933 on charges of favoritism in the appointment of bankruptcy receivers, Acquitted. **(10)** Halsted L. Ritter(S.E. District of Florida), Impeached in 1936 on charges of favoritism in the appointment of bankruptcy receivers and practicing law while sitting as a judge, Convicted by the U.S. Senate and removed. **(11)** Harry E. Claiborne (District of Nevada), Impeached in 1986 on charges of income tax evasion and of remaining on the bench following criminal conviction, Convicted and removed. **(12)** Alcee L. Hastings(S. District of Florida), Impeached in 1988 on charges of perjury and conspiring to solicit a bribe, Convicted and removed. **(13)** Walter L. Nixon(S. District of Mississippi), Impeached in 1989 on charges of perjury before a federal grand jury, Convicted and removed. **(14)** Samuel B. Kent(S. District of Texas), Impeached in 2009 on charges of sexual assault, obstructing and impeding an official proceeding, and making false and misleading statements, Resigned and the articles dismissed. **(15)** G. Thomas Porteous(E. District of Louisiana), Impeached in 2010 on charges of accepting bribes and making false statements under penalty of perjury, Convicted and removed. *See Impeachments of Federal Judges, Federal Judicial Center, available at* https://www.fjc.gov/history/judges/impeachments-federal-judges.

206-1.

라울 버거 교수는 헌법의 '옳은 처신(good behavior)' 요건이 정부가 판사들을 해임할 수 있는 탄핵 이외의 추가적인 권한이라고 주장한다. RAOUL BERGER, IMPEACHMENT, *supra* note 18, at 122-127. 반면, 마이클 게하트(Michael Gerhardt)는 탄핵이 판사들을 해임할 수 있는 유일한 권한이라고 주장한다. MICHAEL GEHARDT, THE FEDERAL IMPEACHMENT PROCESS: A CONSTITUTIONAL AND HISTORICAL ANALYSIS 83-102 (2d ed. 2000). 판사의 평생 임기에 대한 불만은 꾸준히 제기되어 왔다. 1805년 사무엘 체이스(Samuel Chase) 대법관에 대한 탄핵이 상원 표결의 결과 무위로 돌아간 날, 성난 공화당 의원들은 상원과 하원의 합의로 판사들을 면직시킬 수 있도록 헌법을 개정하자고 제안하기도 하였다. WILLIAM H. REHNQUIST, *supra* note 4, at 106. *See* Robert R. Bair, & Robin D.

Coblentz, *The Trials of Mr. Justice Samuel Chase*, 27 Md. L. Rev. 365, 385 (1967), *available at* http://digitalcommons.law.umaryland.edu/mlr/vol27/iss4/4. 제퍼슨 (Jefferson)은 판사의 임기를 최초 6년으로 하고 상원과 하원의 동의를 얻어 재임하도록 하자고 제안하기도 하였다. Frank Thompson & Daniel H. Pollitt, *Impeachment of Federal Judges: An Historical Overview*, 49 N.C. L. Rev. 87, 100 (1970), *available at* http://scholarship.law.unc.edu/nclr/vol49/iss1/9.

206-2.

탄핵이 판사들의 평생 임기를 견제하는 유일한 수단이므로 좀 더 적극적으로 활용될 수밖에 없다는 지적은 합리적이지만, 유독 사법부에 탄핵이 집중된 데에는 탄핵 적용의 실용성 문제도 있을 것으로 보인다. 업무 특성상 판사들은 개별적 독립성을 누리지만, 행정부 공직자들은 상급자나 감독 기관의 지휘와 통제 아래 놓여 있다. 따라서 대통령을 제외한 기타 행정부 공직자에 대해서는 의회가 직접 나서서 탄핵을 추진할 필요성이 떨어질 수 있다. 예를 들어, 장관을 파면하기 위해 의회가 직접 탄핵에 나서는 방안보다 대통령이나 집권당을 압박하거나 국민 여론에 호소하는 방안이 더욱 쉬우면서도 탄핵 추진이 가져오는 후유증을 피하는 선택이 된다.

207.

U.S. CONST. art. III, §1. ("The judges … shall hold their Offices during good Behaviour.").

208.

See Jared P. Cole, *supra* note 11, at 9; FRANK BOWMAN, *supra* note 14, at 144-145.

209.

House Practice, *supra* note 118, ch.27 §3, p. 608 ("more aptly describes judicial tenure … for life"). *See also* Jared P. Cole, *supra* note 11, at 9.

210.

CONSTITUTIONAL GROUNDS, *supra* note 11, at 17. ("However, the only impeachment provision discussed in the Convention and included in the Constitution is Article II, Section 4").

211.

이 주장은 사실상 사법부의 도덕성을 강조하여 판사들에게 더욱 엄격한 처신을 요구하는 견해의 하나라고 볼 수 있다. 헌법이 판사들에게 더욱 엄격한 처신을 요구한다고 본다면 판사들에 대한 탄핵 사유는 더욱 넓어지고, 따라서 판사들에 대한 탄핵을 촉발하는 기준이 행정부 공직자에 대한 기준보다 낮아진다고 할 수 있는 것이다.

212.

4년마다 국민의 심판을 받는 대통령에 비하여 판사는 '평생 임기'라는 보호막 속에 있으므로, 판사들의 직무에 대해 좀 더 적극적으로 책임을 물을 방안이 필요하다는 논리는 매우 설득력이 있다. 1926년 조지 잉글리시(George English) 판사 탄핵을 추진한 하원 사법위원회 보고서는, 판사의 행위가 탄핵 사유에 이르는가를 판단할 때 판사들이 평생 임기를 보장받는다는 것을 함께 고려하여야 한다는 의견을 제시하기도 하였다. HOUSE COMM. THE JUDICIARY, 93D CONG., IMPEACHMEENT: SELECTED MATERIALS ON PROCEDURE 886 (GPO Print. 1974) [hereinafter IMPEACHMEENT: SELECTED MATERIALS] ([the good behavior] provision should be considered along with article 4. section 2"), *available at* https://judiciary.house.gov/uploadedfiles/committee_ print_house_judiciary_committee_impeachment_selected_materials_on_procedure_january_1974.pdf. 더구나 대통령과 같은 선출직 공직자를 탄핵한다는 것은, 임명직 공직자에 대한 탄핵과 달리 국민의 선택과 결정을 뒤집는 것에 해당하므로, 매우 신중하고 높은 기준에서 진행되어야 한다는 논리도 '대통령에 대한 탄핵 기준이 판사에 대한 탄핵 기준보다 높아야 한다'는 주장에 힘을 싣는다.

213.

See infra note 665 & accompanying text.

214.

탄핵 사유를 심사하는데 비행의 특성은 물론 직무의 특성을 고려하는 것은 탄핵의 취지와 헌법 제정자들의 의도에도 부합되는 일이다. CONSTITUTIONAL GROUNDS, *supra* note 11, at 17. ("Whichever view is taken, judicial impeachments have involved an assessment of the conduct of the officer *in terms of the constitutional duties of his office*.")(emphasis added). *See also* FRANK BOWMAN, *supra* note 14, at 144-145.

215.

FRANK BOWMAN, *supra* note 14, at 141.

216.

IMPEACHMEENT: SELECTED MATERIALS, *supra* note 212, at 886 ("No judge may be impeached for a wrong decision").

217.

See FRANK BOWMAN, *supra* note 14, at 131. 프랭크 보우만 교수는 사무엘 체이스(Samuel Chase) 대법관, 제임스 펙(James Peck) 판사, 찰스 스웨인(Charles Swayne) 판

사, 로버트 아치발드(Robert Archibald) 판사, 조지 잉글리시(George English) 판사, 해롤드 라우더백(Harold Louderback) 판사에 관한 탄핵 사례들에 근거하여, '재판 진행 방식이 일방적'이라는 이유나 '태도가 억압적'이라는 이유도 판사들에 대한 탄핵 사유가 될 가능성이 적다는 결론을 내렸다. *Id.* at 141. ("neither capricious petty tyranny nor obvious favoritism … is likely grounds for removal").

218.

Jared P. Cole, *supra* note 11, at 12. ("A number of individuals have also been impeached for *behavior incompatible with the nature of the office they hold.*") (emphasis added). 1988년 앨시 헤이스팅스 판사, 1989년 월터 닉슨 판사, 2010년 토마스 포터스 판사 등에 대한 탄핵에서 탈세 또는 탈세와 관련된 거짓 진술 등이 탄핵 사유로 포함되었다. FRANK BOWMAN, *supra* note 14, at 142-143.

219.

1803년 존 피커링 판사는 음주와 온전치 못한 정신 때문에 직무를 제대로 수행할 능력이 없다는 이유로 탄핵당하였다. 1873년 마크 델라헤이(Mark H. Delahay) 판사도 음주에 따른 직무 무능 등의 이유로 탄핵당하였다. *See* Jared P. Cole, *supra* note 11, at 13; FRANK BOWMAN, *supra* note 14, at 137-138.

220.

FRANK BOWMAN, *supra* note 14, at 142-143.

221.

1974년 닉슨 전 대통령 탄핵을 추진하였던 하원 법사위원회는, 닉슨이 조세 회피를 하였다는 혐의를 탄핵 기소 항목에서 제외하기로 하였다. 그러나 1986년 해리 클레어본 판사는 조세 회피 혐의로 탄핵을 받았다. 일관성이 없음을 보여주는 위 사례는 '대통령을 포함한 모든 공직자에 대한 탄핵 기준이 같다'는 원칙 아래에서는 잘 설명되지 않는다. 1998년 클린턴 변호인들은, 클린턴의 위증이 탄핵 사유에까지 이르지는 않는다는 것을 주장하기 위해, 클레어본 판사가 소득세를 회피하기 위해 거짓말을 한 것과 클린턴이 개인의 사생활(불륜 스캔들)을 숨기기 위해 거짓말을 한 것은 다른 평가를 받아야 한다는 주장을 하였다. 소추위원은, 클레어본 판사의 위증이 사법부에 큰 충격을 준 것 못지않게 클린턴의 위증도 정부에 상당한 충격을 주었다고 반박하며, 닉슨에게 보였던 유연한 태도를 보이지 않았다. *See infra* note 658 & accompanying text. *See also* Jared P. Cole, *supra* note 11, at 10-11.

II. 초기 탄핵 사례

222.

1788년 6월 21일 뉴햄프셔를 마지막으로, 연방 헌법 제정에 참여하였던 13개 주 모두가 1787년 필라델피아 헌법제정회의에서 마련된 헌법의 비준을 마쳤다.

223.

'남서 지역'은 오하이오강(Ohio River)의 남쪽이자 애팔래치아 산맥 서쪽에서 미시시피 강에 이르는 지역으로 현재의 테네시(Tennessee)에 해당한다. 연방의회는 1787년 오하이오강 북서부 지역, 즉 '북서 지역(Northwest Territory)'을 통치하기 위해 제정한 '북서부규정(Northwest Ordinance)'을 '남서 지역' 통치에 그대로 적용하였다. 단지, 북서부 지역에 노예제를 금지한 조항은 남서 지역에 적용하지 않았다.

224.

1791년 인구 조사에서 이 지역 인구는 35,691명이었으나 4년 뒤인 1795년 조사에서는 77,262명에 달해 연방 편입 기준인 6만 명을 넘겼다. 이에 따라 남서 지역은 1796년 6월 테네시로 연방에 편입되었고, 그해 8월 블라운트는 테네시의 첫 연방 상원의원으로 선출되었다.

225.

영국은 이 제안에 관심이 없었던 듯 보였다. *See* FRANK BOWMAN, *supra* note 14, at 115.

226.

블라운트 계획은 인디언, 서부 개척자들, 지역 민병대, 영국군 등이 연합하여 플로리다의 펜사콜라(Pensacola)와 뉴 마드리드(New Madrid) 그리고 루이지애나의 뉴올리언스를 공격하는 것이었다. 블라운트는 그의 계획을 실천하는 데 도움이 될 사람들과 접촉하고 편지를 보내기도 하였는데, 그 편지 중의 하나가 테네시 녹스빌(Knoxville)의 상인 제임스 케리(James Carey)에게 전달되었다. 케리는 이 편지를 연방정부의 일을 대행하는 사람에게 넘긴 것으로 알려졌다. Thomas Perkins Abernethy, *The Senate Expelled Him: WILLIAM BLOUNT*, Dec. 26, 1954, N.Y. Times (citing WILLIAM MASTERSON, WILLIAM BLOUNT (Louisiana State Univ. Press, 1954)), https://www.nytimes.com/1954/12/26/archives/the-senate-expelled-him-william-blount-by-william-h-masterson.html.

227.

FRANK BOWMAN, *supra* note 14, at 115 ("high misdemeanor, entirely inconsistent with his public trust and duty as a Senator"). *See also* 7 ANNALS OF CONG. 43-44

(1797), *available at* https://memory.loc.gov/ammem/amlaw/lwaclink.html.

228.

1794년 제정된 중립법은 영국과 프랑스 등 유럽 국가들 사이의 분쟁과 전쟁에 말려들 것을 우려하여 제정한 법이다. 이 법은 미국과 평화 상태에 있는 국가에 대한 전쟁에 미국 시민이 개입하는 것을 금지하고 있다. *See* 18 U.S.C. §§ 956 *et seq.*; Theodore B. Olson, *Memorandum Opinion for the Attorney General: Overview of the Neutrality Act*, at 210, Office of Legal Counsel (Sep. 20, 1984), https://www.justice.gov/sites/default/files/olc/opinions/1984/09/31/op-olc-v008-p0209.pdf.

229.

FRANK BOWMAN, *supra* note 14, at 116-117; Charles Doyle, *supra* note 32, at 3-14.

230.

블라운트의 변호인들은 당대에 이름을 떨쳤던 제어드 잉거솔(Jared Ingersoll)과 알렉산더 달라스(Alexander J. Dallas)였다. 잉거솔은 펜실베이니아 대표로 필라델피아 헌정회의에 참석한 인물이기도 하다.

231.

FRANK BOWMAN, *supra* note 14, at 117.

232.

See infra note 656 & accompanying text.

233.

See infra note 954 & accompanying text.

234.

See supra note 190 & accompanying text.

235.

FRANK BOWMAN, *supra* note 14, at 119.

236.

8 ANNALS OF CONG. 2319 (1799) ("The Court is of the opinion that the matter alleged in the plea of the defendant sufficient in law to show that this Court ought not to hold the jurisdiction over the said impeachment, and that the said impeachment is dismissed.") *See also* CONAN, *supra* note 95, *Senate Practices in Impeachment*; FRANK BOWMAN, *supra* note 14, at 119.

237.

블라운트를 데려오기 위해 의회는 테네시로 사람을 보냈으나 블라운트는 이에 응하지 않았고, 테네시 시민들도 대체로 블라운트를 지지하며 그를 보호하려 했던 것으로 알려졌다.

238.

III HINDS', *supra* note 159 §2318, p. 678 ("The Senate decided that it had no jurisdiction to try an impeachment against William Blount, a Senator."). *See also* House Practice, *supra* note 118, ch.27 §2, p.605; JOSEPH STORY, *supra* note 13 §790; Elizabeth B. Bazan, *supra* note 15, at 21; Office of Legal Counsel, *Legal Aspects of Impeachment: An Overview*, at 55, n.31, DOJ (Feb. 1974), https://www.justice.gov/olc/page/file/980036/download. *Cf. infra* note 1006.

239.

스토리 판사는, 의회 의원들은 주 시민들이 선출하므로 엄밀한 의미에서 연방정부가 임명하는 미 연방국의 공무원(civil officer of United States)이 아니라고 할 수 있으며, 이런 이유로 상원이 블라운트 탄핵 심판을 거절하였을 것으로 추정하였다. JOSEPH STORY, *supra* note 13 §791. *See also* III HINDS', *supra* note 159 §§2300-2302, §2318; Jared P. Cole, *supra* note 11, at 3, n.2. For further readings *See* UNITED STATES SENATE: ELECTION, EXPULSION AND CENSURE CASES 1793-1990, 13-15 (Senate Historical Office 1995); F. WHARTON, STATE TRIALS OF THE UNITED STATES DURING THE ADMINISTRATION OF WASHINGTON AND ADAMS 200-321 (1849); BUCKNER F. MELTON, JR, THE FIRST IMPEACHMENT: THE CONSTITUTION'S FRAMERS AND THE CASE OF SENATOR WILLIA M. BLOUNT (1988).

240.

See Unites States Senate, *War Secretary's Impeachment* [hereinafter *War Secretary's Impeachment*] ("In the rollicking era that Mark Twain dubbed the Gilded Age, Belknap was famous for his extravagant Washington parties and his elegantly attired first and second wives. Many questioned how he managed such a grand lifestyle on his $8,000 government salary."), https://www.senate.gov/artandhistory/history/minute/War_Secretarys_Impeachment_Trial.htm. *See also* FRANK BOWMAN, *supra* note 14, at 122-123.

241.

밸크냅은 전쟁부 장관이 군부대 거래상을 임명하고 허가증을 발급할 수 있는 독점적 권한을 가질 수 있도록 의회에 로비하였고, 의회는 이를 수용하였다. 밸크냅의 두 번째 아내 카리타(Carita)는 상납금을 단 한 번 받고 1870년 12월 사망하였다. 이후 그녀의 동생 아만다(Amanda)가 상납금을 계속 받았는데, 아만다는 1873년 밸크냅과 결혼하여 그의 세 번째 아내가 되었다. 마시는 5년 동안 2만 달러를 지급하였으며, 밸크냅이 직접 받았다고 증언하였다. *See generally* Cecily Nelson Zander, *The William Belknap Impeachment – Some Historical Background*, Feb. 10, 2021, Emerging Civil War, https://emergingcivilwar.com/2021/02/10/the-william-belknap-impeachment-some-historical-background/; War Secretary's Impeachment, *supra* note 240.

242.

Jared P. Cole, *supra* note 11, at 14. 밸크냅은 하원의 탄핵 소추 직전에 백악관으로 달려가 그랜트 대통령에게 사임서를 전하고 울음을 터뜨렸다고 한다. *War Secretary's Impeachment, supra* note 240.

243.

III HINDS', *supra* note 159, §2445, pp. 904-905; CONSTITUTIONAL GROUNDS, *supra* note 11, at 49.

244.

III HINDS', *supra* note 159, §2449, pp. 910-915; CONSTITUTIONAL GROUNDS, *supra* note 11, at 49-50; Charles Doyle, *supra* note 32, at 18.

245.

III HINDS', *supra* note 159, §2459, pp. 933-935 ("The Senate decided that it had jurisdiction to try the Belknap impeachment case, although the respondent had resigned the office."); CONSTITUTIONAL GROUNDS, *supra* note 11, at 49-50.

246.

See III HINDS', *supra* note 159, §2467, p. 945; FRANK BOWMAN, *supra* note 14, at 123. For further reading *see* 44TH CONGRESS, TRIAL OF WILLIAM W. BELKNAP (GPO Print. 1876), *available at* https://archive.org/details/proceedingssena00housgoog/page/n1060/mode/2up.

247.

유죄 선고를 한 상원의원 중 2명은 이미 사임한 밸크냅에 대해 탄핵심판관할권이 없다고 생각하였지만, 상원이 자체 의결로 관할권이 있다는 결정을 내렸기 때문에 양심에 따라 유죄 투표를 하였다고 밝혔으며, 기권한 1명은 탄핵심판관할권이 없다고 생각하였기 때문에 투표에 참여하지 않았다고 밝혔다. III HINDS', *supra* note 159, §2467, p. 946. *See also* Jared P. Cole, *supra* note 11, at 17 n. 141.

248.

후일, 하원도 공직자의 사임이 상원의 탄핵 심판 권한에 어떠한 영향도 주지 않는다고 천명하였다. 1926년 조지 잉글리시 판사에 대한 탄핵도 밸크냅과 유사한 사례이다. 당시 잉글리시 판사는 하원이 탄핵 소추를 가결한 직후 사임하였다. 상원은 잉글리시 판사 탄핵을 기각하였지만, 소추위원들은 사임이 상원의 탄핵 심판 권한에 어떠한 영향도 주지 못한다고 선언하였다. FRANK BOWMAN, *supra* note 14, at 123.

249.

FRANK BOWMAN, *supra* note 14, at 123 ("The best reading of the affair is that neither the House nor the Senate was conceding a lack of [impeachment] jurisdiction based on resignation, but neither had any interest in spending the time necessary to beat a dead judicial horse."). *See also* House Practice, *supra* note 118, ch.27 §2, p.605.

250.

단순한 사임과 탄핵에 의한 해임은 그 결과가 분명히 다르다. 탄핵에 의한 해임은 향후 공직에 대한 자격 상실을 초래할 수 있다는 점에서 더욱 엄중한 책임 추궁이 된다. 따라서 상원은 공직자의 자발적 사임이나 단순한 해임에 만족할 수 없을 때, 즉 해당 공직자의 행위가 도를 넘는(so egregious) 비행일 때는 탄핵 심판을 진행하여 유죄를 선고하고, 더 나아가 향후 공직에 대한 자격 상실까지 의결하려 할 것이다. 밸크냅은 사임 후 형사 기소를 받았지만, 담당 판사는 검사의 기소를 기각하였다. 밸크냅은 그랜트 대통령에게 기소 기각을 호소했던 것으로 알려졌다. *The Suit Agagist Gen. Belknap: The Case Dismissed at The Request of The District*, Feb. 9, 1877, N.Y. Times, *available at* https://www.nytimes.com/1877/02/09/archives/the-suit-against-gen-belknap-the-case-dismissed-at-the-request-of.html.

251.

See supra note 206 & accompanying text.

252.

See FRANK BOWMAN, *supra* note 14, at 124-125.

253.

대체로 탄핵의 실질적 목표는 비행을 저지른 공무원을 제거하는 것으로 인식되고 있다. 1974년 닉슨 대통령이 사임하자 탄핵이 중단되었으며, 1926년 조지 잉글리시 판사는 탄핵 심판 전에 사임하였고 탄핵은 그 지점에서 중단되었다. 1873년 델라헤이 판사와 2009년 켄트 판사도 탄핵 심판 전에 사임하였으며, 상원의 탄핵 심판도 더 진행되지 않았다. House Practice, *supra* note 116, §2, p.606.

254.

율리시스 그랜트 정부(1869-1877)와 내각은 부정과 부패가 만연했던 것으로 유명한데, 지인 중심의 내각 인선, 군대식 정부 운영, 측근 사람을 보호하려는 개인적 의리 등도 부패의 원인으로 꼽힌다. 그랜트 정부가 들어서기 직전 크레딧 모빌리어 스캔들이 터졌다. 북미 횡단철도 건설을 위해 설립된 Union Pacific Railroad의 임원들은, 'Credit Mobilier of America'라는 건설회사를 설립하여 공사비를 두 배 정도 부풀리고 4천만 달러가 넘는 돈을 횡령하였다. 그들은 횡령한 돈 일부로 Union Pacific Railroad에 유리한 입법을 추진하기 위해 워싱턴의 정치가들을 매수한 것으로 알려졌다. 그랜트 정부가 들어서자마자(1869년) 금값을 올려 폭리를 취하려던 Black Friday Gold Panic 스캔들이 터졌고, 1875년에는 위스키 제조업자가 국세청을 포함한 정부 공무원들을 매수하여 세금을 탈루한 Whisky Ring 스캔들이 터졌다. 남북전쟁 이후 주류세는 대폭 인상되었고 겔론(gallon) 당 70센트의 위스키 세금이 부과되었지만, 탈세하려는 위스키 증류업자들은 공무원들에게 겔론 당 35센트를 내고 세금 납부 확인 도장을 받아 위스키를 시장에 유통한 것이다. 연이은 부패 스캔들과 공직자의 도덕성 흠결에 국민이 염증을 느끼고 있을 때 밸크냅 뇌물 사건이 터진 것이다. *Cf.* H.W. BRANDS, THE MAN WHO SAVED THE UNION, ULYSSES GRANT IN WAR AND PEACE 554-661 (Doubleday 2012), *available at* https://archive.org/details/manwhosavedunion0000bran/mode/2up?view=theater. *See also* MARY L. HINSDALE, A HISTORY OF THE PRESIDENT'S CABINET 207-217 (1911) ("President Grant's administration is the unsavory period in Cabinet affairs. And it further presents a most extraordinary array of departures from the normal course of the Executive. It was variously styled a military rule, a personal rule, and a de-partmental regime.") (internal quotation marks deleted), *available at* https://archive.org/details/ahistorypreside01hinsgoog/mode/2up?view=theater.

255.

FRANK BOWMAN, *supra* note 14, at 124.

256.

1876년 공화당 루더포드 헤이즈(Rutherford B. Hayes)와 민주당 사무엘 틸든(Samuel J. Tilden) 사이에 벌어진 대통령 선거는 박빙의 접전이었다. 선거인단 투표 결과는 헤이즈 185와 틸든 184로 헤이즈가 1표 차이로 이겼으나, 국민 전체 투표 결과는 헤이즈 4백3만여 표, 틸든 4백28만여 표로 틸든이 25만여 표를 더 받았다. 당시 하원을 장악하고 있던 민주당은, 다툼이 되었던 플로리다·루이지애나·사우스캐롤라이나 선거 결과에 대한 이의를 제기하지 않고 선거인단 투표 결과를 수용하는 대신, 남부 재건 시기에 파견되어 주둔을 이어가고 있던 연방군을 남부 주에서 철수시킨다는 비공식 약속을 받았다. 헤이즈는 대통령에 취임한 뒤 루이지애나와 사우스캐롤라이나 주둔 연방군을 철수시켰는데, 이로써 사실상 남부 재건(Reconstruction) 시대가 종결되고 '백인 우월주의(white supremacy)'를 추구하는 남쪽 주(Deep South)들은 예전 시절로 돌아가 '굳건한 남부(Solid South)'를 다시 구축하는 길이 열렸다. *See* Eric Foner, Forever Free, The Story of Emancipation and Reconstruction 190-198 (Alfred A. Knopf 2005), *available at* https://archive.org/details/foreverfreestory00fone/page/n1/mode/2up?view=theater.

257.

See supra note 206 and accompanying text.

258.

조지 워싱턴 1대 대통령과 애덤스 2대 대통령 집권 12년 동안 연방 대법원과 각 지방법원에 임명된 판사들은, 연방정부의 기능과 권한을 강화하고 확대해야 한다고 믿는 '연방파'로 분류될 수 있다. Lawrence M. Friedman, A History of American Law 82 (2005 Simon & Schuster) ("They were naturally Federalists").

259.

See e.g., Frank Bowman, *supra* note 14, at 138 ("That [the impeachment against Pickering, a strong Federalist] had a political subtext is undeniable."); *Id.* at 134 ("[T]he impetus for the action against Chase was plainly political in the general sense. Chase was an outspoken opponent of [Jefferson]").

260.

헌법 7조는 9개 주 이상의 비준을 받으면 헌법이 발효된다고 규정하였다. U.S. Const. art. VII.

261.

조지 워싱턴 초대 대통령은 당파나 분파를 싫어하였지만, 그의 정치철학이나 정책으로 따지면 연방파에 더 가깝다고 볼 수 있다. 연방파의 대표적 인물은 초대 재무장관을 지낸 알렉산더 해밀턴이며, 공화파의 대표적 인물은 3대 대통령을 지낸 토머스 제퍼슨이다. 이런 이유로 공화파들은 '제퍼슨계 공화파(Jeffersonian-Republican)' 또는 '민주 공화파(Democratic-Republican)'로도 불렸다.

262.

See generally Ron Chernow, *supra* note 97 at 344-361. 해밀턴은, 연방은행의 자본

금 대부분을 'private' 몫으로 돌려야 하는 이유를 정부나 정치인의 'monetary policy' 개입을 방지하려는 것이라 설명하였다. *Id.* at 349. 반면 역사학자 하워드 진은, 해밀턴이 '정부가 민간 경제력과 연합하여야 강해질 수 있다'라는 철학을 가지고 있었으며, 이런 철학의 결과물이 연방은행 설립이라고 평가하였다. HOWARD ZINN, *infra* note 351, at 101. 대체로 'debtor'인 농부들은 기본적으로 'banker'와 'creditor'를 경멸하는 특성을 가지므로 해밀턴의 정책을 도시 편향적(urban-biased)으로 간주하는 태도는 당연해 보인다. RON CHERNOW, *supra* note 97 at 349.

263.

RON CHERNOW, *supra,* at 354. 매디슨을 포함한 공화파들은 헌법을 엄격히 해석하여 연방정부가 헌법에 명시적으로 나열된 권한만을 행사하여야 한다는 태도를 고수하였다. *See* WILLIAM H. REHNQUIST, *supra* note 4, at 37. 그러나 1819년 연방 대법원은, "의회는 부여된 권한 수행에 필요하고 적절한 법률을 만들 수 있다"라고 규정한 헌법 1조 8항 'Necessary and Proper Clause'에 따라 연방은행을 설립할 권한이 있다고 판결하였다. *See McCulloch v. Maryland* 17 U.S. 316 (1819). 마셜 대법원장은 *McCulloch* 판결에서, "의회가 추구하는 목적이 합법적이며 헌법이 부여한 권한 안에 있다면, 이 목적에 맞추어진 모든 수단은 헌법의 정신에 어긋나지만 않는다면 합헌이다"라는 유명한 'dicta'를 남겼다. *McCulloch,* at 421 ("Let the end be legitimate, let it be within the scope of the Constitution, and all means which are appropriate, which are plainly adapted to that end, which are not prohibited, but consist with the letter and spirit of the Constitution, are Constitutional."). 사실 마셜 대법원장은 은행 설립 법안 비토를 고민하던 워싱턴 대통령을 설득하기 위해 해밀턴이 제시한 논리를 그대로 따른 것이다. 제퍼슨과 랜돌프(Randolph) 의원의 반대에 흔들리던 워싱턴 대통령은 해밀턴에게 해명을 요구하였는데, 해밀턴은 "정부의 통치권(sovereig power)은 목적 달성에 '필요하고 정당한 모든 수단(all the means requisite and fairly applicable to the attainment of the ends)'을 쓸 권한을 내포한다"고 답변하였다. 흔들렸던 워싱턴 대통령도 해밀턴의 설명을 들은 뒤 곧바로 은행 설립 법안에 서명하였다. RON CHERNOW, *supra,* note 97 at 354.

264.

WILLIAM H. REHNQUIST, *supra* note 4, at 39. 제퍼슨과 매디슨이 해밀턴의 정책에 적극적으로 반대하고 나선 데에는 정치적 경쟁심도 작용한 것으로 판단된다. 제퍼슨은, 해밀턴의 재무부가 정부를 삼키려 한다는 암시를 하며 "해밀턴의 계획은 공화국 체제를 군주제로 바꾸기 위한 준비 과정"이라는 메모를 워싱턴에게 전하기도 하였다. 매디슨 역시

"해밀턴이 투기꾼을 꼬드기고, 국가 채무를 부풀리며, 헌법을 왜곡시키고, 미국에 귀족정치 도입을 획책하고 있다"라는 인신공격을 서슴지 않았다. RON CHERNOW, *supra* note 97 at 399-400.

265.

'외국인 및 선동에 관한 법'은 의회에 대한 '거짓되고, 저질스럽고, 악의적인(false, scandalous and malicious)' 발언을 금지하고, 국가에 위협이 될 만한 외국인을 추방할 수 있는 권한을 대통령에게 부여하며, 외국인이 미국의 시민권을 획득할 수 있는 기간을 연장하였다. 당시, 프랑스 혁명(French Revolution)과 아일랜드 폭동(Irish rebellions) 때문에 프랑스와 아일랜드 출신 이민사들은 '위험한 혁명주의사'로 눈총받았으며, 미국은 곧 프랑스와 전쟁에 돌입할 것 같은 분위기였다. 이런 시대 상황은 애덤스 행정부의 '외국인 및 선동에 관한 법' 제정을 어느 정도 정당화하기도 하지만, 불과 7년 전에 비준된 '언론과 출판의 자유를 침해하는 법을 제정할 수 없다'라고 천명한 수정헌법 1조에 정면으로 배치된다. 따라서 '외국인 및 선동에 관한 법'이 연방파의 지나친 조치임이 분명해 보인다. 그러나 1798년에서 1800년 당시 항소 법원에서 재판을 주재하였던 대법원 판사 누구도 '외국인 및 선동에 관한 법'이 위헌이라 판결하지 않았다. *See* HOWARD ZINN, *infra* note 351 at 100.

266.

'외국인 및 선동에 관한 법'의 대상이 되는 프랑스계 또는 아일랜드계 이민자들은 대체로 제퍼슨을 지지하는 공화파로 분류된다. WILLIAM H. REHNQUIST, THE SUPREME COURT 27 (First Vintage Book ed. 2002). 당시, 공화주의자들은 프랑스에 우호적이었으며 연방주의자들은 영국에 우호적이었다. WILLIAM H. REHNQUIST, *supra* note 4 at 39.

267.

HOWARD ZINN, *infra* note 351 at 100. 1964년 연방 대법원은 1798 Sedition Act가 수정헌법 1조에 위반됨을 시사하였다. *New York Times Company v. Sullivan*, 376 U.S. 254, 276 (1964) ("Although the Sedition Act was never tested in this Court, the attack upon its validity had carried the day in the couret of history.").

268.

WILLIAM H. REHNQUIST, *supra* note 4, at 47. 연방파는 공화파가 '자코뱅계 반역자(Jacobin traitors)'라고 선언하였으며, 공화파 언론은 워싱턴을 '은밀한 반역자(secret traitor)'라 평가하고 애덤스를 신랄하게 깎아내렸다. 대선이 있었던 1800년에 연방파와 공화파 사이의 비방은 절정에 달했다. 단지, 공화파는 비방 이외에 아무것도 할 수 없었지만, 연방파는 비방 상대를 구속했다는 차이가 있다. 버몬트 하원의원 마테오 라이언(Matthew Lyon)은 '애덤스가 개인적 탐욕에 목말라 있다'라고 비난했다는 이유로 1천 달러 벌금과 4개월 구속형을 받았다. 제퍼스의 친구 토마스 쿠퍼(Thomas Cooper)는 애덤스의 군비 확장을 비난하였다가 구속되었고, 공화계 신문 *Aurora* 편집자인 밴자민 프랭클린 바치(Benjamin Franklin Bache)는 선동죄로 기소되었지만 재판 전에 황열병으로 사망하였다. 밴자민의 후임 편집자 역시 기소되었다. Fawn M. Brodie, Thomas Jefferson, an Intimate History 425 (Bantam 8th ed. 1979).

269.

당시 대법원 판사는 매년 수주(weeks) 정도 워싱턴 수도에 모여 상고심 재판을 진행하였고, 나머지 기간은 각자 나누어진 순회 구역의 법원(Circuit court)을 돌며 지방의 재판관과 함께 지역 재판에 참여하였다. 따라서 체이스 대법관이 캘린더를 재판한 것은 대법관으로서 대법원 업무가 아니라 소송 판사(trial judge)로서의 업무였다. William H. Rehnquist, *supra* note 4, at 48.

270.

William H. Rehnquist, *supra* note 4, at 74-75; Frank Bowman, *supra* note 14, at 133. 삐뚤어지고 공격적인 성향이었던 것으로 알려진 제임스 캘린더는 영국에서 조지 3세(George III)를 비방하다 미국으로 도망쳐 왔는데, 해밀턴을 포함한 연방주의자와 연방주의 정책을 비판하면서 제퍼슨과 가까워졌다. 캘린더는 제퍼슨으로부터 때때로 수십 달러의 소액 지원금을 받기도 하였다. Fawn M. Brodie, *supra* note 268 at 416-418.

271.

William H. Rehnquist, *supra* note 4, at 48-49.

272.

당시의 교통이나 숙박 사정을 고려하면 순회 재판은 매우 힘든 일이었다. 따라서 순회 구역을 세분화하고 각 순회 지역을 담당할 연방판사들을 충원하여 대법원 판사들이 상고심에 매진할 수 있도록 하는 법안은 필요하였다. *Id.* at 50 ("Judiciary Act of 1801 … remedied most of the justifiable complaints about the existing system."). 단지, 1801년 법원조직법이 통과된 시점과 시행 방법은 공화파를 배척하기 위한 수단이라는 의심을 초래할 수밖에 없었다.

273.

See William H. Rehnquist, *supra* note 4, at 49-50; Frank Bowman, *supra* note 14, at 94-95. 연방 대법원이 사법심사(Judicial Review) 권한을 가질 수 있도록 만든 *Marbury v. Madison*, 5 U.S. 137 (1803) 판결의 당사자 마버리(Marbury)도 애덤스 대통령이 퇴임 직전에 임명한 소위 '야밤 판사' 중 한 명이다. 야밤 판사 마버리의 임명이

유효한 것인지를 다투는 과정에서 존 마셜(John Marshall) 대법원장은 애덤스와 제퍼슨 모두의 비위를 맞추면서도 자신은 '사법심사권'을 확보하는, 사법부 역사상 그야말로 '대박' 판결을 내린 것이다. *See supra* note 7.

274.

대통령이 된 제퍼슨은 연방주의자들을 대량으로 해고하였는데, 이들 중에는 작은 공직을 맡고 있던 애덤스 2대 대통령의 아들 퀸시 애덤스(John Quincy Adams)도 포함되어 있었다. 제퍼슨은 애덤스의 부인 에비게일(Abigail Adams)에게 아들이 '대량 해고(wholesale dismissals)'에 포함된 줄 몰랐다고 변명하였지만, 에비게일은 제퍼슨을 용서하지 않았다. FAWN M. BRODIE, *supra* note 268 at 452. 제퍼슨이 재빨리 처리한 또 다른 일은 매사추세츠 데드햄(Dedham)에 'No Stamp Act, No Sedition, No Alien Bills, No Land Tax' 라는 푯말을 세워 18개월 형을 받았던 데이비드 브라운(David Brown)과 애덤스를 비난하여 9개월 형을 받았던 캘린더를 사면한 것이었다. *Id.* at 451. 사면받은 캘린더는 제퍼슨에게 우체국장 자리를 요구하다가 거절당하자 "제퍼슨이 흑인 노예 샐리 헤밍스(Sally Hemmings)와 연인 관계이며, 10세에서 12세 사이로 보이는 샐리의 아들이 제퍼슨과 매우 닮았다"라는 폭로 기사를 발표하며 제퍼슨을 공격하였다. *Id.* 캘린더는 1803년 리치먼드 제임스강(James river)에서 죽은 채로 발견되었다. 술에 취해 익사했다는 설과 자살이라는 설이 있다.

275.

1802년 법원조직법은 1801년 법원조직법의 6월 및 12월 대법원 회기 개정을 폐지하고, 예전의 2월 및 8월 회기 개정 중 2월 회기 개정만을 채택하는 다소 이상한 방식을 취하였다. 8월 회기 개정이 빠진 결과, 대법원은 무려 12개월 이상의 긴 휴정에 들어가는 초유의 사태를 맞았다. 비정상적인 대법원 휴정은 대법원에 대한 공화파들의 단순한 화풀이와 적대감의 표시라고 할 수도 있지만, 대법원 또는 마셜 대법원장이 1801년 법원조직법을 폐기한 1802년 'Repeal Act'가 위헌이라는 판결을 내릴 수 있다는 두려움에 따른 공화파의 의도적 조치라는 해석도 있다.

276.

FRANK BOWMAN, *supra* note 14, a 94 ("Jefferson thundered that [t]he Federalists have retired into the judiciary and from that battery all the works of republicanism are to be beaten down."); WILLIAM H. REHNQUIST, *supra* note 4, at 49. '제퍼슨 측(Jeffersonians)'은, 연방법원 판사들이 편파적이며 앙심을 품고 보복하는 스타일이며, 법보다는 대통령에게 복종하고, 또한 이성보다 열정을 따른다고 생각하였다. *See* LAWRENCE M. FRIEDMAN, A HISTORY OF AMERICAN LAW 82 (2005 Simon & Schuster).

277.

FRANK BOWMAN, *supra* note 14, a 138 ("a strong Federalist").

278.

See WILLIAM H. REHNQUIST, *supra* note 4, at 127. ("hopelessly insane" and "incurable drunkard"). III HINDS', *supra* note 159 §2333, p.698 ("insane, his mind wholly deranged").

279.

피커링이 탄핵을 당하기 전에 은퇴 권유를 따르지 않은 이유가 분명하지는 않다. 제퍼슨 대통령이 피커링의 후임으로 반 연방파 인사를 지명하는 것을 막기 위해 피커링 주변의 연방파가 그의 사임을 만류했다는 추정도 있다. FRANK BOWMAN, *supra* note 14, at 138.

280.

아버지를 대신하여 의회에 나온 피커링 판사의 아들은 아버지가 '제정신이 아니라는 변론(Insanity defense)'을 폈다. 제정신이 아님이 입증될 경우 대체로 '범죄 의도(criminal intent)'도 부정되므로 보통법(Common law) 체계 아래에서 해당 죄에 대한 중범죄나 경범죄 선고가 어렵게 된다. *See id.* at 127; FRANK THOMPSON, *supra* note 206, at 97. 이런 이유로 렌퀴스트 전 대법관은 피커링의 행위가 헌법 상의 '중대한 범죄와 비행'에 해당하지 않는다는 해석을 하였다. WILLIAM H. REHNQUIST, *supra* note 4, at 127-128. 반면 프랑크 보우만 교수는, 헌법 상의 '중대한 범죄와 비행'은 보통법에 근거하지 않기 때문에 '제정신이 아니라는 변론'이나 '범죄 의도'의 성립 여부와 무관하다고 주장한다. 그는 미국이 본뜬 영국의 탄핵 사례에서 "업무의 무능력이 '중대한 범죄와 비행'이라는 이름으로 탄핵되었다"는 점을 지적한다. FRANK BOWMAN, *supra* note 14, at 138-139.

281.

CONSTITUTIONAL GROUNDS, *supra* note 11, at 42.

282.

3번까지의 기소 내용은, 1802년 피커링 판사가 포츠머스(Portsmouth) 세관이 압류한 엘리자(Eliza) 호를 적법한 절차 없이 주인에게 돌려주었고(1번 기소), 이런 조치에 이의를 제기한 세관의 유력한 증인 신청을 부당하게 거부하였으며(2번 기소), 세관의 항소 요청을 불법적으로 거부하였다(3번 기소) 것이다. *See* III HINDS', *supra* note 159 § 2328, pp. 690-692. *See also* Charles Doyle, *supra* note 32, at 18-19. 당시 배의 주인은 피커링이 잘 알고 있는 연방주의자였으며, 세관 공무원은 공화파였다는 이야기도 있다. Joseph Conner, *Impeachable Offenses: How High The Crime,* Feb. 2018, History Net, https://www.historynet.com/impeachable- offenses-how-highthe-crime.htm.

283.

III HINDS', *supra* note 159 §2341, pp. 709-710. CONSTITUTIONAL GROUNDS, *supra* note 11, at 42-43. 3명의 공화파 상원의원들이 투표를 안하기 위해 심판정을 떠났으며, 그중 하나가 버몬트(Vermont)의 스테판 브래들리(Stephen Bradley) 상원의원이었다. 그는 후일 열린 체이스 대법관 탄핵에서도 무죄에 투표하였다. WILLIAM H. REHNQUIST, *supra* note 4, at 127. 피커링을 옹호하였던 연방파로 분류되는 2명의 상원의원 역시 자리를 떴는데, 그들은 "피커링의 'insanity'가 변론 사유가 되는지 또는 피커링의 행위 자체가 탄핵 사유에 이르는지에 대한 진지한 토론과 의견 발표의 기회가 주어지지 않았기 때문에 투표하지 않겠다"고 밝혔다. *See* III HINDS', *supra* note 159 § 2340, pp. 709.

284.

FRANK BOWMAN, *supra* note 14, at 134. *Cf.* 렌퀴스트 전 대법관은, 피커링 판사가 업무 무능력 상태임에는 논란의 여지가 없으나, 제정신이 아니거나 능력 부족으로 인한 무능 혹은 부적절한 재판 진행은 상급 법원 항소로 처리할 사안이지 탄핵으로 처리할 사안이 아니라고 주장한다. 그는 "피커링 판사 탄핵은 하원이 탄핵 사유인 '중대한 범죄와 비행'에 주의를 기울이지 않고, 단순히 파면이 바람직하다고 판단할 때 언제든지 판사들을 파면할 수 있다는 선례를 세운 것"이라고 평가하였다. WILLIAM H. REHNQUIST, *supra* note 4, at 128. 반면, 보우만 교수는 "렌퀴스트의 견해는 지나친 것이며, 피커링 판사에 대한 탄핵은 업무 무능이 헌법 상 '중대한 범죄와 비행'에 충분히 해당한다는 점을 분명히 한 선례일 뿐"이라고 주장한다. FRANK BOWMAN, *supra* note 14, at 139.

285.

CONSTITUTIONAL GROUNDS, *supra* note 11, at 43-44.

286.

See FRANK THOMPSON, *supra* note 206, at 97-98.

287.

For treason *see supra* note 96 & accompanying text.

288.

See WILLIAM H. REHNQUIST, *supra* note 4, at 63-67.

289.

FRANK BOWMAN, *supra* note 14, at 131.

290-1.

렌퀴스트 전 대법관은 "캘린더 재판이 편파적이라는 지적이 일리 있다"는 의견을 밝혔다. 우선, 캘린더의 책 『*The Prospect Before US*』가 애덤스의 명예를 훼손하였다는 결론을 배심원 바셋이 이미 내렸다면, 그는 '편견을 가진 배심원(biased juror)'으로 배심원단에서 배제되어야 마땅하다는 것이 렌퀴스트의 지적이다. 또한 렌퀴스트는, 영국에서와 달리 당시 미국에서는, 사실임을 입증하는 것이 '명예 훼손(defamation or libel)'에 대한 '변론(defense)'이 되었는데, 캘린더가 증인으로 요청한 테일러는 '군주제나 귀족주의를 선호하는 애덤스의 발언들을 들은 적이 있다'라고 증언할 예정이었으므로 테일러의 증언은 "애덤스는 귀족주의자다"라고 비방한 캘린더의 주장이 사실임을 입증할 수 있는 중요한 재판 절차였다고 지적하였다. 그러나 체이스 대법관은, "테일러의 증언은 캘린더가 애덤스에게 한 비방들 전체가 아니라 일부만을 입증하는 데 불과하다"라는 다소 이해하기 어려운 근거를 들어 증언 채택을 거부하였다. 캘린더가 증인으로 요청한 테일러는 제퍼슨 지지자이며 선동법을 비난한 『버지니아 결의(*Virginia Resolution*)』의 저자이기도 하다. WILLIAM H. REHNQUIST, *supra* note 4, at 77, 80-82.

290-2.

캘린더는 연방파를 비난하고 공화파를 지지하였지만, 공격적인 성격과 거친 독설 때문에 공화파조차 캘린더를 경계하였다. 캘린더를 간간이 지원하였던 제퍼슨도 『*The Prospect Before US*』를 가득 메운 '상스러운 역정'에 불편해하였으며, 이 책이 공화파에 득보다 실을 주리라 생각하였다. 그러나 캘린더 재판은 공화파의 1800년 선거 승리의 한 원인으로 꼽히는 만큼, 제퍼슨의 우려와는 달리 캘린더와 그의 책이 공화파에 도움을 준 것은 분명해 보인다. 캘린더는 실형을 받고 구속된 9개월만큼은 진정에서 우러난 공화파의 지지를 받았고, 비록 짧은 기간이지만 난생처음으로 인기 있는 사람이 되어 본 것이다. *See* FAWN M. BRODIE, *supra* note 268 at 424-426.

291.

Id. at 91-92. 대배심은 신문사를 기소하지 않겠다는 결정을 내렸지만, 체이스는 대배심을 해산하지 않고 밤늦도록 붙잡아 두며 선동법 기소를 압박하였던 것으로 알려졌다. *See also* FRANK BOWMAN, *supra* note 14, at 134; CASS R. SUNSTEIN, *supra* note 9, at 107.

292.

FRANK BOWMAN, *supra* note 14, at 133.

293.

Id. at 133. ("our republican constitution will sink to a mobocracy, the worst of all possible governments.").

294.

체이스 대법관은 볼티모어 대배심에서 기소장을 읽던 중, 1801년 법원조직법 폐지와 보유한 재산과 상관없이 모든 자유 남성들에게 참정권을 주는 메릴랜드 헌법 개정을 언급하면서 공화주의 원칙을 가차없이 비난하였다. WILLIAM H. REHNQUIST, *supra* note 4, at 93-94. ("You Know, gentlemen ⋯ the abolition of the office of the sixteen circuit judges and recent change in our state constitution by the establishing of the universal suffrage ⋯ will in my judgement take away all security for property and personal liberty.").

295.

FRANK BOWMAN, *supra* note 14, at 134. 결국, 체이스 탄핵을 직접 촉발한 것은 체이스의 볼티모어 대배심 발언이었다. Robert R. Bair, Robin D. Coblentz, *supra* note 206, at 378-379.

296.

WILLIAM H. REHNQUIST, *supra* note 4, at 53 ("would have led to the removal of other members of the Supreme Court."); FRANK BOWMAN, *supra* note 14, at 134. ("a prelude to thorough house cleaning of Federalist judges"); FRANK THOMPSON, *supra* note 206, at 95. ("the first target in the Jeffersonian onslaught against the federal judiciary"). 그러나 제퍼슨을 포함한 공화파의 공격 목표가 마셜 대법원장과 대법원이라는 주장을 뒷받침하는 증거는 없다. LAWRENCE M. FRIEDMAN, *supra* note 276 at 84 ("Some of the more rabid Federalists suspected Chase was only the beginning; the real target was Marshall and his court. But there is no evidence to support this point of view."). 어쨌든, 체이스 탄핵은 마셜 대법원장을 포함한 대법원 판사들은 물론 연방판사들에게 상당한 압력을 주었으리라는 추정은 합리적으로 보인다. FRANK THOMPSON, *supra* note 206, at 95. n.48. ("There was a particular and powerful reason for Marshall to fear impeachment, for, should he be deposed, it was certain that Jefferson would appoint Spencer Roane of Virginia to be Chief Justice of the United States."); WILLIAM H. REHNQUIST, *supra* note 4, at 119 ("[John Marshall] was a sufficiently political animal to allow an [the Supreme Court] to bent in order that it might not break.").

297.

See III HINDS §2346, pp.722-724. *See also* CONSTITUTIONAL GROUNDS, *supra* note 11, at 43-45; FRANK BOWMAN, *supra* note 14, at 318-319; Robert R. Bair, *supra* note 206, at 379-380. 체이스에 대한 탄핵 기소를 요약하면 다음과 같다.

1조. 체이스는 1800년 존 프리즈 반역죄 재판에서, 변호인의 변론을 듣기도 전에 피고인에게 불리한 법률 해석을 배심원에게 지시하여 그들에게 편견을 심어주었고, 변호인이 배심원에게 법률에 대한 의견 진술을 하지 못하도록 하였다. **2조**. 체이스는 캘린더 재판에서 피고인을 유죄로 만들기 위해 이미 피고인이 유죄라고 믿고 있는 배심원을 배심원단에서 배척하지 않았다. **3조**. 체이스는 캘린더 재판에서 피고인의 유죄 선고를 위해 피고인 측에 중요한 증언을 배척하였다. **4조**. 체이스는 캘린더 재판을 다음과 같이 부당하고 편파적이며 무절제하게 진행하였다. ① 변호인이 그의 증인에게 할 질문을 사전에 서면으로 제출하게 한 것 ② 증인 부재를 이유로 신청된 피고인의 적절한 재판 연기 요구를 거부한 것 ③ 변호인을 경멸하고 무례하게 대하며 변론을 방해한 것. **5조**. 체이스는 사형과 같은 중형의 범죄 기소가 아님에도 불구하고 캘린더를 체포하라는 불법적인 명령을 내렸다. **6조**. 체이스는 불법적으로 캘린더가 기소된 회기에 재판을 진행하였다. **7조**. 체이스는 명예 훼손 기소를 위하여 델라웨어 뉴캐슬 대배심의 해산을 허용하지 않고, 그들이 인쇄사를 기소하도록 조언하여 사법 기능을 손상하고 그 명예를 실추시켰다. **8조**. 체이스는 메릴랜드 주 볼티모어 대배심에서 배심원들에게 정부에 반하는 분개심과 공포를 불어넣기 위해 무절제하고 선동적인 정치 장광설을 늘어놓아 판사의 의무와 품위를 추락시켰다.

298.

Cass R. Sunstein, *supra* note 9, at 107.

299.

렌퀴스트 전 대법관은 제퍼슨이 하원에 탄핵을 촉구하게 만든 볼티모어에서의 정치적 발언이 기소장 맨 마지막에 있는 것은 'irony'라고 말하였다. William H. Rehnquist, *supra* note 4, at 97-98.

300.

1804년 회기 마지막 날인 3월 12일에 채택된 탄핵 기소 항목은 같은 해 11월에 열린 회기에서 2개 조항이 추가되고, 각 기소 항목별로 투표를 거쳐 가결되었다. *See* III HINDS §§ 2343-2344, pp. 716-719. *See also* Constitutional Grounds, *supra* note 11, at 43-45; Charles Doyle, *supra* note 32, at 24.

301.

당시 황량한 워싱턴과 인근의 주민들에게 마땅한 즐길거리(entertainment)가 없었다. *See* William H. Rehnquist, *supra* note 4, at 15-16. 자세한 탄핵심판장의 풍경 묘사는, *see* III HINDS §2351, p.732 ("The Senate Chamber was fitted up in a style of appropriate elegance. Benches covered with crimson, on each side, and in a line with the chair of the President, were assigned to the Members of the Senate ⋯ and on the left a similar box to Mr. Chase and his counsel, and chairs allotted to such friends as he might introduce. The residue of the floor was occupied with chairs for the accommodation of the Members of the House of Representatives, and with boxes for the reception of the foreign ministers ⋯ On the right and left of the Chair ⋯ boxes were assigned to stenographers. The permanent gallery was allotted to the indiscriminate admission of spectators. Below this gallery and above the floor of the House a new gallery was raised and fitted up with peculiar elegance, intended primarily for the exclusive accommodation of ladies.").

302.

WILLIAM H. REHNQUIST, *supra* note 4, at 99-100; Robert R. Bair, *supra* note 206, at 382-383. 체이스 변론에 나선 조셉 홉킨슨(Joseph Hopkinson)은, 탄핵 조항의 'high Crimes and Misdemeanors'에서 'Misdemeanors'는 경범죄를 뜻하는 형사법 용어라고 전제하고, 'high'가 범죄인 'Crime'과 경범죄인 'Misdemeanors'를 모두 수식하므로 탄핵 대상 행위는 단순한 범죄와 경범죄가 아니라 높은 범죄와 높은 경범죄가 된다고 주장하였다. III HINDS §2360-2362, p. 757. 그러나 그의 변론은 '높은 경범죄'가 무엇을 의미하는지 제대로 설명하지 못하여 설득력이 떨어진다. 체이스의 다른 두 명의 변호인들도 비슷한 주장에 집중하였는데, '중대한 범죄와 비행'의 유래가 형사적 절차나 형법에 기원을 두지 않았다는 것은 잘 알려진 다수 의견이므로, 체이스 변호인단의 변론 전략은 좋아 보이지 않는다. 누구보다 법을 잘 알고 있을 체이스 대법관이 왜 이런 변론에 집중하도록 허용했는지 의문이 든다. 반면, 판사의 재판 진행을 탄핵 사유로 삼는 것은 권력분립의 원칙에 어긋난다는 주장은 매우 적절하고 타당한 변론이라 할 수 있겠다. 변호인들의 자세한 변론은, *See* III HINDS §§2360-2362, pp. 755-770.

303.

WILLIAM H. REHNQUIST, *supra* note 4, at 100.

304.

III HINDS §2359, p. 755. ("Now, I ask whether such misconduct in the President be an indictable offense?"). 소추위원 시저 로드니(Caesar Augustus Rodney) 하원의원은 20여 장이 넘는 장문의 진술을 하면서 체이스의 언행이 탄핵 대상 행위임을 주장하였는데, 그런 와중에도 체이스가 탄핵당한 진정한 이유는 '재판 진행의 문제'가 아니라 '그의 정치적 편향'이었다는 점을 은연중에 밝혔다. *See* III HINDS §2358, p. 751.

("I will remark ⋯ in relation to this case, that had it not been for the extreme anxiety of Judge Addison to propagate his political dogmas from the bench, he would never have been reduced to this serious dilemma. Like [Samuel Chase], he converted the sacred edifice of justice into a theater for the dissemination of doctrines ⋯").

305.

"탄핵은 더 나은 공직자를 찾는 조사에 불과하다"라는 것이 자일스 의원의 주장이다. FRANK BOWMAN, *supra* note 14, at 135. *See also* FRANK THOMPSON, *supra* note 206, at 99; WILLIAM H. REHNQUIST, *supra* note 4, at 26-27. 다소 위험하게 들리는 자일스 의원의 발언은, 170년 뒤 닉슨 대통령에 대한 탄핵 추진에서 인용되기도 하였다. 1970년 윌리엄 더글라스(William O. Douglas) 대법관에 대한 탄핵 논의에서는, 당시 공화당 하원의원이었던 제럴드 포드(Gerald Ford)가 "헌법의 중대한 범죄와 비행은 하원의 다수당이 정의하는 것"이라는 더욱 과격한 발언을 하기도 하였다. 116 CONG. REC. H3113-14 (1970) (statement of Rep. Gerald Ford)("[An impeachable offense] is whatever a majority of the House of Representatives considers [it] to be at a given moment in history.").

306.

표결은 상원의 이름이 호명되면 '유죄(guilty)' 또는 '무죄(not guilty)'라 대답하는 방식으로 진행되었다. 공화파 의원 중 가장 먼저 호명된 버몬트의 브래들리(Bradley)가 '무죄'라 대답하였을 때부터 방청객들은 놀랐지만, 이어서 사우스캐롤라이나의 게일라드(Gaillard) 의원과 가장 열렬하게 탄핵을 주장했던 자일스(Giles)까지 '무죄'라 대답하자 방청객들은 더욱 놀랐다. WILLIAM H. REHNQUIST, *supra* note 4, at 103-104.

307.

연방정부 시작 당시의 13개 주 대표 26명과 새로 연방에 추가된 버몬트, 테네시, 켄터키, 오하이오의 4개 주 대표 8명을 합친 34명.

308.

소추위원장 존 랜돌프(John Randolph) 공화당 의원은 프리즈 재판에 관한 1조 기소에 대해 체이스가 유죄 선고를 받을 것이라고 실제 믿었던 것으로 알려졌다. WILLIAM H. REHNQUIST, *supra* note 4, at 104. 랜돌프는 탄핵 심판 최종일에 "체이스가 정파를 위해 그의 재능을 팔았다"라는 연설을 하기도 하였다. *Id.* at 103 ("prostitutes the best gifts ⋯ to the lower purpose of electioneering partisan").

309.

제2조는 유죄 10 무죄 24, 제3조와 제4조는 유죄 18 무죄 16, 제5조는 유죄 0 무죄 34, 제6조는 유죄 4 무죄 30, 제7조는 유죄 10 무죄 24로 표결되었다. III HINDS §2363, p. 771. *See also* WILLIAM H. REHNQUIST, *supra* note 4, at 104-105; CONSTITUTIONAL GROUNDS, *supra* note 11, at 45.

310.

WILLIAM H. REHNQUIST, *supra* note 4, at 108 ("But the case presented … was not devoid of substance…"); RAOUL BERGER, IMPEACHMENT, *supra* note 18, at 229 ("oppressive misuse of power"), 250("sufficiently egregious [to justify conviction]").

311.

WILLIAM H. REHNQUIST, *supra* note 4, at 108.

312.

Id. at 109.

313.

RAOUL BERGER, IMPEACHMENT, *supra* note 18. 버거 교수의 이 책은 지금까지 탄핵에 관한 교과서 역할을 하고 있다.

314.

Id. at 229, 250 (contending that Chase's oppressive misuse of power in Callender trial was sufficiently egregious to justify conviction). *See also* WILLIAM H. REHNQUIST, *supra* note 4, at 87-88.

315.

Id. at 89 ("Finally, neither the Fries trial nor the Callender trial seems to have resulted in a miscarriage of justice under the law as it was understood at that time."). 렌퀴스트는, 전 대법관은 여러 가지로 미비했던 당시의 보통법 체계와 재판 관행을 강조한다. *See generally Id.* 74-89.

316.

렌퀴스트는 그의 저서 『Grand Inquest』에서 체이스의 행위가 헌법 상 '중대한 범죄와 비행'에 해당하지 않는다는 견해를 유지하고 있다. *See id.* at 87-89. 렌퀴스트는 "피커링 판사의 행위는 '중대한 범죄와 비행'에 해당하지 않으며, 비록 피커링 사례보다 더 많은 법률적 논쟁의 여지가 있지만, 체이스 탄핵 역시 피커링 탄핵과 본질에서 크게 다르지 않으며 오로지 정치적 공격이었다"는 견해를 가지고 있다. *Id.* at 127. *See also* FRANK

THOMPSON, *supra* note 206, at 99.

317.

체이스 탄핵의 근거가 된 그의 언행과 재판 진행 방식에 관한 보우만의 의견은 다음과 같다. ① 프리즈 행위가 '전쟁 개시'에 해당하지 않는다는 변론을 배심원들에게 제기하지 못하도록 한 체이스의 지시(instruction)는, 당시의 재판 관행 아래에서는 변호인이 수용하기 어려운 것이었다. 판사가 법적 문제(question of law)에 대한 정의를 배심원에게 지시하고 이 정의에 대하여 변호인이 배심원들에게 다른 논쟁을 제시하지 못하도록 하는 것은 현대에는 적절한 재판 규범이라고 할 수 있으나, 프리즈 재판 당시에는 변호인들이 배심원들에게 사실 관계에 대한 이슈가 아닌 법적 문제(question of law)에 관한 논쟁을 펴는 것이, 최소 몇몇 법정에서는 변호인의 기본권으로 여겨졌기 때문이다. 그러나 체이스가 자신의 지시를 철회하였음에도 불구하고 변호인들이 재판 거부를 지속하였다는 사실과, 설령 체이스의 지시에 오류가 있었다 하더라도 이것은 대법원에서 다툴 수 있는 문제라는 점을 고려하면, 체이스의 지시 자체가 탄핵 사유에 해당한다고 보기는 어렵다. FRANK BOWMAN, *supra* note 14, at 131. ② 캘린더 재판과 관련하여 특정 배심원을 배제하지 않은 것이 잘못된 행위인지도 분명치 않다. 배심원이 편견을 가졌는지는 사안별로 따져 보아야 할 주관적 판단의 문제이며, 특정 배심원이 배당된 사건에 사전 의견을 형성하였다는 것이 반드시 해당 배심원을 배척해야 할 사유는 아니기 때문이다. 또한, 변호인이 증인에게 질문할 내용을 서면으로 사전에 제출하게 한 것은, 증인 신문은 구두로 이루어진다는 추정(the presumption of oral interrogation)에는 위반되지만 캘린더 재판에서 그렇게 큰 쟁점(issue)은 아닌 것으로 판단된다. 단지, 특정 증인을 배척한 것은 증거법 원칙에 위반되지만, 이 문제 역시 앞의 두 가지 이슈들과 함께 상급심에서 따져 보아야 할 절차적 문제(procedural issue)에 불과하다. *Id.* at 132-133. ③ 뉴캐슬에서 대배심을 해산하지 않고 추가적인 조사를 요구하는 것도 충분히 있을 수 있는 일이며, 볼티모어에서 대배심 앞에서 사건을 주관하는 판사가 대배심의 업무 또는 법률에 관하여 기본적인 지시나 연설을 하는 것은 관례였다. 특히, 체이스 당시에는 필요 이상의 과도한 지시나 연설이 종종 있었을 뿐 아니라 심지어 지역 신문에 이런 연설이 게재되기도 하였다. *Id.* at 134.

318.

FRANK BOWMAN, *supra* note 14, at 133.

319.

Id. at 135, 141.

320.

See supra note 120 & accompanying text.

321.

FRANK BOWMAN, *supra* note 14, at 136.

322.

Yazoo Territory로 불리는 이 지역은 후일 앨라배마(Alabama)와 미시시피(Mississippi)를 구성하게 된다.

323.

1810년 대법원은 *Fletcher v. Peck* (10 U.S. (6 Cranch) 87)에서 새로 구성된 의회가 전 의회의 계약을 무효로 만든 것은 위헌이라고 결정하였다. ("A law annulling conveyances is unconstitutional because it is a law impairing the obligation of contracts within the meaning of the Constitution of the United States.").

324.

See WILLIAM H. REHNQUIST, *supra* note 4, at 110-113.

325.

WILLIAM H. REHNQUIST, *supra* note 4, at 106 ("[T]he leading managers ···vented their spleen against the decision with all their virulence")(citing John Quincy Adams, *Memoirs of John Quincy Adams*, Vol I. (Philadelphia: J.B. Lippincott and Co., 1874), p. 365.).

326.

Id. at 106.

327.

Id. at 106-109. 제퍼슨과 애덤스는 평생 대립한 경쟁자였다. 신기하게도 그 둘은 1826년 독립기념일인 7월 4일 한날에 사망하였다. 애덤스가 죽기 전 마지막 한 말이 "Thomas Jefferson still survives."였다는 일화도 있다. 그런데 사실 제퍼슨은 애덤스가 죽기 약 5시간 전에 이미 사망한 것으로 알려졌다.

328.

Id. at 128.

329.

See WILLIAM H. REHNQUIST, *supra* note 4, at 118. For the Aaron Burr trial, *See supra* note 97.

330.

FRANK BOWMAN, *supra* note 14, at 135, 141.

331.

FRANK BOWMAN, *supra* note 14, at 135. ("The most significant constitutional lesson of the Chase affair is the rejection of Senate Giles' view of impeachment ⋯ Chase's acquittal is generally agreed to stand for the proposition that impeachment should not be employed as a purely partisan weapon, particularly against judiciary.").

332.

WILLIAM H. REHNQUIST, *supra* note 4, at 107.

333.

WILLIAM H. REHNQUIST, *supra* note 4, at 161.

334.

미국은 '북서 지역(Northwst Territory)'으로 영토를 확장하면서 인디언 부족과 분쟁을 일으켰다. 프랑스와 전쟁 중이던 영국은 인디언 부족을 지원하였을 뿐 아니라 해상 봉쇄를 통해 미국의 대-프랑스 무역을 제약하고, 심지어 미국 국적을 가진 영국계 선원이나 선장을 징병하려 하였다. 1812년 미국 의회는 영국과의 전쟁을 선포하였다. 잭슨은 1815년 1월 8일 뉴오를레앙 전투에서 큰 승리를 거두었는데, 사실 미국과 영국은 1814년 12월 24일 Ghent 조약을 맺고 전쟁을 종료하기로 합의한 상황이었다. Ghent 조약이 의회 비준을 남겨두고 있는 데다 조약 체결 소식이 테네시까지 전달되지 않았기 때문에 전투가 일어났던 것으로 보인다. *See* JOHN MEACHAM, AMERICAN LION 28-35 (Random House 2008).

335-1.

영국 및 인디언과 벌였던 1812년 전쟁의 혼란과 후유증 속에서 기존의 은행으로는 통화 관리가 힘들어지자 제2연방은행(2nd Bank of United States) 설립안이 제기되었다. 연방파가 거의 소멸하고 당파적 분쟁이 줄어들며 '우호 시대(Era of Good Feeling)'로 불리던 이 시기에 사람들은 연방은행의 설립, 보호관세 시행, 연방이 주도하는 개발 등 연방정부 정책을 지지하였다. 그러나 연방정부의 기능보다 주정부의 자치권을 더 중요하게 생각하였던 제퍼슨계 공화파(Jeffersonian Republicans)는 제2연방은행 설립에 반대하였다. 민주 공화파(Democratic Republicans) 또는 그간의 연륜 때문에 '옛 공화파(Old Republicans)'로 불리기도 하였던 제퍼슨계 공화파는, 연방은행이 농업 중심의 산업 체계에 타격을 주고 주정부의 자치권과 노예제도를 위협할 수 있다고 생각하였다. *See* WILLIAM H. REHNQUIST, *supra* note 4, at 161.

335-2.

잭슨 대통령도 공화파와 비슷한 생각을 가졌기 때문에, 1930년 켄터키(Kentucky)의 메이즈빌(Maysville)과 렉싱턴(Lexington)을 연결하는 도로 건설에 연방 자금이 쓰이는 것을 반대하며 메이즈빌 도로법을 비토하였다. 연방 자금은 오로지 헌법에 열거된 의회의 권한 안에서 사용되어야 하며, 켄터키 안의 도로는 주정부의 자금으로 건설되어야 한다는 것이 잭슨의 생각이었다. *Id.* 잭슨은 메이즈빌 도로법을 비토하는 날 다른 3개의 법안도 함께 비토하였는데, 지난 6명의 대통령이 오직 9개의 법안을 비토하였던 반면 잭슨은 혼자서

10여 개의 법안을 비토하였다. JOHN MEACHAM, *supra* note 334 at 139-140.

336.

WILLIAM H. REHNQUIST, *supra* note 4, at 161-162. 잭슨은 기존의 공직자가 긴 정년으로 보호받기보다는 자격을 가진 새로운 사람들을 임명하여야 한다는 명분을 내세웠지만, 사람들은 잭슨의 인사를 '엽관제(spoils system)'로 불렀다. 'spoils'라는 용어는 뉴욕주 상원의원 윌리엄 마셔(William L. Marcy)가 잭슨이 대선에서 승리한 뒤 "전리품은 승자에게(To the victor belong the spoils)"라고 공공연하게 떠든 말에서 유래한 것으로 알려졌다. JOHN MEACHAM, *supra*, at 82-83.

337.

WILLIAM H. REHNQUIST, *supra* note 4, at 161-162. 1936년 선거에서 민주당 밴 뷰런(Van Buren)이 휘그당 후보들을 제치고 대통령에 당선되었다.

338.

Id. 166-167. 1852년 선거에서 민주당 프랭클린 피어스(Franklin Pierce)가 휘그당 윈필드 스콧(Winfield Scott)을 누르고 대통령에 당선되었다.

339.

1781년 체결된 연맹규약(Articles of Confederation)에 따라 설립된 의회를 말한다. 연맹규약 아래의 의회는 연방의 통치 기구 역할을 하였으며, 그 전신이라 할 수 있는 대륙회의(Continental Congress)보다는 강한 기구였지만 새로운 나라를 통치하기에는 너무 약했다. 이 약점을 보완하기 위해 1787년 필라델피아에서 새로운 연방정부 구성을 위한 헌법제정회의(Constitutional Convention)가 열렸고, 현대의 Congress가 탄생하였다. *See supra* note 50 & accompanying text.

340-1.

1783년 파리 조약(Treaty of Paris)으로 미국의 독립전쟁은 공식적으로 종료되었고, 영국은 미시시피 동쪽의 영토를 미국에 양도하였다. 여러 주가 이 지역에 대한 영토권을 주장하고 나섰지만, 후일 인디애나와 일리노이 등으로 연방정부에 편입될 '북서 지역'은 연방정부에 속하는 것으로 합의되었다. Northwest Ordinance는 '성인 남성 자유인 거주자(free male inhabitants of full age)'가 5천 명에 이를 때까지는 담당관(governor)과 3명의 판사가 통치하도록 하되, 5천 명이 넘어서면 시민 대표들과 통치 권한을 나누도록 하였다. 시민 대표는 '성인 남성 자유인 거주자' 500명 당 1인의 비율로 최대 25인까지 선출될 수 있으며, 투표권은 자산을 소유한 사람에게만 부여되었다. 거주자가 6만 명을 넘어서면 연방정부에 편입될 자격을 가졌다. Northwest Ordinance는 이후 '남서 지역

(Southwest Territory)'과 '서남 지역(Westsouth Terriroty)' 등 새로 획득한 영토를 관리하는 규범으로 활용되었다. *See* LAWRENCE M. FRIEDMAN, *supra* note 276 at 105-107; WILLIAM H. REHNQUIST, *supra* note 4, at 152.

340-2.

북서부규정은 "북서 지역에 노예제를 금지하되 도주 노예에 대한 주인의 권리는 인정한다"는 조항(Article Ⅵ)을 두었다. '당시 노예제에 의지하여 대규모 담배 및 면화를 재배하던 남부의 주들이 왜 노예제 금지에 합의하였는가'라는 의문에 대해 '북서부규정은 노예제를 약화한 것이 아니라, 노예제 금지를 북서 지역에 한정하고 도주 노예에 대한 주인의 권리를 인정하여 남부 주의 노예제를 분명하게 인정함으로써 노예제를 강화한 것'이라는 설명이 제시되기도 한다. '북서 지역이 노예 노동력으로 Tobacco와 Indigo를 재배하여 남부 주들과 경쟁하는 것을 방지할 목적으로 남부 주가 북서 지역 노예제 금지에 합의하였다'는 설명도 제시된다. 그 외, '북서 지역 노예제 금지를 수용하면서 남서 지역 노예제 허용을 인정받으려는 것이 남부 주들의 의도였다'는 설명과 '북서 지역의 땅을 구매하려던 오하이오 부동산 회사(Ohio Land Company) 커틀러(Manasseh Cutler)의 로비 때문'이라는 설명이 제시되기도 한다. 비록 도주 노예에 대한 주인의 권리를 인정하였지만, 노예제 금지를 처음으로 명시한 연방합의문이라는 점에서 북서부규정의 역사적 의미는 크다. *See* PAUL FINKELMAN, SLAVERY AND THE FOUNDERS 36, 39-41 (1996).

341-1.

새로운 헌법에 따라 구성된 연방정부가 1790년 처음 시행한 인구조사(Census)에 따르면, 연방의 전체 인구는 4백만에 약간 모자라며 약 1/5인 80만 정도가 흑인이었다. 또한 흑인 인구의 약 90%, 즉 70만 이상이 남부 5개 주인 버지니아 · 메릴랜드 · 사우스캐롤라이나 · 노스캐롤라이나 · 조지아에 거주하였다. 이들 5개 주의 인구가 170만 명으로 집계되었으므로 약 1/3 이상이 노예였던 셈이며, 흑인 중 노예가 아닌 자유 흑인은 전체 인구의 2% 정도에 불과하였다. 버지니아는 인구 74만에 노예 30만으로 노예 밀집도가 가장 높은 곳이었다. *See* WILLIAM H. REHNQUIST, *supra* note 4 at 154. 헌법 1조 2항 3절은 노예를 일반 시민의 3/5(three fifths of all other Persons)으로 셈하도록 규정하고, 1조 9항은 1808년까지 노예 무역 허용을 보장하도록 규정하였다. 또한 헌법 1조 9항은 노예 수입에 부과될 수 있는 세금액이 인당 10달러를 넘지 않도록 규정하였으며, 4조 2항 3절은 노예제를 시행하는 주에서 다른 주로 탈출한 노예는 그 신분이 그대로 유지되며, 원래 소유주가 요구할 경우 돌려 보내져야 한다고 규정하고 있다. *See* WILLIAM H. REHNQUIST, *supra* note 4, at 152-153; U.S. CONST. art. I. § 2, cl.3, art. I. § 9, art. IV. § 2. cl. 3.

341-2.

흑인들의 열등한 지위, 인디언 배제, 그리고 기득권과 부자들의 우월한 지위 확보는 이미 영국과 독립전쟁을 시작할 무렵의 북미 식민지에서 정착된 사회 현상이었다. 헌법은 이런 사회 현상을 문서로 만들고 합법화한 것일 뿐이라고 하버드 법대 로런스 프리드먼 교수는 해석한다. 비슷한 관점에서, 찰스 비어드(Chars Beard)는 자신의 저서 『헌법의 경제적 해석(An Economic Interpretation of the Constitution)』에서 헌법이 '사회 지배층의 자산 관계를 결정짓는 규정'이라고 해석하였다. 비어드의 해석은 헌법이 '민주주의와 평등에 대한 법률적 틀을 마련한 규정'이라는 일반적 해석을 거스르는 것으로, 미국 헌법에 상당한 자부심을 느꼈던 시민들과 학자들의 분노를 불렀다. *See* HOWARD ZINN, *infra* note 351, at 89-91. *See generally* CHARLES A. BEARD, AN ECONOMIC INTERPRETATION OF THE CONSITUTION OF THE UNITED STATES 73-188 (The McMillan Co. 1956), *available at* https://archive.org/details/economicinterpre0000unse/mode/2up.

342.

1787년 'Northwest Ordinance'가 채택될 때 뉴햄프셔, 로드아일랜드, 코네티컷, 펜실바니아, 매사추세츠의 5개 주가 자유 주였다. 뉴욕은 1799년, 뉴저지는 1804년에 노예제를 폐지하며 자유 주에 합류하였다. 남부의 델라웨어, 버지니아, 노스캐롤라이나, 사우스캐롤라이나, 조지아는 남북전쟁이 종료될 때까지 노예제를 유지하였다. 메릴랜드는 남북전쟁에서 연방을 탈퇴하지 않았던 주이지만, 1864년에야 노예제를 폐지하였다. PAUL FINKELMAN, *supra* note 340 at 40. 당시 기존 13개 주에 켄터키 · 테네시 · 루이지애나 · 미시시피 · 앨라배마 등 5개 노예 주와, 버몬트 · 오하이오 · 인디애나 · 일리노이 등 4개 자유 주가 1820년까지 연방에 편입된 상태였다.

343.

정치적 타협에도 불구하고 노예제 폐지를 주장하는 목소리는 점점 커졌고, 노예제에 저항하는 폭동이 일어나기도 하였다. 1831년 버지니아에서 냇 터너(Nat Turner)는 동료 노예 6명과 함께 농장주 조셉 트래비스(Joseph Travis)와 그의 가족을 살해한 뒤 인근 농장들을 습격하여 하루 동안 49명의 백인을 살해하였다. 이에 대한 보복으로 터너가 생포되기까지 약 두 달 동안 많은 노예가 학살되었다. 윌리엄 로이드 게리슨(William Lloyd Garrison)은 《해방자(The Liberator)》라는 신문을 발행하여 노예제의 부당함을 알렸고, 노예제 폐지 운동가들은 컬럼비아 자치구(Washington D.C.)에서 노예제를 폐지하고 노예 무역을 금지하라고 요구하였다. 게리슨은 '반-노예 사회(American Anti-Slavery

탄핵으로 본 미국사

Society)'라는 단체를 조직하고 노예제의 즉각적인 폐지를 요구하였으며, 도망 노예 출신인 프레더릭 더글러스(Frederick Douglass)는 그의 자서전 『노예 프레더릭 더글라스의 이야기(Narrative of the Life of Frederick Douglass, an American Slave)』에서 노예제의 해악을 생생하게 묘사하여 큰 반향을 일으켰다. 1852년 3월 스토우(Stowe) 부인은 노예들의 고난을 그린 『톰 아저씨의 오두막(Uncle Tom's Cabin)』을 출간하였는데, 이 책은 발간된 해에 약 30만 부가 판매되었다. 또한, 노예제 폐지 운동가들은 노예제를 폐지하고 노예 무역을 금지할 것을 요구하는 청원 공세를 의회에 퍼부었다. 이에 대항하여 남부 주들을 대표하는 정치인들은 1836년 노예제와 관련된 안건이 의회에서 의안으로 상정되지 못하도록 막는 '심의 불채택 결의안(gag resolution)'을 통과시켰다. 이에 따라 노예제 관련한 모든 청원이나 제안이 토의되지 못하고 자동으로 폐기되는 일이 벌어지기도 하였다. 그러나 이 결의안은 수정헌법 1조 "국민 청원의 권리를 위반한다"는 북부 정치인들의 비난을 받았고, 결국 1844년에 폐지되었다. *See* WILLIAM H. REHNQUIST, *supra* note 4, at 156, 159-160. *See also* HOWARD ZINN, *infra* note 351, at 157-158, 174, 180-186.

344-1.

연방의회가 제정한 1793년 도주노예법은 주인이 자유 주로 도주한 노예를 데려올 수 있도록 허용하였으나, 북부 자유 주들은 이 법에 반발하였다. 북부 주들은, 도주 노예를 체포하는 데 공무원 개입을 금지하거나 도주 노예로 의심받는 흑인이 주인에게 송환되기 전 배심원 재판을 요구할 수 있도록 하여 노예 송환을 방해하였다. 도주 노예를 송환하려는 사람이 폭력을 당하는 일도 종종 일어났다. 펜실베이니아(Pennsylvania)는 1826년 3월 사람을 무력 · 폭력 · 사기 등으로 다른 주로 이송하는 행위를 중범죄(Felony)로 간주하는 법을 제정하여, 도주 노예 송환이 사실상 불가능하도록 만들었다. 그러나 1842년 대법원은 이 법이 상위 법인 연방법에 배치되므로 위헌이라 판결하였다. 이런 상황에서 탄생한 더욱 엄격한 1850년 도주노예법은, 캘리포니아를 노예 주가 아닌 자유 주로 연방에 편입시킨 데 대한 대가라 할 수 있다. LAWRENCE M. FRIEDMAN, *supra* note 276, at 82; WILLIAM H. REHNQUIST, *supra* note 4, at 166-167; HOWARD ZINN, *infra* note 351, at 181. *Cf. Prigg v. Pennsylvania*, 41 U.S. 539 (1842)(holding that Pennsylvania personal liberty law of 1826 unconstitutional).

344-2.

1850년 도주노예법은 연방 보안관이나 관련 공무원에게 도망 노예를 체포할 책임을 부과하였다. 또한, 도망 노예들은 영장 없이 체포 또는 추방될 수 있었으며, 배심원 재판도 보장받지 못하였다. 이 법이 시행되자 많은 흑인이 캐나다로 도망갔으며, 흑인들의 반발과 노예 폐지 운동은 더 격화되었다. 그러나 1854년 앤서니 번즈(Anthony Burns)라는 도망 노예 송환에는 폭력 사태를 우려하여 매사추세츠 주의 1개 대대 병력이 동원되었던 사실을 고려하면, 매사추세츠처럼 노예제에 대한 시민의 반대가 극렬한 곳에서는 1850년 도주노예법도 사실상 실효성이 적었을 수 있다. WILLIAM H. REHNQUIST, *supra* note 4, at 166-167; Editor, *Fugitive Slavery Acts*, Feb. 11, 2020, HISTORY, https://www.history.com/topics/black-history/ fugitive-slave-acts. 1850년 도주노예법은 남부와 북부 사이의 타협책으로 마련된 방안이지만, 결과적으로는 노예제 반대 운동이라는 불길에 기름을 끼얹었다. 1850년 도주노예법은 1864년 공식적으로 폐기되었다. LAWRENCE M. FRIEDMAN, *supra* 276 at 158.

345.

WILLIAM H. REHNQUIST, *supra* note 4, at 164-165.

346.

캔자스-네브래스카 법은 '민중 주권(Popular Sovereignty)' 원칙을 주장하는 일리노이 출신의 스테펀 더글러스(Stephen A. Douglas) 상원의원의 제안인데, 핵심 내용은 '새로운 영토에서 노예제 금지 여부는 해당 영토 거주민들이 투표로 결정해야 한다'라는 것이다. WILLIAM H. REHNQUIST, *supra* note 4, at 167-168. 그러나 투표 방법과 투표권자에 대한 구체적 기준이 제시되지 못하면서 '민중 주권' 이론은 혼란만을 초래하였다. 노예제 반대 주와 찬성 주 사람들이 투표하기 위해 위장 전입하고 서로에게 테러를 가하면서 캔자스는 남부와 북부의 '유혈 전장(bleeding Kansas)'이 되었다. 결국, 캔자스가 자유 주가 될지 아니면 노예 주가 될지에 대한 대답은 주 시민의 투표가 아니라 남북전쟁이 하였다. Niclole Etcheson, *The Great Principle of Self-Government: Popular Soverngeinty and Bleeding Kansas*, Kansas History: A Journal of the Central Plains 27, at 29 (Spring-Summer 2004), *available at* https://www.kshs.org/publicat/history/ 2004summer_etcheson.pdf. 'Bleeding Kansas'에 대한 자세한 기록은, *See* NICOLE ETCHESON, BLEEDING KANSAS: CONTESTED LIBERTY IN THE CIVIL WAR ERA (Univ. of Kansas Press 2004), *available at* https://archive.org/details/bleedingkansasco0000etch/mode/2up?view=theater.

347.

Missouri Compromise에 의해 노예제가 금지되었던 지금의 미네소타(Minnesota)와 위스콘신(Wisconsin) 등의 지역.

348.

HOWARD ZINN, *infra* note 351 at 187 ("Dred Scott could not sue for his freedom because he was not a person, but property."); *Dred Scott v. Sandford*, 60 U.S.

393 (1857). 1867년 3월 4일 제임스 뷰캐넌(James Buchan)이 대통령으로 취임했다. 뷰캐넌은 취임사에서 "의회가 노예제를 금지할 권한이 있는지는 대법원이 판단해야 한다"라는 언급을 하였는데, 이로부터 이틀 뒤 드레드 스콧 판결이 나왔다. WILLIAM H. REHNQUIST, *supra* note 4, at 169-170. 이런 이유로, 태니 대법원장의 *Dred Scott v. Sandford*는 최악의 판결이라는 오명 이외에 노골적인 정치 행위라는 비판도 받는다. LAWRENCE M. FRIEDMAN, *supra* note 276 at 86 ("blatant political act").

349.

WILLIAM H. REHNQUIST, *supra* note 4, at 181, 185-186; HOWARD ZINN, infra note 351 at 189. 링컨의 당선 이후 취임식에 이르는 기간 동안 의회는 평화회의(Peace Convention)를 개최하고 '13인 상원위원회'와 '33인 하원위원회'를 만들어 남부 주들의 연방 탈퇴를 막으려고 애썼지만 모두 실패로 끝났다. WILLIAM H. REHNQUIST, *supra* note 4, at 179-181. 한편, 노예 주이면서 지역적으로 남부에 속해 있었던 메릴랜드, 델라웨어, 켄터키, 미주리의 4개 주는 그대로 연방에 남았다.

350.

WILLIAM H. REHNQUIST, *supra* note 4, at 186.

351-1.

링컨의 노예 해방 선언은 연방에 소속된 주에는 적용되지 않으므로, 연방의 권한 안에 있던 주들의 노예는 그대로 두고 연방이 권한을 가지고 있지 않은 남부연합에 속하는 노예를 해방하고 있다는 점에서 아이러니하다. 링컨은 임기 초에 노예제 폐지보다 연방의 유지에 최우선 목표를 두고 있었던 것으로 알려졌다. 1861년 미주리 지역을 담당하였던 서부 지구 프레몬트(Fremont) 장군은, 미주리에서 남부연합군에게 적극적으로 가담한 사람들의 노예들을 해방한다는 계엄령을 선포한 적이 있다. 링컨은 이 선포를 취소하라고 요구하였으나 프레몬트가 거부하자 직접 취소하기도 하였다. 1862년, 링컨은 자신의 행정부가 노예제 유지를 위한 배려를 하고 있다고 비판한 *New-York Tribune*의 기고 기사에 대해, 자신의 "최우선 목적은 연방의 보존이며, 이를 위해 필요하다면 노예제를 유지할 수 있다"고 응답하기도 하였다. *See* WILLIAM H. REHNQUIST, *supra* note 4, at 190 ("My paramount object is to save the Union, and is not either to save or to destroy slavery. If I could save the Union without freeing any slave, I would do it.").

351-2.

가변적이었던 노예제에 대한 링컨의 인식은 남북전쟁이 진행됨에 따라 더 진보적으로 변해 갔다. *Id.* at 194. 1863년 12월, 링컨은 의회에 보낸 메시지에서 헌법을 수정하여 노예제를 폐지하도록 촉구하였다. 의회는 1864년 1월 노예제를 폐지한 수정헌법 13조를 결의하였고, 이 조항은 1865년 발효되었다. *See also* HOWARD ZINN, A PEOPLE'S HISTORY OF UNITED STATES 187-191 (HarperCollins Pbulishers 2015) ("[Linconl] would keep the abolition of slavery not at the top of his list of priorities, but close enough to the top so it could be pushed there temporarily by abolitionist pressure and by practical political advantage."); *Id.* at 189 ("It was only as the [civil] war grew more bitter … that [Lincoln] began to act against slavery.").

352.

WILLIAM H. REHNQUIST, *supra* note 4, at 193-194. 북부 주 출신인 공화당 강경파 의원들은 남부연합에 가담하였던 패전 주들에 대해 엄혹한 처분을 원했다. 민주당 역시 강경파인 'war-Democrats'와 온건파인 'peace-Democrats'로 양분되었는데, 이런 내분 때문에 1864년 대통령 후보 선출을 위한 전당대회를 그해 8월로 연기하기도 하였다. 반면 공화당은 연방(union)을 강조하는 메세지를 전하기 위해 war-Democrats인 앤드루 존슨 테네시 상원의원을 1864년 선거의 부통령 후보(링컨의 러닝메이트)로 낙점하였다. 공화당 강경파인 벤저민 웨이드(Benjamin Wade) 상원의원과 헨리 데이비스(Henry W. Davis) 하원의원은 링컨의 10% 계획을 강렬하게 비판하며 1864년 'Wade-Davis' 법안을 발의하고 통과시켰다. 이 법의 골자는, 계엄군이 패전 주를 통치하도록 하고, 패전 주의 투표권자 중 50% 이상이 연방에 충성 맹세를 하여야 주정부 구성을 시작할 수 있다는 것이었다. 그러나 링컨은 이 법안을 계속 보류하며 사장(pocket-veto)시켰다. *Id.* at 195-196. *Cf.* 남부 재건 계획은 새로 설립된 남부의 주정부에 모든 흑인에게 교육을 제공하도록 요구하였으나, 투표권(voting right)을 부여하라는 요구는 하지 않았다. *Id.* at 193. *See also* FRANK BOWMAN, *supra* note 14, at 155-156.

353.

연방의 관점에선 남부의 반란이었던 남북 내전은, 1865년 4월 9일 버지니아 작은 마을인 어파머탁스(Appomattox)에서 남부연합의 리(Robert E. Lee) 장군이 항복하면서 사실상 막을 내렸다. 남북전쟁은 약 62만3천 명의 사상자를 발생시켰을 뿐 아니라 남부 지역에 있는 많은 도시와 농장을 불태우고 다리와 철도를 파괴하였다. WILLIAM H. REHNQUIST, *supra* note 4, at 197. HOWARD ZINN, *supra* note 351 at 237.

354.

리 장군이 항복하고 불과 닷새 후, 남부연합 동조자였던 존 부스(John Wilkes Booth)가 포드 극장에서 부인과 함께 〈Our American Cousin〉을 관람하던 링컨을 암살하였다. 그는 링컨을 암살하는 것이 남부에 도움이 된다 생각하였겠지만, 결과는 그 반대였다. 관용적인 남부재건정책을 끝내야 한다는 목소리가 더욱 커졌기 때문이다. WILLIAM H.

REHNQUIST, *supra* note 4, at 197-198.

355.

WILLIAM H. REHNQUIST, *supra* note 4, at 199-200; FRANK BOWMAN, *supra* note 14, at 147-148. 몹시 가난했던 한 백인 소년이 하원의원에서 주지사, 그리고 상원의원과 부통령을 거쳐 대통령까지 된 존슨의 인생사에 관해서는, *See* HANS L. TREFOUSSE, ANDREW JOHNSON: A BIOGRAPHY 17-176 (W.W. Norton & Co. 1997), *availalble at* https://archive.org/details/andrewjohnson00hans/ page/304/mode/2up.

356.

1862년 9월 링컨이 "남부연합에 속한 10개 주가 1863년 1월까지 연방에 복귀하지 않으면 그 주들의 노예들을 해방하겠다"는 노예 해방 선언을 공표하였을 때, 테네시가 제외된 것은 앤드루 존슨의 영향력이 크게 작용한 것이라는 주장도 있다. 존슨은 1863년 8월에 자신의 노예를 해방하였고, 1864년의 차기 대통령 선거가 다가옴에 따라 테네시의 노예제 폐지를 촉구하였다. 이러한 사실을 두고 존슨이 강경한 노예 폐지론자임을 주장하는 이도 있지만, 대세에 따른 마지못한 선택으로 해석하는 이도 있다. 보우만 교수는, 존슨이 다른 대부분의 남부 주 출신 연방 지지자들과 마찬가지로 '주저하는 실용주의자(reluctant pragmatist)'라고 주장한다. FRANK BOWMAN, *supra* note 14, at 148, 152. *Cf.* 물론 남북전쟁의 실제 동기나 목적은 '노예 해방'이 아니라 영토와 자원 그리고 시장을 지키려는 것일 수 있다. *See* HOWARD ZINN, *supra* note 351 at 198 ("The American government had set out to fight the slave states in 1861, not to end slavery, but to retain the enormous territory and market and resources.").

357.

See Written Statement of Jonathan Turley on Trump Impeachment, *supra* note 18, at 15. 털리 교수는 존슨의 거친 언어와 인종 차별적 발언이 트럼프의 그것과 비슷하다는 지적을 한다. 또한, 존슨이 이민자나 유색 인종에 대한 자극, 폭력적 언어, 법 집행 방해, 잦은 공직자 해임으로 비난받았던 점 역시 트럼프 사례와 같다는 의견을 밝혔다. 존슨은 반대자를 '목매달겠다'는 표현을 하기도 하였으며, 자신을 예수에 비견하기도 한 것으로 알려졌다. *Id. See also* FRANK BOWMAN, *supra* note 14, at 152-153. 매사추세츠 출신의 역사학자인 존 고하 팰프리(John Gorha Palfrey) 목사가 훌륭한 업적을 이룬 몇몇 흑인을 언급하면서 백인에 못지않다는 말을 하자 존슨은 "그렇다면 당신 딸을 그런 흑인과 결혼하게 할 수 있나요?"라고 되물은 적이 있다. HANS L. TREFOUSSE, *supra* note 355 at 70. 존슨이 강경 공화파 의원들의 행정부 찬탈과 위헌 행위에 맞서 싸웠다는 견해를 가진 작가 헌(Hearn)도, 존슨이 인종 편견을 가졌으며 노예제에

찬성하였다는 것을 인정한다. CHESTER G. HEARN, THE IMPEACHMENT OF ANDREW JOHNSON 26 (McFarland 1993) ("On occasion Johnson's attitude toward slavery issue lacked consistency. For most part of his life he defended the peculiar institution, convinced that blacks were inferior to whites and ought to be treated that way."), *availalble at* https://archive.org/details/impeachmentofand00hear/mode/2up?view=theater.

358.

WILLIAM H. REHNQUIST, *supra* note 4, at 200.

359.

See infra note 371, 384.

360.

링컨은 1863년 12월 전쟁으로 다시 확보한 남부연합 지역에서 연방군의 담당 아래 임시 주정부가 구성될 수 있도록 하였다. 1865년 5월까지 아칸소 · 루이지애나 · 테네시 · 버지니아에 임시 주정부가 구성되었고, 존슨은 이들을 연방에 복귀시킨다는 대통령 포고령을 공표하였다. 이들 4개 주 모두 흑인들에게 투표권을 부여하지는 않았다. 존슨은 나머지 남부 전 지역에 대한 임시 주지사를 임명하여 나갔다. FRANK BOWMAN, *supra* note 14, at 156.

361.

존슨 대통령은, 비록 내전 동안 남부연합 주에 머무르며 정치를 한 경력이 있더라도, 남북전쟁 전에 한 번이라도 연방 탈퇴를 반대한 적이 있는 사람이면 현재의 정치적 입장을 따지지 않고 임시 주지사로 임명하였다. 존슨이 구성한 남부의 임시 주정부는 대체로 전쟁 당시 남부연합 소속이었던 공직자들을 간섭하거나 제어하지 않았으며, 전쟁 전 남부의 지도 계층 인사들을 공직에 다시 임명하기도 하였다. 일례로, 존슨은 북부연합의 나다니엘 뱅크스(Nathaniel Banks) 장군이 임명하였던 관리들을 축출하고, 남부연합에 우호적이거나 지지하는 사람들을 임명하려는 루이지애나 주지사 제임스 웰즈(James Madison Wells)의 노력을 지원하였던 것으로 알려졌다. FRANK BOWMAN, *supra* note 14, at 156; WILLIAM H. REHNQUIST, *supra* note 4, at 204.

362.

남부연합 소속의 장교와 관리들에 대한 존슨 행정부의 문호 개방은 특히 재무부에 집중되었다. 1865년 충성서약법(Test Oath Act)에 따라 연방정부 공직을 얻기 전에 해야 하는 충성 서약도 무시된 것으로 알려졌다. FRANK BOWMAN, *supra* note 14, at 156.

탄핵으로 본 미국사

363.

노예제 폐지를 명시한 수정헌법 13조는 링컨이 생존해 있던 1865년 1월 의회를 통과하였고 12월 6일 비준되었다. U.S. CONST. 13th Amendment ("Neither slavery nor involuntary servitude … shall exist within the United States.").

364.

FRANK BOWMAN, *supra* note 14, at 156.

365.

HOWARD ZINN, *supra* note 351 at 199 ("Johnson vetoed bills to help Negroes; he made it easy for Confederates to come back into the Union without guaranteeing equal rights to blacks."); LAWRENCE M. FRIEDMAN, *supra* note 276 at 382; WILLIAM H. REHNQUIST, *supra* note 4, at 204.

366.

LAWRENCE M. FRIEDMAN, *supra* note 276 at 382 ("replace slavery with a kind of caste system"); FRANK BOWMAN, *supra* note 14, at 156-157 ("keep the black … in a condition as close to slavery as pospossible"). 의회는 1866년 Black Codes를 무력화하기 위해 'Civil Rights Act'를 제정하고, 이 법의 핵심 내용을 1868년 수정헌법 14조에 반영하였다. *But Cf.* CHESTER G. HEARN, *supra* note 357 at 71-72 ("Nevertheless, the Radicals labeled the south's enactment as 'Black Codes' and used the term to undermine Johnson's reconstruction plan. They deceptively declared that the south intended to reenslave the blacks."). 물론, 헌(Hearn)의 견해는 다수 의견이 아니다.

367.

HOWARD ZINN, *supra* note 351 at 203.

368.

남북전쟁 당시 북부 주 백인 대다수가 노예제 폐지에는 대체로 찬성하였지만, 흑인들이 백인들과 똑같은 '사회적 권리(social right)'나 '정치적 권리(political right)'를 가져야 한다고 생각한 것은 아니었다. 상당수 북부 백인들은, 노예제가 폐지되고 흑인들이 '기초적 시민권리(civil right)'만을 보장받는 정도에 만족하였다. FRANK BOWMAN, *supra* note 14, at 152 ("But that did not mean that white northerners were broadly enthusiastic about accepting former slavers into anything approximating either social or political equality."). *Cf.* 당시 'civil right'는 매우 좁게 정의되어, 공공시설에서 평등한 대우를 받을 권리나 투표할 권리 등 'social right' 및 'political right'와 구분되었다.

369.

WILLIAM H. REHNQUIST, *supra* note 4, at 204. 공화당 의원들이 흑인 투표권을 주장한 배경에는 도덕적 배려 외에 정치적 판단도 있었을 것이라는 추정도 가능하다. 즉, 공화당 은 남부에서 백인들만 투표권을 가지게 되면 남부에 우호적인 인사들이 대거 선출되어 연방 하원의 다수 의석을 차지할 수 있다는 두려움으로 흑인 참정권을 주장하였을 가능 성이 농후하다. *Id. See also* FRANK BOWMAN, *supra* note 14, at 156-157.

370.

1866년 연방을 이탈하여 남부연합에 가담하였던 테네시가 연방에 다시 편입되고, 1867년 네브래스카가 연방에 편입되면서, 1867년 여름 무렵 공화당은 상원 의석을 43대 11로 장 악하며 민주당과의 격차를 더 벌리게 되었다. FRANK BOWMAN, *supra* note 14, at 157.

371.

남부연합에 가담하였던 몇 개 주는 전쟁 후 다시 대표들을 의회에 보냈으나 수용이 거절 되었다. 연방의회가 패전 주 대표들을 수용하지 않는 것이 위헌이라는 비난도 있었지만, 패전 주 대표를 언제 어떻게 다시 수용할 것인지에 대한 결정은 대체로 연방의회의 권리 로 인정되었다. FRANK BOWMAN, *supra* note 14, at 158.

372.

1863년에 창설된 '해방인 지원국'은 해방된 노예들의 생활 정착을 지원하였을 뿐 아니라 전쟁 중 난민들에게 식량과 의료 서비스를 제공하였으며, 전쟁 직후에는 해방된 노예들 의 처우 개선을 위한 활동도 하였다. 해방인 지원국은 흑인들에 대한 '시험적인 사회 복 지 프로그램'이었다. LAWRENCE M. FRIEDMAN, *supra* note 276 at 382 ("experiment in social planning").

373.

FRANK BOWMAN, *supra* note 14, at 159; HANS L. TREFOUSSE, *supra* note 355 at 242-243. 존슨은 해방인 지원국 연장 법안을 두고 "의회가 곤궁한 사람들을 부양할 권 리가 없다"는 주장을 하기도 하였는데, WILLIAM H. REHNQUIST, *supra* note 4, at 205, 기본적으로 해방된 노예에 대한 동정심을 가지고 있지 않았으며, 흑인들이 가난한 백인 들을 경멸한다는 생각도 하였다. HANS L. TREFOUSSE, *supra* note at 241.

374.

존슨 측 인사들과 일부 공화당 의원들도 이 법이 지나치다는 존슨의 견해에 동조하였 기 때문에, 상하원 모두 대통령 비토를 넘기 위한 2/3 의결 정족수를 확보할 수 없었다. FRANK BOWMAN, *supra* note 14, at 159. 남부를 지지하는 측은 Freedman's Bureau Bill이 패전 주를 수개의 지구(district)와 하부 지구(subdistrict)로 나누어 'assistant commissioner'가 관리하도록 하여 법률 위반을 판단하고 처벌을 내릴 주정부의 사법적 권한을 'commissioner'에게 넘겨주었다고 비판하였다. *See* CHESTER G. HEARN, *supra* note 357 at 78 ("The new Freedman's Bureau Bill, however, went well beyond the original intention of providing welfare … The Bill created a stromn of concern among friends of the administration and some members the cabinet ."); *Id.* at 81("The Bill proposes to take away land from its former owners without legal proceeding contrary to … the Constituion.")

375.

WILLIAM H. REHNQUIST, *supra* note 4, at 205. 1866년 시민권리법은 다음과 같이 규정하고 있다: [A]ll persons born in the United States regardless of race or color were citizens of the United States and shall have the same right … to make and enforce contracts, to sue, be parties, and give evidence, to inherit, purchase, lease, sell, hold, and convey real and personal property, and to full and equal benefit of all laws and proceedings for the security of person and property, as is enjoyed by white citizens … FRANK BOWMAN, *supra* note 14, at 159 (quoting Civil Rights Act 1866, 14 Stat. 27 (1866)).

376.

존슨은 "미국인들은 연방 시민과 주 시민이라는 두 가지 형태의 시민권을 가질 수 있으며, 헌법에 따라 연방의회가 연방의 시민을 규정할 권리를 가지나, 주 시민을 규정하고 시민권을 부여하는 것은 주정부의 독자적인 권한"이라고 주장하였다. 그는 또한 "각 주는 주의 시민권을 가진 사람과 가지지 않은 사람을 다르게 취급할 수 있다"는 논쟁도 펼쳤다. FRANK BOWMAN, *supra* note 14, at 160; HANS L. TREFOUSSE, *supra* note 355 at 246. 해방인 지원국 연장법을 비토할 때 존슨 편에 섰던 일부 공화당 상원의원들이 돌아서면서 공화당은 존슨의 비토를 기각할 수 있었다. *Id.* at 247. *Cf.* 비토권 행사에 대한 존슨의 또 다른 논리는 "남부 패전 주의 대표가 없는 의회가 패전 주에 영향을 미치는 법안을 만들 수 없다"는 것이다. *Id.* at 246. *See also infra* note 384 & accompanying text.

377-1.

수정헌법 14조의 목적은 해방된 노예를 포함한 흑인들의 기본적 시민권을 보장하기 위함이었다. 공화당은 시민권리법을 제정하였지만, 남부를 지지하는 민주당 의원들이 다수당 지위를 차지하면 1866년의 시민권리법을 다시 폐기할 수 있다고 우려하였다. 이런 우려 때문에 공화당 의원들은 시민권리법의 핵심 내용을 아예 헌법에 명시하여 민주당이 정권을 장악하더라도 이 법을 쉽사리 폐기하지 못하도록 한 것이다. *See* U.S. CONST.

14th Amendment §1. ("All persons or naturalized in the United States, and subject to the jurisdiction thereof, are citizens of the United States and of the State wherein they reside. No State shall make or enforce any law shall abridge the privileges and immunities of citizens of the United States; nor shall any State deprive any person of life, liberty, or property, without due process of law; nor deny any person within its jurisdiction the equal protection of the laws.") (emphasis added).

377-2.

수정헌법 14조에서 '특권과 면책권(privilege and immunities)'은 연방 시민의 권한이지만, '적법 절차(due process of law)'와 '법의 평등한 보호(equal protection of law)'는 'any person'에게 적용된다는 점에 주의해야 한다. 또한, 수정헌법 14조는 각 주에 하원 의석 할당 기준인 '주의 인구수' 산정에서 노예를 백인의 3/5으로 셈하도록 한 헌법 1조 2항도 무효로 만들었다. 그러나 주정부가 특정 시민의 투표권을 제한할 경우 '투표권이 제한된 사람들의 수를 의석 할당의 기준이 되는 인구수에는 포함하지 않는다'는 조항을 따로 두어, 의석 할당의 불이익을 감수하는 주는 여전히 흑인 또는 특정 인종의 투표권을 제한할 수 있도록 하고 있다. *See* U.S. CONST. 14th Amendment §2.

378.

수정헌법 14조는 '연방 시민은 거주 지역의 주 시민'이라고 천명하여, 존슨 대통령처럼 연방 시민과 주 시민을 분리하여 흑인들에게 보장된 권리를 박탈하지 못하도록 하고 있다. FRANK BOWMAN, *supra* note 14, at 161. 그러나 당시 시대적 환경을 고려하면 다수 백인의 견지에서 존슨의 논리가 터무니없었던 것만은 아니었다. 대법원조차 존슨과 비슷한 논리의 판결을 내려 수정헌법 14조의 실질적 효과를 제한하였다. 1873년 대법원은, 주 시민으로서 가지는 권리와 연방 시민으로서 가지는 권리를 분리하고, 연방 시민의 권리를 매우 제한하였다. *See Slaughter-House Cases*, 83 U.S. 36 (1873). 또한, 1883년 수정헌법 14조가 보장하는 권리를 계약할 권리, 자산을 소유하고 매매할 권리, 소송에서 당사자가 될 권리 등 아주 기초적인 공민권에 한정하고, 대중 시설에서 평등한 대우를 받을 권리 등은 포함하지 않는다는 판결을 내렸다. *See Civil Rights Cases*, 109 U.S. 3 (1883).

379.

해방된 노예들과 흑인들에게 한정된 권리를 보장하기 위해 마련되었던 수정헌법 14조의 평등 조항(Equal Protection Clause)과 적법 절차 조항(Due Process Clause)은 헌법 1조 8항의 통상 조항(Commerce Clause)과 함께 미국의 역사를 만들어온 대표적인 헌법 조항이 되었다.

380.

WILLIAM H. REHNQUIST, *supra* note 4, at 207; FRANK BOWMAN, *supra* note 14, at 161; HANS L. TREFOUSSE, *supra* note 355 at 253.

381.

WILLIAM H. REHNQUIST, *supra* note 4, at 206; FRANK BOWMAN, *supra* note 14, at 161; HOWARD ZINN, *supra* note 351 at 203. 사상자 수는 자료마다 조금씩 다를 수 있으나, 존슨 행정부의 패전 주에 대한 미온적 태도가 흑인들을 대상으로 한 온갖 폭력과 테러를 조장했던 것은 분명한 사실이다. *See* HANS L. TREFOUSSE, *supra* note 355 at 250-254 ("Thus by the summer of 1866 it had become evident that Johnson's efforts to restore the Southern states by executive fiat, without any significant conditions or safegurards for the Union party and the blacks, was in deep trouble."). 흑인들을 표적으로 한 테러와 인종 폭동은 1860년대 후반부터 1870년대 초반 사이에 절정에 달하였다. HOWARD ZINN, *supra* note 351 at 203

382.

FRANK BOWMAN, *supra* note 14, at 161.

383.

존슨은 1866년 8월 말부터 9월 중순까지 워싱턴을 시작으로 뉴욕, 시카고, 세인트루이스(St. Louis) 등지를 한 바퀴 도는 순회 연설을 하였다. 존슨의 동선을 묘사하여 'Swing Around the Circle'이라 불렸던 이 순회 연설의 목적은, 남부 재건 방식에 관한 존슨 자신의 정책 지지를 호소하고, 곧 있을 의회의 중간 선거에서 대부분 민주당인 자신의 지지자 선출을 고무하는 것이었다. HANS L. TREFOUSSE, *supra* note 355 at 266. 그러나 존슨의 인기는 생각보다 더 빨리 추락하고 있었으며, 'Swing Around the Circle'은 효과를 내지 못하였다. 내정에서 강경파 공화당 의원과 벌이는 대치뿐만 아니라 프랑스의 멕시코 무력 개입에 수동적으로 대응하던 외교적 무능력도 급격한 인기 추락의 한 원인이었다. 'Swing Around the Circle' 이후 존슨이 지지했던 몇몇 존슨 측 주요 인사들은 오히려 선거를 포기하기도 하였다. *Id.* at 269-270.

384.

WILLIAM H. REHNQUIST, *supra* note 4, at 207-208. 존슨은, 남부연합에 가담하였던 패전 주들이 수정헌법 13조를 수용하고 자치 정부를 구성한 후에는 연방의회에 대표를 파견하여 의석을 가질 자격이 있다고 주장하였다. 그의 주장에 따르면, 1867년에는 남부연합에 가담하였던 모든 패전 주가 연방의회의 의석을 차지할 수 있게 된다. *See also* FRANK BOWMAN, *supra* note 14, at 170. *See also supra* note 376.

385.

WILLIAM H. REHNQUIST, *supra* note 4, at 209; FRANK BOWMAN, *supra* note 14, at 162-163. 의회는 남부 재건을 위해 1867년과 1868년 사이에 4개의 재건법을 제정하였다.

386.

FRANK BOWMAN, *supra* note 14, at 162-163. 남부재건법은 존슨 대통령이 가장 강렬하게 반대하였던 의회의 법안이었다. HANS L. TREFOUSSE, *supra* note 355 at 278.

387.

WILLIAM H. REHNQUIST, *supra* note 4, at 210; FRANK BOWMAN, *supra* note 14, at 163. 당시 연방군 사령관은 율리시스 그랜트(Ulysses S. Grant) 장군이었다. 그랜트 장군은 남부의 패전군과 리(Lee) 장군의 처우에 대해 관대하였던 것으로 알려졌지만, 남부에서 흑인들이 처한 엄혹한 처지에 동감하며 남부 재건에 좀 더 강력한 정책이 필요하다는 태도로 돌아서고 있었다. *Id.* 그랜트 장군은 1868년 공화당 후보로 대선에 나서서 대통령에 당선되었고, 1869년부터 1877년까지 재임하였다.

388.

CASS R. SUNSTEIN, *supra* note 9, at 105 ("specifically to protect Stanton"). 공화당 의원들은 스탠턴을 자신들의 편에 서서 존슨에 맞설 유력한 대항마(對抗馬)로 인식하였는데, 존슨 역시 같은 생각을 하고 있었으며, 이런 이유로 더욱 스탠턴을 해임하고자 했던 것으로 알려졌다. Written Statement of Jonathan Turley on Trump Impeachment, *supra* note 18, at 15; FRANK BOWMAN, *supra* note 14, at 163. 어쨌든 스탠턴이 자신의 출신인 공화당계 인사인 데다, 남북전쟁 중 그가 보여준 우정 때문에 애초에 스탠턴을 굳이 해임하려 애쓰지는 않았다. 그러나 스탠턴의 'disloylaty'가 점차 분명해진 데다 '남부재건법'의 반대에도 실패하면서 존슨과 스탠턴의 관계는 악화하였다. 존슨은 TOA 이후에야 스탠턴을 해임하려 하였으나 이미 때가 늦어버린 것이었다. HANS L. TREFOUSSE, *supra* note 355 at 291.

389.

예를 들어, 존슨은 "패전 주에 주둔한 군대의 역할은 치안 업무에 국한되어야 하고, 군사령관은 패전 주의 민간 공직자를 해임할 권한이 없으며, 반역에 대한 투표권 박탈은 오직 전쟁 전에 연방헌법을 지지한다고 맹세한 적이 있는 공직자들에게 한정되어야 한다"라는 의견을 법무부 장관 명의로 공표했다. 이것은 패전 주를 담당하던 연방군의 영향력을 축소하여 공화당이 마련한 재건법의 실효성을 약화할 뿐 아니라 사실상 연방 탈퇴를 주도하였던 세력이 패전 주에서 스스로 주헌법을 만들 수 있도록 허용하여 주는 것이었다. 그랜트 장군은 이에 반대하며 그의 부하들에게 법무부 장관의 의견을 준수할 필요가 없다는 지시를 내렸다. *See* FRANK BOWMAN, *supra* note 14, at 164. 'Freedman's Bureau'가 재정 부족으로 사실상 운영이 중단되는 등 남부 재건의 효과는 그리 오래가지 못하였다. 존슨 행정부가 협조하지 않고 방해한 것이 한 원인이었지만, 시간이 지남에 따라 흑인의 인권이나 복지에 대한 북부의 관심이 떨어진 사실도 중요한 원인이었다. 1875년 무렵, '흑인 문제(Negreo problem)'는 남부 주가 알아서 처리해야 한다는 인식이 자리 잡았다. LAWRENCE M. FRIEDMAN, *supra* note 276 at 382.

390.

Id. at 164

391.

존슨은 스탠턴에게 사임할 것을 요구하였으나 스탠턴이 이를 거부하자 의회 휴정 기간에 그의 직무를 정지시켰다. 의회가 휴정 중일 때 대통령이 각료의 임기를 정지시키는 것은 TOA 아래에서도 가능한 것이다. 단, 의회가 개정되면 해당 해임에 대한 상원의 동의를 받아야 한다. WILLIAM H. REHNQUIST, *supra* note 4, at 213.

392.

HANS L. TREFOUSSE, *supra* note 355 at 304; FRANK BOWMAN, *supra* note 14, at 164.

393.

Id. at 165. 지금의 연두교서(年頭敎書, State of Union Address)에 해당하는 연설.

394.

존슨은 임시장관직 후임자를 물색할 시간을 주지 않은 채 상원의 결의에 따라 자리를 비운 그랜트 장군을 '불성실(bad faith)'하다고 비난하였는데, 존슨의 비난은 그랜트 장군에게 큰 상처를 주었다. 그해 3월, 둘 사이에는 서로를 비난하는 감정적인 메시지가 오가기도 하였다. 그런데 이 메시지가 대중들에게 공개되면서 그랜트는 차기 대선에서 존슨에 대한 유력한 대항마 이미지를 굳히게 되었다. *See* RONALD C. WHITE, AMERICAN ULYSSES; A LIFE OF ULYSSES S. GRANT 454-455 (Random House 2016). *See also* FRANK BOWMAN, *supra* note 14, at 166.

395.

매사추세츠 찰스 섬너(Charles Summer) 의원은 스탠턴의 급한 통보를 받고 자리를 고수하라는 뜻으로 'Stick'이라는 한 단어의 전보를 보냈다. WILLIAM H. REHNQUIST, *supra* note 4, at 216. For the image of the memo, *See* Memorandum from Senator Charles Sumner of Massachusetts to Secretary of War Edwin N. Stanton, Feb. 21, 1868, *available at* https://www.visitthecapitol.gov/exhibitions/artifact/memorandum-senator-charles-sumner-massachusetts-secretary-war-edwinm-stanton.

396.

존슨은 토마스 체포 소식에 '자신이 원하는 바'라고 말하며 법원에서 TOA의 위헌성을 따져 볼 의사를 밝혔다. 존슨이 대법원에서 TOA 위헌 여부를 따지는 빌미를 주지 않으려는 탓인지 토마스는 곧장 풀려났다. '나가라'는 토마스와 '나가지 않겠다'는 스탠턴의 대치 상황은 코믹 드라마의 한 장면 같다. 이에 대한 자세한 묘사는, *See* HANS L. TREFOUSSE, *supra* note 355, at 314-317.

397.

CASS R. SUNSTEIN, *supra* note 9, at 105-106 ("designed to threaten and trigger impeachment"); FRANK BOWMAN, *supra* note 14, at 163 ("to create a compelling case for impeachment"); Written Statement of Jonathan Turley on Trump Impeachment, *supra* note 18, at 15 ("lay a trap for impeachment").

398.

III HINDS 159 §2403, p. 827. 앤드루 존슨 대통령에 대한 탄핵은 1866년부터 거론되었고, 1867년 1월 오하이오 출신 애슐리 의원은 탄핵안을 사법위원회에 제출하였다. 하원 사법위원회는 1867년 7월 애슐리 탄핵안을 검토하였으나 5 대 4의 표결로 12월 회기까지 일단 유보하기로 결론을 내렸다. 11월 25일, 사법위원회는 애슐리 탄핵 결의서를 다시 검토한 뒤 5 대 4로 채택하였다. *See generally Id.* §§2399-2403, pp.822-827.

399.

사법위원회 보고서 내용은, *See* III HINDS §§2404-2405, pp. 828-834. *See also* FRANK BOWMAN, *supra* note 14, at 164-165; CONSTITUTIONAL GROUNDS, *supra* note 11, at 47; Charles Doyle, *supra* note 32, at 14.

400.

FRANK BOWMAN, *supra* note 14, at 165.

401.

III HINDS §2407, p. 843.

402.

III HINDS §2412, p. 851.

403.

III HINDS §2420, pp. 863-865. 탄핵 기소장 1번부터 8번의 내용을 요약하면 다음과 같다. **Article 1**. On February 21, 1868, Johnson unlawfully issued an order for the removal of Edwin Stanton from his office as Secretary of War. **Article 2**. On

February 21, 1868, Johnson unlawfully issued a letter to Major General Lorenzo Thomas authorizing him to act as Secretary of War ad interim, despite the lack of a vacancy in that office. **Article 3.** On February 21, 1868, while the Senate was in session, Johnson unlawfully appointed Lorenzo Thomas as Secretary of War ad interim without the advice and consent of the Senate. **Article 4.** On February 21, 1868, Johnson illegally conspired with General Thomas to hider and prevent Secretary of War Stanton from holding his office. **Article 5.** On February 21, 1868, Johnson illegally conspired with General Thomas to hider and prevent the Tenure of Office Act. **Article 6.** On February 21, 1868, Johnson conspired with General Thomas to take possession of United States Department of War property, in violation of an 1861 Act to define and punish certain conspiracies. **Article 7.** On February 21, 1868, Johnson conspired with General Thomas to take possession of United States Department of War property, in violation of the Tenure of Office Act. **Article 8.** On February 21, 1868, with the intent unlawfully to control the disbursements of the Department of War, and in violation of the Tenure of Office Act, Johnson delivered a letter to General Thomas authorizing him to take charge of the Department of War. *Id. See also* CONSTITUTIONAL GROUNDS, *supra* note 11, at 47-49; FRANK BOWMAN, *supra* note 14, at 322; WILLIAM H. REHNQUIST, *supra* note 4, at 226-227.

404.

FRANK BOWMAN, *supra* note 14, at 166.

405.

탄핵 기소장은 10번 항목을 제외한 모든 항목에 '형사 기소가 가능한(indictable)' 행위라고 표현하였지만, 10번 항목에 대해서는 '기소 가능'이라는 표현을 쓰지 않았다. CONSTITUTIONAL GROUNDS, *supra* note 11, at 48-49.

406.

II HINDS §2420, pp. 866-869. 9번 및 10번 기소 내용을 요약하면 다음과 같다: **Article 9.** On February 22, 1868, as Commander in Chief of the armed forces, Johnson instructed Major General William Emory to disregard and treat as unconstitutional the Tenure of Office Act, particularly that portion that required that all military orders to be issued through the General of the Army, and to obey such orders as Johnson may give directly. **Article 10.** Johnson attempted to bring into disgrace, ridicule, hatred, contempt, and reproach the Congress of United States, by delivering loud, intemperate, inflammatory, and scandalous harangues against the Congress. *Id.*

407.

해당 TOA 조항은 다음과 같다: Except as herein otherwise provided … the Secretaries of State, of the Treasury of War … shall hold their offices respectively for and during the term of the President by whom they may have been appointed and for one month thereafter, subject to removal by and with the advice and consent of the Senate. See WILLIAM H. REHNQUIST, *supra* note 4, at 228.

408.

Id. at 228-229.

409.

Id. at 229. *See also* FRANK BOWMAN, *supra* note 14, at 167-168. 각 기소 항목에 대한 존슨 변호인단의 자세한 답변은, *See* III HINDS §2428, pp.891-895.

410.

WILLIAM H. REHNQUIST, *supra* note 4, at 229-230; FRANK BOWMAN, *supra* note 14, at 167-168. 변호인단은, 존슨이 TOA가 위헌이라 판단하였고 각료들도 TOA가 위헌이라는 의견을 제시하였다는 점을 지적하며, 존슨이 진심으로 스탠튼 파면을 대통령의 헌법적 권한으로 믿고 실행하였다는 것을 강조하였다. 선스타인 교수는 이처럼 "주관성과 객관성을 동시에 충족시키는 '진심에 기반한(good faith)' 행위는 '비행(misdemeanor)'에 해당하지 않는다"는 의견을 밝혔다. CASS R. SUNSTEIN, *supra* note 9, at 106. 선스타인이 주장한 'good faith' 변론이 성립한다면, 설령 TOA가 스탠튼 파면에 적용된다 하더라도, 존슨의 행위는 헌법 상 탄핵 사유인 '중대한 범죄와 비행'에 해당하지 않을 것이다.

411.

WILLIAM H. REHNQUIST, *supra* note 4, at 168; FRANK BOWMAN, *supra* note 14, at 230.

412.

1789년 6월 소집된 제1차 의회에서 '상원의 동의를 받아 임명한 공직자를 해임할 경우, 대통령이 다시 상원의 동의를 얻어야 하는지'에 대한 토론이 있었다. 외무부 공직자 임명에 관한 조항을 제안할 때 매디슨은 임명된 공직자를 '대통령이 해임할 수 있다(removable by the President)'라는 문구를 포함했다. 벤슨(Benson)은 이 문구가 자칫 '헌법 상 상원의 동의로 임명되었으니 해임 역시 상원의 동의나 허가를 받아야 가능하다'는 의미로 해석될 여지가 있으니 삭제하자는 제안을 하였다. *See* 1 ANNALS OF CONG. 576-578 (1789). 매디슨은 벤슨의 의견에 동의하였고 'removable by the President'는 삭제되었다. *Id.* at 585. *See also* CONSTITUTIONAL GROUNDS, *supra* note 11, at 15; FRANK BOWMAN, *supra* note 14, at 168; WILLIAM H. REHNQUIST, *supra* note 4, at 230. 이런 토론에 비추어 볼 때 헌법 제정자들과 초기 의회는 각료의 해임을 대통령 고유의 권한으로 인정한 것으로 보인다. TOA는 1887년에 폐기되었으며, 1926년 대법원도 공직자 해임이 대통령의 고유 권한이라는 취지의 판결을 하였다. *See Myers v. United States*, 272 U.S. 52, 112-127 (1926). 따라서 각료 해임이 대통령의 고유 권한이라는 변론을 굳이 연계성이 약한 헌법 2조 3항에 근기하여 주장하기보다는, 위와 같이 연방의회 1차 회의 내용에 근거하여 주장하는 것이 더욱 설득력이 있을 것으로 보인다.

413.

WILLIAM H. REHNQUIST, *supra* note 4, at 231.

414.

Id. at 231; FRANK BOWMAN, *supra* note 14, at 168-169.

415.

기소장에는 'order'가 아닌 'instruct'라는 단어를 쓰고 있는데, 이것은 존슨이 사적인 조언을 하였음을 의미한다. 따라서 하원의 기소 내용에도 존슨이 에모리 소장에게 공식적인 명령을 내렸다는 주장은 하지 않고 있다. *See supra* note 406.

416.

FRANK BOWMAN, *supra* note 14, at 170. 탄핵 조항의 '중대한 범죄와 비행은 형사적 기소가 가능한 범죄에 한정된다'는 주장은 의례적으로 등장하는 변론이지만, 앞에서 살펴보았듯이 다수 의견으로 인정되지는 않는다. *See supra* note 120 and accompanying text.

417.

FRANK BOWMAN, *supra* note 14, at 171. 벤 버틀러는 소추위원의 '시작 논쟁(opening argument)'을 장장 3시간이나 하였던 것으로 알려졌다. III HINDS §2433, p.891.

418.

Id. 이 논쟁은 체이스 대법관 탄핵에서도 제기되었다. *See supra* note 302 and accompanying text.

419.

의회와 TOA 법안을 비난하거나 부정한 존슨의 발언이 정치적 의사 표현일 뿐이라는 주장은, 소추위원들과 상원의원들을 고민스럽게 만드는 유력한 변론으로 보인다. FRANK BOWMAN, *supra* note 14, at 172 ("The weakness in Article 10 was not that it failed to allege a crime, but that it focused purely on political speech rather than official presidential action"). WILLIAM H. REHNQUIST, *supra* note 4, at 227 ("But even more telling was the reliance ⋯ on the First Amendment⋯").

420.

수많은 사람이 의사당에 운집(雲集)하였다. HANS L. TREFOUSSE, *supra* note 355, at 325 ("It was a beautiful spring morning ⋯ A great throng of people congregated on the terrace of the Capitol and in the streets."). 탄핵 심판을 주재하였던 새먼 체이스 (Salmon P. Chase) 대법원장도 존슨 대통령 탄핵이 '굉장한 볼거리'라는 평가를 하였다. *See* Michael Rosenwald, *The chief justice who presided over the first presidential impeachment trial thought it was political spectacle*, Jan. 16, 2020, The Washington Post (citing the article of Harper's Magazine), https://www.washingtonpost.com/history/2020/01/16/chief-justice-johnson-impeachment-trial/.

421.

III HINDS §2440, pp. 897. 제임스 그라임스(James Grimes) 상원의원은 기소 항목에 대한 투표 순서를 바꾸자는 표결에 참여하지 않았는데, 투표 순서를 바꾸자는 데 동의한 의원은 유죄 선고를 할 가능성이 큰 의원이라 짐작할 수 있겠다. 따라서 투표 순서를 바꾸자는 제안에 대한 표결은 유죄 선고 표결 결과에 대한 사전 힌트가 될 것이다. WILLIAM H. REHNQUIST, *supra* note 4, at 233.

422.

III HINDS §2441, pp.898-899; HANS L. TREFOUSSE, *supra* note 355, at 325-326.

423.

탄핵 심판이 미뤄진 이 10일의 기간 동안, 공화당은 시카고에서 열린 공화당 전당대회에서 남북전쟁 당시 북부연합의 총사령관이었던 율리시스 그랜트 장군을 1868년 대선의 공화당 후보로 선출하였다. HANS L. TREFOUSSE, *supra* note 355, at 327.

424.

See III HINDS §§2442-2443, pp. 899-901; HANS L. TREFOUSSE, *supra* note 355, at 328; WILLIAM H. REHNQUIST, *supra* note 4, at 234-235.

425.

무죄 투표를 한 로스 의원이 앤드루 존슨 측이 제공한 뇌물을 받았다는 뜬소문이 무성하게 돌았다. 로스 의원에게 이런 비난이 집중된 이유 중의 하나는, 그가 신예 상원의원인 데다 무죄 선고를 한 7명의 공화당 의원 중 마지막 선고자였기 때문이기도 할 것이다. 그러나 이들 7명의 공화당 의원은 의원직을 걸고 올바른 결정을 하였다는 평가를 받기도 한다. *See e.g.,* Written Statement of Jonathan Turley on Trump Impeachment, *supra* note 18, at 16. 존 케네디(John F. Kennedy)는 상원의원 시절이던 1956년 『용감한 인물들(Profiles in Courage)』이라는 책에서 "로스 의원은 당파적 결정을 거스른 용감한 상원의원"이라고 칭찬하였다.

426.

기본적으로 10개 기소 항목들은 '존슨이 스탠턴을 해임하여 TOA를 위반하였다'라는 것으로 모두 같은 내용이다. 따라서 특별한 사유가 없다면 투표 결과는 같을 것이 분명하므로 탄핵 심판을 더 개최할 필요는 없었을 것이다. 또한, 3개 기소 항목에 대한 탄핵 부결 표결이 난 이후 민심도 급격히 탄핵을 거부하는 쪽으로 바뀐 것으로 알려졌다.

427.

페슨든은 "존슨의 행위는 헌법 상의 '중대한 범죄와 비행'에 이를 정도로 심각하거나 중대하지 않으며, 이렇게 사소한 일로 유죄 선고를 하는 것은 상원의 권한 남용에 해당한다"고 지적하였다. WILLIAM H. REHNQUIST, *supra* note 4, at 241-242 ("so slight").

428.

Id. at 242-243 ("getting rid of unacceptable President").

429.

Id. at 243-244 ("no future President will be safe who happens to differ with the majority of the House and two-thirds of the Senate"). *See also* HANS L. TREFOUSSE, *supra* note 355, at 331.

430.

Id. at 246.

431.

존슨이 탄핵을 모면한 것은 무죄 선고를 한 7인의 공화당 의원들이 TOA가 위헌이라고 생각하였기 때문이라는 주장도 있지만, 공화당 의원들이 스스로 만든 TOA를 1년이 채 지나지 않은 시점에 위헌이라고 판단하였을 개연성이 그리 높아 보이지는 않는다. FRANK BOWMAN, *supra* note 14, at 169.

432.

여기에는 작은 아이러니가 존재한다. 만약 공화당 의원들이 모두 당의 정치적 결론에 따라 정파적 투표를 하였더라면 존슨은 탄핵당하였을 것이다. 따라서 상원의 탄핵 심판이 정치적 판단에 좌우되지 않았기 때문에 존슨이 탄핵을 모면하였다는 가정이 성립한다. 그런데 이탈표가 나온 원인이 또다시 정치적 이유였다면 전자의 가정은 모순에 빠져들고, 존슨은 정치적 판단에 따른 투표 때문에 탄핵을 모면한 것이 된다. 아이러니하게도 존슨 탄핵에는 둘 다 성립하는 가정으로 보인다.

433.

FRANK BOWMAN, *supra* note 14, at 172. *See also* HANS L. TREFOUSSE, *supra* note 355, at 332 ("If Southern conservatives believed that Johnson's conviction spell their doom, their Unionist antagonists were equally certain that for them it was a dire necessity").

434.

웨이드는 여성의 권리와 노동자들의 정의를 보호하고 신장해야 한다는 견해를 분명하게 밝혔는데, 당시로서는 급진적이었던 그의 사상이 온건파 또는 보수파 공화당원들과 의원들을 두렵게 만든 것으로 알려졌다. HANS L. TREFOUSSE, *supra* note 355, at 330 ("frightened"). 20대 대통령을 지낸 오하이오의 제임스 가필드(James A. Garfield) 의원은 "유죄 선고는 폭력적인 열정과 극단적이고 좁은 견해를 가진 인물에게 대통령직이 승계됨을 의미한다"는 경고를 보수적 공화당 의원들에게 보내기도 하였다. *Id.*

435.

Id. at 323.

436.

Id. at 330 ("viewed as an obstacle to Grant's presential ambitions"); FRANK BOWMAN, *supra* note 14, at 173.

437.

See generally HANS L. TREFOUSSE, *supra* note 355, at 330-334. *See also* FRANK BOWMAN, *supra* note 14, at 173; WILLIAM H. REHNQUIST, *supra* note 4, at 246-247. 웨이드가 1860년 공화당의 시카고 전당대회에서 같은 오하이오 주 출신인 새먼 체이스 대법원장을 공화당 대통령 후보로 추천하는 데 실패한 이후로, 웨이드와 체이스의 사이가 냉랭하였던 것으로 알려졌다. 이런 이유로 탄핵 심판을 주재한 새먼 체이스 대법원장이 최소 한두 명의 공화당 의원이 무죄 투표를 하도록 영향을 끼쳤다는 소문도 있다. *Id.* at 247. 이 소문의 사실 여부를 떠나, 체이스 대법원장은 상원의 탄핵 심판에서 대체로 변호인 측에 우호적인 진행을 하였다는 평을 받았다. HANS L. TREFOUSSE, *supra* note 355 at 330. 그 외, 존슨의 잔여 임기가 얼마 남지 않았던 것도 탄핵의 열기를 삭힌 한 원인이 될 수 있다. *Id.*

438.

JOHN F. KENNEDY, PROFILES IN COUNRAGE 107 (1955); FRANK BOWMAN, *supra* note 14, at 178. *See also supra* note 425.

439.

RAOUL BERGER, IMPEACHMENT, *supra* note 18, at 255 n.28; FRANK BOWMAN, *supra* note 14, at 178.

440.

CASS R. SUNSTEIN, *supra* note 9, at 105-106. *See also* Written Statement of Jonathan Turley on Trump Impeachment, *supra* note 18, at 15.

441.

WILLIAM H. REHNQUIST, *supra* note 4, at 271.

442.

FRANK BOWMAN, *supra* note 14, at 178.

443.

하원 소추위원들의 기소 전략이 부적절하였다는 점은 렌퀴스트도 인정하는 문제이다. 하원의 기소는 벤저민 버틀러(Benjamin F. Butler) 의원과 새디어스 스티븐슨(Thaddeus Stevens) 의원이 주도하였는데, 그들의 기소 전략과 탄핵 심판에서 보여준 언행이 탄핵에 대해 미심쩍어 하던 상원의원들은 물론, 존슨의 유죄를 믿고 있던 상원의원들조차도 반감을 느끼게 하였다는 평가도 있다. *See* WILLIAM H. REHNQUIST, *supra* note 4, at 247. 역사하자 하워드 진(Howard Zinn)도 비슷한 견해를 가지고 있다. 그는 『미국 민중사』에서 "존슨 대통령이 공화당이 주도하는 남부재건정책과 재건 법안을 거부하여 남부 흑인들의 처지를 전쟁 전으로 되돌려 놓았음에도 '사소한 법률 위반'이라는 변명으로 탄핵을 모면하였다"고 기술(記述)하고 있다. *See* HOWARD ZINN, *supra* note 351, at 199.

444.

See generally FRANK BOWMAN, *supra* note 14, at 174-178. 보우만은, 존슨이 패전 주들의 대표가 참여하지 않았다는 이유로 의회의 적법성을 문제 삼은 것도 다음과 같은 이유에서 중대한 위헌적 행위로 간주한다. **첫째**, 존슨은 의회가 아니라 대통령인 그가 패전 주들의 연방 재편입을 결정할 권한이 있다고 주장하는 것. **둘째**, 의회와 의회의 입법안이 적법성이 없었다고 주장함으로써 의회의 남부재건정책을 좌절시키는 것. **셋째**, 이런 존슨의 언행은 남부 패전 주들에 그들도 의회의 위헌적(존슨의 주장을 빌리면) 행위에 저항해도 된다는(또는 저항하라는) 신호를 주는 것이나 마찬가지라는 것. *Id.* at 170.

445.

See Written Statement of Jonathan Turley on Trump Impeachment, *supra* note 18, at 16 ("the trail should be judicial, not political, in character").

446.

WILLIAM H. REHNQUIST, *supra* note 4, at 271 ("a judicial type of inquiry"). *Cf.* 체이스 대법관 탄핵 부분에서 '상원의 벽과 형사적 절차' 참조.

447.

Id. at 244-245. ("a vote of confidence in the government under a parliamentary system."). 섬너 의원의 주장은 체이스 대법관 탄핵 당시 자일스 상원의원의 주장과 많이 닮았다. *See id.* at 26-27 ("a strictly political device for removing public officials"). *See also supra* note 305 & accompanying text.

448.

WILLIAM H. REHNQUIST, *supra* note 4, at 241 ("It needs no argument to show that the President is on trial for the specific offences charged ⋯ It would be contrary to every principle of justice ⋯ to try and condemn any man ⋯ for an offence not charged, of which no notice has been given to him , and against which he has had no opportunity to defend himself.")(quoting William Pitt Fessenden). Id. at 242 ("[Andrew Johnson] is not trial before the people, but before the Senate.").

449.

Id. at 241-242.

450.

Id. at 245.

451.

Id. at 271. ("The Johnson acquittal added another requirement.").

452.

Id. 241. ("on grounds so slight").

453.

See supra note 131, 138 & accompanying text. *See also* CASS R. SUNSTEIN, *supra* note 9, at 83 ("truly egregious misconduct was required"); WILLIAM H. REHNQUIST, *supra* note 4, at 271. ("not any technical violation of the law ⋯ would suffice"). 그러나 프랑크 보우만은 "존슨 대통령의 행위가 충분히 극심하므로 탄핵받아 마땅하다"고 주장한다. FRANK BOWMAN, *supra* note 14, at 178. ("I disagree. First, Johnson's behavior was an egregious example of executive overreach and defiance of the repeatedly expressed will of a supermajority of Congress.").

454.

CONSTITUTIONAL GROUNDS, *supra* note 11, at 27 ("There is a further requirement - substantiality.").

455.

비인기순 1위 제임스 뷰캐넌(James Buchanan) 대통령, 2위 앤드루 존슨(Andrew Johnson) 대통령, 3위 프랭클린 피어스(Franklin Pierce) 대통령, 4위 워런 하딩(Warren G. Harding) 대통령, 5위 존 타일러(John Tyler) 대통령. CASS R. SUNSTEIN, *supra* note 9, at 81-82. (citing C-SPAN, *Presidential Historians Survey, 2017: Total Scores/ Overall Rankings*).

456.

남부에 거주하는 공화당 지지자들도 절박하기는 마찬가지였다. 그들은 대표단을 구성하여 워싱턴에 파견하고, 만약 존슨이 방면된다면 그들은 끝장을 맞을 것이며 '고향과 농장을 떠나야 한다'는 메시지를 의회에 전달하기도 하였다. HANS L. TREFOUSSE, *supra* note 355, at 332.

457.

WILLIAM H. REHNQUIST, *supra* note 4, at 231-232. 전보 원문은 다음과 같다:
LEAVENWORTH, MAY 14.
KANSAS HAS HEARD THE EVIDENCE, AND DEMANDS THE CONVICTION OF THE PRESIDENT.
D.R. ANTHONY, AND 1,000 OTHERS.

458.

See CASS R. SUNSTEIN, *supra* note 9, at 80-83. 이런 측면에서 상원의 탄핵 심판 의결 정족수인 2/3 절대 과반은 권력 분립(Separation of Power)에 대한 또 하나의 안전장치로 해석하는 이도 있다. 반면, 보우만은 이 절대 과반 의결 정족수가 너무 엄격한 기준이라고 지적한다. FRANK BOWMAN, *supra* note 14, at 178.

459.

WILLIAM H. REHNQUIST, *supra* note 4, at 232. 로스 의원의 답변 원문은 다음과 같다:
GENTLEMAN:
I DO NOT RECOGNIZE YOUR RIGHT TO DEMAND THAT I SHALL VOTE EITHER FOR OR AGAINST CONVICTION. I HAVE TAKEN OATH TO DO IMPARTIAL JUSTICE ⋯ AND I TRUST I SHALL HAVE THE COURAGE AND HONESTY TO VOTE ACCORDING TO THE DICTATES OF MY JUDGMENT AND

FOR THE HIGHEST GOOD OF MY COUNTRY.

TO D.R. ANTHONY AND 1000 OTHERS.   E.G. ROSS

460-1.

2차 세계대전 직후 미국은 급진 좌파를 몰아내야 한다는 공감대를 형성하려 애썼다. 트루먼 대통령은 1947년 5월 22일, 정부 내 '좌익세력의 침투(infiltration of disroyal person)'를 색출하라는 행정명령(Executive Order 9835)을 내렸다. 1948년 공산당이 체코슬로바키아(Czechoslovakia) 정부를 장악하였고, 1949년 소련이 베를린을 봉쇄하였으며, 같은 해 마오쩌둥의 공산당이 중국 내전에서 승리를 쟁취하였고, 1950년 소련과 중국의 지원을 받은 북한이 남한을 침공하였다. 이런 상황 때문에 정부는 '반공 싸움(anti-Communist crusade)'에 대한 국민적 지지를 형성할 수 있었고, 조셉 매카시(Joseph McCarthy) 상원의원은 공산주의자 사냥에 열을 올릴 수 있었다. *See* HOWARD ZINN, *supra* note 351, at 427-431. 하워드 진은 1950년 한국전쟁이 'McCarthyism'의 생명을 연장하였다고 지적하고, *Id.* at 428, 프리드먼 교수는 'McCarthyism'은 '백인 우월주의' 같은 천박한 '대중 영합주의(populism)'로부터 잔인한 힘을 얻는다고 해석하였다. *See* LAWRENCE M. FRIEDMAN, AMERICAN LAW IN THE 20TH CENTURY 339 (Yale Univ. Press 2002) (hereinafter 'Friedman 20C').

460-2.

2차 세계대전 이후 반공은 정부의 폭력이나 전쟁을 정당화할 가장 훌륭한 명분이 되었다. 동남 아시아와 라틴 아메리카 그리고 유럽에서 일어나는 모든 시민 혁명은 '소련의 공산주의 확장'으로 해석되었고, 혁명의 원인을 정부의 부패나 무능에서 찾기보다는 '한 국가가 공산화되면 인접 국가도 공산화된다'라는 '도미노 이론(domino theory)'에서 찾았다. 미국이 베트남에 개입하고 전쟁을 시작한 이유 역시 도미노 현상과 공산주의 확장을 막기 위한 노력이었다. 그러나 전장의 희생은 일반 시민의 몫이고 경제적 이득은 자본가의 몫이다. *See* HOWARD ZINN, *supra* at 425, 471. 1960년 빈부의 양극화는 봉건시대와 다를 바 없었지만, 군사 비용은 미국 예산의 49.7%를 차지하였다. *Id.* at 437, 441. '반공'과 '전쟁'은 1950년대와 1960년대의 미국을 움직인 중요한 동력이었다. *See generally* HOWARD ZINN, *supra* at 425-442; Friedman 20C, *supra* at 330-339.

460-3.

1900년대 중후반을 'White supremacy'를 깨트리는 '권리혁명(Rights Revolution)'의 시대로 규정한다면, Friedman 20C, *supra* at 604-605, 1950년대 후반과 1960년대는 혁명이 본격적으로 시작되고 물리적 저항과 충돌이 가장 강렬했던 시기였다. *See generally*, HOWARD ZINN, *supra* at 443-467. 1896년 대법원은 *Plessy v. Ferguson*

에서 '흑백 인종 분리'가 수정헌법 14조 평등 조항에 어긋나지 않는다는 결론을 내리면서 'separate but equal'이라는 유명한 문구를 남겼다. 그로부터 반세기가 흐른 1954년, 워런(Earl Warren)이 이끌던 대법원은 *Brown v. Board of Education*에서 공립학교의 인종 분리가 위헌이라 판결하였지만, 남부 여러 주에서 인종 분리와 차별은 사그라지지 않았다. 1964년 워런 법원은 *Heart of Atalanta Motel v. U.S.*에서 헌법의 '통상조항(Commerce Clause)'을 적용하여, 공립학교뿐 아니라 호텔 같은 사설 대중 시설의 인종 분리도 위헌이라 판결하였다. *See* Friedman 20C, *supra* at 284-297; *Plessy v. Ferguson*, 163 U.S. 537 (1896); *Brown v. Board of Education of Topeka*, 347 U.S. 483 (1954); *Heart of Atalanta Motel v. U.S.*, 379 U.S. 241 (1964).

461.

소련이 쿠바의 구아나저(Guanajay)와 산크리스토발(San Cristobal)에 IRBMs와 MRBMs 발사 기지를 전개하고 있다고 확신한 케네디는 'Ex Comm'이라 불린 측근 회의를 주재하며 비밀리에 대책을 논의하였다. 미사일 기지를 폭격하고 흐루쇼프(Khrushchev)에게 설명하는 방안과 쿠바를 봉쇄하고 소련과 외교적 협상을 시도하는 방안 등이 논의되었다. ROBERT DALLEK, JOHN F. KENNEDY: AN UNFINISHED LIFE 544-551 (Penguin Books 2003). 케네디는 즉각적인 군사 행동을 배제하지 않았지만, 미국이 쿠바를 공습하면 소련이 베를린을 취하려 나서서 핵전쟁이 일어날 수도 있다는 우려를 하였다. *Id.* at 554. 케네디는 쿠바 봉쇄(blockcade or quarintine)를 선택하고 10월 22일 국민과 세계에 이 사실을 알렸지만, 흐루쇼프는 오직 방어용 무기만을 쿠바에 지원한다고 주장하며 '미국의 쿠바 봉쇄는 재앙을 초래할 것'이라는 경고를 하였다. *Id.* at 560. 물밑 접촉도 있었지만, 흐루쇼프는 공식적으로 "쿠바 봉쇄는 어리석은 제국주의이며, 권리를 보호하기 위한 모든 걸 갖추고 있다"라는 강경한 태도를 표시하였고, 케네디 또한 물러서지 않겠다는 의지를 분명히 하여 핵전쟁의 전운이 감돌았다. *Id.* 561-653. 케네디의 강경한 태도에 협상할 때임을 알게 된 흐루쇼프는, 소련이 쿠바 미사일 기지를 해체하는 대가로 미국은 터키의 탄도미사일(Jupiters)을 철수하라고 제안하였다. 펜타곤으로부터 '즉각적인 쿠바 공격' 압력을 받고 있던 케네디는 공식적인 답을 피하고 "4~5개월 안에 'Jupiters'를 철수하겠다"는 비공식 약속을 전했다. 흐루쇼프가 케네디의 비공식 약속을 수용하면서 10월 말 무렵 쿠바 사태는 가라앉았다. *Id.* at 568-570.

462-1.

'민주주의는 피를 먹고 자라는 나무'라는 말은 단순한 경구(警句)가 아니다. 1964년의 시민권리법(Civil Rights Act of 1964)과 1965년의 투표권법(Voting Rights Act of 1965)은 버밍햄의 어린 흑인 소녀들 같은 수많은 희생자의 피를 먹고 자란 나무였다. 의회가 시민권리법과 투표권법을 제정한 1964년과 1965년은 전국 곳곳에서 흑인들의 시위와 소요가 발생한 때였다. HOWARD ZINN, *supra* note 351 at 457-458. 1964년 시민권리법은 인종 문제만을 다룬 것이 아니라 종교 차별과 성차별도 금지하였다. '남쪽 주(Deep South)'의 정치인들은 '성차별 금지 조항'은 자신들 '정치 생명의 끝'을 의미한다고 여겼으며, 이 조항을 삭제하기 위해 안간힘을 썼던 것이 당시의 세태였다. Friedmand 20C, *supra* note 460 at 302. 어쨌든, 1964년 시민권리법과 1965년 투표권법 등은 흑인들의 자유와 인권에 매우 중요한 디딤돌이 되었다. *Id.* at 300. 시민권리법 제정과 관련하여, *See* Friedmand 20C, *supra* at 297-302. 인종주의자의 테러 및 흑인의 저항과 관련하여서는, *See* HOWARD ZINN, *supra*, at 455-461. *See also* ROBERT DALLEK, *supra* note 461 at 640-650.

462-2.

의회는 1957년에도 다소 온건한 시민권리법을 제정한 적이 있지만, 아이젠하워(Dwight D. Eisenhower) 대통령은 미지근한 태도를 보였고, 남부의 유력한 의원들은 시민권리법 제정을 억누르거나 논의를 보류하여 고사시키려 하였다. 케네디와 린든 존슨 행정부에서 이런 남부 정치인의 입지는 다소 약화하였다. Friedmand 20C, *supra* note 460 at 297. 하지만 케네디도 시민권리법 제정을 처음부터 적극적으로 밀어붙이지는 않았다. 그는 시민권리법으로 남부 의원들을 자극하지 않는 것이 'tax cut'이나 'medicare' 정책에서 그들의 협조를 끌어낼 방법이라고 판단하였다. 그러나 이 판단은 옳지 않았음이 드러났다. ROBERT DALLEK, *supra* at 649. 앨라배마 주립대의 흑인 등교 거부 사태 직후 케네디는 흑인에게 평등을 보장할 광범위한 시민권리법 제정을 의회에 요구하였다. 그는 킹 목사의 〈I have a dream〉 연설에 진심으로 감명을 받은 것으로 알려졌다. *See id.* at 599-605. 인종 분리주의자인 앨라배마 주지사 월리스는 취임 연설에서 "지금, 내일, 그리고 영원히 인종 분리! (Segregation now, segregation tomorrow, segregation forever!)"라고 외쳤다. 그는 공립학교에서 '인종 분리 폐지(desegregation)'를 명령한 대법원의 판결을 거부하며, 앨라배마 주립대 정문에서 흑인 학생의 등록을 막아섰다. *Id.* at 605. 2021년 2월, 버밍햄(Birmingham)의 앨라배마 주립대는 '월리스'를 딴 학교 건물의 이름을 변경하였다. *Alabama University removes Wallace name from building,* Feb. 9, 2021, AP, https://apnews.com/article/alabama-george-wallace-birmingham-dbef9aeccfa0a434d396d9305f5738dd.

463.

1965년 3월 7일, 흑인 참정권을 주장하는 시위대는 앨라배마 셀마(Selma)에서 에드먼드 피터스 다리를 건너 몽고메리 방향으로 평화롭게 행진하던 중이었다. '피의 일요일

(Bloody Sunday)'로 불리는 이날로부터 50년 뒤인 2015년 3월, 오바마 대통령과 부시 (George W. Bush) 전 대통령은 시민들과 함께 다시 이 다리를 행진하였다. *President Obama crossing Edmund Pettus Bridge*, March 7, 2021, C-SPAN, https://www.c-span.org/video/?324607-101/president-obama-crossing-edmund-pettus-bridge. 2022년 3월 6일, 바이든 행정부의 카맬라 해리스(Kamala Harris) 부통령이 시민들과 함께 이 다리를 행진하였고, 주 상원은 다리의 공식 이름을 변경하기로 결의하였다. 연방 상원의원을 지낸 에드먼드 피터스는 KKK의 리더로 알려진 인물이다. Associate press, *Alabama plan advances to alter name of Edmund Pettus Bridge*, April 11, 2022 NBC NEWS, https://www.nbcnews.com/news/nbcblk/alabama-plan-advances-alter-name-edmund-pettus-bridge-rcna23211.

464-1.

호치민(Ho Chi Minh)을 제압하지 못한 프랑스가 1954년 베트남에서 물러나자, 미국은 재빨리 베트남 남부에 응오 딘 지엠(Ngo Dihn Diem) 정부를 수립하여 북부의 호치민과 대치하도록 만들었다. HOWARD ZINN, *supra* note 355, at 471-472. 1964년 린든 존슨 대통령은 "북베트남이 통킹만에서 미국의 해군 함선에 어뢰 공격을 하였다"라고 국민에게 알렸다. 후일 거짓으로 드러난 이 소식에 의회는 '의회의 선전포고 없이도 동남 아시아에서 군사 행동을 취할 수 있는 권한'을 대통령에게 주었다. 헌법 1조 8항 11절에 의거해 전쟁을 선언할 권한은 의회가 가진다. 의회의 전쟁 선언 없이 수행된 베트남 전쟁이 위헌이라는 소송이 수차례 제기되었지만, 연방 대법원은 이 논쟁에 대해 듣기(certiorari)를 거부하였다. *Id.* at 475-477. 1965년 8월, 미국 국민 61%가 미국의 베트남 개입이 잘못된(wrong) 일이 아니라고 생각하였다. 그러나 1971년 5월, 미국 국민 61%가 잘못된 일이라 생각하였다. *Id.* at 492. 1973년 5월 미국군은 베트남을 떠났다. *Id.* at 501. 베트남 철수 전 해인 1972년 5월 초부터 10월 초까지 넉 달 동안 미국은 북베트남에 15만 톤의 폭탄을 퍼부었다. RICHARD REEVES, PRESIDENT NIXON, ALONE IN THE WHITE HOUSE 533 (Touchstone 2001). 미국이 맨 처음 내세운 응오 딘 지엠은 1963년 11월 2일 케네디 대통령의 승인 아래 진행된 쿠데타에서 사살되었고, 이후 수차례 쿠데타가 더 진행된 후 1967년 응우옌 반 티에우(Nguyem Van Thieu)가 정권을 잡았다. *Id.* at 529.

464-2.

킹 목사는 전쟁을 '흑인과 서민 빈곤의 한 원인'으로 들었는데, 이런 주장은 그를 FBI의 중요 표적으로 만들었다. 킹 목사가 암살당하자 도시 각 곳에서 폭력 사태가 발생하였고, 39명이 죽었다. *Id.* at 461-462. 1968년의 '공정주거법(Fair Housing Act)'은 마틴 루서 킹 목사가 죽음으로 마련한 선물처럼 보이기도 한다.

465-1.

HUAC(House Committee on Un-American Activities)는 공산주의 활동을 조사하던 하원 위원회였다. 닉슨은 "1946년과 1948년 사이에 공산주의가 미국의 안전에 심각한 위협(serious threat)'을 주고 있었지만, 1948년 대선이 가까이 오자 트루먼(Harry S. Truman) 대통령은 이런 사실을 숨기려 하였다"고 주장하였다. RICHARD M. NIXON, THE MEMOIRS OF RICHARD NIXON 46-48, (Grosset & Dunlap 1978) [hereinafter MEMOIRS OF NIXON], *available at* https://archive.org/details/rnmemoirsofricha00nixo/page/900/mode/2up?q=Mitchell. 1950년 중간 선거에서 경쟁자인 민주당 더글라스(Helen Gahagan Douglas)는 "닉슨이 한국에 대한 지원에 반대하고 원조 프로그램의 규모를 절반으로 줄였다"고 비난한 데 대해, 닉슨은 "한국 지원을 반대하지 않았고, 단지 2년 프로그램에 반대하고 1년 프로그램에 투표하였다"고 밝혔다. 그는 전국 상원의원 중 가장 많은 표로 획득하며 더글라스 부인을 이겼다는 자랑도 빠트리지 않았다. *Id.* at 76-77.

465-2.

닉슨은, 1952년 대선이 트루먼 정부의 부패와 '유럽과 아시아를 공산주의 손아귀에 떨어트린 트루먼 외교 정책과의 싸움'으로 부각(浮刻)되기를 원했던 공화당 대통령 후보 아이젠하워가 자신을 러닝메이트로 원했다고 회고하여, 부통령 후보로 지명된 이유가 자신의 두드러진 반공 활동 때문이었음을 인정하였다. *Id.* at 88.

466.

1960년 대선에서 닉슨은 34,108,000표 케네디는 34,221,000표를 얻었다. 닉슨은 0.5%의 변화만 있었어도 결과가 달라질 수 있었다고 아쉬워하며 일리노이와 텍사스 등지에서 '상당한 선거 사기(substantial vote fraud)'가 있었다는 주장까지 하였다. MEMOIRS OF NIXON, *supra* note 465 at 224. 닉슨은, '1972년 대선 때만큼 선거운동(campaign)하는 방법을 알았더라면 1960년 대선에서도 이겼을 것'이라는 취지의 변명도 하였는데 - 정확하게는 1972년 선거운동 때 그렇게 생각하였다는 것이지만, 회고록을 쓸 당시에도 그렇게 생각한다는 취지로 들린다 - 그를 대통령 자리에서 몰아낸 워터게이트(Watergate) 민주당 사무실 침입 사건이 자신의 1972년 대선 전략이었다는 사실을 잊어버린 듯한 회고이다. *See id.* at 226. 닉슨은 1962년 캘리포니아 주지사 선거에서 패배한 이유를, 사람들이 자신의 관심은 주지사가 아니라 대통령이라고 생각한 데다 경쟁자 팻 브라운이 자신 어머니와 형제의 대출 문제를 공격하였기 때문이라는 설명을 보탰다. 닉슨은 주지사 선거에 패배한 뒤에도 "국세청과 로버트 케네디 법무부 장관 등이 결정타를 날리기 위해 언론에 정보를 흘렸다"고 주장하며, 이 때문에 정치 전문가들은 자신의 정치 생명이 끝났다고 판단하였다고 회고하였다. *Id.* at 242-243, 246-247 ("marked by political observers everywhere as a man without a political future").

467.

닉슨의 정적들은 닉슨을 '교활한 놈(Tricky Dick)'이라 부른다. 대통령 선거에서 닉슨 캠프가 내세운 선거 구호는 '법과 질서(law and order)'였지만 사실 닉슨은 가장 많은 거짓말과 가장 많은 불법 행위를 한 대통령으로 평가받는다. 명문대(Ivy League) 출신과 유대인(Jews)을 싫어했으며, 특히 충성하지 않는(disloyal) 것을 싫어했던 닉슨이 수많은 도청을 하고, 사건을 은폐하려 하였으며, 또한 선거자금을 범죄와 증거 은폐에 사용하였다는 것은 대체로 인정되는 사실이다. CASS R. SUNSTEIN, *supra* note 9, at 86-87. 닉슨은 1968년 대선에서 시민 인권 운동과 함께 성장한 '반전 운동과 반문화 운동'에 지쳐 있던, 소위 '침묵하는 다수'의 마음을 움직여 그들의 호응을 끌어낸 것으로 알려졌다. FRANK BOWMAN, *supra* note 14, at 183 ("The promises of order and peace carried him past Humphrey to the White House."). 1969년 11월 3일, 닉슨은 방송 연설에서 '침묵하는 다수'라는 단어를 직접 사용하기도 하였다. *Nixon's Silent Majority Speech*, Nov. 3, 1969, Watergate.info. ("And so tonight—to you, the great silent majority of my fellow Americans—I ask for your support.")(emphasis added), https://watergate.info/1969/11/03/nixons-silent-majority-speech.html.

468-1.

1972년 2월 21일 닉슨은 중국을 방문해 마오쩌둥(Mao Zedong)을 만났고, 5월 22일에는 소련을 방문하여 브레즈네프(Leonid Brezhnev)와 전략무기 협정인 SALT(Strategic Arms Limitation Treaty)를 체결하였다. 닉슨이 이런 데탕트(Détente) 시대를 열 수 있었던 데에는 당시의 중국과 소련 사이의 긴장 관계를 활용한 헨리 키신저(Henry Kissinger)의 역할도 컸다. *See* FRANK BOWMAN, *supra* note 14, at 184 (citing Robert S. Litwak, Détente and the Nixon Doctrine: American Foreign Policy and the Pursuit of Stability, 1969-1976 (1986)). 닉슨은 저우언라이(周恩來) 총리와의 회의에서 "하나의 중국(One China)을 지지하며 타이완(Taiwan) 독립을 지원하지 않겠다"라는 약속도 하였다. RICHARD REEVES, PRESIDENT NIXON, ALONE IN THE WHITE HOUSE 443-444 (Touchstone 2001). '아시아 각 나라의 안보는 각 당사자가 책임져야 한다'라는 1969년의 닉슨 독트린(Nixon Doctrine)을 상기하면, 데탕트 시대를 연 닉슨의 외교 행보가 결코 즉흥적 판단이나 우연에 기인한 것이 아님은 분명해 보인다.

468-2.

닉슨의 중국 방문은, 중국이 북베트남에 전쟁 종료 압박을 넣을 수 있다는 기대감과 자신의 높아진 외교적 영향력이 1972년 대선에 도움을 주리라는 기대감에 따른 이벤트이 기도 하지만, 당시 영향력을 확장하던 소련을 견제하는 이벤트로도 보인다. 닉슨과 키신 저가 당시의 중국과 소련의 긴장 관계를 활용하였다는 사실은, 닉슨이 중국을 안심시키기 위해 저우언라이에게 한 보장, 즉 "미국과 소련 사이의 접촉에 관해서는 중국과 충분히 정보를 공유하며, 중국과 군사 및 첩보 분야에서의 협조도 추진할 수 있다"라는 약속 에서도 엿보인다. *Id.* at 446. 닉슨과 키신저의 중국 방문과 회담 내용에 관해서는, *See generally id.* at 432-457. 닉슨과 키신저의 소련 방문과 자세한 회담 내용에 관해서는, *See generally id.* at 486-500.

469.

FRANK BOWMAN, *supra* note 14, at 184. (citing William Shawcross, Sideshow: Kissinger, Nixon, and the Destruction of Cambodia (1979). 이 무렵 닉슨은 소련 및 중국과의 관계 재편(再編)을 구상하고 있었다. RICHARD REEVES, *supra* note 468 at 49. 닉슨은 공산주의 체제와 관계 재편을 하기 전에 베트남과의 종전을 유리하게 마칠 교두보(橋頭堡)를 마련하고자 하였을 것이다. 그러나 북부 베트남군의 은신처이자 보급로 였던 캄보디아 피폭 지역과 인접 지역에 민간인이 거주하지 않는다고 한, B-52 폭격 제 안자 크레이턴 에이브럼스(Creighton Abrams) 장군의 보고는 사실이 아니었다. *Id.*

470.

닉슨이 5명의 공화당 중진 의원들에게 귀띔한 것으로 알려졌지만, 닉슨 행정부는 당시 중립을 지키고 있던 캄보디아에 대한 폭격 사실을 공식적으로 부인하고, 국방부는 관련 서류를 생산하지 않거나 캄보디아가 아니라 남부 베트남 또는 라오스에 폭격이 있었던 것처럼 문서를 꾸몄다. FRANK BOWMAN, *supra* note 14, at 201.

471.

국가안보위원회(NSC) 위원이었던 모톤 할퍼린에 대한 도청은 1969년 5월부터 시작되 어, 그해 9월 할퍼린이 사임하였음에도 1971년 2월까지 계속되었다. *See* HOUSE COMM. ON THE JUDICIARY, IMPEACHMENT OF RICHARD M. NIXON: THE FINAL REPORT 213- 214 (Viking Press 1975) [hereinafter THE FINAL REPORT OF NIXON IMPEACHMENT], *available at* https://archive.org/details/impeachment ofric0000unit/page/148/ mode/2up.

472.

백악관과 FBI의 광범위한 도청 행위에 대해서는, *See generally* THE FINAL REPORT OF NIXON IMPEACHMENT, *supra* note 471 at 212-227. *See also* FRANK BOWMAN, *supra* note 14, at 184. 닉슨 행정부의 법무부 장관 미첼 역시 국가 안보라는 명분 아래 다수의

도청을 허용하였다. THEODORE H. WHITE, *infra* note 475, at 195.

473.

Neil Sheehan, *Vietnam Archive*: *Pentagon Study Traces 3 Decades of Growing U. S. Involvement*, June 13, 1971, N.Y. Times, https://www.nytimes.com/b1971/06/13/archives/vietnam-archive-pentagon-study-traces-3-decades-of-growing-u-s.html.

474.

펜타곤 페이퍼의 공식 명칭은 'Report of the Office of the Secretary of Defense Vietnam Task Force'이며, 이 보고서는 1967년 국방부 장관 로버트 맥나마라(Robert McNamara)의 지시로 만들어져 '맥나마라 보고서'로도 불린다. 펜타곤 페이퍼는 아이젠하워에서 린든 존슨 대통령에 이르기까지 'Top Secret'로 분류되었는데, 뉴욕 타임스가 입수한 펜타곤 페이퍼 내용에는 닉슨 대통령 이름이 언급되지 않는다. RICHARD REEVES, *supra* note 468 at 329-330.

475.

FRANK BOWMAN, *supra* note 14, at 184. 닉슨은 애초에 펜타곤 페이퍼 보도에 대해 심각하게 생각하지 않았다. 그는 이들 문서에 대한 기밀 해제를 고려하였고, 심지어 펜타곤 페이퍼 내용을 근거로 린든 존슨 정부와 민주당의 어리석었던 정책을 비난할 생각까지 하였다. 그러나 대법원, 언론, 전직 관료들이 한몸이 되어 펜타곤 페이퍼를 누출한 다니엘 엘스버그와 그의 도둑질(?)을 옹호하는 것에 마음이 상하여 정보 누출 방지를 강조하는 쪽으로 방향을 틀었다는 해석이 있다. *See* THEODORE H. WHITE, BREACH OF FAITH, THE FALL OF RICHARD OF NIXON 191-192 (N.Y. Dell 1986), *available at* https://archive.org/details/breachoffaith00theo/page/194/mode/2up?q=Daniel+Ellsberg&view=theater. 키신저가 닉슨에게 전화를 걸어 15분이나 통화하면서 '펜타곤 페이퍼 유출은 닉슨이 약한 인물임을 보여줄 뿐 아니라 정부의 외교 정책 수행 능력을 체계적으로 파괴하게 될 것'이라고 닉슨의 화를 부추겼다는 지적도 있다. RICHARD REEVES, *supra* note 468 at 333. 이런 배경에 'Ivy league' 출신을 싫어했던 사적 혐오가 더해진 것이 펜타곤 페이퍼 보도에 대한 닉슨의 과도한 반응의 원인이라 할 수 있겠다. 닉슨은, 비서실장 밥 할더만(Bob Haldeman)에게 "하버드 출신 유대인의 도둑질을 그냥 둘 수는 없다"라고 말하기도 했다. ALLEN J. LICHTMAN, THE CASE FOR IMPEACHMENT 23-24 (HarperCollins 2017) ("You Can't let the Jew steal that stuff and get away with it … People don't trust these Eastern establishment people. He's Harvard. He's a Jew. You know, and he's an arrogant intellectual.").

476.

반전주의자로 알려진 하버드 출신의 다니엘 엘스버그는, 베트남에서 해병대 장교로 근무한 뒤 베트남에서 CIA 작전을 수행한 에드윈 랜스데일(Edwin Lasdale) 장군과 키신저 국무장관을 위해 일한 적이 있다. 이후 그는 국방부의 많은 프로젝트를 수행한 RAND 라는 민간 연구소에서 근무하였다. 키신저는 펜타곤 페이퍼의 방대한 부분이 유출되었다는 소식을 들었을 때, 다니엘 엘스버그가 유출자라고 직감하였다. RICHARD REEVES, *supra* note 468 at 332-333. 다니엘 엘스버그는 절도 및 간첩법 위반으로 기소되어, 혐의가 모두 인정된다면 115년에 이르는 형량을 선고받을 수 있는 위기에 처했다. 1973년 5월 연방법원은, 영장 없는 도청 등 닉슨 정부가 엘스버그에게 자행한 불법 행위를 이유로 그에 대한 모든 혐의를 기각하였다. *See* Douglas O. Linder, *The Pentagon Papers Trial,* Famous Trials, *available at* https://famous-trials.com/ellsberg/273-home.

477.

대법원은 '언론을 사전에 통제할 만한 사유'를 충분히 제시하지 못하였다는 이유로 정부의 보도 정지 요청을 거부하였다. *New York Times Co. v. United States,* 403 U.S. 713 (1971).

478.

헌트는 전 CIA 요원이며 리디는 전 FBI 요원이었다. 그 외 키신저의 개인 비서관 출신인 부드 크로그(Bud Krogh)와 변호사 데이비드 영(David Young)도 이 팀에 포함되었다. 이들은 기밀 정보 누설을 방지한다는 목적으로 모였지만, 닉슨의 재선 활동을 돕고 정치 정보를 수집하는 등 다양한 불법 공작을 수행하였다. 닉슨은 펜타곤 페이퍼 누설 사건을 '정보 통제의 기회'로 삼는 민첩함과 영민함(?)을 보여주었다. THE FINAL REPORT OF NIXON IMPEACHMENT, *supra* note 471 at 148; RICHARD REEVES, *supra* note 468 at 348-349.

479.

FRANK BOWMAN, *supra* note 14, at 185. RICHARD REEVES, *supra* note 468 at 352-353.

480.

THEODORE H. WHITE, *supra* note 475, at 195.

481.

THEODORE H. WHITE, *supra* note 475, at 195-196. 닉슨은 회고록에서 "'백악관 배관공들'은 워싱턴 포스트가 만들어낸 괴물일 뿐이며, 그 실체는 1971년 약 2개월 정도 함께 활동한 4명의 사람에 불과하다"고 주장하였다. RICHARD M. NIXON, THE MEMOIRS OF RICHARD NIXON 853, (Grosset & Dunlap 1978) [hereinafter MEMOIRS OF

NIXON], 그러나 닉슨은 에릭만으로부터 정신과 의사 사무실 침입 계획을 듣고, "엘스버그의 펜타곤 페이퍼 유출 동기가 무엇인지 그리고 다른 해로운 행위가 있을 수 있는지를 철저히 알아내는 데 필요한 일은 뭐든 하라"는 지시를 배관공들에게 전한 것으로 알려졌다. *See* RICHARD REEVES, *supra* note 468 at 353.

482.

CRP의 공식 명칭은 'Committee to Re-elect the President'이다.

483.

THEODORE H. WHITE, *supra* note 475, at 204. RICHARD REEVES, *supra* note 468 at 424.

484.

FRANK BOWMAN, *supra* note 14, at 185. 리디가 미첼에게 다시 제안한 작전은 주로 '감시 활동(surveillance)'이었으며, 감시 대상에는 래리 오브라이언(Larry O'Brien) 민주당 전국위원회 의장과 워터게이트 빌딩에 있는 그의 사무실이 포함되어 있었다. 미첼은 감시 대상에 Las Vegas Sun 발행인 행크 그린스펀(Hank Greenspun)을 추가하였다. RICHARD REEVES, *supra* note 468 at 4430-431. Gemstone 프로젝트에 대한 자세한 내용은, *See* The Watergate Senate Report, *infra* note 503, at 20-27.

485.

The Watergate Senate Report, *infra* note 503, at 30-31. 이들은 5월 28일에 이미 침입하였던 것으로 밝혀졌다. 5월 26일에 처음으로 침입을 시도하였으나 실패한 이들은 5월 28일에는 성공하여 도청 장치를 설치하고 서류를 사진에 담아 갔다. 그런데 오브라이언의 사무실에 설치한 도청 장치가 제대로 작동하지 않아 6월 17일 다시 침입하였다. *Id.* 28-30. 이들은 2차 침입 당시 1차 침입 때 붙여 놓은 테이프가 제거된 것을 발견하고 잠시 망설였으나, 워터게이트 호텔에서 이 상황을 통제하고 있던 리디와 상의한 후 새로 열쇠를 따고 침입한 뒤 다시 그 자리에 테이프를 붙여 놓은 것이었다. *Id.* at 31. *See also* RICHARD REEVES, *supra* note 468 at 491-492, 493, 499.

486.

CARL BERNSTEIN AND BOB WOODWARD, ALL THE PRESIDENT'S MEN 15-16 (Simon & Schuster 1994) [hereinafter ALL THE PRESIDENT'S MEN], *available at* https://archive.org/details/allpresidentsmenbern/page/n5/mode/2up.

487.

THEODORE H. WHITE, *supra* note 475, at 206; CASS R. SUNSTEIN, *supra* note 9, at 87. *See also* Alfred E. Lewis, 5 *Held in Plot to Bug Democrats' Office Here*, June

18,1972, The Washington Post.

488.

THEODORE H. WHITE, *supra* note 475, at 206. FBI와 CIA에 근무한 경력이 있는 맥코드는, 워터게이트 현장 침입을 주도하였을 뿐 아니라 후일 워터게이트 사건 담당 판사에게 워터게이트 침입이 단순한 절도나 강도가 아니라 '정치적 공작'임을 시사하는 편지를 보내고, 변호사를 통하여 상원 위원회(Select Committee)에도 같은 내용을 귀띔해주어 사실상 워터게이트 스캔들의 폭발을 주도한 사람이기도 하다. *See* The Watergate Senate Report, *infra* note 503, at xxvii (Introduction). FBI는 침입 당일인 6월 17일 맥코드 일당이 사용하였던 워터게이트 호텔 방을 뒤지다가 맥코드의 노트에서 배관공 헌트의 백악관 연락처를 발견하였는데, 이때부터 이미 백악관의 연루 사실을 눈치채고 있었던 것으로 보인다. *Id.* at 33. 또 다른 배관공 리디는 5명의 워터게이트 침입자들이 모두 체포되었다는 사실을 재선위원회 젭 매그루더(Jeb Magruder)를 통하여 존 미첼에게 즉시 보고하였다. *Id.* at 32. *See also* RICHARD REEVES, *supra* note 468 at 424.

489.

See ALL THE PRESIDENT'S MEN, *supra* note 486, at 15-19.

490.

FRANK BOWMAN, *supra* note 14, at 187. 헌트도 현장에 있었으나 도망쳤다. *Id.* at 185. 나머지 붙잡힌 5명은 잘 알려지지 않은 사람들이지만, 재선위원회 소속임이 분명히 드러난 맥코드와 헌트의 백악관 연락처는 재선위원회와 백악관의 연루 의혹을 일으킬 만하였다. *See also* WILLIAM H. REHNQUIST, *supra* note 4, at 272; ALLEN J. LICHTMAN, *supra* note 479 at 23-24. *See also supra* note 488.

491.

RICHARD REEVES, *supra* note 468 at 502-503. 헌트의 배관공 활동 이력이 폭로되고 백악관의 고위 공직자와 재선위원회 핵심 인물들이 기소될 것을 우려한 닉슨은, 사건이 더 확대되지 않도록 하라는 봉쇄(封鎖) 작전을 밥 할더만과 존 미첼에게 지시하였다. 이 작전은 존 딘과 닉슨의 개인 변호사 허버트 캄바(Herbert Kalmbach)가 주로 수행하였는데, 11월 대선까지 효력을 발휘하였다. 그러나 사건 당사자들의 보상 요구와 사건에 개입된 사람들의 처벌에 대한 두려움이 얽히면서 내부 균열이 일어나고 봉쇄가 허물어지기 시작하였다. *See* THE FINAL REPORT OF NIXON IMPEACHMENT, *supra* note 471 at 79-94.

492.

See ALL THE PRESIDENT'S MEN, *supra* note 486, at 44. Carl Bernstein & Bob Woodward, *Bug Suspect Got Campaign Funds*, Aug. 1, 1972, The Washington

Post, https://www.washingtonpost.com/politics/bug-suspect-got-campaign-funds/2012/06/06/gJQAyTjKJV_story.html. 버나드 바커는 쿠바(Cuba) 출신으로 마이애미(Miami)에서 부동산 중개업을 하는 인물이다. 그는 배관공 헌트가 CIA에서 프로젝트를 수행할 때 그를 도와 일한 적이 있다. RICHARD REEVES, *supra* note 468 at 369.

493.

CASS R. SUNSTEIN, *supra* note 9, at 87. 선스타인 교수는 "워터게이트 침입자들의 소지품에서 백악관 연락처가 나와 '백악관 연루설'이 불거지자 1972년 8월 닉슨이 직접 나서 '백악관은 관련이 없다'라는 대국민 연설을 하였으며, 그 연설은 설득력 있게 들렸다"고 회고하였다. *Id.* 그러나 닉슨이 워터게이트 침입과 관련하여 1972년 8월 대국민 연설을 한 내용은 찾을 수 없었다. 선스타인 교수가 1973년의 Watergate 연설을 1972년 연설로 착각하였을 가능성도 있다. 어쨌든 이 무렵 백악관 연루설이 점점 불거졌고, 백악관이 이를 인정하지 않았다는 것은 사실이다. 닉슨은 워터게이트 침입 직후에도 "있을 수 없는 일이며, 백악관은 관련되지 않았다"라는 언급을 하였었다. RICHARD REEVES, *supra* note 468 at 507 ("[T]he White House has had no involvement whatever in this particular incident.").

494.

Carl Bernstein and Bob Woodward, *FBI Finds Nixon Aids Sabotaged Democrats*, Oct. 10, 1972, The Washington Post, *available at* https://www.washingtonpost.com/wp-srv/national/longterm/watergate/articles/101072-1.htm; Carl Bernstein and Bob Woodward, *Testimony ties Top Nixon Aide to Secret Fund*, Oct. 25, 1972, The Washington Post. *See also* MEMOIRS OF NIXON, *supra* note 481 at 708-711.

495.

1972 Electoral College Results, National Archives, https://www.archives.gov/electoral-college/1972#certificates. CASS R. SUNSTEIN, *supra* note 9, at 88. 대선 승리의 1등 공신은 봉쇄 작전이었다. RICHARD REEVES, *supra* note 468 at 569 ("White House cover-up was working"). *See also supra* note 491. 봉쇄 작전이 주효한 탓에, 워싱턴 포스트를 제외하면 언론들은 대체로 11월 대선까지 워터게이트 스캔들을 크게 다루지 않았다. *Id.* at 539. 오히려 5인조 강도 대부분이 쿠바 출신이었기 때문에, 일부 언론은 워터게이트 침입은 '민주당과 맥가번이 쿠바와 관계를 복구하려는 계획이 있는지'를 염탐하려는 쿠바 우익(right wing)의 소행이라는 추정을 보도하기도 하였다. *Id.* at 507. 닉슨은 '워터게이트 침입과 쿠바의 연계'가 케네디의 'Bay of Pigs' 침공 실수를 상기시켜

오히려 자신에게 득이 될 수 있다는 생각까지 하였다. *Id.* at 505. 언론들은 CREED가 아니라 맥가번을 쫓았다. *Id.* at 519. 워터게이트를 통제할 수 있다는 닉슨의 자신감은 최소 워싱턴 포스트의 1972년 10월 10일 기사가 나오기 전까지는 흔들리지 않았던 것으로 보인다. *See id.* at 517-518, 526. 비록 닉슨과 백악관을 압박하는 뉴스가 이따금 보도되긴 하였지만, 기울어진 대선 판도를 뒤집을 정도로 국민 관심을 촉발하지는 못하였다. 닉슨과 맥가번의 국민 투표 득표 차이는 역사상 가장 컸다. *Id.* at 541.

496.

1972년 8월 30일 실시된 Gallup 여론 조사는 닉슨 지지 64%, 맥가번 지지 30%, 미결정 6%로 나타났다. RICHARD REEVES, *supra* note 468 at 523. 닉슨과 비서실장 홀더만도 이런 여론 조사 내용을 잘 알고 있었다. *See* MEMOIRS OF NIXON, *supra* note 481 at 679-680. .

497.

닉슨의 회고록에 의하면, 워터게이트 민주당사 침입은 구체적인 목적을 가지고 계획에 따라 진행된 것이 아닌 것으로 보인다. 배관공 헌트와 리디가 닉슨의 측근에서 궂은일을 도맡아 '손도끼(hatchet man)'로 불리던 백악관 공보 담당(Director of Public Liaison) 찰스 콜슨(Charles Colson)과 재선위원회 젭 매그루더(Jeb Magruder)를 부추겼고, 이들은 다시 미첼을 압박하였다. 미첼은 이것이 진정 어떤 일이며 얼마나 큰 파장을 불러일으킬 수 있는지 생각해 보지도 않고 콜슨과 매그루더의 재촉에 시달려 즉흥적으로 "Go ahead"라 답한 것으로 보인다. *See* MEOIRS OF NIXON *supra* note 481 at 792.

498.

See ALLEN J. LICHTMAN, *supra* note 479, at 25; THEODORE H. WHITE, *supra* note 475, at 207-208.

499.

THE FINAL REPORT OF NIXON IMPEACHMENT, *supra* note 471 at 148; RICHARD REEVES, *supra* note 468 at 561, 567, 579. *See also James McCord's Letter to Judge John Sirica*, March 19, 1973, Watergate.info, https://watergate.info/1973/03/19/mccord-letter-to-judge-sirica.html; ALL THE PRESIDENT'S MEN, *supra* note 486, at 275-277.

500.

1972년 6월 존 딘은 워터게이트 사건 수사를 하던 FBI에게 헌트가 백악관에 사무실이 있는지 잘 모른다고 진술한 적이 있었다. ALL THE PRESIDENT'S MEN, *supra* note 486, at 274.

501.

이 무렵 워싱턴 포스트와 뉴욕 타임스는 워터게이트 보도를 경쟁적으로 게재하며 여론의 관심을 끌었는데, 닉슨은 언론의 이런 행태와 계속되는 정보 누출(leaks)에 큰 불만을 표시하였다. MEOIRS OF NIXON *supra* note 481, at 853-856. 4월 19일 뉴욕 타임스는 "미첼이 도청 계획에 대해 들은 적 있지만 거절하였다고 말한다"라는 기사를 내고 "존 딘은 자신이 희생양이 되지 않을 것이라고 선언하였다"라는 내용도 함께 실었다. RICHARD REEVES, *supra* note 468 at 593-594. 존 딘은, 헌트와 리디가 다니엘 엘스버그의 정신과 의사 사무실 침입에 개입하였음을 시사하는 진술을 하기도 하였다. *Id.* at 595.

502.

FRANK BOWMAN, *supra* note 14, at 187; RICHARD REEVES, *supra* note 468 at 596, 598, 600, 602. 닉슨은 "법무부 장관도 엘리엇 리차드슨(Elliot Richardson)으로 교체하였으며, 신임 장관에게 워터게이트 기소와 관련된 모든 결정권을 주었다"고 발표하였다. *Id.* at 602.

503.

RICHARD REEVES, *supra* note 468 at 604. 워터게이트 진상을 조사하기 위해 1973년 2월 만장일치(77-0) 표결로 구성된 상원의 워터게이트 위원회 정식 명칭은 'The Senate Select Committee on Presidential Campaign Activities'이다. 이 위원회는 '워터게이트 위원회(Watergate Committee)' 또는 위원장이었던 샘 어빈(Sam Ervin) 상원의원의 이름을 따 '어빈 위원회(Ervin Committee)'로 불렸는데 1,200페이지에 달하는 방대한 청문회 및 조사 보고서를 작성하였다. *See* SELECT COMMITTEE ON PRESIDENTIAL CAMPAIGN ACTIVITIES, THE FINAL REPORT, S. REP. NO. 93-981 (2d Sess. 1974) [hereinafter The Watergate Senate Report], *available at* https://archive.org/details/FinalReportOfTheSenateSelectCommitteeOnPresidentialCampaignActivities. 닉슨은 '어빈 청문회'가 자신에게 상당한 압박감을 주었다고 회고하였다. MEOIRS OF NIXON *supra* note 481, at 779 ("Ervin hearings were breathing down our necks").

504-1.

7월 16일 청문회에서 백악관의 전 보좌관이었던 알렉산더 버터필드(Alexander P. Butterfield)는 대통령 집무실의 대화 녹음을 폭로하였는데, 청문회가 TV로 중계되었기 때문에 버터필드의 증언을 국민 모두 듣게 되었다. RICHARD REEVES, *supra* note 468 at 664; ALLEN J. LICHTMAN, *supra* note 479, at 29. 워터게이트 은폐에 주도적 역할을 하였던 백악관 변호사 존 딘은 '자신과 닉슨의 대화가 녹음되었을지도 모른다는 의심'을 하였는데, 버터필드의 증언으로 존 딘의 의심이 사실임이 확인된 것이다. *See*

The Watergate Senate Report, *supra* note 503, at 95, 1081. *See also Id.* at xxvii (Introduction). 녹음테이프에는 1971년 1월부터 버터필드의 폭로가 있었던 1973년 7월까지 2천 8백 시간의 대화가 기록되어 있다. RICHARD REEVES, *supra* at 664. 버터필드의 폭로에도 불구하고 닉슨은 '모르쇠'로 버텼다. *Id.* at 665.

504-2.

테네시 출신 공화당 상원의원 하워드 베이커(Howard Baker)는 "버터필드의 녹음테이프 진술이 워터게이트 위원회가 확보한 증거 중 가장 괄목할 업적"이라고 평가하며, "백악관 집무실에 왜 녹음 시설이 설치되었는지 모르지만, 대통령의 품격(grandeur)에 어울리지 않으므로 금지되어야 한다"고 주장하였다. The Watergate Senate Report, *supra* note 503, at 1114. 닉슨의 사임을 주장한 최초의 공화당 상원이었던 로웰 와이커(Lowell Weicker)는 "백악관 집무실에서 방문인과 대화를 녹음하는 것은 닉슨 행정부의 정보 사찰 프로그램의 일환"이라고 비난하였다. *Id.* at 1180. 워터게이트 사건에 대처하기 위해 백악관의 특별 변호사로 임명된 프레드 버즈하트(Fred Buzhardt)는 "백악관의 녹음 시설은 이전 정부부터 존재하였다"는 주장을 담은 편지를 워터게이트 위원회에 보냈다. MEOIRS OF NIXON *supra* note 481, at 900. 이런 버즈하트의 주장에 대해 워싱턴 포스트는 "린든 존슨 전 대통령 측 인사가 녹음 시설을 부인하고 있다"라는 기사를 올렸고, "버즈하트의 진술은 사망한 린든 존슨 대통령에 대한 충격적인 모욕" 또는 "케네디가 녹음 시설을 승인하였다는 것은 상상도 할 수 없는 일"이라는 등의 비판이 거세게 일었다. 닉슨은 그의 회고록에서 "린든 존슨 도서관과 케네디 도서관 모두 녹음 시설의 존재를 인정하였다"고 주장하였다. *Id.*

505.

특별검사 아치볼드 콕스는 케네디 행정부에서 송무 차관(Solicitor General)을 지냈던 인물이다. 5월 18일 상원 워터게이트 위원회에 출석한 신임 법무부 장관 지명자 엘리엇 리처드슨이 상원의 압박에 굴복하여 엉겁결에 '민주당(Democratic) 출신의 특별검사'를 지명하겠다고 약속하였다는 설명도 있지만, *See* RICHARD REEVES, *supra* note 503 at 604, 아치볼드 콕스의 임명은 의회와 타협하려는 닉슨의 사전 계획으로 보인다. MEOIRS OF NIXON *supra* note 481, at 28. 그러나 닉슨은 이 정치적 타협을 '매우 큰 실수(a major mistake)'로 회고하였다. *Id.* at 929.

506.

THEODORE H. WHITE, *supra* note 475, at 255-256.

507.

대통령이나 행정부가 종종 내세우는 비밀 유지 특권(Executive privilege)은 비밀 유지가

탄핵으로 본 미국사

필요한 사안에 대하여 행정부가 입법부나 사법부의 자료 제출 또는 증언 요구를 거부할 수 있다는 원칙이다. *See United States v. Nixon*, 418 U.S. 683, 705-706 (1974). 닉슨은 시리카 판사가 요구한 'in camera' 형식의 필사본(筆寫本) 대신 스테니스 상원의원이 검증한 편집 필사본을 제출하겠다는 방안을 세웠는데, 콕스가 이런 방안을 일언지하(一言之下)에 거절하자 몹시 기분이 상하여 콕스의 행동을 크게 비난하였다. THE FINAL REPORT OF NIXON IMPEACHMENT, *supra* note 471 at 180-181. *See also* THEODORE H. WHITE, *supra* note 475, at 255-257. 닉슨이 스테니스 의원과 긴밀한 친분을 가지고 있었는지는 분명치 않으나, 최대한 닉슨에게 유리하도록 도와줄 후보 중 한 명이었을 것으로 추정된다.

508.

FRANK BOWMAN, *supra* note 14, at 187-188.

509.

MEOIRS OF NIXON *supra* note 481 at 932-933. 닉슨은 9월 19일 오후 5시경 워터게이트 위원회 위원장 어빈 상원의원을 백악관에서 만나 스테니스 타협안을 미리 설명하였다. 닉슨은 회고록에서 "어빈 의원은 이 타협안에 만족하였다"고 기술하였다. *Id.* at 932.

510.

THE FINAL REPORT OF NIXON IMPEACHMENT, *supra* note 471 at 179-180; FRANK BOWMAN, *supra* note 14, at 188.

511.

로버트 보크는 레이건 행정부 시절 대법관으로 지명되었으나, 에드워드 케네디(Edward Kennedy) 등 민주당 의원의 결사적인 반대로 임명되지 못하였다. 보크를 낙마시키려는 의회 청문회의 집요한 공격을 빗대어 'bork'는 '일방적인 정치적 공격'을 의미하는 단어로 쓰이기도 한다. 보크는 시카고학파의 이론적 정수인 『Antitrust Paradox』를 쓴 저자이기도 하다. 정재훈, 이화여대 Law School. *See also* John Fund, *Opinion: The Borking Begins*, Jan. 8, 2001, Wall Street Journal, *available at* https://www.wsj.com/articles/SB122417070632840737. 닉슨은 회고록에서 "보크는 'yes man'이 아니며 법학자로서 '대통령이 각료를 해임할 헌법적 권한을 가지고 있다'라는 자신의 소신에 따라 콕스를 해임하였다"는 주장을 하였다. MEOIRS OF NIXON *supra* note 481, at 934.

512.

10월 22일 월요일, 언론과 의원들은 닉슨이 미쳤거나 독재자라는 비난을 쏟아냈다. MEOIRS OF NIXON *supra* note 481, at 935 ("Has President Nixon gone crazy?" "acting like a mad man, a tyrant, or both"). 그러나 닉슨은 당시 이스라엘과 아랍 지

역의 대립이 가져온 '중동의 위기(Mideast crisis)' 상황과 소련의 중동 개입 가능성을 염두에 두고 브레즈네프(Brezhnev)와 벌이던 외교전(外交戰)을 강조하며, 자신은 콕스를 해임할 권한이 있을 뿐 아니라 당시의 국제 정세를 고려하면 그럴 명분이 있었다고 주장한다. *See* MEOIRS OF NIXON *supra* note481, at 930-935. 닉슨의 변명에도 불구하고 '토요일 밤의 학살'은 대통령 탄핵에 대한 국민 여론의 방향을 바꾸어 놓은 계기가 되었다. 이 사건 이후 실시된 여론 조사에서 처음으로 다수의 국민이 대통령의 탄핵을 원하고 있다는 결과가 나타났다. ALLEN J. LICHTMAN, *supra* note 479, at 29-30. '토요일 밤의 학살'과 같은 사태를 방지하기 위해 의회는 1978년 독립검사제(Independent Counsel)를 도입하였다. 독립검사는 대통령과 기타 공무원을 수사할 권한을 가지지만 법무부의 통제를 받지 않고 자율적 권한을 가진다. 독립검사는 법무부 장관이 해임할 수 있으나 반드시 해임 사유가 있어야 하며, 독립검사는 해임에 불복하여 특별법원에 소송을 제기할 수 있다. *See* FRANK BOWMAN, *supra* note 14, at 203-204.

513.

MEOIRS OF NIXON *supra* note 481, at 943-944.

514.

자워스키는 특별검사 제안을 받았을 당시 "콕스의 수사관들은 반-닉슨 주의자들이며 자신은 그들과 달리 관련 사안에 제한된 수사를 할 것"이라는 의견을 밝혔다. *Id.* at 944. 이런 자워스키의 발언은 닉슨에게 모종(某種)의 기대를 줄 만하였다. 자워스키는 닉슨이 싫어하였던 아이비리그(Ivy league) 출신의 교수는 아니었으나, 특별검사직을 성실하게 수행하며 백악관 집무실 녹음테이프를 확보하기 위한 집요한 법정 다툼을 이어 나갔다. ALLEN J. LICHTMAN, *supra* note 479, at 30.

515.

콕스를 해임한 후, 닉슨은 여론과 시리카 판사의 명령에 굴복하여 일부 테이프를 제출하였지만, 중요한 대화로 추정되는 2개의 테이프는 제출하지 않았다. 더구나 제출된 테이프도 여기저기 편집 또는 삭제되어 있었다. ALL THE PRESIDENT'S MEN, *supra* note 486, at 333-334.

516.

백악관의 사건 은폐 시도에 대한 자세한 기술은, *See generally* The Watergate Senate Report, *supra* note 503, at 31-62 (The coverup). 도청 등 백악관이 선거 기간 동안 저지른 불법 행위에 대한 자세한 기술은, *See id.* at 207-211.

517.

See id. at 37- 40.

518.

존 딘은 상원의 청문회에서 "1973년 3월 21일 오전에 나와 홀더먼 그리고 닉슨 대통령이 헌트에 대한 입막음 돈 지급 문제를 논의하였다"고 증언하였다. *Id.* at 57-60.

519.

ALL THE PRESIDENT'S MEN, *supra* note 486, at 335-336; *United States v. Nixon, supra* note 507, at 687 ("[T]he grand jury named the President, among others, as an unindicted coconspirator."). '워터게이트 7인방'은 닉슨의 측근 보좌관 7명을 일컫는 말이기도 하지만, 워터게이트 침입자 5인과 배관공 하워드 헌트 그리고 고돈 리디 등의 7명을 지칭하는 말이기도 하다. *See Sketches of the Seven Nixon Aides Indicted by the Watergate Grand Jury,* March 2, 1974, N.Y. Times, *available at* https://www.nytimes.com/1974/03/02/archives/sketches-of-the-seven-nixon-aides-indicted-by-the-watergate-grand.html.

520.

ALL THE PRESIDENT'S MEN, *supra* note 486, at 336.

521.

번스타인과 우드워드는 'Deep Throat'로부터 정보를 받아 감추어진 사실들을 밝히고 보도하여 퓰리처(Pulitzer)상을 받았다. 번스타인은 2003년 CNN과 인터뷰에서 워터게이트 스캔들은 단순한 하나의 침입 사건이 아니라 '정치적 반대자들을 구타하고, 서류를 빼앗고, 도청하며, 무자비하게 공격한 일련의 불법 행위들'이라고 말했다. Carl Bernstein, *A burglary turns into a constitutional crisis: Watergate break-in,* June 17, 1972, CNN, http://edition.cnn.com/2004/ US/06/11/watergate/index.html. 2005년 7월 Vanity Fair는 'Deep Throat'가 당시 FBI 부국장이었던 마크 펠트(Mark Felt)였다는 보도를 하였고, 우드워드는 이를 확인하였다. *See* John D. O'Connor, *"I'm the Guy They Called Deep Throat",* VANITY FAIR, July 2005, at 86-133, https://archive.vanityfair.com/article/2005/7/im-the-guy-they-called-deep-throat. 워터게이트 이후 'Deep Throat'는 내부고발자를 의미하게 되었다.

522.

『All the President's Men』은 1974년 출간되자마자 베스트셀러가 되었는데, 1976년에는 로버트 레드포드(Robert Redford)와 더스틴 호프만(Dustin Hoffman)이 우드워드와 번스타인 역할을 하는 영화로 출시되었다. 같은 해에 『All the President's Men』의 후속작이라 할 수 있는 닉슨 대통령의 임기 마지막 무렵을 다룬 『The Final Days』가 출간되었다.

523.

닉슨이 상원에 제출한 대화는 '욕설 삭제(expletive deleted)'라는 표시와 함께 곳곳이 편집되어 있었다. 이 때문에 '욕설 삭제'라는 말이 전국적인 유행어가 되기도 하였다. FRANK BOWMAN, *supra* note 14, at 189. 마찬가지로, 사건 담당 판사에게 제출된 닉슨과 비서실장 홀더만 사이의 1972년 6월 대화에는 18분간의 공백이 있었으며, 닉슨과 변호사 존 딘 사이의 1973년 4월 대화 녹음은 '존재하지 않는다'는 이유로 제출되지 않았다. THE FINAL REPORT OF NIXON IMPEACHMENT, *supra* note 471, at 183-184. 위원회의 녹음테이프와 관련된 소환장에 대해서는, *See generally Id.* at 276-280. *See also id.* at 325-332 (Appendix A. Analysis of the Technical Report on 181/2 Gap).

524.

Id. at 182-183.

525.

닉슨과 백악관 참모들은 1973년에 이미 이런 판단을 하고 있었던 것으로 알려졌다. 사람들이 오랫동안 진행된 조사와 청문회에 지쳤을 수 있고, 의회는 대통령의 행위가 선(線)을 넘을 정도로 극단적이라는(egregious) 것을 입증할 확실한 증거가 없다면 탄핵을 추진하지 못할 것이라는 생각은 충분히 합리적으로 보인다. *See* R.W. APPLE JR. THE WATERGATE HEARINGS: BREAK-IN AND COVER-UP 61-65 (Bantam Books, Staff of N.Y. Times ed.,1973).

526.

THE FINAL REPORT OF NIXON IMPEACHMENT, *supra* note 471, at 182-183; United States v. Nixon, *supra* note 507 at 686-690. 상급 법원이 하급 법원의 사건을 이관(移管)시켜 직접 판단할 수 있는 재량권이 있는데, 이것을 'Writ of certiorari'라고 한다.

527.

United States v. Nixon, supra note 507 at 705-706 (1974).

528.

Id. at 713 (1974) ("The generalized assertion of privilege must yield to the demonstrated, specific need for evidence in a pending criminal trial.").

529.

THE FINAL REPORT OF NIXON IMPEACHMENT, *supra* note 471 at 77-79.

530.

See id. at 100-107. 이날 닉슨과 존 딘의 대화에서는 재선위원회의 비자금 35만 달러를 홀더만이 보관하고 있으며, 이 돈을 '입막음 돈'으로 사용하라는 닉슨의 허가도 있었다.

또한, 향후 약 2년간 추가로 1백만 달러가 더 필요할 수도 있다는 존 딘의 발언에 현금 1백만 달러를 마련할 수 있을 것이라는 닉슨의 언급도 있었다. *Id.* at 101-102.

531.

맥코드가 워터게이트 침입이 단순한 강도 사건이 아님을 암시하는 편지를 시리카 판사에게 보내기 이틀 전, 존 딘은 닉슨을 만나 '암 덩어리가 자라고 있다'는 대화를 나누었다. The Watergate Senate Report, *supra* note 503, at 86-87 ("There was a cancer growing on the Presidency").

532.

닉슨이 '모여서 작전을 구상하라'고 언급한 사람은 존 딘, 홀더민, 에릭만, 미첼이다. THE FINAL REPORT OF NIXON IMPEACHMENT, *supra* note 471, at 104. 헌트에게 입막음 돈을 전달한 다음날 아침에 미첼은 홀드먼, 에릭만, 존 딘에게 '헌트는 더이상 문제가 되지 않을 것'이라고 전했다. RICHARD REEVES, *supra* note 468 at 578. 존 딘은 1973년 3월 21일 또는 22일 저녁 헌트에게 7만5천 달러를 지급하였다. 딘은 돈을 지급하기 직전 닉슨 대통령과 홀더먼 비서실장을 만나 헌트의 요구에 대해 자세한 이야기를 나누었는데, 닉슨은 이 자리에서 현금 지급을 고무하였다. THE FINAL REPORT OF NIXON IMPEACHMENT, *supra* note 471 at 105-107. 워터게이트 침입자 5명을 포함하여 배관공 리디와 헌트에 대한 경제적 지원과 입막음 돈 관련한 자세한 내용은, *See id.* at 51-62.

533.

1973년 11월 기자 회견에서 "I am not a crook. I've earned everything I've got"이라고 한 말은 전국에 방영되어 U.S. v. Nixon 판결 당시 세간에 잘 알려져 있었다. *See Nixon's speech 'I'm not crook'*, https://abcnews.go.com/Politics/video/richard-nixon-im-crook-17736796.

534.

MEOIRS OF NIXON *supra* note 481, at 650-651.

535.

See THE FINAL REPORT OF NIXON IMPEACHMENT, *supra* note 471 at 77-79. *Cf.* 닉슨의 마지막 대화 원문은 'Right, fine'인데, 이야기의 흐름을 보면 '맞네, 그렇게 하도록 하세'로 들린다. 홀더만은 CIA 월터스가 FBI 그레이에게 전화하면, 그레이가 다시 부국장 마크 펠트에게 지시하여 워터게이트 수사를 중단시키리라 추정한 것이다. *Id.* at 77. 그러나 당시 FBI 부국장 마크 펠트는 워터게이트 사건 정보를 워싱턴 포스트 밥 우드워드에게 건네주던 'Deep Throat'였다. 고양이에게 생선을 맡기려는 계획인 셈이지만 CIA

월터스가 따르지 않아 이 계획은 수행되지 못했다. 1972년 10월 무렵 홀더먼은 워터게이트 정보를 언론에 흘리는 사람이 마크 펠트 부국장이라고 닉슨에게 알렸지만, 펠트가 언론에 모든 사실을 폭로할 수 있다는 우려 때문에 백악관이 직접적인 조처를 취하지 못했다는 설명도 있다. *See* RICHARD REEVES, *supra* note 468 at 532.

536.

THE FINAL REPORT OF NIXON IMPEACHMENT, *supra* note 471 at 78-79.

537.

See MEOIRS OF NIXON *supra* note 481, at 791-799

538.

Id. at 799.

539.

See THE FINAL REPORT OF NIXON IMPEACHMENT, *supra* note 471, at 100-107.

540.

Id. at 2-3. 1번 기소 내용을 요약하면 다음과 같다. **(1)** Nixon made false or misleading statements to investigative officers. **(2)** Nixon withheld relevant and material evidence of information from investigative officers. **(3)** Nixon approved, acquiesced in, or counselled witnesses with respect to the giving of false or misleading statements. **(4)** Nixon interfered with the conduct of investigations by the Department of Justice or FBI. **(5)** Nixon approved or acquiesced in payment of substantial sums of money for the purpose of obtaining the silence or influencing the testimony of witness. **(6)** Nixon endeavored to misuse the CIA. **(7)** Nixon made false or misleading public statements for the purpose of deceiving people into believing that a thorough and complete investigation had been conducted regarding Watergate. *See also* CASS R. SUNSTEIN, *supra* note 9, at 94-96; Charles Doyle, *supra* note 32, at 16; FRANK BOWMAN, *supra* note 14, at 194-196.

541.

사법위원회는, 닉슨이 민주당 전국위원회 의장 로런스 오브리언 등을 공격하기 위해 그의 세금 납부 자료를 조사하였다는 사실과, 1972년 선거 두 달 전에 민주당 대통령 후보 조지 맥거번의 참모들과 지지자들 575명에 대한 세무 자료를 IRS에 요청하기도 하였다는 사실을 발견하였다. 사법위원회는 닉슨이 그의 정적이나 그에게 적대적인 사람들을 압박하기 위해 IRS에 세무조사를 요청하였다는 결론을 내렸다. FRANK BOWMAN, *supra* note 14, at 197.

탄핵으로 본 미국사

542.

See THE FINAL REPORT OF NIXON IMPEACHMENT, *supra* note 471 at 3-8. 2번 기소의 내용을 요약하면 다음과 같다.

(1) Nixon has endeavored, in violation of the constitutional rights of citizens, to obtain from the IRS confidential information contained in income tax returns and to cause income tax investigations to be conducted in a discriminatory manner. (2) Nixon misused FBI and Secret Service by directing such agencies to conduct electronic surveillance or other investigations for purposed unrelated to the national security. (3) Nixon unlawfully utilized the resources of the CIA , and attempted to prejudice the constitutional right of an accused to a fair trial. (4) Nixon has failed to take care that the laws be faithfully executed by failing to act when he knew or had reason to know that his close subordinates endeavored to impede the inquiries by a special prosecutor, a judge, and a legislative committee concerning the unlawful entry into the headquarters of National Democratic Parties. *See also* CASS R. SUNSTEIN, *supra* note 9, at 97-98; Charles Doyle, *supra* note 32, at 16; FRANK BOWMAN, *supra* note 14, at 196-199.

543.

U.S. CONST. art. II §3. ("The President) shall take care the Laws be faithfully executed…").

544.

See THE FINAL REPORT OF NIXON IMPEACHMENT, *supra* note 471 at 8-9. *See also* CASS R. SUNSTEIN, *supra* note 9, at 94-99; Charles Doyle, *supra* note 32, at 16; FRANK BOWMAN, *supra* note 14, at 194-196.

545.

FRANK BOWMAN *supra* note 14, at 201-202.

546.

각 기소 항목에 대한 의원들의 투표 결과는, *See* THE FINAL REPORT OF NIXON IMPEACHMENT, *supra* note 471, at 4-7.

547.

THE FINAL REPORT OF NIXON IMPEACHMENT, *supra* note 471, at 5 ("[Nixon] has failed to take care … *when he knew or had reason to know* that his close subordinates endeavored to impede and frustrate lawful inquiries…")(emphasis added). 1973년 3월 측근들의 행위가 드러나면 대통령도 타격받을 것이라는 존 딘의 조언에 닉슨은 "First, because I am expected to know this, and I am supposed to, supposed to check these things"라고 말한 적이 있다. 사법위원회는 이 대화를 예로 들며 "닉슨도 자신의 사전 인지와는 상관없이 측근들의 행위에 책임이 있다는 것을 인정하였다"고 주장하였다. FRANK BOWMAN, *supra* note 14, at 197-198.

548.

대통령이 의회의 소환장을 거부한 때에 의회는 소환장이 적절한지 하원 전체회의 표결로 결정해야 한다는 의견도 제기되었으나 역시 수용되지 않았다. FRANK BOWMAN, *supra* note 14, at 200.

549.

Id. at 199. (citing H.R. Rep. No. 93-1305, at 213 (1974)) (Judiciary Committee Report on the Impeachment of Richard M. Nixon, President of the United States). 정식 수사 기관이 아닌 의회가 증인과 증언 또는 증거물을 수집할 수 있는 소환장 발부 권한을 제약받으면 의회의 조사 능력은 현저히 떨어지고, 따라서 탄핵 권한 자체가 유명무실해진다는 것은 합리적인 주장으로 판단된다. *See also* THE FINAL REPORT OF NIXON IMPEACHMENT, *supra* note 471 at 307. ("Unless the defiance of the committee's subpoenas under these circumstances is considered as ground for impeachment it is difficult to conceive of any President acknowledging that he is obligated to supply relevant evidence…").

550.

Id. at 190. *See also* WILLIAM H. REHNQUIST, *supra* note 4, at 273; CASS R. SUNSTEIN, *supra* note 9, at 89-90; David E. Rosenbaum, *2 Articles Fail, To Win in Panel*, N.Y. Times, July 31, 1974, at 16, https://www.nytimes.com/1974/07/31/archives/2-articles-fail-to-win-in-panel-taxes-and-bombing-issues-defeated.html. 캄보디아 폭격에 대해서는 닉슨도 논쟁을 뒷받침할 명분을 가졌다. 즉, 군 통수권자(Commander in chief)로서 폭격을 지시할 수 있는 권한이 있으며, 몇몇 주요 의원들에게 알려주었기 때문에 의회에 대한 보고 의무를 충족시켰다고 주장할 수 있는 것이다. 따라서 강력한 1번 및 2번 탄핵 기소가 있는데 굳이 애매한 캄보디아 폭격으로 전력을 분산시킬 필요가 없다는 판단 아래, 캄보디아 폭격이 기소 항목에서 제외된 것으로 보인다. 그러나 탄핵 기소 항목으로 채택되지 않았다는 사실이 '대통령이 의회 승인 없이 폭격한 행위가 탄핵 사유에 해당하지 않는다'라는 의미는 아니다. 반면, 개인적 탈세는 대통령 탄핵 사유가 되지 않는다는 것이 당시 사법위원회 소속 다수의원의 견해였던 것으로

보인다. *See* FRANK BOWMAN, *supra* note 14, at 201-202. *Cf.* Brian Cuddy, *Was It Legal for the U.S. to Bomb Cambodia*, Dec. 12, 2017, N.Y. Times, https://www.nytimes.com/2017/12/12/opinion/america-cambodia-bomb.html. 캄보디아 폭격과 탈세가 기소 항목에서 제외된 것에 대해 민주당 찰스 레인절(Charles Rangel) 의원은 반대 의견서를 제출하였다. *See* THE FINAL REPORT OF NIXON IMPEACHMENT, *supra* note 471 at 434-439.

551.

Charles Doyle, *supra* note 32, at 30. 앞에서 살펴보았듯이 탄핵 사유인 '중대한 범죄와 비행'이 특정 형법의 위반 또는 기소 대상이 되는 범죄 행위에만 국한된다는 주장은 거의 모든 탄핵 사례에서 제기되는 변론이다. *See supra* note 118 & accompanying text.

552.

U.S. CONST. art. III § 1 ("The Judges ⋯ shall hold their Offices during good Behaviour, and shall, at stated Times, receive for their Services, a Compensation, which shall not be diminished during their Continuance in Office.").

553.

FRANK BOWMAN, *supra* note 14, at 191; Charles Doyle, *supra* note 32, at 30.

554.

CONSTITUTIONAL GROUNDS, *supra* note 11. 1974년 닉슨 탄핵을 추진하기 위해 사법위원회 사무국이 탄핵의 역사적 기원, 헌법 제정자들의 의도 그리고 실제 탄핵 사례를 연구하여 만든 보고서인 『Constitutional Grounds for Presidential Impeachment』는 탄핵에 대한 권위 있는 지침서로 인정받고 있다. 이 책에서는 'CONSTITUTIONAL GROUNDS'로 인용되고 있다.

555.

CONSTITUTIONAL GROUNDS, *supra* note 11, at 17-18. 본문에서 밝혔듯이, 설령 닉슨 변호인들의 주장을 수용하여 탄핵 대상 행위를 형사적 범죄에 한정하더라도, 닉슨의 행위는 여전히 탄핵 기소가 가능할 것으로 보인다. *See generally* CASS R. SUNSTEIN, *supra* note 9, at 94-99; FRANK BOWMAN, *supra* note 14, at 194-199.

556.

CONSTITUTIONAL GROUNDS, *supra* note 11, at 17 ("[T]he impeachment of judges are consistent with the three impeachments of non-judicial officers."); Jared P. Cole, *supra* note 11, at 9-10 ("[T]he modern view of Congress appears to be that the phrase "good behavior" simply designates judicial tenure.").

557.

CONSTITUTIONAL GROUNDS, *supra* note 11, at 27 ("There is a further requirement – substantiality).

558.

닉슨 탄핵 당시인 1974년 93대 의회는 상원은 민주당 56명, 공화당 42명(40명으로 종료), 하원은 민주당 241명(232명으로 종료), 공화당 192명(174명으로 종료)이었다. FRANK BOWMAN, *supra* note 14, at 190. 따라서 비록 민주당이 상원과 하원의 다수당 지위를 차지하고 있었지만, 공화당 의원들이 닉슨을 계속 지지한다면 상원의 탄핵 심판에서 방면될 확률이 높았다. 닉슨은 8월 2일까지도 사임할 의사를 가지지 않았다는 보도가 있다. *See The Unmaking of the President*, Aug. 19, 1974, TIME, *available at* https://edition.cnn.com/ALLPOLITICS/1996/analysis/back.time/9608/21/index.shtml.

559.

See BOB WOODWARD AND CARL BERNSTEIN, THE FINAL DAYS 413-417 (Simon & Schuster 1987), *available at* https://archive.org/details/finaldays00bobw_1/page/n9/mode/2up.

560.

8월 8일 사임 연설에서 닉슨은 마치 억울한 자신의 심경을 표출하는 듯 "비록 남들이 그대를 미워하더라도 그들을 같이 미워하지 않으면 그들을 이기는 것이다"라는 말을 남겼다. *The Watergate Story, Nixon Resigns,* The Washington Post, ("Always remember, others may hate you, but those who hate you don't win unless you hate them, and then you destroy yourself."), *available at*, https://www.washingtonpost.com/wp-srv/politics/special/watergate/part3.html.

561.

See Lydia Saad, *Gallup Vault: More Said 'Fire Nixon' After Nixon Fired Cox,* Jan. 26, 2018, GALLUP, https://news.gallup.com/vault/226370/gallup-vault-fire-nixon-nixon-fired-cox.aspx.

562.

See David Coleman, *Nixon's Presidential Approval Ratings,* History in Piece, https://historyinpieces.com/research/nixon-approval-ratings.

563.

Lydia Saad, *supra* note 561.

564.

Id.

565.

Noah Feldman, *supra* note 46 ("But the impeachment efforts against Richard Nixon and Bill Clinton showed that once the impeachment ball gets rolling, there's a strong tendency for the public and the House of Representatives to start talking about presidential conduct in terms of whether a statute has been violated.") (emphasis added); Written Statement of Jonathan Turley on Trump Impeachment, *supra* note 18, at 23 ("It is also true that Congress always looked to the criminal code in the fashioning of articles of impeachment. The reason is obvious. Criminal allegations not only represent the most serious forms of conduct under our laws, but they also offer *an objective source for measuring and proving such conduct*.")(emphasis added).

566.

See FRANK BOWMAN, *supra* note 14, at 195 (citing 18 U.S.C. § 1001 (false statements); 18 U.S.C. §§1621 & 1623 (perjury); 18 U.S.C. §201 (bribery of public officials or witnesses); 18 U.S.C. § 1512 (witness tampering); and 18 U.S.C. §2 (aiding and abetting)). *See also*, Paul Montgomery, *The Case Against Richard Nixon: A Catalogue of Charges and His Replies*, Aug. 9, 1974, N.Y. Times, https://www.nytimes.com/1974/08/09/archives/the-case-against-richard-nixon-a-catalogue-of-charges-and-his.html; Larry Holzwarth, *10 Crimes of the Nixon Administration*, March 27, 2018 HISTOTY COLLECTION, https://historycollection.com/10-crimes-of-the-nixon-administration/4/.

567.

See supra note 557 & accompanying text.

568.

대통령이 정보기관을 통해 시민을 사찰하고 소득세 납부 명세 등 사적인 정보를 캐내는 행위는 미국의 헌법이 적극적으로 보호하려는 '시민의 자유'를 침해하는 행위이다. 닉슨의 행위는 권력 남용을 방지한다는 탄핵 조항의 취지뿐 아니라 시민의 자유와 권리를 보호한다는 헌법의 취지에도 정면으로 배치되므로, 그 중대성과 심각성은 논란의 여지가 없어 보인다. *See* CASS R. SUNSTEIN, *supra* note 9, at 97-99 ("If a president uses the apparatus of government in an unlawful way, to compromise democratic processes and to invade constitutional rights, we come to the heart of what the impeachment provision is all about.").

569.

단, 탄핵 조항의 취지와 목적에 비추어 2번 기소가 헌법 상 '중대한 범죄와 비행'에 해당함은 분명해 보이나, 1번 기소는 그 범법성은 인정되나 탄핵 사유에 이르는지는 개별 범죄를 살펴보고 판단해야 한다. 예를 들어 직무와 관련이 없는 탈세, 속도 위반, 음주 운전 등은 탄핵 대상 행위에까지 이르지는 않는다. 또한, 탄핵 대상에 이르지 않는 행위를 숨기기 위해 공권력을 이용하거나 동원하는 행위도 탄핵 대상 행위가 아니라는 견해도 있다. *Id.* at 96.

570.

시리카 판사는 특별검사가 백악관 녹음테이프를 제출받을 수 있도록 적극적으로 협조하는 등 사건의 진실을 파헤치기 위해 애를 썼다는 평가를 받고 있다. *See supra* note 150, 524 & accompanying text.

IV. 대통령 탄핵 · 2

571-1.

1989년 6월 중국의 천안문(天安門) 광장에서 반부패 시위대 수천 명이 목숨을 잃었고, 12월에는 베를린 장벽(Berlin Wall)이 무너졌다. 브레즈네프(Brezhnev)가 이끈 냉전 시대를 '침체의 시대(era of stagnation)'로 규정하고 '개혁과 개방(Perestroika and Glasnost)'을 외친 고르바초프(Gorbachev)는 1991년 12월 소련연방(Soviet Union)의 해체를 선언하였다. 1989년 1월 41대 대통령으로 취임한 조지 부시(George H.W. Bush)는 공산 진영과 자유 신영 사이의 냉전(Cold War) 종식을 지켜보았시만 새로운 전생을 마주해야 했다. 그는 1989년 12월 파나마를 침공하여 노리에가(Noriega) 정권을 축출하였고, 1991년 1월과 2월에 사담 후세인(Saddam Hussein)의 이라크(Iraq)군에 엄청난 공습을 퍼부었다. 미국 국민은 부시의 외교적 성과와 미국의 압도적 군사력에 만족하였다. 부시 업무에 대한 지지율(job approval rate)은 천안문 사건 직후 60%에서 70%로 올랐고, 노리에가를 축출한 뒤에는 80%에 이르렀다. 1990년 7월 무렵 시작된 경기 침체의 여파로 다시 60%대로 떨어진 지지율은, 그해 8월 이라크가 쿠웨이트를 침공하고 미국이 사우디아라비아(Saudi Arabia)에 병력을 보내면서 다시 오르기 시작하여, 이라크를 격퇴한 1991년 3월 무렵에는 89%까지 치솟았다. 그러나 경기 침체의 여파로 부시의 지지율은 계속 감소하는 추세에 들었고, 1992년 대선이 가까워진 무렵에는 50%대 이하를 기록하기도 하였다. 하지만 부시는 여전히 대통령 당선이 가장 유력한 정치인이었다. *See* R.J. Reinhart, *George H.W. Bush Retrospective*, Dec. 1, 2018, GALLUP, https://news.gallup.com/opinion/gallup/234971/george-bush-retrospective.aspx.

571-2.

쿠오모는 분명치 않은 태도를 보이다가 1991년 12월 중순 불출마를 선언하였다. 앨 고어(Al Gore) 상원의원은 일찌감치 8월 21일에 불출마를 밝혔다. 쿠오모가 불출마한 이유는 '부시에게 지기 싫어서'라는 해석이 있는데, 그 진위(眞僞)를 떠나, 당시 클린턴의 승리 확률이 그만큼 낮았음을 알려주는 해석이기도 하다. 남부 주 출신인 고어 의원의 불출마로, 3월 10일 'Super Tuesday' 민주당 경선에서 남부의 표가 갈라지지 않았던 사실도 클린턴에겐 행운이었다. 침체한 미국과 기술력으로 급부상한 일본을 비교하며 국민이 경제로 눈을 돌렸다는 점과 '세금을 더 거두지 않겠다'라던 1988년 대선 공약을 깨트려 부시가 공화당원들의 미움을 받았던 점 등이 클린턴 승리의 이유로 거론되지만, 어쨌든, 제임스 카빌(James Carville)의 선거 전략팀이 클린턴 당선의 1등 공신이라는 데 큰 이의(異意)가 제기되지는 않는다. 클린턴은 자서전에서 카빌이 캠페인(campaign) 사무실 벽에 적어 놓았던 '잊지 말아야 할 세 가지'를 회고하였는데, 다음과 같다. Change v. More of the Same/ The Economy, stupid/ Don't forget health care. *See* BILL CLINTON, MY LIFE, *infra* note 572, at 369, 371, 380, 425; MICHAEL TAKIFF, A COMPLICATED MAN, THE LIFE OF BILL CLITON 103 (Yale Univ. Press 2010) ("One of Bill's most successful decisions as he set his campaign in motion was hiring, in November, the political consulting team of James Carville and Paul Begale."), *available at* https://archive.org/details/complicatedman100taki/ mode/2up?view=theater; JOHN HARRIS, THE SURVIVOR, BILL CLINTON IN THE WHITE HOUSE xii-xv (Prologue) (Random House 2005), *available at* https://archive.org/details/survivorbillclin00harr/mode/2up?view=theater. *See also* Steve Kornacki, *What if Mario Coumo had run for President?*, Jan. 2, 2015, MSNBC, https://www.msnbc.com/msnbc/what-if-mario-cuomo-had-run- president-msna496076.

572-1.

경기 침체에 더하여, 클린턴 정부는 이전 정부로부터 '어마어마한 적자 예산'이라는 달갑지 않은 유산을 물려받았다. 클린턴은 세금을 올리고 정부 지출을 감소하는 계획과, 이 계획과 다소 상반되지만, 경기 자극을 위해 $30 billion을 지출하는 계획을 담은 법안을 제안하였다. 그러나 클린턴의 첫 번째 중요 정책은 공화당의 거센 반발에 부딪혔다. 몇몇 공화당 의원들을 집요하게 설득하여 법안 통과에 성공한 클린턴은 해당 법안의 시행 효과를 누렸을 뿐 아니라 통치에 대한 자신감도 얻었다. 1997년 정부 적자는 $22 billion에 불과하여 취임하던 해의 $290 billion 대비 1/10 이상이나 감소하였다. 1997년 '연성장(annual growth)'은 8.2%에 달하였다. *See* JOHN HARRIS, *supra* note 571 at 5, 77-89. 클린턴의 역할에 대한 논쟁이 있을 수 있지만, 그의 임기 8년 동안 2천2백만 개의 일자리가 창출되고, 예산이 흑자로 돌아섰으며, 범죄는 줄고 복지가 늘었으며, 주택 소유와 중위층의 소득 모두가 증가하는 추세를 보였다는 것은 대체로 모두가 인정하는 사실이다. *Id.* at 432; FRANK BOWMAN, *supra* note 14, at 210-212.

572-2.

실용주의를 선호한 클린턴이 때로는 당과 다른 독자 노선을 걷는 듯한 행보를 보였기 때문에 민주당 의원들은 그를 '삼각대(Triangulation)'라 부르기도 하였다. 그런 클린턴도 1995년 11월부터 1996년 1월에 걸쳐 예산안을 두고 공화당과 심한 몸싸움을 벌이기도 하였다. 그러나 큰 틀에서 보면 이 몸싸움은 민주당과 공화당의 정책 대결의 일환이라 할 수 있으며, 존슨이 입법안에 대한 정당성 자체를 부정하거나 거부하면서 의회와 벌인 몸싸움과는 다른 차원이다. FRANK BOWMAN, *supra* note 14, at 210-211; JOHN HARRIS, *supra* at 434 ("The realist in Cliton was an accommodator who acceted political limits and tried to work with them.").

572-3.

세르비아(Servia)가 코소보(Kosovo)에서 저지른 알바니아계 주민(Albanians) 학살에 대응하여, 1999년 3월 23일 미국의 주도로 NATO는 세르비아에 대한 공습을 감행하였다. UN 안보리의 구성원인 러시아가 반대하였기 때문에 NATO 공습의 적법성 문제가 대두되었고, 클린턴 역시 세르비아 공습과 관련하여 비판의 대상이 되었다. 그러나 클린턴은 닉슨과 달리 군대 파견에 대한 하원의 사전 동의를 얻었고, 공습에 대한 상원의 사전 승인을 받았다. *See* BILL CLINTON, MY LIFE 849-850 (Alfred Knopf, 2004) ("On the [day of the airstrike], by a bipartisan majority of 58-41, the Senate voted to support the action."). 더구나 이 공습에는 캄보디아 공습에는 존재하지 않는 '인류애적 개입(humanitarian intervention)'이라는 대의가 있다. *Cf.* NOAM CHOMSKY, THE NEW MILITARY HUMANISM: LESSONS FROM KOSOVO 72-80 (Pluto Press 1999).

573.

1974년이 시작될 무렵 아칸소 대학의 젊은 법학 교수 클린턴은, 닉슨 탄핵을 추진하는 하원 사법위원회의 존 도어(John Doar) 변호사로부터 함께 일하자는 제안을 받았다. BILL CLINTON, MY LIFE, *supra* note 572 at 210-211. 그가 만약 도어의 제안을 받아들였다면 후일 좀 더 조심스럽게 행동하여 탄핵을 모면할 수 있었을까? 도어의 제안을 거절한 클린턴은 같은 해 하원의원 선거에 도전하였다. 그는 선거 유세에서 닉슨을 비판하고, 포드의 닉슨 사면을 비난하였다. *Id.* at 223. 클린턴이 회고록에서 이 일을 후회하였듯이, 닉슨의 행위와 포드의 사면에 좀 더 포용적인 견해를 가졌더라면 자신도 탄핵의 굴레에서 벗어날 수 있었을까? 뒤에 설명하겠지만, 클린턴에 대한 탄핵은 그가 살면서 맺은 사적인 인연이 운명의 실타래처럼 얽히고 꼬여서 빚어진 결과였다.

574.

1970년대 후반부터 시작된 인플레이션 영향으로 금리가 오르자 저축은행은 적자를 보기 시작하였다. 담보를 근거로 제공한 장기 고정 금리의 이자 수익이 자금을 유치하기 위해 저축 고객에게 지급해야 할 높은 이자 비용을 감당하지 못하였기 때문이다. 1980년대 들면서 인플레이션은 둔화하고 이자율은 감소 추세를 보였지만, 이 무렵 이미 많은 저축은행이 '지급 불능(insolvent)' 상태에 있었고, 이들을 구제하기 위해선 약 $25 billion이 소요될 것으로 추정됐다. 그러나 연방보증자금(FSLIC: Federal Savings and Loan Insurance)은 $6 billion에 불과하였기 때문에, 정부는 오히려 저축은행에 대한 규제를 완화하는 정책을 취했다. 연방정부는 연방 면허를 가진 저축은행에 '주거용 부동산 담보(residential mortgage)' 이외의 대출도 허용하였고, 각 주도 주면허를 가진 저축은행에 비슷한 혜택을 주거나 한발 더 나아가, 더 많은 돈을 예치할 수 있도록 저축 보증 한도를 4만 달러에서 10만 달러로 올려주기까지 하였다. 이런 이유로, 1980년대 초중반 더욱 많은 저축은행이 만들어졌고, 그중 '좀비(zombie)' 숫자도 급격히 증가하였다. 좀비들은 '역전 또는 파산'이라는 한탕주의에 빠져 위험도가 높은 프로젝트에 고객의 돈을 투자하였고, 결국 1980년대 후반, 정부가 개입하지 않을 수 없는 사태를 만들었다. 1989년 의회는 'Financial Institutions Reform, Recovery and Enforcement Act'를 제정하여 FSLIC를 해체한 뒤 연방의 자산관리공사인 RTC(Resolution Trust Corporation)를 설립하였다. RTC는 1995년 12월 문을 닫을 때까지 747개의 저축은행을 폐업시키고 $407 billion 자산을 손실 처리 하였으며, 사태 해결을 위해 $124 billion을 지출하였다. *See Savings & Loan Crisis*, Federal Reserve HISTORY, *retrived on* Nov. 12, 2022, at https://www.federalreservehistory.org/essays/savings-and-loan-crisis.

575.

클린턴의 주지사 출마 및 Whitewater 투자와 관련해서는, *See* BILL CLINTON, MY LIFE, *supra* note 572, at 257-258, 303-304, 402.

576.

맥도걸의 매디슨 저축은행은 '지급 불능'에 직면하게 되자, 우선주(preferred stock)를 발행하여 자금을 유치하고 자회사(subsidiary)를 만들어 중개 서비스(brokerage service) 사업에 진출하여 돌파구를 마련하려 하였다. 매디슨 저축은행은 클린턴의 아내 힐러리가 일하는 'Rose Law Firm'을 고용하였는데, 우선주 발행과 자회사 설립 등의 내용이 담긴 사업계획서를 힐러리 변호사의 사인과 함께, 주정부 승인을 위해 증권위원(securities commissioner) 비버리 샤퍼(Beverly Schaffer)에게 전해졌다. 샤퍼는 당시 주지사 빌 클린턴이 임명한 사람이다. 뉴욕 타임스는 "샤퍼가 제대로 감독하지 않고 매디슨의 계획을 승인하였다"고 주장하였다. *See* BILL CLINTON, MY LIFE, *supra* note 572 at 402-403; *1992 CAMPAIGN: Personal Finances; Clinton Joined S&L Operator In an Ozark Real-Estate Venture,* March 8, 1992, N. Y. TIMES, https://www.nytimes.com/1992/03/08/us/1992-campaign-personal-finances-clintons-joined-s-l-operator-ozark-real-estate.html. RTC는 "매디슨 은행과 화이트워터 그리고 맥도걸 사이에 불법적인 거래가 있었으며, 이 거래로 클린턴이 혜택을 받았을 가능성이 있다"는 의견을 법무부에 전한 것으로 알려졌다. *See generally Whitewater: Timeline,* The Washington Post, https://www.washingtonpost.com/wp-srv/politics/special/whitewater/timeline.htm.

577.

클린턴은, ①당시 샤퍼 증권위원의 승인은 정상적이었으며, ②샤퍼는 1987년 감사 (audit)로 매디슨의 '지급 불능'이 드러나자 즉시 연방기관에 매디슨 폐업을 요청하였고, ③힐러리는 2년 동안 일한 21시간에 대한 비용을 청구하였으며, ④자신은 매디슨에서 돈을 빌리지 않았으며 화이트워터 사업 투자는 손실이었다고 해명하며 의혹을 부인하였다. BILL CLINTON, MY LIFE, *supra* note 572 at 402-403;

578.

Whitewater: Timeline, *supra* note 576. *See also* FRANK BOWMAN, *supra* note 14, at 217.

579.

원래 화이트워터 조사를 담당한 사람은, 클린턴 행정부의 법무부 장관 제이 르노(Janet Reno)가 지명한 로버트 피스크(Robert F. Fiske) 특별검사였다. 그러나 1978년 닉슨 전 대통령의 '토요일 밤의 학살'을 계기로 제정된 독립검사 설치에 관한 법이 1994년에 다시 승인되면서 이 법(Independent Counsel Re-authorization Act of 1994, PL 103-270, June 30, 1994)에 따라 특별법원이 케네스 스타를 독립검사로 임명하였다. 법무부는 피스크 특별검사를 독립검사로 지명해 달라고 요청하였지만, 특별법원은 이를 거부하였다. 특별법원의 수장은 아버지 부시(George H.W. Bush) 대통령 시절 검찰총장을 역임한 공화당계 데이비드 센텔(David Sentelle) 판사였다. 독립검사는 특별검사와 달리 대통령이 임의로 해임할 수 없다.

580.

만약 클린턴이 화이트워터에 투자하지 않았더라면, 그래서 스타 검사를 만나지 않았다면 클린턴 탄핵도 이루어지지 않았을 가능성이 크다. 스타는 5년에 걸친 화이트워터 수사에서는 어떤 성과도 내지 못하였으나 이해할 수 없는 끈기를 보이며 수사를 종료하지 않았고, 결국 클린턴과 모니카 르윈스키(Monica Lewinsky)의 스캔들까지 파헤치게 된다. 수년에 걸쳤던 스타의 수사는 1998년 9월 클린턴 탄핵의 근거가 된 보고서(The Starr Report)로 마무리되었다. 이 방대한 보고서는 클린턴과 르윈스키의 Oral Sex 스캔들에 관한 상세한 내용으로 채워져 있다.

581.

정부는 예산을 배정하고 지출을 허용하는 법안이 통과되지 않으면 비용을 지출할 수 없으므로 운영을 멈추어야 하는데, 정부의 이런 한시적 운영 정지 상태를 '정부 폐쇄 (Government Shutdown)'라 한다. 폐쇄 상태의 정부는 국민의 생명과 재산 보호와 관련된 일부 필수적 기능만을 유지하고, (이 때문에 정부 폐쇄 시 가장 먼저 문을 닫는 곳 중의 하나가 국립공원이다) 필수적 기능과 관련 없는 연방공무원들은 강제적인 무급 휴가에 들어야 하며, 예산안이 통과되어야 보수를 받을 수 있다. 또한, 자발적 무보수 근무도 허용되지 않는다. 의회가 마련한 임시지출법이 통과되어 1995년 11월 폐쇄는 종료되고 정부 운영은 다시 정상화되었으나, 클린턴이 공화당의 수정 예산안을 다시 비토하여 1995년 12월 16일부터 1996년 1월 초까지 21일 동안 두 번째 폐쇄가 발생하였다. 두 번째 폐쇄 동안 약 80만 명에 달하는 공무원이 강제 휴직에 들어갔다. BILL CLINTON, MY LIFE, *supra* note 572, at 683, 689-690. *Cf.* Dylan Matthews, *Here is every previous government shutdown, why they happened and how they ended*, Sep. 25, 2013, The Washington Post, https://www.washingtonpost.com/news/wonk/wp/2013/09/25/here-is-every-previous-government-shutdown-why-they-happened-and-how-they-ended/.

582.

스타 보고서는 "르윈스키는 재킷을 벗고 브래지어를 끌렀으며 클린턴은 입으로 그녀의 가슴을 애무하고 손으로 그녀의 성기를 자극하였다"라고 이들의 애무 장면을 상세히 묘사하고 있다. *See* KENNETH W. STARR, COMMUNICATION FROM KENNETH W. STARR, INDEPENDENT COUNSEL, H.R. DOC. NO. 105-310 (2d Sess. 1998), at 28-30 [hereinafter Starr Report], *available at* https://www.govinfo.gov/content/pkg/CDOC-105hdoc310/pdf/CDOC-105hdoc310.pdf.

583.

예산 전쟁은 당시 하원 다수당이었던 공화당의 리더이자 하원의장이었던 뉴트 깅그리치(Newt Gingrich)와 클린턴 사이의 기(氣) 싸움처럼 보이기도 하였다. 깅그리치는 정부 폐쇄가 클린턴에게 상당한 악영향을 줄 것이라고 믿었는데, 국민의 반감은 오히려 공화당으로 향했다. 공화당은 결국 클린턴이 제안한 예산 법안을 통과시켰다. 깅그리치는 클린턴과 함께 탄 비행기 안에서 클린턴이 예산 문제 등에 대하여 자신에게 의논하지 않고 뒷좌석으로 가 앉게 한 처사에 대해 모욕감을 느꼈으며, 이 때문에 한시적으로 정부를 운영할 수 있도록 하는 임시 예산 배정안을 매우 혹독하게 처리하였다는 설도 있다. BILL CLINTON, MY LIFE, *supra* note 572, at 683. *See also* Becky Little, *How a Petty Snub Led to a Clinton's Government Shutdown- and the Lewinski Affair*, History, https://www.history.com/news/bill-clinton-government-shutdown-lewinsky-affair.

584.

Starr Report, *supra* note 582, at 18.

탄핵으로 본 미국사

585.

그해 봄 르윈스키를 다시 만났을 때 클린턴은 "이런 관계는 모두에게 잘못된 것이므로 더는 지속할 수 없다"라며 관계를 종료시켰다. BILL CLINTON, MY LIFE, *supra* note 572, at 773-774. FRANK BOWMAN, *supra* note 14, at 213; *Clinton Accused: Time Line*, The Washington Post, http://www.washingtonpost.com/wp-srv/politics/special/clinton/timeline.htm.

586.

Starr Report, *supra* note 582, at 17; FRANK BOWMAN, *supra* note 14, at 213.

587.

Starr Report, *supra* note 582, at 30.

588.

Starr Report, *supra* note 582, at 17-18.

589.

클린턴이 Oral Sex만을 요구한 것이 그의 성적 취향 때문인지 혹은 후일의 변론을 생각한 때문인지 분명하지 않지만, 만약 후자 때문이었다면 그것은 매우 어리석은 판단이었다. 클린턴을 탄핵으로 몰고 간 결정적 증거는 '성교'가 아니라 르윈스키의 드레스에 묻은 그의 정액(精液)이었다. 그가 진정으로 후일의 변론을 생각하였다면 계속 사정을 참았어야 했다. 자서전에 기록하지는 않았지만, 클린턴은 마지막 두 번의 사정을 무척 후회하였을 것이다.

590.

Starr Report, *supra* note 582, at 19-20.

591.

둘의 정사 장소는 집무실에서 작은 방(study)으로 이어지는 창문 없는 복도였는데, 클린턴은 누가 집무실로 들어오는지 알 수 있도록 집무실 쪽 복도 문을 살짝 열어 놓은 상태에서 Oral Sex를 하였다. 이 때문에 그들은 신음이 밖으로 새어 나가지 않도록 신경을 썼는데, 때로는 정사 중 클린턴이 손으로 르윈스키의 입을 막기도 하였다. Starr Report, *supra* note 582, at 24-25.

592.

르윈스키가 대통령 집무실에 너무 자주 나타나자, 여비서 리버먼(Lieberman)은 대통령에 대해 좋지 않은 소문이 돌까 염려하였다. 그녀는 클린턴이 르윈스키와 둘이서 집무실에 딸린 작은 방으로 가는 모습을 목격하기도 하였다. 리버먼은 비서실장 패네타에게 상의하였고, 패네타는 국방부 이전 조처를 내리게 되었다. *See* Starr Report, *supra* note

582, at 41-42, 42-44. *See also* FRANK BOWMAN, *supra* note 14, at 213.

593.

르윈스키가 클린턴을 찾아가 국방부 이전 사실을 이야기하자 클린턴은 "왜 사람들이 그녀를 떼어놓으려 하는지 모르겠다"라고 말하며 짐짓 화를 내는 모습을 보였다. Starr Report, *supra* note 582, at 45. 그러나 클린턴은 이 무렵 르윈스키와의 관계에 대해 불안감과 죄의식을 느끼고 있었으며, 1996년 2월에는 르윈스키에게 관계를 종료하겠다고 일방적 선언을 한 적이 있었다. Starr Report, *supra* note 582, at 37-38. 이런 점을 고려하면 클린턴이 르윈스키의 국방부 이전을 제안 또는 승인하였다는 추정도 가능하다.

594.

Starr Report, *supra* note 582, at 18.

595.

1심 판결에서 라이트(Susan Webber Wright) 담당 판사는 '대통령의 임기 중 민사 소송에 대한 면책권'을 인정하며 존스의 소송을 기각하였다. *Jones v. Clinton*, 858 F. Supp. 902 (E.D. Ark. 1994). 그러나 연방 항소 법원은 존스의 편을 들어주었다. *Jones v. Clinton*, 72 F.3d 1354 (8th Cir. 1996).

596.

폴라 존스 소송은 대통령 면책권에 대한 중요한 선례도 탄생시켰다. 대법원은 3권 분립의 원칙이 대통령의 임기가 끝날 때까지 그에 대한 모든 민사 소송을 멈추게 하지는 않는다고 판결하였다. *Clinton v. Jones*, 520 U.S. 681 (1997). 『미국법 역사(American Law)』의 저자 로런스 필드만(Lawrence M. Friedman) 교수는, 워터게이트 사건 당시 닉슨에게 백악관 집무실 테이프를 제출하도록 지시한 판결인 *U.S. v. Nixon*과 *Clinton v. Jones* 판결을 '누구도 법 위에 있지 않다'라는 사실을 보여준 자랑스러운 판결이라고 평가하였다. LAWRENCE M. FILEDMAN, *supra* note 460, at 600-601. For *U.S. v. Nixon* (1974), *see supra* note 527 & accompanying text.

597.

클린턴이 존스에게 거친 성적 접근을 시도하였다는 것과 그로부터 수년 뒤 클린턴이 비록 부적절하기는 하지만 다른 성인 여성인 르윈스키와 상호 동의 하에 성관계를 맺은 것은 사실상 연관성이 없는 것이다. 관련이 없는(irrelevant) 과거의 비행은 연방증거법 FRE 404(b)에 따라 대체로 증거로 수용되지 못한다. 그런데도 르윈스키 증언이 증거로 채택된 것은 다음과 같은 이유 때문이다. **첫째,** 1994년 FRE 423-415의 채택으로 형사적 범죄와 성추행 관련한 민사 소송에서 과거의 비슷한 행동, 즉 '성향(propensity)'이 증거로 제출될 수 있게 되었다. **둘째,** 존스는 클린턴이 직무에 대한 혜택 또는 불이익을 걸고 성

폭력을 행사하였다는 점을 강조하며 '악의적인 근무 환경에 의한 성폭행'을 주장하였기 때문에 백악관 인턴으로 근무하였던 르윈스키와 클린턴의 관계도 비슷한 '악의적인 근무 환경'의 한 유형이나 관행(pattern or practice)으로 제시될 수 있었다. FRANK BOWMAN, *supra* note 14, at 215. 클린턴은 이런 성추행의 '성향'을 조사한다는 명분 아래 존스의 변호사들이 사건과 관련 없는 그의 사생활을 심각하게 침해하였다고 불평하였다. BILL CLINTON, MY LIFE, *supra* note 572, at 772.

598.

클린턴은 르윈스키에게 존스 소송에 대응할 변호사를 소개해주고, 자신의 친구 버논 조 단(Vernon Jordan)을 통해 뉴욕에 르윈스키의 직장을 구해주었다. KENNETH STARR, THE STARR REPORT, xiv (Preface by Bill Kuntz) (Pocket Books 1998) [hereinafter Kuntz], *available at* https://archive.org/details/ starrreportindep00star/page/ n9/mode/2up?view=theater. 또한, 클린턴은 르윈스키에게 증인으로 직접 출석하 여 증언하기보다는 '클린턴이 그녀를 성적으로 괴롭히지 않았다'라는 서면 증언을 제출 하도록 조언하였다. BILL CLINTON, MY LIFE, *supra* note 540, at 774 ("not sexually harassed"). *See also* FRANK BOWMAN, *supra* note 14, at 211 ("[A]lthough the details are contestable, there seems little doubt that Clinton communicated with Ms. Lewinsky to keep her royal and quiet."). 클린턴이 조언한 답변은 매우 기 술적인 것으로, 성관계를 부인하는 거짓말이 아니면서 동시에 성관계를 인정하는 대 답도 아니다. 클린턴과 르윈스키는 상호 동의 아래 Sex를 즐겼기 때문에 성적 괴롭힘 은 당연히 없었을 것이다. 그러나 르윈스키가 실제 존스 소송 담당 판사에게 제출한 진술서(affidavit)는 기술적이지 않았다. 르윈스키가 제출한 진술서는 '어떤 종류의 성 적 관계도 없었다'라는 매우 포괄적인 답변이어서 빠져나올 구멍이 없는 증언이었다. *See* Starr Report, *supra* note 582, at 15 ("absolutely no sex of any kind in any manner, shape or form").

599.

BILL CLINTON, MY LIFE, *supra* note 572, at 774.

600.

클린턴의 변호사는 1심 판사에게 '약식 명령(summary judgment)'을 요청하였고, 법원 은 존스가 '실질적인 업무상 손실(tangible job detriment)'을 보지 않았으며, 존스가 주장 하는 '악의적인 업무 환경(hostile work environment)'이 조성되었다고 판단할 근거가 없 다는 이유로 클린턴의 손을 들어주는 약식 명령을 내렸다. *See Jones V. Clinton*, 990 F. Supp. 657, 666 (E.D. Ark. 1998); BILL CLINTON, MY LIFE, *supra* note 572, at 784.

601.

BILL CLINTON, MY LIFE, *supra* note 572, at 769; Jones v. Clinton: Timeline, The Washington Post, https://www.washingtonpost.com/wp-srv/politics/special/pjones/timeline.htm. 클린턴은 1997년 7월에도 70만 달러에 합의를 제안한 적이 있다. 존스의 변호사는, 승소 확률이 낮은 사건(weak case)임을 고려하면 이 정도의 합의금은 '대박 거래(superb deal)'라고 생각하였다. 그러나 주변의 보수주의자와 보수단체들이 합의 거절을 부추긴 탓에 존스는 클린턴의 제안을 거절하였다. 1심 변호를 맡았던 조셉 캐머라타(Joseph Cammarata)와 길벗 데이비스(Gilbert Davis)는 사임하였고, 1997년 가을부터 새로운 변호사들이 사건을 맡아 루더포드 재단의 변호사들과 함께 열정적으로 클린턴의 Sex 사생활을 캐기 시작하였다. JOHN HARRIS, *supra* note 571 at 293.

602.

BILL CLINTON, MY LIFE, *supra* note 572, at 769.

603.

Julie Miller, *American Crime Story: Why Vince Foster's Suicide Was a Turning Point for Linda Tripp*, Sep. 7, 2021, VANITIYFAIR, https://www.vanityfair.com/hollywood/2021/09/vince-foster-suicide-linda-tripp-impeachment-american-crime-story.

604.

Michael Isikoff, *A Twist in Jones v. Clinton*, Aug. 10, 1997, Newsweek, https://www.newsweek.com/twist-jones-v-clinton-172394; Kuntz, *supra* note 598, at xiii (Preface).

605.

트립은 빈센트 포스터 자살 관련한 의회 청문회에서 공화당 정치 활동 전력을 가진 보수적 문필가(literary agent) 골드버그를 만나 르윈스키 고백을 전하며 조언을 구하였다. 골드버그는 트립에게 르윈스키와의 대화를 녹음하도록 조언하였다. Kuntz, *supra* note 598, at xiv (Preface); FRANK BOWMAN, *supra* note 14, at 213.

606.

트립은 애국심을 강조하며 같은 상황이 오면 '똑같이 할 것'이라고 공언하였다. Cathy Burke, *'Patriot' Tripp says she'd do it all again*, Feb 12, 1999, The New York Post, https://nypost.com/1999/02/12/patriot-tripp-says-shed-do-it-all-again/. 그러나 트립의 인생 여정을 보면, 그녀는 매우 '복잡한(complicated)' 성격을 가진 사람이며 '단순한 애국심'으로 친구와의 대화를 녹음할 사람으로 보이지는 않는다. *See generally* Jeff Leen and Gene Weingarten, *Linda's Trip*, March 15, 1998, The Washington Post, https://www.washingtonpost.com/wp-srv/politics/special/clinton/stories/tripp031598.htm. 트립은 폐쇄적이고 상하가 분명한 국방부 문화 자체도 매우 싫어하였는데, 이런 업무 환경도 백악관과 클린턴에 대한 적개심을 부추겼을 것이다. *See also* Julie Miller, *supra* note 603; Michael Isikoff, *supra* note 604.

607.

JOHN HARRIS, *supra* note 571 at 295.

608.

FRANK BOWMAN, *supra* note 14, at 422 n. 45; Susan Schmidt, Starr Probe Reaffirms Foster Killed Himself, October 11, 1997, The Washington Post, https://www.washingtonpost.com/wp-srv/politics/special/whitewater/stories/wwtr971011.htm.

609.

1993년 5월, 백악관이 7명의 여행 담당 부서 직원들을 해고하는 흔치 않은 일이 벌어졌다. 백악관은 그 이유에 대해 여러 가지 해명을 하였지만, 일부 사람들은 클린턴의 친구와 부인 힐러리에게 여행 사업권을 주기 위한 것으로 추측하였다. 이 의혹은 'Travelgate'로 불렸고, 하급 직원이 FBI 서류를 소지한 사건은 'Filegate'로 불렸다. 자살한 빈센트 포스터는 Travelgate와 Filegate에도 대처하는 업무를 하였는데, 상당한 스트레스를 받았던 것으로 알려졌다. 이런 스트레스가 그를 자살하게 만든 한 원인이라는 추측도 있다. *See* Peggy Noonan, *Travel Back to an Early Clinton Scandal*, Sep. 15, 2016 The Wall Street Journal, https://www.wsj.com/articles/travel-back-to-an-early-clinton-scandal-1473982077. *See also* Megan Carpentier, *Travelgate to Furnituregate : A guide to Clinton Scandal of the 90s*, May 27, 2016, The Guardian https://www.theguardian.com/us-news/2016/may/27/hillary-clinton-bill-clinton-scandals.

610.

독립검사는 법무부에 요청하고 특별법원의 허가를 받으면 수사 영역을 확대할 수 있다. FRANK BOWMAN, *supra* note 14, at 218.

611.

클린턴은 자서전에서 "스타가 백악관에 합류한 자신의 친구인 시드니 블루멘설(Sidney Blumenthal)에게 소환장을 발부하여 '블루멘설이 스타를 비판한 것이 사법 방해에 해당하는지'를 검토하였고, '딸에게 거짓 진술을 하도록 강요하였다'라고 주장하며 '가족도 기소될 수 있다'라는 협박을 르윈스키의 어머니에게 가하였다"고 밝혔다. BILL CLINTON, MY LIFE, *supra* note 572, at 779.

612.

Megan Carpentier, *Travelgate to Furnituregate: a guide to the Clinton scandals of the 90s,* May 27, 2016, The Guardian, https://www.theguardian.com/us-news/2016/may/27/hillary-clinton-bill-clinton-scandals; FRANK BOWMAN, *supra* note 14, at 218. 스타는 1998년 11월 의회에 출석하여 "Travelgate와 Filegate를 수사한 결과, 클린턴이나 힐러리가 무혐의라는 결론을 내렸음에도 수개월 동안 발표를 미루다가 1988년 11월 선거가 끝난 뒤 발표하였다"라는 사실을 시인하였다. BILL CLINTON, MY LIFE, *supra* note 572, at 829.

613.

Jeff Leen and Gene Weingarten, *supra* note 606; Starr Report, *supra* note 582, at 7.

614.

FRANK BOWMAN, *supra* note 14, at 218. BILL CLINTON, MY LIFE, *supra* note 572, at 774-775.

615.

르윈스키는 그녀와 클린턴 사이의 대화를 감청하겠다는 FBI의 요구는 거절하였지만, 독립검사 스타와 FBI가 트립의 녹음테이프를 확보하였으며 자신과 클린턴의 성관계를 인지하고 있다는 사실을 클린턴에게 알리지 않았다. 그 이유는 분명하지 않지만, 스타와 FBI가 연방법 위반 혐의로 기소할 수도 있다고 르윈스키를 겁준 데다가 그녀 자신이 클린턴 증언이 예정된 날 새벽까지 호텔 방에 감금되어 있었기 때문으로 추정된다. *See* FRANK BOWMAN, *supra* note 14, at 218 ("Lewinsky was frightened into silence."); BILL CLINTON, MY LIFE, *supra* note 572, at 775 ("One of Starr's lawyers told her she should cooperate if she wanted to avoid going to jail and offered her an immunity that expired at midnight."). *See also* JOHN HARRIS, *supra* note 571 at 295.

616.

독립검사는 최소 향후 예상되는 범죄를 예방할 의무, 즉 클린턴에게 트립의 녹음테이프가 존재한다는 사실을 알려 그가 위증하지 않도록 해야 할 의무가 있으며, 스타는 이런 독립검사의 의무를 위반하였다는 주장도 제기되었다. '사전에 확보한 증거를 미리 알려 줄 의무'를 부여하는 주장은 지나치다고 할 수 있지만, 이 정보를 클린턴에게 알려줄 수 있는 르윈스키를 16일 아침부터 클린턴에 대한 증인 신문이 예정된 1월 17일 새벽 1시까지 호텔 방에 감금하였다는 사실은 '클린턴의 위증이 스타의 함정'이라는 주장의 충분한 근거가 된다. 클린턴도 1월 17일의 진술 녹취는 스타가 만든 함정이라고 주장하며, 만약 그가 트립의 녹음테이프 존재와 1월 17일 새벽까지 르윈스키에게 일어난 일들을 알고 있었다면, 최소 위증죄는 범하지 않았을 것을 시사하였다. *See* Bill Clinton, My Life, *supra* note 572, at 774 ("The deposition had been a setup"). 1월 17일의 진술 녹취가 사전에 기획된 함정이었다는 추정은 존스 변호사들의 질문 내용과 질문 태도에도 드러난다. 그들은 성관계를 부인하는 클린턴의 대답을 들은 것으로 만족하는 듯하였으며, 사실을 밝히기 위한 구체적이고 세밀한 질문은 하지 않았다. 만약 그들이 구체적이고 세밀하게 파고들었다면 클린턴은 사실을 말할 생각이었다. Bill Clinton, My Life, *supra* note 572, at 773.

617.

See Bill Clinton, My Life, *supra* note 572, at 772-773.

618.

See Starr Report, *supra* note 582, at 15-16.

619.

Bill Clinton, My Life, *supra* note 572, at 773.

620.

Susan Schmitt, *Clinton Accused of Urging Aide to Lie,* Jan. 21, 1988, The Washington Post, https://www.washingtonpost.com/politics/clinton-impeachment/clinton-accused-urging-aide-lie/. 클린턴과 백악관 인턴과의 스캔들은 이미 1월 18일 인터넷 상에 유포되고 있었다. Bill Clinton, My Life, *supra* note 572, at 774. 폴라 존스의 소송이 진행되면서 자신의 여성 편력에 대한 소문과 주장이 곳곳에서 나와 클린턴은 이미 상당한 모욕을 겪고 있었다. *See* John Harris, *supra* note 571 at 293-295.

621.

Bill Clinton, My Life, *supra* note 572, at 775 (" I had not asked anyone to lie … there is no improper relationship.").

622.

Presidential Speech/Bill Clinton Presidency, Jan. 26, 1998: Response to Lewinsky Allegations, Univ. of Virginia Miller Center, https://millercenter.org/the-presidency/presidential-speeches/january-26-1998-response-lewinsky-allegations. ("I want to say one thing to American people. I want you to listen to me. I'm going to say again. I did not have sexual relations with that woman,

Miss Lewinsky. I never told anybody to lie not a single time never. These allegations are false, and I need go back to work for the American people."). *See also* FRANK BOWMAN, *supra* note 14, at 219.

623.

BILL CLINTON, MY LIFE, *supra* note 572, at 776; *Hillary Clinton speaks out Lewinsky accusations*, Jan. 27, TODAYSHOW, https://www.today.com/video/hillary-clinton-speaks-out-on-lewinsky-accusations-44498499720. 이로부터 몇 개월 뒤 클린턴이 르윈스키와의 성관계를 고백하자 힐러리는 난처한 처지가 되었다. '우익의 음모'를 주장하였던 그녀는 사적인 스캔들을 근거 없이 정치 쟁점으로 돌리려 하였다는 비난을 감수해야 했다.

624.

Starr Report, *supra* note 582, at 12-13. 스타는 1월 17일 르윈스키를 호텔 방에 가두고 조사할 때에도 "감옥에 가기 싫다면 협조하라"고 위협하며 "기소를 면제해줄 테니 수사에 협조하라"는 압박을 가하였다. BILL CLINTON, MY LIFE, *supra* note 572, at 775.

625.

르윈스키는 Oral Sex를 하는 동안 클린턴의 정액이 그녀의 푸른 드레스를 더럽혔다는 것을 알고 있었고, 이 사실을 트립에게 이야기한 적이 있다. 르윈스키는 이 드레스를 그녀와 대통령의 성관계를 증명하는 기념물(또는 물증)로 보관하였다. FBI는 이 드레스를 확보하기 위해 이미 르윈스키의 아파트를 수색하였으나 발견하지 못하였었다. Staff, *What Happened to Monica's Dress*, CBS NEWS, https://www.cbsnews.com/news/what-happened-to-monicas-dress/; FRANK BOWMAN, *supra* note 14, at 220.

626.

스타의 조사가 얼마나 집요하였는지, 또 그것이 클린턴에게 얼마나 큰 스트레스와 압박감을 주었는지는 클린턴의 자서전에 잘 드러나 있다. *See generally* BILL CLINTON, MY LIFE, *supra* note 572, at 772-775, 779-780, 790-791, 799, 800-802.

627.

Presidential Speech/Bill Clinton Presidency, Aug. 17, 1988: Statement on His Testimony Before the Grand Jury, Univ. of Virginia Miller Center, https://millercenter.org/the-presidency/presidential-speeches/august-17-1998-statement-his-testimony-grand-jury; BILL CLINTON, MY LIFE, *supra* note 572, at 802. FRANK BOWMAN, *supra* note 14, at 220.

628.

클린턴은 1998년 1월 르윈스키와의 성관계를 부인할 때의 심정을 다음과 같이 고백한 적이 있다: I didn't want help Kenneth Starr criminalize my personal life, and I didn't want the American people to know I'd let them down. BILL CLINTON, MY LIFE, *supra* note 572, at 775. 8월 17일 밤 그의 연설을 들어보면, 그해 1월 연설 때와 거의 비슷한 심경이었던 것으로 보인다.

629.

클린턴은 스타에 대한 비난도 빠트리지 않았다. 클린턴은, 20년 전 자신의 사적인 사업을 문제삼아 시작된 독립검사 스타의 수사가 자신에 대한 어떤 잘못도 발견하지 못한 채, 자신의 참모와 친구 그리고 사생활까지 파고들었다고 불평하였다. *Presidential Speech/Bill Clinton Presidency, supra* note 627.

630.

BILL CLINTON, MY LIFE, *supra* note 572, at 801. 클린턴은 변호사 출신답게 위증죄를 벗어나려 많은 애를 썼다. 그는 르윈스키와의 부적절한 관계가 '성관계'에 해당하지 않는다고 주장하였을 뿐 아니라, 르윈스키와 성관계가 있었냐는 언론의 질문에도 "그런 관계에 있지 않다(There IS no such relationship)"라고 현재형으로 대답하여 빠져나갈 구멍을 만드는 모습을 보였다. *Id.* at 703.

631.

CASS R. SUNSTEIN, *supra* note 9, at 100; FRANK BOWMAN, *supra* note 14, at 212. 크게 보면 'tricky'와 'slick'은 비슷한 캐릭터를 상징하는데, 교활하거나 교묘한 사람 또는 언변 좋은 뺀질이 등을 의미한다. 반기문 전 UN 사무총장은 기자들 사이에서 'slippery eel(장어)'로 불렸다.

632.

See Starr Report, *supra* note 582.

633.

FRANK BOWMAN, *supra* note 14, at 220.

634.

See Starr Report, *supra* note 582, at 129-130. 스타의 11개 항목을 요약하면 다음과 같다. There is substantial and credible information supporting the following eleven possible grounds for impeachment: **(1)** President Clinton lied under oath in his civil case when he denied a sexual affair, a sexual relationship, or sexual relations with Monica Lewinsky. **(2)** President Clinton lied under oath to the grand jury about his sexual relationship with Ms. Lewinsky. (3) In his civil deposition ··· President Clinton also lied under oath about being alone with Ms. Lewinsky and about the many gifts exchanged between Ms. Lewinsky and him. (4) President Clinton lied under oath in his civil deposition about his discussions with Ms. Lewinsky concerning her involvement in the Jones case. (5) During the Jones case, the President obstructed justice and had an understanding with Ms. Lewinsky to jointly conceal the truth about their relationship by concealing gifts··· (6) During the Jones case, the President obstructed justice and had an understanding with Ms. Lewinsky to jointly conceal the truth of their relationship from the judicial process by a scheme that included the following means: ··· (ii) the President suggested to Ms. Lewinsky that she prepare an affidavit ··· to prevent questioning of both of them about their relationship; (iii) Ms. Lewinsky signed and filed the false affidavit··· (7) President Clinton endeavored to obstruct justice by helping Ms. Lewinsky obtain a job in New York at a time when she would have been a witness harmful to him were she to tell the truth in the Jones case. (8) President Clinton lied under oath in his civil deposition about his discussions with Vernon Jordan concerning Ms. Lewinsky's involvement in the Jones case. (9) The President improperly tampered with a potential witness by attempting to corruptly influence the testimony of his personal secretary, Betty Currie, in the days after his civil deposition. (10) President Clinton endeavored to obstruct justice during the grand jury investigation by refusing to testify for seven months and lying to senior White House aides with knowledge that they would relay the President's false statements to the grand jury—and did thereby deceive, obstruct, and impede the grand jury. (11) President Clinton abused his constitutional authority by (i) lying to the public and the Congress in January 1998 about his relationship with Ms. Lewinsky; (ii) promising at that time to cooperate fully with the grand jury investigation; (iii) later refusing six invitations to testify voluntarily to the grand jury; (iv) invoking Executive Privilege; (v) lying to the grand jury in August 1998; and (vi) lying again to the public and Congress on August 17, 1998— all as part of an effort to hinder, impede, and deflect possible inquiry by the Congress of the United States.

635.

HOUSE COMMITTEE ON THE JUDICIARY, REPORT ON THE IMPEACHMENT OF WILLIAM JEFFERSON CLINTON, PRESIDENT OF THE UNITED STATES, H.R. REP. NO. 105-830 (1998) [hereinafter The Judiciary Report of Clinton Impeachment], *available at* https://www.congress.gov/congressional-report/105th-congress/house-report/830/.(PDF).

636.

Judiciary Report of Clinton Impeachment, *supra* note 635 at 2-5.

637.

첫째 · 둘째 · 넷째 기소에 대한 표결은 21 대 16이나, 셋째 기소에 대한 표결은 20 대 17로 공화당 의원 1명이 이탈하여 반대표를 던졌다. 클린턴은 그의 자서전에서 사법위원회의 정파적 표결을 비판하였다. 그는 "사법위원회가 탄핵 대상 행위에 대한 분명한 기준을 제시하지 않았고, 특히 헨리 하이드(Henry Hyde) 사법위원장은 '자신들의 표결은 스타 보고서를 상원으로 보내는 과정일 뿐이며, 스타 보고서 내용이 옳은지는 상원이 판단할 것'이라며 매우 무책임한 태도를 보였다"고 비난하였다. BILL CLINTON, MY LIFE, *supra* note 572, at 831.

638.

105회 의회는 클린턴 탄핵 소추를 의결하고 해산되었는데, 레임덕 의회가 결의한 탄핵 소추는 '상원이 탄핵 심판을 진행해야 할 의무가 없다'는 의견도 있다. *See* FRANK BOWMAN, *supra* note 14, at 222.

639.

See 144 CONG. REC. D1217-1220 (*Daily Digest*, Dec. 19, 1998), https://www.congress.gov/105/crec/1998/12/19/CREC-1998-12-19.pdf. See also John King, House Impeaches Clinton, Dec. 19, 1998, CNN.com, *available at* https://edition.cnn.com/ALLPOLITICS/stories/1998/12/19/impeachment.01/. 하원이 존스와의 소송에서 일어난 클린턴의 위증을 탄핵 기소 항목에서 제외한 것은, 형사 절차였던 스타의 대배심 심문과 달리 존스 소송은 민사 소송이었으며, 클린턴의 증언이 이 민사 소송에서 주변적 이슈에 불과하였기 때문으로 추정된다. FRANK BOWMAN, *supra* note 14, at 230 & n.110.

640.

See Articles of Impeachment against William Jefferson Clinton, H.R. Res. 611, 105th CONG. (Dec. 19, 1998), https://www.congress.gov/105/bills/hres611/

BILLS-105hres611enr.pdf. 탄핵 기소장을 요약하면 다음과 같다. **Article I.** On August 17, 1998, William Jefferson Clinton swore to tell the truth ··· before a Federal grand jury of the United States. Contrary to that oath, William Jefferson Clinton willfully provided perjurious, false and misleading testimony to the grand jury concerning one or more of the following: **(1)** the nature and details of his relationship with a subordinate Government employee ··· and **(4)** his corrupt efforts to influence the testimony of witnesses and to impede the discovery of evidence in that civil rights action. **Article II.** William Jefferson Clinton ··· has ··· engaged personally, and through his subordinates and agents, in a course of conduct or scheme designed to delay, impede, cover up, and conceal the existence of evidence and testimony related to a Federal civil rights action brought against him in a duly instituted judicial proceeding. The means used to implement this course of conduct or scheme included one or more of the following acts: **(1)** On or about December 17, 1997, William Jefferson Clinton corruptly encouraged a witness in a Federal civil rights action brought against him to execute a sworn affidavit in that proceeding that he knew to be perjurious, false and misleading. **(2)** On or about December 17, 1997, William Jefferson Clinton corruptly encouraged a witness in a Federal civil rights action brought against him to give perjurious, false and misleading testimony if and when called to testify personally in that proceeding.

641.

Id. ("undermined the integrity of his office ··· betrayed his trust as President").

642.

Prosecution Who's Who, Updated Jan. 14, 1999, Washingpost.com, *available at* http://www.washingtonpost.com/wp-srv/politics/special/clinton/prosecution. htm; *Defense Who's Who,* Updated Jan. 19, 1999, Washingpost.com, *available at* http://www.washingtonpost.com/ wp-srv/politics/special/clinton/defense.htm.

643.

Trial Memorandum of United States House of Representatives, In Re Impeachment of President William Jefferson Clinton, Jan. 11, 1999, ENCOUNTERS [hereinafter House Trial Memo for Clinton Impeachment], https://famous-trials.com/clinton/897-senatebriefs#hor *or at* https://www.washingtonpost.com/wp-srv/

politics/special/clinton/stories/housetext011199.htm.

644.

U.S. SENATE, PROCEEDINGS OF THE UNITED STATES SENATE IN THE IMPEACHMENT
TRIAL OF PRESIDENT WILLIAM JEFFERSON CLINTON, S. DOC. NO. 106-4, VOLUME I
OF IV, at 17-20 (GPO Print 2000) [hereinafter Senate Trial of Clinton], https://
www.govinfo.gov/content/pkg/CDOC-106sdoc4/pdf/CDOC-106sdoc4-vol1.
pdf; FRANK BOWMAN, *supra* note 14, at 223.

645.

See House Trial Memo for Clinton Impeachment, *supra* note 643, HOW TO
VIEW THE EVIDENCE ("Of course, no one said, "Now, Monica, you go in there
and lie." They didn't have to. Ms. Lewinsky knew what was expected of her.
Similarly, nobody promised her a job, but once she signed the false affidavit,
she got one.")(emphasis added). *See also* Frank Bowman, *supra* note 14, at 226.

646.

See Trial Memorandum of William Jefferson Clinton, In Re Impeachment
of William Jefferson Clinton, President of the United States, Jan. 13, 1999
[hereinafter Clinton Trial Memo], https://clintonwhitehouse4.archives.gov/
media/pdf/senatebrief.pdf.

647.

Id. at 16. 클린턴 변호인단은 성(性)적으로 올바르지 못한 품행을 탄핵하는 것은 대통령에
대한 탄핵 기준을 낮추는 것으로 3권 분립의 원칙에 어긋난다고 주장하였다. *Id.* at 26-27.

648.

Id. at 25-26. 탄핵 사유 요건인 비행의 중대성(substantiality) 또는 극단성(egregious)에
대하여는, *See supra* note 130(substantiality) & 138(egregious).

649.

변호인단은 "사적인 잘못(private wrong)은 탄핵이 아니라 법정의 판단을 받아야 하며,
정치적 잘못은 국민의 투표로 심판받는다"고 주장하였다. *Id.* 19-21.

650.

Id. at 24 ("nexus between the misconduct and the official duties"), at 25 ("serious,
egregious, intolerable").

651.

Id. at 21-23. 위증죄에 해당하는 닉슨의 거짓 소득세 신고와 이로 인한 탈세 혐의가 닉

슨 기소 항목 표결에서 부결되고, 이 표결을 위한 토론에서 중대한 공적 비행만이 탄핵 사유가 될 수 있다는 지적이 있었던 것은 사실이다. 그러나 '닉슨의 거짓 소득세 신고가 중대한 공적인 잘못이 아니라는 이유' 때문에 기소 항목에서 제외한 것인지는 분명하지 않다. 변호인단은 알렉산더 해밀턴 초대 재무장관 사례도 제시하였는데, "1792년 해밀턴을 금융사기 혐의로 조사한 의회는 '사적인 문제로 해밀턴을 재무장관직에서 파면할 필요가 없다'는 결론을 내린 적이 있다"고 주장하였다. *Id.* at 23-24.

652.

Id. at 24. 법학자들은 하원에 보낸 편지에서 "탄핵 대상 행위는 연방정부나 주정부에 반하는 정치적 범죄나 범법 행위 그리고 기타 대통령의 직무에 부합되지 않는 중대한 비행 등에 국한된다"고 주장하였다. *Id.* at 25-26.

653.

See id. at 27-30. 대통령과 판사에 대한 탄핵 기준이 다르다는 논리는 닉슨 탄핵이 추진될 때 닉슨의 변호인단이 제기한 논리이기도 하다.

654.

헌법 2조 1항은 대통령에게 직무를 충실히 수행하고 헌법을 수호하겠다는 취임 선서를 하도록 요구한다. 헌법 2조 3항은 대통령에게 법률이 충실히 집행되도록 돌볼 의무를 부과하고 있다.

655.

1974년 닉슨 탄핵을 위해 사법위원회 사무국이 작성한 보고서는 '헌법이 부여한 의무와 직무 상 선서를 저버리는 것'과 '공직의 온전성(integrity)을 훼손하는 것' 등은 탄핵 사유에 해당하는지를 판단하는 데 고려해야 할 중요한 요소라는 결론을 내린 적 있다. CONSTITUTIONAL GROUNDS, *supra* note 11, at 26. 소추위원들은 이 결론에 의지하여, 클린턴의 행위는 헌법적 의무를 위반하고 공직의 온전성을 해치는 행위이므로 탄핵 대상이라는 논리를 전개하고 있다. House Trial Memo for Clinton Impeachment, *supra* note 643 APPLICATION TO THE PRESIDENT, HIGH CRIMES AND MISDEMEANORS. 하원의 이런 논리는 스타 독립검사가 그의 보고서에서 적용하였던 논리를 그대로 따른 것이다. 그러나 스타와 소추위원은 1974년 사무국이 내린 다른 결론, 즉 오직 중대한 비행만이 탄핵 대상이 된다는 '비행의 중대성(substantiality)' 요건에 대해서는 침묵하였다. *See also infra* note 672.

656.

의회는 1986년에 클레어본 판사, 1989년에 닉슨 판사와 헤이스팅스 판사를 탄핵하였다. 클레어본은 허위 서류로 세금 신고를 하여 조세 회피를 한 혐의, 헤이스팅스는 자신이 담당하던 사건의 피고인으로부터 15만 달러를 수뢰하고 위증한 혐의, 닉슨은 자신에 대한 탈세 혐의와 관련하여 대배심 앞에서 두 차례 위증한 혐의 등으로 기소되었고, 모두 상원의 탄핵 심판에서 유죄 판결을 받아 파면되었다. Charles Doyle, *supra* note 32, at 22-24. 소추위원은, 이들에 대한 탄핵에서 하원의원과 상원의원은 물론 변호사들도 위증이 탄핵 사유가 되지 않는다는 의견을 제시하지 않았음을 강조하였다. House Trial Memo for Clinton Impeachment, *supra* note 643 HIGH CRIMES AND MISDEMEANORS.

657.

REPORT OF THE NATIONAL COMMISSION ON JUDICIAL DISCIPLINE AND REMOVAL, Aug. 2, 1993, *available at* https://judicial-discipline-reform.org/judicial_complaints/1993_Report_Removal.pdf.

658.

House Trial Memo for Clinton Impeachment, supra note 643 APPLICATION TO THE PRESIDENT. 대통령과 판사에 대한 탄핵 기준이 서로 다르다는 주장은 일반적으로 인정되지 않고 있다. *See supra* note 210, 214 & accompanying text.

659.

Senate Trial of Clinton, *supra* note 644, VOLUME IV, at 1994-2000. *See also* BILL CLINTON, MY LIFE, *supra* note 572, at 845.

660.

See Jonathan Weisman, *Clinton Acquitted*, Feb. 13, 1999, The Baltimore Sun, https://www.baltimoresun.com/opinion/readers-respond/bal-clinton09-story.html.

661.

BILL CLINTON, MY LIFE, *supra* note 572, at 845.

662.

법무부는 선거 60일을 앞둔 시점부터는 검사들이 정치적으로 민감한 사안에 대하여 적극적인 조처를 하지 않도록 하는 불문율을 지키는 것으로 알려졌다. *See* FRANK BOWMAN, *supra* note 14, at 222 & accompanying notes. 반면 스타는, Travelgate와 Filegate에 대한 수사는 무혐의로 이미 결론 내렸음에도 수사 결과 발표는 1998년 11월 선거 이후로 미루었다. BILL CLINTON, MY LIFE, *supra* note 572, at 829. *See also supra* note 612.

663.

Id. at 222; 145 CONG. REC. S1573 (daily ed. Feb. 12, 1999)(statement of Sen. Harkin).

664.

탄핵 심판 마지막 날 하킨(Harkin) 상원의원은, 스타가 보고서를 선거 직전에 제출한 것, 사법위원회가 스타의 주장에만 근거하여 탄핵 기소를 추진한 것, 하원의 공화당 의원들은 이런 스타를 적극적으로 응원한 것 등은 정치적 행위라고 주장하였다. *See* 145 CONG. REC. S1573 (daily ed. Feb. 12, 1999)(statement of Sen. Harkin).

665.

많은 전문가는 클린턴 탄핵이 민주당의 11월 선거에서 민주당에 재앙(災殃)이 되리라 예측하였지만, 막상 탄핵의 당사자인 클린턴은 전문가들의 예측에 동의하지 않았다고 자서전에 밝혔다. 클린턴은 "다수의 국민이 스타의 수사 방식에 동의하지 않았고, 탄핵에 반대하였으며, 그리고 민주당은 뚜렷한 중기 계획으로 단합하고 있었기에 그런 예측에 동의하지 않았다"고 회고하였다. BILL CLINTON, MY LIFE, *supra* note 540, at 814.

666.

오히려 클린턴의 업무 수행을 지지하는 여론은 상승하여, 다수의 국민은 여전히 클린턴이 대통령직을 유지해주기 원하는 것으로 드러났다. *See* Frank Newport, *Presidential Approval Ratings: Bill Clinton's High Ratings in the Midst of Crisis, 1998,* June 1999, GALLUP, https://news.gallup.com/poll/4609/presidential-job-approval-bill-clintons-high-ratings-midst.aspx. 스타의 수사가 오히려 클린턴의 재선에 도움이 되었다는 분석도 있다. *See* DAVID M. ABSHIRE, *infra* note 692, at 191-192. 클린턴은, 민주당이 상원 의석은 현상을 유지하였고 하원 의석은 오히려 5석을 뺏어왔는데 "대통령이 소속된 당이 중간 선거에서 하원 의석을 되찾아온 일은 1822년 이래 처음 있는 일"이라고 자평하였다. *See* BILL CLINTON, MY LIFE, *supra* note 572, at 822-825.

667.

BILL CLINTON, MY LIFE, *supra* note 572, at 809.

668.

스타 보고서는 르윈스키와 클린턴의 성관계를 지나칠 정도로 상세하게 묘사하고 있다. 예를 들면, 1996년 3월 31일 성관계 묘사는 다음과 같다. "힐러리는 아일랜드에 있으며, 클린턴은 다른 어느 때보다 더 집중하여 르윈스키의 가슴에 키스하고 성기를 만졌고, 그녀의 성기에 담배를 넣었다가 자신에 입에 물고는 맛 좋다(tastes good)고 말했다". 스타와 소추위원이 주장하는 탄핵 사유는 클린턴이 르윈스키와의 성관계를 숨기기 위해 위증하였고, 르윈스키가 거짓 증언을 하도록 만들어 사법 방해를 하였다는 것인데, 굳이 성관계 내용을 이렇게 자세히 기술할 필요가 있는지는 의문이다. 정액이 묻은 드레스를 제외하면 클린턴의 위증이나 사법 방해를 입증할 직접적인 물증이 거의 없는 상태에서 스타의 수사는 대부분 르윈스키의 진술에 의존하고 있다. 따라서 스타는 르윈스키 진술의 신빙성을 돋보이게 함으로써 물증이 부족하다는 약점을 커버하려고 일부러 성관계 사실을 자세히 묘사하고 있는 것으로 보인다. 스타의 이런 의도는 그가 르윈스키 진술의 신빙성(信憑性)을 강조하려 애쓴 보고서 내용에서도 확인된다. *See* Starr Report, *infra* note 604, 11-14. 물론 클린턴과 민주당에 치욕을 주어 다가오는 중간 선거에서 민주당에 타격을 주려는 정치적 의도 역시 자세한 Sex 묘사의 한 배경일 수 있다.

669.

CASS R. SUNSTEIN, *supra* note 9, at 103 ("There has never been a prosecutor's report quite like Starr's ⋯ But it was also written like legal brief."). 선스타인 교수는 "스타 보고서가 증거보다는 오직 클린턴과 르윈스키의 성관계에 집중하고 있어 아이들과 함께 보면 안 될 삼류(三流) 영화와 같다"는 지적을 하였다. *Id. See also* FRANK BOWMAN, *supra* note 14, at 221 FRANK BOWMAN, *supra* note 14, at 221("[Starr report] does not so much describe evidence. It is, in effect, a prosecutor's argument ⋯ assertive in tone, graphic in detail, admitting no room for ambiguity or doubt, and omitting both exculpatory evidence").

670.

FRANK BOWMAN, *supra* note 14, at 221 ("the Starr report differed from Jaworski road map"); CASS R. SUNSTEIN, *supra* note 9, at 178 ("Muller report ⋯ a remarkable contrast from ⋯ Starr's lengthy report."). *See also* BILL CLINTON, MY LIFE, *supra* note 572, at 809.

671.

145 CONG. REC. S1573 (daily ed. Feb. 12, 1999)(statement of Harkin) ("only Ken Starr testifies on the facts"); S1566(statement of Kennedy)("Republicans on the House Judiciary Committee essentially swallowed the referral of Independent Counsel Kenneth Starr whole, without seriously questioning it or calling any witnesses."); S1579 (statement of Leahy) ("Raising this matter to the level of a constitutional impeachment only began with the referral from the special prosecutor, Kenneth Starr."). 리하이(Leahy) 상원의원은, 검사의 권력 중 가장 무서운 것은 특정인을 골라서 기소로 공격하는 것이라고 지적하고, 스타 검사가 클린턴에게 이런 짓을 하고 있다는 발언을 하기도 하였다. *Id. See also* The Judiciary Report of Clinton Impeachment, *supra* note 635, at 200 (minority views) ("Without any independent examination of fact witnesses, this Committee essentially rubber-

stamped [Starr's report]."); FRANK BOWMAN, *supra* note 14, at 223 ("relying … on the record created by Independent Counsel Starr"). For further reading *See also* Michael J. Gerhardt, The Federal Impeachment Process: A Constitutional and Historical Analysis 176-77 (2000).

672.

대통령은 취임할 때 헌법 2조 1항에 따라 직무를 충실히 집행하고, 헌법 2조 3항에 따라 법을 충실히 집행할 책무를 지닌다. 1974년 닉슨 탄핵 당시 사법위원회 보고서는 '공직의 온전성(integrity)을 해치는 행위는 탄핵 사유에 해당할 수 있다'는 결론을 내린 적 있다. 스타는 헌법과 1974년 보고서 내용을 결합하여, 클린턴의 위증과 사법 방해 혐의가 헌법 2조 1항과 2조 3항을 위반하는 것이며, 이 위반은 공직의 온전성을 훼손하는 것이므로 탄핵 대상 행위인 '중대한 범죄와 비행'에 해당한다는 논리를 주장하였다. *See generally* Starr Report, *supra* note 582. 소추위원들 역시 스타의 논리에 기대어 '중대한 범죄와 비행'을 구성하는 기준을 제시하지 않고, FRANK BOWMAN, *supra* note 14, at 221 ("Starr shirked the basic obligation to show … constitutional standard and explaining how the facts meet that standard"), 대통령의 위증과 사법 방해는 그 자체로 '중대한 범죄와 비행'에 해당한다고 주장하였다. FRANK BOWMAN, *supra* note 14, at 223. *See also* BILL CLINTON, MY LIFE, *supra* note 572, at 831. 위증과 사법 방해가 그 자체로 탄핵 사유라고 주장하는 일부 법학자들도 있지만, *See e.g.,* Written Statement of Jonathan Turley on Trump Impeachment, *supra* note 18, at 20, 이 주장은 다수 의견으로 인정되지는 않는다.

673.

See Letter of 430 Law Professors to Messrs. Gingrich, Gephardt, Hyde and Conyers (released Nov. 6, 1998) [hereinafter Letter of Law Professor], *available at* http://www.law.jurist.org/ wayback/petit1.htm; Background and History of Impeachment: Hearing before the Sub-comm. on the Constitution of the House Comm. on the Judiciary, 105th CONG. 334 (1998) [hereinafter Sub-committee Hearing](statement of Law Professors).

674.

FRANK BOWMAN, *supra* note 14, at 227 n.97 (quoting William Rawle's statement). 선스타인 교수도 "극단적인 비행이 아니라면 사적인 잘못은 탄핵 사유가 되지 않으며, 사적인 잘못을 덮으려는 클린턴의 위증 역시 탄핵 대상이 아니다"라는 의견을 밝혔다. CASS R. SUNSTEIN, *supra* note 9, at 99-104.

675.

See supra note 142 & accompanying text. *See also* FRANK BOWMAN, *supra* note 14, at 228; Written Statement of Jonathan Turley on Trump Impeachment, *supra* note 18, at 20-21; Jared P. Cole, *supra* note 11, at 11.

676.

CASS R. SUNSTEIN, *supra* note 9, at 83; Statement of Sunstein, *supra* note 138. *See also supra* note 142.

677.

보우만 교수는 범죄의 혹독성(severity) 또는 도덕적 심각성(moral gravity) 등을 고려하여 대통령의 비행이 심각하거나 중대한지를 판단하는 방안을 제시하였다. *See* FRANK BOWMAN, *supra* note 14, at 227. *See also supra* note 138.

678.

See e.g., CASS R. SUNSTEIN, *supra* note 9, at 101 ("Did Clinton commit high crimes and misdemeanors? In Starr's report, it would be difficult to find any.").

679.

Sub-committee Hearing, *supra* note 673 at 334 (statement of Historians). *see also* Eric Schmitt, *Scholars and Historians Assail Clinton Impeachment Inquiry*, Oct. 29, 1998, at A22, N.Y. TIMES, https://www.nytimes.com/1998/10/29/us/scholars-and-historians-assail-impeachment-inquiry-on-clinton.html; FRANK BOWMAN, *supra* note 14, at 212. ("no precedents").

680.

See generally 145 CONG. REC. S1458-1637 (daily ed. Feb. 12, 1999).

681.

See, generally 145 CONG. REC. S1462-1637 (daily ed. Feb. 12, 1999); S1560 (statement of Moynihan) ("You could very readily destabilize the Presidency ⋯ if the President were removed from office for less than the great and dangerous offences."); S1561(statement of Graham)("The Framers made it clear that the President should only be impeached and removed from office in cases where he becomes a threat to the government and the governed."); S1573 (statement of Harkin)("personal wrong", "no evidence", "case was based on inference and conjecture"); S1575(statement of Reid)("Set the standard high and judge by that standard. That is how the system is supposed to work."); S1627 (statement of

Hollings) ("not impeachable offense without proof", "no deep wrong").

682.

2월 12일 탄핵 심판에서의 상원의원들의 발언을 확인하기 위해서는, 작은 활자와 복잡한 배열로 읽기 힘든 의회 기록(Congressional Record)보다는 상원의 심판 기록(Senate Trial of Clinton, *supra* note 594)을 보는 것이 한결 편리하다.

683.

Senate Trial of Clinton, *supra* note 644, VOLUME IV, at 2812-2814 (statement of Collins).

684.

스노우 의원은 1번 및 2번 기소 모두에서 사실 관계와 고의성이 충분하게 입증되지 못하였다는 결론을 내렸으며, *Id.* at 3002(statement of Snowe), 제포즈 의원은 민사 소송의 입증 기준인 '우세한 증거(preponderance of evidence)'와 형사 소송의 입증 기준인 '합리적 의심의 여지가 없음(beyond reasonable doubt)' 사이의 '명백하고 확실한(clear and convincing evidence)' 증거 기준을 적용하여도 클린턴의 혐의가 입증되지 않는다고 밝혔다. *Id.* at 2878 (statement of Jeffords).

685.

Id. at 2715 (statement of Specter) ("I am not prepared to say on this record that President Clinton is not guilty. But I am certainly not prepared to say that he is guilty ⋯ I hope that I will be accorded the opportunity to vote not proved in this case.").

686.

1999년 1월 여론 조사에서는 국민 71%가 '자신들의 인생에서 가장 경기가 좋은 때'라는 대답을 하였다. *See* Frank Newport, *Presidential Job Approval: Bill Clinton's High Ratings in the Midst of Crisis*, 1998, June 4, 1999, GALLUP. *available at* https://news.gallup.com/poll/4609/presidential-job-approval-bill-clintons-high-ratings-midst.aspx. 르윈스키 스캔들이 한창 부풀고 있던 1998년 1월 27일, 클린턴은 연두 회견에서 "지금 미국 국민은 좋은 시절을 맞고 있으며 미연방은 강하다"라는 자신감이 가득 찬 연설을 하였다. 클린턴은, 1400만 개의 신규 일자리가 창출되었고, 지난 24년 이래 가장 낮은 실업률과 지난 30년 이래 가장 낮은 인플레이션을 기록하였으며, 주택 보유율은 역대 최고이고, 자신이 처음 취임하였을 $375 billion으로 예측되었던 1988년 정부 적자는 실제 $10 billion 이하로 감소할 것이라며 경제적 성과를 강조하는 연설을 하였다. *Presidential Speech/Bill Clinton Presidency, Jan. 27, 1998: State*

탄핵으로 본 미국사

of Union Address, Univ. of Virginia Miller Center. 보우만 교수는 "45석에 이르는 민주당의 상원 의석수, 어느 때보다 좋은 경제 여건, 그리고 70%에 달하는 클린턴의 지지도를 고려하면 당시 클린턴이 탄핵당할 확률은 제로("nil")였다"고 지적하였다. FRANK BOWMAN, *supra* note 14, at 223.

687.

See Drew Desilver, *Clinton's impeachment barely dented his public support, and it turned of many Americans*, Oct. 3, 2019, Pew Research Center, *available at* https://www.pewresearch.org/fact-tank/.

688.

1998년 10월경 대다수 국민은 클린턴의 탄핵에 반대하였다. CNN 여론 조사에서 국민 31%만이 클린턴 탄핵을 지지했고 63%가 반대하였다. Harry Enten, *Trump's impeachment polling is historically unprecedented*, Oct. 4, 2019, CNN, *available at* https://edition.cnn.com/2019/10/04/politics/trump-impeachment-polling/index.html. *See also* Drew Desilver, *supra* note 687.

689-1.

Arthur H. Miller, *Sex, Politics, and Public Opinion: What Political Scientists Really Learned From the Clinton-Lewinsky Scandal*, 32 Political Science & Politics 721, 727-728 (Dec. 1999)("ability to differentiate a private act from a public concern"), https://ir.uiowa.edu/cgi/viewcontent.cgi?referer=&httpsredir=1&article=1045&context=polisci_pubs; Frank Newport, *supra* note 686. ("The public ability to divorce … president's morality and ethical behavior from assessments of his ability … to continue to govern"); BILL CLINTON, MY LIFE, *supra* note 572, at 811 ("As the Republicans intensified their criticism of me, my supporters started to stand up.").

689-2.

2021년 6월 쿠팡의 이천 물류창고에 관리 소홀로 인한 화재가 발생하였다. 직원들을 혹사한다는 뉴스에 이어 소방관이 사망한 대규모 화재가 보도되자 쿠팡에 대한 이미지는 매우 나빠졌다. 그런데도 쿠팡의 2분기 매출은 상승하였다. 많은 사람은 쿠팡의 도덕성을 비난하면서도 압도적인 편리성을 버릴 수 없었다. SBS 뉴스토리, 돈쭐과 혼쭐, Sep. 27, 2021.

690.

미국 대통령 선거에서 경제는 언제나 No. 1 이슈였다. 클린턴의 대선 슬로건(slogan) '바보야, 문제는 경제야!'는 클린턴이 자신의 탄핵을 예견하고 한 말처럼 들리기도 한다. 아서 밀러(Arthur Miller)는 "국민이 클린턴의 직무 능력을 높게 평가하고 그의 파면에 반대한 것은 당시의 좋았던 국가의 경제 사정을 반영하기도 하지만, 다른 한편으로는 사적인 행동과 공적인 관심을 구분할 수 있는 국민의 능력이 발휘된 것"이라고 해석하였다. Arthur H. Miller, *supra* note 689, at 727-728.

691.

FRANK BOWMAN, *supra* note 14, at 222.

692.

월시는, 대통령 선거 5일을 앞둔 10월 30일에 기각된 사법 방해 혐의 대신 '거짓 진술' 혐의로 와인버거를 다시 기소하면서, 레이건 행정부 당시 부통령이었던 부시를 언급하였다. 이런 이유로 당시 부시 대통령이 이란-콘트라에 연관되었을 수 있다는 의혹이 일었는데, 이런 의혹이 대선에서 클린턴이 부시를 따라잡을 수 있게 만든 계기가 되었다는 주장도 있다. 이 때문에 월시의 수사와 기소가 매우 정치적이었다는 비판을 받기도 하였는데, 스타 독립검사가 정치적 수사를 이유로 비판받는 것과 비교하면 흥미로운 일이다. 이란-콘트라에 관련되었던 고위 공직자들은 유죄 선고를 받았으나 대부분의 선고는 후일 뒤집혔으며(reverse), 와인버거 국방부 장관은 1992년 12월 아버지 부시의 사면으로 재판을 면하게 되었다. *See* DAVID M. ABSHIRE, SAVING THE REAGAN PRESIDENCY 180-182, 192 (Texas A&N Univ. Press 2005), https://archive.org/details/savingreaganpres0000absh/page/n5/mode/2up.

693.

하이드는, 클린턴 탄핵 당시 '어떤 때에는 거짓말과 위증이 용서되어야 한다'라는 주장에 반대한다고 밝혀, 이란-콘트라 때와 모순된 태도를 보였다. *See* David G. Savage, *Hyde view on lying is back haunting him*, L.A. Times (Dec.4, 1998), *available at*: https://www.latimes.com/archives/la-xpm-1998-dec-04-mn-50567-story.html.

694.

Howard Kurtz, *Report of Hyde Affair Stirs Anger*, Washington Post (Sep. 17, 1998), *available at*: https://www.washingtonpost.com/wp-srv/politics/special/clinton/stories/hyde091798.htm.

695.

The Associate Press, *Gingrich Says He Cheated on His Wife*, Mar. 9 2007, N.Y. Times, *available at*: https://www.nytimes.com/2007/03/09/us/politics/09brfs-GINGRICHSAYS_BRF.html.

696.

FRANK BOWMAN, *supra* note 14, at 223 ("the managers were handicapped ⋯ by their own seeming hypocrisy."). *See also* BILL CLINTON, MY LIFE, *supra* note 572, at 835-836 ("[T]he impeachment drive was fundamentally neither about morality nor the rule of law, but abou power. Newt Gingrich had said it all in one phrase; they were doing it because we can.").

697.

FRANK BOWMAN, *supra* note 14, at 223 ("[T]he chances of persuading every Republican and plus twelve Democrats to vote for conviction were nil.")

698.

공화당 온건파 의원 4명은 탄핵 기소안이 가결되고 며칠 뒤 뉴욕 타임스에 "탄핵 기소 찬성이 '클린턴 파면 찬성'을 의미하지는 않는다"는 인터뷰를 하였다. BILL CLINTON, MY LIFE, *supra* note 572, at 834-835.

699.

BILL CLINTON, MY LIFE, *supra* note 540, at 210-211.

700.

FRANK BOWMAN, *supra* note 14, at 232.

701.

Morrison v. Olson, 487 U.S. 654, 705-715 (1988) (Scalia, J., dissenting).

702.

CASS R. SUNSTEIN, *supra* note 9, at 20.

703.

145 CONG. REC. S1573 (daily ed. Feb. 12, 1999)(statement of Harkin)

704.

Frank Newport & Alec Gallup, *Clinton's Popularity Paradox,* Jan. 31, 1988, Gallup, https://news.gallup.com/poll/4264/clintons-popularity-paradox. aspx; Dan Balz & Claudia Deane, *Poll Finds Impeachment with Starr,* April 5, 1998, The Washington Post, https://www.washingtonpost.com/ archive/ politics/1998/04/05/poll-finds-impatience-with-starr/ 0e4e5a62-6d5b-486e-aae4-6d6e147e2a4e/. *See also* BILL CLINTON, MY LIFE, *supra* note 572, at 779. 국민은 스타 보고서가 발표되었을 때 스타를 통제 불능인 사람으로 여겼지만, 클린턴의 대배심 증언이 방송되었을 때는 스타의 말이 그럴듯하다고도 여겼다. DAVID M. ABSHIRE, *supra* note 692, at 193.

705.

FRANK BOWMAN, *supra* note 14, at 233.

706.

FRANK BOWMAN, *supra* note 14, at 220 ("Nor would it have been seriously contemplated had it not been for Kenneth Starr. It was he not Congress, who transformed oral sex in Oval office anterooms into an impeachment crisis.").

707.

See CASS R. SUNSTEIN, *supra* note 9, at 99 ("Long before serious allegations were made, his opponents hated [Clinton], and they wanted to impeach him. For years, they were in search of plausible grounds. In their opposition to him, they were relentless.").

708.

FRANK BOWMAN, *supra* note 14, at 211.

709.

Id. ("[Clinton] had something in common with Nixon: he provoked implacable political opposition.").

710.

FRANK BOWMAN, *supra* note 14, at 211. 아버지 부시 대통령은 선거에서 패배한 뒤 '일구이언(duplicitously)'으로 "병역을 회피하고 베트남전에 참가하지 않은 사람이 어떻게 나라의 사령관(commander-in-chef)이 될 수 있는가"라고 한탄하였다. JON MEACHAM, DESTINY AND POWER, THE AMERICAN ODYSSEY OF GEORGE H.W. BUSH Prologue xvi (Random House 2015).

711.

수잔 카펀터 맥밀란(Susan Carpenter McMillan)과 앤 쿨터(Anne Coulter) 같은 보수 언론인들이 폴라 존스에게 조언해주었다.

712.

See supra note 601. *See also* FRANK BOWMAN, *supra* note 14, at 214-215.

713.

화이트워터, Filegate, Travelgate, 르윈스키 스캔들 등 클린턴 수사에 스타는 약 7천만 달러에 달하는 어마어마한 예산을 썼는데, 이것은 의회의 예산 지원이 없으면 불가능한 일이다. *See* Joseph Palemo, *The Starr Report: How To Impeach A President*,

탄핵으로 본 미국사

HuffPost, updated May 25, 2011, https://www.huffpost.com/entry/the-starr-report- how-to-i_2_b_71821. 스타는 클린턴의 Sex에만 4천만 달러를 썼다는 비판을 받았다. William Neikirk, *GAO Gives Peek at Kenn Starr's $40 Million Tab*, Oct. 30, 1998, Chicago Tribune, http://www.chicagotribune.com news/ct-xpm-1998-10-30-9810300061-story.html. 클린턴은 자신의 사생활을 수사하는 데 막대한 정부 예산을 사용한 스타와 이를 지원해준 공화당에 대한 강한 불만을 토로하였다. BILL CLINTON, MY LIFE, *supra* note 572, at 802-803.

714-1.

수사에 대한 집착은 스타가 온갖 기술을 동원하도록 만들었다. 비록 일반 검사들이 기소권을 무기로 유죄 인정을 끌어내는 'plea bargaining'이 기본적인 기소 전술에 해당하지만, 클린턴은 스타가 기소권을 무기로 증인을 압박한 사례들을 예시하며 그 지나친 정도를 비난하였다. BILL CLINTON, MY LIFE, supra note 572, at 779, 835-836. 스타는 수사 정보를 언론에 흘려 클린턴의 이미지를 추락시키는 기술을 써 비난받기도 하였는데, 그 스스로 이 사실을 인정하였다. *See* James Bennet, *Clinton's Lawyer Assails Starr's Office Over Leaks*, Feb 7, 1998, N.Y. Times, *at* https://archive.nytimes.com/www.nytimes.com/library/politics/020798clinton-strategy.html; Adam Clymer, *Starr Admits Role in Leaks to Press*, June 14, 1998, https://www.nytimes.com/1998/06/14/us/starr-admits-role-in-leaks-to-press.html. 스타는 르윈스키를 회유하여 클린턴 대통령까지 도청하려 하였던 사실을 부인하였지만, FBI 보고서는 이것이 사실이라는 것을 밝혔다. BILL CLINTON, MY LIFE, *supra* note 572, at 829. 르윈스키와의 대화를 몰래 녹음한 행위는 관할권을 가진 메릴랜드 주법 상 형사 범죄에 해당하지만, 스타는 린다 트립의 불법 녹음 행위에 대한 기소 면제를 약속해주기도 하였다. BILL CLINTON, MY LIFE, *supra* note 572, at 828.

714-2.

1992년 2월 12일 탄핵 심판 최종일에 하킨 민주당 상원의원은, 스타가 언론에 정보를 흘리고 선거 직전에 스타 보고서를 의회에 제출하여 탄핵을 부추긴 행태와 이를 지원한 공화당 의원들에 대한 노골적인 불만을 드러냈다. 해리 리드(Harry Reid) 민주당 상원의원은, 스타가 수년간의 수사에서 수천만 달러를 쓰며 수사 대상자나 관련자들을 혹독하고 불공정하게 다루었다고 비난하였다. 145 CONG. REC. S1753 (daily ed. Feb. 12, 1999)(statement of Harkin), S1754 (statement of Reid). 스타도 공화당계이지만, 독립검사 임명권을 가진 3명의 판사 중 데이비드 센텔(David Sentelle) 판사 등 최소 1인은 결코 중립적이지 않으며 정치적인 이유로 스타를 임명하였다는 평가를 받는다. FRANK BOWMAN, *supra* note 14, at 232-233. 클린턴은, 워터게이트를 수사하였던 자워스키 특별검사가 '보수적 민주당계(conservative democratic)'로 1972년 대선에서 닉슨에게 투표하였고, Iran-Contra 게이트를 수사한 월시 독립검사는 공화당원으로 레이건을 지지한 사람이었음을 지적하며, 스타를 독립검사로 지명한 것은 '전례 없는 (unprecedented)' 일이며 불공평한 'away game'이라고 지적하였다. BILL CLINTON, MY LIFE, *supra* note 572, at 613-614.

714-3.

클린턴이 주장하는 스타 검사의 수사 행태는 감자 줄기 캐듯 하는 별건(別件) 수사, 미확인 혐의를 언론에 흘리는 여론몰이 수사, 증인을 압박하고 피의자 명예를 악의적으로 훼손하는 겁박(劫迫) 수사이다. 대한민국의 조국 전 법무부 장관도 클린턴과 같은 주장을 한 적이 있다. 그는 2021년 5월 발간한 책에서, 검찰 개혁을 추진하는 자신의 법무부 장관 임명을 막기 위해 대한민국 검찰이 자신의 가족 전체를 들쑤신 '멸문지화(滅門之禍)' 수사를 벌였다고 주장하였다.

715.

탄핵 심판에서 소추위원이 "클린턴에게 무죄 선고를 하는 것은 인권과 성추행 관련한 법들이 중요하지 않다는 잘못된 메시지를 국민에게 전하는 것과 같다"라고 주장하자, 흑인 여성 변호사 체릴 밀스(Cheryl Mills)는 "클린턴의 탄핵은 남부 우익 백인들이 주도하는 정치적 공격이라는 것은 흑인들에게 잘 알려진 사실이다"라고 주장하였다. BILL CLINTON, MY LIFE, *supra* note 572, at 840. 우익 음모설은 힐러리 클린턴이 TV 쇼에서 주장하여 전 국민의 주목을 받았다. *See supra* note 623 & accompanying text.

716.

See e.g., Joseph A. Palermo, The Starr Report: *How to Impeach a President*, Huff Post ("Starr's office worked hand-in-glove with right-wing radio hosts ··· receiving ··· talking points from the Republican National Committee."), *available at* https://www.huffpost.com/entry/the-starr-report-how-to-i_2_b_71821. *See also* The Second Whitehouse Rebuttal to Starr Report, released on Sep. 12, 1998, Washingtonpost.com ("principal purpose is to damage the President."), *available at* https://www.washingtonpost.com/wp-srv/politics/special/clinton/icreport/whtext091298.htm; FRANK BOWMAN, *supra* note 14, at 232-233 ("manufactured for the purpose of destroying the president."). 145 CONG. REC. S1753 (daily ed. Feb. 12, 1999)(statement of Harkin).

탄핵으로 본 미국사

717.

FRANK BOWMAN, *supra* note 14, at 210 ("The Strange Case of William Jefferson Clinton").

718-1.

도널드 트럼프의 형인 프레드 주니어(Fred Jr.)의 딸이자 심리학자인 매리 트럼프 (Mary L. Trump)가 쓴 가족사 『*Too Much and Never Enough*』는 2020년 발간 즉시 'best seller'가 되었다. MARY L. TRUMP, TOO MUCH AND NEVER ENOUGH (Simon & Schuster 2020), *available at* https://archive.org/details/too-much-and-never-enough-how-my-family-created-the-worlds-most-dangerous-man-ha/mode/2up?q=died&view=theater. 이 책의 부제는 'How my family created the world's most dangerous man'인데, 매리는 "할아버지 프레드 시니어(Fred Sr.) 와 트럼프의 지속적인 무시로 아버지가 알코올 중독에 빠지고 42세에 요절하였다"라 는 'story'를 전개하고 있다. *See generally id.* at 66-118. 매리는 "할아버지가 형인 프 레드 주니어를 제치고 트럼프를 승진시킨 이유는 오직 프레드 주니어를 모욕 주려는 조 처였다"고 회고하였다. *Id.* at 83. 프레드 시니어는, 자신의 재산을 죽은 프레드 시니어 를 제외하고 트럼프를 포함한 4명의 자녀에게 나누어주는 유언장(will)을 남기고 1996 년 6월 사망하였다. *Id.* at 150-152. 매리는 "트럼프를 가족의 도움 없이 자수성가한 인물로 언론이 보도하였지만, 트럼프가 물려받은 할아버지의 재산은 상당하며 신고 된 것보다 4배는 많았을 것"이라고 지적하여 트럼프의 탈세 혐의를 주장하기도 하였 다. *Id.* at 150. *See also* Dan Alexander, *Trump's Net Worth Drops $600 Million In A Year to $2.5 Billion*, Sep. 2020 Forbes, https://www.forbes.com/sites/danalexander/2020/09/08/ trumps-net-worth-drops-600-million-in-a-year-to-25-billion/?sh=7fb1b2262363.

718-2.

〈The Apprentice〉는 NBC가 2004년부터 방영한 리얼리티 쇼 프로그램으로, 트럼프 가 쇼 호스트(show host)로 출연하여 서로 경쟁하는 10여 명의 출연자 중 1명을 선정 하여 고용 계약을 체결한다. NBC는 2007년부터 명사들이 기부금(charity)을 획득하 기 위해 경쟁하는 'Celebrity Apprentice' 버전을 만들어 방영하였는데, 여전히 트럼프 가 쇼 호스트를 맡았다. 2015년 트럼프가 대통령 출마를 선언하자 NBC는 'officially fire trump'라는 보도를 냈다. Associated Press, *NBC Officially Fires Trump From 'Celebrity Apprentice'*, Aug. 14, 2015 NBC NEWS, https://www.nbcnews.com/pop-culture/tv/nbc-officially-fires-trump-celebrity-apprentice-n409381.

719.

Frank Newport, *Clinton Holds Clear Edge on Having Presidential Qualities*, Nov. 1, 2016, GALLUP, https://news.gallup.com/poll/196952/clinton-holds-clear-edge-having- presidential-qualities.aspx.

720.

Steven Shepard & Jake Sherman, *Final poll: Clinton leads Trump by 3 as voters lock in, Nov. 6, 2016*, The Politico, https://www.politico.com/story/2016/11/politico-morning-consult- poll-hillary-clinton-donald-trump-230818. 트럼프가 대선 출마를 선언하였을 무렵에는 힐러리가 큰 격차로 우세하였다. 2016년 9월 무렵부터 그 격차가 매우 좁혀졌어도 힐러리의 우세는 지속적인 것으로 나타났다. *2016 General Election*, Huffpost Pollster, https://elections.huffingtonpost.com/pollster/2016-general-election-trump-vs-clinton.

721.

2016 Presidential Election Result, N.Y. Times, https://www.nytimes.com/elections/2016/results/president.

722.

역대 43명의 대통령 중 38명이 대통령이 되기 전 상원의원 등 선출직 공직에, 5명은 장관이나 장군 등 관직에 경험이 있었다.

723-1.

대학을 다니지 않은 백인들의 트럼프 지지율은 67%에 달하여, 1980년 출구 조사 이후 역대 최고로 나타났다. 이민에 반대하고 미국이 누렸던 과거의 영광을 찾겠다는 트럼프의 구호가 상대적 박탈감에 놓여 있던 백인 노동계급의 마음을 움직였던 것은 분명하나, 전체적인 선거 결과의 모습은 인종·성·교육에 따른 미국 국민의 분열이 표출되어 선거에 반영된 것으로 나타났다. *See* Alec Tyson & Shiva Maniam, *Behind Trump's victory: Divisions by race, gender, education*, Nov. 9, 2016, Pew Research Center, https://www.pewresearch.org/fact-tank/2016/11/09/behind-trumps-victory-divisions-by-race-gender-education/.

723-2.

BBC 뉴스는 "아무도, 트럼프가 대선에 출마할 수 있으리라 생각하지 않았지만 출마하였고, 공화당 후보로 지명되리라 생각하지 않았으나 지명되었고, 대선에서 경쟁할 수 있으리라 생각하지 않았지만 승리하였다"고 지적하며, 트럼프가 2016년 대선에서 승리한 5가지 이유를 제시하였다: **첫째,** 오하이오, 플로리다, 노스캐롤라이나를 차지한 뒤 전통적으로 민주당 강세 지역인 중서부 주들의 백인 근로자들(working-class white people) 과 정치에서 소외되었던 시골 사람들(rural voters)을 민주당으로부터 돌려세운 'Trump's white wave'. **둘째,** Fox 뉴스와 싸우고, 히스패닉(Hispanic) 미인대회 우승자를 조롱 하고, TV 토론에서 실수를 범하고, 여성에게 수작하였던 행위를 자랑삼아 뽐내던 모습 이 공개되어도 아랑곳하지 않고 다시 튀어오르는 강한 성격을 가진 'Teflon Donald'. **셋째,** 기성 정치인에 염증을 느끼던 사람들의 호감을 자극한 'The Outsider'. **넷째,** 힐 러리의 e-메일을 전수 조사하겠다고 나선 제임스 코미(James Comey) FBI 국장의 'The Comey Factor'. **다섯째,** 색다른(unconventional) 선거 캠페인을 선택한 본능적 직감과 그에 대한 믿음. Anthony Zurcher, *US Election 2016 Results: Five Reasons Doanld Trump won,* Nov. 9, 2016 BBC NEWS. https://www.bbc.com/news/election- us-2016-37918303.

724.

See Selena Simons-Duffin, *Trump Is Trying Hard To Thwart Obamacare. How's That Going?* , Oct. 14, 2019, NPR, https://www.npr.org/sections/health-shots/ 2019/10/14/768731628/trump-is-trying-hard-to-thwart-obamacare-hows- that-going. 모든 국민이 의료보험에 의무적으로 가입하도록 한 ACA(Affordable Care Act)의 '강제 가입' 조항은 특히 논란의 중심에 있었다. 이에 대한 위헌 소송이 제기되기 도 하였지만, 대법원은 합헌 판결을 내렸다. *See National Federation of Independent Business v. Sebelius,* 567 U.S. 519 (2012).

725.

Mexico City Plan은 레이건 행정부 정책으로 추진되었으나 클린턴이 중지시켰고, 아 들 부시가 부활시켰으나 오바마가 다시 폐기하였다. 이처럼 공화당 행정부와 민주당 행 정부가 번갈아 폐기와 부활을 반복한 Mexico City Plan을 트럼프가 부활시킨 것이 다. *See Memorandum, Mexico City Plan,* Jan. 23, 2017, Federal Register, https:// www.federalregister.gov/documents/2017/01/25/2017-01843/the-mexico-city- policy. Mexico City Plan이 이처럼 폐기와 부활을 반복하는 이유는, 미국에서 낙태에 대한 의견은 전통적으로 보수와 진보를 가르는 잣대이기도 하기 때문이다. 진보적 태도 에 있는 민주당은 낙태에 대한 정부 지원을 지지하나, 보수적 공화당은 낙태에 연방정부 자금이 지원되는 것을 반대한다.

726-1.

2006년, 공화당 의원은 물론 상당수 민주당 의원들의 지지로, 의회는 700miles에 이 르는 남부 국경 지역에 담(fence)을 설치하는 'Secure Fence Act of 2006'을 제정하였다. 아들 부시(George W. Bush) 대통령이 이 법안에 서명하였고, 2011년 5월 국토안전부(Dept. of Homeland Security)는 자동차 진입 방지용 300miles와 보행자 진입 방지용 약 350miles 등 총 650miles에 이르는 'fence' 설치가 완료되었다고 밝혔다. 기본적으로 국경의 담(border fence)이 국가 안전에 큰 도움이 되지 않는다는 견해를 가지고 있었던 버락 오바마 대통령은, 2021년 5월 'border fence'는 사실상 완료되었다고 선언하였다. Robert Farley, *Obama says the border fence is now basically complete*, May 16, 2021 POLITIFACT, https://www.politifact.com/factchecks/2011/may/16/barack-obama/obama-says-border-fence-now-basically-complete/.

726-2.

2016년 트럼프는 대선 유세에서 "멕시코와 국경 사이에 더 높고 더 긴 장벽(Wall)을 건설할 것이며, 멕시코가 이 비용을 내도록 하겠다"고 공약했다. 트럼프는 2017년 대통령 업무를 시작하자, 곧바로 불법 이민자를 막고 국가 안전을 지킨다는 명분으로 기존 연방 자금을 사용하여 장벽 건설을 시작하라는 '행정명령(Executive Order)'을 내렸다. 그러나 수십억 달러의 예산을 의회로부터 추가로 승인받지 않으면, 100miles의 국경에 'wall'을 세우고 일부 'fence'를 'wall'로 바꾸려는 트럼프 행정부의 계획은 불가능한 일이다. 의회는 트럼프가 요구한 'wall' 건설 비용 5.7billion을 2019 예산에 포함하지 않았고, 트럼프는 'wall' 건설 비용이 포함되지 않은 예산안에 서명하지 않겠다고 버텨 2018년 1월 22일부터 2019년 1월 25일까지 역사상 가장 긴 '정부 폐쇄(Shutdown)'를 초래하였다. 정부 폐쇄를 정치적 수단으로 이용한다는 여론과, 트럼프와 공화당에 대한 비난이 들끓자 트럼프는 일단 굴복하였지만 고집은 꺾지 않았다. Andrew Restuccia, *Longest shutdown in history ends when Trump relents on wall*, Jan. 25, 2019 POLITICO, https://www.politico.com/story/2019/01/25/trump-shutdown-announcement-1125529; Anthony Salvanto, *Pelosi has edge over Trump on budget negotiations*, CBS News poll shows, Jan. 23, 2019 CBS NEWS, https://www.cbsnews.com/news/pelosi-has-edge-over-trump-on-budget-negotiations-says-cbs-news-poll/.

726-3.

트럼프는 2019년 2월 15일 남부 국경에 대한 '국가 비상(national emergency)'을 선포하고(Proclamation 9844), 국방부의 건설 예산 등을 장벽 비용으로 전용할 수 있도록 하였다. 시민단체와 주정부가 나서 트럼프 '선포'에 도전하는 소송을 제기하였는데, 환경 단체인 Sierra Club은 장벽 건설을 중단시켜 달라는 청구(injunction)를 하여 연방법원의 승인을 받았다. 그러나 연방 대법원은 2019년 7월 Sierra Club의 소송 제기 자격

(standing)을 의심하며 집행 중지 명령의 효력을 정지(stay)시켰다. 이 동안 장벽 건설은 계속 진행되었다. 연방 항소법원(9th Cir. Court)은 2020년 6월, "Sierra Club은 소송 자격을 가지며, 트럼프는 임의로 국방부 예산을 장벽 건설에 전용할 수 없고, '국방부 예산 지출법(Dept. of Defense Appropriation Act 2019)'의 관련 조항(Sec. 8005) 역시 장벽 건설 전용을 허용하지 않는다"는 결론을 내리고, 장벽 건설 집행 정지 명령의 정당성을 다시 확인하였다. 이 판결을 근거로 Sierra Club은 '집행 정지에 내린 stay를 제거해 달라'는 요청을 연방 대법원에 하였다. 그러나 보수주의 대법관이 다수(5-4)를 차지한 연방 대법원은, 2020년 7월 Sierra Club의 요청을 거절하여 트럼프 장벽(Trump Wall) 건설이 계속 진행될 수 있도록 하였다. 바이든 대통령은 2021년 1월 20일 취임식을 마치자마자 장벽 건설 중지를 명령하였다. *See Trump v. Sierra Club*, 140 S. Ct. 1 (2019): *Sierra Club v. Trump*, No. 19-16102 (9th Cir. 2020): *California v. Trump*, No. 19-16299 (9th Cir. 2020). *See also* Queen Owen, *Supreme Court allows border wall construction to continue during legal battle*, Aug. 1, 2020 abcNEWS, https://abcnews.go.com/Politics/supreme-court-border wall-construction- continue-legal-battle/story?id=72115008.

727.

Trump Withdraws US from 12-Nation Pacific Rim Trade Deal, Jan. 24, 2017 VOA News, https://www.voanews.com/a/trump-set-to-withdraw-from-pacific-rim-trade-deal/3687969.html; Michael Shear, *Trump Will Withdraw U.S. From Paris Climate Agreement*, June 1, 2017 N.Y. Times, https://www.nytimes.com/2017/06/01/climate/trump-paris-climate-agreement.html; Philip Tucker, *Trump: We may terminate U.S.-South Korea trade deal*, April 27, 2017, The Washington Post, https://www.washingtonpost.com/politics/trump-we-may-terminate-us-south-korea-trade-agreement/2017/04/27/75ad1218-2bad-11e7-a616-d7c8a68c1a66_story.html; Stuart Anderson, *Trump's Tariffs Were Much More Damaging Than Thought*, May 20, 2021, The Forbes, *https://www.forbes.com/sites/stuartanderson/2021/05/20/trumps-tariffs*-were-much-more-damaging-than-thought/?sh=776d49bf65bd; Peter Baker, *Trump Steps Into North Korea and Agrees With Kim Jong-un to Resume Talks*, June 30, 2019 N.Y. Times, https://www.nytimes.com/2019/06/30/world/asia/trump-north-korea-dmz.html. *See also Donald Trump - Key Events*, Miller Center, https://millercenter.org/president/trump/key-events; Ryan Teague Beckwith, *The Year in Trump: Memorable Moments From the President's First Year in Office*, Jan. 11, 2018 TIME, https://time.com/5097411/donald-trump-first-year-office-timeline/.

728.

See Office of the Inspector General, DOJ., *Review of Four FISA Applications and the Other Aspects of the FBI's Crossfire Hurricane Investigation,* Dec. 2019 (PDF), https://www.justice.gov/storage/120919-examination.pdf. FBI를 포함한 미국 정보기관들은 러시아가 2016 미국 대선에 개입하려 한다는 사실을 이미 감지하고 있었다. *Id.* 2016년 10월 7일 국토안보부(Dept. of Homeland Security)와 국가정보국(The Office of the Director of National Intelligence)은 러시아가 2016년 미국 대선에 개입하기 위해 미국 시민이나 단체의 메일을 해킹하고 위키리크스(wikileaks) 등을 통해 해킹 정보를 누설하였다는 공동 성명을 발표하기도 하였다. *See* Special Counsel Robert S. Mueller III, Report On The Investigation Into Russian Interference In The 2016 Presidential Election 7 (Volume I, March 2019) [hereinafter Muller Report I], *available at* https://archive.org/details/MuellerReportVolume1Searchable/Mueller%20Report%20Volume%201%20Searchable/page/n0/mode/2up.

729.

HPSCI: House Permanent Select Committee on Intelligence. SSCI: Senate Select Committee on Intelligence. SJC: Senate Judiciary Committee.

730.

당시 법무부 장관이었던 제프 세션스(Jeff Sessions)가 트럼프 선거 캠프에서 활동한 전력을 들어 러시아 대선 개입 수사를 기피(recusal)하였기 때문에 법무부 차관이었던 로드 로젠스타인(Rod Rosenstein)이 뮬러 특별검사를 임명하였다.

731.

IRA(Internet Research Agency)는 러시아 St. Petersburg에 본부가 있으며, 러시아 집권층 부호인 Yevgeniy Prigozhin의 자금 지원을 받는 것으로 알려졌다. *See* Muller Report I, *supra* note 728, at 4-8.

732.

Id. at 4-5.

733.

Id. at 6.

734.

Id. at 7.

735.

Id.

736.

이 내용은 Muller Report I의 Executive Summary를 요약한 것이다. *See* Muller Report I, *supra* note 677, at 9-10. *Cf. United States v. Internet Research Agency, et al.*, No. 18-cr-32 (D.D.C.); *United States v. Netyksho, et al.*, No. 18-cr-215 (D.D.C.).

737.

Special Counsel Robert S. Mueller III, *Report On The Investigation Into Russian Interference In The 2016 Presidential Election 1* (Volume II, March 2019) [hereinafter Muller Report II].

738.

Muller Report II, *supra* note 737, at 1-2. 뮬러는 "트럼프의 혐의에 대한 형사적 기소 여부를 적극적으로 주장하는 것은 의회의 탄핵 추진 권한을 선점(preempt)할 수 있다"고 우려하였다. 이런 관점에서 본다면, 클린턴의 행위를 탄핵 대상으로 미리 규정하고 그에 대한 탄핵을 주장한 스타의 보고서는 의회의 탄핵 추진 권한을 침해한 것으로 간주할 수 도 있겠다.

739.

Muller Report II, *supra* note 737, at 2. ("[W]hile this report does not conclude that the President committed a crime, *it also does not exonerate him.*")(emphasis added).

740.

2016년 대선 당시 트럼프와 그의 선거 캠프는, 민주당 해킹의 배후가 러시아라는 의혹을 공개적으로 부정하면서도 위키리크스가 가진 해킹 정보를 얻으려 하였으며, 2016년 6월경 에는 모스크바에 Trump Tower 건설을 계획하기도 하였던 사실이 드러났다. *Id.* at 3-4.

741.

Id. at 5.

742.

플린은 1월 중순 FBI 요원에게 "오바마의 러시아 제재와 관련하여 러시아 대사와 접촉한 사실이 없다"라는 거짓말을 하였다. 플린의 거짓말이 불거지자, 트럼프는 일이 확대되는 것을 막고자 코미 국장에게 충성을 요구하며 플린이 사임하는 선에서 수사를 종결하라고 압박하였다. 코미는 이 요구를 거부하였고, 플린은 2월에 사임하였다. Muller Report II, *supra* note 737, at 4. 트럼프는 '대통령은 플린에게 러시아 제재와 관련하여 러시아 대사와 의논하도록 지시한 적이 없다'라는 내부 문서를 작성하라고 차석안보 고문 맥파랜드(K.T. McFarland)에게 지시하였지만, 맥파랜드는 그것이 사실인지 아닌지 알지 못한다는 이유로 문서 작성을 거부하였다. *Id.* 플린은 자신의 거짓 진술에 대하여 유죄를 인정하였으나, 2020년 5월 트럼프의 법무부는 플린에 대한 기소를 중지하였다. 법무부는 "애초에 FBI가 플린에 대한 조사를 시작할 충분한 근거도 없었으며, 플린의 거짓 진술이 러시아 대선 개입 수사에 중요한 사안도 아니다"라는 기소 중지 이유를 밝혔다. 법무부의 이런 조치에 대해 담당 연방판사는 "법무부의 결정을 그대로 수용하지 않고 외부 의견을 반영하여 검토하겠다"는 의사를 분명히 하였다. Anne-Marie Green, *Federal Judge not rubber-stamping Justice Department's dropping Flynn chares,* May 13, 2020, CBS NEWS, https://www.cbsnews.com/news/michael-flynn-case-judge-delays-decision-drop-charges/.

743.

Muller Report II, *supra* note 737, at 4.

744.

Id. at 4-5.

745.

Id. at 5-6. 트럼프는 그의 집무실에 맥간을 불러 특별검사에게 왜 그런 사실을 이야기하였냐는 추궁을 하였다.

746.

Id. at 5.

747.

Id. 트럼프는 2017년 7월 19일 백악관 외부에서 자문 역할을 하는 코리 르완도우스키(Corey Lewandowsky)를 시켜 세션스가 메시지를 공표하도록 종용하였다. 그러나 르완도우스키는 이 일을 원치 않았기 때문에 백악관 참모인 릭 디어본(Rick Dearborn)에게 부탁하였고, 디어본 역시 이를 수행하지 않았다. 이 무렵 트럼프는 세션스에 대한 불만을 표시하며 그의 해임을 암시하는 트윗을 하였다.

748.

Id. at 6.

749.

Id. at 6.

750.

Eugene Kiely, *Trump Twists Facts on Biden and Ukraine,* Sep 26, 2019, FACTCHECK.ORG, https://www.factcheck.org/2019/09/trump-twists-facts-on-biden-and-ukraine/; Tracy Wilkinson, *Here is what Joe Biden actually did in Ukraine,* Oct. 5, 2019 LA TIMES, https://www.latimes.com/politics/story/2019-10-05/bidens-visits-to-ukraine-under-scrutiny.

751.

Glenn Kessler, *A quick guide to Trump's false claims about Ukraine and the Biden,* Sep. 27, 2019 The Washington Post, https://www.washingtonpost.com/politics/2019/09/27/quick-guide-trumps-false-claims-about-ukraine-bidens/. IMF는 우크라이나 정부가 부패에 맞서는 노력을 하지 않으면 지원금을 회수하겠다는 경고를 하였고, 2015년 우크라이나 주재 미국대사 지오프리 피애트(Geoffrey Pyatt)는 쇼킨 검사장이 '반부패 노력에 대한 장애물'이라고 말하였다. Eugene Kiely, *supra* note 699; Alan Cullison, *Bidens in Ukraine: An Explainer,* Sep. 22, 2019 The Wall Street Journal, https://www.wsj.com/articles/bidens-anticorruption-effort-in-ukraine-overlapped-with-sons-work-in-country-11569189782.

752.

Daniel Dale, *What Trump has been getting wrong on Biden and Ukraine,* Sep 29, 2019, CNN, https://edition.cnn.com/2019/09/23/politics/fact-check-trump-ukraine-hunter-biden-joe-biden/index.html; Camille Caldera, *Fact check: Biden leveraged $1B in aid to Ukraine to oust corrupt prosecutor, not to help his son,* Oct. 21, 2020 USA TODAY, https://www.usatoday.com/story/news/factcheck/2020/10/21/fact-check-joe-biden-leveraged-ukraine-aid-oust-corrupt-prosecutor/5991434002/; Tracy Wilkinson, *supra* note 750.

753.

트럼프와 그의 개인 변호사 길리아니가 'DNC 음모론'의 진원(震源)이라는 증거는 없지만, 최소 그들이 'DNC 음모론'을 부추기고 증폭한 것은 사실로 보인다. *See* Chris Francescani, *Trump's former national security adviser 'deeply disturbed' by the Ukraine scandal,* Sep. 30, 2019, abcNEWS, https://abcnews.go.com/Politics/president-trumps-national-security-advisor-deeply-disturbed-ukraine/

story?id=65925477.

754.

Cynthia Brumfield, CrowdStrike, *Ukraine, and the DNC server: Timeline and facts*. Dec. 3, 2019, CSO, https://www.csoonline.com/article/3482006/crowdstrike-ukraine-and-the-dnc-server-timeline-and-facts.html.

755.

2019년 7월 트럼프가 우크라이나 대통령 젤렌스키(Zelenskyy)에게 DNC 서버에 대한 수사를 촉구한 통화가 공개된 이후 'DNC 음모론'은 더욱 확산되었다. Cynthia Brumfield, *supra* note 754. 2019년 5월 트럼프의 개인 변호사 길리아니는 우크라이나의 전 외교부 공무원을 만났는데, 이 외교부 공무원은 DNC와 우크라이나의 정부가 러시아 대선 개입 사건을 두고 협력하였다는 소위 'DNC 음모론'을 주장한 사람이었다. Pamela Brown and Caroline Kelly, *Giuliani says he met with Ukrainian official to discuss Biden*, Aug. 23, 2019, CNN, https://edition.cnn.com/2019/08/21/politics/giuliani-ukraine-lawyer-meeting/index.html. 2020년 5월 코로나바이러스에 대한 트럼프의 늑장 대응에 대한 비판이 거세어지고 재선 가능성이 위협받자, 트럼프는 낡아버린 'DNC 음모론'을 버리고 '러시아의 대선 개입에 대한 수사는 트럼프 자신의 대통령직을 박탈하려는 오바마 전 대통령의 음모'라는 'Obamagate'를 주장하였다. Marshall Cohen and Jeremy Herb, *Breaking down 'Obamagate,' Trump's latest theory about 'Deep State' and Obama's role in the Russia investigation*, May 13, 2020, CNN, *available at* https://edition.cnn.com/2020/05/13/politics/trump-obama-obamagate-russia/index.html. *See also* Gregory Creek and Ryan Nobles, *Cornered by coronavirus, Trump returns to a familiar strategy: Attack Obama*, May 19, 2020, CNN, *available at* https://edition.cnn.com/2020/05/16/politics/trump-coronavirus-strategy-attack-obama/index.html.

756.

단지, 공동 창업자이자 CTO인 드미트리 알페로비치(Dmitri Alperovitch)는 구소련 붕괴 당시 부모와 함께 미국으로 도피한 러시아 출신 젊은이로 알려졌다.

757.

Cynthia Brumfield, *supra* note 754.

758.

트럼프의 많은 보좌진이 이 음모론이 근거 없다는 조언을 하였지만, 트럼프는 이들의 의견을 듣지 않고 수사를 진행하려 하였다. Stefan Becket, Grace Segers and

Kathryn Watson, *Mulvaney links delay in Ukraine aid to DOJ's investigation into 2016*, Oct. 18, 2019, CBS News ("Other members of the president's staff tried repeatedly to convince him that the theory was "debunked" and had "no validity."), https://www.cbsnews.com/live-news/trump-impeachment-inquiry-latest-kurt-volker-gordon-sondland-testimony-2019-10-17/#post-update15.

759.

Chris Francescani, *Trump's former national security adviser 'deeply disturbed' by the Ukraine scandal*, Sep. 30, 2019, abcNEWS, https://abcnews.go.com/Politics/president-trumps-national-security-advisor-deeply-disturbed-ukraine/story?id=65925477.

760.

톰 보서트는 '트럼프-젤렌스키 통화'를 '매우 당혹스러운 일'이라고 평가하였다. *Id.*

761.

ODNI(Office of the Director of National Intelligence) 산하의 IC IG (Intelligence Community Inspector General) 마이클 앳킨슨은 2019년 8월 12일 해당 내부고발을 접수하였고, 14일 뒤인 8월 26일 고발 내용이 '신빙성이 있으며 긴급한 문제'라는 판단 아래 매과이어에게 전달하였다. '정보집단 내부고발보호법(Intelligence Community Whistleblower Protection Act)'에 따르면, IC IG는 내부고발 정보가 '신빙성 있고 긴급 (credible and urgent)'하다고 판단되면 14일 이내에 ODNI 국장에게 보고하고, 국장은 7일 이내에 해당 정보를 의회 정보위원회에 제출하도록 하고 있다. 매과이어 국장 대행이 내부고발 문서를 의회에 전달하지 않자, 앳킨스가 아담 쉬프(Adam Schiff)를 포함한 하원 정보위원회 소속 의원들에게 편지를 보내 내부고발 사실을 전한 것으로 알려졌다. Margaret Taylor, *The Mysterious Whistleblower Complaint: What Is Adam Schiff Talking About?*, Sep. 17, LAWFARE, https://www.lawfareblog.com/mysterious-whistleblower-complaint-what-adam-schiff-talking-about; Zachary B. Wolf and Curt Merrill, *The Whistleblower complaint*, annotated, Sep 26, 2019, CNN, https://edition.cnn.com/interactive/2019/09/politics/whistleblower-complaint-annotated/.

762.

Margaret Taylor, *supra* note 761; *Acting DNI Maguire Testimony on Whistleblow Complaint*, Sep. 26, 2019 C-SPAN, https://www.c-span.org/video/?464509-1/acting-director-national-intelligence-maguire-testifies-whistleblower-complaint. 일의 전개로 보아 백악관과 매과이어가 짜맞춘 시나리오대로 움직인다는 정황이 드러나는 대목이지만, 관여했던 모든 인물은 사실상 해임되었다. *See* Dom Calicchio, *Trump fires Michael Atkinson, Intelligence IC who told Congress abourt Ukraine phone call*, April 4, 2020 FOX NEWS, https://www.foxnews.com/politics/trump-fires-michael-atkinson-intelligence-ig-who-told-congress-about-ukraine-phone-call-report; Zachary Cohen, *Ousted acting spy chief Maguire formally resigns from US government*, Feb. 21, 2020 CNN NEWS, https://edition.cnn.com/2020/02/21/politics/joseph-maguire-director-of-national-intelligence/ index.html.

763.

See Zachary B. Wolf and Curt Merrill, *Trump's Ukraine phone call, annotated*, Sep 25, 2019, CNN, https://edition.cnn.com/interactive/2019/09/politics/trump-ukraine-transcript-annotated/. 내부고발과 관련된 통화 내용을 요약하면 다음과 같다. **President Trump**: *I would like you to do us a favor* though because our country has been through a lot and Ukraine knows a lot about it. I would like you to find out what happened with this whole situation with Ukraine, they say Crowdstrike ⋯ I guess you have one of your wealthy people ⋯ *The server, they say Ukraine has it.* There are a lot of things that went on, the whole situation⋯ I would like to have the Attorney General call you or your people and I would like you to get to the bottom of it. ⋯ **President Zelensky**: Yes, it is very important for me and everything that you just mentioned earlier ⋯ **President Trump**: ⋯ The other thing, *here's a lot of talk about Biden's son, that Biden stopped the prosecution* and a lot of people want to find out about that so whatever you can do with the Attorney General would be great. Biden went around bragging that he stopped the prosecution so if you can look into it⋯ It sounds horrible to me ⋯ **President Zelensky**: I wanted to tell you about the prosecutor ⋯ *Id.* (emphasis added).

764.

9월 초순 트럼프는 군사지원금에 대한 지급 유예 조치를 해제하였는데, 그 이유가 '의회의 압력에 굴복한 것'이라는 설명도 있지만, 트럼프가 내부고발이 있다는 보고를 받고 '젤렌스키에게 요청한 바이든 수사가 군사지원금 지급의 전제 조건'이라는 의혹을 남기지 않도록 지급 유예를 해제하였다는 분석이 더 설득력 있게 들린다. Michael

S. Schmidt, Julian E. Barnes and Maggie Haberman, *Trump Knew of Whistle-Blower Complaint When He Released Aid to Ukraine*, Nov. 26, 2019, N.Y. Times, https://www.nytimes.com/2019/11/26/us/politics/trump-whistle-blower-complaint-ukraine.html.

765.

Igor Derysh, *State Department facilitated Rudy Giuliani's secret meeting with Ukrainians about Joe Biden,* Aug. 22, 2019, salon, https://www.salon.com/2019/08/22/state-department- facilitated-rudy-giulianis-secret-meeting-with-ukrainians-about-joe-biden/; Kenneth P. Vogel and Andrew E. Kramer, *Giuliani Renews Push for Ukraine to Investigate Trump's Political Opponent,* Aug. 21, 2019, N.Y. Times, https://www.nytimes.com/2019/08/21/us/politics/giuliani-ukraine.html.

766.

트럼프가 독일 등의 EU 국가들이 우크라이나에 적절한 지원을 하지 않고 있다고 불평해 온 것은 사실이다. 젤렌스키와 통화 문제가 불거지자 트럼프는 군사지원금 지급 유예가 EU 국가로부터 우크라이나에 대한 더 많은 지원금을 받아내려는 조처였다고 주장하였다. Zachary B. Wolf and Curt Merrill, *supra* note 762; Tom Porter and Sonam Sheth, *New documents show Trump's officials laid the groundwork for Ukraine's aid freeze the night before his call to Zelenskyy,* Jan. 22, 2020, Business Insider, https://www.businessinsider.com/ukraine-aid-freeze-was-prepped-before-trump-call-new-documents-show-2020-1.

767.

Stefan Becket, Grace Segers and Kathryn Watson, *supra* note 758. *See also,* Jeremy Diamond, Kevin Liptak and Katelyn Polantz, *Mulvaney brashly admits quid pro quo over Ukraine aid as key details emerge - and then denies doing so,* Oct. 18, 2019, CNN, https://edition.cnn.com/2019/10/17/politics/mick-mulvaney-quid-pro-quo-donald-trump-ukraine-aid/index.html.

768.

Stefan Becket, *supra* note 758 ("debunked, no validity"); Chris Francescani, *supra* note 759 ("debunked theory"); Ronn Blitzer, *Mulvaney insists no quid pro quo with Ukraine afeter WH comments: I didn't say that,* Oct. 20, 2019 FOX NEWS, https://www.foxnews.com/politics/mulvaney-insists-no-quid-pro-quowith-ukraine-after-wh-comments-i-didnt-say-tha*t. See also* Stefan Becket, *supra* ("there was absolutely no quid pro quo").

769.

Nicholas Fandos, *Nancy Pelosi Announces Formal Impeachment Inquiry of Trump*, Sep 24, 2019, N.Y. Times, https://www.nytimes.com/2019/09/24/us/politics/democrats-impeachment-trump.html. 펠로시가 언급한 6개 위원회는 Financial Services, the Judiciary, Intelligence, Foreign Affairs, Oversight and Reform, and Ways and Means Committee이다.

770.

Rebecca Ballhaus, Siobhan Hughes and Byron Tau, *Whitehouse Says It Won't Cooperate With Impeachment Inquiry*, Oct. 8, 2019, The Wall Street Journal, https://www.wsj.com/articles/state-department-directs-gordon-sondland-not-to-appear-for-house-testimony-lawyer-says-11570538414; *Letter from White House counsel Pat Cipollone to House leaders*, Oct 9, 2019 The Washington Post, https://www.washingtonpost.com/context/letter-from-white-house-counsel-pat-cipollone-to-house-leaders/0e1845e5-5c19-4e7a-ab4b-9d591a5fda7b/.

771.

Anne Flaherty, *The Senate impeachment trial so far: 3 things to know*, Jan. 22, 2020, abcNEWS, https://abcnews.go.com/Politics/senate-impeachment-trial-things/story?id=68429401; Dean Obeidallah, *Andrew Johnson's impeachment trial had 41 witnesses, Clinton's had 3, and now some GOP senators want zero*, Jan. 13, 2020, CNN ("[T]he President directed certain key witnesses not to comply with subpoenas, including his chief of staff Mick Mulvaney"), https://edition.cnn.com/2020/01/12/opinions/senate-trump-impeachment-witnesses-obeidallah/index.html.

772.

Anne Flaherty, *supra* note 771 ("House Speaker Nancy Pelosi said she didn't want to wait for the courts to weigh in because that process could take months.").

773.

Leigh Ann Caldwell, *Kent tells lawmakers he was told to 'lay low' after raising* concerns about Giuliani, Oct. 16 NBC NEWS, https://www.nbcnews.com/ politics/trump-impeachment-inquiry/george-kent-tells-lawmakers-he-was-told-lay-low-after-n1067056; Time Staff, *Ultimately Alarming Circumstances. Read Acting Ambassador to Ukraine Bill Taylor's Full Opening Statement to Congressional Investigators*, Oct. 22, 2019, https://time.com/5707713/bill-taylor-opening-statement-impeachment-inquiry/; Stefan Becket, *Republicans storm closed-door Impeachment hearing, delaying testimony*, Oct. 23, 2016 CBS NEWS, https://www.cbsnews.com/live-news/trump-impeachment-inquiry-latest-bill-taylor statement-ukraine-2019-10-23/. *See also* Andrew O'reilly, *Fiona Hill has high praise for ousted ambassador, Yovanovitch, in impeachment inquiry hearing*, Oct. 14, 2019 FOX NEWS, https://www.foxnews.com/politics/ fiona-hill-yovanovitch-praise-impeachment-inquiry-hearing; Marshall Cohen, *5 explosive lines from ex-ambassador Marie Yovanovitch's statement to Congress*, Oct 11, 2019 CNN, https://edition.cnn.com/2019/10/11/politics/ yovanovitch-statement-breakdown/index.html.

774.
켄트와 테일러의 증언도 언론의 큰 주목을 받았는데, 현직 국무부 고위 외교관인 이들의 'quid pro quo' 증언은 법률적으로 상당한 무게를 가질 수 있다는 점이 그런 주목의 한 이유였을 것이다. *See* Grace Segers, Kathrin Watson and Stefan Becket, *Diplomats detail Ukraine pressure campaign at first open impeachment hearing*, Nov. 14, 2019, CBS News, https://www.cbsnews.com/live-news/impeachment-public-hearings-live-stream-testimony-from-bill-taylor-george-kent-today-2019-11-13/. 요바노비치는, 자신이 트럼프 측 흑색선전(smear campaign)의 공격 대상으로 'DNC 음모론'에서 힐러리 측 인사로 등장한다고 주장하였다. 요바노비치는 11월 27일 청문회에서도 같은 내용의 진술을 하였다. Tom McCarthy, *Ukraine ambassador describes Trump's 'shocking' smear campaign agaist her*, Nov. 15, 2019 The Gurardian, https://www.theguardian.com/us-news/2019/nov/15/ trump-impeachment-inquiry-marie-yovanovitch; *See* Jeremy Herb and Manu Raju, *Former US ambassador to Ukraine tells impeachment inquiry she was 'shocked and devastated' after being removed from her post*, Nov. 16, 2019, CNN, https://edition.cnn.com/2019/11/15/politics/public-impeachment-hearings-day-2/index.html; Staff, *Transcript: Marie Yovanovitch's Nov. 15*

Testimony, Nov. 16, 2019, The Washington Post, https://www.washingtonpost.com/politics/2019/11/16/transcript-marie-yovanovitchs-nov-testimony-front-house-intelligence-committee/; Peter Baker, *Key Takeaways From Marie Yovanovitch's Hearing in the Impeachment Inquiry*, Nov. 15, 2019, N.Y. Times, https://www.nytimes.com/2019/11/15/us/politics/impeachment-hearings.html. 요바노비치의 27일 증언 영상은, *See* Veronica Rocha, *Impeachment inquiry hearing with former US Ambassador to Ukraine*, Nov. 27, 2019, CNN, https://edition.cnn.com/politics/live-news/impeachment-hearing-11-15-19#h_7708a0af16361fd055d5f388e7a204bc.

775.

마이크 폼페오(Mike Pompeo) 국무부 장관과 로버트 블레어(Robert Blair) 백악관 참모 등도 통화 현장에 있었다. Ayesha Rascoe, *Who Was On The Trump-Ukraine Call?*, Nov. 7, 2019, NPR, https://www.npr.org/2019/11/07/775456663/who-was-on-the-trump-ukraine-call.

776.

Jeremy Herb and Manu Raju, *White House aide calls Trump's actions 'inappropriate' in push to investigate Biden*, Nov. 19, 2019, CNN, *available at* https://edition.cnn.com/2019/11/19/politics/public-impeachment-hearing-day-3/index.html.

777.

Sonam Sheth, *In a Freudian slip, Nunes accidentally referred to Volker and Morrison as 'your witnesses' to Democrats, a telling sign of how badly this impeachment hearing is going for the GOP*, Nov. 20, 2019, Business Insider, https://www.businessinsider.com/trump-impeachment-hearings-vindman-williams-volker-morrison-testimony-updates-2019-11.

778.

Sonam Sheth, *supra* note 777. *See also* Veronica Rocha, *Four key impeachment witness testify*, Nov. 19, 2019, CNN, https://edition.cnn.com/politics/live-news/impeachment-hearing-11-19-19/h_fcef5e3a2b318f1fee6c3405a9b80d06. 민주당 아담 쉬프가 자리를 이어받은 2019년 1월까지 하원 정보위원회 위원장을 맡았던 공화당 누네스 의원은, 러시아의 대선 개입 수사 과정에서 FBI가 트럼프를 염탐하고 그를 끌어내리려는 정치적 목적으로 FISA(Foreign Information Surveillance Act) 영장

(warrant)을 청구하였다는, 소위 '누네스 메모'를 2018년 2월 발표하여 정계를 발칵 뒤집어 놓았다. 트럼프 행정부의 백악관은 물론 법무부와 FBI까지 나서 진상 규명을 요구하며 민주당에 정치적 역공을 펴부었다. 누네스 메모는 모두 가짜로 밝혀졌고, 국가는 엉뚱한 일에 시간과 에너지를 낭비한 꼴이 되었지만, 트럼프는 임기 종료 직전인 2021년 1월 누네스에게 '자유의 메달(Medal of Freedom)'을 수여하였다. *See* Russell Spivak, *About That Presidential Medal of Freedom: Revisiting the Nunes Memo*, Jan. 12 2021 LAWFARE, https://www.lawfareblog.com/about-presidential-medal-freedom-revisiting-nunes-memo; Quinta Jurecic, *Notable Reactions to the Nunes Memo*, Feb. 2, 2018 LAWFARE, https://www.lawfareblog.com/notable-reactions-nunes-memo.

779.

Adam Edelman, *7 things we learned from Gordon Sondland's impeachment testimony*, Nov. 21, 2019, NBC, https://www.nbcnews.com/ politics/trump-impeachment-inquiry/6-things-we-learned- gordon-sondland-s-impeachment-testimony-so-n1086841. *See also* Andrew Prokop, *Gordon Sondland dramatically changes his testimony in impeachment inquiry*, Nov. 5, 2019, Vox, https://www.vox.com/policy-and-politics/2019/11/5/20950019/gordon-sondland-testimony-update-impeachment.

780.

젤렌스키가 원했던 백악관 방문은 우크라이나 스캔들 속에서 무산되었으나 2년이 지난 뒤 이루어졌다. 2021년 9월 1일, 젤렌스키는 백악관에서 트럼프가 아니라 바이든을 만났다. Maegan Vazquez & Kevin Liiptak, *Ukrainian President accomplishes years-long quest for a White House visit with Biden meeting*, Sep.1, 2021, CNN, https://edition.cnn.com/2021/09/01/politics/ukraine-volodymyr-zelensky-biden-white-house/index.html.

781.

손드랜드는 그가 트럼프의 지시로 7월 25일 젤렌스키와의 통화를 주선하였다는 사실을 밝히지 않았었다. 그러나 미국의 고위 외교관인 빌 테일러(Bill Taylor)가 그의 부하 직원 중 한 명이 트럼프와 손드랜드가 통화하는 것을 엿들었다는 증언을 하자 통화 주선 사실을 인정하였다. 통화를 엿들은 부하 직원은 트럼프가 '우크라이나 정부가 바이든과 DNC 음모론을 조사하게 할 수 있는지'를 손드랜드에게 질문하였다고 증언하였다. Adam Edelman, *supra* note 779.

782.

Id. See also Leigh Ann Caldwell, supra note 773.

783.

Michael D. Shear, *Key Moments From Hill and Holmes's Testimony in the Impeachment Inquiry*, Nov. 21, 2019, N.Y. Times ("a domestic political errand"), https://www.nytimes.com /2019/11/21/us/politics/ impeachment-hearing.html.

784.

Id.

785.

Nick Schifrin, *The fundamental policy disagreements that pushed John Bolton away from Trump*, Sep. 10, 2019, *available at* https://www.pbs.org/newshour/show/the-fundamental-policy-disagreements-that-pushed-john-bolton-away-from-trump.

786.

Peter Baker & Maggie Haberman, *Trump Undercuts John Bolton on North Korea and Iran*, May 28, 2019, N.Y. Times, https://www.nytimes.com/2019/05/28/us/politics/trump-john-bolton-north-korea-iran.html.

787.

국가 안보 고문으로서 트럼프-김정은 미팅에 당연히 참석하리라는 모두의 예상을 깨고 볼턴이 몽골에 간 것을 두고 언론은 '유배'로 표현하였다. Edward Wong, *Trump Officials Are Split Over Approach to North Korea*, July 1, 2019, N.Y. Times https://www.nytimes.com/2019/07/01/us/politics/trump-bolton-north-korea.html.

788.

볼턴은 사임하였다고 말했지만, 트럼프는 해고하였다고 주장한다. 트럼프는 볼턴이 사임하기 하루 전인 9월 9일 "더는 볼턴이 필요하지 않다"라고 트윗하였다. 볼턴은 9월 9일 사임서를 제출하자 트럼프가 "내일 이야기하자"라고 말했다고 주장했다. Rebecca Morin, *'Let's be clear, I resigned' John Bolton contradicts Trump on whether he was fired*, Sep. 10, 2019, USA TODAY, https://www.usatoday.com/story/news/politics/2019/09/10/john-bolton-fired-donald-trump-says-he-offered-resign/2274836001/.

789.

Rebecca Shabad, Geoff Bennett and Haley Talbot, *John Bolton failed to appear at impeachment deposition*, Nov. 8, 2019, NBC NEWS, https://www.nbcnews.com/politics/trump-impeachment-inquiry/john-bolton-trump-s-former-national-security-adviser-skips-impeachment-n1078136.

790.

Adam Edelman, *supra* note 779 ("They knew what we were doing and why … Everyone was in the loop. It was no secret.").

791.

William Cummings, *John Bolton decried Giuliani effort to pressure Ukraine as 'drug deal', ex-aide Fiona Hill testifies, reports say*, Oct. 15, 2019, USA TODASY ("whatever drug deal Sondland and Mulvaney are cooking up"), https://www.usatoday.com/story/news/politics/2019/10/15/john-bolton-decried-ukraine-drug-deal/3983310002/. *See also* Anne Flaherty, *supra* note 771 ("drug deal cooked up by Rudy Giuliani").

792.

Id. ("a hand grenade who's going to blow everybody up"). 사람들은 볼턴을 'atomic bomb'으로 묘사하였다. *Id.*

793.

See Andrew Desiderio, *Impeachment investigators pressing forward without John Bolton*, Nov. 7, 2019, POLITICO, https://www.politico.com/news/2019/11/07/john-bolton-impeachment-067318.

794.

PERMANAT SELELCT COMMITTEE ON INTELLIGENCE, 116TH CONG, THE TRUMP-UKRAINE IMPEACHMENT INQUIRY REPORT 9 (December 2019), *available at* https://intelligence.house.gov/uploadedfiles/the_trump-ukraine_impeachment_inquiry_report.pdf. 정보위원회의 최종 보고서는 민주당과 공화당의 의석수 그대로 인 13 대 9로 채택되었다. Manu Raja and Jeremy Herb, *House Democrats vote to send impeachment report to Judiciary Committee*, Dec. 4, 2019, CNN, https://edition.cnn.com/2019/12/03/politics/house-intelligence-committee-report/index.html.

795.

12월 4일 1차 청문회에 민주당은 하버드 법대 노아 필드만, 스탠퍼드 법대 파멜라 카알란(Pamela Karlan), 노스캐롤라이나 법대 마이클 거하트(Michael Gerhart)를 초청하였고, 공화당은 조지 워싱턴 법대 조나단 털리 교수를 초청하였다. 정보위원회 조사를 포함한 12월 4일자 사법위원회의 상세한 청문회 내용은, *See The Impeachment Inquiry into President Donald J. Trump: Constitutional Grounds for Presidential Impeachment: Hearing Before the House Comm. on the Judiciary*, 116th CONG. (Dec. 4, 2019), *available a*t https://www.congress.gov/116/chrg/CHRG-116hhrg38933/CHRG-116hhrg38933.pdf.

796.

Donald J. Trump Tweet (Dec. 5, 2019), https://twitter.com/realDonaldTrump/status/1202573673049272320.

797.

Pat Cipollone, *Letter to Nadler* (Dec. 6, 2019) ("As you know, your impeachment inquiry is completely baseless and has violated basic principles of due process and fundamental fairness."), https://www.scribd.com/document/438599295/Letter-to-Nadler#from_embed. *See also* Marisa Schultz and John Roberts, *White House won't participate in impeachment hearings, tells Nadler to 'end this inquiry now '*, Dec 6, 2019, Fox News, https://www.foxnews.com/politics/trump-responds-to-impeachment-deadline-i.

798.

See 165 CONG. REC. H12205-12206 (daily ed. Dec. 18, 2019). 당시 민주당 의원은 233명, 공화당 의원은 197명, 공화당에서 이탈한 무소속 의원 1명이었다. 무소속 저스틴 아마시(Justin Amash)는 모든 기소안에 찬성하였으나, 민주당 의원 2명이 기소 1안에 3명이 기소 2안에 반대하였다. 민주당 의원 1명은 표결에 참석하지 않았고, 또 다른 1명은 기권하였다. *See also* House Tally Clerks, *Final Vote Results For Roll Call 695,* Dec. 18, 2019, Clerk of the House, http://clerk.house.gov/evs/2019/index.asp.

799.

Rachel Frazin, *Trump lashes out at Pelosi on Christmas, decries 'scam impeachment'*, Dec. 25, 2019, THE HILL, https://thehill.com/homenews/administration/475928-trump-lashes-out-at-pelosi-in-christmas-tweets-decries-scam-impeachment.

800.

Articles of Impeachment Against Donald John Trump, H. Res. 755, 116th CONG. (Dec. 18, 2019), https://www.congress.gov/116/bills/hres755/BILLS-

116hres755enr.pdf. 탄핵 기소장 내용을 요약하면 다음과 같다. **Article 1.** Abuse of Power **(1)** President Trump corruptly solicited the Government of Ukraine to publicly announce investigations Into a political opponent, former Vice President Joseph R. Biden, Jr. and a discredited theory promoted by Russia alleging that Ukraine--rather than Russia--interfered in the 2016 United States Presidential election. **(2)** President Trump conditioned two official acts on the public announcements of the Ukraine investigations: the release of $391 million which President Trump had ordered suspended and a head of state meeting at the White House. **(3)** Faced with the public revelation of his actions, President Trump ultimately released the military and security assistance to the Government of Ukraine, but has persisted in openly and corruptly urging and soliciting Ukraine to undertake investigations for his personal political benefit. **Article 2.** Obstruction of Congress **(1)** President Trump directed the White House to defy a lawful subpoena by withholding the production of documents sought therein by the Committees. **(2)** President Trump directed other Executive Branch agencies and offices to defy lawful subpoenas and withhold the production of documents and records from the Committees--in response to which the Department of State, Office of Management and Budget, Department of Energy, and Department of Defense refused to produce a single document or record. **(3)** President Trump directed current and former Executive Branch officials not to cooperate with the Committees, in response to which nine Administration officials defied subpoenas for testimony.

801.

워싱턴 포스트와 ABC가 함께 실시한 여론 조사에 따르면, 71%의 국민이 상원의 탄핵 심판에 새로운 증인의 출석을 원하는 것으로 나타났다. Ted Barrett, *McConnel rejects Schumer's call for witness at impeachment trial,* Dec. 17, 2019, CNN https://edition.cnn.com/2019/12/17/politics/mitch-mcconnell-response-schumer-impeachment/index.html; Gary Langer, *66% call for witnesses in Trump's impeachment trial: Poll,* Jan 25, 2020, abcNEWS, https://abcnews.go.com/Politics/66-call-witnesses-trumps-impeachment-trial-poll/story?id=68509143.

802.

Ted Barrett, *supra* note 801. 트럼프는, 상원의 증인 요청에 응하지 않으면서 하원의 소환장에도 불응하였던 로버트 블레어를 미국의 대외 정보통신 정책을 총괄하는 특별 대표로 승진시켰다. Michael Collins, *Donald Trump promotes White House aide who refused to testify in impeachment inquiry,* Dec. 23, 2019, USA Today, https://www.usatoday.com/story/news/politics/2019/12/23/impeachment-donald-trump-promotes-key-aide-who-defied-subpoena/2738596001/.

803.

See Dean Obeidallah, *Andrew Johnson's impeachment trial had 41 witnesses, Clinton's 3, now some GOP senators want zero,* Jan. 13, 2020, CNN ("Trump directed certain key witnesses not to comply with subpoenas"), https://edition. cnn.com/2020/01/12/opinions/senate-trump-impeachment-witnesses-obeidallah/index.html.

804.

See Carol E. Lee, Hans Nichols and Kristen Welker, *Bolton willing to testify in Senate impeachment trial if subpoenaed,* Jan. 7, 2020, NBC NEWS https://www. nbcnews.com/politics/trump-impeachment-inquiry/bolton-willing-testify-senate-impeachment-trial-if-subpoenaed-n1111256; Statement of John R. Bolton, *available at* https://www. boltonpac.com/2020/01/statement-of-john-r-bolton/.

805.

Stephen Collinson, *Holiday stalemate grips Senate impeachment trial,* Dec. 23, 2019, CNN, https://edition.cnn.com/2019/12/23/politics/trump-impeachment-mcconnell-pelosi-going-forward/index.html.

806.

Maggie Haberman, Michael S. Schmidt, *Trump Tied Ukraine Aid to Inquiries He Sought, Bolton Book Says,* Jan. 26, 2020, N.Y. Times, https://www.nytimes. com/2020/01/26/us/politics/trump-bolton-book-ukraine.html.

807.

Howard Kurtz, *Bolton manuscript leaks to NY Times creates uproar,* Jan. 28, 2020, FOX News, https://www.foxnews.com/media/bolton-manuscript-leak-to-n-y-times-creates-uproar.

808.

Jordan Fabian, *Trump Will Invoke Executive Privilege to Block Bolton's*

Testimony, Jan. 11, 2020, Bloomberg, https://www.bloomberg.com/news/articles/2020-01-10/trump-will-invoke-executive-privilege-to-block-bolton-testimony. 닉슨 대통령 역시 백악관 집무실의 녹음테이프 제출을 거부하기 위해 비밀 유지 특권(Executive privilege)을 주장하였으나 대법원이 거절한 적이 있다. *See supra* note 527 & accompanying text.

809.

Libby Cathey, *Bolton book releases Tuesday even as judge says his profits might be seized*, June 23, 2020, abcNEWS, https://abcnews.go.com/Politics/bolton-book-set-release-tuesday-judge-profits-seized/story?id=71385543; Brian Stelter, *John Bolton's book has been delayed due to White House review*, March 3, 2020, CNN, https://edition.cnn.com/2020/03/03/media/john-bolton-book-delayed/index.html. *Cf.* JOHN R. BOLTON, THE ROOM WHERE IT HAPPENED (Simon & Schuster June 2020).

810.

Olivia Rubin, *White House official ordered aid to Ukraine be withheld 91 minutes after Trump call with Ukraine president, documents show*, Dec. 23, 2019, abcNEWS, https://abcnews.go.com/Politics/trump-admin-forced-turn-ukraine-aid-documents/story?id=67869710. *See also* Sara Murray, Katelyn Polantz and Tammy Kupperman, *Effort to freeze Ukraine aid began about 90 minutes after call between Trump and Zelensky*, Dec. 24, 2019, CNN, https://edition.cnn.com/2019/12/21/politics/emails-ukraine-aid-timeline/index.html.

811.

상원의 민주당 리더 슈머는 더피의 메일이 폭발적인 파괴력을 가진 증거라고 생각하였다. Melissa Quinn, *Schumer cites 'explosive' email to call for witness at impeachment trial*, Dec. 22, 2021, CBS News, *available at* https://www.cbsnews.com/news/trump-impeachment-schumer-cites-explosive-michael-duffey-email-to-press-for-witnesses-at-impeachment-trial/.

812.

롬니는 탄핵 심판 최종일에 존 볼턴의 증언을 듣지 못한 것에 아쉬움을 표시하였다. *See* 166 CONG. REC. S897 (daily ed. Feb. 5, 2020)(statement of Romney)("I sought to hear testimony from John Bolton, not only because I believe he could add context to the charges…"). *See also* Grace Segers and Kathryn Watson, *Susan*

Collins working with a "small group" of GOP senators to allow witness in impeachment trial, Jan. 10, 2020, CBS NEWS, https://www.cbsnews.com/news/trump-impeachment-susan-collins-gop-senators-small-group-witnesses/. 트럼프와 백악관은 롬니와 콜린스가 증인 출석에 찬성할 가능성이 있다는 것을 미리 파악하고 있었다. *Trump Impeachment: House sends historic case to Senate,* Dec. 18, 2020, BBC NEWS, https://www.bbc.com/news/world-us-canada-51126431.

813.

Zachary B. Wolf, *A technical argument is Trump's new line of attack,* Dec. 24, 2019, CNN, https://edition.cnn.com/2019/12/24/politics/impeachment-watch-december-23/index.html.

814.

펠로시는 "추가적인 탄핵 기소도 가능하다"는 발언을 하기도 하였다. Benjamin Siegel, Adia Robinson, *Pelosi does not rule out possibility of subpoenaing testimony if Senate skips witnesses,* Jan. 13, 2020, abcNEWS, https://abcnews.go.com/Politics/mcconnell-accountable-american-people-nancy-pelosi/story?id=68207196.

815.

See Jane C. Timm and Rebecca Shabad, *House sends impeachment articles to Senate, Pelosi names trial managers,* Jan, 15, 2020, NBC News, https://www.nbcnews.com/politics/politics-news/pelosi-calls-witnesses-trump-trial-after-new-evidence-n1116091. *See also* Stephen Loiaconi, *Democrats defend Pelosi's impeachment delay, but Republicans say strategy failed,* Jan. 14, 2020, abcNEWS 6, https://abc6onyourside.com/news/nation-world/democrats-defend-pelosis-impeachment-delay-but-republicans-say-strategy-failed. 펠로시는, 멕코넬 상원의원과 탄핵 심판 규정에 대해 논의를 하느라 기소장 제출이 늦어졌다고 설명하였다. *Trump Impeachment: House sends historic case to Senate,* Jan. 15, 2020, BBC News, https://www.bbc.com/news/ world-us-canada-51126431.

816.

See 166 CONG. REC. D65-67 (Daily Digest. Jan. 21, 2020). *See also* Katherine Faulders, *Trump Impeachment: GOP-led Senate rejects amendments approves rules of trial,* abcNEWS, https://abcnews.go.com/Politics/trump-impeachment-trial-live-updates-senate-rejects-democrats/story?id=68410003.

817.

See Dean Obeidallah, Jan. 13, 2020, *Andrew Johnson's impeachment trial had 41 witnesses, Clinton's 3, now some GOP senators want zero,* CNN, https://edition.cnn.com/2020/01/12/opinions/senate-trump-impeachment-witnesses-obeidallah/index.html; Mahita Gazan, *How the Trump's Impeachment Trial Rules Compare to Clinton's Trial,* Jan. 21, 2020, TIME, https://time.com/5768920/trump-impeachment-trial-rules/.

818.

Trial Memorandum of United States House of Representatives, In re Impeachment Trial of President Donald J. Trump, Jan. 22, 2020, 1-3, [hereinafter House Trial Memo in re Trump], *available at* https://intelligence.house.gov/uploadedfiles/in_re_president_trump_house_impeachment_trial_brief_and_sof_1.18.20.pdf. 트럼프 1차 탄핵 심판에 대한 취합된 자료는, *See* U.S. SENATE, PROCEEDINGS OF THE UNITED STATES SENATE IN THE IMPEACHMENT TRIAL OF PRESIDENT DONALD JOHN TRUMP, S. DOC. NO. 116-18, VOLUME I ~ IV (GPO Print 2020) [hereinafter Senate Trial of Trump], VOLUME I: PRELIMINARY PROCEEDINGS, VOLUME II: FLOOR TRIAL PROCEEDINGS, VOLUME III: VISUAL AIDS FROM THE TRIAL, VOLUME IV: STATEMENT OF SENATORS.

819.

정부의 외교 정책에 개입하였다는 비난을 받자 트럼프의 개인 변호사 길리아니는, 자신은 외교 정책에 개입한 것이 아니라 '트럼프 개인 업무를 도왔을 뿐'이라고 변명하였다. House Trial Memo in re Trump, *supra note 818, at 3-4.* 소추위원들은 트럼프의 행위는 우크라이나 정부를 2020 대선에 끌어들이는 행위이며, 선거에 외세를 개입시키는 것은 건국 세대가 가장 우려하였던 폐해로, 헌법 제정자들이 탄핵하고자 하였던 바로 그 행위라고 주장하였다. *Id.* at 5-6.

820.

소추위원은, 우크라이나 대통령과의 백악관 회담은 우크라이나가 미국의 우방국이라는 신호를 러시아에 보내는 국가적으로 매우 중요한 회의라고 규정하고, 트럼프가 이런 중대한 회의를 '개인의 이익을 위하여 이용하였다'고 비난하였다. *Id.* 4-5.

821.

Id. at 6-8.

822.

Id. at 1 ("evidence overwhelmingly establishes")

823.

Trial Memorandum of President Donald J. Trump, In Proceedings before the U.S. Senates, Jan. 20, 2020, 1-2. [hereinafter Trump Trial Memo 1], https://www. justsecurity.org/wp-content/uploads/2020/01/ukraine-clearinghouse-Trial-Memorandum-of-President-Donald-J.-Trump-january-20-2020.pdf.

824.

실제 의회의 소환장에 대해 OLC(Office of Legal Counsel)는 '의회가 고위 공직자에게 공무에 대하여 강제로 증언하게 할 수 없다'는 의견을 주었으며, 변호사를 대동할 권리가 거부되었다거나 기타 절차적 하자로 '의회의 특정 소환장이 적법하거나 유효하지 않다'는 의견을 주었다. *Id.* at 1-4.

825.

U.S. CONST. art.1. §2. (The House of Representatives … shall have the sole power of Impeachment").

826.

Trump Trial Memo 1, *supra* note 823, at 4-8.

827.

소추위원이 가진 약점은, "우크라이나 정부가 바이든에 대한 수사를 공표한 뒤에 군사 지원금을 지급하라"는 트럼프의 지시를 직접 받거나 들은 증인이 없다는 것이다. 대부분 증인은 개인적 판단이나 정황(情況)에 근거한 추측 또는 전언을 진술한 것이었는데, 이런 사태가 발생한 이유는 트럼프가 우크라이나 사안과 직접 관련된 고위 공무원이나 자신의 최측근 인물들이 청문회에 증인으로 나서지 못하도록 막았기 때문이다.

828.

Id. at 8-10. 변호인단은, 트럼프와 젤린스키와의 백악관 회담은 바이든 부자에 대한 수사 압력용으로 취소된 것이 아니라 허리케인 때문에 변경되었다고 주장하였다. 백악관 회담은 9월 1일 예정되어 있었으나 허리케인 도리안(Dorian) 때문에 9월 25일 뉴욕에서 열렸다는 것이 트럼프 변호인단의 주장이다. 그러나 9월 25일 만남은 두 정상 간의 회담이 아니라, UN 회의에 참석한 젤렌스키를 트럼프가 호스트로서 잠깐 영접하고 사진을 찍는 정도였다. Kevin Liptak & Betsy Klein, *Trump claims he put 'no pressure' on Zelensky despite White House transcript,* Sep. 25, 2019, CNN, https://edition. cnn.com/2019/09/25/politics/volodymyr-zelensky-donald-trump-meetingunga/index.html. 또한, 젤렌스키 대통령과 우크라이나의 고위 공무원들이 군사지원금 지급 유예 사실을 한 달 늦게 알게 되었다는 사실이 트럼프 측의 압박이 없었다는 근거 또는 증거가 되는지 의문이다.

829.

Id. at 10-12.

830.

Sanya Mansoor, *Nancy Pelosi Ripped Up a Copy of Trump's State of Union Address*, Feb. 4, 2020, TIME, https://time.com/5778099/pelosi-trump-speech-rip/.

831.

See 166 CONG. REC. S937-938 (daily ed. Feb. 5, 2020).

832.

66 CONG. REC. S897 (daily ed. Feb. 5, 2020)(statement Romney). *See also McKay Coppins, How Mitt Romney Decided Trump Is Guilty,* Feb. 5, 2020, The Atlantic, https://www.theatlantic.com/politics/archive/2020/02/romney-impeach-trump/606127/.

833.

Norah O'Donnell, *Susan Collins explains her vote to acquit Trump*, Feb. 4, 2020, CBS News, https://www.cbsnews.com/news/susan-collins-explains-her-vote-to-acquit-trump/; Grace Segers, *Susan Collins will vote to acquit Trump, saying he's learned from impeachment,* Feb. 4, 2020, CBS News, https://www.cbsnews.com/news/susan-collins-will-vote-to-acquit-trump-saying-hes-learned-from-impeachment/.

834.

Kevin Liptak, *Trump's impeachment lesson: 'Democrats are crooked'*, Feb. 13, 2020, CNN ("The Democrats are crooked"), https://edition.cnn.com/2020/02/12/politics/donald-trump-democrats-lesson/index.html.

835.

Ben Gittleson and Jordyn Phelps, Feb 7, 2020, *Trump declares victory over impeachment: 'It was evil'*, abcNEWS, https://abcnews.go.com/Politics/trump-respond-senate-trial-acquittal-noon-remarks-white/story?id=68800473. 트럼프는 팡파르(pan pare)가 울리는 연단에 올라 축하 연설을 하였고, 팻 시폴론 변호사와 미치 맥코넬 의원에게 각각 'great job', 'fantastic work'이라는 치하를 하였다. *Id.*

836.

Anna Palmer and Jake Sherman, *Trump's revenge*, Feb. 8, 2020, POLITICO.

837.

Kaitlan Collins, et al., *Trump fires two major impeachment figures - - Alexander Vindman and Gordon Sondland*, Feb. 8, 2020, CNN, https://edition.cnn.com/ 2020/02/07/politics/alex-vindman-donald-trump-impeachment/index.html.

838.

Trump defends firing impeachment witness Alexander Vindman, BBC News, https://www.bbc.com/news/world-us-canada-51408704.

839.

Alexander Vindman's lawyer calls trump's comments 'obviously false', Feb. 8, 2020, BBC News, https://www.bbc.com/news/world-us-canada-51432830.

840.

Jeremy Herb, *Trump fires intelligence community watchdog who told Congress about whistleblower complaint that led to impeachment*, April 4, 2020, CNN, *available at* https://edition.cnn.com/2020/04/03/politics/trump-fires-inspector-general-michael-atkinson/index.html. *See supra* note 761.

841.

연방 형법 상 뇌물죄로 기소하기 위해서는 공무(official act)와 관련하여 부패한 의도(corrupt intent)로 가치 있는 것(a thing of value)을 주고받은 상황(quid pro quo)을 입증해야 하며, 법원은 대체로 이 혐의에 대한 입증을 까다롭게 따진다. *See supra* note 103.

842.

Cf. Noah Feldman, *What the Law Says About the Impeachment and Trump's Phone Call to Ukraine*, Sep. 29, 2019, Bloomberg Opinion [hereinafter Noah Feldman Opinion] ("And herein lies a crime - at least, possibly. It is illegal for a government official to solicit a bribe. That includes situations in which a public official extracts a bribe from somebody in exchange for taking an official act that falls within his governmental authority ⋯ It could be argued that Donald Trump wanted to extract a payoff from the president of Ukraine - namely, an investigation that would cast a negative light on Biden, a prospective political opponent. If Trump communicated that he would unfreeze aid to Ukraine in exchange for that payoff, he was offering to perform an official governmental act in exchange for the payoff."), *available at* https://www.bloomberg.com/opinion/articles/2019-09-24/trump-s-ukraine-call-could-lead-to-a-formal-impeachment-inquiry.

843.

연방법은 외국으로부터 선거 지원을 요청하거나 받는 것을 금지하고 있다. 52 U.S. Code § 30121 - Contributions and donations by foreign nationals. 의회의 소환장에 불응하거나 청문회 진행을 방해하는 행위 역시 연방법 위반이며, 18 U.S. Code § 1505 - Obstruction of proceedings before departments, agencies, and committees, 의회를 위해 대 정부 감사 기능을 수행하는 GAO(Government Accountability Office)는 백악관 예산관리실이 안보지원금 지급을 중지시킨 행위는 ICA (Impoundment Control Act) 위반이라는 공식 검토서를 발표하였다. *See Decision: Matter of Office of Management & Budget – Ukraine Security Assistance,* Jan. 16, 2020, GAO, *available at* https://www.gao.gov/assets/b-331564.pdf.

844.

콜린스는 자신이 지적한 문제에 대해 소추위원이 제대로 해명하지 못함을 질책하였다. Senate Trial of Trump, VOLUME IV, *supra* note 818, at 2009-2010 (statement of Collins), *available at* https://www.govinfo.gov/content/pkg/CDOC-116sdoc18/pdf/CDOC-116sdoc18-vol4.pdf. 뇌물죄는 그 입증이 매우 까다로운 범죄이다. 소추위원은 뇌물죄를 입증할 만한 증언이나 증거를 확보하지 못하였던 것이 분명해 보인다.

845.

2020년 1월 30일 프랭크 보우만, 로런스 트라이브, 마이클 거하트 등 300여 명의 법학자들은 '탄핵에 형사적 범죄의 입증이 필요하지 않다'는 편지에 서명하여 상원에 전달하였다. *See* A letter of law school professors, Jan. 30, 2020, *attached* in the statement of Senator Durbin at 166 CONG. REC. S904-905 (daily ed. Feb. 5, 2020). *Cf.* 탄핵 사유로 형사 범죄가 필요한 요건은 아니지만, 형사 범죄에 해당하는지는 여전히 탄핵 사유에 해당하는가를 판단하는 데 중요한 참고 사항이 된다. *See* Noah Feldman *Opinion, supra* note 842 ("[T]here's a strong tendency for the public and the House of Representatives to start talking about presidential conduct in terms of whether a statute has been violated."); Written Statement of Jonathan Turley on Trump Impeachment, *supra* note 18, at 23 ("Criminal allegations ⋯ offer an objective source for measuring and proving [high Crimes and Misdemeanors]"). *See also supra* note 120 & accompanying text.

846.

펠드만 교수는 탄핵 사유인 '중대한 범죄와 비행'의 정수(essence)는 직무 권한의 남용 (abuse of office)이라고 주장한다. *See* Noah Feldman, *supra* note 46. 하원의 법사위 원회 청문회에서는 4명의 저명한 헌법학자들이 의견을 밝혔다. 펠드만 교수, 카알란 교수, 노스캐롤라이나 법대 마이클 거하트(Michael Gehardt) 교수는 트럼프의 행위가 탄핵 대상이 된다는 주장을 하였다. 이들 모두는 민주당이 초빙한 증인들이었다. 반면, 워싱턴 법대 조나단 털리 교수는, 하원의 탄핵 과정이 성급하였으며 "트럼프의 행위가 탄핵 대상이 된다는 충분한 입증이 이루어지지 않았다"는 의견을 표명하였다. 털리 교수는 클린턴 탄핵 때 "클린턴의 위증과 사법 방해 혐의가 '중대한 범죄와 비행'에 해당한다"는 의견서를 제출하였다. 각 교수의 진술이나 의견서는, *available at* https://docs.house.gov/Committee/Calendar/ByEvent.aspx?EventID=110281.

847.

See Pamela S. Karlan, *Opening Statement to the House Judiciary Committee,* Dec. 2, 2019, https://docs.house.gov/meetings/JU/JU00/20191204/110281/HHRG-116-JU00-Wstate-KarlanP-20191204.pdf.

848.

See supra note 446 & accompanying text.

849.

Written Statement of Jonathan Turley on Trump Impeachment, *supra* note 18, at 4, 12.

850.

'중대한 범죄와 비행'이 어느 정도 수준으로 입증되어야 하는지 분명한 기준은 없지만, 상원의원들은 대체로 형사 소송의 기준인 '합리적 의심의 여지가 없는 정도(beyond a reasonable doubt)'나 최소 '명백하고 확실하게(clear and convincing evidence)' 입증되기를 원하는 것으로 보인다. 민사 소송의 기준인 '개연성의 우세(preponderance of evidence)'는 부족한 입증으로 판단된다. *See e.g.,* Senate Trial of Trump, VOLUME IV, *supra* note 818, at 2878 (statement of Jeffords) ("beyond a reasonable doubt", "clear and convincing evidence standard"); Senate Trial of Trump, VOLUME IV, *supra* note 818, at 2009 (statement of Collins) ("with no room for doubt"). 클린턴 과 트럼프 탄핵 심판에서 상원의원들의 발언을 참조하면 대다수 'beyond a reasonable doubt' 기준을 제시한다.

851.

콜린즈 의원은, 하원의 탄핵 추진이 형편없었으며 "좀 더 많은 증언과 증거 서류를 확보하여야 했다"고 평가하였다. Zach Blanchard, *Maine Sen. Susan Collins says she will vote to acquit Pres. Trump*, Feb. 5, 2020, Maine News Center, https://www.newscentermaine.com/article/news/ politics/senator-collins-makes-decision-on-trump-impeachment/97-c1055d63-6022-4554-ab3f-08a2feef4885. 백악관과 트럼프의 변호사들이 주장했듯이 소추위원들이 제시한 증언은 모두 '믿거나, 생각하거나, 또는 추측한다'라는 식의 증언으로, 트럼프의 개입을 분명하게 입증할 만한 직접적 증거를 제시하지는 못했다. 예를 들어 '젤렌스키가 바이든 수사를 공표하여야 군사지원금을 지급하겠다'라는 트럼프의 말을 직접 듣거나 직접 지시받았다는 증언은 제공되지 않았다. 따라서 핵심 이슈에 대한 입증이 이루어지지 않았다는 것이 일반적 견해이다. *See* Anne Flaherty, *Trump's impeachment trial: How we got here, what happens next and what to watch*, Jan, 15, 2020, abcNEWS, https://abcnews.go.com/politics/trumps-impeachment-trial-watch/story?id=68251166. 또한, 2번 기소인 의회 방해 혐의는 다툼의 여지가 있으므로, 탄핵을 추진하기 전에 소환장의 법적 결함에 대한 법무부 자문팀(OLC)의 주장을 법원에 제소하여 법원의 판단을 먼저 받으려는 노력을 최소 한두 번은 하여야 했던 것으로 보인다. *See e.g.,* Senate Trial of Trump, VOLUME IV, *supra* note 818, at 2010 (statement of Collins).

852.

닉슨 대통령 탄핵 추진 당시, 워터게이트 위원회로 불린 상원의 조사위원회는 많은 증인을 불러 조사하는 청문회를 개최하고 방대한 보고서를 작성하였다. *See* THE FINAL REPORT OF NIXON IMPEACHMENT, *supra* note 471.

853.

Steve Inskeep, *Transcript: NPR's Full Interview With John Bolton*, June 22, 2020, NPR, https://www.npr.org/2020/06/22/881500085/transcript-nprs-full-interview-with-john-bolton.

854.

See supra note 689 & accompanying text.

855.

갤럽의 여론 조사는, 트럼프 탄핵 기간 중 그의 업무 수행에 대한 지지도가 39%에서 45%로 상승하였으며, 그에 대한 탄핵 지지도는 50%에서 46%로 하락하였음을 보여준다. *See* Justin McCarthy, Dec. 18, 2019, *Trump Approval Inches Up While*

Support for Impeachment Dips, Gallup https://news.gallup.com/poll/271691/ trump-approval-inches-support-impeachment-dips.aspx. 상원의 무죄 선고 이후 AP가 실시한 여론 조사는, 43%의 국민이 트럼프의 업무 수행을 지지하고 56%가 지지하지 않는 것으로 나타났는데, 43%의 업무 수행 지지도는 트럼프 취임 이후 AP가 조사한 업무 지지율 중 평균 이상인 수치이다. 따라서 탄핵이 트럼프의 업무 수행 평가에 부정적 영향을 주지 않았다고 해석할 수 있다. Laurie Kellman and Emily Swanson, *AP-NORC poll: Impeachment didn't dent Trump approval,* Feb.29, 2020, AP NEWS, https://apnews.com/8cc87cacd56f56a4d931046f3a5a1ee6. Reuter 통신이 시행한 상원의 무죄 선고에 대한 여론 조사 역시 상당수 국민이 "비록 트럼프가 잘못된 행동을 하였지만, 그 잘못이 그를 해임할 정도로 중대하거나 심각하지 않다"고 생각하였던 것으로 드러났다. Chris Kahn, *Forty-three percent of Americans back Trump acquittal, 41 percent opposed: Reuter/Ipsos poll,* Feb 7, 2020, Reuters, https://www.reuters.com/article/us-usa-trump-impeachment-poll/forty-three-percent-of-americans-back-trump-acquittal-41-percent-opposed-reuters-ipsos-poll-idUSKBN2002WH.

856.

John Gramlich, *Looking back on impeachment, a quarter of Americans say Trump did nothing wrong,* March 17, 2020, Pew Research Center, https://www. pewresearch.org/fact-tank/2020/03/17/looking-back-on-impeachment-a-quarter-of-americans-say-trump-did-nothing-wrong/.

857.

Senate Trial of Trump, VOLUME IV, *supra* note 818, at 2009 (statement of Collins) ("Regardless, it was wrong for President Trump to mention former Vice President Biden on that phone call, and it was wrong for him to ask a foreign country to investigate a political rival.").

858.

물론 상당수 공화당 의원들과 당원들은 객관적인 기준과 상관없이 오로지 정파적 결론을 내렸을 가능성도 농후하다. 어쨌든 롬니는 트럼프 변호인의 논리를 조목조목 반박하며 트럼프 행위의 심각성과 중대성을 따졌다. *See* Senate Trial of Trump, VOLUME IV, *supra* note 818, at 2094 (statement of Romney); 166 CONG. REC. S897 (daily ed. Feb. 5, 2020)(statement of Romney).

859.

트럼프 측은, 오바마 행정부에서 바이든 부통령이 아들을 돕기 위한 지렛대(leverage)로 해 $1billion 원조금을 이용하였다고 주장하였다. 바이든이 원조금 지급을 활용한 것은 맞지만, 아들을 돕기 위한 것이 아니라 부패한 우크라이나 검찰총장을 해임하기 위한 것이었다. *See* Camille Caldera, *Fact check: Biden leveraged $1B in aid to Ukraine to oust corrupt prosecutor, not to help his son,* Oct. 21, 2020, USA Today, https://www.usatoday.com/story/news/factcheck/2020/10/21/fact-check-joe-biden-leveraged-ukraine-aid-oust-corrupt-prosecutor/5991434002/.

860.

Steve Inskeep, *supra* note 853.

861.

Mark Murray, *NBC/WSJ Poll: Public remains in split on Trump's impeachment and ouster from office,* Dec. 19, 2019, NBC News, https://www.nbcnews.com/politics/meet-the-press/nbc-wsj-poll-public-remains-split-trump-s-impeachment-ouster-n1104356; Mark Murray, *NBC/WSJ Poll: Country remains divided over Trump's impeachment trial,* Feb. 2, 2020, NBC NEWS, https://www.nbcnews.com/politics/meet-the-press/nbc-wsj-poll-country-remains-divided-over-trump-s-impeachment-n1128326.

862.

William Cummings, *Americans divided on Trump's acquittal,* FEB. 10, 2020, USA Today, https://www.usatoday.com/story/news/politics/2020/02/10/poll-trump-impeachment-trial-acquittal/4714055002/.

863.

Aaron Bycoffe, Ella Koeze and Nathaniel Rakich, *Did Americans Support Removing Trump From His Office?,* Feb 12, 2020, FiveThirtyEight, https://projects.fivethirtyeight.com/impeachment-polls/.

864.

여론 조사에 따르면, 90% 정도의 공화당원들이 트럼프의 업무 수행을 지지하였지만, 그중 54%만이 트럼프가 우크라이나 스캔들에 관련하여 잘못한 것이 없다고 믿는 것으로 나타났다. *Trump Impeachment trial: Four numbers that explain why he was cleared,* Feb. 2020, BBC NEWS, https://www.bbc.com/news/world-us-canada-51315310. 즉, 공화당원들 상당수가 트럼프의 잘못을 믿었지만 정치적 이유로 탄핵에는 반대하였다.

865.

존슨과 닉슨 그리고 클린턴 사례에서 하원은 대체로 정파적 결론에 따라 행동하는 모습을 보여주었다. 그러나 하원의 탄핵 기소뿐만 아니라 상원의 탄핵 심판과 국민 여론 모두가 극명하게 양분 구도를 보인 것은 트럼프 탄핵이 처음이다. 데이터를 가시화한 흥미로운 연구 자료는 트럼프 탄핵을 둘러싼 미국의 양극화가 마치 두 개의 행성이 대립하는 듯한 모습을 보여주고 있다. *See* Esteban Villa-Turek, *A visual assessment of political polarization around Trump's impeachment using Twitter data and Gephi*, Dec. 28, 2019, Towards Data Science, https://towardsdatascience.com/a-radiography-of-trumps-impeachment-86284710ae1d.

866.

See Brigitte L. Nacos, Robert Y. Shapiro, and Yaeli Bloch-Elkon, *Donald Trump: Aggressive Rhetoric and Political Violence*, Perspective on Terrorism, Vol. 14, No.5 (October 2020) p. 2

867.

John Haltiwanger, *The impeachment drama has shown how broken Congress is, and Trump is taking full advantage*, Dec. 19, 2019, Business Insider, https://www.businessinsider.com/impeachment-has-shown-congress-is-broken-trump-taking-full-advantage-2019-12; *See also* Brigitte L. Nacos, *supra* note 866; Emma Green, *Americans Hate One Another. Impeachment Isn't Helping*, Nov. 2, 2019, The Atlantic, https://www.theatlantic.com/politics/archive/2019/11/impeachment-democrats-republicans-polarization/601264/.

868.

Chris Cillizza, *Yes, things are worse now than ever before*, Jan. 22, 2020, CNN, https://edition.cnn.com/2020/01/21/politics/trump-political-polarization/index.html.

869.

Id. See also Jeffrey Jones, *Trump Third Year Sets New Standard for Party Polarization*, Jan. 21, 2020 GALLUP, https://news.gallup.com/poll/283910/trump-third-year-sets-new-standard-party-polarization.aspx.

870.

트럼프가 상원에서 무죄 선고를 받게 된 가장 중요한 이유 중 하나는 공화당의 전폭적인 지지로 분석되었다. *See Trump Impeachment: Four numbers that explain why he was cleared*, Feb. 5, 2020, BBC News, https://www.bbc.com/news/world-us-canada-51315310. 탄핵 심판 선고 직전에 시행된 갤럽의 2월 여론 조사에서 공화당원들의 94%가 트럼프를 지지하는 것으로 나타났다. 이것은 1월 여론 조사보다 6% 상승한 것이며, 역대 최고 지지율을 3% 이상 갱신한 것이었다. *See* Jeffrey M. Jones, *Trump Job Approval at Personal Best 49%*, Feb.4, 2020, GALLUP, https://news.gallup.com/poll/284156/trump-job-approval-personal-best.aspx.

871.

See generally, Joe's Story (YouTube), https://joebiden.com/joes-story/; Joe Biden, The White House, https://www.whitehouse.gov/administration/president-biden/.

872-1.

로체스터 대학교의 조사에 따르면, 트럼프 탄핵 이후 민주주의에 대한 미국 국민의 신뢰는 탄핵이 시작되기 전보다 떨어졌으며, 트럼프 지지자와 반대자 사이에 분열과 대립은 더욱 악화된 것으로 나타났다. *See* University of Rochester, *Perception of US democracy tanks after Trump Impeachment*, April 28, 2020, PHYS.ORG, https://phys.org/news/2020-04-perception-democracy-tanks-trump-impeachment.html. 2020년 중반 흑인 조지 플로이드(George Floyd)가 과잉 검문을 받다가 백인 경찰에게 죽임을 당하는 등 백인 경찰이 흑인들을 무자비하게 다루는 일련의 사건이 일어나자 곳곳에서 '흑인들의 생명도 소중하다(Black Lives Matters)'라는 시위가 일어났다. 트럼프는 일부 시위에서 폭력 사태가 일어난 것을 핑계로, 'Black Lives Matter' 시위자들을 테러리스트 또는 폭도(thugs)라고 깎아내렸고, 폭력 시위에 군대를 동원할 의사가 전혀 없다고 밝힌 마크 에스퍼(Mark Esper) 국방부 장관에게 화를 내며 그의 해임을 고려하기까지 하였다. Gordon Lubold, *Trump Wanted to Fire Esper Over Troops Dispute*, June 9, 2020, The Wall Street Journal, https://www.wsj.com/articles/trump-wanted-to-fire-esper-over-troops-dispute-11591728235.

872-2.

또한, 트럼프는 코로나바이러스를 '중국 바이러스(Chinese virus)' 또는 중국 전통무술 쿵후에 빗대어 '쿵플루(Kung flu)'라 불러 인종 갈등의 목표를 아시아계로 돌리는 모습을 보였다. 특히, 백인 우월주의 집단인 Proud Boys가 인종 차별 반대 시위자들을 공격한 것에 대해 즉각적인 폭력 중지와 강력한 비난 대신 "물러서서 준비하라(Stand back and standby)"라고 발언하여 물의를 일으키기도 하였다. 그는 백인 우월주의자 등 인종 차별

집단을 비판하는 발언을 분명히 공표하지 않았으며, 2020년 대선 캠페인에서는 인종 갈등을 지지 세력 집결을 위한 수단으로 이용하는 모습을 보이기도 하였다. Nicquel Terry Ellis, *'Stand back and stand by': Rhetoric some call racist has marked Trump's entire presidency,* Oct. 13, 2020, USA TODAY, https://www.usatoday.com/story/news/politics/elections/2020/10/13/hate-speech-common-theme-trumps-presidency/5873238002/; Dan Hopkins, *Why Trump's Racist Appeals Might Be Less Effective In 2020 Than They Were In 2016,* Aug. 27, 2020, FiveThirtyEight, https://fivethirtyeight.com/features/why-trumps-racist-appeals-might-be-less-effective-in-2020-than-they-were-in-2016/; Ana Gonzalez-Barrera and Mark Hugo Lopez, *Before COVID-19, many Latinos worried about their place in America and had experienced discrimination,* July 22, 2020, Pew Research Center, https://www.pewresearch.org/fact-tank/2020/07/22/before-covid-19-many-latinos-worried-about-their-place-in-america-and-had-experienced-discrimination/. *Cf. How Trump Changed America in Two Years*, Jan. 18, 2019, The Guardian, https://www.theguardian.com/us-news/2019/jan/18/donald-trump-two-years-five-key-policy-areas.

873.

트럼프는 한국에 주한미군 주둔 비용 부담을 5배 증액하라고 요구하였다. 그는 "다른 나라의 안보를 위해 미국이 피를 흘리거나 돈을 쓰지 않겠다"라는 발언을 공개적으로 하기도 하였지만, 측근에게는 "재선에 성공하면 NATO를 깨고 한미동맹을 날려버리겠다"라는 위험 수위를 넘는 발언도 서슴지 않았다. *Trump says he will 'blow up' Korea-U.S. alliance if reelected,* July 11, 2021 (AP-Yonhap in Dallas), The Korea Times, https://www.koreatimes.co.kr/www/nation/ 2021/07/120_312113.html. *Cf.* CAROL LEONNIG & PHILIP RUCKER, I ALONE CAN FIX IT: DONALD J. TRUMP'S CATASTROPHIC FINAL YEAR (July 2021).

874.

See Janell Fetterolf and Jeremiah Cha, *Few in other countries approve of Trump's major foreign policies, but Israelis are an exception,* Feb 3, 2020, Pew Research Center, https://www.pewresearch.org/fact-tank/2020/02/03/few-in-other-countries-approve-of-trumps-major-foreign-policies-but-israelis-are-an-exception/; Christine Huang and Richard Wike, *Even before Capitol riot, most people in Germany, France and the UK had concerns about U.S. politica*l *system,* Jan. 19, 2121, Pew Research Center, https://www.pewresearch.org/fact-tank/2021/01/19/even-before-capitol-riot-most-people-in-germany-france-and-the-uk-had-concerns-about-u-s-political-system/. *Cf.* Richard Wike, Jacob Poushter, Laura Silver, and Mara Mordecai, *America's Image Abroad Rebounds With Transition From Trump to Biden,* June 10, 2021, Pew Research Center, https://www.pewresearch.org/global/2021/06/10/americas-image-abroad-rebounds-with-transition-from-trump-to-biden/.

875-1.

미국 경제는 클린턴 정부 이래로 지속적인 팽창세에 있었다. *See* Andrew Soergel, *Where the Candidates Stand on the Economic Policy,* Nov. 20, 2019, USA News ("The economy is in the midst of its longest run of expansion in U.S. history – a decade-long stretch of growth that seems to bode well for Trump's reelection chances."), https://www.usnews.com/elections/economy-2020; Nathan Wanlass, *U.S. economy has changed 180 degrees since January: How will it impact the election?* Oct. 27, 2020, The Daily Universe ("A lot of people in January were thinking, unless something crazy happens, Trump is sitting pretty and has a really good chance to win."), https://universe.byu.edu/2020/10/27/economy-influences-2020-presidential-race/.

875-2.

트럼프는 곳곳의 집회에서 민주당의 탄핵 진행을 '정치적 공작'이라 주장하며 자신에 대한 공화당원들의 지지를 호소하였다. *See* John Fritze, *Trump slams Democrats at Pennsylvania rally, claims opponents 'embarrassed' by impeachment,* Dec. 10, 2019, USA TODAY, https://www.usatoday.com/story/news/politics/2019/12/10/donald-trump-lashes-out-democrats-impeachment-pennsylvania-rally/4264722002/; Jill Colvin, *WATCH: Trump lashes out against impeachment during Florida rally,* Nov. 27, PBS NEWS, https://www.pbs.org/newshour/politics/watch-trump-lashes-out-against-impeachment-during-florida-rally. 트럼프가 2019년 탄핵을 정치적 대결 구도로 활용하리라는 것은 이미 예측된 일이었다. *See* Ronald Brownstein, *What past impeachments tell us about Trump's 2020 prospects,* Nov. 27, 2019, CNN, https://edition.cnn.com/2019/11/27/politics/impeachment-2020-voters-bill-clinton-richard-nixon-trump/index.html.

876.

See David Stebenne, *Whither the middle class? Biden, Trump have wildly different ideas about what 'middle class' means*, Sep. 25, 2020 salon, https://www.salon.com/2020/09/25/whither-the-middle-class-biden-trump-have-wildly-different-ideas-about-what-middle-class-means/; *See* Alex Ward, *Amerca First, but on steroids: What Trump's second-term foreign policy might look like* Aug. 26, 2020 Vox, https://www.vox.com/2020/8/26/21368750/trump-foreign-policy-plan-2020; Megan Duzor, *Trump's 'America First' Agenda Shapes GOP Foreign Policy,* Aug. 25, 2020 VOA, https://www.voanews.com/a/2020-usa-votes_trumps-america-first-agenda-shapes-gop-foreign-policy/6194956.html.

877.

WHO는 2020년 1월 20일 코로나바이러스의 심각성을 경고하였고, 3월 11일 전 세계 유행을 선포하였다.

878.

트럼프는 전 세계 유행이 선포된 3월까지 코로나바이러스를 대단치 않게 여기는 발언을 하였고, 계속해서 "상황이 잘 통제되고 있으며 곧 끝날 것"이라고 밝혔다. 그는 심지어 코로나를 '감기(flu)'에 비유하며, 감기로 인한 사망자가 훨씬 많다고 주장하기도 하였다. 코로나바이러스가 전 세계적으로 확산 일로에 들어서서야 트럼프는 '예상 밖'이라는 언급을 하며 "중국에서 나온 이 바이러스가 세계를 감염시키고 있다"라고 중국으로 비난의 화살을 돌리는 발언을 하였다. *See* Kathryn Watson, *A time line of what Trump has said on corona virus,* April. 3, 2022, CBS NEWS, https://www.cbsnews.com/news/timeline-president-donald-trump-changing-statements-on-coronavirus/. 코로나 상황이 점점 심각해지자 트럼프의 발언과 대응에 대한 비난이 쏟아졌다. 워터게이트를 폭로한 밥 우드워드는, 트럼프가 코로나바이러스의 심각성을 알고 있었지만 의도적으로 이를 축소하였다고("play it down") 주장하며, 트럼프와의 인터뷰 내용을 공개하였다. *See* Mike Hayes, Meg Wagner and Veronica Rocha, *Tapes of Trump's conversations were released,* Sep. 9, 2020, CNN, https://edition.cnn.com/politics/live-news/trump-woodward-book-09-09-2020/h_5bb44945ec0cf0eba9cdd92ab28fde3c. 트럼프와 백악관의 어정쩡한 대처 속에서 5월 초순이 되자 미국의 코로나 확진을 받는 사람은 하루 2만 명에 이르고, 하루 사망자 수가 1천 명을 넘기도 하였다. 당시 미국의 코로나 감염자는 120만 명에 달했고, 관련 사망자는 7만여 명이 넘었다. 심각해진 코로나 상황은 경제에 직접적인 영향을 미쳤고, 4월 실업률은 폭발적으로 치솟았다. 이런 와중에 트럼프는 백악관에 설치되었던 코로나 대응팀을 곧 해체하고 경제를 부흥시키는 대안에 집중할 것이라는 계획을 밝혀 또 한 번 비난을 받았다. 많은 사람이 "트럼프가 국민의 안전보다는 2020년 재선을 위해 경제 살리기에 몰두하고 있다"고 비판하였다. *See Coronavirus: Trump says virus task force to focus on reopening economy,* May 6, 2020, BBC NEWS, https://www.bbc.com/news/world-us-canada-52563577.

879.

See Labor Force Statistics from the Current Population Survey, Bureau of Labor Statistics, https://data.bls.gov/timeseries/LNS14000000.

880.

코로나 확산과 경제 여파는 2020년 미국 대선의 가장 큰 쟁점이 되었다. *US Presidential Election Results 2020: Biden Wins,* last updated on Feb. 8, 2021, NBC NEWS, https://www.nbcnews.com/politics/2020-elections/president-results. 2020년 8월에 발표된 여론 조사에서 2020년 대선의 4대 이슈는 경제, 의료 복지(Health care), 대법원 판사 임명, 코로나바이러스 등으로 나타났다. Important Issues in the 2020 election, Aug. 13, 2020, Pew Research Center, https://www.pewresearch.org/politics/2020/08/13/important-issues-in-the-2020-election/. 이 조사에 따르면, 공화당은 경제 분야에서 더 많은 국민의 신뢰를 받지만, 민주당은 기후·건강·인종 문제 등에서 강점을 가진 것으로 나타났다. *Id.* 트럼프는 이미 두 명의 보수적 대법관 닐 고서치(Neil Gorsuch)와 브렛 캐버노(Brett Kavanaugh)를 임명하였는데, 2020년 8월 여론 조사에서는 건강 문제로 물러날 진보주의 긴스버그(Ruth Bader Ginsburg) 대신 누가 대법관으로 임명될지에 대한 국민의 관심이 높은 것으로 나타났다. 긴스버그가 사망하자 2020년 9월 26일 트럼프는 또 한 명의 보수주의자 에미 베럿(Amy Coney Barrett)을 대법관에 지명하여 대법원에는 보수주의자가 진보주의자를 넘어서게 되었다.

881.

Nathan Wanlass, *supra* note 875. ("The pandemic has thrown economic uncertainty into an election. Polls suggest that likely voters think Trump has an edge with economic policy, but think candidate Joe Biden would do a better job with the pandemic, which would alleviate economic turmoil.").

882.

그는 2020년 봄부터 자신이 선거에서 진다면 그 선거는 '조작된(rigged)' 것이라고 주장하였는데, 선거에 진다면 패배를 인정할 것이냐는 기자들의 질문에 분명한 답을 하지 않았다. Masha Gessen, *What could happen if Donald Trump rejects electoral defeat?*, July 21, 2020, The New Yorker ("I'm not going to just say yes," the President said. "And I didn't last time, either."), https://www.newyorker.com/news/our-columnists/what-could-happen-if-donald-trump-rejects-electoral-defeat. 트럼프는 2016년 대선에서도 같은 주장을 하며 만약 그가 승리한다면 선거 결과를 완전히 인정할 것이라는 터무니없는 연설을 하기도 하였다. Jeremy Diamon, *Donald Trump: 'I will totally accept' election results 'if I win'*, Oct. 20, 2016, CNN, https://edition.cnn.com/2016/10/20/politics/donald-trump-i-will-totally-accept-election-results-if-i-win/index.html.

883.

조사에 따르면, 우편 투표는 8천9백만 명에 달하여 2016년 대선 대비 238% 증가하였으며, 우편 투표와 사전 투표를 한 사람들은 모두 1억 명을 넘어서 2016년 대비 100% 이상 증가하였다. *See US Presidential Election Results 2020: Biden Wins*, last updated on Feb. 8, 2021, NBC, https://www.nbcnews.com/politics/2020-elections/president-results. 전통적으로 민주당 지지자들이 공화당 지지자들보다 우편 투표를 더 선호하였다. 따라서 우편 투표가 폭증하였다는 것은 바이든에게 유리하다. 트럼프는 우편 투표를 비난하였고, 민주당은 당시 트럼프 지지자인 우편국장 루이스 드조이(Louis DeJoy)가 고의로 우편 투표 처리 능력을 감소시키고 있다는 비난을 하며, 이를 바로 잡기 위해 250억 달러의 긴급자금을 투입하기로 의결하였다. 그러나 트럼프는 이 법안을 비토하겠다는 뜻을 밝혔다. *See* KXAN Staff, *Lawmakers sound off on bill granting $25 billion in funding to the USPS*, Aug. 22, 2020, KXAN, https://www.kxan.com/news/texas/lawmakers-sound-off-on-bill-to-give-25-million-to-the-usps/; Rhett Buttle, *We Need The U.S. Postal Service To Deliver For Small Businesses - And Our Economy*, Aug. 24, Forbes, https://www.forbes.com/sites/rhettbuttle/2020/08/24/we-need-the-us-postal-service-to-deliver-for-small-businesses-and-our-economy/?sh=435872031364; Heather Caygle and Sarah Ferris, *House passes USPS rescue in bid to thwart Trump attacks on mail-in voting*, Aug. 22, 2020, POLITICO, https://www.msn.com/en-us/news/politics/democrats-move-to-pass-dollar25-billion-rescue-for-postal-service/ar-BB18g2SG.

884.

투표 다음날에도 중요 전장인 위스콘신, 미시간, 펜실베이니아, 노스캐롤라이나, 조지아, 애리조나, 네바다 등에서 개표가 계속 진행되었기 때문에 당선인 예측이 사실상 불가능하였다. Alexa Lardieri, *Still No Clear Winner as Battleground States Count and Legal Action Begins,* Nov. 5, 2020, U.S.News, https://www.usnews.com/news/elections/articles/2020-11-05/still-no-clear-winner-as-battleground-states-count-and-legal-action-begins. 11월 7일 펜실베이니아의 투표 결과가 발표된 후에야 NBC는 바이든을 대통령 당선인으로 예측하는 기사를 냈다. *See US Presidential Election Results 2020: Biden Wins,* last updated on Feb. 8, 2021, NBC NEWS, https://www.nbcnews.com/politics/2020-elections/president-results.

885.

바이든은 선거 유세 내내 트럼프가 코로나 대응에 실패하였을 뿐만 아니라 정치적 대립과 인종 분열을 조장하였다고 비난하였다. 바이든 선거 캠프의 전략은 효과를 보였지만, 지지 세력 결집을 위해 인종적 갈등을 부추기는 듯한 트럼프의 전략은 역효과를 보인 것으로 판단된다. 전통적으로 민주당 지지자들인 흑인들과 아시아계 인종들의 2020 대선 투표율이 상당히 큰 폭으로 증가하였는데, 이것은 트럼프의 인종 분열 또는 비하 발언의 반발 결과로 추정된다. Yair Ghitza and Jonathan Robinson, *What happened in 2020,* Catalist, last retrieved on July 8, 2021, https://catalist.us/wh-national/. *See also* Dan Hopkins, *Why Trump's Racist Appeals Might Be Less Effective In 2020 Than They Were In 2016?,* Aug. 27, 2020, FiveThirtyEight, https://fivethirtyeight.com/features/why-trumps-racist-appeals-might-be-less-effective-in-2020-than-they-were-in-2016/; Nickel Terry Ellis, *'Stand back and stand by': Rhetoric some call racist has marked Trump's entire presidency,* Oct. 13, 2020, USA TODAY, https://www.usatoday.com/story/ news/politics/elections/2020/10/13/hate-speech-common-theme-trumps-presidency/5873238002/. 바이든의 승리가 분명해진 11월 7일 "국민은 거짓말, 자기 자랑, 혼란, 재난에 가까운 트럼프를 쫓아내고 관리에 능숙한 바이든을 선택하였다"라는 기사를 TIME이 보도하였다. 또한, TIME은 "트럼프처럼 국민을 격앙케 만들고 민주주의에 균열을 낸 대통령은 없었다"는 평가를 하였다. Brian Bennett, *Tessa Berenson, How Donald Trump lost the election,* Nov. 7, 2021, TIME, https://time.com/5907973/donald-trump-loses-2020-election/.

886.

트럼프는 선거 결과에 승복할지에 대해 분명한 대답을 회피하며, 8월에는 "선거가 조작(rigged)되지 않으면 자신이 질 수가 없다"라는 주장을 내어놓았고, 9월에는 "투표가 사기(scam)로 변질될 수 있다"는 발언을 하였다. *See* Nick Niedzwiadek, *The 9 most notable comments Trump has made about accepting the election results*, POLITICO, https://www.politico.com/news/2020/09/24/trump-casts-doubt-2020-election-integrity-421280.

887.

Christina Wilkie, *Trump tries to claim victory even as ballots are being counted in several states*…, Nov. 4, 2020, CNBC, https://www.cnbc.com/2020/11/04/trump-tries-to-claim-victory-even-as-ballots-are-being-counted-in-several-states-nbc-has-not-made-a-call.html.

888.

Donald J. Trump (@realDonaldTrump), Twitter (Nov. 4, 2020, 12:49 AM) ("We are up BIG, but they are trying to STEAL the Election"); Donald J. Trump (@realDonaldTrump), Twitter (Nov. 8, 2020, 9:17 AM)("this was a stolen election").

889.

Donald J. Trump (@realDonaldTrump), Twitter (Nov. 21, 2020, 3:34 PM) ("Watch: Hundreds of Activists Gather for 'Stop the Steal' Rally in Georgia"); Donald J. Trump (@realDonaldTrump), Twitter (Nov. 24, 2020, 10:45 PM) ("Poll: 79 Percent of Trump Voters Believe Election Was Stolen"); Donald J. Trump (@realDonaldTrump), Twitter (Dec. 19, 2020, 9:41 AM) ("[Biden] didn't win the Election. He lost all 6 Swing States"); Donald Trump Speech on Election Fraud Claims Transcript, December 2, Rev. (Dec. 2, 2020) ("Stop the steal."), *available at* https://www.rev.com/blog/transcripts/donald-trump-speech-on-election-fraud-claims-transcript-december-2. 트럼프의 '선거 조작' 주장은 2020년에 갑자기 나온 것이 아니다. 그는 2016년에도 "힐러리 클린턴이 선거에서 이긴다면 그것은 조작 선거"라고 주장하였다. *See* Ledyard King & John Fritze, *Trump attorney Rudy Giuliani says Trump won't concede, revives baseless claims of voter fraud*, Nov. 7, 2020, USA TODAY, https://www.msn.com/en-us/news/politics/trump-attorney-rudy-giuliani-says-trump-wont-concede-revives-baseless-claims-of-voter-fraud/ar-BB1aN34Y; Terrance Smith, *Trump has longstanding history of calling elections 'rigged' if he doesn't like the results*, Nov. 11, 2020, abcNEWS, https://abcnews.go.com/Politics/trump-longstanding-history-calling-electionsrigged-doesnt-results/story?id=74126926; David Brennan, *Trump Says Biden Won, But Only Because the 'Election Was Rigged'*, Nov. 15, 2020, Newsweek, https://www.msn.com/en-us/news/politics/trump-says-biden-won-but-only-because-the-election-was-rigged/ar-BB1b1KAd.

890.

Trump fired election security officer who contradicted him, Nov. 18, BBC NEWS, https://www. bbc.com/news/world-us-canada-54982360.

891.

Devan Cole, *Barr details break with Trump on election fraud claims in new book*, Jan. 28, 2021, CNN, https://edition.cnn.com/2021/06/27/politics/william-barr-trump-election-claims-break/index.html.

892.

See Philip Bump, *What we know about Trump's efforts to subvert the 2020 election*, Jan. 25, 2021, The Washington Post, https://www.msn.com/en-us/news/politics/what-we-know-about-trumps-efforts-to-subvert-the-2020-election/ar-BB1d59gX. 모든 소송에서 선거 사기나 조작에 대한 구체적 사실 관계나 법적 근거가 제공되지 않았으며, 트럼프 측이 제시한 증거는 공화당 지지자들 또는 선거 자원봉사자들의 일방적인 진술이나 주장뿐이었다. *See* Hope Yen, Ali Swenson, and Amanda Seitz, *AP FACT CHECK: Trump's claims of vote rigging are all wrong*, Dec. 3, 2020, AP, https://apnews.com/article/election-2020-ap-fact-check-joe-biden-donald-trump-technology-49a24edd6d10888dbad61689c24b05a5. 대법원은 2월 22일 경합이 벌어진 5개 주에 대한 소송을 포함하여 트럼프의 소송들을 모두 기각하였고, 다른 법원에 계류(繫留) 중이던 소송들도 무위로 끝났다. *See* Helderman and Viebeck, *The last wall: How dozens of judges across the political spectrum rejected Trump's efforts to overturn the election*, Dec. 12, 2020, The Washington Post, https://www.washingtonpost.com/politics/judges-trump-election-lawsuits/2020/12/12/e3a57224-3a72-11eb-98c4-25dc9f4987e8_story.html; Jacob Shamsian & Sonam Sheth, *Trump and his allies filed more than 40 lawsuits challenging the 2020 election results. All of them failed*, Feb. 23, 2021, INSIDER, https://www.businessinsider.com/trump-campaign-lawsuits-election-results-2020-11; Jonathan Ernst, *Supreme Courts formally rejects Trump election challenge cases*, Feb. 23, 2021, NBC, https://www.nbcnews.

com/politics/2020-election/supreme-court-formally-rejects-trump-election-challenge-cases-n1258520?icid=election_results. 미시간 선거가 사기라고 주장한 트럼프 측 소송을 "근거 없는 의심과 추측 외에는 아무것도 없다"라고 판결한 연방법원 판사가 이 소송을 제기한 트럼프 변호사에 대한 제재(sanction)를 검토한다는 뉴스가 최근 보도되기도 하였다. *See* ED White, *Trump lawyers might be penalized over Michigan election case,* July 12, 2021, AP, https://apnews.com/article/joe-biden-government-and-politics-elections-michigan-e45f806062edd8a7ba81cef d8f3f2638.

893.

Trial Memorandum of United States House of Representatives, In re: Impeachment of President Donald J. Trump, Feb. 2, 2021, at 6 [hereinafter House Trial Memo in re Trump 2], https://judiciary.house.gov/uploadedfiles/house_trial_brief_ final.pdf?utm_campaign=5706-519.

894.

See House Trial Memo in re Trump 2, *supra* note 893, at 9-10. 트럼프는 조지아주 라펜스퍼거 조지아 주 국무부 장관을 '국민의 적(enemy of the people)'이라고 부르며 트위터를 통해 수차례 비난하였다. *Id. See also* Philip Bump, *supra* note 892.

895.

House Trial Memo in re Trump 2, *supra* note 893, at 11. 트럼프의 선거 불복과 선거 결과를 뒤집으려는 행위에 대한 자세한 내용은 소추위원의 Trial Memo와 민주당 제이미 라스킨(Jamie Raskin) 의원이 제출하여 하원에서 의결된 수정헌법 25조 결의안을 참조하면 된다. *See* House Trial Memo in re Trump 2, *supra* at 5-12; H. Res. 21, 117th CONG. (1st Sess. 2021), https://www.govinfo.gov/content/pkg/BILLS-117hres21ih/pdf/BILLS-117hres21ih.pdf.

896.

House Trial Memo in re Trump 2, *supra* note 893, at 11-12 (citing Donald J. Trump (@realDonaldTrump), Twitter (Dec. 18, 2020, 9:14 AM)).

897.

Donald Trump Rally Speech Transcript Dalton, Georgia: Senate Runoff Election, Jan. 4, 2021, Rev, https://www.rev.com/blog/transcripts/donald-trump-rally-speech-transcript-dalton-georgia -senate-runoff-election.

898.

Peter Baker, *Pence Reached His Limit With Trump. It Wasn't Pretty,* Jan. 12, 2021, N.Y. Times, https://www.nytimes.com/2021/01/12/us/politics/mike-pence-trump.html; Philip Bump, *supra* note 892; Kevin Liptak and Kaitlan Collins, *Pence and Trump finally speak after post-riot estrangement,* updated on January 12, 2021, CNN, https://edition.cnn.com/2021/01/11/politics/trump-pence-25th-amendment/index.html. 트럼프는 1월 5일에도 "주정부는 투표 결과를 바로잡고 싶어 한다, 펜스 부통령이 해야 할 일은 투표 결과를 인증하지 말고 투표 결과를 다시 주정부로 돌려보내는 것이다, 그렇게 하라, 엄청난 용기가 필요하다"라는 메시지를 트윗에 올렸다. House Trial Memo in re Trump 2, *supra* note 893, at 19 (citing Donald J. Trump (@realDonaldTrump), Twitter (Jan. 6, 2021, 8:17 AM)). 트럼프가 선거 결과를 인증하지 말도록 펜스 부통령을 압박한 자세한 내용은, *See* House Trial Memo in re Trump 2, *supra* note 893, at 18-20.

899.

House Trial Memo in re Trump 2, *supra* note 893, at 12. 엘립스 공원은 'President's Park South'로 불리기도 한다.

900.

See House Trial Memo in re Trump 2, *supra* note 893, at 12-13.

901.

Donald Trump Rally Speech Transcript Dalton, Georgia, supra note 897 ("The Democrats are trying to steal the White House ⋯ You can't let it happen ⋯ they're not taking this White House. We're going to fight like hell"). *See also* House Trial Memo in re Trump 2, *supra* note 893, at 13-14.

902.

Maegan Vazquez and Paul LeBlanc, *Trump refuses to condemn White supremacists at Presidential debate,* Sep. 30, 2020, CNN, https://edition.cnn.com/2020/09/30/politics/proud-boys-trump-white-supremacists-debate/index.html; House Trial Memo in re Trump 2, *supra* note 893, at 14.

903.

See Shocking! Trump Supporters Try to Run Biden Campaign Bus Off the Road, YouTube (Nov. 1, 2020); Caroline Linton, *FBI investigating after Trump supporters surround Biden campaign bus in Texas,* Nov. 2, 2020, CBS NEWS, https://www.cbsnews.com/news/fbi-launches-investigation-biden-bus-incident-texas-trump-supporters/.

904.

Katie Shepherd, *Trump Cheers Supporters Who Swarmed A Biden Bus In Texas: 'These Patriots Did Nothing Wrong'*, Nov. 2, 2020, The Washington Post, https://www.washingtonpost.com/nation/2020/11/02/trump-caravan-biden-bus/. *See also* House Trial Memo in re Trump 2, *supra* note 893, at 14-15.

905.

House Trial Memo in re Trump 2, *supra* note 893, at 15.

906.

Lauren Koenig, *Several people stabbed and 33 arrested as 'Stop the Steal' protesters and counterprotesters clash in Washington*, DC, Dec. 13, 2020 CNN, https://edition.cnn.com/2020/12/12/us/stop-the-steal-protest-washington-dc-trnd/index.html; House Trial Memo in re Trump 2, *supra* note 893, at 15.

907.

House Trial Memo in re Trump 2, *supra* note 893, at 15-17.

908.

House Trial Memo in re Trump 2, *supra* note 893, at 17-18.

909.

Ben Fox, Ashraf Khalil and Michael Balsamo, *Thousands Cheer Trump at 'Save America Rally' Protesting Election Result*, Jan. 6, 2021, CBS Baltimore, https://baltimore.cbslocal.com/2021/01/06/trump-supporters-gather-near-white-house-for-save-america-march/.

910-1.

민주당을 공격하고 공화당원들에게 '약해지면 안 된다'고 연설 전반부를 시작한 트럼프는, 정치적 분열과 대립을 충분히 강조한 다음 조지아·펜실베이니아·위스콘신 등 각 주에서 선거 부정과 사기가 있었다고 주장하며, 집회 참가자들의 감정을 고취하는 중반 연설을 하였다. 트럼프 연설의 종반부는 '의사당으로 가서 민주당의 선거 도둑질을 멈추어야 한다'라는 주장으로 메워졌다. 트럼프의 연설 중 의사당 폭동과 직접 관련된 부분을 발언 순서대로 발췌하면 다음과 같다.

- You will have an illegitimate president. That's what you'll have. And we can't let that happen

- And Mike Pence is going to have to come through for us, and if he doesn't, that will be a, a sad day for our country because you're sworn to uphold our Constitution. Now, it is up to Congress to confront this egregious assault on our democracy. And after this, we're going to walk down, and I'll be there with you, we're going to walk down, we're going to walk down.

- Because you'll never take back our country with weakness. You have to show strength and you have to be strong. We have come to demand that Congress do the right thing and only count the electors who have been lawfully slated, lawfully slated.

- So, I hope Mike has the courage to do what he has to do. And I hope he doesn't listen to the RINOs and the stupid people that he's listening to.

- We won in a landslide. This was a landslide. They said it's not American to challenge the election. This the most corrupt election in the history, maybe of the world.

- So today, in addition to challenging the certification of the election, I'm calling on Congress and the state legislatures to quickly pass sweeping election reforms, and you better do it before we have no country left.

- You look back there all the way to the Washington Monument. It's hard to believe. We must stop the steal and then we must ensure that such outrageous election fraud never happens again, can never be allowed to happen again.

- And we fight. We fight like hell. And if you don't fight like hell, you're not going to have a country anymore. Our exciting adventures and boldest endeavors have not yet begun ⋯ So, we're going to, we're going to walk down Pennsylvania Avenue. I love Pennsylvania Avenue. And we're going to the Capitol, and we're going to try and give ⋯ The Democrats are hopeless ⋯ We're going to try and give them the kind of pride and boldness that they need to take back our country. So, let's walk down Pennsylvania Avenue. *See* Former President Donald J. Trump's January 6 Speech, updated Feb. 8, 2021, CNN, https://edition.cnn.com/2021/02/08/politics/trump-january-6-speech-transcript/index.html.

910-2.
트럼프의 선동 발언과 의사당 폭력 사태는 CNN을 포함한 수많은 매체가 보도하였고, 모든 내용이 영상·서면·트윗 등의 기록으로 남아 있으므로 사실 관계(facts)에 대한 논란의 여지가 없다. 따라서 위 기록들이 서로 불일치하지 않는 한 트럼프 발언과 의사당 폭력에 관한 내용은 주로 소추위원의 탄핵 재판 논고에서 인용한다. *See* House Trial Memo in re Trump 2, *supra* note 893, at 20-22. *See also* Ted Barrett, Manu Raju, and Peter Nickeas, *US Capitol secured, 4 dead after rioters stormed the halls of Congress to block Biden's win*, Jan. 7, 2021, CNN, https://edition.cnn.com/2021/01/06/politics/us-capitol-lockdown/index.html; Kevin Liptak, *Trump's presidency ends with American carnage*, Jan. 7, 2021, CNN, https://edition.cnn.com/2021/01/06/politics/donald-trump-capitol-mob/index.html. 애초에, 의회의 탄핵 조사는 트럼프가 집회 현장을 빠져나와 백악관으로 피했다는 결론을 내렸다. House Trial Memo in re Trump 2, *supra* at 21-22 ("ducked out"). 그러나 2022년 6월 28일 트럼프가 집회자들을 따라 의사당으로 가려 하였고, 비밀임무국(SS)이 만류하자 직접 리무진 핸들을 잡기도 하였다는 증언이 나왔다. Victoria Albert, *Trump tried to grab steering wheel, lunged at head of security after he was told he couldn't go to the Capitol on Jan. 6, former Meadows aide says*, June 29, 2022 CBS NEWS, https://www.cbsnews.com/news/trump-steering-wheel-january-6-cassidy-hutchinson-testimony-mark-meadows/.

911.

House Trial Memo in re Trump 2, *supra* note 893, at 22-29. *See also* Lauren Leatherby, *How a President Rally Turned Into a Capitol Rampage*, Jan. 12, 2021, N.Y. Times, https://www.nytimes.com/interactive/2021/01/12/us/capitol-mob-timeline.html.

912.

"행복하게 TV를 보았다"라는 발언은 상원의 공화당 리더인 미치 멕코넬이 탄핵 심판정에서 탄핵 심판 마지막 날 공개적으로 한 발언이다. 167 CONG. REC. S735 (daily ed. Feb. 13, 2021) (statement of McConnel) ("He did not do his job. He didn't take steps so Federal law could be faithfully executed and order restored. No. Instead, according to public reports, he watched television happily—happily—as the chaos unfolded.").

913.

House Trial Memo in re Trump 2, *supra* note 893, at 29-32

914.

Id. at 31-33.

915.

U.S. CONST. 25th Amendment §1, §4. 4항이 명시한 '행정 각부 책임자들(principal officers)'은 연방법 5 U.S. Code §101이 규정한 국무부(Department of State) 등 15개 부의 책임자를 의미한다. *See* The Twenty-Fifth Amendment to the United States Constitution 11-12, Yale Law School Rule of Law Clinic, https://law.yale.edu/sites/default/files/area/clinic/document/mn082208_ls_readerguide_interior_final.

916.

Id. at 20-37. 부통령이 대통령의 직무 불능 상태를 선언한 이후, 대통령 스스로가 직무 불능 상태가 아니라는 서면 선언을 상원의장과 하원의장에게 전달하고, 이로부터 4일 이내에 부통령과 행정 각부 책임자들 반수 이상이 대통령이 직무 불능 상태라는 서면 선언을 다시 전달하지 않으면, 대통령의 권한과 책무는 회복된다. 만약 4일 이내에 부통령의 직무 불능 상태 선언이 전달되어 행정부 내에서 대통령의 직무 불능에 대한 이견이 발생할 때, 의회가 상하원 2/3 의결 정족수 투표로 직무 불능 여부를 결정한다. *See* U.S. CONST. 25th Amendment §4.

917.

See H. Res. 21, 117th CONG. (1st Sess. 2021), *supra* note 841.

918.

민주당 의원 222명과 일리노이를 대표하는 공화당 의원 아담 킨징어(Adam Kinzinger)가 라스킨의 결의안에 찬성하였고, 205명의 공화당 의원이 반대하였으며, 5명의 공화당 의원은 표결에 참여하지 않았다. Melissa Quinn, *House calls on Pence to invoke 25th Amendment, but he's already dismissed the idea,* updated on Jan. 13, CBS NEWS, https://www.cbsnews.com/live-updates/trump-25th-amendment-house-pence/.

919.

펜스 부통령은 "수정헌법 25조는 대통령의 '불능(incapacity)'이나 '장애(disability)' 상태에서 발동되는 것"이며, "불능이나 장애는 사실과 과학에 근거해야 한다"고 지적하고, 현재 상태에서 "수정헌법 25조를 발동하는 것은 매우 나쁜 선례를 남기는 것"이라고 주장하였다. *Pence's Letter to Pelosi,* Jan. 12, 2021, https://edition.cnn.com/2021/01/12/ politics/pence-letter/index.html.

920.

펜스 부통령 역시 2021 대선 결과를 공식적으로 부인하라는 요구에 따르지 않은 것 외에 는 지난 4년 동안 한 번도 그의 뜻을 거스른 적이 없는 것으로 알려졌다. 그러나 의사당 폭력 사태 다음날 내각이 수정헌법 25조 발동을 논의하고 있다는 CBS 통신원의 트윗이 보도되기도 하였다. Wichita Kan, *Cabinet secretaries are discussing invoking the 25th Amendment to remove President Trump*, Jan. 7, 2021, KWCH, *available at* https://www.kwch.com/2021/01/07/cbs-news-report-cabinet-members-discuss-invoking-25th-amendment-to-remove-president-trump/.

921.

예를 들어, 허레러 버틀러(Herrera Beutler) 공화당 의원은 수정헌법 25조 발동 결의 안에는 동의하지 않았지만, 이 결의안 가결 직후 하원의 탄핵 결의안에는 찬성할 것 이라고 밝혔다. 이 무렵 버틀러 의원은 트럼프 탄핵에 찬성 의견을 표명한 5번째 공화 당 의원이었다. *See* Jordan Freiman, *Jamie Herrera Beutler becomes fifth House GOP member to say she'll vote for impeachment*, updated on Jan. 13, 2010, CBS NEWS, https://www.cbsnews.com/live-updates/trump-25th-amendment-house-pence/; Bat Jansen & Ledyard, *'Betrayal': Powerful GOP support for Trump's impeachment shows major Republican shift after Capitol riot*, Jan. 13, 2010, USA TODAY, https://www.msn.com/en-us/news/politics/betrayal-powerful-gop-support-for-trumps-impeachment-shows-major-republican-shift-after-capitol-riot/ar-BB1cI7MM.

922.

내란(insurrection)은 정부의 권한이나 권위에 대항한다는 구체적 의도와 목적을 가진 폭 력 행사를 말한다. 폭동(riot)은 그러한 의도 없이 단순히 평화를 저해하는 불법 행위를 말한다. *See Younis Bros. & Co. v. Cigna Worldwide Ins. Co.*, 899 F. Supp. 1385, 1392-1393 (E.D. Pa. 1995).

923.

See 167 CONG. REC. H191 (daily ed. Jan. 13, 2021). 공화당 의원 197명은 반대하고 4명은 투표에 참여하지 않았다.

924.

Trump released video condemning violence after second impeachment, Jan. 13, 2021, CNN, https://edition.cnn.com/videos/politics/2021/01/13/trump-white-house-video-response-to-capitol-riot-vpx.cnn/video/playlists/president-trump-second-impeachment/.

925.

Brian Fung, *Twitter bans President Trump permanently,* Jan. 9, 2021, CNN, https://edition.cnn.com/2021/01/08/tech/trump-twitter-ban/index.html. Facebook과 Google 등 다른 미디어 플랫폼(media platforms)도 제재를 내렸다. Nicholas McElroy, *Social media platforms banning or restricting Donald Trump in wake of US Capitol violence,* Jan. 10, 2021, abcNEWS, https://www.abc.net.au/news/2021-01-10/social-media-platforms-that-have-banned-donald-trump/13045730.

926.

Resolution: Impeaching Donald John Trump, President of United States, for high crimes and misdemeanors, H. Res. 24, 117th CONG. (Jan. 13, 2021).

927.

Id. 헌법 2조 1항에는, 직무를 충실히 수행하고 헌법을 수호한다는 대통령의 선서를 명시하고 있다. *See* U.S. CONST. art. II §1, cl.8 ("I do solemnly swear (or affirm) that I will faithfully execute the Office of President of the United States, and will to the best of my Ability, preserve, protect and defend the Constitution of the United States"). 헌법 2조 3항은, 대통령은 법이 충실히 집행되도록 보살펴야 한다고 규정하고 있다. *See* U.S. CONST. art. II §3 ("he shall take Care the Laws be faithfully executed"). '대통령이 헌법 2조 1항과 3항을 어기는 중대한 범죄와 비행을 범하였다'는 주장은 탄핵 기소장 서두에 상투적으로 등장하는 문구이다.

928.

U.S. CONST. 14th Amendment, § 3 ("No person shall be a Senator or Representative in Congress, or elector of President and Vice President, or hold any office ⋯ under the United States, or under any state, who ⋯ shall have engaged in insurrection or rebellion against the same, or given aid or comfort to the enemies thereof.").

929.

Jennifer K. Elsea, *The Insurrection Bar to Office: Section 3 of the 14th Amendment,* CRS Rpt. LSB10569 (version 2), Jan. 29, 2021, at 2, Congressional Research Service, https://crsreports.congress.gov/product/pdf/LSB/LSB10569/1. *See also supra* note 378.

930.

연방법 상 반역(18 U.S. §2381)과 내란(18 U.S. §2381)을 법원에서 입증하는 것은 매우 까다로운 일이기 때문에 검사들이 거의 사용하지 않는 공소 항목이다.

931.

수정헌법 14조 3항은 제정된 이후 아주 짧은 기간 사용되었지만, 1872년 제정된 사면법(Amnesty Act)이 남부연합 가담 행위를 사면한 이후에는 사용되지 않았다. 1919년 사회주의자였으며 미국의 1차 세계대전 참전을 반대하였던 빅터 버거(Victor Berger) 의원이 간첩법(Espionage Act) 위반 혐의로 1심에서 유죄 선고를 받자, 의회는 수정헌법 14조 3항을 들어 그의 의원 자격을 박탈한 사례가 있다. 그러나 대법원이 버거의 유죄 선고를 뒤집었고, 버거는 1920년대 3번이나 연속으로 하원의원에 당선되었다. *See* Jennifer, *supra* note 929, at 2; *Berger v. United States,* 255 U.S. 22 (1921); Michael E. Stevens, Victor L. Berger, Encyclopedia of Milwaukee, https://emke.uwm.edu/entry/victor-l-berger/.

932.

Jonathan Lemire, Jill Colvin and Zeke Miller, *Enduring 2nd impeachment, Trump stands largely silent, alone,* Jan. 14, 2021, AP NEWS, https://apnews.com/article/donald-trump-capitol-siege-politics-impeachments-6d0c1db94dfdfd5abbcb473707ca8f85.

933.

전통적으로 떠나는 대통령은 취임하는 대통령의 선서식에 참여하는 것이 관례이다. 그러나 대선 결과를 계속하여 부정해 왔던 트럼프는, 오후에 예정된 바이든의 취임 선서식에 참가하지 않고 오전에 공군 1호기를 타고 플로리다로 떠나버렸다. 임기 종료 후 정부 비행기로 떠나는 대신 "트럼프는 권좌에 있는 동안 팡파르를 받으며 공군 1호기로 떠나는 것을 선택하였다"는 비난이 일었다. Shannon Pettypiece and Jane C. Timm, *Trump departs Washington in final hours as president, travels to Florida,* Jan. 20, 2021, NBC NEWS, https://www.nbcnews.com/politics/donald-trump/trump-departs-white-house-final-hours-president-n1254871.

934.

Jim Acosta, Kaitlan Collins, Pamela Brown and Katelyn Polantz, *Trump names two new lawyers for impeachment trial a day after his defense team collapsed,* Feb. 1, 2021, CNN, https://edition.cnn.com/2021/01/31/politics/trump-new-lawyers/index.html. 바우어즈 팀은 총비용으로 3백만 달러를 요구하였으나, 트럼프는

탄핵으로 본 미국사

이를 거절하고 새로운 팀을 1백만 달러에 고용하였다. Alayna Treene, Fees - *not just strategy - blew up Trump's impeachment legal team,* Feb. 2, 2021, yahoo!news, https://news.yahoo.com/trumps-impeachment-defense-bannon-reportedly-130751966.html.

935.

U.S. Const. art. I, §3, cl. 6.

936.

See Joseph Story, *supra* note 13 §775.

937.

1차 탄핵 심판 때, 상원의 심판 결과가 50-50 표결이면 존 로버츠 대법원장은 결정투표(tie-breaking vote)를 행사할 수도 있을 것이라는 보도가 있었다. 1868년 앤드루 존슨 대통령 탄핵을 주재한 새먼 체이스(Salmon P. Chase) 대법원장은 두 번이나 결정투표를 행사하였다는 보도가 있다. *See* Ari Melber and Diana Marinaccio, *History shows Chief Justice John Roberts could cast tie-breaking votes at Trump's impeachment trial,* Jan. 18, NBC NEWS, https://www.nbcnews.com/politics/trump-impeachment-inquiry/history-shows-chief-justice-john-roberts-could-cast-tie-breaking-n1117506. 그러나 로버츠는 의회의 구성원이 아닌 그가 결정투표를 행사하는 것은 적절하지 않다는 의견을 밝혔다. *See* Erielle Davidson, *Chief Justice Roberts Is Right: An Unelected Official Should Not Cast Tie-breaking Vote,* Feb. 1, 2020, The Federalist, https://thefederalist.com/2020/02/01/chief-justice-roberts-is-right-an-unelected-official-should-not-break-ties/.

938.

랜드 폴(Rand Paul) 공화당 상원의원은 "대법원장이 탄핵 심판을 주재하지 못한다는 것은 합법적이지 않을 뿐더러 공직(대통령직)에 있지 않은 사람을 탄핵하는 것이 위헌임을 반증하는 것"이라고 주장하였다. Alexander Bolton and Jordain Carney, *Leahy, not Roberts, preside over impeachment trial,* Jan. 25, 2021, The Hill, https://thehill.com/homenews/senate/535700-leahy-roberts-to-preside-over-impeachment-trial?rl=1. *See also* Susan Ferrechio, *Leahy impeachment role raises questions about Trump trial fairness,* Jan. 25, 2021, Washington Examiner, https://www.washingtonexaminer.com/news/congress/leahy-impeachment-role-trump-trial-fairness.

939.

167 CONG. REC. S609 (daily ed. Feb. 9, 2021). 전직 대통령에 대한 상원의 탄핵 심판 관할권에 대한 상원의 토론은, *See generally Id.* at S590-S609.

940.

Tessa Berenson, *Senate Vote Trump's Second Impeachment Is Constitutional,* Feb. 9, 2021, TIME, *available at* https://time.com/5937757/impeachment-trial-constitutional-vote/. 공화당 의원들은, 탄핵 심판이 시작되기 전에 이미 직에서 떠난 대통령인 트럼프 탄핵은 위헌이라는 논쟁을 시작하였었다. *See* Grace Segers, *Senate rejects GOP effort to declare Trump impeachment trial unconstitutional,* Jan. 26, 2021, CBS NEWS, https://www.cbsnews.com/live-updates/senate-rejects-motion-declare-trump-impeachment-trial-unconstitutional/.

941.

See House Trial Memo in re Trump 2, *supra* note 893, at 5-34. 트럼프 2차 탄핵에 대한 취합된 자료는, *See* U.S. SENATE, PROCEEDINGS OF THE UNITED STATES SENATE IN THE IMPEACHMENT TRIAL OF PRESIDENT DONALD JOHN TRUMP, S. DOC. NO. 117-2, PART I ~ III (GPO Print 2021) [hereinafter Senate Trial of Trump 2]. PART I의 주 자료는 소추위원의 논고이며, PART II의 주 자료는 트럼프의 변론서, PART III는 소추위원의 응답서이다.

942.

Id. at 37

943.

Id. at 38

944.

Id. at 39

945.

Id. at 40

946.

Trial Memorandum of Donald J. Trump, the 45th President of the United States, In re: Impeachment of Former President, Donald J. Trump, Feb 8, 2021 [hereinafter Trump Trial Memo 2], *available a*t https://www.justsecurity.org/wp-content/uploads/2021/02/impeachment-trial-memorandum-of-donald-j-trump-feb-8-2021.pdf.

947.

U.S. CONST. art. II, §4 ("The President, Vice President, and all civil Officers of the United States, *shall be removed from Office on Impeachment for, and Conviction of,* Treason, Bribery, or other high Crimes and Misdemeanors.") (emphasis added).

948.

See Trump Trial Memo 2, *supra* note 946, at 17-20. 변호인단은, 탄핵 심판의 유죄 선고와 공직자 파면은 '함께(Jointly)' 발생해야 할 사건이므로, 임기가 종료된 대통령에 대한 탄핵 심판은 '처음부터 법적 무효(void ab initio, a legal nullity, or moot)'라는 논리를 전개하였다. *See* Trump Counsel, *Answer of Donald J. Trump to Article 1: Incitement of Insurrection,* Feb. 2, 2021, at 1-2, https://d3i6fh83elv35t. cloudfront.net/static/2021/02/45th-Presidents-Answer-to-Article-of-Impeachment-Final.pdf.

949.

See Trump Trial Memo 2, *supra* note 946, at 17-23. 헌법은, 탄핵에서 유죄 선고를 받으면 '파면'은 물론 '향후 공직에 나갈 자격을 박탈'할 수 있다고 규정하고 있는데, 변호인단은 퇴임한 트럼프는 공직자가 아닌 일반 시민이므로 의회가 일반 시민인 트럼프를 탄핵하여 향후 공직에 대한 자격을 박탈하는 것은 탄핵 조항에 어긋날 뿐만 아니라 헌법이 금지하는 '사권 박탈(Bill of Attainder)'에 해당한다는 주장도 폈다. *Id.* at 15-17. 사권 박탈에 관하여는, *See supra* note 22 & accompanying text.

950.

See generally Id. at 37-46.

951.

Id. at 48 ("Our First Amendment decisions have created a rough hierarchy in the constitutional protection of speech in which core political speech occupies the highest, most protected position.")(internal quotation marks deleted)(citing *R.A.V. v. St. Paul,* 505 U.S. 377, 422 (1992)(Stevens, J., concurring)).

952.

Id. at 49.

953.

Id. at 47-62. 대법원은 "임박한 불법 행위를 초래하는 언행은 언론자유 조항의 보호를 받지 못한다"고 판결한 바 있다. *Brandenburg v. Ohio,* 395 U.S. 444 (1969). *See infra* note 1012.

954.

Id. at 66-71.

955.

트럼프 변호사들은, 1월 6일 의사당 폭동 이후 채 1주일도 되지 않아 하원에서 가결된 탄핵 기소장이 10여 일이 지나도록 상원에 전달되지 않은 이유를 고의적인 정치적 공격이라고 비난하고 있다. *See also* Lee Moran, *Harvard Law Professor Explains Why Pelosi's Plan To Delay Impeachment Trial Is Brilliant,* Updated Dec. 20, 2019, HUFFPOST, https://www.huffpost.com/entry/laurence-tribe-donald-trump-impeachment_n_5dfc 7709 e4b05b08bab3193a. 그러나 상원의 공화당 리더인 맥코넬 의원이 트럼프에게 '전직 대통령은 탄핵 심판의 대상이 아니다'라는 명분을 마련해주려고 하원의 탄핵 기소장 접수를 지연시키며, 바이든 대통령 취임 전에 트럼프에 대한 탄핵 심판이 시작되는 것을 막았다는 보도도 있다. *See* Callie Mcguire, *The Real Reason Trump Was Acquitted In Second Impeachment Trial,* Feb 13, 2021, NICKIE SWIFT, https://www.nickiswift.com/333817/the-real-reason-trump-was-acquitted-in-second-impeachment-trial/; Allison Pecorin & Trish Turner, *McConnell says best for country to hold Senate trial after Trump leaves office,* Jan. 14, 2021, abcNEWS, https://abcnews.go.com/Politics/mcconnell-best-country-hold-senate-trial-trump-leaves/story?id=75235663.

956.

See supra note 32 & accompanying text.

957.

House Trial Memo in re Trump 2, *supra* note 893, at 55. 소추위원들은 미국의 탄핵이 영국의 제도를 본뜬 것임을 지적하며, 만약 헌법 제정자들이 전직 공직자에 대한 탄핵을 염두에 두지 않았거나 미국의 제도에 도입하려 하지 않았다면 명시적으로 배제하였을 것이라는 논리를 편 것이다. 의회가 전직 대통령에 대한 탄핵 심판 권한을 가지고 있다는 주장의 근거로 탄핵 소추위원들은 다음과 같은 이유도 제시하였다: ① 탄핵의 중요 목적 중의 하나가 대통령이 재선을 위해 선거를 타락시키는 것을 막기 위함이다. 이런 일은 대체로 대통령의 임기 말에 일어나므로, 임기가 종료된 대통령이라도 탄핵할 수 있도록 하여 더는 정치에 나설 수 없도록 자격을 박탈하는 것이 헌법 제정자들이 의도이다. *Id.* at 55-57. ② 탄핵의 다른 목적은 권력 남용을 막는 것인데, 전직 대통령을 탄핵할 수 없게 하는 것은 비행을 저지른 후 사임하거나 임기 말에 비행을 저지르는 행위를 허용하는 것과 마찬가지이다. 헌법 제정자들이 이런 터무니없는 실수를 의도하였을 리가 없다. *Id.* at 57. ③ 연방헌법 제정 당시 델라웨어 주는 전직 주지사를 탄핵 대상에 포함하고 있었다. 헌법 제정자들은 연방의 탄핵이 주의 탄핵보다 제한되지 않고 더 확장되는 원칙을 취하였기 때문에 당연히 전직 연방의 대통령도 탄핵 대상이 된다. *Id.* at 58.

958.

Id. at 59-61. *See* U.S. CONST. art. I, §3, cls. 6 ("The Senate shall have the sole Power to try all Impeachments."); *Id.* ("And no Person shall be convicted without the Concurrence of the two thirds of the Members present"); U.S. CONST. art. I, § 3, cls. 7 ("but the Party convicted shall be liable and subject to Indictment, Trial, Judgement.").

959.

House Trial Memo in re Trump 2, *supra* note 893, at 68-70.

960.

탄핵 심판정에서 트럼프 변호인단들은 트럼프의 발언이 '정치적 발언'이라는 점을 강조하고 있지만, 변론에 앞서 2월 2일 제출된 탄핵 기소장에 대한 답변서에서는 트럼프의 발언이 '개인적 의견'이라는 점을 강조하였었다. "트럼프가 선거 사기가 만연하였다는 거짓 주장을 반복하였다"라는 기소에 대해서 2월 2일 답변서는 "트럼프는 선거 결과에 대한 개인적인 의심을 표시한 것이며, 현재 그의 의심이 정확한지 부정확한지 분명히 가릴 충분한 증거가 존재하지 않는다"라는 변론을 폈다. 또한 2월 2일 답변서에는, 1월 6일 집회에서 "선거에서 대승하였다(won by a landslide)"라는 트럼프의 발언 역시 개인적 믿음이나 사실에 대한 오해 정도이며, "처절히 싸우지 않으면 나라를 잃을 것이다"라는 발언은 의사당 폭력 사태와는 아무런 연관이 없는 것이며, 선거 보안을 위해 싸울 필요가 있다는 점을 이야기한 것이라고 주장하였다. "트럼프가 개표와 투표 집계에 개입하여 선거 결과를 뒤집으려 하였다"라는 기소에 대해서 변호인단은, 선거 결과를 점검하고 확인하기 위해서 개표와 집계에 의문을 제시하고 결과에 도전하는 것은 공화당과 민주당 모두 시도하는 행위로, 대통령의 책무에도 해당한다는 논쟁을 폈다. 특히 변호인단은 "조지아의 주 국무 장관에게 선거 결과를 뒤집을 표를 찾으라고 압박하였다"라는 기소에 대해서는, "만약 주의 깊게 보면 서명이 없거나 조작된 표들을 찾아낼 수 있다"라는 개인적 의견을 이야기한 것뿐이라는 터무니없는 변명까지 변론으로 동원하였다. *See* Trump Counsel, *supra* note 948, at 2-8.

961.

소추위원들은, 앤드루 잭슨 전 대통령은 정치인들이 자신을 대통령 후보 지명에서 배제하여 1824년 선거를 훔쳤다고 믿었으며, 닉슨은 일리노이 전역에 퍼진 투표 사기로 케네디가 승리하였다고 믿었으며, 앨 고어 부통령은 플로리다에서 개표가 제대로 되었더라면 자신이 당선되었을 것으로 생각하였지만, 그들 모두 선거 결과를 받아들였다는 사실을 지적하며, 미국 역사상 오직 트럼프만 잘못된 믿음으로 결과에 승복하지 않은 대통령이라고 비난하였다. House Trial Memo in re Trump 2, *supra* note 893, at 44.

962.

Id. at 45-46 (citing Michael C. Dorf, *Free Speech, Due Process, and Other Constitutional Limits in Senate Impeachment Trials*, Dorf on Law (Jan. 20, 2021, 7:00 AM); Keith E. Whittington, *Is There A Free Speech Defense to an Impeachment?*, LAWFARE (Jan. 19, 2021, 4:18 PM); Jonathan H. Adler, *Yes, Congress May Impeach and Remove President Trump for Inciting Lawless Behavior at the Capitol*, The Volokh Conspiracy (Jan. 8, 2021, 3:21 PM); Ilya Somin, *The First Amendment Doesn't Protect Trump Against Impeachment for his Role in Inciting the Assault on the Capitol*, The Volokh Conspiracy (Jan. 8, 2021, 4:17 PM); 202 *See* Keith E. Whittington, *Is There A Free Speech Defense to an Impeachment ?*, LAWFARE (Jan. 19, 2021, 4:18 PM).

963.

Id. at 46-47. (citing *Branti v. Finkel*, 445 U.S. 507, 517-518 (1980); *Elrod v. Burns*, 427 U.S. 347, 366-367 (1976)).

964.

Id. at 47-48. 소추위원은, 'you'll never take back our country with weakness', 'you have to show strength', 'go to the Capitol', 'fight like hell' 등과 같은 발언이 포함된 트럼프의 1월 6일 연설은 '임박한 불법 행위', 즉 '의사당 폭동'을 촉발한 언행이므로 언론자유 조항의 보호를 받지 못한다는 논리를 전개하고 있다. *Cf. supra* note 953 & accompanying text.

965.

House Trial Memo in re Trump 2, *supra* note 893, at 42-43.

966.

167 CONG. REC. S733 (daily ed. Feb. 13, 2021).

967.

소추위원과 변호인의 공방 사이 사이에 트럼프의 자극적 연설과 의사당 폭력 사태가 생생히 기록된 영상물이 증거물로 방영되었으므로, 상당수 공화당 의원들의 마음이 불편하였을 것으로 추정된다. *See generally* 167 CONG. REC. S717 (daily ed. Feb. 13, 2021); S667(daily ed. Feb. 12, 2021); S645 (daily ed. Feb. 11, 2021); S615 (daily ed. Feb. 10, 2021); S589(daily ed. Feb. 9, 2021). *See also* Maeve Reston, *Republicans acquitted Trump again, but this time is different,* Feb. 15, 2021, CNN, https://edition.cnn.com/2021/02/14/politics/donald-trump-impeachment-republican-vote/index.html.

968.

See 167 CONG. REC. S738-739 (daily ed. Feb. 13, 2021) (statement of Collins).

969.

See Sen. Romney, *Statement for Congressional Record on Impeachment Trial,* Feb. 18, 2021, *available at* https://www.romney.senate.gov/romney-releases-statement-congressional-record-impeachment-trial. 롬니 의원의 이 발언은 2월 18일 '의회 기록(Congressional Record)'에 첨부되어 있다.

970.

이외에 펜실베이니아 팻 투미(Pat Toomey), 노스캐롤라이나 리차드 버(Richard Burr), 루이지애나 빌 캐서디(Bill Cassidy) 등의 공화당 상원의원들도 비슷한 의견을 밝히며 유죄 투표를 하였다. *See* Amanda Macias, *7 Republicans explain their vote to convict Trump for Capitol attack,* Feb. 14, 2021, CNBC, *available at* https://www.cnbc.com/2021/02/13/the-7-republicans-who-voted-to-convict-trump.html.

971.

See Maeve Reston, *supra* note 967.

972.

Staff, *Former President Trump's Statement on Senate Acquittal,* Feb 13, 2021, The Washington Times, https://www.washingtontimes.com/news/2021/feb/13/former-president-trumps-statement-senate-acquittal/. 대선에서 7천5백만 표를 얻었던 사실을 강조하는 것은 이상한 변명이라는 비난이 일었다. 바이든은 8천3백만 표의 국민 지지를 받았다. Chris Cillizza, *Decoding Trump's statement on Senate Acquittal*, Feb. 14, 2021, CNN, https://edition.cnn.com/2021/02/14/politics/ donald-trump-acquittal-statement/index.html. 트럼프의 아들은 계정이 차단된 아버지를 대신하여 트위터에 "이제 쇼를 그만하라"라는 메시지를 남기기도 하였다. Donald Trump Jr. Feb. 14, Twitter ("NOT GUILTY. Now maybe it would be nice if the senators stopped putting on show trials for free air time and actually started working for the American people for a change.").

973.

2016년 대선에서 트럼프는 'Make America Great Again'과 'America First'를 선거구호로 내세웠다. 그런데 이 문구는 트럼프의 창작물은 아니다. 클린턴은 1980년 대선에서 'Let's Make America Great Again'이라는 강령을 사용한 적이 있으며, 1900년대 초 고립적 민족주의를 주창한 단체 America First Committee는 'America First' 정책을 주장한 적이 있다.

974.

Kelly Mena and Jason Hoffman, *Biden says "democracy must always be defended after Trump's acquittal in second impeachment trial"*, Feb. 14, 2021, CNN, https://edition.cnn.com/2021/02/13/politics/biden-trump-second-impeachment-trial/index.html.

975.

메넨데스 의원은 "공화당 의원들이 사적인 자리에서는 '트럼프라는 독(poison)이 공화당을 장악하였고, 공화당원들은 그 독성의 덫에 걸려들었'라는 비판을 하면서도, 막상 탄핵 심판에서는 트럼프를 방면하여 그가 다음 대선에 도전하는 것을 막지 못하였다"고 비판하였다. *See Political cowardice: US reacts to Trump impeachment acquittal*, Feb. 13, 2021, ALJAZEERA, https://www.aljazeera.com/news/2021/2/13/political-cowardice-us-reacts-to-trump-impeachment-acquittal. *See also* Hunter, *Worldwide Response to Trump's acquittal: 'Republican Party cowardice' and 'unprecedented failure'*, Feb. 17, 2021, DAILY KOS, https://www.dailykos.com/stories/2021/2/16/2016397/-The-world-is-under-no-illusions-Trump-s-acquittal-is-an-unprecedented-failure-of-our-democracy.

976.

abcNEWS/Ipsos poll, *After conclusion of impeachment trial, most Americans feel Trump should have been convicted*, Feb. 15, 2021, Ipsos, https://www.ipsos.com/en-us/abcnews-impeachment-poll; Quinn Scanlan, *Majority of Americans say Trump should be convicted, barred from holding federal office in impeachment trial: POLL*, Feb. 7, 2021, abcNEWS, https://abcnews.go.com/Politics/majority-americans-trump-convicted-barred-holding-federal-office/story?id=75729878. 2차 탄핵 심판 직전의 여론 조사에서는 유죄 선고를 지지하는 여론이 56%였다. 탄핵 심판 이후에 유죄 선고 지지율이 58%로 늘어난 것은 트럼프

가 유죄라는 확신이 상원의 심판 과정을 거치면서 더욱 공고해지고 확대되었다는 것을 의미한다. *See* Kendall Karson, *Impeachment trial solidified views on Trump conviction: POLL,* Feb. 15, 2021, abcNEWS, https://abcnews.go.com/Politics/impeachment-trial-solidified-views-trump-conviction-poll/story?id=75892916.

977.

심지어 공화당 지지자들 내에서 상원의 표결이 당파적 결정이라고 응답한 비율은 민주당 지지자들 내에서의 같은 응답 비율보다도 높았다. 민주당 지지자 중 76%가 상원의 표결이 당파적 결정이라고 응답하였다. abcNEWS/Ipsos poll, *supra* note 909.

978.

민주당 지지자들의 88%, 특정 정당을 지지하지 않는 사람들의 64%가 트럼프가 유죄 선고를 받았어야 했다고 응답하였다. *Id. See also* Michael Warren, *Former Trump officials and other GOP lawyers urge senators to 'consider the evidence' in impeachment trial,* Jan. 25, 2021, CNN, https://edition.cnn.com/2021/01/25/politics/gop-lawyers-trump-impeachment-senate/index.html.

979.

어쩌면 국민도 민주주의를 포기하지 않았는가 하는 생각이 들게 한다. 의사당 폭동 이후 민주당과 공화당 지지자들 모두를 포함하여 80%에 달하는 다수 국민이 미국이 분열되고 있음을 스스로 인식하고 있는 것으로 드러났다. *See* Mike Allen, *Republicans and Democrats agree – the country is falling apart,* AXIOS, https://www.axios.com/poll-america-falling-apart-4a13376f-f962-46e3-8e2c-174d396f25d1.html.

980.

Cf. Merriam-Webster ("an act or instance of revolting against civil authority or an established government"), https://www.merriam-webster.com/dictionary/insurrection; Black's Law Dictionary 2nd ed. ("a rebellion, or rising of citizens or subjects in resistance to their government").

981.

의사당 폭동에 참여한 많은 사람이 자신들의 의도는 '의회의 선거 결과 인증을 중지시키는 것이며, 트럼프가 대통령직을 유지하게 하는 것'이라고 밝혀 그들이 정부에 저항하려는 의도가 있었음을 보여주었다. *See* Eric Litke, *Says Jan. 6 Capitol riot didn't seem like an armed insurrection.* Feb. 15, 2021, POLITIFACT, https://www.politifact.com/factchecks/2021/feb/15/ron-johnson/yes-jan-6-capitol-assault-was-armed-insurrection/.

982-1.

    See 18 U.S. §2383 ("Whoever incites, sets on foot, assists, or engages in any rebellion or insurrection against the authority of the United States or the laws thereof, or gives aid or comfort thereto, shall be fined under this title or imprisoned not more than ten years, or both; and shall be incapable of holding any office under the United States."). §2384는 '폭력 또는 무력으로(by force)'으로 정부 전복이나 기타 공권력에 저항하는 행위를 공모하는 '선동 모의(Seditious conspiracy)'를 20년 이하의 징역이 선고될 수 있는 범죄로 규정하고 있다. 18 U.S. §2384 ("If two or more persons ⋯ conspire to overthrow, put down, or to destroy by force the Government of the United States, or to levy war against them, or to oppose by force the authority thereof, or by force to prevent, hinder, or delay the execution of any law of the United States, or by force to seize, take, or possess any property of the United States contrary to the authority thereof, they shall each be fined under this title or imprisoned not more than twenty years, or both.").

982-2.

    헌법은 '반역(treason)'을 직접 '전쟁을 개시하거나 적을 돕는' 행위로 매우 좁게 한정하고 있는데, 그 이유는 반역이 정치적 반대 세력을 제거하기 위한 수단으로 남용되는 것을 방지하기 위함이다. U.S. CONST. art. III, § 3 ("Treason against the United States, shall consist only in levying War against them ⋯ or in adhering to their Enemies, giving them Aid and Comfort."). 연방법도 헌법과 비슷하게 반역을 규정하고 있다. 18 U.S. §2381 ("Whoever, owing allegiance to the United States, levies war against them or adheres to their enemies, giving them aid and comfort within the United States or elsewhere, is guilty of treason and shall suffer death, or shall be imprisoned not less than five years and fined under this title but not less than $10,000; and shall be incapable of holding any office under the United States.").

983.

    See Younis Bros. & Co. v. Cigna Worldwide Ins. Co., 899 F. Supp. 1385, 1392-1393 (E.D. Pa. 1995) ("Court defined [insurrection] as a violent uprising by a group or movement acting for the specific purpose of overthrowing the constituted government and seizing its powers ⋯ [I]nsurrection is the most rudimentary form of the type of civil commotion which in progressive stages may become 'rebellion', 'revolution' and 'civil war'.").

984-1.

정부와 공권력에 대항하는 대표적인 범죄로는 반역(Treason), 내란(Insurrection), 선동 (Sedition)이 있다. 그러나 이 범죄들은 대체로 강한 정치적 특성을 보이므로, 법원은 이 범죄들의 입증을 매우 까다롭고 엄격히 요구한다. 따라서 반역과 내란은 실제 기소에는 거의 사용되지 않는 형사 범죄들이다. 미국 법무부는 2021년 7월 29일까지 의사당 폭동 과 관련하여 552명을 기소하였으며, 그 숫자는 더 늘어날 것으로 예상한다. 그들에게 내 란죄를 적용하라는 요구가 거세게 일어나고 있지만, 법무부는 그들 대부분을 제한구역 불법 침입, 정부 자산 파괴, 소동 및 폭행 등의 혐의로 기소하였다. 단지 235명에게는 고 의로 공적 업무 진행을 방해하였다는 기소가 추가되었고, 극단주의 단체인 Proud Boys 와 Oath Keepers 등에 속한 사람들에게는 공동 모의(Conspiracy) 혐의도 적용되었다. Clare Hymes, *550 charged so far in Capitol riot case*, July 29, 2021, CBS NEWS, https://www.cbsnews.com/news/capitol-riot-arrests-latest-2021-07-29/. *See also* Offices of US Attorney, *Capitol Breach Cases*, last retrieved on Aug. 1, 2021, DOJ, https://www.justice.gov/usao-dc/capitol-breach-cases.

984-2.

법무부가 의사당 폭도들에게 반역·내란·선동 혐의를 적용하지 않는 것은, 입증의 어려 움 및 법원의 까다로운 법 적용 때문이기도 하지만, 의사당 폭동 사건이 정치적 논쟁으로 비화하는 것을 피하기 위해서라는 견해도 있다. Evan Perez, *Why Garland and DOJ haven't charged anyone with sedition for the US Capitol riots*, June 24, 2021, CNN, https://edition.cnn.com/2021/06/24/politics/capitol-sedition-charges-garland/index.html. *See also supra* note 95, 99 & accompanying text.

985.

트럼프의 실제 발언은 다음과 같다: I know that everyone here will soon be marching over to the Capitol building to peacefully and patriotically make your voices heard. 이 발언을 근거로 변호인단은, 트럼프가 평화롭게(peacefully) 의견(voices)을 요구 하라고 하였으며, 폭력적 행동을 언급하지 않았다는 것을 강조하고 있다. 또한, 그가 사용 한 'fight'란 단어도 실제 싸움이나 폭력을 의미하는 것이 아니라 단지 수사적인 표현일 뿐 이라고 주장하였다. Trump Trial Memo 2, *supra* note 946, at 51-53.

986.

1월 6일 엘립스 공원의 집회에 트럼프의 아들과 트럼프의 최측근 변호사 루디 길리아니 도 참석하여 연설하였는데, 주된 내용은 트럼프의 주장과 대동소이(大同小異)한 것이었 다. *See* George Petras, *Timeline: How the storming of the U.S. Capitol unfolded on Jan. 6*, updated Feb. 9, 2021, USA TODAY, https://www.usatoday.com/in-depth/news/2021/01/06/dc-protests-capitol-riot-trump-supporters-electoral-college-stolen-election/6568305002/.

987.

트럼프 연설의 대부분은 민주당이나 민주당의 특정 인사를 비난하는 내용이거나, 선거 사기와 민주당의 선거 도둑질을 주장하고, 집회 참가자들에게 전투 의식을 고취하는 내용이었다. 그는 '평화롭게 주장하라'라고 한 번 말하였지만, 이 한 번의 발언은 '의사당으로 행진하여 힘을 보여주라'라는 무력을 암시하는 그의 강력한 주제 발언과는 동떨어져 보인다. 더구나 'peacefully'라는 단어가 단 한 번 지나치듯 나온 데 대비하여 'fight'라는 단어는 20회 이상 나왔다. 연설의 전체 내용은 트럼프의 의도가 'peace'가 아니라 'fight'였다는 것을 보여준다. *See* Lauren Giella, *Fact Check: Did Trump Say to 'Peacefully and Patriotically' March to the Capitol?*, Jan. 14, 2021, Newsweek, https://www.newsweek.com/fact-check-did-trump-say-peacefully-patriotically-march-capitol-1561718.

988.

실시간으로 전송된 영상에서 "Our president wants us here, we wait and take orders from our president."라는 시위자의 외침이 포함되어 있었다. 소추위원들은 이 영상을 상원의 탄핵 심판에서 증거로 제출하였다. *See* ABC/Wires, *Donald Trump's impeachment trial: Key takeaways from day three as Democrats rest their case*, updated Feb. 12, 2021, abc.net NEWS, https://www.abc.net.au/news/2021-02-12/donald-trump-impeachment-senate-trial-key-takeaways-day-three/13147640. 또한, 시위대는 펜스 부통령을 교수형에 처하라고 외치기도 하였는데, 이것은 펜스 부통령이 상원의장의 자격으로 의회의 선거 결과 인증을 막기 위해 어떠한 행동에도 나서지 않는다고 트럼프가 비난한 것에 따른 조치(?)였다. *See* George Petras, *Timeline: How the storming of the U.S. Capitol unfolded on Jan. 6*, updated Feb. 9, 2021, USA TODAY, https://www.usatoday.com/in-depth/news/2021/01/06/dc-protests-capitol-riot-trump-supporters-electoral-college-stolen-election/6568305002/.

989.

167 CONG. REC. S735 (daily ed. Feb. 13, 2021) (statement of McConnell) ("The people who stormed this building believed they were acting on the wishes and instructions of their President."). 트럼프가 집회자들을 따라 의사당으로 가려 하였

고 비밀임무국이 만류하자 직접 운전하여 의사당으로 가려 했다는 최근 증언은 "내 언행은 의사당 폭동과 무관하다"라는 트럼프의 주장을 부정할 뿐만 아니라 '의사당 사건'에 트럼프의 '의도'가 개입되었음을 보여주기도 한다. *See also supra* note 710 & accompanying text.

990.

See Gregory Wallance, *Why Trump could face criminal charges for inciting violence and insurrection,* Jan. 12, 2021, THE HILL, https://thehill.com/opinion/criminal-justice/533819-why-trump-could-face-criminal-charges-for-inciting-violence-and?rl-1.

991.

트럼프와 가족들 그리고 그의 변호사들은 선거 사기와 관련된 200여 개의 거짓 주장을 트위터로 전하였고, 이 트윗은 350만 번 이상 재전송(re-twitted)되었으며, 9백만 번 이상의 '좋아요' 클릭을 받았다. 트위터에 올려진 트럼프 진영의 메시지는 점점 폭력적으로 변하였다. 트럼프의 변호사 린 우드(Lin Wood)는 조지아 주에서 열린 집회에서 "바이든은 결코 대통령 집무실에 발을 들여놓지 못할 것"이라 하였고, 또 다른 그의 변호사 시드니 포웰(Sydney Powell)은 "의회로 벌떼처럼 몰려가자"라고 하였으며, 공화당 루이 고머트(Loui Gohmert) 의원은 언론과 인터뷰에서 "만약 법원이 선거 관련 트럼프의 소송들을 기각하면 거리로 나가 폭력적으로 될 수밖에 없다"라는 위협을 버젓이 하기도 하였다. *Id.*

992.

의사당 폭력은 트럼프 지지자들이 사전에 준비한 것이라는 주장이 제기되었다. Forbes는 1월 6일 이전 몇 주 동안, 틱톡(TikTok)과 트위터 그리고 트럼프 지지자들의 웹사이트 'TheDonald' 등에서 의사당 주변의 주요 거리를 묘사하는 지도, 의사당 외곽을 장악하자는 발언, 의사당으로 몰아치자는 표현 등이 회자(膾炙)하였음을 지적하고, 이런데도 경찰이나 관련 기관이 보안이나 안전에 신경을 쓰지 않았다는 의문을 제기하였다. 만약 이것이 사실이라면, 당시 국가 보안과 안전의 최고 책임자였던 트럼프도 당연히 그 책임을 면할 수 없으며, 나아가 고의로 방관하였다는 지적을 면하기 어렵다. *See* Jemima McEvoy, *Capitol Attack Was Planned Openly Online For Weeks—Police Still Weren't Ready,* Jan. 7, 2021, https://www.forbes.com/sites/jemimamcevoy/2021/01/07/capitol-attack-was-planned-openly-online-for-weeks-police-still-werent-ready/?sh=4812ec3376e2. 특히 Proud Boys와 Oath Keepers 등 극우단체 회원들 사이의 폭력 행사에 대한 사전 교감이나 공유는 사실로 밝혀졌다. Evan Perez, *Why Garland and DOJ haven't charged anyone with sedition for the US Capitol riots,*

June 24, 2021, CNN, https://edition.cnn.com/2021/06/24/politics/capitol-sedition-charges-garland/index.html; *See also* Katelyn Polantz & Marshall Cohen, *Prosecutors allege Oath Keepers leader and Proud Boys coordinated before Capitol attack*, March 24, 2021, CNN, https://edition.cnn.com/2021/03/24/politics/capitol-riot-oath-keepers-proud-boys/index.html.

993.

167 CONG. REC. S735 (daily ed. Feb. 13, 2021) (statement of McConnell) ("*a foreseeable consequence of the growing crescendo of false statements, conspiracy theories, and reckless hyperbole* which the defeated President kept shouting into the largest megaphone on planet Earth.")(emphasis added).

994.

167 CONG. REC. S738 (daily ed. Feb. 13, 2021) (statement of Collin) ("the culmination of a steady stream of provocations by President Trump that were aimed at overturning the results of the Presidential election").

995-1.

설령 트럼프가 실제 의사당 폭동을 예상하지 못하였다 하더라도, 상식적인 사람이 당연히 예상할 수 있었다면 'constructive knowledge or imputed knowledge' 원칙에 따라 법적으로는 트럼프 역시 예상하였던 것으로 간주한다. 트럼프는 맥코넬의 지적대로 1월 6일 연설이 의사당 폭력 사태를 촉발하거나 할 수 있다는 것을 '알았거나 마땅히 알았어야(knew or should have known)' 했다. 트럼프가 선거 결과 인증을 저지 또는 방해하려 하였다는 고의성은 심지어 형사적 범죄를 구성하는 수준, 즉 매우 높은 수준까지 입증될 수 있다는 의견도 제시되었다. 로런스 트라이브(Laurence Tribe) 하버드 법대 교수는 "트럼프가 상원의 탄핵 심판에서 유죄 선고를 모면하고 방면되었지만 18 U.S.C. §2383 '내란선동죄'와 §2384 '선동음모죄'로 형사 기소될 수 있다"는 의견을 밝혔다. *See* Darrell Lucus, *Constitutional scholar reveals how Trump can face criminal charge for starting* Jan.6 insurrection, July 13, 2021, DAILY KOS, https://www.dailykos.com/stories/2021/7/12/2039486/-Constitutional-scholar-reveals-how-Trump-can-face-criminal-charges-for-starting-Jan-6-insurrection; Mary Papenfuss, *Laurence Tribe: Evidence Appears To Support Sedition Charge Against Trump,* March 22, 2021, HUFFPOST, https://www.huffpost.com/entry/trump-georgia-sedition-charge-laurence-tribe_n_60580849c5b6f12839d5441e?ncid=engmodushpmg00000004.

995-2.

헌법 1조 3항 7절은, 탄핵에서 유죄 선고를 받은 공직자는 여전히 형사적 기소 · 재판 · 처벌의 대상이 됨을 분명히 한다. 그러나 탄핵에서 방면된 공직자에게도 이 조항이 적용되는지는 언급이 없다. 2000년 법무부는, 탄핵에서 방면되어도 여전히 형사적 기소 · 재판 · 처벌을 받을 수 있다는 의견서를 발표한 적이 있으며, 이 의견이 다수설로 인정되고 있다. *See* Randolph D. Moss, Assistant Attorney General, *Whether a Former President May Be Indicted and Tried for the Same Offenses for Which He was Impeached by the House and Acquitted by the Senate,* Aug. 18, 2000, Office of Legal Counsel, https://www.justicc.gov/filc/19386/download.

996.

See infra note 1012.

997.

변호인의 변론에 대한 소추위원의 '응답(reply)'도 위에 기술된 것과 비슷한 논리를 적용하며 같은 결론을 내린다. *See* Senate Trial of Trump 2, PART III, *supra* note 941, at 193-198 (Reply Memorandum of House Manger), https://www.govinfo.gov/content/pkg/CDOC-117sdoc2/pdf/CDOC-117sdoc2-pt3.pdf.

998.

See Brian C. Kalt, *The Constitutional Case for the Impeachability of Former Federal Officials: An Analysis of the Law, History, and Practice of Late Impeachment,* at 6, Tex. Rev. L. & Pol. 13, 54-68 (2001-2002). 브라이언 칼트 교수는, 탄핵 조항의 텍스트만으로는 전직 공직자가 탄핵 대상에 포함된다는 해석과 포함되지 않는다는 해석 모두가 가능하므로 "탄핵 조항의 배경 · 역사 · 구조 · 선례 등을 고려하여 판단해야 한다"고 주장한다.

999.

See Jared P. Cole, *supra* note 11, at 16 (citing House Practice ch. 27 §2; MICHAEL J. GERHARDT, THE FEDERAL IMPEACHMENT PROCESS 79; Brian C. Kalt, *supra* note 998, at 18); WILLIAM RAWLE, A VIEW OF THE CONSTITUTION OF THE UNITED STATES 210 (1970) (2d ed. 1829)). *See also* Jared P. Cole & Todd Garvey, *The Impeachment Trial of a Former President,* CRS Rept. No. LSB10565 (Jan. 15, 2021), https://crsreports.congress.gov/product/pdf/LSB/LSB10565. 170여 명이 넘는 헌법학자들은 상원이 전직 대통령에 대한 탄핵 심판 권한을 가지고 있다는 의견서를 제출하였다. Constitutional Law Scholars on Impeaching Former

Officers, January 21, 2021, *available at* https:// www.politico.com/f/?id =00000177-2646-de27-a5f7-3fe714ac0000. *But Cf.* Joseph Story, *supra* note 13 §801. 조셉 스토리 판사는 그의 유명한 헌법 주석서에서, 헌법은 상원이 유죄 선고를 내리면 탄핵 대상 공직자를 반드시 파면하도록 규정하고 있으므로, 탄핵은 현직 공직자에게만 적용되는 것으로 추정하였다.

1000.

See Trump Trial Memo 2, *supra* note 946, at 17-20.

1001.

See Brian C. Kalt, *supra* note 998.

1002.

Nina Totenberg, *'I Said The Opposite': Criticism Of Trump's Impeachment Defense Intensifies,* Feb. 9, 2021, NPR, https://www.npr.org/sections/trump-impeachment-trial-live-updates/2021/02/09/965590112/i-said-the-opposite-criticism-of-trumps-impeachment-defense-intensifies. 전직 공직자가 탄핵 대상이 아니라고 주장하는 학자, 연구물 또는 저서가 부족한 것도 이런 촌극의 한 원인이 될 수 있다. 그러나 트럼프 변호인단의 변론서를 검토하면, 그들의 논쟁과 변론의 수준이 매우 낮다는 느낌을 실제로 받는다. 트럼프 2차 탄핵 변호인단의 변론은, 민주당은 물론 공화당 의원과 트럼프의 비난을 받기도 하였다. Andrew Solender, *Trump Reportedly Shocked, Enraged By Bruce Castor's Performance,* Feb. 9, 2021, Forbes, https://www.forbes.com/sites/andrewsolender/2021/02/09/trump-reportedly-shocked-enraged-by-bruce-castors-performance/?sh=590f5401237b. *See also* Dana Bash, Pamela Brown and Kevin Liptak, *Trump impeachment defense team scrambling to make new videos to bolster case,* Feb. 10, 2021, CNN, https://edition.cnn.com/2021/02/10/politics/trump-impeachment-defense/. CNN과 인터뷰에서 보수주의 변호사인 조지 콘웨이(George Conway)는 "변호사 경력 30년 동안 좋은 변호사와 나쁜 변호사를 많이 보아 왔지만, 트럼프의 탄핵 변호사들은 정말 지독하다(awful)"고 평가하였다. *See also* Daniel Dale, *Fact check: Trump lawyers make multiple false claims in impeachment defense,* Feb. 13, 2021, CNN, https://edition.cnn.com/2021/02/12/politics/fact-check-trump-defense-impeachment-trial/index.html.

1003.

See supra note 70 & accompanying text.

1004.

만약 임기가 종료된 공직자가 탄핵 대상이 되지 않는다면, 임기를 떠난 뒤 발견된 공직자의 비행에 탄핵은 무용지물이 된다는 구멍(loophole)과, 비행을 저지른 후 공직을 떠나 탄핵을 무용지물로 만드는 구멍이 발생한다는 것에 대해서는 트럼프 변호인들도 이의를 달지 않았다. *See* Senate Trial of Trump 2, PART III, *supra* note 941, at 206 (Reply Memorandum of House Manger). *See also supra* note 957.

1005.

See supra note 245 & accompanying text. 밸크냅은 탄핵 심판에서 상원 2/3의 유죄 선고 표결을 모면하여 방면되었는데, 상당수 의원은 그가 이미 사임한 전직 공직자이므로 유죄 표결에 동참하지 않았다고 밝힌 바 있다. 그러나 그의 방면이 상원이 전직 공직자에 대한 탄핵심판관할권이 없다는 것을 의미하지는 않는다.

1006-1.

윌리엄 블라운트 탄핵 당시, 상원은 그에 대한 탄핵심판관할권(Jurisdiction)이 없다는 표결을 하였다. 그러나 이 표결은 상원이 전직 공직자에 대한 탄핵심판관할권을 포기한 것이 아니라, '상원의원이 헌법 상 탄핵 대상 공직자(civil officer)가 아니라는 의미'였다는 것이 다수 의견이다. *See supra* note 238 & accompanying text. *See also* Brian C. Kalt, *supra* note 998, at 86-89. 로버트 아치발드(Robert Archibald) 연방 순회 항소법원(Circuit court) 판사에 대한 탄핵 사유는, 그의 전직이었던 지방법원(District court) 판사 재임 시의 행위도 포함되어 있었다. 아치발드 탄핵은 상원이 전직 공직자에 대한 탄핵심판권을 가지고 있음을 분명하게 입증하는 사례는 아니더라도, 블라운트 탄핵 사례처럼 의회가 원한다면 언제든지 전직 공직자에 대한 탄핵심판권을 행사할 수 있다는 것을 보여준다. *See* Brian C. Kalt, *supra* note 998 at 85, 102-104.

1006-2.

트럼프 변호인은 전직 대통령에 대한 탄핵 불가론을 주장하며, 닉슨이 대통령직을 물러나자 의회가 탄핵 진행을 멈추었다는 사례를 들었다. 소추위원은 '닉슨은 치욕(恥辱) 속에서 스스로 사임하였고, 잘못을 시인하였으며, 또한 2번을 초과하여 대통령에 당선될 수 없다는 수정헌법 27조에 따라 다시 대통령직에 나설 수 없었기 때문에' 의회가 탄핵을 멈춘 것일 뿐이며, 탄핵 권한이 없어서 탄핵을 멈춘 것이 아니라고 지적하였다. Senate Trial of Trump 2, PART III, *supra* note 941, at 206-207 (Reply Memorandum of House Manger).

1007-1.

전직 대통령에 대한 상원의 탄핵 심판 권한에 대한 상원의 토론은, *See generally* 167

CONG. REC. S590-S609. *See also supra* note 939 & accompanying text. 대한민국
헌법 재판소는, 임성근 전 부장판사가 퇴임하였다는 이유로 그에 대한 탄핵을 기각하였
다. *See* 선고 사건 결정 요지, 2021, 10, 28, 헌법재판소 보도 자료 ("이미 임기 만료로
퇴직한 피청구인에 대해서는 본안 판단에 나아가도 파면 결정을 선고할 수 없으므로 결
국 이 사건 탄핵 심판 청구는 부적법하다는 결정을 선고하였다"), *available at* https://
www.ccourt.go.kr/site/kor/ex/bbs/View.do?cbIdx= 1128&bcIdx=987436.

1007-2.

탄핵은 공직자를 파면하기 위해 마련된 제도가 아니라, 공직자의 비행을 막고 권력의 오
남용을 방지하기 위해 마련된 제도이다. 상당수 비행과 권력 남용은 형사 범죄에 이르지
않을 수 있으며, 설령 이른다고 하더라도 형사 범죄임을 입증하기가 어렵거나 불가능할
수 있다. 때로는 탄핵이 공직자의 무능이나 실정에 대한 책임을 묻는 수단이 되기도 하는
데, 무능이나 실정이 형사 범죄에 이르지 않는 경우는 허다하다. 따라서 공직자는 비행,
권력 남용, 또는 무능과 실정을 저지르더라도 형사적 책임을 면할 수 있는데, 이번 헌법
재판소의 결정으로 사퇴하여 전직 공직자가 된다면 탄핵까지 모면할 수 있게 되었다. 임
기 말에 비행을 저지르거나 권력을 함부로 쓴 뒤 퇴임한 공직자, 임기 중 비행을 저지르
거나 권력을 함부로 쓴 뒤 사임해버린 공직자, 또는 무능과 실정을 일삼는 공직자에게 어
떤 조처를 해야 하는지 그 방도가 마련되어야 할 것으로 보인다.

1008.

수정헌법 1조는 연방정부의 행위를 규제하는 것이나, 수정헌법 14조 적법 절차(Due
Process) 조항을 통해 주정부의 행위에도 적용된다. 따라서 언론자유 조항은 주정부나 연
방정부가 개인들의 언론을 침해하는가를 따지는 것이다.

1009.

See e.g., Joshua Matz & Norm Eisen, *Opinion/Trump's Incitement Was Not
'Free Speech',* Jan. 13, 2021, POLITICO, https://www.politico.com/news/
magazine/2021/01/13/trump-impeachment-incitement-free-speech-458884.

1010.

Senate Trial of Trump 2, PART III, *supra* note 941, at 192, 208 (Reply
Memorandum of House Manger). 국기를 불태우거나 KKK 집회에서 연설하거나 나
치 문양의 셔츠를 입는 것 모두 수정헌법 1조가 보호하는 표현의 자유로 간주한다. *See
Texas v. Johnson,* 491 U.S. 397 (1989)("flag burning"); *Brandenburg v. Ohio,* 395
U.S. 444 (1969)("hate speech"); *Village of Skokie v. National Socialist Party of
America,* 69 Ill.2d 605, 373 N.E.2d 21 (1978) ("Swastika"). *Cf. National Socialist*

Party of America v. Village of Skokie, 432 U.S. 43 (1977)(per curiam).

1011.

Constitutional Law Scholars on President Trump's First Amendment Defense (Feb. 5, 2021), *available at* https://int.nyt.com/data/documenttools/first-amendment-lawyers-trump-impeachment-defense/7fc3e63ae077f83d/full.pdf. *See also* Colin Kalmbacher, *Nearly 150 Constitutional Scholars Reject Trump's Legal Defense: 'The First Amendment Does Not Apply in Impeachment Proceedings'*, Feb. 5, 2021, law & Crime, *available at* https://lawandcrime.com/impeachment/nearly-150-constitutional-scholars-reject-trumps-legal-defense-the-first-amendment-does-not-apply-in-impeachment-proceedings/; Keith E. Whittington, *Is There a Free Speech Defense to an Impeachment?*, Jan. 21, 2021, LAWFARE, *available at* https://www.lawfareblog.com/there-free-speech-defense-impeachment.

1012.

Brandenburg v. Ohio, 395 U.S. 444, 447 (1969) ("directed to inciting or producing imminent lawless action and is likely to incite or produce such action"). *Chaplinsky v. New Hampshire* 법원은 표현 그 자체로 상해를 일으키거나 즉각적으로 평화를 깨트리는 경향이 있는 발언은 헌법의 보호를 받는 표현이 아니라고 판결하였다. *Chaplinsky v. New Hampshire*, 315 U. S. 568, 572 (1942) ("fighting words ⋯ which ⋯ inflict injury or tend to incite an immediate breach of the peace").

1013.

Reed Richardson, *Laurence Tribe Smacks Down Trump Impeachment Team's Free Speech Defense*, Feb. 2, 2021, MEDIATE ITE https://www.mediaite.com/tv/laurence-tribe-smacks-down-trump-impeachment-teams-free-speech-defense-like-being-the-fire-chief-and-urging-a-mob-to-burn-the-theater-down/. 트라이브 교수의 '소방관과 화재' 비유는 올리버 웬델 홈즈(Oliver Wendell Holmes) 전 대법관의 판결에 빗댄 것으로 보인다. 홈즈 대법관은 사람들이 가득 찬 극장에서 '불이야'라고 소리 지르는 것과 같이 '명백하고 현존하는' 위험을 초래하는 발언은 언론자유 조항의 보호를 받지 못한다는 유명한 주해를 남겼다. *Schenck v. United States*, 249 U.S. 47 (1919) (holding that the First Amendment does not protects such words that create a clear and present danger).

1014.

See Alex Rogers & Manu Raju, *McConnell blames Trump but voted not guilty anyway,* Feb 14, 2021, CNN https://edition.cnn.com/2021/02/13/politics/mitch-mcconnell-acquit-trump/index.html. *See also* Ryan Goodman, Mari Dugas and Nicholas Tonckens, *Incitement Timeline Year of Trump's Actions Leading to the Attack on the Capitol Attack,* Jan. 11, 2021, Just Security, https://www.justsecurity.org/74138/incitement-timeline-year-of-trumps-actions-leading-to-the-attack-on-the-capitol/. 이런 점을 고려하면, "수정헌법 1조 언론자유 조항은 탄핵에 적용되지 않는다"라는 소추위원의 주장은 더욱 타당성을 가진다.

1015.

See Henry J. Friendly, *Some Kind of Hearing ,* 123 U. Pa. L. Rev. 1267 (1975). 대법원은 수정헌법 14조의 Due Process는 최소 다음 세 가지를 요구한다는 결론을 내렸다. ① 통지(notice) ② 진술할 기회(an opportunity to be heard) ③ 공정한 심판(an impartial tribunal). *See Mullane v. Central Hanover Bank* (1950).

1016-1.

탄핵을 진행하기 위해 의회는, 위원회를 설립하여 혐의 사실을 조사하고 청문회를 열어 증언을 듣고 자료를 수집하는 활동을 한다. 대통령 탄핵 등 중요한 탄핵에 대해서는, 상원과 하원 모두 수개의 위원회를 구성하여 별도로 혐의 사실을 조사하고 청문회를 열기도 한다. 이 모든 절차의 중요한 목표는, 혐의 사실에 대한 자료와 증거를 수집하고 증언을 확보하는 것이다. 트럼프의 내란 선동 혐의에 대한 자료와 증거는 문자, 녹음, 또는 영상 등으로 충분히 확보되어 있었으므로, 통상적인 의회의 조사와 입증 절차가 필요 없었다. 167 CONG. REC. S738-759 (daily ed. Feb. 13, 2021) (statement of Collin) ("[The House] should have compiled a more complete record. Nevertheless, the record is clear that the President, President Trump, abused his power, violated his oath to uphold the Constitution, and tried almost every means in his power to prevent the peaceful transfer of authority to the newly elected President."). *See also Michael Stokes Paulsen, The Constitutional and Moral Imperative of Immediate Impeachment,* Jan. 8, 2021, The Bulwark, https://www.thebulwark.com/the-constitutional-and-moral-imperative-of-immediate-impeachment/; Senate Trial of Trump 2, PART III, *supra* note 941, at 211-214 (Reply Memorandum of House Manger).

1016-2.

다섯 명이 목숨을 잃은 의사당 사태에 재빨리 나서 청문회를 열고 사태의 진상을 파악하는 미국 의회의 자세는 매우 바람직하게 보인다. 워터게이트 강도 사건이 터지자, 경찰이나 FBI의 수사와는 별도로 1972년 2월 구성된 상원의 워터게이트 위원회는 닉슨의 범죄 사실을 입증할 유력한 증거를 발견하고, 1,200페이지에 달하는 방대한 보고서를 낸 의회 조사 활동의 모범을 보였다. 1993년 7월 클린턴의 측근인 빈센트 포스터 백악관 변호사가 자살하였을 때, 의회는 화이트워터 위원회를 구성하고 청문회를 열었다. 경찰과 법무부가 수사하였음에도 하원과 상원이 별도로 조사를 벌였다. 2019년 9월 25일 낸시 펠로시(Nancy Pelosi) 하원의장은, 우크라이나 대통령 젤렌스키를 압박하였다는 트럼프의 전화 한 통을 두고, 의회의 6개 위원회가 탄핵 조사를 시작할 것이라 공표하였다. 3권 분립을 취한 정부에서, 의회는 법을 만들고 행정부와 사법부를 견제하는 기능을 수행한다. 국정조사는 이런 의회의 기능을 가능케 하는 수단이자 책무이지, *내키면 행사하는 권리가 아니다.* 경찰과 검찰이 수사 중인 모든 사안에 국정조사를 요구하고 나서는 것은 오히려 국정을 혼란에 빠트릴 수 있지만, 온 국민을 충격에 빠트린 중대한 사태에 대해서는 국정조사를 통하여 원인과 진실을 규명하고 필요한 법을 마련하는 것이 의회의 책무이다. 2022년 10월 29일 서울 한복판에서 156명의 청춘이 압사당하는 참사가 일어났다. 이 믿을 수 없는 참사에 대한 국정조사 책무가 여야의 정치적 흥정거리로 전락(顚落)하는 일이 일어나지 않기를 바란다.

1017.

Nixon v. United States, 506 U.S. 224 (1993), *affirming,* 938 F.2d 239 (D.C. Cir. 1991), affirming 744 F. Supp. 9 (D.D.C. 1990). *See also* Elizabeth B. Bazan, *supra* note 15, at 11-12.

1018.

트럼프 탄핵 심판에서 상영된 영상은 의사당 폭동이 얼마나 위험스럽고 중대한 사건이었는지를 생생하게 보여준다. *See* Lisa Mascaro, *Trump trial video shows vast scope, danger of Capitol riot,* Feb. 10, 2021, AP, *available at* https://apnews.com/article/trump-impeachment-trial-update-2-10-2021-4f49705a5f92bd4129941ec409642ecd.

1019.

헌법 제정자들이 탄핵제도를 헌법 조항에 넣은 가장 중요한 이유는 대통령의 독재적 권한 행사였다. 이 때문에 탄핵 조항에 대한 세부 논의도 거의 대통령 탄핵에 관한 내용이었다. *See supra* note 70 & accompanying text. 또한, 헌법 제정자들은 대통령이 권력을 남용하여 선거에 부패한 영향을 끼칠 가능성과 자신의 재선을 위해 극단적인 비행을 저지를 수 있다는 것에 깊은 우려를 표시하기도 하였었다. Noah Feldman, *supra* note 46, at 3 ("[The framers] were especially worried that a president might use the power of his office to influence the electoral process in his own favor."). *See also* CONSTITUTIONAL GROUNDS, *supra* note 11, at 33; ALLEN J. LICHTMAN, *supra* note 479 at x-xi ; Michael Stokes Paulsen, *Objection to Impeachment, Part3: Overturning the Result of An Election*, Sep. 20, 2018, Law & Liberty, https://lawliberty.org/objections-to-impeachment-part-3-overturning-the-result-of-an-election/.

1020.

See ABC/Wires, *Donald Trump's impeachment trial: Key takeaways from day three as Democrats rest their case*, Feb. 12, 2021, abcNEWS ("He was trying to become king and rule over us against the will of the people and the valid results of the election"), https://www.abc.net.au/news/2021-02-12/donald-trump-impeachment-senate-trial-key-takeaways-day-three/13147640. 하버드 법대 로런스 트라이브 교수는 "트럼프는 마치 독재자처럼 행동하였으며, 이런 행동에는 대통령 면책권이 적용되지 않는다"고 지적하였다. *Laurence Tribe: Trump acting like a dictator with 'absolute immunity' defense,* May 27, 2021, NSNBC, https://www.msnbc.com/the-last-word/watch/laurence-tribe-trump-acting-like-a-dictator-with-absolute-immunity-defense-113425989931. 미국의 저명한 법학자 로런스 프리드먼은 "닉슨에게 소환장(subpeona)을 발부하여 백악관 녹음테이프를 제출하도록 한 일과 대통령 재임 중이지만 클린턴에 대한 폴라 존스의 민사 소송이 진행되도록 허용한 일은 '법 위에 아무도 없다'라는 정의를 미국이 잘 보여준 사례"라고 평가하였다. *See supra* note 596. 2개월에 걸친 선거 결과 불복과 평화로운 정권 이양 거부 그리고 대규모 엘립스 집회와 의사당 폭동에도 불구하고, 탄핵에서 방면된 트럼프를 두고도 '미국의 정의'에 대해 프리드먼이 같은 평가를 할지는 의문이다.

1021.

See 167 CONG. REC. S735. (daily ed. Feb. 13, 2021) (statement of McConnell) ("There is no question - none - that President Trump is *practically and morally responsible* for provoking the events of the day. No question about it.")(emphasis added).

1022.

See Ryan Goodman & Josh Asabor, *In Their Own Words: 43 Republicans' Explanation of Their Vote Not to Convict Trump in Impeachment Trial*, Feb. 14, 2021, JUST SECURITY, https://www.justsecurity.org/74725/in-their-own-words-the-43-republicans-explanations-of-their-votes-not-to-convict-trump-in-impeachment-trial/.

1023.

See Maeve Reston, *Republicans acquitted Trump again, but this time is different*, updated Feb. 15, 2021, CNN, https://cdition.cnn.com/2021/02/14/politics/donald-trump-impeachment-republican-vote/index.html. *See also* Harry Enten, *Why most GOP senators are standing by Trump*, Feb. 14, 2021, CNN, https://edition.cnn.com/2021/02/13/politics/gop-senators-trump-impeachment/index.html. 유죄 투표를 하지 않은 공화당 상원의원 43명 중 12명은 트럼프의 연설이 의사당 폭동과 어느 정도 연계성이 있다는 것을 인정하여 트럼프가 탄핵 대상 행위를 저질렀다는 것을 시사하였지만, 나머지 31명 중 다수는 트럼프의 주장을 받아들이거나 자신들의 황당한 이론을 내세워 무죄 투표를 정당화하였다. 예를 들어, 테드 크루즈(Ted Cruz)는 소추위원의 주장 전체가 소문이나 전언(hearsay)에 근거한 것이라고 말하였고, 린지 그레이엄(Lindsey Graham)은 소추위원의 공소장이 완전히 농담(joke)이라고 말하기도 하였다. 몇몇 의원들은 '트럼프는 잘못이 없으며, 탄핵은 민주당의 증오 때문에 발생한 일'이라는 억지를 부리기도 하였다. *See* William Saletan, *The Senate's Awful Reasons for Acquitting Trump*, Feb. 19, 2021, MSN News, https://www.msn.com/en-us/news/politics/the-senate-s-awful-reasons-for-acquitting-trump/ar-BB1dOk0h. 일부 공화당 의원들의 위와 같은 발언들 때문에, 공화당 상원의원들이 유죄 투표를 하지 않은 이유는 트럼프가 두려웠기 때문이 아니라 '진심으로 트럼프의 주장을 믿었고, 그가 무죄라고 생각하였기 때문'이라는 주장도 제기되었다. 그러나 그들 중 상당수가 트럼프에게 보여주기식 발언을 하였을 수 있으며, 위에 언급하였듯이 10여 명 이상은 트럼프의 언행이 의사당 폭동에 연관성이 있다는 것을 인정하였다는 것을 고려하면, 결국 트럼프가 방면된 이유는 다수의 공화당 상원의원들이 그가 진심으로 무죄라고 판단하였기 때문이 아니라고 할 수 있다. *Id. See also*, Harry Enten, *Why most GOP senators standing by Trump*, Feb.14, 2021, CNN, https://edition.cnn.com/2021/02/13/politics/gop-senators-trump-impeachment/index.html.

1024.

트럼프에 대한 전체 국민의 선호도는 낮지만, 공화당원(GOP) 내에서 그에 대한 선호도 (favorable rating)와 지지도(approval rating)는 각각 70%와 80% 이르러 공화당 정치인 중 가장 높다. *See* Patrick Murray, *NATIONAL: MAJORITY SUPPORT TRUMP IMPEACHMENT*, Jan. 25, 2021, Monmouth Univ. Poll, https://www.monmouth.edu/polling-institute/documents/monmouthpoll_us_012521.pdf/.

1025.

Transcript of Trump's Jan. 6 Speech, supra note 842 ("And you have to get your people to fight. And if they don't fight, we have to *primary the hell out of the ones that don't fight. You primary them.* We're going to. We're going to let you know who they are. I can already tell you, frankly.")(emphasis added).

1026.

Barbara Sprunt, *7 GOP Senators Voted To Convict Trump. Only 1 Faces Voters Next Year*, Feb. 15, NPR, https://www.npr.org/sections/trump-impeachment-trial-live-pdates/2021/02/15/ 967878039/7-gop-senators-voted-to-convict-trump-only-1-faces-voters-next-year.

1027.

Sherrod Brown, *Opinion/In private, Republicans admitted they acquitted Trump out of fear*, Feb. 5, 2021, N.Y. Times, https://www.nytimes.com/2020/02/05/opinion/trump-senate-acquittal-impeachment.html.

1028.

트럼프 변호사들은 하원이 탄핵 기소장을 상원에 바로 전달하지 않고 지연 작전을 펼쳤다고 오히려 민주당 의원들과 소추의원들을 비난하였지만, 탄핵 방면의 훌륭한 핑곗거리를 만들어준 데 대해 오히려 감사해야 할 것으로 보인다. *See supra* note 955 & accompanying text.

1029.

Kevin Liptak, *Trump's impeachment lesson: Democrats are 'crooked'*, Feb. 13, 2020, CNN, https://edition.cnn.com/2020/02/12/politics/donald-trump-democrats-lesson/index.html; Scott Wartman, *Sherrod Brown: Trump has 'gone on a retribution tour', turning White House into 'personal vengeance operation'.*, Feb. 12, 2020, The Enquirer, https://www.cincinnati.com/story/news/politics/2020/02/12/sherrod-brown-slams-congress-says-trump-has-

490

탄핵으로 본 미국사

learned-impeachment-he-can-do-whatever-he-wants/4736723002/.

1030.

Carole Leonnig & Philp Rucker, I Alone Can Fix It (Penguin Random House 2021). *See also* Mary Louis Kelly, *'I Alone Can Fix It' Chronicles Trump's Chaotic Final Year in Office,* July 19, 2021, NPR, https://www.npr.org/2021/07/19/1018025428/i-alone-can-fix-it-chronicles-trumps-chaotic-final-year-in-office.

1031.

인기 말 이전에도 백악관은 혼란스러웠다는 평을 받았다. 심지어 트럼프가 대통령에 당선되고 채 1년도 지나지 않아 혼란스러운 백악관을 묘사하는 책이 출간되어 세간의 높은 관심을 끌었다. *See* Michael Wolf, Fire and Fury (Little Brown 2018).

1032.

하원의 공화당 리더인 케빈 맥카시(Kevin McCarthy)가 의사당 폭동을 선동한 책임을 들어 트럼프를 비난하였던 것을 철회하고, 다른 의원들도 트럼프에 대한 비난을 취소하거나 번복하는 행태를 두고, 언론은 공화당 의원들이 '왕의 귀환'에 대비하여 그에게 아첨하고 있다고 비꼬았다. *See* Lee Moran, *Shameless Republicans Still 'Lining Up To Kiss Trump's Ring' Ripped In CNN Bit,* updated July 17, 2021, HUFFPOST, https://www.huffpost.com/entry/cnn-new-day-republicans-roll-the-tape_n_60f278f9e4b022142cf873f0. *See also* Natalie Colarossi, *Trump-McConnell Feud Heats Up as GOP 'Kiss the Ring' at Donor Retreat, PAC Endorses Murkowski,* April 10, 2021, Newsweek, https://www.newsweek.com/trump-mcconnell-feud-heats-gop-kiss-ring-donor-retreat-pac-endorses-murkowski-1582653.

1033.

The Federalist No. 65 (Alexander Hamilton) ("Senate the most fit depositary of this important trust."), *available at* https://avalon.law.yale.edu/18th_century/fed65.asp. 제임스 매디슨은, 상원이 탄핵 심판 권한을 가지는 경우 대통령이 의회에 종속될 것이라 주장하며, 연방대법원이나 주대법원의 판사들에게 탄핵심판관할권을 주는 방안을 제시하였다. 그러나 대법원은 정치적 문제를 다루기 적합하지 않은 기관일 뿐더러 적은 수의 탄핵심판관은 뇌물 등 외부의 영향에 더 민감하며 부패할 확률도 더 크다는 이유로 헌법제정회의는 해밀턴의 안을 수용하였다. *See supra* note 86 & accompanying text.

1034.

앤드루 존슨 대통령에 대한 하원의 탄핵 기소는 128대 17이라는 압도적인 표결로 통과되었고, 빌 클린턴에 대한 하원의 탄핵 기소는 공화당과 민주당의 의석수를 거의 그대로 반영한 표결로 통과되었다. 트럼프 2차 탄핵에 대한 하원 기소에서는 공화당 의원 10명이 찬성표를 던졌는데, 이것은 가장 많은 수의 하원이 자신이 속한 정당의 대통령 탄핵 기소에 찬성한 사례가 되었다. 그러나 이 결과는, 하원의 탄핵 기소가 정파적 양상을 벗어난 모습을 보인 것이 아니라, 트럼프의 행위가 그만큼 심각함을 보여준 것이라는 해석이 옳을 듯하다. 탄핵 기소에 찬성한 와이오밍(Wyoming)의 리즈 체니(Liz Cheney) 의원은 "트럼프가 군중들을 불러 모았으며 의사당 폭동의 불씨를 당겼다"라고 지적하고, "역대 대통령 중 가장 큰 배신을 하였다"고 힐난(詰難)하였다. *See* Domenico Montanaro, *These Are The 10 Republicans Who Voted To Impeach Trump*, Jan. 14, 2021, NPR, https://www.npr.org/2021/01/14/956621191/these-are-the-10-republicans-who-voted-to-impeach-trump.

1035.

남북전쟁 직후였던 당시 상원은 27개 주를 대표하는 54명이었고, 그중 42명이 탄핵을 추진한 공화당 소속으로 유죄 선고에 필요한 의결 정족수 36명을 훌쩍 넘기는 의석수였다. *See supra* note 422 & accompanying text.

1036.

See supra note 559 & accompanying text.

1037.

다수 국민은 하원의 탄핵 기소에 반대하였고, 상원의 유죄 선고를 바라는 국민은 30%를 밑돌았다. 클린턴이 하원의 탄핵 기소를 받자 그에 대한 지지도는 오히려 60%에서 70%로 반등하였다. 공화당 상원의원 최대 10여 명이 유죄 선고에 반대하였는데, 상원의 무죄 선고 비율이 클린턴 대통령에 대한 지지율과 그 상승 경향에 근접하게 나타난 것이다. *See supra* note 659, 687 & accompanying text.

1038.

이들 중 5명의 상원의원은 클린턴 탄핵 때 상원의원으로서 클린턴에게 유죄 선고를 하였고, 6명의 상원의원은 클린턴 탄핵 때 하원의원으로서 클린턴 탄핵에 찬성하였다. 메인의 수잔 콜린스 공화당 상원의원은 클린턴 탄핵 심판에서 무죄 선고를 하였고, 트럼프 2차 탄핵에서는 유죄 선고를 하였다. *See* Steve Benen, *A close look at senators who voted to convict Clinton, not Trump*, Feb. 16, 2021, MSNBC, https://www.msnbc.com/rachel-maddow-show/closer-look-senators-who-voted-convict-

clinton-not-trump-n1257941. 반면, 상원의 공화당 리더 맥코넬 의원은 클린턴에게
유죄 선고를 내렸지만, 트럼프에게는 무죄 투표를 하였다. Kelsey Vlamis, *McConnell,
Graham, and Grassley voted against Bill Clinton in his 1998 impeachment. They
just acquitted Trump of inciting an insurrection,* Feb 14, 2021, PWC, https://
www.businessinsider.com/mcconnell-graham-grassley-voted-against-clinton-
acquit-trump-2021-2. *Cf.* 클린턴의 행위가 탄핵 사유라고 주장했던 조나단 털리 교
수는, 트럼프 1차 탄핵에서 트럼프의 행위가 탄핵 사유에 해당하지 않는다고 주장하
여 비난을 받았다. John Avlon, *Jonathan Turley's amazing impeachment flip-
flop,* Dec. 5, 2019, CNN, https://edition.cnn.com/2019/12/05/opinions/turley-
impeachment-flip-flop-avlon/index.html.

1039.
쥴리 페이스(Julie Pace) AP 통신 워싱턴 지국장은 "정파적 양극화가 하원의 탄핵 기
소는 더욱 쉽도록 만들었으나 상원의 유죄 선고는 매우 어렵게 만들었다"고 분석하고,
이 때문에 "탄핵이 그 기능을 다하지 못하고 불완전한 제도가 되었다"고 지적하였다.
See Julie Pace, *Analysis: Impeachment proves imperfect amid US polarization,*
Feb. 14, 2021, abcNEWS, https://abcnews.go.com/Politics/wireStory/analysis-
impeachment-proves-imperfect-amid-us-polarization-75886381.

1040.
See, e.g., George Skelton, *Column: Trump is gone. But America's enduring
problem with political polarization remains,* Feb. 8, 2021, LA Times, https://
www.latimes.com/california/story/2021-02-08/skelton-biden-trump-
democrats-republicans-political-polarization. 캐나다 맥길(McGill) 대학교 정치
학 교수인 다니엘 비랜드(Daniel Beland)는 CTV 인터뷰에서 "트럼프가 미국의 분열
과 정치적 양극화(political polarization)를 맨 처음 만들어낸 것은 아니지만, 그것을
잘 이용하였고 그 골을 더욱 깊게 만들었다"고 지적하였다. Meredith McLeod, *Lit a
fuse: Polarizing Trump exploited and worsened divide in America, experts say,*
updated Jan. 19, 2021, CTV News, https://www.ctvnews.ca/world/america-
votes/lit-a-fuse-polarizing-trump-exploited-and-worsened-divide-in-america-
experts-say-1.5271197. *See also, Donald Trump: 'The Great Divider',* July 28,
2019, THE HILL, https://thehill.com/opinion/white-house/455039-donald-
trump-the-great-divider; Hugo Gye, *The Trump era is over but the divisions it
exposed have deep roots and can't be easily healed by Joe Biden,* Jan. 20, 2021,

iNEWS, https://inews.co.uk/news/world/donald-trump-era-over-divisions-cant-be-healed-joe-biden-837214.

탄핵으로 본 미국사

1쇄 발행 2023년 2월 20일

지은이 김병호

펴낸이 김제구
펴낸곳 호메로스
편집디자인 DESIGN MARE
인쇄 · 제본 한영문화사

출판등록 제2002-000447호
주소 04029 서울시 마포구 잔다리로 77 대창빌딩 402호
전화 02-332-4037 **팩스** 02-332-4031
이메일 ries0730@naver.com

값은 뒤표지에 있습니다.
ISBN 979-11-90741-33-0 (03300)

호메로스는 리즈앤북의 브랜드입니다.